松田吉郎著

汲古叢書37

明清時代華南地域史研究

汲古書院

目次

序論……3
第一部　明清時代広東地方開発の社会経済史的考察
第一章　明清時代広東珠江デルタの沙田開発と郷紳支配の形成過程……31
はじめに……31
一　珠江デルタ地域の田地の増加傾向……33
二　明末清初期の沙田開発……34
三　郷紳的土地所有と公権力の対応……43
四　郷紳の村落支配の構造……52
おわりに……63
第二章　地方志を通じて見た桑園囲基の開発……82

はじめに……82
一　桑園囲基関係地方志の編纂状況……84
二　桑園囲基関係地方志の体裁……97
三　桑園囲基関係地方志の編纂者について……102
おわりに……106
第三章　広東省南海県沙頭堡の盧氏……113
はじめに……113
一『南海沙頭盧氏族譜』資料と盧氏の南海県への移住時期……113
二　宋・元・明時代の盧氏……117
三　清代の盧氏……123
おわりに……134
第四章　広東広州府の米価動向と米穀需給調整―明末より清中期を中心に―……153
はじめに……153
一　明清時代の米価動向とその要因……154
二　官・民間の米穀需給策……157
おわりに……174

第五章　清代後期広東広州府の倉庫と善堂……193
はじめに……193
一　広州府の地域状況……193
二　倉庫の機能とその運営……197
三　咸豊以後の倉庫……204
四　善堂の運営とその機能……207
五　米穀搬入ルートと米穀商人……215
おわりに……223
第六章　清代後期広東嶺西地域の土客械闘……236
はじめに……236
一　広東嶺西地域への客民の移住……238
二　清初の開墾奨励策と客民……240
三　アヘン戦争以後の社会・経済……244
四　咸豊四年～同治六年（一八五四～六七）の土客械闘……251
おわりに……264

第二部　清代台湾開発の社会経済史的考察

第一章　鄭氏時代の台湾開発……273
はじめに……273
一　明末の政治情勢……273
二　オランダ時代（一六二四～六一）の台湾開発……274
三　鄭氏時代（一六六一～八三）の開墾奨励策……276
四　鄭氏時代の台湾開発……280
おわりに……290
第二章　明末清代台湾南部の水利事業……296
はじめに……296
一　台湾南部の水利施設の概況……297
二　清領以前（一六二四～八三）の開発と水利……298
三　清領以後（一六八三～一八九五）の開発と水利……300
おわりに……316
第三章　台湾史研究における一田両主制研究の成果と課題……335

一　大陸・台湾の一田両主制の研究史 335
二　台湾の佃戸について 337
第四章　清代台湾中北部の水利事業と一田両主制の成立過程 349
はじめに 349
一　清代台湾の開発 350
二　台湾中北部の水利事業 356
三　台湾中北部における一田両主制の展開 371
おわりに 375
第五章　清代台湾の管事について 386
はじめに 386
一　土地所有関係と管事 387
二　村落と管事 396
おわりに 407
第六章　合墾組織「金広福」について 416
はじめに 416
一　「金広福」の開発形態 417

二　「金広福大隘」について……423
三　一田両主構造について……428
四　「金広福」による水利開発……430
五　「金広福」と荘……431
おわりに……438
第七章　「開山撫番」と一田両主制……444
はじめに……444
一　沈葆楨の「開山撫番政策」と劉銘伝の「清賦・撫番」事業……445
二　苗栗県南庄地方の黄氏の事例について……451
おわりに……459
第八章　台湾の水利事業と一田両主制－埔価銀・磧地銀の意義－……462
はじめに……462
一　埔価銀について　－墾戸（大租戸）－佃戸（小租戸）関係－……463
二　磧地銀について　――小租戸－現耕佃戸関係――……482
おわりに……487

結　論 …… 505
初出一覧 …… 517
あとがき …… 521
索　引 …… 1

明清時代華南地域史研究

序論

本書は明清時代の華南の地域的特色を特に社会経済的側面に重点をおいて明らかにしようとするものである。

本書が対象とする華南についてであるが、中国を華北・華中・華南等と区分するようになったのは何時頃かはっきりしないが、戦前に行われていた北支、中支、南支の区分を受け継ぎ、おそらくは中華人民共和国成立前後以降の区分であろうと思われる。

河野道博氏は南嶺以南、武夷山以東の中国南東部と南部の海に面する福建、台湾、広東三省および広西チワン族自治区にわたる地域をいうと言われている[1]。

この華南の地理的特徴については、木内信蔵氏は平地では年平均一八度℃以上、年雨量一、二〇〇㎜を越え、最も寒い月も一〇度℃を下らない。山地は気温が低く、雨量も多い。山がちで斜面はあまり開かれていないが、谷に沿って水田が延び、亜熱帯的気候とあいまって低地は水稲の二期作が行われると言われる[2]。

さて、華南地域でも本書で取りあげる地域は広東と台湾であるが、何故、この両地域を取りあげるにいたったかについて、従来の華南地域研究の動向をふりかえりながら説明したい。

華南の台湾も含めた福建、広東地域についての北山康夫氏、日比野丈夫氏、梁方仲氏の研究では次のように述べられている。即ち、前漢から唐代までは広東地域は比較的発展していた。一方、福建地域は唐末までさして史料上に注目すべき発展は見られなかったが、唐末から宋代に急速に発展し、宋代に福建の戸口は広東を凌駕して約二倍となり、この傾向は元代まで続いた[3]。

明代以降については梁方仲氏の研究によると以下の如くである。即ち、同時期以降の人口増減の波は両省ともあるものの、福建が広東の上位に立っており、その傾向は清代の乾隆三十二年（一七六七）まで続いた。しかし、乾隆末の五十一～五十六年（一七八六～九一）以降は逆転して、広東がまた福建の優位にたち、その傾向は清末まで変化しなかった。

明代から清代乾隆三十二年（一三六八～一七六七）までは広東の戸口が全国に占める割合（占有率）は明初の五％弱を最高に乾隆三十二年の三・三％までほぼ減少傾向にあり、福建も明初一〇％前後を最高に清代乾隆三十二年三・九％弱まで減少傾向を辿った。しかし、乾隆末（一七九〇年代）からは両省とも占有率が増加し、広東は五％強から六・五％強へと増加し、福建も四％強から四・六％強へと増加した。占有率だけでなく人口実数も増加し、広東が一、六七七万人強から二、八三八万人強へと増加し、福建も一、二六四万人強から二、〇〇九万人強へと増加していた。

また、統計は不十分であるが、台湾は宋元時代までは琉球という名称で呼ばれ、現在の台湾を認識していたのか、沖縄を認識していたのか不詳であり、明代から台湾としての認識が固まり、明末のオランダ時代、鄭成功による領有を経て、一六八三年清朝領有となり、福建省台湾府となった。そして光緒十三年（一八八七）に台湾省が建省されて、福建から分離したが、光緒二十一年（一八九五年）に日清戦争敗北により、日本に領有されることになった。

台湾の人口は清順治七年（一六五〇）に約五〇、〇〇〇人、康熙十九年（一六八〇）に約一二〇、〇〇〇人、嘉慶十六年（一八一二）に約一、九四五、〇〇〇人、光緒十九年（一八九三）に約二、五四六、〇〇〇人、光緒二十二年（一八九六）に約二、五七七、〇〇〇人であったと言われる。光緒二十二年（一八九六）の台湾人口と咸豊元年（一八五一）

の福建人口との比較を行うと福建の約一二・八％に当たっていた[4]。即ち、前漢から唐代は広東の発展、宋・元代は福建の発展、広東停滞、明代から清代中期、両省停滞、清中期から末期は広東、台湾の発展という傾向にあった。

明清時代の広東、福建についての行政区分上の変遷について概観すると、広東は明代十三布政使司の一つ、広東布政使司の管轄下に入った。その下に広州府、恵州府、連平州、潮州府、南雄府、韶州府、連州、肇慶府、徳慶府、羅定州、雷州府、廉州府、欽州、高州府、化州、儋州、万州、瓊州府、崖州の十九府州が所属した[5]。清は明制により、広東省とした。雍正年間に連州及び程郷を昇格し、嘉応州を直隷とし、嘉慶中には、南雄を降して直隷州とし、ついでまた元に復し、仏岡を増加し、南雄を州に降格し、連山を増加した。同治中、陽江を庁に昇格し、赤渓を増加した。光緒中、欽州、崖州を昇格し、万州を降格した。よって、広州府、肇慶府、羅定直隷州、仏岡直隷庁、赤渓直隷庁、韶州府、南雄直隷州、連州直隷州、恵州府、潮州府、嘉応直隷州、高州府、雷州府、陽江直隷州、廉州府、欽州直隷州、瓊州府、崖州直隷州の十八府、州、庁が所属した[6]。

一方、福建は明代、十三布政使司の一つ、福建布政使司の管轄下に入った。福州府、興化府、建寧府、延平府、汀州府、邵武府、泉州府、漳州府、福寧州の九府州が所属した[7]。

清初に福建省となり、閩浙総督が置かれた。康熙二十二年（一六八三）に鄭氏を滅ぼして、台湾を領有し、台湾府を置き、雍正十二年（一七三四）に福寧州を昇格して府とし、永春、竜巌を直隷州とした。やがて光緒十三年（一八八七）に台湾府は台湾省に昇格し福建省より分離した。そして、清末になると福建省には福州府、福寧府、延平府、建寧府、邵武府、汀州府、漳州府、竜巌直隷州、興化府、泉州府、永春直隷州の十一府州が所属した[8]。

台湾は古くは荒服の地で、中国に通ぜず、「東番」と名づけられていた。隋開皇中、虎賁を遣わし澎湖三十六島を攻略した。明嘉靖四十二年（一五六三）、「海寇」林道乾が近海の郡県を略奪したために、都督兪大猷がこれを「征討」し、林道乾は台湾に遁入した。天啓元年（一六二一）、福建人の顔思斉は日本国人を引きその地に割拠した。やがてオランダに占領されるところとなった。清順治十八年（一六六一）、「海寇」鄭成功はオランダ人を駆逐しここに割拠し、東都と名づけ、天興、万年の二県を置いた。その子鄭経は東都を改めて東寧省とし、二県を州に昇格した。康煕二十二年（一六八三）清は鄭氏を「征討」し、台湾府を置き、福建省に所属させ、諸羅、台湾、鳳山の三県を置いた。雍正元年（一七二三）に彰化県を増置し、四県とした。光緒十三年（一八八七）に台湾省とし、福建省より分離したが、同二十一年（一八九五）、日清戦争に敗北し、日本の植民地となる[9]。

明清時代における広東、福建、台湾の開発について、梁方仲氏の人口研究によると、広東地域の明清時代の人口を見ると、天順初め（一四五〇年代）は広州（三六・六%）、潮州（一四・五%）、瓊州（一二・七%）、肇慶（一一・六%）という地域において人口占有率が多かった。嘉靖・隆慶時期（一五二二～七二）の人口占有率は広州（四二・八%）、瓊州（一二・八%）、肇慶（一一・一%）となっており、広州において人口増加が見られる。清代嘉慶時期（一七九六～一八二〇）には広東全体で約一四・五倍に人口が増加しているが、占有率は広州（二七・四%）、肇慶（一一・九%）、高州（一一・〇%）、恵州（一〇・四%）、潮州（一〇・三%）となっており、人口増加率も羅定州（六三七三%）、韶州（三三六二%）、高州（三三二八%）、恵州（二九三一%）となっており、広東の周辺部での増加率が高い。

一方、福建地域の明清時期の人口を見ると、天順初め（一四五〇年代）は建寧（二七・九%）、延平（一六・五%）、漳州（一三・五%）、福州（一一・八%）という地域の人口占有率が高かった。嘉靖・隆慶時期（一五二二～七二）の人口は天順初めの八六%と減少しているが、人口占有率で高いものは建寧（二五・七%）、福州（一九・一%）、延平（一二・八%）であった。清代嘉慶時期（一七九六～一八二〇）には福建全体の人口が天順初めに比べ十一倍以上となっている。

人口占有率は漳州（一八・四％）、建寧（一七・六％）、福州（一三・七％）、泉州（一三・二％）、台湾（九・九％）が高かった。人口増加率では福寧州（三八二・六％）、泉州（二五〇・二％）が高く、また台湾の人口増加率も高かった。[10]このように福建では明代は福州での人口増加が顕著で、清代では泉州、台湾での人口増加が大きかった。

即ち、華南地域では明代広東の広州、福建の福州の開発、清代では広東の周辺部、福建の泉州、台湾の開発が盛んであった。

このような人口動態を辿った華南地域の特に広東、台湾を本書で取りあげる理由は明清時代同地域で人口増加、土地開発が顕著であり、これらの地域分析によって、華南地域社会の特質がある程度解明できるのではないかという予想がたてられるからである。残念ながら福建地方については本書では分析を行うことができず、今後の課題として残さざるを得ない。[11]

次より本書のテーマに関連深い従来の研究成果と問題点を述べたい。

広東に関しては、戦前には武藤長蔵氏が最初に広東十三公行の図説を述べられ、[12]梁嘉彬氏が本格的に広東十三公行の研究を行い、その商人の氏族的淵源、公行の実態を考察された。[13]この両者の研究成果は本書第一部第三章の盧氏研究に取り入れた。

また、羅香林氏は客家研究の一環として、広東地域の客家家族、及びその源流について考察され、唐末五代、明末清初、清末時期の三度にわたる客家の広東への流入、及び広東での移動、海外への流出について述べられている。[14]

また、天野元之助氏は一九三〇年代の中国農業経済調査の一環として、広東地域の族田、族産の実態を明らかにされた。[15]

以上のように戦前の広東研究は商人、客家、同族問題中心に考察され、その解明された史実については本書でも取り入れた。

次に戦後の広東研究について概観しよう。牧野巽氏や清水盛光氏が広東の宗族とその族産制度の盛行を明らかにした。牧野氏は特に宗祠を中心とした同族結合について明らかにし、[16] 清水盛光氏は同族結合と他族との対立構造について、械闘研究を中心に解明した。[17]

五〇年代には天野元之助氏がさらに農業史関係の史料をもとに広東地域状況をまとめ、[18] 浦廉一氏は清初の鄭氏政権を福建の金門廈門（後には台湾）に封じ込める政策である遷界令の研究を行った。[19]

以上の牧野、清水、天野、浦氏の研究は本書第一部第一章、六章、第二部第一章で取り入れた。

今堀誠二氏の論文、それに対する佐々木正哉氏の反論が広東の地主制研究の一つの飛躍点になった。今堀氏は清代珠江デルタ沙田地域における三種の「共同体」の推転過程を論証し、その「共同体」の一つ、農佃「共同体」から富農と貧農の階級分化がおこり、富農が辛亥革命によって絶対主義政権を樹立したと述べた。[20] これに対して、佐々木正哉氏は今堀氏の史料解釈の問題点を指摘するとともに、ある社会態制のもとにおける郷紳（今堀説に言う寄生地主）権力の確立は郷村内部の階級対立よりも、むしろ既成の郷村の外部へ流出した貧民集団からの脅威であると述べた。[21] この両説に対しては既に里井彦七郎氏が佐々木説に疑義を提出している。[22]

この三説に対して筆者は本書第一部第一章で自説を展開する予定であるが、特に今堀・佐々木両者間には「共同体」に対する考え方に相違があり、今堀氏はテニエンス的な諸種の社会団体を考えるのに対して、佐々木氏はマルクス的な階級構造下の団体を考えるという相違があること、階級対立については両者は基本点では一致するものの、今堀氏は「共同体」内対立を重視するのに対し、佐々木氏は「共同体」外からの脅威なり、「共同体」間の対立を重視するという相違があったことを確認しておきたい。

安部健夫氏は清朝雍正時代の全国的な米穀需給構造を分析する中で広東地域について明らかにしたが(23)、本書第一部第四章では明清時代のトータルな米穀需給構造を明らかにする目的から、同時期の分析には安部氏の研究を参考にした。

重田徳氏はアヘン戦争前後の湖南茶の生産構造を分析する中で同戦争後、従来の新安商人集団による茶葉収購能力が減少し、香港在住の広東商人の台頭、彼等による湖南・安徽への直接収購、海外販売構造に変化したことを指摘した(24)。さらに、重田氏は清代の湖南米の流通構造を分析する中で長江ルートをメインとし、湖南から湘江・灘江・珠江ルートをローカルと指摘した(25)。本書第一部第四章・五章では重田氏がローカルとした湘江・灘江・珠江ルートが華南地域の需給構造だけでなく中国東南アジアの米穀需給構造の中で大きな意味をもつものであることを明らかにした。

鈴木智夫氏は清末広東の機械制製糸工業の研究を行い、広東の近代化を示唆した(26)。

森田明氏はこの製糸業の経済的前提になる桑栽培が行われた広東南海県桑園囲基の水利組織の構造を考察し、特に清代中期以降稲田の桑園囲基化の変化を論証した(27)。特に本書第一部第二章・三章で森田氏の研究成果を発展的に継承した。

羅香林氏はこの時期に客家関係史料集を出版し、中国客家研究に貢献し、広東地域の客家の史料も豊富に提示した(28)。本書第一部第六章で同研究の成果を取り入れた。

前田勝太郎氏は清末広東における農民闘争の基盤を一田両主制的土地所有関係と商品経済の発展にあることを述べた(29)。この広東一田両主制研究の成果は本書第一部第一章で取り入れた。

一九七〇年代に入ると、以下のような研究が行われた。可児弘明氏は香港の蛋民に関する調査研究、近代における香港から出国した中国人労働者の研究を行った(30)。同氏の行った一九六〇年代の香港蛋民の社会状況分析が本書第一部

第一章の郷紳の蛋民支配の比較分析に参考となり、さらに同氏によってアヘン戦争以後香港を通じて海外に流出した苦力、「豬花」の状況が明らかとなり、本書第一部第六章における客民の海外流出分析の参考となった。羅香林氏は従来からの客家研究を継続され、前著も含め、本書第一部第三章の盧氏分析において比較史料として参考となった。[31]

八〇年代に入ると広東研究は本格化してきた。

林和生氏は明清時代広東の墟と市という定期市の構造を明らかにし[32]、松田吉郎は明清時代沙田開発と郷紳支配確立過程、郷紳・商人と米穀流通構造の解明を行った（本書第一部第一章、第四章）[33]。

西川喜久子氏は清代珠江下流域の沙田形成、及びその沙田形成と関わりの深い羅惇衍の羅宗族の形成・発展、順徳県団練総局の問題を論じた[34]。片山剛氏は明清時代の図甲制の構造を明らかにした[35]。森田明氏は清代広東嶺西地域の土客械闘と地方権力との関係を明らかにした[36]。これらの研究は本書第一部第五章、第三章、第六章で取り入れた。

井上徹氏は明末清初の珠江デルタにおける社賊・土賊の蜂起、珠江デルタにおける宗族形成問題を明らかにし、特に仁井田陞氏の同族「共同体」論を批判し、同族は科挙合格者輩出のための母体であると考えた[37]。則松彰文氏は清代雍正期の米穀需給と米価問題を考え、清朝の経済政策を考察した[38]。則松氏の研究成果と筆者の第一部第四章の研究成果とは基本的に一致する。

葉顕恩・譚棣華両氏は珠江三角洲の族田においては包佃制が広泛に存在し、「二地主」「三地主」が存在することを指摘した[39]。譚棣華氏は広東宗族械闘の論文の中で咸豊・同治年間の土客械闘ではその発生原因は宗族勢力の強大化、「紳権」の拡大、人口増加、封建統治の腐敗にあり、また清朝が一派でもって一派を打倒する「卑劣」な方法をとって械闘を悪性化したと述べた[40]。この論点は筆者の第一部第六章の分析とほぼ一致するが、経済的な要因については述べられていない。

陳春声氏は清代乾隆年間の米価と米粮貿易、制銭の鋳造と流通、銀元の流通、常平倉における米穀の流通・貯蔵・価格調整の実態を明らかにした。即ち、乾隆年間広東地域の米穀不足は経済作物の増加にあること、また貨幣の流通と物価には密接な関係があること、広東は広西等から米の供給を受けていたこと、常平倉が民食の貯蔵を担っていたことを明らかにした。[41] これらの点は筆者の研究も含め従来の研究成果上にあった。黄啓臣氏は明清時代珠江三角州の商業と商人資本の研究を行ったが、[42] その明らかにされた事実は筆者の研究と基本的に一致する。蒋祖縁氏は明代広東において農田水利建設が行われて農業が発展し、糧食生産、経済作物生産が増加したと述べた。[43] この論点は首肯できるが、広東内の地域性を認識しておらず、特に珠江デルタの特徴は述べられていない。張研氏は清末咸豊同治年間の土客械闘の原因は「族権」（宗族地主権力）の膨張と「政権」の腐敗にあるとした。[44]「族権」についての指摘は注目すべきであるが、土客械闘が発生した地域の分析は十分とは言えない。

九〇年代にはいっても、八〇年代の研究テーマの継続が進行した。西川喜久子氏は珠江デルタの郷紳の事例研究を行った。[45] 本書第一部の郷紳研究と相補関係にあると考える。山本進氏は広東の商品生産と広西米の流通構造を分析したが、[46] 広東の状況について充分に明らかになったとは言えない。松田吉郎は清代後期嶺西地域における土客械闘の社会経済的側面を分析し、また南海県の桑園囲基の治水組織と一郷紳の関係を明らかにした（本書第一部第六章、第二章、第三章）。[47] 片山剛氏は珠江デルタ桑園囲の実地調査を行うとともに、文献調査を行って水利構造を明らかにした。[48] 同地域の実地調査に基づく水利研究は筆者の文献研究では及ばなかった成果が出ている。

中国では譚棣華氏が清代珠江三角洲の沙田に関する著書を出版し、特に包租制の「沙頭」「総佃」「囲管」は資本主義的佃富経営を行っているとする。[49] この点については筆者は前近代的性質を考えており、相違する。

以上、これらの広東地域研究の成果に学び、筆者は郷紳支配構造を明らかにするために沙田、桑園囲基の土地所有構造、水利支配構造、米穀需給構造の分析を行い、さらに郷紳支配に対立する客民の闘争を分析して、総合的な郷紳像を考察するものである。

次に台湾史研究について振り返ってみよう。

日本における台湾史研究は一八九五年の日清戦争の終結、下関条約による台湾領有を契機として始まり、多くの調査史料が出版された。これらの記録は現在でも研究上の史料として価値を保っている。[50]

このような植民地機関の調査だけでなく、民間においてもいくつかの研究成果が出ていた。伊能嘉矩氏は一八九五年から一〇年間現地台湾で調査を行い、台湾の日本領有までの歴史を体系的に考察・叙述し、[51]その研究成果は古典的価値を失わない。連横氏は台湾通史を伝統的な紀伝体によって叙述しているが、[52]史料的根拠は不明確である。さらに、石原道博氏は鄭成功を中心とした鄭氏時代の台湾と日本との関係を明らかにした。[53]本書第二部第一章の鄭氏時代の台湾開発において、その成果を取り入れている。

戦後の台湾研究は、政治的な要因等もあってあまり多いとは言えないが、本書と関係の深い開発史・土地問題・水利問題に関する研究史を整理しよう。

日本において、台湾の土地問題に最初にアプローチしたのは仁井田陞氏であった。仁井田氏は福建の一田両主・三主関係について述べる中において、台湾の特に大租戸の問題にも言及した。北部台湾では、一時、土地はほとんど皆大租を帯び、いわゆる大租戸（底地所有者）は万頃の田を擁し、数万の租を収め皆大富豪であった。また『台湾私法』によるとそれは Reallast に類する権利となり、「Realschuld の一種」と看做さるべきものになったとする。[54]

その後、田中正俊氏は中国における一田両主制慣行が行われた地域の分布状況、起原、成立要因について述べ、その中で台湾において一田両主制が存在したことを示した。[55]

伊原弘介氏は清代台湾の佃戸の農奴的佃戸から隷農的佃戸、事実上の農民的土地所有的佃戸への発展形態を述べた。[56]しかし、伊原氏の史料解釈には疑問があり、同氏の説は成り立ちがたいと筆者は指摘した。[57]

その後、大陸の一田両主制研究には藤井宏氏、草野靖氏、寺田浩明氏の研究があり、論争となった。藤井宏氏は一田両主制下の地主のもつ「田底」権（底地権、台湾では逆に「田面」権という）と区別される佃戸の「田面」権（上地権、台湾では逆に「田底」権という）を「ある限度以上欠租なき限り、無期限に当該土地を使用出来る権利を意味し、この権利は同時にこれを相続、譲渡、入質、抵当、売買することが地主の制肘・牽制を受けることなく行なわれる」権利であり、田面権が成立する土地は「押租田」であり、この田は「工本田」と併存しているものであって、後者から前者への転化は確認されないとする。[58]これに対して草野靖氏は「田面」権とは「佃戸が工本償還請求」する権利のことであり、「田面」権が成立する田は工本田からであり、この工本田は押租田に転化するとしている。[59]寺田浩明氏は草野説に近い見解をとった。[60]

森田明氏は水利史研究の立場から台湾における一田両主制の成立過程について述べた。[61]特に八堡圳の研究において、用水は土地の付属物として機能し、水利が土地用益を規定する決定的条件であったため、その具体的・直接的契機をなす水利施設の開設の負担は、墾戸と佃戸の生産関係を規定する最も重要な条件であった。したがって、それらの負担を佃戸が担った場合、開墾終了後の土地の「管業権」（土地耕作・実質的所有権）は佃戸に移付されると同時に、土地に対する実権は強化され、「管業権」を自由に処分し、自己の耕作地をさらに佃戸に転貸して耕作せしめている。即ち、ここから大租戸―小租戸―現耕佃戸という一田両主制の成立をみると述べた。[62]

清末から日本統治時期の土地問題にかんする研究は江丙坤氏によって行われている。江丙坤氏は清代末期の劉銘伝の清賦事業から日本統治時代の地租改正事業までの分析を行った。劉銘伝の失敗の原因は丈量してすぐに地租を増したためであって、日本の台湾総督府は土地調査事業においては台湾民衆に地租を増すことを見せず、調査事業終了後、土地所有権を大租戸から小租戸に移転することによって、所有者（納税者）を確実に把握し、また隠田の摘発等によって地租徴収を増加させるなど、巧妙な政策によって地租収入の確保・増加を行っていったことなど、地租改正事業の実態を分析した。[63]

しかし、江丙坤氏の清朝時代の土地制度に関する分析は『台湾私法』の類型分析にとどまり、その制度の変遷の実態、要因については十分に明らかにされていない。

筆者は鄭氏時代から清代の台湾における開発過程と水利事業の関係、一田両主制の特徴について研究し、森田明氏の見解を追認するとともに、「田面権」（上地権、台湾では田底とよぶ）の理解については、藤井宏説に同意を示したが、「田面権」の発展形態、即ち、「工本田」から「押租田」への転化については、草野靖氏説に同意を示した。[64]

その後、栗原純氏が清代台湾中北部の彰化県における一田両主制慣行について研究された。墾戸―佃戸関係において開墾に従事した佃戸が有償で獲得した耕作権を基礎に、その世襲化、比較的低い定額租、墾戸に対する身分的隷属の希薄さ、商品生産の展開に伴う生産力の上昇によって耕作権が確立し、佃戸は小租戸に上昇し、大租戸―小租戸―現耕佃人の一田両主制に展開したと述べた。[65] しかし、栗原氏の見解の多くは森田明氏によって解明されていた。

次に、台湾における研究状況について見てみよう。

戴炎輝氏が台湾の土地制度について仁井田陞氏の法制史的研究方法を継承し、一田両主制の存在を指摘した。[66] また黄富三氏も清代の土地問題について、漢人と土着民間の争い、大小租制度の弊害、田賦問題について述べた。[67] しかし、両者の研究は『台湾私法』及び仁井田陞氏の研究成果上にあると言わざるを得ない。

曹永和氏はオランダ時代、鄭氏時代の台湾開発について研究を行った。[68] 曹氏による鄭氏の海上勢力及び商業分析は本書第二部第一章の分析の前提となった。

陳秋坤氏は特に台湾大学等所蔵の「岸裡社文書」を用い、清朝の平埔族政策および平埔族の開墾・土地所有形態を分析した[69]。陳秋坤氏の土地所有権や一田両主制についての観点は従来の研究と大きな相違はなく、また大陸の一田両主制と同じように台湾の一田両主制も地主の権利を「田底」権、佃戸の権利を「田面」としているが、この名称の史料的根拠は無い。しかし、従来研究が手薄であった平埔族「岸裏社」の土地所有形態に注目し、実証したことに意義がある。陳其南氏は歴史学と社会人類学的手法を組合せて台湾移民社会、特に大小租の起源、宗族構造、社会分類意識等を分析された[70]。歴史的な分析については専門外ということもあって十分なものとは言いがたいが、社会人類学的考察によって移民社会から土着社会への転化という概念を提出されたことは注目される。呉学明氏は「金広福」の研究[71]、陳運棟氏は「三湾墾戸」の研究[72]を行った。本書第二部第六章、第七章と関連するが、この両者の研究は清朝の開墾政策との関連が十分に指摘されているとは言い難い。

一方、大陸における研究の中心は鄭成功など鄭氏と大陸・台湾関係の研究であるが[73]、台湾の開発、一田両主制についても若干の研究論文が見られる。陳孔立氏は台湾移民社会の特徴は主に福建・広東からの移住者によって占められており、異なる「祖籍」の人々が地縁関係によって結合し、これらの結合体を「豪強」が支配している社会であるとし、この移民社会が大陸（福建・広東）社会の特質と台湾という新環境によって産みだされた特質を兼ね備えた社会に移行したと述べている[74]。鄧孔昭氏は台湾の大小租が成立した要因は墾戸が佃戸に比較的低額の地代を課したこと、福建漳州府の慣行を持ち込んだものであると述べられている[75]。この鄧氏の見解は首肯できるものである。

以上、清代台湾の開発史・土地問題・水利問題について、日本、台湾、中国における研究状況を概観したが、その特徴は日本においては大陸と台湾との比較史および水利と土地問題との関連考察による一田両主制研究が行われ、台湾においては原文書、フィールドワークと歴史的文書を組み合わせた台湾各地域分析が行われ、中国においては大陸と台湾の同根的視点から、台湾史の淵源を大陸にあるとする分析に特徴が見られた。

筆者はこれらの研究を学びながら、日本における森田明氏の水利史と土地制度との関連分析の視角を継承し、藤井宏氏・草野靖氏間で論争になった大陸の一田両主制分析の論点をふまえ、台湾の素材によってこれらの論点の発展的解消と大陸と台湾の比較考察によって台湾社会の特徴を浮かび上がらせたいと考えるものである。

次に本書の章立て構成について述べたい。

本書は大きく二部構成にし、第一部は明清時代広東地方開発の社会経済史的考察とし、第二部は清代台湾開発の社会経済史的考察とした。

第一部第一章では「明清時代広東珠江デルタの沙田開発と郷紳支配の形成過程」というテーマで、特に沙田地域開発と郷紳の役割について考察する。第二章では「地方志を通じて見た桑園囲基の開発」というテーマで地方志を題材に桑園囲基地域の開発と郷紳の役割について考察する。第三章では「広東省南海県沙頭堡の盧氏」というテーマで、桑園囲基地域の一事例である沙頭堡の盧氏を取りあげ、盧氏同族が郷紳を中心に如何に桑園囲基開発に関わっていったのかについて考察する。第四章では「広東広州府の米価動向と米穀需給調整―明末より清中期を中心に―」というテーマで、明代末期から清代中期までの広州府の米穀需給構造と郷紳・商人の役割を考察する。第五章では「清代後期広東広州府の倉庫と善堂」というテーマで、清代後期の広州府の米穀需給構造について、特に倉庫、善堂に焦点をあてて分析し、その中で郷紳・商人の役割を考察する。この四・五章において明清時代の米穀需給構造の実態とアヘン戦争以後の列強資本主義国侵略下の経済構造の変化について考察する。第六章では「清代後期広東嶺西地域の土客械闘」というテーマで、アヘン戦争以後の清代後期に列強の侵略下、経済的変化等を生じ、太平天国、天地会闘争、そして土民（土著民）と客民（移住民）の相互対立が展開したのであるが、これらの闘争の経過・過程を分析するとともに、その中で特に被差別民である客民に焦点をあて、彼らの抱えていた問題点、客民郷紳の立場について考察する。

第二部第一章では「鄭氏時代の台湾開発」というテーマで、オランダ時代から鄭成功・鄭経・鄭克塽三代の鄭氏時代の台湾開発と土地所有構造について分析する。第二章では「明末清代台湾南部の水利事業」というテーマで明末から清代のオランダ・鄭氏・清朝領有時代における台湾南部地域の水利開発と土地所有構造について分析する。第三章では「台湾史研究における一田両主制研究の成果と課題」というテーマで台湾の土地所有構造の特徴である一田両主制構造についての研究史を分析し、その成果と問題点を明らかにするとともに筆者の見解を明らかにする。第四章では「清代台湾中北部の水利事業と一田両主制の成立過程」というテーマで、清朝領有時代台湾中北部地域の水利開発と一田両主制の成立過程を明らかにする。第五章では「清代台湾の管事について」というテーマで管事という墾戸（後の大租戸）の私的経理人の役割・機能を分析し、清代台湾の土地所有構造の変化の意義について考察する。第六章では「合墾組織『金広福』について」というテーマで、清代後期台湾北部開発の具体例を「金広福」という組織に焦点をあてて考察する。第七章では「『開山撫番』と一田両主制」というテーマで同じく清代後期の第六章に続く時期の沈葆楨・劉銘伝の賦役政策・「番地」（原住民の土地）開発・一田両主制との関連について考察する。第八章では「台湾の水利事業と一田両主制―埔価銀・磧地銀の意義―」というテーマで、小作契約締結時に佃戸が地主に支払う契約金（敷金）である埔価銀・磧地銀の内容を分析し、そこから水利事業と一田両主制の本質について分析する。

以上の第一部・第二部の考察によって明清時代華南地域の社会経済構造を明らかにしようというのが本書のねらいである。

註

（1）　河野道博「華南」（『大百科事典』平凡社、一九八四年）。

（2）　木内信蔵「華南」（『世界大百科事典』平凡社、一九七二年）。

（3）　北山康夫「唐宋時代に於ける福建省の開発の一考察」（『史林』二四―三、一九三八年）、日比野丈夫「唐宋時代における福建の開発」（『東洋史研究』四―三、一九三八年）、梁方仲『中国歴代戸口・田地・田賦統計』上海人民出版社、一九八〇年）。

（4）　第1表　広東・福建の戸口統計（前掲、梁方仲『中国歴代戸口・田地・田賦統計』）。

年代	全国		広東		福建	
	戸数	口数	戸数	口数	戸数	口数
前漢元始２（2）	12,356,470	57,671,401	35,011	173,233	?	?
〔漢書巻28地理志〕			0.28%	0.30%		
後漢永和５（140）	9,336,665	47,892,413	94,598	336,899	?	?
	9,698,630	49,150,220				
〔後漢書巻29-33郡国志〕			1.01%	0.70%		
西晋太康初（280年代）	2,494,125		28,220		8,600	
	2,470,305					
〔晋書巻14-15地理志〕			1.13%		0.34%	
南朝宋	901,769	5,174,074	26,670	140,853	5,885	37,524
〔宋書巻35-38州郡志〕			2.95%	2.72%	0.65%	0.73%
隋大業５（609）	9,070,414		163,694		12,420	
〔隋書巻29-31地理志〕			1.80%		0.14%	

唐貞観13（639）	3,041,871	12,351,681	123,046	320,938	15,336	22,820
〔旧唐書巻38-41地理志〕			4.05%	2.60%	0.50%	0.18%
唐天宝元（742）	8,973,634	50,975,543	223,484		91,186	410,587
			164,067	704,713		
〔新唐書巻37-43地理志〕			2.49～1.83	1.38%	1.02%	0.81%
唐開元年間（713-41）	7,417,185		162,345		108,991	
〔元和郡県志、太平寰宇記〕			2.19%		1.47%	
唐元和年間（806-20）	2,368,775		91,366		74,467	
〔同上〕			3.85%		3.14%	
北宋太平興国５年～端拱	6,108,635		55,958		467,815	
２年（980-89）			0.92%		7.66%	
〔太平寰宇記〕						
北宋元豊初（1078）	14,041,980					
	16,569,874		642,486		1,043,839	
〔文献通考巻11戸口、元豊九域志〕			3.88%		6.30%	
北宋崇寧元（1102）	20,264,307	45,324,154	637,098		1,061,759	
			3.14%		5.24%	
〔宋史巻85-90地理志、						
文献通考巻11、宋会要輯稿食貨69〕						
元代（1271-1368）	13,867,219	59,519,727	613,240	2,576,413	1,300,817	6,214,195

〔元史巻58-63、新元史巻46-51〕			4.42%	4.33%	9.38%	10.44%
明洪武26（1393）	10,652,870	60,545,812	675,599	3,007,932	815,527	3,916,806
〔明万暦会典巻19〕			6.34%	4.97%	7.66%	6.47%
明弘治4（1491）	9,113,446	53,281,158	467,390	1,817,384	506,039	2,106,060
〔同上〕			5.13%	3.41%	5.55%	3.95%
明万暦6（1578）	10,621,436	60,692,856	530,712	2,040,655	515,307	1,738,793
〔同上〕			5.00%	3.36%	4.85%	2.86%
清順治18（1661）		21,068,609		1,000,715		1,455,808
〔清朝文献通考巻19〕				4.75%		6.91%
清康熙24（1685）		23,411,448		1,109,400		1,395,102
〔同上〕				4.74%		5.96%
清雍正2（1724）		25,284,818		1,307,866		1,429,203
〔同上〕				5.17%		5.65%
清乾隆14（1749）		177,495,039		6,460,638		7,620,429
〔同上〕				3.64%		4.29%
清乾隆18（1753）		102,750,000		3,969,248		4,710,339
〔同上〕				3.86%		4.58%
	38,845,354	103,050,000	1,241,940	3,969,248	1,127,746	4,710,399
〔乾隆会典巻9〕						
清乾隆22（1757）		190,348,328		6,699,517		7,977,686

〔清朝文献通考巻19〕			3.52%		4.19%
清乾隆27（1762）	200,473,275		6,818,931		3,065,288
〔同上〕			3.40%		4.02%
清乾隆32（1767）	209,839,546		6,938,855		8,094,294
〔同上〕			3.31%		3.86%
乾隆51-56（1786-91）	296,991,000		16,175,667		12,646,833
〔厳中平『中国近代経済史統計資料選輯』〕			5.45%		4.26%
嘉慶17（1812）	361,693,379		19,174,030		14,779,158
〔嘉慶会典巻11〕			5.30%		4.09%
道光10-19（1830-39）	403,221,700		24,663,100		18,001,800
〔『中国近代経済史統計資料選輯』〕			6.11%		4.46%
道光20-30（1840-50）	421,266,092		27,048,091		19,390,000
〔同上〕			6.42%		4.60%
咸豊元年（1851）	431,894,047		28,388,716		20,098,556
〔咸豊東華録〕			6.57%		4.65%

（5）『明史』巻四五、地理志、同治三年刊本『広東通志』巻四、郡県沿革表。

（6）『清史稿』巻七二、地理志。

（7）『明史』巻四五、地理志、同治十年刊本『福建通志』巻二、沿革表。

（8）『清史稿』巻七〇、地理志。

（9）『台湾省通誌』（台湾省文献委員会、一九六八年）巻首下、大事記。

（10）第2表

	明代天順初（1457）			嘉靖・隆慶（1522-72）			清嘉慶25年（1820）		
広東	1,458,711	100%	100	1,487,756	100%	102	21,197,741	100%	1453
広州	534,477	36.6	100	636,097	42.8	119	5,799,261	27.4	1058
肇慶	169,448	11.6	100	164,742	11.1	97	2,516,149	11.9	1485
羅定州				10,588	0.7	100	674,816	3.2	6373
韶州	30,381	2.1	100	30,069	2.0	99	1,021,482	4.8	3362
南雄	21,823	1.5	100	21,599	1.5	99	332,161	1.6	1522
恵州	74,883	5.1	100	81,312	5.5	109	2,194,896	10.4	2931
潮州	211,811	14.5	100	134,250	9.0	63	2,180,905	10.3	1030
高州	70,176	4.8	100	69,454	4.7	99	2,335,516	11.0	3328
雷州	123,235	8.4	100	121,968	8.2	99	654,256	3.1	531
廉州	36,799	2.5	100	32,186	2.2	87	444,870	2.1	1209
瓊州	185,709	12.7	100	174,906	11.8	94	1,324,068	6.2	713
連州							298,500	1.4	
嘉応州							1,314,050	6.2	
仏岡庁							52,299	0.2	
連山							54,512	0.3	
福建	1,618,531	100%	100	1,395,686	100%	86	18,108,349	100%	1119
福州	191,277	11.8	100	266,163	19.1	139	2,476,193	13.7	1294

興化	101,130	6.2	100	82,295	5.9	81	493,433	2.7	488
福寧州				19,647	1.4	100	751,660	4.2	3826
建寧	451,651	27.9	100	355,872	25.5	79	3,193,410	17.6	707
延平	266,781	16.5	100	179,048	12.8	67	853,347	4.7	320
汀州	146,432	9.0	100	118,253	8.5	81	1,485,903	8.2	1015
劭武	147,805	9.1	100	121,960	8.7	83	630,997	3.5	427
泉州	95,181	5.9	100	112,322	8.0	118	2,381,429	13.2	2502
漳州	218,275	13.5	100	118,253	8.5	54	3,336,729	18.4	1529
台湾							1,786,883	9.9	
永春							389,948	2.2	
竜岩							328,419	1.8	

（出典：梁方仲『中国歴代戸口・田地・田賦統計』「明洪武、弘治、万暦三朝分区戸口数和毎戸平均戸数」の平均戸数を「明天順初年及嘉靖、隆慶年間各司府県的里数及估計戸数」にかけたものが明代天順初、嘉靖・隆慶の人戸数であり、それに同書所載の「清嘉慶二十五年各府州人口密度」より嘉慶二五年人口数を記載した。）

（11）　拙稿『明清時代華南地域史研究』（平成八年度～平成十年度科学研究費補助金基盤研究（C）（2）研究成果報告書、平成十一年三月）において、明清時代福建、広東と台湾における人的・物的交流関係の特徴と変遷を明らかにしたが、福建の本格的研究は今後の課題として依然残っている。

（12）　武藤長蔵「広東十三行図説」（『東亜経済研究一五周年記念号』一九三一年）。

（13）　梁嘉彬「広東十三洋行考」（『清華週刊』三七―五、一九三二年）、同『広東十三行考』商務印書館、一九三七年。

（14）　羅香林『客家研究導論』広州、一九三三年。

（15）天野元之助『支那農業経済論』上・中（改造社、一九四〇・四二年）。
（16）牧野巽「広東の合族祠と合族譜」（1）（『オリエンタリカ』第二号、一九四九年）、同「広東の合族祠と合族譜」（2）（仁井田陞編『近代中国研究』一九四八年）、同「広東原住民族考」（『民族学研究』第十七巻第三・四号、一九五三年、共に後に同著『牧野巽著作集』第五巻、第六巻、御茶の水書房、一九八五年に所収）。
（17）清水盛光『中国族産制度攷』（岩波書店、一九四九年）。
（18）天野元之助『中国農業の諸問題』上・下（技報堂、一九五二・五三年）。
（19）浦廉一「清代遷界令の研究」（『広島大学文学部紀要』五、一九五四年）。
（20）今堀誠二「清代における農村機構の近代化について」（1）（2）（『歴史学研究』一九一・一九二、一九五六年）。
（21）佐々木正哉「順徳県郷紳と東海十六沙」（『近代中国研究』三、一九五九年）。
（22）里井彦七郎「東洋史中国近代―一九五九年の歴史学界」（『史学雑誌』第六九編第五号、一九六〇年）。
（23）安部健夫「米穀需給の研究―『雍正史』の一章として」（『東洋史研究』第一五巻第四号、一九五七年）。
（24）重田徳「清末における湖南茶の新展開―中国近代産業史のための断章―」（『愛媛大学紀要』第一部人文科学、七巻一号、一九六二年）、同「清末における湖南茶の生産構造―五港開港以後を中心として―」（『人文研究』一六巻四分冊、一九六五年）。
（25）重田徳「清初における湖南米市場の一考察」（『東洋文化研究所紀要』第一〇冊、一九五六年、以上共に後に同著『清代社会経済史研究』岩波書店、一九七五年に所収）。
（26）鈴木智夫「清末民初における民族資本の展開過程―広東の生糸業について―」（東京教育大学アジア史研究会編『中国近代化の社会構造』東洋史学論集第六、汲古書院、一九六〇年）。
（27）森田明「広東省南海県桑園囲の治水機構について」（『東洋学報』第四七巻第二号、一九六四年、後に「広東における囲基の水利組織」と改題されて、同著『清代水利史研究』亜紀書房、一九六四年に所収）。

(28) 羅香林『客家史料滙編』中国学社、一九六五年。

(29) 前田勝太郎「清代の広東における農民闘争の基盤」（『東洋学報』第五一巻第四号、一九六九年）。

(30) 可児弘明『香港の水上居民—中国社会史の断面—』（岩波新書、一九七〇年）、同『近代中国の苦力と〈豬花〉』（岩波書店、一九七九年）。

(31) 羅香林『中国族譜研究』（香港中国学社、一九七一年）、同「宋代南雄珠璣巷与民族遷移之関係」（『華崗学報』八、一九七四年）。

(32) 林和生「明清時代広東の墟と市」（『史林』六三—一、一九八〇年）。

(33) 松田吉郎「明末清初広東珠江デルタの沙田開発と郷紳支配の形成過程」（『社会経済史学』四六—六、一九八一年、本書第一部第一章）、同「広東広州府の米価動向と米穀需給調整—明末より清中期を中心に—」（『中国史研究』第八号、一九八四年、本書第一部第四章）、同「清代後期広東広州府の倉庫と善堂」（『東洋学報』六九—一・二、一九八八年、本書第一部第五章）。

(34) 西川喜久子「清代珠江下流域の沙田について」（『東洋学報』六三—一・二、一九八一年）、同「『順徳北門羅氏族譜』上・下（『北陸史学』三二・三三、一九八三、八四年）、「順徳団練総局の成立」（『東洋文化研究所紀要』一〇五、一九八八年）。

(35) 片山剛「清末広東省珠江デルタの図甲表とそれをめぐる諸問題—税糧・戸籍・同族—」（『史学雑誌』九一—四、一九八二年）、同「清代広東省珠江デルタの図甲制について—税糧・戸籍・同族—」（『東洋学報』六三—三・四、一九八二年）、同「清末広東省珠江デルタにおける図甲制の諸矛盾とその改革（南海県）—税糧・戸籍・同族—」（『海南史学』二一、一九八二年、後に『明清広東社会経済研究』広東人民出版社、一九八七年所収）、同「清末広東省珠江デルタにおける図甲制の諸矛盾とその改革（順徳県・香山県）—税糧・戸籍・同族—」（『中国近代史研究』四、一九八四年）。

(36) 森田明「清代広東の土客械斗と地方権力—嶺西地域の一事例—」（今永清二編『中国における権力構造の史的研究』一九八二年）。

(37) 井上徹「明末清初、広東珠江右岸デルタにおける社賊・土賊の蜂起」（『史林』六五—五、一九八二年）、同「宋代以降における宗族の特質の再検討―仁井田陞の同族〈共同体〉論をめぐって―」(『名古屋大学東洋史研究報告』一二、一九八七年)、同「宗族の形成とその構造―明清時代の珠江デルタを対象として―」(『史林』七二―五、一九八九年)。

(38) 則松彰文「雍正期における米穀需給と米価変動―蘇州と福建の連関を中心として―」(『九州大学東洋史論集』一四、一九八五年)、同「清代中期の経済政策に関する一試論」(『九州大学東洋史論集』一七、一九八九年)。

(39) 葉顕恩・譚棣華「論珠江三角洲的族田」(『第一次明清社会経済史学術討論会論文』一九八四年、後に『明清広東社会経済形態研究』広東人民出版社、一九八五年に所収)。

(40) 譚棣華「略論清代広東宗族械闘」(『清史研究通訊』一九八五年第三期)。

(41) 陳春声「清代乾隆年間広東的米価与米糧貿易」(『中山大学碩士生畢業論文』一九八四年)、同「清代広東的制銭鋳造与流通」(『中山大学研究生学刊』一九八四―四)、同「清代広東的銀元流通」(『中国銭幣』一九八五―一、後に『明清広東社会経済研究』一九八七年所収)、同「論清代広東的常平倉」(『一九八七年国際清代区域社会経済史曁全国第四届清史学術討論会提出論文』)。

(42) 黄啓臣「明清珠江三角洲商業与商人資本的発展」(『中国社会経済史研究』一九八四―三)、同「明清珠江三角洲的商業与商業資本初探」(『明清広東社会経済形態』一九八五)、同・孫公麟「明清時期広東人与田地的変動」(『学術研究』一九八七―三)。

(43) 蔣祖縁「明代広東的農田水利建設和対農業発展的作用」(『学術研究』一九八六―一)。

(44) 張研「簡論咸同年間広東土客大械闘」(『清史研究通訊』一九八七―二)。

(45) 西川喜久子「珠江三角洲の地域社会と宗族・郷紳―南海県九江郷のばあい―」(『北陸大学紀要』一四、一九九〇年)、同「珠江デルタの地域社会―新会県のばあい―」(『東洋文化研究所紀要』一二四、一九九四年)、同「珠江デルタの地域社会―新会県のばあい、続―」(『東洋文化研究所紀要』一三〇、一九九六年)。

(46) 山本進「清代広東の商品生産と広西米流通」(『東洋学報』七一―三・四、一九九〇年)。

(47) 松田吉郎「清代後期広東嶺西地域の土客械闘」(『羅香林教授紀念論文集』下、一九九二年、本書第一部第六章)、同「広東省南海県沙頭堡の盧氏」（『兵庫教育大学研究紀要』一一―二、一九九一年、本書第一部第三章）、同「桑園囲基関係地方志編纂過程について」（『兵庫教育大学研究紀要』一二―二、一九九二年、本書第一部第二章）。

（48）片山剛「珠江デルタ桑園囲の構造と治水組織―清代乾隆年間～民国期―」（『東洋文化研究所紀要』一二一、一九九三年）、同「珠江デルタ」（『華中・南デルタ農村実地調査報告書』大阪大学文学部紀要三四、一九九四年）、同「珠江デルタの集落と〈村〉―清末の南海県と順徳県―」（『待兼山論叢』二八、一九九四年）。

（49）譚棣華『清代珠江三角洲的沙田』（広東人民出版社、一九九三年）。

（50）植民地台湾における調査事業及びその成果については、福島正夫「岡末参太郎博士の台湾旧慣調査と華北農村慣行調査における末松厳太郎博士」（『東洋文化』二五、一九五八年）、松本善海「臨時台湾旧慣調査会」（『アジア歴史事典』平凡社、一九六二年）によって明らかにされている。

（51）伊能嘉矩『台湾志』（東京文学社、一九〇二年）、『大日本地名辞書、台湾』第六巻、台湾の部（冨山房、一九〇九年）、同『台湾文化志』（刀江書院、一九二八年）。

（52）連横『台湾通史』（一九二〇～二一年初版、一九四六年商務印書館復刻）。

（53）石原道博『鄭成功』（三省堂、東洋文化叢刊、一九四二年）、同『明末清初日本乞師の研究』（冨山房、一九四五年）。

（54）仁井田陞「明清時代の一田両主慣習とその成立」（『法学協会雑誌』第六四巻第三・四号、一九四六年、後に同著『中国法制史研究　土地法・取引法』東京大学出版会、一九六〇年所収）。

（55）田中正俊「一田両主制」（『アジア歴史事典』第一巻一八九～一九〇頁、平凡社、一九五九年）。

（56）伊原弘介「清代台湾における佃戸制について」（『静岡大学教養部研究報告〈人文科学篇〉』第六号、一九七〇年）。

（57）松田吉郎「台湾史研究における一田両主制研究の成果と課題」（『台湾史研究会会報』第三号、一九八四年、本書第二部第三章）。

（58）藤井宏「一田両主制の基本構造」（一）～（九）（『近代中国』第五号～第一四号、一九七九～八三年）。

(59) 草野靖「宋元時代の水利田開発と一田両主慣行の萌芽」(上)(下)(『東洋学報』第五三巻第一・二号、一九七〇年)、同『中国の地主経済―分種制』(汲古書院、一九八五年)、同『中国近世の寄生地主制―田面慣行』(汲古書院、一九八九年)。

(60) 寺田浩明「田面田底慣行の法的性格―概念的な分析を中心として―」(『東洋文化研究所紀要』第九三冊、一九八三年)。

(61) 森田明「清代台湾中部の水利開発について」(『福岡大学研究所報』第一八号、一九七三年、後に「清代台湾中部の水利開発―八堡圳を中心として―」と改題して同著『清代水利史研究』亜紀書房、一九七四年に所収)、同「台湾における一水利組織の歴史的考察」(『福岡大学人文論叢』第四巻第三号、一九七二年、後に「台湾における水利組織の歴史的考察―八堡圳の場合―」と改題して同上書所収)、同「清代台湾における水利組織の形成と発展」(『史学研究』第一三〇号、一九七六年)。その他、関連論文として、同「旧台湾における水利組織の植民地的再編過程―〈八堡圳〉の場合について―」(『福岡大学人文論叢』第六巻第二・三号、一九七四年)、同「旧台湾における水利組織の植民地的再編政策―〈公共埤圳規則〉とその制定過程―」(『福岡大学研究所報』第二二号、一九七四年)等がある。

(62) 註(61)前掲、森田明「台湾における一水利組織の歴史的考察」論文。

(63) 江丙坤『台湾地租改正の研究』(東京大学出版会、一九七四年)。

(64) 松田吉郎「鄭氏時代の台湾開発」(『台湾史研究』第六号、一九八七年、後に厦門大学台湾研究所歴史研究室編『鄭成功研究国際学術会議論文集』江西人民出版社、一九八九年所収、本書第二部第一章)、同「明末清代台湾南部の水利事業」(『中国水利史研究』第一一号、一九八一年、本書第二部第二章)、同「清代台湾中北部の水利事業と一田両主制の成立過程」(『佐藤博士退官記念中国水利史論叢』国書刊行会、一九八四年、本書第二部第四章)、同「清代台湾の管事について」(『中国史研究』第七号、一九八二年、本書第二部第五章)、同「『開山撫番』と一田両主制」(『台湾史研究』第八号―森田明博士還暦記念論文集―、一九九〇年、本書第二部第七章)、同「合墾組織『金広福』について」(『台湾史研究』第九号、一九九一年、本書第二部第六章)、同「台湾の水利事業と一田両主制―埔価銀・磧地銀の意義―」(中央研究院台湾史田野研究室論文集(1)『台湾歴史上的土地問題』中央研究院台湾史田野研究室、一九九二年、本書第二部第八章)。

（65）栗原純「清代中部台湾の一考察―彰化地方における一田両主制をめぐる諸問題―」（『東洋学報』第六四巻第三・四号、一九八三年）。また、同氏は陳盛韶著、小島晋治・上田信・栗原純訳『問俗録』（平凡社、東洋文庫四九五、一九八八年）において台湾の一田両主制について解説されている。

（66）戴炎輝「清代台湾之大小租業」（『台北文献』第四期、一九六三年）、同「従一田両主談台湾的租権」（台北市文献委員会『中原文化与台湾』一九七一年）、同『清代台湾之郷治』（聯経出版事業公司、一九七九年）。

（67）黄富三「清代台湾的土地問題」（『食貨月刊』復刊第四巻第三期、一九七四年）。また、関連する著書・論文として、同「清代台湾漢人之耕地取得問題」（黄富三・曹永和主編『台湾史論叢』第一輯、衆文図書公司、一九八〇年）等がある。

（68）曹永和『台湾早期歴史研究』（聯経出版事業公司、一九七九年）。

（69）陳秋坤「台湾土地的開発（一七〇〇―一七五六）」（註（67）前掲『台湾史論叢』第一輯）、同「清代前期対台少数民族政策与台湾土着的伝統土地権利、一六九〇―一七六六」（中央研究院近代史研究所編『近代中国初期歴史研討会論文集』一九八八年）、同「平埔族岸裡社潘姓経営地主的崛起、一六九九―一七七〇」（『中央研究院近代史研究所集刊』第二〇期、一九九一年）、同『清代台湾土著地権―官僚、漢佃与岸裡社人的土地変遷　一七〇〇―一八九五　―』（中央研究院近代史研究所、一九九四年。）

（70）陳其南『台湾的伝統中国社会』（允晨文化実業股份有限公司、一九八七年）。

（71）呉学明『金広福墾隘与新竹東南山区的開発（一八三四―一八九五）』（国立台湾師範大学歴史研究所、一九八六年）。

（72）陳運棟「三湾墾戸張肇慶基考」（『台湾文献』第四〇巻第二期、一九八九年）、同『台湾的客家人』（台原出版社、協和台湾叢刊四、一九八九年）、同『台湾的客家礼俗』台原出版社、協和台湾叢刊二〇、一九九一年）。

（73）代表的なものとして、厦門大学歴史系編『鄭成功研究論文選』（福建人民出版社、一九八二年）、鄭成功研究学術討論会学術組『鄭成功研究論文選続集』（福建人民出版社、一九八四年）、厦門大学台湾研究所歴史研究室編『鄭成功研究国際学術会議論文集』（江西人民出版社、一九八九年）等がある。

（74）陳孔立「清代台湾移民社会的特点―以『問俗録』為中心的研究」（『台湾研究会論文集』（第一集、一九八八年）、同『清代台湾移民社会研究』（廈門大学出版社、一九九〇年）。
（75）鄧孔昭「清代台湾大小租的産生及其社会条件」（『廈門大学学報』一九八五年第一期）。

第一部　明清時代広東地方開発の社会経済史的考察

第一章　明清時代広東珠江デルタの沙田開発と郷紳支配の形成過程

はじめに

珠江というのは広東広州府で合流する西江、北江、東江の三江を総称する名称である。三江が合流する広州府南海・番禺・新会・順徳・香山・東莞の六県地域では沙洲が形成され、この沙洲が沙田と呼ばれていた。沙田はその形成過程において名称が異なり、初期の水から露出したり、没したりする水坦、ほぼ陸地化して草が茂る草坦、米作・蔬菜等の栽培可能な熟坦というように呼ばれ、やがて安定耕作が可能となると沙田と呼ばれていた。(1)

この沙田に囲基（堤防）を築いて桑栽培がなされる桑園囲基は宋代に原初的に形成され、特に清代に発展を見、沙田が桑園囲基化していくが、(2)本章では沙田を中心に考察し、桑園囲基については第二章・第三章で考察することとする。

この珠江デルタに関する研究については天野元之助氏は一九三〇年代に実態調査を行い、同族による開発、族田の形成発展について述べられた[3]。天野氏は広東地域については陳翰笙氏の調査に依拠しており、陳氏は集団地主による開発と言われている[4]。

この同族という点に関しては牧野巽氏が広東における宗祠の広泛な展開を指摘し[5]、清水盛光氏[6]や仁井田陞氏[7]は同族同士による械闘について指摘された。

その後、同族問題を少し発展させて、「共同体」概念でもって考察されたのが今堀誠二氏である。同氏は清代珠江デルタの東海十六沙において三種の「共同体」の展開について述べられた。「共同体」概念については必ずしも明確ではないが、「農佃共同体」・「富農共同体」・「寄生地主共同体」の三種の「共同体」の展開、最終的に「寄生地主共同体」に吸収され、これが絶対主義政権の樹立の基礎となったこと、また清末に匪賊が多く出没したが、その原因はこうした「共同体」の矛盾にあったと述べられた[8]。

これに対し佐々木正哉氏は今堀氏の史料解釈上の問題点を指摘されるとともに、「共同態」は単一しか存在しなかったこと、「共同態」の指導層たる郷紳の権力確立の契機は郷村の外部に流出した貧民集団からの脅威であると指摘した[9]。

郷紳については酒井忠夫氏は退職官僚であると指摘したが[10]、重田徳氏は退職官僚だけでなく、監生・生員などの官僚予備軍もふくめた「郷紳支配」概念を考えられた[11]。呉金成氏は郷紳・監生・生員を含め紳士層として考えられた[12]。

筆者は狭義の郷紳概念としては酒井説を肯定するが、珠江デルタにおいては郷紳・監生・生員層、即ち紳士層の支配構造を一体的に考察した方が実態を考察しやすいと考え、郷紳を典型とした紳士層を広義の概念として「郷紳」として考えるものである。その郷紳を核とした同族による沙田開発を解明しようとするのが本章の目的である。

珠江デルタの開発問題については森田明氏は清代、稲田の桑園囲基化を述べられ[13]、前田勝太郎氏は全般的な商品生産の展開を考察され、佃戸層の発展により一田両主制の展開を考えられた。[14] 筆者もこれらの研究の延長上に沙田開発・商品生産の展開における郷紳支配の形成過程を論じた。[15]

筆者の論考の後、西川喜久子氏は沙田と郷紳、[16] 片山剛氏は図甲制と呼ばれる村落制度、[17] 井上徹氏は同族問題について考察された。[18] 各々の見解は取り入れるべきものは取り入れて沙田開発と郷紳支配形成問題を考察したのが本章である。

一　珠江デルタ地域の田地の増加傾向

本節では、珠江デルタ地域の沙田開発の推移を検討してみよう。瀕海のデルタ地帯である南海・番禺・東莞・新会・順徳・香山六県の明初より清代にかけての田地の増減は第一表より概観できる。この表は各地志の記事から作成したもので、数字そのものの信憑性については問題がないわけではないが、ほぼ田地の増加傾向を把握できるであろう。また、第二表は広州府における明清時代の新県設置状況を示したものである。両表を比較対照して、珠江デルタの田地増加傾向の状況をみると、その増加時期は三期に区分できる。

第一期は明初（洪武～永楽）で、南海県に特徴的に増加傾向が見られ、第二期は明代中～後期（成化～万暦）で、番禺・東莞・新会等の諸県に顕著であり、第三期は清代初～中期（順治～乾隆）で、順徳・香山両県に顕著である。

以上の時期区分から、この地域の開発の歴史的進展傾向が理解できよう。即ち、特徴点として、六県全体レベルでは明中期～清中期が田地の増加期であること、また明清時代を通じて沙田形成は次第に南下し、清代では順徳・香山両県で著しかったことがわかる。即ち香山県の開発が後発的、その規模も大きかったことがあげられる。この事が香山県の土地所有関係に大きな影響を与えた。それは、他の五県民による香山県の田地開発への介入が行われたため、五県紳士による寄荘、即ち、土地所有における重層的関係（寄荘戸－業戸－佃戸）を生み出す要因となったのである。

二　明末清初期の沙田開発

（1）開発主体と開発過程

まず、宋末元代における広東への移住について考えてみよう。

『広東新語』巻二、地語、珠璣巷に、

吾廣故家望族、其先多從南雄珠璣巷而來。蓋祥符有珠璣巷。宋南渡時、諸朝臣從駕入嶺、至止南雄。

とあり、宋末に元の侵入により、宋室とともに民衆が広東の南雄県珠璣巷に南下した。珠璣巷へ移住した各氏族はまた広東各地域に南下し、同族結合によって開発をすすめた。清初段階の有力同族の多くは宋末に南雄県珠璣巷に移住した人々であると言われる。[19]

前節で明らかになった田地増加時期が明中期～清中期に集中していることを勘案すると、宋末南雄県珠璣巷に移住した、これらの同族集団が明中期以降珠江デルタの沙田開発を推進した。[20]第三章で述べる南海県沙頭堡の盧氏も同族結合によって珠璣巷を経過して移住した氏族の一つであった。

明初においては、知県の指導[21]や義民[22]などによる開発が行われたが、明中期以降になると、「豪民」[23]や紳士層が主導する沙田開発・沙田占拠が頻繁化してきた。

次に、開発における具体的な労働力の投下形態について考えてみよう。これには同族があたることはもちろんであるが、流民層が大きな役割を果たしていた。道光『香山県志』巻八、事略に、

正德中南海勢家、以新會虚税影佔、亡命之徒附之、招合畬蠻、立爲十里、聚衆盗耕。

とあり、「畬蛮」は同治三年（一八六四）『広東通志』によると潮州など広東地域に住む猺族[24]で、また「亡命之徒」といわれる流民層のことと考えられるが、南海県の「勢豪」はこれらの人々を集めて開発にあたり、彼らの村落も形成していたのである。

次に、沙田の所有権獲得方法について検討してみよう。その方法には二形態があり、第一の形態は先程の史料にも見える、非合法な「影佔」とよばれる他人の所有権を略奪する形態である。順徳の人で明末崇禎十六年（一六四三）に挙人となった陳邦彦[25]の文集である『陳巖野先生集』巻一、禁侵漁には次のように記されている。

臣郷田多近海、或數十年、輒有浮生。勢豪之家、以承餉爲名、而影占他人已成之税田、認爲己物。業戸畏之而不敢争、官司聞之而不能直。此所謂占沙也。及至秋稼將登、豪家募召打手、駕使大船列刃張旗、以争新占之業。……耕者之少、不敵搶者之多、甚或殺越折傷、而不能問。此所謂搶割也。斯二者小民積怨湙怒、皆歸咎於郷紳。

即ち、明末の順徳県に於いて「勢豪之家」と呼ばれる人々は自己の暴力装置である打手[26]を用いて、「占沙」とか「搶割」とかよばれる不正行為を行って沙田を獲得していった。「勢豪之家」の不正行為の最終的責任は郷紳にあったと述べられている。「勢豪之家」が必ずしも郷紳を指さないことは自明のことであるが、郷紳に最終責任があるということは、郷紳を核とした「勢豪之家」集団＝同族集団の「占沙」、または「搶割」が行われたことが理解できよう。

即ち、同史料の続きに、

郷紳讀書知義理、受國湙恩、其身爲不肖者、固無幾耳。乃其間或子弟僕從之蒙蔽而不及知或戚屬奸徒之詐冒而不可詰、小民赴訴其門、則主人如帝、門者如鬼、未嘗爲之。

とあるように、郷紳自らが前面にあらわれて非合法な土地所有権の侵奪を行うよりも、同族や郷紳の配下にあるものが、郷紳の権威に依拠して行うのであった。即ち、郷紳を核とした同族集団が沙田の非合法的な所有主体であった。

第二の形態は「合法的」（直接的な暴力を使って所有権を侵奪するのではないという意味の）手段による場合である。康熙『新会県志』巻五、地理、食貨略に、

今則淤爲沃壤、望不可極、厓門以内猶然浩渺。歳受西水、種荻積汚、目爲浮生。鼓之以獻納、假之以科陞。豪門貴客迭相爭奪古勞一帶、競築陂圍、以禦西水、一孔之決、擧圍莫収、此謂田利、而亦有害焉。

とある。この史料は清代康熙二十九年（一六九〇）に編纂された珠江デルタの新会県志である。この新会県濱海地域古労一帯の初期開発段階において沙坦に荻や蘆[27]などの水生植物を植え、泥沙の堆積を促進した。この段階においては、郷紳らの有力者層よりも、むしろ、一般の中小業戸や俚民[28]などの零細農民が多く参加したが、沙田は「浮生」を産みやすく、不断の土地拡大が見られた上に、佐々木正哉氏も指摘しているように、沙田に対する法的規定が不明確で[29]、官吏の監視も十分に及ばなかった事[30]から、所有権が他人に奪われる可能性が大きかった。また、一般業戸にとっては、直接納税戸となるよりは、郷紳権力の傘下で公権力＝地方官衙に田地を「科陞」（課税割り付けの台帳にのせる）して、賦役の脱免をはかり、自己の経営的没落をくい止めようとする目的もあった。そこで郷紳層に田地を「投献」（上位所有権を譲渡）し、業戸自身は下位所有権（田地の経営・耕作権）を確保しようとした。

郷紳層は、上記の業戸側からの要望を保障しつつ、一方では十分な資力や労働力を投下して堤防等の水利施設を建造し、田地を熟田化して事実上所有していったのである。

次に、珠江デルタ地帯では「田利」以外に、「海利」「山利」「造作之利」という四つの物的生産上の利益があったが[31]、そのうちの「海利」について考えてみよう。康熙『新会県志』巻五、地理、食貨略には、

斥鹵之所沾漑、不獨魚族蝌蠔蠕蜆悉堪、海錯塩之署出、一煎一曬、竹釜蠣塗、轉久彌密、此煎法也、功倍於曬。視淮浙賁而用鐵者尤便、蠣蠔房也。民取諸海、砌結環堵、十室而九。煆燒成灰、用塗宮壁、堅耐且華。至如業食

繒門・蜑民之利、豪猾據斂、額課不完。負海爲盜、固其勢也。河泊所亦已毀矣。此謂海利而亦有害焉。

とあり、蛋民の生業である魚介類の採集、製塩、蛎（かき）等の養殖、及びその殻を壁の漆喰材にする加工業等を「豪猾」、即ち在地の有力者が支配下に入れ、利益を収奪したため、蛋民が海盗化したのであった。この「豪猾」の実態について、『広東新語』巻二、地語、四市に、

東粤有四市。一曰藥市。……一曰香市。……一曰花市。……一曰珠市。在廉州城西賣魚橋畔。盛平時、蚌殻堆積。有如玉阜。土人多以珠肉餉客。雜薑韲食之。……語曰、生長海隅。食珠衣珠。粤東所在、頗多難得之貨。士大夫踰大庾而南。罕有不貪婪喪其所守。濠畔之肆、佛山・澳門之肆。其爲靈臺之蜑賊者不可數計。

とあり、広東の四市には薬市、香市、花市、珠市があり、珠市は珠という貝を売買する市であった。こうした市には珍奇な物産が売買されていたため、「大庾」嶺を踰えて移住した「士大夫」、即ち、紳士層は市場支配を行い、その利益を貪る者が多かったという。「大庾」は江西省南安府、即ち、広東省南雄府珠璣巷とは省境を接した所にあり、これらの紳士は広東の「故家望族」、即ち、郷紳を輩出した同族であった。この郷紳層と「豪猾」はほぼ同じ性質のものと考えられよう。また、「蜑賊」とは良民を害する賊のことであるが、前述の康熙『新会県志』の史料、珠市の記事、そして以下の史料から、蛋民と推測される。また霊台とは『詩経』大雅、文王之什の篇名からとったものと推測され、蛋民の祖先が鳥獣昆虫であるとする蔑視観の表れであろう。[32]『粤大記』巻八、官績類、孔延之（宋代熙寧七年〈一〇七四〉卒）によると、

欽・廉二州蛋戸、以採珠爲富人所役。

とあり、宋代十一世紀広東欽州・廉州の蛋戸は富人に使役されていたといわれている。従って遅くとも宋代から蛋戸は富戸に使役され、明清時代に継続していたのであった。また、光緒『広州府志』巻一〇七、官績四、万暦十九年

（一五九一）の三水知県の甘汝遷の条、同巻一六一、雑録二、万暦十年（一五八二）の条等に「蛋賊」の記事は見られることから「蜑賊」は蛋賊と考えてよかろうと思う。

以上から、郷紳が「海利」を収奪したため、蛋民が海盗化したと考えられる。この事は次のような事を示している。即ち、郷紳権力確立は沙田開発・沙田所有権の獲得、及び沿海一帯の地域的支配という第一次的要因から生じるのであり、佐々木正哉氏が言う貧民集団からの脅威というのは第一次的要因の結果生じた第二次的要因であったと言えよう。このような過程を通じて郷紳の地域的支配が形成されるのであるが、「新邑黠民勢豪、舊有海主・埠主・山主・港主名色」(33)と言われるように、新会県の「黠民勢豪」、即ち、郷紳を中心とした有力者層は沙田支配だけでなく、海・埠（魚介類の養殖池）・山（堤防の建造に必要な採石地(34)）・港（用水路）等の多面的な生産手段を把握支配していたのであった。

（2）堤防の建造

堤防の建設状況を第三表より考察しよう。この表は宋から清末までの状況を示したものであるが、時間系列を長くとって明末清初期の堤防建設の特徴と清末への展望を行おうとしたものである。珠江デルタにおいては、堤防は囲基・陂・壩・塘などと呼ばれ、各々その規模に応じて適宜、水閘が設けられ、灌漑・排水の便に供せられていた。

この表では、番禺県についての史料を欠くが、堤防の設置状況が第一表で指摘した田地の増加傾向とほぼ即応しており、堤防築造の早い順番から列挙すると、南海・東莞−新会・順徳−香山という順序であった。また、五県をトータルにして、珠江デルタ全域として考えると、かなり大雑把な区分であるが、①宋～明初期は、比較的大規模な基幹的堤防の建設期。②明中期は、周辺への拡張期。③明末～清初期は第三次建設・整備期。④清中～末期は、第四次建設・整備期として大別できよう。③④期の特徴は堤防の創建と共に重修が多くなり、再開発の傾向が強まっていることであり、また、④期に堤防建造件数が飛躍的にのび、それが後発的開発地である順徳・香山両県にかなり集中していることである。

以上のように、沙田開発と堤防建設は不可分な関係にあることが明らかであろう。

次に、資金・労働力の投下形態について考えてみよう。第四表の史料に見える堤防は、いずれも各県の基幹的堤防である。

（イ）桑園囲。宋~清初は、業戸の出資・出力の形態。乾隆五九年（一七九四）頃からは、「按畝派費」即ち、田地の所有額に応じた労働力及び資金の投下形態が基本となり、清末には郷紳層を中心とする寄捐（寄付金）による出資・雇工の形態が基本となり、商人層の介入も大きくなっている。

（ロ）天河・横江・周郡三江囲。清代乾隆二年（一七三七）頃は、「按田出夫」によるが、四十九年（一七八四）頃からは紳士の寄付金による修築形態となっている。

（ハ）東江隄。明中期の嘉靖二十年（一五四一）頃からは「随丁田出力」即ち、地主が所有する佃戸、田地の額に応じて出資、労働力を投下する形態がとられ、清代からは紳士、地主が寄付金を出して修築する形態となっている。

以上の基幹的堤防の修築形態の変化、即ち業戸自身による修築形態→地主が所有田地額に応じて資金を出し、配下の佃戸が労働力を出して修築する形態→紳士の寄付金、人夫の雇募による修築形態への変化は業戸＝水利用益戸に歴史的変化(35)が生じていることの反映であると考えられる。即ち、明初~中期の業戸層は、明末清初期の大土地所有の進展にともない、内的分解が生じ、一方では郷紳を中心とする有力層の台頭、他方では没落業戸の佃戸への転化がおこり、両者の対立・支配被支配の関係が「按田出夫」という形態としてあらわれた。この段階では郷紳・地主の所有する田地・耕作者佃戸に対する管理統制は基本的に貫徹しており、郷紳・地主と佃戸と田地は緊密な一体関係にあった。しかし、清末には太平天国の乱、天地会の乱、土客械闘[36]等により郷紳・地主と佃戸の対立関係は敵対関係にまでなり、郷紳・地主が配下の佃戸に対する管理統制が崩れ、配下の佃戸を堤防等の修築における労働力に投下しきれなくなったために、郷紳・地主が寄付金を出し、人夫を雇募する形態に変化したものと考えられる。

ともあれ、清代以降の堤防修築においては郷紳を中心した紳士層の経済力が不可欠であったことは明らかであろう。

（3）用水路（涌など）の修築

堤防以外の水利施設としては、竇・閘・渠・涌などがあったが[37]、特に涌は①旱害・洪水の防止・調節、②潅漑、③舟運等の交通路、④海寇の侵入を防御する、という諸機能を持っていた[38]。それ故、涌が淤塞するとこれらの機能が麻痺してしまい、その浚渫はきわめて重要な課題であった。

康熙『新会県志』巻五、地理、小富涌に、

按此水爲邑襟帶、官舫民船、往來輳集。向祗都會沙咽、常苦阻淺近。自都會至西墩、計五六里皆淤。而務前・驛前・滙灣一帶、皆爲舖舍所侵、河路日狹。今不疏濬、更閲一二十年、必有舟楫不通之患。……水皆斜飛直出於邑不利。明萬暦間、署縣推官黄華秀、以爲泄風氣。海寇自県滘口、易突城下、議塞西墩諸水、開濬灣巷・官來沙・小河、從滙灣・西隆橋、逕達沙頭、至分水江。會黄遽去遂止。其後屬議舉行、邑紳中有沮之者、事寝不舉。人以爲憾、若侯物力稍豐、疏濬諸河、取土以塞斜飛、直出諸水、畚挿之役、出之公旬、於所塞處、許民承買、截作數十洿池、官賣之、以其價僦船運土、則民不勞、而事集矣。此百世之利也。

とあり、この小富涌は都市水利の機能[39]をもっていたが、沙泥の流入や舖舍の進出によって淤塞がひどかった。明代万暦年間（一五七三〜一六二〇）にこの用水路を浚渫したり、或は不用部分の水路を埋め立てたりして、水利機能を回復しようとしたが、郷紳が舗舎の利益を擁護して反対したために、実現しなかった。従って、涌の浚渫は「物力稍豊」な者が主体となって行い、「畚挿之役」（実際の土木工事）には人々を「公旬」（一種の役？）として徴発した。そして、涌の淤塞した所は富民に売り、得た代価で船を雇い入れて浚渫を行って、役にあてられた民の負担を軽減した。まさに官民共同の浚渫工事であったが、その本質は民間の経済力に大きく依拠していたものであった。

清代になるとこの傾向は一層強まり、浚渫工事は郷紳の経済力に依拠して行わざるをえなくなった。乾隆『新会県志』巻二、編年志には、

（乾隆）五年庚申夏、知縣王植、倡捐濬河。邑内外河淤塞淺滯、百數十年久爲民病。王植詳諸發帑金修濬、上官飭行査議、以無項而止。乃倡捐與衆紳士、先濬内河、……至次年而告竣。又詳請以大鰲沙坦、捐銀四千兩、修外河。而城内外水關橋梁、諸紳士一時慕義興修。

とあり、沙田の所有権を獲得した郷紳層の経済力は、涌や河の浚渫・橋梁の修築に多額の資金を寄付するという行為に示されている。

（4）水利の利害対立の調停

珠江デルタには、既述のように桑園囲基や新会県の都市水利などの比較的大規模施設とともに、一村落ないしは数村落で管理運営する小規模な施設も多数存在した。これら大小の水利施設、及び各水利施設を管理運営する水利組織間では、往々にして水利をめぐって対立抗争が起こり、械闘発生の大きな要因となっていた。とくに明末清初、沙田開発が活発化した時期には、「農民又輒於田邊築壩、以致對岸之田崩没、而流其泥沙至壩、以爲浮生、以故争訟日甚」[40]

というように、新たな開発＝堤防建設が既成の水利秩序を侵害するだけでなく、既成の沙田を崩没させた。それは結局のところ、有力者の沙田拡大のための手段となっていた。

このような状況下では、小規模水利組織は水利組織管轄下の田地を郷紳に投献したり、水利調停権を譲与したりして、その傘下に入り、また大規模水利組織においても、郷紳を核として内部的に結束して自己防衛せざるを得なくなっていた。

例えば、大規模水利組織の桑園囲基において、土豪の「欄江圏築」（珠江の一つの西江の流路に堤防を築き、沙田の拡大をはかる）によって西江の河幅が狭められたために、河道に土砂が堆積して西江が氾濫したため、農作物に被害を与え、「上傷国課、下害民生」というように、国家へ税の滞納、民衆生活の破壊というような弊害が生じた。これに対して、国家権力も介入せざるを得ず、乾隆五十三年（一七八八）に「局」を開設して監視体制を固めた(41)。この「局」が桑園囲基内の各堡に設けられた囲局のことで、各堡より選ばれた二名ずつの紳士によって構成され、桑園囲基内の全般的管理運営を行っていた(42)。

一方、小規模水利組織における村落間の紛争には、国家権力が介入して調停することもあったが(43)、実際は郷紳による調停活動が広く行われていた。清代後期の史料であるが、民国『順徳県志』巻四、建置には、

光輝郷、於道光二十六年、築兩水閘、……毎年西潦一至、輒閉塞下流、致昌郷潦水無路宣洩。兩郷纏訟不決、昌郷受水害者、三十餘年。光緒五年、黎光禄兆棠、委曲調停、召集兩郷紳士會議、補費光輝、改拆南閘、復捐資以成其事、彼此存案勒石、案遂結。

とあり、順徳県の光輝水閘の南閘をめぐって、道光二十六年（一八四六）に光輝郷に二つの水閘（水門）を作ったが、西江の氾濫により、水閘を淤塞させたため、下流の良昌郷では大水の際の排水路を淤塞させてしまい、光輝郷と良昌

郷の間での対立がおこり、地方官庁への訴訟となった。光緒五年（一八七九）、光禄寺卿の黎兆棠が調停に乗り出し、両郷紳士に協議させ解決させた。

このように、水利の諸機能を維持し、村落間の利害対立を調整する役割も、郷紳の地域的な支配力の形成上不可欠な要素であった。

三　郷紳的土地所有と公権力の対応

（1）寄荘戸と嘉靖年間の諸改革

明中期より本格化した沙田開発競争時代にあって、中小業戸が田地の経営・耕作権を守るために郷紳層に田地を投献したことを前述したが、田地の投献をうけた郷紳層は寄荘戸として史料にあらわれてくる。

寄荘戸は明初において早くも存在したが[44]、広汎にあらわれてくるのは弘治年間（一四八八～一五〇五）以降で、また地域的には香山県にとりわけ集中してあらわれていた。その実態を次の二つの史料より考察しよう。嘉靖『香山県志』巻二、民物志に、

弘治初、番南新順寄荘益繁、自恃豪強、賦役不供、吾邑里甲賠累日甚。

とあり、また『霍文敏公渭崖文集』巻七、「贈黄尹宰香山叙」に、正徳年間（十六世紀初）の進士の霍韜が黄正色の香山知県赴任に際して、彼に香山県の寄荘の弊害を述べた文章がのっており、それには、

番禺南海新會順徳東莞五邑之民、皆托籍寓産焉。一邑叢五邑之産、則多大姓。五邑大姓叢産一邑、徵賦督逋、嘵無寧時。故爲令、惟難邑。多漲（張？）鹵積而爲島。可稻可菱可犀可漁、有力者利焉。大姓交爭、是以焚斷之横、爲令操權之難。

とあり、香山県をとりまく番禺・南海・新会・順徳・東莞五県の郷紳を核とした大姓（大宗族）が寄荘戸として賦役脱免を行ったため、香山県の一般業戸は「賠賠」（欠税部分の補填）の負担が重くのしかかり、地方官も大姓の権威に圧倒されて寄荘を取り締まることが非常に困難であった。こうした寄荘的大土地所有の展開が、一般業戸を没落させ、このことが明中期から末期の賦役制度改革につながったことは既に諸先学の指摘される通りである(45)。

一方、一般業戸にとっては、寄荘の弊害から生じた矛盾を解決するには、結局、寄荘戸の支配下に入って自己の経営を保持するしかなかった。嘉靖『香山県志』巻三、政事志、寄荘の条に、

本縣人民冒入寄荘都内、飛詭姓名。中有戸籍田米、而無人民承認、殆將百十餘戸、若不査理、積弊愈滋。

とあり、寄荘戸の増加は一般業戸の賦役負担の過重化となり、結局、一般業戸は賦役負担を忌避するために寄荘戸の支配下に入らざるをえず、ますます賦役の滞納・脱免が増加するという、国家の賦役徴収面において深刻な悪循環を来たしていた。

次に、こうした深刻な寄荘の弊害に対して出された諸政策を見てみよう。

香山県では嘉靖年間（一五二二～六六）に三度、改革案が出された。

（イ）第一期（嘉靖元年、一五二二）、香山知県袁鏞の改革案。

袁鏞の施策は、「嘉靖元年、知縣袁鏞申請撫按、督造衙門、削其圖籍、令自勾管、設爲圖籍、各以其縣名都(46)」といわれるように、巡撫・按察使の直接監督下、香山県内の寄荘戸の戸籍を香山県から分離して、新しく寄荘都図を作った。そして各々その本籍県名を都図に付して、番南都図一、新会都図三、順徳都図五の合計九都図とした(47)。各寄荘都図における賦役徴収は各々本籍県の官衙が行い、香山県に送らせるという内容の施策であった。

しかし、この施策は寄荘都図内では役につくものが一人もなく、かえって香山県民の負担を増大させる結果となっ

た。

（ロ）第二期（嘉靖十四年、一五三五）、巡按御史戴璟・香山知県黄正色の改革案。

第五表で明らかなように、嘉靖二十一年（一五四二）当時、香山県税糧二万二千石余りの中で、寄荘戸米は八千石余りで、全体の約三五・六％を占めるほど寄荘は深刻化していた。

これに対して出された施策は、①寄荘戸は佃戸の姓名を本籍県に報告して税糧冊に登記する。②寄荘戸の税糧は、まず本籍県におさめてから後に香山県に送る。③民壮・均平銀[48]は所有田地額に応じてその額を算出し、各本籍県が寄荘戸より徴収し、一旦、広州府に送ってから後に香山県に送る。④差徭も同じく各本籍県が寄荘戸より徴発する。⑤今後は寄荘を禁止する、という以上の五点であった[49]。

しかし、「佃戸既無住址、亦無姓名、安以報記爲哉」[50]というように、本籍県が寄荘戸配下の佃戸を掌握することは不可能で、この施策も成功したとは言えなかった。

（ハ）第三期（嘉靖二十六年、一五四七）、香山知県鄧遷の改革案。

鄧遷は寄荘戸の就役しない者が依然多く存在するのに対して、「各挨圖堡相近、別簽領袖名役、分管糧料水夫等項銀兩」[51]というように寄荘地の図堡が接近している寄荘戸をグループにまとめ、その中から「領袖」を選んで賦役徴集を管轄させようという施策を出した。これ以外に鄧遷は隠田の摘発にも若干のりだしたが[52]、これらの施策がどれだけの効果があったかというと、後述の南海県における大量の「虚税」（税糧徴収簿には記載されていても実際には課税できない土地の税額）が残り、また清末民国初の史料でも寄荘の弊害が依然として主張されていることから言っても[53]、その効果はほとんど無かったと言えよう。

以上三期にわたって寄荘の弊害を是正するための諸改革が行われたが、どの改革も十分な成果を納めたとは言えず、嘉靖『香山県志』巻二、民物志には以上の改革の不成功に鑑みて、①流民に「間土」（荒地）の開墾をさせ、生計が安定してきた頃に畸零戸に編入する案、②司道により佐弐官一人を派遣して寄荘対策の専門官とする案、③香山県を州に昇格して寄荘戸の本籍県を管轄する案等が出されている。

①の案は、直接的な寄荘対策の案ではないが、寄荘戸の香山県地域支配から析出されてきた流民を図甲制に組み入れ、彼らの盗賊化を防止する施策である。流民による荒地開墾はすでに民間で郷紳層などが先行して行ってきた方法であるが、嘉靖年間には、結局官庁によっては実施されず、その実施は清初に待たねばならなかった[54]。②の案は実施されたかどうか不明である。③の案は寄荘是正のためのかなり有効な方策と考えられたらしく、嘉靖・隆慶年間（一五二二～七二）[55]に幾度か出されたが、順徳県の反対にあって実施されなかった[56]。これは第五表で明らかなように寄荘戸の半数以上を順徳県が占めており、彼らの権力がいかに大きかったかを示しているものと考えられる。

（2）万暦九・十年（一五八一・二）の南海県定弓虚税

万暦九・十年に珠江デルタでは大規模な田地の丈量が行われた。その目的は、寄荘戸賦役脱免による国家の賦役徴収制度上の弊害を除去し、隠田の摘発等により明初に国家が定めた賦役徴収分＝「原額」を確保することにあった[57]。しかし、結果は期待した程の成果があがらなかったばかりか、逆に「原額」主義が災いして南海県では次のような問題が生じた。それは南海県では丈量の結果、実田地が一万五千頃余りで欠額が二千二百二十八頃余り生じた[58]。

この欠額に対して、乾隆『南海県志』巻十八、疏、布政使郎廷枢の「奏免定弓虚税疏」に次のように述べられている。

知縣周文卿不據實陳請、乃將丈實地畝、毎畝加税一分六釐四毫、以補前欠、名曰定弓虚税、載在全書。税既稱虚、是有糧而無田、小民賠累、自此始矣。

とあるように、南海知県周文卿が実状を無視して「定弓虚税」＝欠額分の補填税を設け、実田地毎畝に一分六厘四毛の銀両を加税した。その結果合計七千七百余両を徴収しようとしたために、南海県民にとって大きな負担となった。[59]

しかし、欠額を南海県だけで負担することは当初から困難で、万暦四十六年（一六一八）に兵部右侍郎郭尚賓が改革案を出した。それは①欠額分の全額免除、②再丈量により「無土之定弓」（土地が存在しないのに「定弓虚税」が課せられているもの）の免税、③「一府補足一府」の原則に照らして、広州府内の各州県の「清丈溢額」（丈量の結果判明した新しい課税田地）から徴収する税糧を「定弓虚税」に当てるという、三案であった。[60] 明朝はこれらの案のなかで③の方式を採用した。即ち、康熙『南海県志』巻十四、芸文、兵部右侍郎郭尚賓の「奏請除豁定弓虚税」に、

除順徳一縣新生沙坦抵補該縣加入虚税外、依行南海番禺東莞香山新會三水清遠増城龍門従化新安新寧連州陽山連山各州縣、察自萬暦四十六年起奉文、議該州縣新生沙坦陞科贏餘充餉銀兩、移抵南海縣定弓虚税。

とあるように、広州府内の順徳県を除く各州県の「新生沙坦陞科贏餘充餉銀両」（課税割り付けを完了した新生沙坦が負担する軍餉銀両）でもって南海県「定弓虚税」に当て、この移抵銀は布政使の軍餉に流用することによって、南海県以外の各州県士民の不満を緩和しようとした。[61] しかし、この施策を実施しても第六表で明らかなように未納銀が五千両余りも生じた。

この事態に対して、新たに「未陞之税」（課税割り付けが未だ行われていない田地に対する税）を徴収せず、毎年沙田が課税割り付けされるごとに課税する。同時に、年度の収支決算はその年度で完済し、未納額を翌年にまでもちこさない、[62] という方針がとられた。かかる明朝の妥協策でしても「定弓虚税」が広州府内の小民の負担増となっている事[63]に

は変わりがなく、その後も幾度か布政使などから「豁免」（免税）の要請がなされ[64]、雍正八年（一七三〇）に「豁免」された[65]。

以上の経過で確認しておかなければならない事は、「定弓虚税」の施行自体が珠江デルタにおける沙田開発の進展なくしては成り立たなかったこと、及び第六表の雍正六年（一七二八）の巡撫傅泰の報告によれば、「定弓虚税」への納入額が七千六百余両にまで増加し、明末崇禎三年（一六三〇）時の納入額二千四百余両と較べると、その額が三倍強となっており、これは明末清初期にいかに沙田開発が進展したかを示す傍証ともなっているということである。

次に、何故丈量の結果欠額が生じたのかという問題と南海県「定弓虚税」の実態について考えてみよう。

欠額が生じた原因は、①官吏が「短縮弓歩」という不正な計測器を使ったため、田地の測定額と実額とに乖離が生じたこと[66]、②「衙役」（胥吏）が賄賂を受け、「里胥」が法を玩んで「將無作有、以少報多」というデタラメな報告を行い、「隠弊挪移」（不正を摘発しないばかりか、田籍を誤魔化し）たこと[67]、③寄荘戸が丈量時、一時的に本籍地の田地の田籍を香山県に移して丈量を免れたこと[68]等の原因があったが、特に③の問題は重要なので検討してみよう。

『五山志林』（清、羅天尺撰）巻七、弁物、香田順税の条に、

桂洲南青歩海中葉沙等處、與香山接壌之田、五百餘頃。當弓田時、民移籍於香以丈、知縣葉初春至、始正之。此香田順税之所由起也。……順農力勤、工築日盛、而順税日滋矣。又香田租入與順等、而價則廉、謂浮産也。易爲勢攫。凡民兼有二邑之業者、苟急而變産必香焉。

と見える。桂洲の南、青歩海中の葉沙などは香山県と接している田が、五百余頃あった。田土を丈量する時、順徳県民は戸籍を香山県に移して丈量してもらった。知県葉初春は赴任して始めてこれを是正した。ここから「香田順税」という名称が起こった。順徳の農民は勤労し、堤防工事も盛んに行い、「順税」も多くなった。また香山の田土から

の小作料収入も順徳の状況に等しく、また田土の価格も低廉なので「浮産」とよばれ、「勢」力のある者に所有権を奪い取られ易かった。従って、二県に田土を持つ人々は急いで田土の籍を香山に移したのであった。以上の経過が寄荘の起因であった。

順徳県では寄荘戸の不正によって欠額が生じたために順徳知県（万暦九～十四年、一五八一～八六）[69]は「香田順税」という税目を作って寄荘戸等に課税し、欠額分の補填を行った。

かかる寄荘戸への欠額補填策は珠江デルタ各地で発生し、それは第七表に明らかである。また、葉初春の施策は万暦四十六年（一六一八）の郭尚賓の移抵策と大いに関係があった。乾隆『南海県志』巻十八、疏、巡撫傅泰の「請免定弓虚税疏」に引用されている布政使王士俊の詳文には、

以此縣之陞科、移抵彼縣之虛糧。其中田地不無奸民藉爲隱佔。即如香山縣、自立有香田南税名目。有香田而實非南税者、遇有爭端。皆得假借南税支吾。是移抵流弊、不特兩縣税畝難以稽査、即各縣錢糧亦多混冒不清。

とあり、この県の田土課税割付で他の県の「虚糧」（田土が無いにも拘らず設定されている課税額）の補填に使われた。その中の田地は「奸民」によって「隠佔」（隠し田）されていないものはない。例えば香山県では「香田南税」の名目のものがある。「香田」（香山の田土）で「南税」（南海県へ納税）でない田土はよく所有権争いがある。皆、「南税」を納入するという名目を盾に実際は納税をごまかして行わないのである。この「移抵」（他県の田土に課税して本県の不足税糧を補填する）の弊害は両県の「税畝」（課税田地）を調査し難くさせているだけでなく、各県の銭糧も混交して不明にさせてしまっているのであると述べられている。

この郭尚賓の移抵策（ある県の新田地への課税によって、特に南海県の欠額＝「定弓虚税」を補填する政策）は葉初春の施策に影響されて、陞科された沙坦に「―南税[70]」という名称を付して課税したものであった。しかし、「香田（香山県の

田地)」で「南税（南海県定弓虚税にあてる課税地）」でない他人の既成田地を「勢豪之家」が「承餉（軍餉＝「南税」を納入）という名目で開墾を申請し、その許可が下りると自己の田地としてしまう「占沙」[71]の弊害が再生産された。かかる弊害が各県の税糧（特に移抵銀）徴収に混乱を来し、雍正八年（一七三〇）の「豁免」につながったのである。

以上、寄荘の是正、賦役負担の均等化等の目的で行われた明末の丈量策は、その目的を十分に果たせなかったばかりでなく、逆に欠額補填のための「定弓虚税」策等が災いして、小民の負担増加・寄荘の再生産という悪循環を繰りかえしていたのであった。

（3）清初の税糧徴収機構改革

明中期からの賦役制度改革の帰結として、清代になって地丁銀制度が実施され[72]、広東でも康熙五十六年（一七一七）に施行された[73]。

地丁銀制度施行前後の税糧徴収機構の変化について考えてみよう。当時の税糧徴収方法は建前的には自封投櫃[74]であったが、明中期頃よりの大戸による包攬[75]という税糧徴収形態が広汎に展開していた。嘉慶『東莞県志』巻十一、田賦に、

莞籍田糧、舊有里長・排年・總催名目。里長悉豪右承充、包攬私挪、排年則挨戸輪充、受賄代責、相縁爲奸、積逋甚衆。

とあり、東莞県籍の田糧徴集係には明代は里長（一般民戸で輪番に当たっている里長）、排年（同じく輪番に当たっていない里長）、総催（塩場に於ける団の長[76]）の名目があった。しかし、里長職はすべて「豪右」によって独占され、税糧の包攬（請負徴集）による不正流用が行われ、また排年は各戸に輪番で充てられたが、賄賂を受けて責任を全うしないばかりか、悪事をはたらき、税糧の滞納を行うものが非常に多いと言われている。即ち、「豪右」が在地の徴税機構を取り

こみ、「姦胥」（邪悪な胥吏）と結託して税糧滞納を行っていたのであった。[77]
このような事態に対して康熙二十八年（一六八九）には三連票法が、[78]同三十六年（一六九七）には滾単法が行われた[79]が、いずれも十分な効果を収めなかった。これは、この地域の包攬・脱税の実態が、同族ぐるみの集団的行為であったからである。光緒『広州府志』巻一一〇、宦績七に、

金啓貞、正白旗人、由監生、康熙三十九年知新安。……邑遷復未幾、民嗷嗷中澤、同戸逋税、則合族株連。啓貞為惻然、編定甲戸、分立的名、有積欠不清者、罪止一人、民皆安業。

とあり、同族が姓を同じくする利点を生かし、数戸を一戸として納税した。

また、宣統『東莞県志』巻三三、前事略五には

（雍正四年）十一月、巡撫楊文乾奏請、糧戸改立的名。文乾疏言、廣東民納糧、倶用老戸、臣今改立的名、令各屬申報、或因墾買過割之際、就本名註冊、或赴縣完糧時、問明辦糧人的名、登於原冊、老戸下百姓既知改立的名、則己身完賦後、他人未完者、不致累及、且就糧管業、不致詭寄飛灑諸弊、争先開報、一二年間、通省倶可改註、得旨嘉奨。

とあり、雍正四年（一七二六）十一月に広東巡撫楊文乾が糧戸（納税戸）が的名（本名）を立てることに改めるよう要請した。楊文乾の上疏によると、広東の民の納糧（納税）は老戸名を用いていたが、的名（本名）を立てることに変え、各属に報告させ、土地の開墾売買・土地台帳の名義書換の際、本名で帳簿に記入し、或は県に赴き納糧した時は「辦糧人」（納税人）の的名を明確にし、原冊（原簿）に登記する。こうして老戸の下の百姓も的名を立てることを知ったからには自分自身が納糧すれば、他人の未納者からの累が及ぶこともなく、且つ糧（税糧）を基本的に現実の土地所有権をもとに管理するので、詭寄飛灑などの弊害も起こさないから、先を争って（納糧を）届出るため、一・二年

の内に全省で（的名）の記載が行われるであろうと言われていた。

このように広東では納税者名義には老戸名[80]という明初段階の納税戸名が用いられていたために、官衙が納税戸の実名（的名）を把握できず、詭寄・飛灑等の弊害が生じ[81]、一方では欠税額が他の弱小宗族の業戸等の負担となっていたのである。かかる事態に対して、的名法という納税戸の実名を納税簿に登記する方法が、早くは康熙三十九年（一七〇〇）に新安県で行われていたが、雍正四年（一七二六）に広東全省で実施された[82]。

この的名法は上記の弊害を是正する上で一定の効果があったが、この後数十年を経た嘉慶年間には次第に制度が弛緩し、税の滞納者が出ても調査のしようがなく、図差（胥吏）も恣意的に税の督促を行ったために、小民は負累に苦しんだ。そして、結果的には前記の同族ぐるみの脱税、その本質は「豪民」による包攬・脱税という弊害[83]を再生産していたのである。

このように、清初から嘉慶年間（十九世紀前半）頃までの徴税機構改革は、単なる徴税技術の改良に止まり、明末のような大規模な丈量による徴税機構刷新の試みはなされず、その改革の効果も殆どなかったと言えよう。

四　郷紳の村落支配の構造

（1）珠江デルタの村落状況

広東では「一郷一姓或一郷二三姓[84]」と言われ、同族（＝同姓）村落が広汎に分布していた[85]。また、道光『新会県志』巻一、図説から筆者が考察したところによると、①同志図説記載の新会県の全村落数八七四のうち、一姓一村の所謂同姓村落は四七八（五四・八％）、一村二・三姓の村落は七二（八・二％）、雑姓村落は三二四（三七・一％）、②有力な大姓としては、李・陳・林姓等があり、いずれも村落・都単位を越えた郷・県単位の大姓であった[86]。

以上の史料及び第三節で考察した寄荘の問題を考えあわせると、珠江デルタの村落は、大姓村落（郷・県単位で優位を占める大姓が管理運営している村落）と小姓・雑姓・流民・蛋民等の村落（大姓の寄荘・支配下にある村落）の二類型に大別することが可能と考える。

（2）大姓村落の構造

（a）族産の形成。

沙田開発と族産の形成がどのように関連しているかについて考えてみよう。近代の史料になるが、『広東農民運動報告』第一章、第一節、（一）田之種類、C沙田には、

沙田以近海各縣爲最多。近海各縣如順徳・中山[87]・番禺・新會・南海・東莞・潮陽・惠來・海豐等縣、大概都是沙田。沙田的所有權、有屬于一姓的、有屬於一郷的、有屬於幾郷或全縣的。沙田大概是郷間的皇帝、所以有開闢新田地的權利。開闢時有功名的紳士們使用大家出力、自己只出計劃。……沙田既成、有功名的紳士們使用太公名義占有。順徳・中山等縣、一塊沙田有到十萬畝的。此種沙田在明清時代大概都是没有税的、因爲官府大概不管理及此、所以無從知道抽起税來。

とあり、郷紳は自らイニシャチブをとって進めた沙田開発の完了後、沙田を「太公」（族産）名義、或は「旁的名義」（前述の「承餉」等の名義と考えられる）で「占有」し、その結果、族産支配権も獲得した。このような、郷紳を核とした大姓による沙田の所有規模は、数郷、一県単位にまで及び、この結果が前述の大姓村落の形成となったのである。

（b）族産の管理運営。

族産は同族間の相互扶助機能を持ち、同族結合の紐帯となっていた。光緒『広州府志』巻十五、輿地畧七、風俗には、

今巨族多立祠堂、置祭田、以供祭祀、并給族賢燈火。春秋二分及冬至廟祭、一遵朱子家禮。下邑僻壤數家村落、亦有祖廳祀事。歳時薦新、惟清明則墓祭、闔郡亦俱相彷。

とあり、巨族（大姓）の場合は祠堂を建て、祭田を置き、祭祀や同族内での科挙受験者に対する援助費に当てた。また、数家の村落でも祖庁を設け、祭祀を行っていた。

とりわけ、大姓においては、族産の一つである義田の運営及び収益分配について規約が設けられていた。『広東新語』巻二、地語、義田に、

湛文簡常設義田。族人冠婚喪葬者・讀書者、給穀有差。龐弼唐請分爲三等。以田七十畝爲上、五十畝爲中、一二十畝爲下。上者勿給、中者量給、下者全給。若田至三五頃以上。須毎年量出租穀入于家廟、以助周急之需。庶所積厚而施無窮。

と見える。この湛文簡は諡で、本名は湛若水、広東増城の人で、明中期の弘治十八年（一五〇五）の進士である。[88]彼は族人の土地所有額に応じて上中下三等に分かち、給付額に差をつけていた。また、三～五頃以上の大土地所有者には自己の小作料収入の一定額を毎年家廟に入れ、族産の補充を行わせた。

以上のような族産の管理運営には、直接的には族内の耆老や有力者が当たっていたが、[89]実質的には郷紳の支配下にあったのである。宣統『東莞県志』巻三十八、古蹟略二、前賢遺址、金鼇洲塔の「印光任重修金鼇洲塔碑記」に、印光任（乾隆二～八年、一七三七～四三の東莞知県[90]）が塔の建設及び城河の浚渫に際して、その費用が無いことから、紳士を集めて審議させた。その時に紳士達が次のように述べている。

邑紳士僉曰、莞之有祖祠者、以千計。祠有嘗租、各輸金少許、計可得數千緡。又出衆士。庶所深願事、可不勞而辦。

とあり、紳士達は東莞県全域の「嘗租」（族田の小作料収入）を自分達紳士層に渡して、塔の建設及び城河の浚渫を行わせるようにと述べている。この案は採用されて乾隆二年十月～三年五月（一七三七～三八）にかけて工事は行われ、その工事は完成した。

（c）族産の小作契約

族産の小作は族人に行わせるのが基本であった。近代の史料になるが、『広東農民運動報告』第一章、第七節、（丁）中路的業佃関係には、

中路的祖田很多、最大的是崇義祠[91]、祖田的佃戸是族間的子孫、主人是神主牌、批田時在祠堂内、當衆投標、租不很重。

とある。中路とは珠江デルタの沙田地帯のことであるが、族産の小作契約は族産の管理人と族人との間で結ばれ、その契約は入札によるもの、管理人が決定するもの[92]等があったが、いずれも「衆紳齊集、合同妥議[93]」とあるように郷紳層に最終的決定権があった。また、族田の小作料が比較的低額ということによっても、族人の再生産確保には族田の耕作が重要な意義をもっていたことが理解できる。

（d）大族及び郷紳の経営と商品生産

清朝の沙田開発・勧農政策は、清初は開墾奨励による民生安定策[94]であったが、雍正五年（一七二七）には広東で深

刻化していた米不足を解消するために米作奨励策が出された[95]。しかし、その効果はなく、珠江デルタではむしろ商品作物栽培の展開が顕著であった。

まず、大族の族田における生産について考えてみよう。光緒『広州府志』巻十五、輿地略七、風俗、順徳県の条に、

俗以祠堂爲重、大族祠至二三十區。其宏麗者、費數百金、而莫盛於碧江龍津古樓、大族亦二三十座一樓、費數千金、以鐵爲門、下有板閣、負郭田爲圃、名曰基。以樹果木茘枝最多、茶桑次之、甘橙次之。龍眼則樹於宅、亦有樹於基者。圃中鑿池畜魚、春則涸之種秧、大者至數十畝、若築海爲池、則以頃計。

とあり、順徳県大族の祠堂の中では碧江竜津古楼ほど壮麗なものはなかった。残念ながらこの古楼に関する詳細な史料は不明であるが、この古楼を建てた大族は圃（田地）を付設し、茘枝、竜眼、或は茶、桑、甘橙などの商品作物を栽培した。また、池も掘り、養魚を行い、春には水を涸らして、これらの作物の苗を植えたのである。

一方、郷紳層もこのような商品作物生産を自己の経営に組み入れていた。光緒『広州府志』巻十二、輿地略四、山川、香山県の条に、

茘枝山、在縣西南一百四十里、……明黄副使鑰之祖母崔命僮僕、沿山遍植茘枝、大抱淩霄因名。

とあり、香山県の茘枝山では明代の副使黄鑰之の祖母崔氏、その宗族は郷紳宗族と考えられるが、僮僕を投下して直接経営地の商品作物茘枝の生産を行わせた。僮僕は元来人身売買によって郷紳層の労働力となったが、後には「帰宗」即ち、郷紳と擬制的血縁関係を結ぶことを許され[96]、郷紳の経済外的強制手段としても使われた[97]。

以上、大族の族産や郷紳の直接経営地においては、商品作物栽培が行われ、大族、郷紳各々の経済的基盤確立の手段となっていた。そして、茘枝・竜眼などの果木栽培は、この地域では普遍化し、その技術水準の如何が生産力・生産物販売の度合を決定し、延いては同族集団・郷紳の発展の可否を決定づけていた。光緒『広州府志』巻十五、輿地

略七、風俗に、

居人多種龍眼爲業、彌望無際、約有數十萬株。茘枝、甘橙諸果居其三四、比屋皆焙家、取茘枝龍眼爲貨以致富。又嘗擔負諸種花木分販之。近者數十里、遠者二三百里。他處欲種花木茘枝龍眼之屬、率就陳村買秧、又必使其人手博接其樹、乃生且茂。其法甚秘、故廣州場師以陳村人爲最。今則仏滘花圃多於陳村、……是已移花接木之法、講求甚熱、豈即陳村遺法近而得傳耶。其焙果則仍爲陳村故業。

とあり、果木栽培法は元々順徳県陳村の「焙果」法が優位を占めていたが、明末以後[98]、仏滘の「移花接木」法にとってかわられてしまったという。

この果木栽培は郷紳だけが行ったとはもとより限定できないが、郷紳の商品生産への関与は十分ありえたと考える。ともあれ、この地域では商品作物として、果木（果実の木）、後には桑栽培が発展し[99]、清末民国には「佃農以稲田所入、不逮他植、多好雜植菓蔬、於是米粟不足、食戸多仰給外省外洋[100]」という状態になっていたのである。

（e）村落内裁判

宣統『東莞県志』巻五十一、宦績三、文職に、

裘孔武、浙江會稽人。康熙二十年、由吏員知邑事。有才力、遇事省約。民爭訟者、諭令解息、或下之族長・郷耆、以理處置、務得其平。

とあり、裘孔武は浙江会稽の人であったが、康熙二十年（一六八二）に東莞知県となり、民間で争いがあれば速やかに命令を下して収めるか、族長や郷耆に下して公平に処理させていた有能な官吏であった。このもめ事が生じた場合、郷村の族長・郷耆に下して解決するという方法は、彼一人だけで終わったのではなかった。

なぜなら東莞県では明倫堂を中心とする郷紳・地主の権威は絶大であったために[101]、主な民間の訴訟は族長や郷耆の村落内裁判で解決されることは公権力によって公認されていたのである。

（f）防衛機能

明中期より本格化した沙田開発進展過程を通じて械闘の発生や海盗の出没が頻繁に見られた。このような状況に対して、明代嘉靖年間（一五二二～六六）には保伍の制が設けられ[102]、清初にも保甲制が実施された[103]。清初の保甲制の内実は、宗族単位で自発的に「保甲遺意」（保甲制度の原則）に従い、「党正」を設けて治安維持を行ったものであった。しかし、公費の補償がなかったことから十分な効果を収めず[104]、本格的な保甲制の実施は嘉慶年間（十九世紀前半）に入ってからの事であった。咸豊『順徳県志』巻二十一、列伝一、文伝、沈権衡伝に、

権衡至、嚴行保甲。使郷各擇適中地、建宇舎曰公約。煙村若干戸以上、設一人長之、曰保正。先選於縉紳、而後及年老有徳望者、以姓字呈之官、訪査不謬、則木鐫某郷某族、戳記給之。

とあり、沈権衡（嘉慶五～十一年、一八〇〇～〇六の順徳知県[105]）は保正に当初、郷紳を当てていたが、後には年老の徳望者を民間から推挙させて当てた。いずれの場合においても珠江デルタの特質である同族集団内から選ばれていたと考えて差支えないであろう。

このように、明末から清中期にかけての公権力の治安維持制度は、民間の同族集団の防衛機能に依拠する側面が強かったと言えよう。

かかる情勢は同族集団にとっても集団的防衛機能を強化せざるを得なかった。即ち、沙夫、沙勇の設置によって作物泥棒に対する監視・防御を行う[106]とともに、祠堂内に武器[107]や備蓄食糧・資材等を備えていた。『五山志林』巻六、紀

勝に、

順徳割南海三郡膏腴、人民富庶。水郷爲多聚族以處、煙火稠集。樓房高至五六丈、遙望之如浮閣、高出林表、參差浮一。最富豪者、有回字樓、高倍之。四簷落水、内閣三層、中有八柱、廳下有井、有竈、積柴米其上。雖有寇盗、可數十月守、儼若一城墉焉。

とあり、大族の聚落はまわりが擁壁で囲まれており、これは一種の城砦のようなもので、盗賊の侵攻に十分備えられた。

(g) 公権力との対応

村落共同体から郷紳権力が形成される要因の一つは、公権力の徴税・治安維持等の支配に、より有利に対処して、村落共同体の集団的安定性を確保することにあった。それには、公権力との対応に長けている郷紳層の存在が当然要請されてくるのであり、従って、同族から科挙試験合格者＝官僚[108]を出すことが必須の条件であった。民国『順徳県志』巻一、輿地、風俗に、

郷族最重科擧、凡入泮登科者、旋郷之日、族中耆老、以彩仗鼓樂迎接、婦孺皆空巷往觀、足徵稽古之榮、亦寓鼓舞人才之意。

とあり、同族の繁栄と官僚層の輩出が不可分な関係にあったことがわかる。そのために、族内では科挙試験に合格する人材を養成するために、科挙受験者を族産によって援助したり、書院や文社を設け[109]文風を盛んにしたのである。民国『順徳県志』巻二、建置の史料から書院、文社の設立主体について見てみよう。

鳳山書院　　光緒二十四年（一八九八）　知縣李家焯重修

金峰書院　乾隆五十七年（一七九二）　闔堡紳士遷建
鍾山書院　咸豐五年（一八五五）　郷紳周果・何應駒等倡建
西淋書院　同治十三年（一八七四）　都寧司巡檢王近仁偕陳赤紳士黎天緯・歐瑞昭等遷建
敦和書院　同治七年（一八六八）　郷紳陳松等創建
聯安社學　光緒十八年（一八九二）　平（歩）葛（岸）兩堡紳士陳文蔚・劉雲藻等創建
平歩堡　光緒十六年（一八九〇）　堡紳劉雲藻等拓建
六郷社学
青雲文社　肇自明末
　　咸豐甲寅（一八五四）　亂後（重建）、各祖祠輪管
新青雲文社　咸同間（一八五一－七四）　邑紳羅惇衍・龍元僖籌款置産

と見え、創建時の記事はあまりなく、重修時の記事が大半であるが、書院・文社の設立は郷紳が主体であったことがわかる。

また、同じく民国『順徳県志』巻二、建置に

本邑文社之設、自順治時、張邑侯其策立瀛社、以課諸生始。科擧時代實足以輔書院之不逮、故附城、則大良文社遞年課文八次、三元文社遞年三次、青雲文社遞年二次、始同治甲子、諸郷如古樓之金峰書院、吉祐之鴻文社、勒樓之聯社、黃連之濟社、羊額十三郷之金聲社、逢簡之天章社、龍山之金峰社、高讃麥村等郷之興社・蓮社及各巨族之家社、均月有試、季有課、用能振起文風・・・・

とあり、順徳県の文社の設置は順治年間（一六四四～六一）、張知県が瀛社を設立し諸生に試験を課していたのに始ま

り、科挙実施時代、書院を補って文風を起こしていた。城内の大良文社、三元文社、青雲文社の外、郷村の各文社、巨族の家社では毎月、毎季に試験を課して、文風を振るい起こしていた。

そして、同じく民国『順徳県志』巻二、建置に

大良文社、原稱文會、始名五山、繼名鳳城、嘉慶八年改今名。向無地址、原有魚鴨各埠基塘等業、遞年由附城各姓祖祠輪管、逐漸儲蓄、租項日增、其初祗每年辦理祀魁祝萬壽及文會八次、在梯雲書院、餘無別用、至道光甲午乙未間、始送郷試巻資、毎位五元、會試程儀、毎位十元、戊戌始分鰥寡孤獨郵銀、養士、賑貧、至今頼之。

とあり、大良文社は城内の各同族によって輪番で管理され運営されていた文社であるが、元来は毎年、魁や万寿を祝ったり、文会を行ったりしていたが、道光十四・十五年（一八三四・三五）頃から郷試受験者に「巻資」と呼ばれる餞別を送り、会試受験者に「程儀」と呼ばれる餞別を送り、また鰥寡孤独な貧民には銀を与えたりして、読書人を育て、貧民を賑恤していた。

（3）寄荘地・流民等に対する郷紳支配

寄荘地における地主−佃戸関係は、「主者一任耕之勤惰、佃者一任田之肥瘠[10]」、即ち、地主の収益は佃戸が勤勉であるか怠惰であるかによって左右され、また、佃戸の収益は田地の肥瘠によって左右されるという、極めて不安定な状態であった。これは、地主＝郷紳の寄生地主的性格と沙田における農業生産の不安定性に起因していたものと考えられる[11]。

しかし、このような不安定状態の中でも生産を安定させ、上昇させてくる佃戸も存在した。嘉靖『香山県志』巻一、風土志には、

土曠人稀、生理鮮少、家無百金、取給山海田園。貧者佃富人之田、服其力役曰入僐。謂田主曰使頭、自稱曰田客。其後反以佃戸之首爲使頭、以別於田主。織縫貿販、東莞之民也。耕獲版築、新會之民也。斧斤木石、順徳之民也。皆顧覓爲之、無務工商者。

とあり、地主は元来使頭とよばれていたのであるが、明代中期の嘉靖年間（一五二二～六六）頃には、佃戸の中には成長して使頭と呼ばれる者まで現われた。この使頭と呼ばれた佃戸は東莞県人が機織り業、新会県人が農業・土木工事（堤防建設?）、順徳県人が山林業にも従事し、人を「顧覓」（雇用）して各々の生業の経営も行っていた。

また、『広東新語』巻二、地語、沙田に、

沙頭者何、總佃也。蓋從田主攬出沙田、而分賃與諸佃者也。其以沙田爲奇貨。五分攬出、則取十分於諸佃、不俟力耕、而已收其利數倍矣。

とあり、沙頭とは使頭と同じ意味のものと考えられる。従って、沙田の土地所有関係は地主－沙頭（使頭）－佃戸という一田両主的関係になっていた⑫。この使頭（沙頭）は佃戸より上昇してきた者で、自己の小作地の永小作権をもっていただけでなく、地主の土地を広く請け負って、佃戸層に貸し出す経理人的存在であったようである。使頭が佃戸より小作料を徴集し、地主に納め、その際に中間搾取して自己収入とした様で、その利益が大きかったからこのような請負を手広くやっていた。まさに台湾の小租戸的存在であったと考えられる⑬。

一方、流民の状況については、光緒『広州府志』巻十五、輿地略七、風俗に、

邑境割自南番諸縣、其間肥磽、殊地秀頑。異民招徠之衆、服習未馴。大都衣租食税者、皆可爲善、若佃耕之甿、積惰而餮。灰糞牛種、悉貸於豪黠、比及收穫、折筭殆盡。已復稍貸、力詘負重、罄室以逃。由素無餘蓄、故輕去其鄉也。

とあり、清初康熙二十四年（一六八五）に花県は南海・番禺両県から土地を分割して出来た県であるが(114)、土地の肥瘠はまちまちであった。招き寄せられて来た「異民」（犯罪人）は当地の習俗に慣れなかった。おおよそ地主は善を尽くしても、このような佃戸は怠惰をむさぼり、肥料・牛・種子等は「豪黠」から借りるため、収穫後負債を返済すると酬入は殆ど無くなる。また負債すると力尽き負債が重くのしかかり、土地を捨てて逃亡する流民にならざるを得なくなる。それは彼等がもとから貯蓄が無く、簡単に郷里をすてることから由来しているのであると述べられている。

このように花県の流民は「豪黠」からの負債に堪えかねて生産から遊離し、盗賊化する傾向にあった。

以上のような、一方では商品生産等の生産力増大による佃戸の成長・分解、他方では流民等の盗賊化等という状況が、単なる寄生化した地主支配を越えた、郷紳という地域的支配者の形成をより一層促進したものと考える。

おわりに

以上、筆者は珠江デルタにおける郷紳支配の成立過程をその経済基盤確立過程を通じて考察してきた。その結果、以下の点が明らかとなった。

郷紳は同族結合を利用し、流民等の労働力を投下して、沙田を開発するとともに、「占沙」「寄荘」という形態で他人の沙田の所有権を不正に奪取し、また、蛋民の牡蛎養殖等の広汎な地域的諸生産を支配するという過程が見られた。このようにして成立した郷紳支配の矛盾の一つが、蛋民や貧民等の盗賊化、即ち、佐々木正哉氏の言う「貧民集団からの脅威」となってあらわれたが、これは郷紳権力確立の二次的な要因にすぎなかった。

一方、国家権力側からの対応を考えて見ると、明末段階では丈量等一連の施策を通じて、郷紳の不正な土地所有を是正して、明初段階の税糧徴収分＝「原額」の確保が試みられた。しかし、その施策は十分な効果を収められなかったばかりでなく、むしろ「原額」主義が災いして南海県「定弓虚税」等、欠額補填策が小民の負担を増大させた。そして、清代に入ると、かかる政策的努力は後退し、その国家的支配は基本的に在地の郷紳支配構造に依拠してなされるものに変質していた。

また、村落レベルでの郷紳支配構造をみると第一図のようにまとめられる。郷紳を主眼とした支配軸は、（a）（b）（c）（d）（e）の五つが考えられ、（a）（b）（c）は大姓村落における郷紳支配構造、（d）（e）は寄荘地や流民等小姓村落における郷紳支配構造である。郷紳の支配基盤発展過程は、（c）→（a）（b）→（d）（e）即ち、直接経営地→同族・村落→寄荘地等の周辺地域という過程を取るのであった。また、五つの支配軸のいずれもが、郷紳支配の本質を決定していたが、明末清初時期の主要な矛盾は、（d）（e）であったと考えられる。

このような珠江デルタにおける郷紳支配構造は、安定的恒常的な軍事力を保持せず、在地支配権力が個人に集中したり、世襲化することはない等、未成熟な権力であるが、日本の領主的支配を彷彿させるものがあった。

このような見通しは同族村落・集団が広泛に存在する珠江デルタに典型的にあてはまるものであったと考える。

註

（1）『粤東省令新纂』巻二、戸例上、田賦、「承墾沙坦章程」及び佐々木正哉「順徳県郷紳と東海十六沙」（『近代中国研究』第三輯、一九五九年）。

（2）森田明「広東省南海県桑園囲の治水機構について」（『東洋学報』四七―二、一九六四年九月、後に「広東における囲基の水利組織―桑園囲を中心として―」と改題されて、同著『清代水利史研究』亜紀書房、一九七四年三月に所収）

（3）天野元之助『支那農業経済論』上（改造社、一九四〇年）。

（4）陳翰笙『広東農村生産関係与生産力』（中山文化教育館、一九三四年）。
（5）牧野巽「広東の合族祠と合族譜」（1）（『オリエンタリカ』第二号、一九四九年）、同「広東の合族祠と合族譜」（2）（仁井田陞編『近代中国研究』一九四八年）、同「広東原住民族考」（『民族学研究』第三号、一九五三年、共に同著『牧野巽著作集』第五巻、第六巻、御茶の水書房、一九八五年所収）。
（6）清水盛光『中国族産制度攷』（岩波書店、一九四九年）。
（7）仁井田陞「中国の村落共同体―再編成からその終末まで―」（『歴史教育』第一三巻第九号、一九六五年）、同「中国の同族村落の械闘」（同著『中国の農村家族』東京大学東洋文化研究所、一九五二年）。
（8）今堀誠二「清代における農村機構の近代化について」（1）（2）（『歴史学研究』一九一・一九二号、一九五六年一・二月）。
（9）註（1）前掲佐々木正哉「順徳県郷紳と東海十六沙」論文。
（10）酒井忠夫「郷紳について」（『史潮』第四七号、一九五二年）、同『中国善書の研究』（弘文堂、一九六〇年）。
（11）重田徳「郷紳支配の成立と構造」（岩波講座『世界歴史』一二巻、一九七一年二月所収、後に同著『清代社会経済史研究』岩波書店、一九七五年十月に所収された）。
（12）呉金成（渡昌弘訳）『明代社会経済史研究』（汲古書院、一九九〇年二月）。
（13）註（2）前掲森田明「広東における囲基の水利組織―桑園囲を中心として―」論文。
（14）前田勝太郎「清代の広東における農民闘争の基盤」（『東洋学報』五一―四、一九六九年三月）、同「辛亥革命前の広東における民衆闘争」（『歴史学研究』四二三、一九七五年八月）。
（15）松田吉郎「明末清初広東珠江デルタの沙田開発と郷紳支配の形成過程」（『社会経済史学』四六―六、一九八一年三月）。
（16）西川喜久子「清代珠江下流域の沙田について」（『東洋学報』六三―一・二、一九八一年）、同「『順徳北門羅氏族譜』上・下（『北陸史学』三二・三三、一九八三、八四年）、「順徳団練局の成立」（『東洋文化研究所紀要』一〇五、一九八八年）。
（17）片山剛「清末広東珠江デルタの図甲表とそれをめぐる諸問題」（『史学雑誌』九一―四、一九八二年）、同「清代広東省珠江デルタの図甲制について―税糧・戸籍・同族―」(『東洋学報』六三―三・四、一九八二年)、同「清末広東省珠江デルタにおける図甲制の諸矛盾とその改革(南海県)―税糧・戸籍・同族―」(『海南史学』二一、一九八二年、後に『明清広東社会経済研究』一九八七年所収)、同「清末広東省珠江デルタにおける図甲制の諸矛盾とその改革(順徳県・香山県)―税糧・戸籍・同族―」(『中国近代史研究』四、一九八四年)。

(18) 井上徹「明末清初、広東珠江右岸デルタにおける社賊・土賊の蜂起」(『史林』六五―六、一九八二年)、同「宋代以降における宗族の特質の再検討―仁井田陞の同族〈共同体〉論をめぐって―」(『名古屋大学東洋史研究報告』一二、一九八七年)、同「宗族の形成とその構造―明清時代の珠江デルタを対象として―」(『史林』七二―五、一九八九年)。

(19) 珠璣巷における同族研究には、羅香林「宋代南雄珠璣巷與民族遷移之関係」(『華岡学報』第八期、一九七四年七月)があり、参照されたい。

(20) 第一部第三章の拙論「広東省南海県沙頭堡の盧氏」を参照されたい。

(21) 道光『広東通志』巻二四六、宦績録一六。

(22) 光緒『広州府志』巻一一五、列伝四。

(23) 光緒『広州府志』巻一〇七、宦績四、鄧遷の条に「鄧遷……嘉靖丙午(二十五、一五四六)、以擧人任香山知縣、……邑多寄庄、爲順徳新會等都、他邦所無也。前縣令黄正色固能吏、猶移文取徵、至是聞風、不召自來、各令推才幹一人、爲領袖、賦役皆完、治行爲諸邑最。新會豪民趙恒修奪人田、督府歐陽必、進檄往三竈勘之、遷丈出餘田一十五頃有奇、歸預備倉、以備賑濟」と書かれている。これによると、鄧遷が明中期香山知県に赴任した際、香山県は順徳・新会県などの人から寄荘の害を受けていた。その弊害是正の改革を行ったこと、及び寄荘の例として新会県の豪民を挙げ、この土地を没収して予備倉にあてたことが記されている。この豪民が寄荘という形態で沙田を所有し、開発した主体であった。

(24) 同治三年刊『広東通志』巻三三〇、列伝六三、「嶺蛮」には「潮州府輋猺民。……。前明設官以治之。銜曰輋官、所領又有輋總、輋當作輋、實録謂之輋。我謹案輋、元史世祖本紀、作畲、或作畲、讀如斜、輋畲皆俗字也。」とか「畲蠻、嶺海隨在。

皆有之。以刀耕火種爲名。」とかあり、「畬猺」は広東の潮洲等の瀕海の地に住む人々である。また『広東新語』巻七、人語、﨏人に、「潮洲有山。‥‥亦皆傜族」と言われている。この「傜族」と「猺」は同じ潮州に存在することから、同一のものと考えれる。

(25)『明史』巻二七八、列伝、陳邦彦の条。

(26)康熙『新会県志』巻十、兵防や顧炎武『天下郡国利病書』第二七冊、広東上、営砦などによると、打手は明代成化～嘉靖年間（十五世紀中頃～十六世紀中頃）より民壮の補完的役割を果たす目的で設置され、その成員は新会・順徳県の貧農からなっていた。しかし、明末になると有名無実となり、農村に帰って横暴を働くものが多かったと言われている。

(27)道光『広東通志』巻一〇一、山川畧、香山県石岐海の条に、「海中多洲潭、種蘆積泥成田」とあり、蘆を植え泥沙を堆積して沙田を形成していたことがわかる。

(28)康熙『番禺県志』巻二十、雑記に「玉堂嘉話、番禺縣嘗有俚民牒訟、夜失蔬圃、詰之則云、淺水中荇藻之屬、風沙積、爲墾爲圃、夜爲人盜。若浮筏故也。」とあり、俚民が開墾した沙田が他人によって侵害されたことがわかる。この俚民は『後漢書』巻八十六、南蠻西南夷列伝第七十六に「里、蠻之別號、今呼爲俚人」とあり、広東からヴェトナムにかけて居住していた人々と云われるが、明清時代の俚民と同一かどうかは不明である。

(29)佐々木正哉前掲「順徳県郷紳と東海十六沙」論文。

(30)『広東農民運動報告』第一章、第一節、(一) C沙田に「此種沙田在明清時代大概都是没有税的、因爲官府大概不管理及此、所以無從知道抽起税來」とある。

(31)乾隆『新会県志』巻六、物産。

(32)『詩経』大雅、文王之什、霊台序には「靈臺、民始附也、文王受命、而民樂其有靈德以及鳥獸昆蟲焉」と見える。

(33)乾隆『新会県志』巻十三、付余志。

(34)康熙『番禺県志』巻一、山水、康熙『南海県志』巻十四、芸文によると、採石は砺山や西樵山等で行われ、公的許可を経ていない「私採」を禁止している。嘉慶『東莞県志』巻十三、水利によると、このような「私採」者の大半は山主と呼ばれていたと考えられる。

(35) 濱島敦俊「明代江南の水利の一考察」(『東京大学東洋文化研究所紀要』四七、一九六九年、二月、後に同著『明代江南農村社会の研究』東京大学出版会、一九八二年二月に改題されて所収されている)で示された見解は、珠江デルタにおいても基本的に一致していると考える。

(36) 佐々木正哉「咸豊四年広東天地会の叛乱」・同「咸豊四年広東天地会の叛乱、補」(『近代中国研究センター彙報』二・三、一九六三年)、及び本書第一部第六章の拙論「清代後期広東嶺西地域の土客械闘」を参照されたい。

(37) 光緒『桑園囲志』巻十三、渠竇。

(38) 康熙『新会県志』巻五、地理、小富涌。

(39) 都市水利の代表的な研究としては、斯波義信「江西宜春の李渠(八〇九〜一八七一)について」(『東洋史研究』三六―三、一九七七年十二月)、森田明「清代淮安の都市水利について」(『中国水利史研究』九、一九七九年八月、後に同著『清代水利社会史の研究』国書刊行会、一九九〇年一月に所収)等がある。

(40) 『広東新語』巻二、地語、沙田。

(41) 光緒『桑園囲志』巻十二、防患。

(42) 森田明前掲「広東における囲基の水利組織―桑園囲を中心として―」論文、及び、第一部第三章の拙論「広東省南海県沙頭堡の盧氏」を参照されたい。

(43) 光緒『広州府志』巻六九、建置略六、江防、番禺県社塘陂の条。

(44) 嘉靖『香山県志』巻一、風土志。

(45) 明代の寄荘戸についての全般的研究には川勝守「明代の寄荘戸について」(『東洋史研究』三三―三、一九七四年十二月)があり、その後、同氏は同著『中国封建国家の支配構造―明清賦役制度史の研究―』(東京大学出版会、一九八〇年二月)二一四～二三〇頁所収の「寄荘戸の地域的考察」で広州府の寄荘についても検討されている。
(46) 註(44)に同じ。
(47) 註(44)に同じ。
(48) 広東の民壮銀、均平銀については岩見宏「明代地方財政の一考察―広東均平銀について―」(『研究』三号、一九五三年、後に同著『明代徭役制度の研究』同朋舎出版、一九八六年五月に所収)を参照されたい。
(49) 嘉靖『香山県志』巻二、民物志。
(50) 註(49)に同じ。
(51) 嘉靖『香山県志』巻三、政事志、寄荘。
(52) 道光『香山県志』巻八、事略。
(53)『東海十六沙紀実』、「東海沙費不能歸順徳之理由」の「産業之寄荘」の条を参照されたい。
(54) 光緒『広州府志』巻一、訓典一、順治六年(一六四九)の条。
(55) 註(52)に同じ。
(56) 道光『香山県志』巻五、宦績に「周行…隆慶元年任、廉而惠、以寄荘逋逃、請陞邑爲州、順徳縣爭之、不果」とある。
(57) 川勝守「張居正丈量策の展開―特に、明末江南における地主制の発展について―」(一)(二)(『史学雑誌』八〇―三・四、一九七一年三・四月、後に、前掲同著『中国封建国家の支配構造―明清賦役制度史の研究―』に所収)を参照されたい。
(58) 康熙『南海県志』巻一四、芸文志、兵部右侍郎郭尚賓の「奏請除豁定弓虚税」を参照されたい。
(59) 註(58)に同じ。
(60) 註(58)に同じ。
(61) 註(58)に同じ。
(62) 註(58)に同じ。

(63) 註(58)に同じ。
(64) 乾隆『南海県志』巻十八、疏、布政使郎廷枢の「奏免定弓虚税疏」、同史料の巡撫傅泰の「請免定弓虚税疏」を参照されたい。
(65) 道光『南海県志』巻十四、経政略、田賦。
(66) 註(58)に同じ。
(67) 『九江儒林郷志』巻二、輿地略二。
(68) 『五山志林』巻七、弁物、香田順税。
(69) 光緒『広州府志』巻十九、職官表三。
(70) 『東海十六沙紀実』、東海沙費不能帰順徳之理由六、産業之寄荘に記載されている「順田而南税」の理解をめぐって、今堀誠二氏は「順徳県人の業戸の支配地」と解釈され、佐々木正哉氏は「順徳県内にある南海県人の耕田」と解釈されているが、いずれの解釈も誤りである。これは、万暦丈量時に南海県寄荘戸が本籍地にある田地を一時的に順徳県に移籍して丈量を免がれたが、後に「定弓虚税」の補填にあてられた順徳県内にある田地のことである。また、所有者は本来的には南海県寄荘戸であったが、後には南海県人以外の人になる場合もあった。
(71) 『陳巌野先生集』巻一、禁侵漁。
(72) 重田徳氏は「清朝農民支配の歴史的特質—地丁銀成立のいみするもの—」(仁井田陞博士追悼論文集第一巻『前近代アジアの法と社会』勁草書房、一九六七年十月、後に、前掲同著『清代社会経済史研究』に所収)において、地丁銀制度の実施によって「国家が地主=佃戸関係を基軸とする封建的支配の権力構造に転換した」と述べられている。
(73) 宣統『東莞県志』巻三十二、前事略四、康熙五十五年(一七一六)の条。
(74) 宣統『東莞県志』巻三十二、前事略四、康熙三十六年(一六九七)の条。
(75) 嘉靖『香山県志』巻三、政事志、包攬。

（76）山根幸夫『明代徭役制度の展開』（東京女子大学学会、一九六六年）、和田清編『明史食貨志訳註』上巻（東洋文庫、一九五七年）を参照されたい。

（77）註（74）に同じ。

（78）註（73）と同史料の康熙二十八年（一六八九）の条。

（79）註（74）に同じ。

（80）村松祐次『近代江南の租桟―中国地主制度の研究―』（東京大学出版会一九七〇年八月）四四五・四四九頁に、老戸の説明がある。その後、片山剛氏は「清末広東省珠江デルタの図甲表とそれをめぐる諸問題―税糧・戸籍・同族―」（『史学雑誌』九一―四、一九八二年四月）において図甲制下の老戸の問題を検討されている。

（81）宣統『東莞県志』巻三十三、前事略五、雍正四年（一七二六）十一月の条。

（82）註（81）に同じ。

（83）嘉慶『東莞県志』巻十一、田賦。

（84）『広東新語』巻十七、宮語、祖祠。

（85）天野元之助『中国農業の地域的展開』第四部、三、「華南の村落制度」。

（86）李姓は新会県十二都中十都に存在し、筆者の算定によると、同姓の占める割合は華萼都では一三・四％、石碑都では四八・九％、新会県全体で五・七％であり、陳姓は十都中十一都に存在し、文章都で一四・二％、潮陽都で二二・八％、新会県全体で六・三％であり、林姓は十二都中九都に存在し、新化・遵名二都で一〇・二％、潮陽都で五七・六％、新会県全体で九・〇％であった。

（87）『中国古今地名大辞典』（台湾商務印書館、一九三一年）一〇〇頁によると、香山県は民国十四年（一九二五）に中山県に改名された。

（88）『明史』巻二八三、列伝、湛若水の条。

(89) 天野元之助『支那農業経済論』上（改造社、一九四〇年七月、後に『中国農業経済論』上と改題されて龍渓書舎より一九七八年八月に復刻版が出された）五五～五六頁。
(90) 宣統『東莞県志』巻四十二、職官表二。
(91) 宣統『東莞県志』巻十八、建置略三、崇義祠の条には「崇義祠、在潢涌、祀咸豐甲寅禦紅匪死事黎聰等二十人、郷紳耆公建。」とあり、崇義祠は東莞県潢涌にあり、咸豊四年（一八五四）の天地会の乱の防衛のために亡くなった黎聰等を祭るために、紳士・耆老によって建設された祠であった。
(92) 同治『番禺県志』巻十六、建置略三。
(93) 註（92）に同じ。
(94) 光緒『広州府志』巻一、訓典一、順治六年（一六四九）の条。
(95) 光緒『広州府志』巻二、訓典二、雍正五年（一七二七）の条。
(96) 康熙『新会県志』巻十二、人物、行誼。
(97) 重田徳前掲「郷紳支配の成立と構造」論文。
(98) 光緒『広州府志』巻十五、輿地略七、風俗。
(99) 森田明前掲「広東省南海県桑園囲の治水機構について」論文、鈴木智夫前掲「清末民初における民族資本の展開過程―広東の生糸業について―」論文。
(100) 民国『番禺県続志』巻十二、実業志、農業。
(101) 『張文襄公全集』巻二十八、参革劣紳摺、光緒十五年（一八八九）十月十八日の条。
(102) 『霍文敏公渭崖文集』巻十四、両広事宜。
(103) 光緒『広州府志』巻一、訓典一、康熙十八年（一六七九）の条。
(104) 咸豊『順徳県志』巻二十一、列伝一、文伝、沈権衡伝。

(105) 光緒『広州府志』巻二十六、職官表十。
(106) 『東海十六沙紀実』、東海沙費不能帰順徳之理由八、経費之縁起。
(107) 『張文襄公全集』巻十四、請厳定械鬥専条摺、光緒十一年（一八八五）十二月二十日の条。
(108) 重田徳氏は「郷紳の歴史的性格をめぐって—郷紳観の系譜—」（大阪市立大学文学部『人文研究』二二—四、一九七一年三月、後に同著『清代社会経済史研究』に所収）において、郷紳支配の成立は「中国の官僚制がその地位の世襲を許さなかったことと密接に関連している」と述べている。
(109) 民国『順徳県志』巻二、建置。尚、書院制度の研究には、劉伯驥『広東書院制度』（国立編訳館中華叢書編審委員会、一九五八年二月）、大久保英子『明清時代書院の研究』（国書刊行会、一九七六年三月）等がある。
(110) 乾隆『順徳県志』巻四、食貨志、田賦。
(111) 註（110）に同じ。
(112) 一田両主制については、草野靖氏と藤井宏氏との間で論争があり、この問題については今後十分に検討を加えていかねばならない。とりあえず、筆者の現在の見解は、永小作権を歴史的前提として発生した田面権が地主のもつ田底権と並存し、地主の意志に左右されず佃戸が一個の物権としてこれを自由に処分したり、他人に賃貸、質入、売買できる段階になったものを一田両主制と考える。詳しくは第二部第三章を参照されたい。
(113) 第二部を参照されたい。
(114) 光緒『広州府志』巻六、沿革表。

第1表　珠江デルタ六県田地増減表

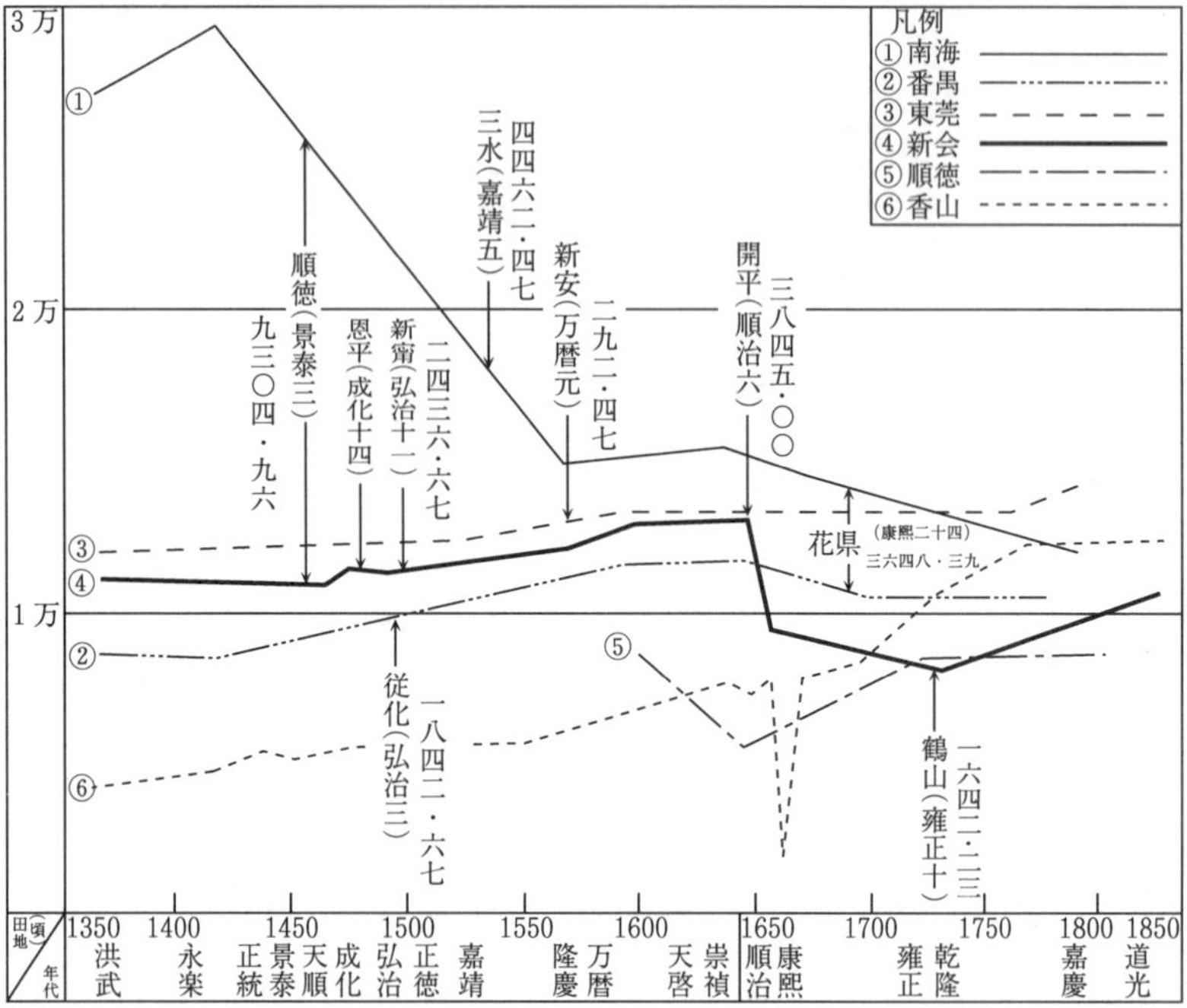

出典：道光南海県志，巻14，経政略。同治番禺県志，巻19，経政，田賦。民国順徳県志，巻5，経政略1。宣統東莞県志，巻22，経政略1。道光新会県志，巻5，経政。道光香山県志，巻3，経政。

尚，→は割県を示し，横の数字は分割田地額（頃）を示している。また，恩平県の場合，新会，新興，陽江三県から分割したため，新会県の分割額は不明確で数字は記さなかった。また，香山県における清代順治から康熙にかけての急激な田地額の減少は，康熙元・3年に遷移田を大巾に免税田地にしたためである。

第2表　広州府内新県設置状況

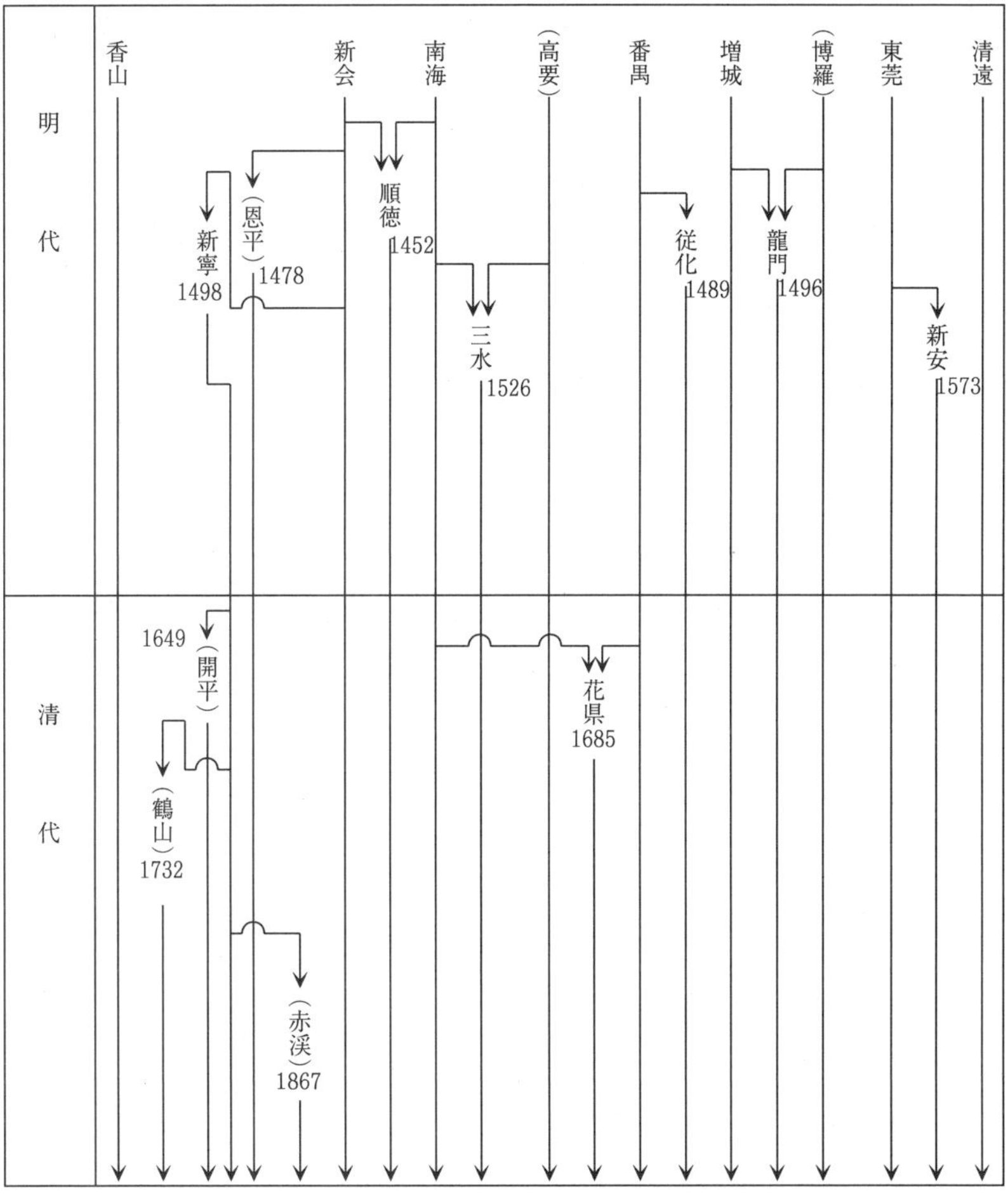

〈（　）は広州府外の県を示し，県名の下の数字は創県年代を示す。出典は光緒広州府志，巻六，沿革表。〉

第3表　珠江デルタの築堤状況

	宋	元	明 (1368～1644)													清 (1644～1911)										合
	(960～1279)	(1271～1368)	洪武	永楽	宣徳	正統	景泰	天順	成化	弘治	正徳	嘉靖	隆慶	万暦	崇禎	順治	康熙	雍正	乾隆	嘉慶	道光	咸豊	同治	光緒	宣統	計
東	5		1					1							1									2	1	11
莞	2	2	1		2				1	1		4		1	2	2		3	4	1	1	1	1	1		30
南	1											1									2	5	5			14
海																					6	6	8			20
順	1		1												2	2	3	1	1	1	13	3	7	13	5	53
徳			1	1										1					3		3		1	9		19
香																			2		1	1		1		5
山																								2	1	3
新			1											3			1		1		5					11
会																	1		4	3	6					14
総	7		3					1				1		3	3	2	4	1	4	1	21	9	12	16	6	94
計	2	2	2	1	2				1	1		4		2	2	2	1	3	11	4	16	7	10	12	1	86

（各県とも上段が創建、下段は重修を示す）

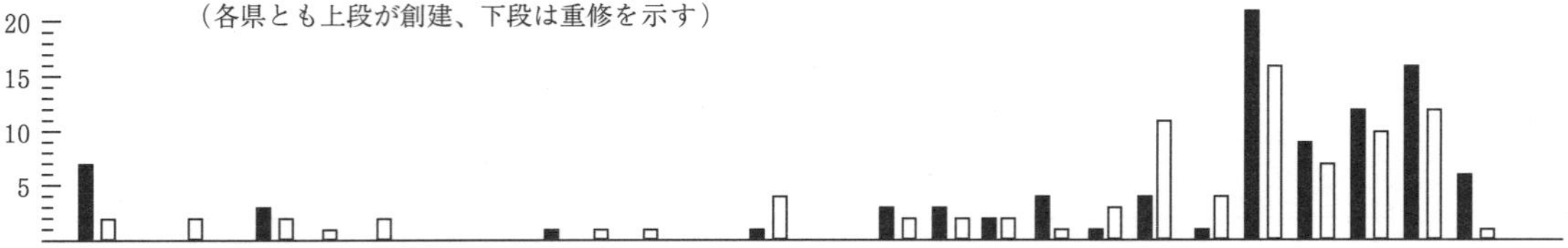

（■ 創建　□ 重修）〈出典：同治南海県志，巻7，江防略補。民国順徳県志，巻4，建置略3。宣統東莞県志，巻21，建置略6。道光新会県志，巻2，輿地。〉グラフは第3表の最下段の総計の数字である。

第4表　㋑桑園囲㋺天河・横江・周郡三江囲㋩東江隄の修築状況。

堤	年代	西暦	記事〈　〉は史料内の割註を示す。	出典
桑園囲	宋 至和〜嘉祐間	1054〜1063	何公執中所築。	民国順徳県志，巻4，建置略3，隄築。同治南海県志，巻7，江防略補。
桑園囲	明 初		陳公博文、〈中略〉修築章程、凡歳修及小沖決、皆附隄之堡、分段専管。遇沖決過甚、需款浩繁、始派之囲衆。	
桑園囲	明 万暦40	1612	庠生朱泰等、〈中略〉呈制府另築新隄、皆十堡計畝派築。	
桑園囲	清 乾隆59	1794	南海県尹李公、論開局、李村遴選公正諳練数人為総理、各郷公推李君昌耀等、董其事。〈中略〉令小康者、按畝派費、富厚者、従厚捐貲。	
桑園囲	道光24	1844	決囲修復、〈中略〉幸有不識姓名義士捐銀五千両、〈中略〉待冬初水涸、再籌款修築。〈中略〉自六月三十日、水復大漲、〈中略〉神老督農民搶救将五千之項、用尽無余、年底大脩、宜従実地圏築、為費更鉅、以数巨万計、不得已聯呈請大吏、撥給歳脩本款、而此款自盧伍二商捐、建石隄。	
天河・横江・周郡三江囲	明 万暦38	1610	知県周思稷始築基。	道光新会県志，巻2，輿地，水利
天河・横江・周郡三江囲	清 乾隆2	1737	署県王植、力持前議、詳請按田出夫。	
天河・横江・周郡三江囲	乾隆49、〃59、嘉慶16、〃22	1784	倶基崩百丈、経紳士陳兆桂・盧観恒・蕭鉞揚等、集通都人士、籌議工費、前後勧捐、公派銀二万余両、建水閘修囲堤、以防水患。	
天河・横江・周郡三江囲	道光19	1839	知県林星捐廉銀一千両、倡脩、以譚興然・譚観熀・盧琦、董其事。並請於大府、准採九竜山石、郷人亦尽力捐輪、遂加築石堤、四百余丈。	

隄名	朝代	年号	西暦	内容	出典
東江隄	宋	元祐2	1087	邑宰李巌、（中略）築長隄以捍之、延袤万余丈、護田九千八百余頃。	宣統東莞県志，巻21，建置略6，隄渠。
	民	嘉靖27	1548	知県孫学古、令該都之民、随丁田出力修補。	
		万暦45	1617	復潰淹没如前、冬間修復。〈按畝醵金〉。	
	清	順治6	1649	王応華・鄧崇弼、捐貲修復。	
		乾隆38	1773	知県兪亦臨、檄京山司劉玭董修。〈銭塘兪侯来治我邑。（中略）偕紳耆輩共請於侯。（中略）捐廉為衆創。（中略）命京山司襄陵劉君董其役、択郷紳衿者之殷実而公正者、分司其出入・鳩工・集材〉。	
		嘉慶24	1819	邑令呉廷楊、邑人曾孔子授・鄧良玭等、捐貲重修。	

第6表　南海県定弓虚税

年代	項　　目	定弓虚税(両)	納入額(両)	未納額(両)	出典
万暦　10	查明南海田地山塘原額丈失	7700有奇			①
崇禎　3	各邑（広州府内十五州県）新生陞科贏余充餉銀両 南海県連年陞科銀 （納入額合計と未納額）		2423.058 114.8 (2537.858)	5242.1	②
康熙21～雍正5	虚税銀			5242.1	③
雍正　3	南海県欠銀 香山等十五州県移抵銀（イ） 南海県歴年陞科移抵銀（ロ） 已抵銀（イ＋ロ） 已報未起徴移抵銀 花県欠銀 （香山等十五州県）移抵花県虚税銀（ハ） 花県自抵銀（ニ） （ハ＋ニ） （南海県花県の欠銀合計）と（イ＋ロ＋ハ＋ニ）	8275.47055 603.47 (8878.94055)	6992.9924 33.490088 7026.4824882 〈694.673〉 534.924 68.546 (603.47) (7629.9524882)	(1248.9880618) (0) (1248.9880618)	④
雍正　8	奉文豁免定弓虚税銀 閏銀 （豁免額の合計）	8275.47055 154.139 (8429.60955)			⑤

（　）は筆者が作った項目及びその計算額，〈　〉は納入予定額であることを示している。雍正6年の項目に花県も入っているのは，花県が南海県から割地して創建したため，定弓虚税も付帯していたためである。

出典①③は乾隆南海県志，巻18，疏，布政使郎廷枢の「奏免定弓虚税疏」，②は康熙南海県志，巻14，芸文志，兵部右侍郎郭尚賓の「奏請除豁定弓虚税」，④は乾隆南海県志，巻18，疏，巡撫傅泰の「請免定弓虚税疏」，⑤は道光南海県志，巻14，経政略，田賦。

第5表　嘉靖二十一年寄荘戸糧（嘉靖香山県志、巻二、民物志より作成）

各県官民米	額（単位は石）	①	②
香山県官民米	一万四六三〇石〇六七七		六四・四
順徳県　〃	四四五九石五四八二	五五・二	一九・六
新会県　〃	二六二八石六九〇四	三二・五	一一・六
番禺県　〃	四四八石六五四〇	五・六	二・〇
南海県　〃	五四三石八七一五	六・七	二・四
寄荘四県合計	八〇八〇石七六四一	一〇〇・〇	三五・六
総　計	二万二七一〇石八二一八		一〇〇・〇

（①は寄荘四県単位②は総計単位での各々のパーセンテージ）

第7表　各地の移抵措置

税の項目	面積（単位は頃）
香田順税	約五〇〇
順田南税	四四八・五三五
順田番税	五三・六三八
順田新税	六・九五九
順田香税	四八・一六七
順田三水税	一・一八二
順田従化税	〇・一九

（五山志林、巻七、弁物、香田順税より作成）

第１図　郷紳の村落支配構造

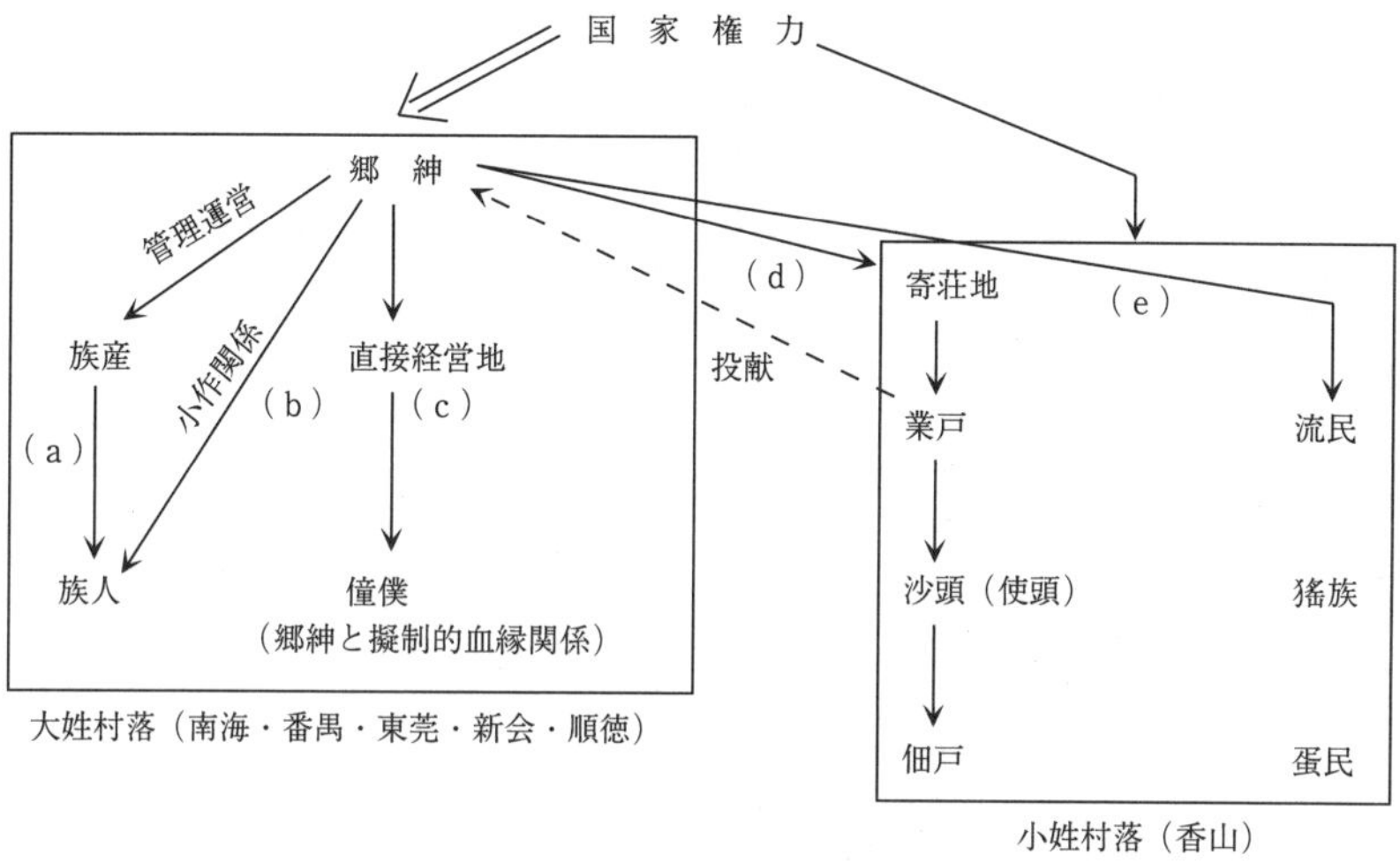

第二章　地方志を通じて見た桑園囲基の開発

はじめに

朱士嘉『中国地方志綜録』上下（新文豊出版公司、一九七五年）をみると、中国における地方志編纂状況の概要が窺える。

同書には、宋代二八種、元代一一種、明代七七〇種、清代四六五五種、民国時代三六種の地方志の書名が収録されている。もとより、同書には、中国で刊行された地方志の全ての書名が網羅されているわけではないが、清代における地方志出版の盛況を窺うことができる。地方志、即ち、地志（あるいは地誌）とはその地域の区域、山川、風俗、産物などを記したものであるが、地域とは明清時代の行政区画で言うと、省、府、州、県、鎮、郷、村などを指す。朱士嘉氏の同書によると県の地方志、県志の出版が最も多い。

筆者がこれから取り上げようとする桑園囲基関係地方志とは、広東省南海県、順徳県にまたがる地域に存在する桑園囲基と呼ばれる堤防に関する地方志である。行政区画で言うと、二県にまたがっているが、県より下のレベルの十四の「堡」と呼ばれる郷がいくつか集まった単位の地域である。(1) 桑園囲基地域は広東では「四水六基」(2) とよばれ、即ち六割堤防、四割貯水池と言われるような網の目のような堤防と堤防内の貯水池という構造である。堤防上では桑が栽培され、貯水池内では魚が養殖されている。(3)

現存する桑園囲基関係の地方志は三種確認できる。清、明之綱集、同治九年（一八七〇）刊の『桑園囲総志』全十

四巻、清、馮栻宗集、光緒十五年（一八八九）刊の『桑園囲志』全十七巻、民国、温粛等修、民国二十一年（一九三二）刊の『続桑園囲志』全十六巻である。(4)

もとより、この三種の地方志以前にも桑園囲基関係地方志は刊行されたが、咸豊四年（一八五四）の天地会の反乱によって、道光二十四年（一八四四）纂修の『甲辰志』の版木が焼失したということもあって、(5)現存状況はよくわからない。

しかしながら、『桑園囲総志』には桑園囲基関係地方志の乾隆五十九年（一七九四）纂修の『甲寅志』から同治六年（一八六七）纂修、同九年刊行の『丁卯志（桑園囲総志）』までの各地方志の目録と各々の記事を収録しているので、同『桑園囲総志』を含めた現存三種の地方志を分析すると、桑園囲基関係地方志の纂修の動機、状況等について知ることができる。

これら三種の桑園囲基関係地方志は朱士嘉氏の著書には書名が収録されておらず、分類から言うと地志とは区別された「水道水利之属」(6)に所属するものである。しかし、後述するように県志などの地志編纂者と桑園囲基関係地方志の編纂者が重複することが多く、桑園囲基関係地方志は地志＝地方志の一種であり、水利に重点を置いた文献として考えられる。

方志の性格については、既に、井上進氏が「上からの要求」というよりも、下からの、即ち、「紳権より生まれたものであった」と述べられており、(7)地方紳士の要求、主導であったと言われる。

では、桑園囲基関係の地方志の性格、意義についてはどのように考えてよいのか、そして地方志を通じてみた桑園囲基の開発過程について考えたいというのが筆者の問題意識である。

一　桑園囲基関係地方志の編纂状況

（1）『甲寅志』から『桑園囲総志』まで

最初に、同治九年刊（一八七〇）『桑園囲総志』の序を検討して、『甲寅志』（乾隆五十九年刊、一七九四）から『桑園囲総志』までの編纂過程について検討しよう。

桑園圍隄建始北宋、逮明洪武季年、陳東山叟修築全隄、亦未纂輯圍志紀事、厥後分修基段、遇坍決、按基址築復、記載闕如也。昔人論河渠、謂繕完舊隄、增卑培薄爲下策。若桑園圍則不然、東西基遵海捍築、偶決依舊加修、不與水爭地。圍東南隅倒流港、龍江滘兩水口、不設閘陡、水聽其自爲宣洩、受水利、不受水害、亦地勢使然、至今稱便。

とあり、桑園囲基は北宋仁宗から徽宗にかけての時期（一〇二二～一一二五）に建設され[8]、明代洪武年間（一三六八～一四〇二）に陳博民が桑園囲基の全堤防を修築したが、この頃までは桑園囲基関係の地方志は編纂されていなかった。

当時、水害で堤防が決壊したときは、決壊箇所のみ修築されただけである。当時の一般的な水利論では旧堤防の全面的修理・改築を上策とし、「増卑培薄」、即ち堤防の低い箇所を高くし、幅の薄い箇所を厚くするというような応急的措置を下策としていた。

しかし、桑園囲の東西基は海に沿って海潮の侵入を防ぐために築かれたものであるから、決壊した時には全面的修理、改築を行うのではなく旧来の形にもどすように修築され、「水と地を争わない」方針が取られていた。そして、桑園囲の東西隅で海水が逆流してきても、「倒流港」、「龍江滘」の二水口には人工的に入排水を調節する「閘陡」（水門）を設けておらず、自然的な入排水にまかされていた。

第一図で明らかなように、桑園囲基は珠江の北江、西江が北より南に流れ、海に入るところのデルタ地帯に「箕」形につくられた堤防であり、堤防の東南隅には堅固な堤防や水門を設けず、海水の自然な入排水にまかされていたのであろう。

そして、同史料の続きに、

乾隆甲寅圍決、温篔坡少司馬倡議籌款、闔囲通修、不分畛域、工程最鉅。圍志爰是創始。厥後丁丑志繼之、己卯志・庚辰志又繼之。嘉慶丁丑冬、温少司馬復在籍請督撫憲、奏准借帑生息爲本圍歳修專款。己卯之役、實爲領歳修之嚆矢。歴届歳修、皆有志紀實、奏撥之摺、請領之呈、報銷之册、莫不詳載以備徴考。而圍志遂爲歳修必不可缺。是歳經盧伍二紳捐銀十萬兩、改建石隄、歳修銀撥歸籌備隄岸款項、從此歳修暫歇、已詳庚辰志内。

とあり、乾隆五十九年（一七九四）に堤防が決壊した時、翰林院庶吉士の温汝适[9]は修築費用の調達方法を提案した。桑園囲基の全体が修理され、各区域ごとに分割しての修理ではなく、工事は大規模であった[10]。このときにはじめて、『囲志』（桑園囲基関係の地方志）が編纂され、『甲寅志』とよばれている。これ以後、『丁丑志』（嘉慶二十二年、一八一七纂修）、『己卯志』（嘉慶二十四年、一八一九纂修）、『庚辰志』（嘉慶二十五年、一八二〇纂修）とあいついで編纂された。

嘉慶二十二年（一八一七）冬に、温汝适がふたたび「在籍」（退官後、本籍地の順徳県にもどって）で両広総督阮元、広東順撫李鴻賓[11]に要請し、皇帝に上奏して公帑を貸与してもらい、それを商人に貸し付け、その利息の一部を桑園囲基歳修の基金としてもらった。後年の嘉慶二十四年（一八一九）の修築工事は歳修の基金を用いる工事のさきがけであった。その工事の様子は『庚辰志』に記載されている。

また、嘉慶二十四年には盧文錦、伍元蘭、伍元芝[12]の三紳士が銀一〇万両を寄付して、桑園囲基の土堤から石堤への改築工事が行われた。その際、歳修の基金も石堤化への費用にあてられたために、以後しばらくは歳修基金が欠乏したと『庚辰志』に記載されている。

以上の史料で、乾隆五十九年の工事から、温汝适の提案により、従来の「増卑培薄」というような応急的、部分的修築形態を変更し、全面的な修築形態に変化したこと。その全囲的工事の方針、資金調達法、労働力投下形態を明確にする上から、桑園囲基関係の地方志が編纂され、以後、頻繁に地方志が編纂されたこと。その後、嘉慶二十二年（一八一七）からは公帑を借り、それを商人に貸しつけて、その利息の一部を歳修基金とする資金運用方法が確立されたこと。盧、伍とよばれる広東十三公行商人の寄付により[13]、堤防が石堤化されるという一大変化が起こったこと。そして、温汝适という順徳県籍人が、官僚在任中、退官後にこれらの桑園囲基運営法を改革したということが明らかとなった。

そして、同史料の続きに、

至道光癸巳、鄧鑒堂観察、潘思園封翁援例案、請督撫憲、奏撥本款、而歳修復舊、癸巳一志裒前志、而集大成、分類纂輯、體例最善。即己丑伍紳捐貲修築、搨册亦備載癸巳志中、嗣是而甲辰志・己酉志倶倣此。

とあり、道光十三年（一八三三）に鄧士憲と潘進が[14]「例案」（乾隆五十九年に温汝适が規定した桑園囲基修築案）にしたがい、両広総督盧坤・広東巡撫呉栄光に要請して、「本款」（歳修基金）を投下してもらって修築工事を行った。『癸巳志』（道光十三年、一八三三纂修）は「前志」（『甲寅志』から『庚辰志』まで刊行された全ての地方志、第一表参照）を整理、集大成し、分類編纂されたもので、体裁は最善であったと言われる。それによると道光九年（一八二九）に紳士で広東十三行の一つ怡和行の伍崇曜[15]が資金を寄付して修復工事を行い、また、修復工事の内容はその時の「摺冊」にも記されているとの事である。

以後、『甲辰志』（道光二十四年、一八四四纂修）、『己酉志』（道光二十九年、一八四九纂修）も『癸巳志』の体裁にならっている。

そして、同史料の続きに、

迨咸豊癸丑歳修甫竣、未及紀事、遽遭兵燹、志板遂燬。迄同治丁卯、歴十五年、東西基多坍卸、遇潦張潰決可懼、唯亂後帑本息闕、經提用。同治三年十二月、督撫憲撥還本款銀貳萬貳千七百餘兩、照舊發商生息。同治四年閏五月、潘蓮舫侍御奏請、將本款全數撥還。年來督撫憲均擬籌撥清款。旋於丁卯・己巳頻年請領歳修、前後皆俯准、發給應急、紀以志、併査癸丑檔册補之。諸君子恐舊板無存、園志湮没、謀再付剞、以甲寅志板最豁目、各志之大小參差者、悉照甲寅志式翻刻、重者刪之、缺者增之、合而爲總志。適盧明經夔石勷理邑志局務、且園例曉暢。爰請其手校編定、卷首特標列總目、庶易於査覽焉。同治九年歳次庚午蒲月、明之綱謹識。

とあり、咸豊三年（一八五三）に歳修工事がようやく終わったが、『囲志』にその工事の概要を記し終わらないうちに、「兵燹」（咸豊四年の天地会の反乱[16]）にあい、版木は焼失してしまった。

同治六年（一八六七）になり、咸豊三年の工事から十五年も経過したため、桑園囲東西基の多くは崩れ、珠江が増水すると決壊のおそれがでてきた。

しかし、天地会の乱後、歳修公帑（基金）の元利はともに天地会等反乱の鎮圧費に流用されて無くなっていた。この前後、同治三年（一八六四）十二月には、両広総督毛鴻賓・広東巡撫郭崇燾(17)が桑園囲基の修築基金として銀二万二七〇〇両を支給し、旧来通り、商人に貸し付けて利息を作って、それを歳修基金とする方法が用いられた。同治四年（一八六五）閏五月には潘斯濂（蓮舫侍御）(18)が「本款」（嘉慶二十五年より確立した桑園囲基歳修基金）及び同治三年以来、総督、巡撫によって支給されている「清款」（歳修基金）を桑園囲基団体に返還してもらいたいと要請した。そして、同治六年（一八六七）、八年（一八六九）にも歳修基金を受領したいとの要請がなされ、許可されている。

そして、工事の概要は『囲志』に記録され、また『囲志』には『癸丑檔冊』（咸豊三年纂修）の内容も補足された。「諸君子」（紳士達）は『囲志』の旧版木が存在せず、このままでは『囲志』そのものがなくなることを恐れ、ふたたび『囲志』を復活、編纂しようと考え、『甲寅志』（乾隆五十九年纂修）の様式に照らして編纂計画をたてた。内容上、重複箇所は削り、欠落部分は補って『桑園囲総志』とした。盧維球には同治十一年（一八七二）刊『南海県志』全二十六巻の編纂事務を統括し、桑園囲基関係の例規にも通じていることから、『桑園囲総志』の校正、編集にあたってもらった。

以上の序言が、同治九年（一八七〇）五月、明之綱によって記されている。

この『桑園囲総志』序によると、宋代に桑園囲基が建設されてから清代乾隆五十九年（一七九四）頃までは、堤防の決壊に対する修築工事は、決壊箇所に面している戸（基主業戸）が修築するという部分的修築が行われ、『囲志』も編纂されていなかった。ところが、乾隆五十九年の決壊からは、全囲的な全面的修築工事が「按糧派費」とか、「按畝派費」とかよばれる桑園囲基内全体の民戸に課税して資金を作る方法によって行われるようになり[19]、『囲志』も編纂されるようになった。そして、嘉慶二十五年（一八二〇）からは地方官が公帑を出し、その公帑を商人に貸し付け、利息でもって歳修工事を行う形態が確立し、歳修工事等を記録する上から、『囲志』が頻繁に編纂された。しかし咸豊四年（一八五四）の天地会の反乱によって、前年の咸豊三年に編纂しつつあった『囲志』の版木が焼失したために、同治九年（一八七〇）に、乾隆五十九年（一七九四）の『甲寅志』から同治六年（一八六七）の『丁卯志』までを一括収録した『桑園囲総志』が編纂されることになったのである。

（2）『桑園囲志』について

次に、光緒十五年刊（一八八九）『桑園囲志』の編纂過程について検討しよう。

光緒十五年刊『桑園囲志』巻一、序、広州知府李璲の「重輯桑園囲志序」によると、

> 嘗攷我朝各省隄防、其蒙恩發帑培修者、惟浙江之海塘與粤東南順二縣之桑園圍、海塘以捍潮、又桑園圍以捍潦、雖地之大小不同、而其藉以禦災則一也。余官粤東而籍粤西、西潦之爲鉅患、久在心目中、況桑園圍當西北兩江之衝、其受患可勝言哉。毎歳盛潦之來、洶湧震盪、瀕江而居者、非隄不能防、而隄岸閲歳坍卸、非修不能固圍、自嘉慶二十三年經督撫奏定歳修專帑、嗣後數十年間、毎需培築、一經圍紳呈請、即援案撥款、歴荷聖兪、仰見皇仁稠疊、閲久如新、益以見斯圍之關繫者甚重也。圍舊有志、光緒乙酉、以其未協體例、重輯成書。今南海馮越生比部、李輔廷同年、問序於余、比部先已先有序、凡綱目規條亦已詳載巻中、無庸贅述。顧余忝守廣州、數年來屢見江水暴漲、十圍九缺、人家蕩析離居、心實憫之、而桑園圍獨屹立鞏固、即險工間出、獲慶安瀾、此彌信有備者無

患。而圍内諸紳、藉歳修之力、未雨綢繆、所以衞桑梓、而仰荅恩施者、其成效固顯著也。爰樂而紀其梗概焉、讀斯志者、其足與浙之海塘擘要、並資水利參攷也、夫、賜進士出身誥授中憲大夫在任候補道廣州知府李璲撰。

とあり、概要は以下の通りである。

清代各省に数ある堤防のなかで、国家より公帑の支給を受けて修築工事を行っているものは、浙江の海塘と広東の桑園囲基のみである。海塘は海潮を防ぐためのものであるのに対して、桑園囲基は珠江の大水を防ぐためのものであるが、両者とも防災という点では共通していた。

桑園囲基は嘉慶二十三年（一八一八）に「歳修専款」（国家より交付された歳修用の公帑）を設けてから数十年間は、「圍紳」（桑園囲基を管理する紳士）の要請があると、それから出資されて修築工事が行われた。『囲志』は『甲寅志』（乾隆五十九年）より編纂がはじまっているが、光緒十一年（一八八五）に従来の体裁にもとづかないで『桑園囲志』が編纂された。

本書には既に、南海県人で刑部主事の馮栻宗の序があったが、彼らに請われて広州府知府の李璲がさらに序をつけくわえたものである。

李璲が赴任して以来、珠江の度かさなる増水により、広州府各地域の囲基の九割が決壊し、人家が破壊されたりしたが、桑園囲基のみは強固に存続し、水害を受けることがなかった。これは、囲基内の紳士が毎年のように修築工事を行い、災害を未然に防いだことによる。

次に、同書の馮栻宗の「重輯桑園圍志序」について検討しよう。

> 吾粤西北兩江、無年不漲、瀕江而居者、亦無年不慮水漲、漲之大小、基圍視爲安危。光緒乙酉五月、西江上游發蛟、水勢湍悍殊常、人畜木植逐流而下、加以霪雨連旬、東北兩江並漲、沿江基圍十決八九、我桑園圍、當西北江之衝、迺雖險幸完、僉謂其藉歳修之力、潦退、査勘基段、間有頽塌、余亟與諸同人援案呈請大府撥給歳修銀兩。工次稍暇、因語及舊日圍志、作非一手、文不一律、衆論歉焉。夫古來水利諸書、原無專志基圍者。然前明謝廷諒千金隄記、呉韶捍海塘紀、仇俊卿海塘録等編、殆與圍志相近。我桑園圍保障南順兩縣一十四堡、載税一千八百四十二頃有奇。嘉慶二十二年奏蒙仁廟兪旨、給予歳修專帑、歴次奉行、其關繫者甚大、是不可無志、然使紀載繁蕪、條例歧異、雖有志亦非著書之體、本圍何嗣農孝廉、學問淹貫、具纂修才、爰請其將舊志増刪重輯、孝廉於講課餘晷、悉心釐訂、自奏議、江源、迄藝文、雜録、彙分十有六門、意議具於凡例、大略倣楊氏鑅海塘擥要。仍取舊編癸巳志、甲辰志諸門而増易之、詳略得宜、典而能覈、至戊子歳書成、同人屬爲之序以付梓。是年復値大水、他圍多缺、而我圍復幸完、此又藉歳修之力也。昔都水少監任元發撰浙西水利議答録、其要有三。一曰濬江河以洩水、二曰築隄岸以障水、三曰置牐竇以限水。我桑園圍利害同之、近年下流多強築圍壩、阻塞水道、光緒十一年八月初十日、經御史方汝紹奏奉上諭、著督撫査明嚴禁、詔命煌煌、其行與不行、權在大吏。至隄岸之障牐竇之限、凡屬同圍、不可不勉、願以告後之覽斯志而留心圍工者。賜進士出身、誥授中憲大夫、賞加四品銜刑部貴州司主事總辦秋審處行走前吉林理刑、南海馮栻宗謹序。

とあり、概要は以下の通りである。

光緒十一年（一八八五）五月の西江の増水、東北両江の大水によって江沿いの囲基の八～九割は決壊したが、桑園囲基のみは決壊をまぬがれた。これは「歳修之力」によるものであった。

大水がおさまってから、桑園囲基の各堤防を調査すると所々くずれた場所があったので、「諸同人」（桑園囲基内の紳士）とともに、両広総督張之洞、広東巡撫倪文蔚[20]に申請して「歳修銀両」を交付してもらって修築工事を行った。工事が一段落した頃、過去に編纂された『囲志』に話が及び、これらはいずれも作者が一人ではなく、文章も一律ではなかったことから不満に感じられた。

しかし、桑園囲基は南海、順徳二県十四堡の人民、田地を守り、その田地の課税面積は、一八四二頃余りに及び、また嘉慶二十二年（一八一七）からは「歳修専款」が支給されて、度々その公帑を用いて修築工事が行われていることから、『囲志』に工事の内容を記さねばならなかった。だが、記述にまとまりがなく、著書の体裁をなしていなかった。

幸い、桑園囲基の孝廉の何如銓が、学問に通じ、編集の才能もあることから、彼によって、この度の『桑園囲志』が編集された。奏議、江源から芸文、雑録にいたるまで十六部門に分類し、大略は楊氏の『鎟海塘擥要』にならった。そして『癸巳志』（道光十三年刊）、『甲辰志』（道光二十四年刊）の諸部門を取ったり、増減して編集された。

また、光緒十四年（一八八八）には大水となり、他の囲基の多くは決壊したのに、桑園囲基のみはまたも崩れなかった。これも、歳修の力によるものであった。

元代都水少監の任元発の『浙西水利議答録』には次の三点が述べられている。一は江河を浚渫して排水をよくすること、二は堤防を築いて水の侵入を防ぐこと、三は「牐竇」（水門）を設けて水の入排を調節することで、桑園囲基の水利も同様であった。しかし、近年下流で強引に「囲壩」（堤防を河川に突出して築いたもの）を築き、水道をふさぐものがあった[21]。

光緒十一年（一八八五）八月十日、御史方汝紹の奏上をへて上諭をうけ総督巡撫に命じて無断で河川に「囲壩」を築くことを厳禁させた。「囲壩」の築造を許可する権限は「大吏」（総督、巡撫）に属し、堤防の「障」（まもり）、「牐竇」の「限」（へだて）の管理権は桑園囲基に属することとした。

以上の点を記すことによって、後に『桑園囲志』を閲覧するものに、桑園囲基工事実施上の留意点を告げるものである。南海県の馮栻宗が記すとある。

以上により、光緒『桑園囲志』編纂の経緯が明らかであろう。即ち、桑園囲基は他の囲基とは異なり、国家より公帑の支給を受けて、「歳修専款」として毎年のように修築工事を行っている堤防で少々の水害では決壊しないという堅固さを誇っていた。しかし、同治四年（一八六五）、光緒七年（一八八一）、同十一年（一八八五）、同十二年（一八八六）[22]と桑園囲基の下流で「囲壩」が築かれ、水利妨害事件が起こっている。これらの水利妨害に国家権力と桑園囲基紳士が一体化して防衛するための規約をつくり、それを『桑園囲志』に収録して、後に水利妨害が起こらないようにしたのであった。

（3）『続桑園囲志』について

次に、民国、温粛等修、民国二十一年（一九三二）刊『続桑園囲志』全十六巻の編纂過程について検討しよう。

同『囲志』には、三つ序文が載せられている。岑兆徴、温粛、無名氏である。まず、岑兆徴の序文から

……此圍數十年來、工程之鉅、莫如甲寅・乙卯兩役。而乙卯尤甚、決口至四十餘處。用款至六十餘萬、方事之殷。圍衆集邑學明倫堂、票擧修圍總理。兆徵以票多被擧。時水災後、公私交匱、幾無從措手。不得已勉捐萬員爲之倡、頼羣力輻湊、應者繼起。共得義捐約十萬。合之丁捐共二十萬。大綱始粗立、然不敷尚距。復從事於執借、

照舊章按畝起科償之。竭十餘年徵収之力、卒清償無負。……今者志書既成、圍事告竣、修基公所、行將裁撤。此十餘年辛苦共歴之境、不能不表而出之。豈敢云後事之師哉。抑愚意尤有過慮者。天下事變無常。惟有備斯無患。往者歳修之款。領自官中、縱逢小決、補苴有頼、今並此而無之、而水勢與年倶長、苟無儲備、以時増卑培薄、豈獨潰決堪虞、行見巨漲之没堤而過也。今夏河澎圍瀕決獲全、兆徵蓋親見之。毋使他日謂余不幸而言中哉。乙卯南順桑園圍修基總理伯銘岑兆徵謹序。

とあり、概要は以下の通りである。

この桑園囲基はここ数十年来の工事の中で、民国三・四年（一九一四・一五）ほど大きなものはなかった。決壊箇所は四〇カ所にのぼり、修築費用は六〇万（元）に達した。岑兆徴は囲衆の投票により「修圍總理」に選ばれた。時に、水災後、公私による修築資金納入はほとんどなかったために、自ら一万元を寄付して、人々に寄付を募ったところ、一〇万元の義捐金が集まった。これと「丁捐」二〇万元をあわせたが、まだ資金がたらず、「墊借」（借金）することにした。返済方法は旧来通り、「按畝起科」（田地面積に応じてわりあてること）にしたが、十余年間に及んだ徴収の結果、ようやく負債を帳消しにすることができた。……

今、『囲志』の編集も終わり、「修基公所」も撤去されようとしており、この『囲志』に十余年間の辛苦を書き記して、後の人々の手本にしようと考える。

そもそも私が心配するのは世の中の変動が激しいことである。備えあれば患いなしである。昔は「歳修之款」があり、官より受けとっていたが、今はない。従って毎年の堤防の修理を行わないために、水勢が年々増大している。「増卑培薄」しなければ、大水によって堤防が決壊してしまう。こうした「私」（岑兆徴）の予想が的中しないで欲しい。

岑兆徴は「歳修之款」がないことより、つねに大水による堤防決壊の危険性があることを序で強調している。

では、温粛の序はどうであろうか。

癸亥春、余如京師道出香港、南海岑君伯銘手桑園圍志稿一帙相示、且囑爲之序。……甲寅乙卯之決、工鉅且費向所未見、而時局俶擾、任事之艱、亦前所未有也、以今之經歷爲後之鑒懲、亦悪可無言哉。蓋自來護圍之要、厥在歳修專款。……粤局一再變亂、此款有無、遂不可問、第使機有可圖、必當爭回、毋虚前賢之成勞。……又地形水利、時有變遷、歌滘等三口、爲全隄尾閭、載在前志、光緒癸巳、五堡建議、於三口設閘、議卒不行、然其利害究未能決、余以爲創者沮者兩議不妨並存、以俟後人論定、否則均刪不録、免傷同圍之誼。……至於動款數十萬、起科歴六七年、非有熱誠巨力者、倡塾於先事何由集、岑君之功亦奚可忘哉。余東西南北之人也、然家於圍内數百年矣、自癸丑奉諱歸里、甲乙兩災、均所目撃、迨丁巳戊午潦漲日高、至癸亥甲子而加甚、竊慮水患之日、加無已、而增卑培薄之非長策也。夫長策、云何疏濬下流・開通支河、前人備言之矣。今下流隄岸日益增、沙田圈築日益廣、與水爭地、而潦無歸壑、居上流者寧有幸焉。此則私憂竊歎、而願與同圍諸公共圖之也。順徳温肅謹序。

とあり、温粛が序でのべている点は四点である。

一、民国三・四年の決壊に対する工事はかつてない程のものであった。囲基を保護するには「歳修専款」が必要であるが、現在は広東の政局の変動によってあるかないかも不明である。ただ機会あるごとに「歳修専款」を回復するように運動すべきである。

二、地形や水利は時とともに変遷がある。歌滘などの三口は桑園囲基の最末端（川の出口）にあるが、光緒十九年（一八九三）に五堡がここに水閘を設けようと決議したが、決定しなかった。しかし、水閘を設けるべきかどうかという地域的利害関係はなくなっていない。『囲志』には水閘建設賛成論、反対論の両者をともに収録し、後人の判断をまつべきである。そうでなければ関連記事を全面削除して、囲を同じくする地域の人々の誼しみを傷つけるべきではない。

三、修築費用、数一〇万元の人々へのわりあては、六〜七年間に誠意をもって行うべきである。そうしなければ、借金の返済も不可能となり、岑兆徵の苦労も水の泡となる。

四、桑園囲基保護のためには、「増卑培薄」は長策ではない。下流の疏濬、支河の開鑿が長策である。

以上の温粛の論点で注目すべき点は、桑園囲基の下流で堤防の建設、沙田の築造が頻繁に行われ、水道の流れが悪くなっているという現実をふまえて、従来の桑園囲基水利論の変更を訴えている点である。即ち、囲基の最末端に水閘を設ける点についてはあながち否定すべきではなく、後人の判断に待つべきであること、「増卑培薄」というような堤防の修築は、下策であり、囲基周辺の珠江の浚渫が上策であるとしている点である。

それでは、無名氏の序はどうであろうか。下流における堤防建築、沙田の築造が水道の流れを悪くしている原因であると指摘し、それに対する温粛の献策である河道の疏濬、支河の開鑿案について、従来、官はどう対応してきたかについて述べている。

在昔大吏有留心民瘼者、嘗欲疏通水道、委勘阻碍水道處所、未築者禁、已築者拆、議定未行而調任去矣。後之能爲繼者、固難其人、即有其人亦未必能久於其位而竟其成也。……或有擬在上流、開一支河、由陽江達海、以殺水勢者。光緒間、張文襄公督粤時、曾遣員……測量新興江口、至黄圯灣、従此鑿通道流入海、地勢高於水面二十丈、地長百餘里、爲費鉅、成功難、勢亦不可行矣。上流既不能開、下流又幾鄰於塞、水患何時已哉。……夫前人建策、主於疏通、實爲篤論、而阻於勢力、垂成中止、爲可惜也。爰并及之、以諗後世之有心斯圍者。

とあるように、下流を疏通しようとした大官もいたが、転任になって実行できなかった。また、光緒年間に両広総督張之洞が、桑園囲基の西、肇慶府陽江県で支河を開鑿して珠江の水の一部を海に排出しようとしたが、費用が莫大であり、しかも、難工事であるために取りやめとなった。無名氏は以上の歴史的経緯に鑑みて、桑園囲基下流の疏通を上策と提案している。

以上、三者の序から共通して明らかになった点は、「歳修専款」がないために歳修工事が行われず、また、下流での堤防の建築、沙田の築造によって、水路が汚塞しており、大水が発生した際、桑園囲基は常に決壊のおそれがあった。このような状況下の対応策として出されている主張は、「歳修専款」の復活と下流水路の疏通であり、従来の「増卑培薄」的な囲基増強論は強く主張されなくなっているということであった。

二　桑園囲基関係地方志の体裁

本節では『甲寅志』（乾隆五十九年刊）から民国『続桑園囲志』までの各『囲志』の目録の変遷を中心に、それらの体裁の変化について分析しよう。

第一表によると、桑園囲基関係地方志は『甲寅志』（乾隆五十九年刊、一七九四）にはじまり、『丁丑志』（嘉慶二十二年刊、一八一七）、『己卯志』（嘉慶二十四年刊、一八一九）、『庚辰志』（嘉慶二十五年刊、一八二〇）、『癸巳志』（道光十三年刊、一八三三）、『甲辰志』（道光二十四年刊、一八四四）、『己酉志』（道光二十九年刊、一八四九）、『癸丑志』（咸豊三年刊、一八五三）、『丁卯志』（同治六年刊、一八六七）、『桑園囲総志』（同治九年刊、一八七〇）、『桑園囲志』（光緒十五年刊、一八八九）、『続桑園囲志』（民国二十一年刊、一九三二）の十二種が刊行された。民国『続桑園囲志』、無名氏「続修桑園囲志序」によると、『甲寅志』（乾隆五十九年刊）から『庚辰志』（嘉慶二十五年刊）までは「工程」（工事内容）や「文牘」（公文書）をまとめて編纂したもので、『癸巳志』（道光十三年刊）から「門目」に分けて（分類して）編纂したと言われている。

この分類に分けて編纂する仕方は『甲辰志』（道光二十四年刊）にひきつがれたが、『癸丑志』（咸豊三年刊）では元の「工程」や「文牘」をまとめて収録し、「門目」に分けないという仕方に戻り、『桑園囲総志』では天地会の反乱による歴代『囲志』の版木焼失を受け、歴代『囲志』の記事を保存する目的で『甲寅志』（乾隆五十九年刊）から『癸丑志』（咸豊三年刊）までの歴代『囲志』を収録し、最終巻に同治六年（一八六七）刊の『丁卯志』を載せている。(23)

次の『桑園囲志』（光緒十五年刊）は『癸巳志』（道光十三年刊）と『甲辰志』（道光二十四年刊）の諸「門目」を増加したり、減少させたりして十六門として編纂された。(24)『続桑園囲志』（民国二十一年刊）は『桑園囲志』の「門目」をうけつぎ、『桑園囲志』では巻十六、雑録上、巻十七、雑録下となっているのを『続桑園囲志』では巻十六、雑録としてまとめ、江源を削除して、沿革をいれている点だけが異なり、他は同じ体裁をとっている。(25)

第2表に『癸巳志』『甲辰志』『桑園囲志』『続桑園囲志』の「門目」を掲載している。『癸巳志』（道光十三年刊）の門目は、奏稿、図説、沿革、基段、修築、搶塞、防潦、図戸、章程、祠廟の十一門から成っている。

奏稿では官僚の上奏文と皇帝の諭旨をのせ、図説では桑園囲総図と各基段（囲基）の分図をのせて、各基段の長短険要を説明した。沿革では桑園囲基創建以来の決壊例、囲基の変遷を示した。基段では再度、各基段の長短険要を詳説し、修築では囲基の建設・修理工事を述べ、搶塞では急な大水による囲基決壊に対する応急的措置を示し、防潦では水害を防ぐための囲基の「堵築」と「培護」を示し、図戸では修築工事の際の資金調達のために、課税対象の戸を示した。章程では桑園囲基に関する規約をのせ、祠廟では南海神など古くから桑園囲基と関係の深い祠廟や、囲基の修築に貢献した人物の祠廟の記事を収録している。(26)

次の『甲辰志』（道光二十四年刊）は『癸巳志』の門目を大幅に削除し、内容を統廃合して、基段、修築、撥款、起科、培護、渠竇、粤東省例とした。

ここで注目すべきことは、『甲辰志』では撥款、起科、渠竇などの新しい門目がたてられ、この三つの門目は『桑園囲志』『続桑園囲志』に受けつがれていることである。『甲辰志』ではこの三門目の詳細が不明なので、『桑園囲志』以下で検討しよう。

『桑園囲志』の門目は第2表で明らかなように奏議、図説、江源、修築、搶救、蠲賑、撥款、起科、義捐、工程、章程、防患、渠竇、祠廟、芸文、雑録上下の十六門目である。

『癸巳志』『甲辰志』の門目の基本を受けついでいるが、沿革を削除し、奏稿を奏議にかえ、防潦を防患にかえ、搶塞を搶救にかえ、基段を図説に併せ、図戸を起科に併せ、培護を修築に併せ、江源、蠲賑、義捐、工程、芸文、雑録を増した。(27)

奏議では乾隆五十九年（一七九四）以来の官僚の上奏文、皇帝の諭旨をのせ、全囲の人々に「民隠が上達し、恩施をこうむっている」ことを知らせる。図説では『癸巳志』『海塘擥要』にならい、絵図の前に各堡が管理する基段を一一詳載し、その長さは『甲寅志』にならって記録した。これは官の認定をうけて（各堡が管理する基段の長さを）変化させないためである。江源では広東においては江防に重点があり、とくに桑園囲基は珠江の三江（東江、西江、北江）の結節点にあたり、その防水は他の囲基にくらべて困難であるから、堤防による防水策を説明する。修築では桑園囲基の堤防工事は、乾隆以前は堵塞（決壊箇所の復旧）に重点があったが、道光以降は歳修（毎年の修理）に重点が変わり、子囲（桑園囲基内の小囲基）には変化はあるものの、桑園囲基は堅固であること、そしてこれは「歳修専款」のおかげであると強調する。搶救では緊急水害時の応急措置を述べる。乾隆以前は同囲の人々が一体となって行ってきたが、現在（光緒年間）はこうした人々の誼しみは無くなっている。それは「基段をもつ専管業戸」（基主業戸）が椿橜、竹笪、畚鍤、などの用具を準備しておらず、四方から救援の人々がかけつけて来ても傍観するだけである。また「工役」（救助のための役夫）は「工銭」（賃金）を取るだけで、決壊箇所に赴かないものや、「祠宇」を壊して賽銭をかすめとるものまでいる。公明正大な紳士・耆老による「役夫」の管理が必要であると述べている。蠲賑では桑園囲基創築以来、災害時に国家や地方官が行ってきた税糧免除や賑恤を述べる。撥款では嘉慶二十三年（一八一八）に創設された「歳修専款」の重要性を述べ、歳修では桑園囲基は南海、順徳両県の命脈であると強調する。起科では、桑園囲基ではもともと公款がなく、囲基が決壊した時には基主（業戸）によって修築されていたが、明代永楽年間（一四〇三〜二四）の「各堡助工」にはじまった囲内の人々＝図戸への起科（課税）を説明する。乾隆四十四年（一七七九）までは図戸が淳樸であり、「徒役」も簡単であり、「工」（役夫）も勤勉で、物価も安く、「科費」（課税額）も低かった。しかし、乾隆五十九年（一七九四）以後、課税額が高くなり、民を苦しめるようになった。従ってこれ以後は、起科、即ち、図戸全体への課税が行われたが、充分集まらないため、「殷富」の捐納（寄付）によって充足されるようになった。そして、起科はあくまで「官帑」（歳修専款）の不足を助けるために、図戸へ課税するものであることを明確にしている。義捐では乾隆五十九・六十年（一七九四・五）時の義捐額が五千両、嘉慶二十四年（一八一九）時の額が一万三千両であったことを述べる。乾隆五十九年時の起科額が五万両、嘉慶二十四年時が一万五百両であったこととくらべると、乾隆五十九年以降の桑園囲基全堤の修築工事における義捐の占める割合が増加したことが明らかである。工程では歳修工事の資金は官が出し、事務は紳士が行っているが、「清高の士」はその事務を忌避するものが多いことを述べる。章程と防患は従来の『囲志』と変わりがない。渠竇では、桑園囲基全体の管理、修築形態（官帑による歳修、起科・義捐による通修）とは異なり、各「子囲」ごとの管理・修築であることを明確にし、紛争が起こらないようにした。祠廟は従来の『囲志』と変わりない。芸文では堤工に関する公文書を収め、雑録では遺文、瑣記など独自に門目は立てられないが、堤工に役立つものを収め、『甲辰志』に収録された粤東省例はここに収められている。(28)

次に『続桑園囲志』の門目について検討しよう。奏議は前例に従って門目を設けているだけで、民国時代に入って、収録すべき奏議はない。図説は『桑園囲志』の体裁にならっている。復活した沿革では桑園囲基創築以来の囲基の決壊、変遷の歴史を述べる。修築では、民国年間新たにヨーロッパの技術を取り入れ、堤防の修築でセメントが用いられてきたことを述べる。搶救では『桑園囲志』時代の失敗に鑑みて、平素から基主業戸に各々の沙坦魚利等の歳入を用いて、杉椿、竹笪、麻包等の用具をそろえ、郷約（村落の公共事務を扱う所）、神廟、祠堂に置き、急な水害にそなえることを述べる。蠲賑は『桑園囲志』と同様の体裁である。撥款では『桑園囲志』とは異なり、「歳修専款」が無いことを強調する。起科では、民国四年（一九一五）における「科捐」の徴収額が七、八年余り経ても予定額よりも一〇余万（元）足りないことを述べ、人々への「起科」が清代にも増して困難になってきていることを強調する。義捐では民国三年（一九一四）での義捐額が一一万二〇三八元余りにも達したことを述べる。工程・章程は『桑園囲志』と同様の体裁である。防患では桑園囲基の利は水道の疏通にあり、害は汚塞にあると述べ、清代後期以降頻繁化している下流における堤防建設、沙田建造による水道汚塞が、桑園囲基の決壊につながることを警告している。渠竇、祠廟、芸文、雑録は『桑園囲志』と同様の体裁、内容である。(29)

以上、各『囲志』の目次を中心に体裁の変化を考察したが、第1表にあるように、『甲寅志』から『庚辰志』までは、門目がなく、「工程」や「文牘」をまとめて編集したもので、その目的は「通修」（図戸への起科による全囲的修築）、歳修（歳修専款による修築）、「捐修」（商人の寄付金による石堤化工事）の内容を記録したものであった。『癸巳志』から門目がたてられ、地志としての体裁がととのい、『甲辰志』『桑園囲志』『続桑園囲志』へと継承されていった。これら道光十三年〜民国二十一年までの門目の立てられた『囲志』を分析すると、嘉慶二十二年〜清末までの公帑による歳修工事が、民国以降行われなくなったこと。図戸への起科による全囲的通修工事は乾隆五十九年以降、図戸への起科よりも紳士、商人の寄付金の比重が高まっていたこと。また、工事の形態は桑園囲基創建の宋代から乾隆までは、基主業戸による「増卑培薄」的な決壊箇所の修築工事形態が行われたが、乾隆から清末の囲内の民戸による全堤防の修築形態へと変化し、清末民国以降は下流水路の疏浚が主張されるように変化してきていることがわかる。

三　桑園囲基関係地方志の編纂者について

第1表にあるように『甲寅志』〜『丁卯志』までの編纂者は詳らかではない。ただ編纂者であるかどうかは不明であるが、第一節で述べた温汝适は乾隆五十九年の全囲的通修における図戸への起科方法を作り、嘉慶二十二年頃、総督、巡撫に要請して「歳修専款」を創設している点は注目すべきである。咸豊『順徳県志』巻二十七、列伝に

〔（　）内は割註〕、

温汝适、字歩容、號篔坡、龍山人。……年十六領乾隆庚寅鄉薦、甲辰成進士、改庶常授編修、入直尚書房、擢贊善洗馬、侍講侍讀、轉左右庶子、遷祭酒太僕少卿通政使、歴典試廣西、四川、山東、……癸酉擢兵部右侍郎。……以母老乞終養、瀕行、疊蒙温諭抵家。會西潦爲災、順徳南海村落多恃桑園圍捍障、而圍基適在南地、壞則南圍南修、汝适以順民故在圍中、廣勸同縣、輸貲協濟、言於當事、奏借帑金八萬、生息爲歳修資、兩縣田廬咸利頼焉。(……嘉慶二十年奏准、借帑八萬、發當商生息、歳得銀九千六百兩、以五千還帑、以四千六百備歳修、俟還足、即以息項、全資修費、可謂一勞永逸。惟繳存官庫、縉紳無請、行歳修之擧、於是當事者或移充捕費。道光十三年冲決、奏請在隄岸歳修項内支用。……)

とあり、温汝适は順徳県竜山堡の人であり、乾隆三十五年（一七七〇）に挙人、同四十九年（一七八四）に進士となり、庶吉士、通政使、典試等を歴任し、この期間の乾隆五十九年（一七九四）に桑園囲基通修法を創設したものと考えられる。嘉慶二十二年（一八一七）頃に退官し、故郷の順徳県で桑園囲基の決壊を目撃し、同二十二年（一八一七）に「歳修専款」を創設した。道光十三年（一八三三）にも「歳修専款」の復活による囲基の修築を要請しており、温汝适は桑園囲基の通修、歳修法の創設者と言ってよい。そして、これらの方法を在官、退官時に官僚に要請している点は、在地の利害を体現する人であったと考えられよう。

次に、『桑園囲総志』の編纂者の盧維球、明之綱について考えよう。

盧維球については次の第三章で詳述するが[30]、南海県沙頭堡の人で道光十五年（一八三五）邑試に合格し、咸豊二年（一八五二）に優貢生となり、訓導に抜擢された。同治四年（一八六五）に順徳県貢生の馬応楷が楊滘壩を築き、水路を汚塞し桑園囲基に被害をもたらしたために、囲基内の紳士と連合して、地方官庁に申請して壩を撤去させた。盧維球はまた、同治六年（一八六七）に『南海県志』の重修に加わり、桑園囲基の総理、「沙頭団練局」をも管理した[31]。そして、第一節で述べたように、明之綱に委嘱されて『桑園囲総志』の編集も行った。『桑園囲総志』の編纂と楊滘壩撤去問題とは相関関係があった。

明之綱については『九江儒林郷志』（朱次琦、馮栻宗纂修、光緒九年刊〈一八八三〉）巻十四、列伝に、

明之綱、……道光己亥中式、廣西郷試第五名、咸豐壬子、成進士、即用知縣、分發直隷、未赴任、丁外艱、以母盧年老、遂絶意仕進、時造福於郷閭。発丑西潦決桑園圍橍岸、波濤洶湧、勢如壞雲壓山、搶救者拄以丈二長椿、椿屢拔、工人罷手、曰不可爲矣。紳民轟然散、之綱多方籌策、露立風雨中、督責之、竭三晝夜力、隄復完固、數十里居民業戸、藉以保全。後屢與圍紳、呈請桑園圍歳脩官帑息銀、前後六次脩築堅穏、自道光甲辰起、桑園圍不被水決、已四十年、溯北宋築隄以來、保固最久、頼之綱之力爲多。……我朝九江未有志、之綱曰此我輩責也、爰與朱徵君次琦等倡脩……。

とある。即ち、明之綱は南海県九江堡の人で、咸豊二年（一八五二）進士となり、知県として直隷（河北省）に赴任しようとしていたとき、父が死去し、母も老年であることから、赴任することをやめ、在地で慈善的な諸活動を行った。また、同三年（一八五三）に西江の大水によって桑園囲基の橍岸が決壊したとき、自ら三昼夜力をつくして修復した。この前後、「囲紳」と官に「歳修官帑息銀」の出資を要請し、六回、桑園囲基を修理した。そして、光緒年間になって朱次琦、馮栻宗等とともに『九江儒林郷志』を編纂した。従って、明之綱は『桑園囲総志』、『九江儒林郷志』、同

治十一年刊（一八七二）『南海県志』[32]を編纂したことになる。

次に『桑園囲志』の編纂者、馮栻宗、何如銓について考えよう。

馮栻宗は九江堡儒林郷の人、同治四年（一八六五）の進士で、吉林理刑などをつとめたが、光緒六年（一八八〇）、弟が病死したために故郷にもどった。九江堡では西湖書院で後進を指導するかたわら、『九江儒林郷志』『桑園囲志』を編纂した[33]。

何如銓は南海県鎮涌堡石竜郷の人で、歳貢生より、光緒元年（一八七五）に恩科挙人となった。文章に巧みで、広州城内で講学を行い、門生も多く、学海堂菊坡精舎の学長になった。同県人の馮栻宗は従来の『囲志』が作者が一人ではなく文章も一律でないことから、人々は不満に感じているので、『囲志』を重修しようと唱えた。何如銓を用いて編纂の任にあてたといわれる[34]。

最後に、『続桑園囲志』の編纂者、温粛、何炳堃について考えてみよう。温粛については『続桑園囲志』巻一、「重輯桑園囲志職開列」に「倡脩、温肅」と記され、また同志に「続修桑園囲志序」を載せ、「順徳温肅謹序」と記している以外は不詳である。

何炳堃は『桑園囲志』巻一、職名に「校對、揀選知縣　何炳堃」と記され、同志の校正の仕事に当っており、『続桑園囲志』巻一、「重脩桑園囲志職名開列」では「總纂　何炳堃」と記され、同志編纂の総責任者であったことがわかる。同志巻十五、芸文には「広東水患論」など多数の自分の著作を収録し、民国年間の桑園囲基運営の主導者であったと理解される。

以上、『桑園囲総志』から『続桑園囲志』までの編纂者を中心に分析して、大凡の傾向として、これらの編纂者は『南海県志』など他の地志の編纂をかねるものが多かったこと、そして、時代が下るにつれて『囲志』編纂者が囲基の修築や管理に直接かかわらない、文人的知識人に変化しつつあったことがわかる。

おわりに

桑園囲基関係地方志の編纂状況を分析して、『囲志』の編纂と桑園囲基の修築形態及び水利論の変遷とが密接に関連していることが明らかとなった。

桑園囲基の修築形態、水利論は大きく三つの時期に分かれる。宋代～清代乾隆年間、清代乾隆年間から清末、民国時代の三時期である。

宋代～清代乾隆年間までは、基主業戸による修築工事が行われ、「増卑培薄」的な決壊箇所の堤防のみの修築を上策とする水利論がとられ、『囲志』の編纂は行われていない。

清代乾隆年間～清末は、囲内図戸への起科による全囲的修築、公帑による歳修工事、紳士・商人の捐納による工事の三形態が取られ、水利論も全囲的修築論である。この全囲的修築が『囲志』を編纂する動機であった。そして、修築工事形態が清末に近づくほど図戸への起科という側面が弱まり、歳修と捐納の形態が基本となるにつれて『囲志』の門目も定まり、体裁が整ってくるのは紳士による国家権力をバックアップとした桑園囲基管理形態への変化の対応であると考えられる。

民国時代は修築工事において公帑による歳修工事はなくなり、起科と捐納による工事が主体となるが、比重は捐納にあった。水利論は公帑による歳修工事の復活と下流水路の疏浚論が出されたが、公帑が期待できない現状では下流疏浚論が取られた。『囲志』は清代のものを継承するが、下流疏浚論の主張が基調におかれた著述となっている。

以上を総括して、井上進氏のいう方志は「紳権より生まれたものであった」という点は桑園囲基を記した『囲志』

にも一応あてはまる。ただ、桑園囲基では捐納が広く行われたという点から考えて、単なる紳士の主導というよりも、紳士、商人の要求、主導であったと言えよう。

註

（1）森田明「広東における囲基の水利組織－桑園囲を中心として－」（同著『清代水利史研究』亜紀書房、一九七四年三月所収）。
（2）註（1）に同じ。
（3）松田吉郎「清代後期広東広州府の倉庫と善堂」（『東洋学報』六九－一・二、一九八八年一月、本書第一部第五章に収録）。
（4）黄蔭普『広東文献書目知見録』（大東図書公司、一九七八年十二月）による。尚、『桑園囲総志』は国立国会図書館に所蔵され、『桑園囲志』、『続桑園囲志』は天理図書館に所蔵されている。
（5）同治『桑園囲総志』序。
（6）水利関係の地志は『東京大学東洋文化研究所漢籍分類目録』でも『京都大学人文科学研究所漢籍分類目録』でも地理類、水道水利之属に収められている。
（7）井上進「方志の位置」（『山根幸夫教授退休記念明代史論叢』下巻、汲古書院、一九九〇年三月所収）。
（8）註（1）に同じ。
（9）咸豊『順徳県志』巻二十七、列伝、温汝适の条。
（10）前掲森田論文で、清代乾隆年間を境として基主業戸による修築から、全囲的な囲衆による「按田出夫」による修築への変化が述べられている。
（11）銭実甫編『清代職官年表』第二冊、総督年表、巡撫年表（中華書局、一九八〇年七月）。
（12）光緒『桑園囲志』巻一、奏議、阮元「紳士捐輸建築石廣摺」。

(13) 註(12)と同史料、同治『南海県志』巻十四、列伝、伍崇曜の条及び梁嘉彬『広東十三行考』(商務印書館、一九三七年二月)を参照すると、盧文錦は広利行の商人、伍崇曜は怡和行の商人である。伍元蘭、伍元芝は不明であるが怡和行の商人である可能性が強い。
(14) 同治『南海県志』巻十四、列伝、潘進の条。
(15) 註(13)参照。
(16) 佐々木正哉「咸豊四年広東天地会の叛乱」、同「咸豊四年広東天地会の叛乱、補」(『近代中国研究センター彙報』二・三、一九六三年四・九月)。
(17) 註(11)に同じ。
(18) 宣統『南海県志』巻十四、列伝、潘斯濂の条。
(19) 註(1)に同じ。
(20) 註(11)に同じ。
(21) 光緒『桑園囲志』巻十二、防患、同治四年四月の条、松田吉郎「広東省南海県沙頭堡の盧氏」(『兵庫教育大学研究紀要』第一一巻第二分冊、一九九一年二月、本書第一部第三章に収録)参照。
(22) 註(21)及び光緒『桑園囲志』巻十二、防患、光緒七年、同十一年、同十二年の条参照。
(23) 同治『桑園囲総志』総目。
(24) 光緒『桑園囲志』巻一、序。
(25) 民国『続桑園囲志』巻一、無名氏「続修桑園囲志序」。
(26) 同治『桑園囲総志』巻七・八の「道光十三年刊癸巳歳修志」。
(27) 光緒『桑園囲志』巻一、凡例。
(28) 光緒『桑園囲志』巻一～巻十七の各巻の序論部分。

（29）民国『続桑園囲志』巻一～巻十六の各巻の序論部分。
（30）註（21）の拙稿。
（31）宣統『南海県志』巻十九、列伝、盧維球の条。
（32）同治『南海県志』巻首、「続脩南海県志職名」に「倡修……進士直隷候補同知明之綱、……。總理局務、……優貢生盧維球」とある。
（33）宣統『南海県志』巻十四、列伝、馮栻宗の条。
（34）宣統『南海県志』巻十九、列伝、何如銓の条。

第１表　歴代桑園囲基関係地方志

	書　名	刊行（編纂）年	編纂者	体裁
①	甲寅通修志	乾隆59年（1794）	?	
②	丁丑続修志	嘉慶22年（1817）	?	
③	己卯歳修志	嘉慶24年（1819）	?	
④	庚辰損修志	嘉慶25年（1820）	?	
⑤	癸巳歳修志	道光13年（1833）	?	門目
⑥	甲辰歳修志	道光24年（1844）	史樸 張継鄒	門目
⑦	己酉歳修志	道光29年（1849）	?	
⑧	癸丑歳修志	咸豊3年（1853）	?	
⑨	丁卯歳修志	同治6年（1867）	明之綱? 盧維球?	
⑩	桑園囲総志	同治9年（1870）	明之綱 盧維球	（14巻）
⑪	桑園囲志	光緒15年（1889）	何如銓 馮栻宗	門目 （17巻）
⑫	続桑園囲志	民国21年（1932）	温粛 何炳堃	門目 （16巻）

（①～⑨は⑩に所収、体裁の欄で「門目」と記載されているのは「門目」（分類）があり、空白は「門目」がないことを示す。　出典：①～⑩は『桑園囲総志』、⑪は『桑園囲志』、⑫は『続桑園囲志』）

第2表　桑園囲基関係地方志目録の変遷

癸巳志（道光13年）	奏稿 図説 沿革 基段 修築 搶塞 防潦 図戸 章程 祠宇	①
甲辰志（道光24年）	基段 修築 撥款 起科 培護 渠竇 粤東省例	②
桑園囲志（光緒15年）	奏議 図説 江源 修築 搶救 蠲賑 撥款 起科 義捐 工程 章程 防患 渠竇 祠廟 芸文 雑録上 雑録下	③
続桑園囲志（民国21年）	奏議 図説 沿革 修築 搶救 蠲賑 撥款 起科 義捐 工程 章程 防患 渠竇 祠廟 芸文 雑録	④

（出典：①②同治『桑園囲総志』、③光緒『桑園囲志』、④民国『続桑園囲志』）

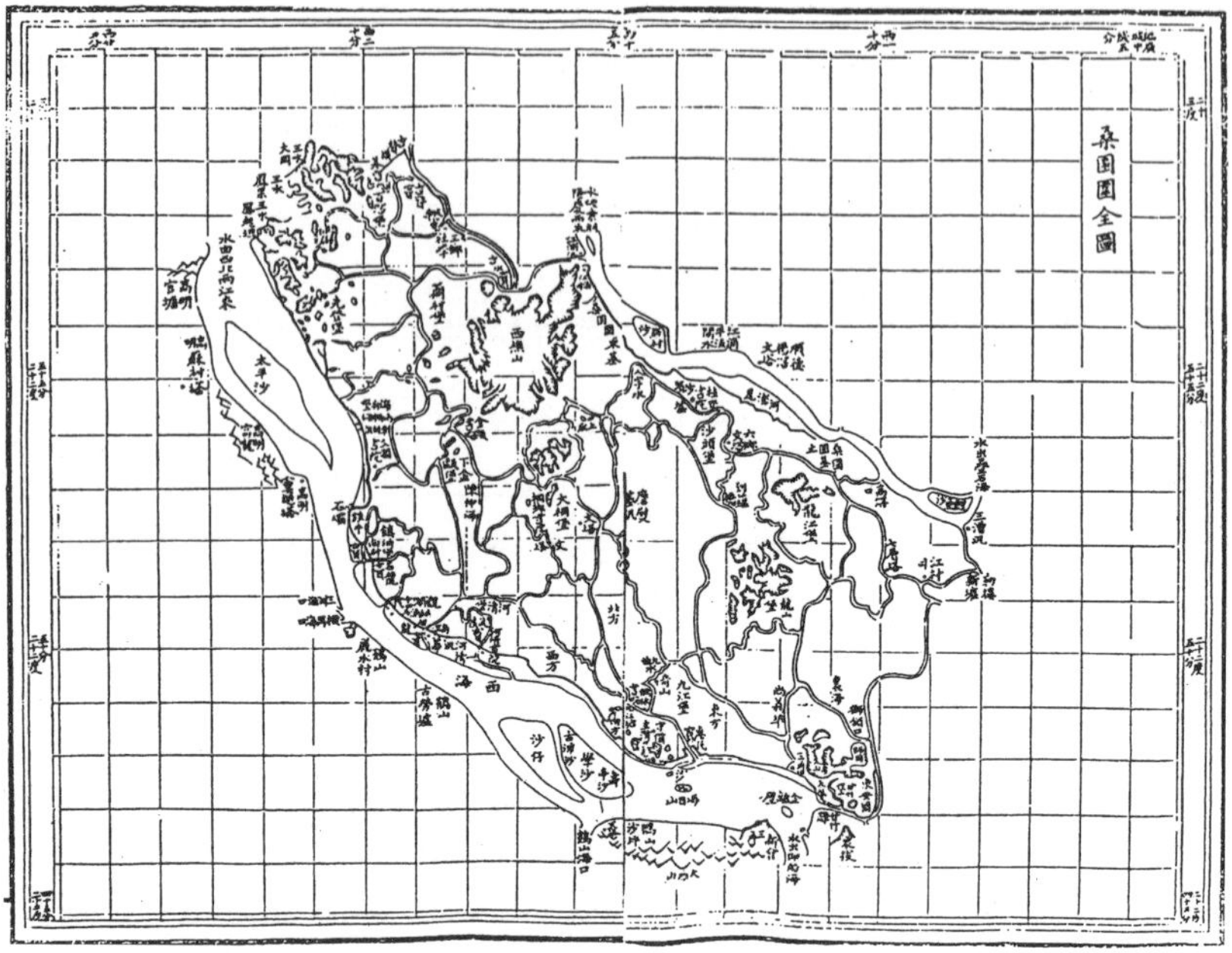
桑園圍全圖
西樵山
太平沙
沙仔

第三章　広東省南海県沙頭堡の盧氏

はじめに

広東省南海県沙頭堡は珠江デルタの桑園囲基内にある一つの堡（行政単位）である。

桑園囲基の管理運営機構については、既に森田明氏によって明らかにされている。同氏の見解の要点のみを整理すると以下のようになる。

桑園囲基は宋代徽宗年間（十二世紀初め）尚書左丞の何執中と広南路按撫使張朝棟によって原初的な形態が形成された。当初は囲基と呼ばれる桑栽培用の堤防の構築者である少数の基主業戸（地主）によって管理や修理が行われ、やがて全囲の一般業戸による管理へと転換し、さらに囲内の佃戸（小作人）をも含む組織へと変化した。しかし、基本的な管理運営は、囲内の紳士とか紳耆と呼ばれる在地の有力地主層によって把握支配されていた(1)。

筆者は、森田氏の見解を発展的に継承し、特に科挙合格者や生員層（学校の生徒で科挙受験有資格者）を指す紳士を輩出した盧氏の桑園囲基との関わり方について究明しようと考えている。これは桑園囲開発にとりわけ主動的役割を果たした郷紳の具体例の一つである。

一　『南海沙頭盧氏族譜』資料と盧氏の南海県への移住時期

『南海沙頭盧氏族譜』（以下『族譜』と略称する）は今堀誠二氏の所蔵に係るもので、筆者は森田氏を通じて、同史料をコピーし、本稿で紹介するものである。この『族譜』は管見の限り、漢籍分類目録、族譜目録、族譜研究文献(2)には見えない、珍しいものである。

また、『族譜』の編者名、作成年代については、『族譜』七頁（頁数は松田が仮につけたもの）に、

盧氏家譜。大明天啓貳年、玄孫警齋銘、睦齋鉉、與齋錫、仝纘緝。

とあり、明代天啓二年（一六二二）に盧銘、盧鉉、盧錫が編纂したものである。そして、これらの人物以外にも同族の盧鑑、盧津、盧鋐、盧硯なども、編纂に関与していた(3)。

これらの人物は、第一図及び第一表で明らかなように盧硯が、八世祖であるのを除き全て七世祖で、明代中・後期（十六～十七世紀）の人物である。盧鑑、盧津、盧錫は、康熙『南海県志』巻五、選挙にも記されている実在の紳士層である。従って、『族譜』編纂は盧氏一族内の紳士層が中心となって行われていたことが明らかとなった。

しかし、今堀誠二氏所蔵の当該『族譜』は初修本ではない。『族譜』一二一～一二三頁の「南省舊譜原引」等の『族譜』史料によると盧氏は、漢代にまで遡れ、北魏時代には河北省涿県、即ち、范陽に居住していたが、その後安徽省鳳陽府虹県珠璣巷に移住し、宋末にはそこから広東に移住した（第二図、第三図参照）。その時点では初修本の『族譜』は存在したが、明末清初期（十七世紀前半）に紛失したので、同時期に重修されたものだという。

そして、明末清初に重修された当該『族譜』には、その後にも書き加えられ、清代末期の十九世紀中頃の記事まで

挿入されている。

以上、当該『族譜』は明末清初に重修された稿本に清末までの記事が追加され、書き加えられたものである。

次に、盧氏の移住経過について検討しよう。

『族譜』七頁には、「范陽世家」の条があり、また同八頁に「范陽家譜」の条があるように、当該盧氏一族は自らを北魏時代からの名族[4]、范陽の盧氏の流れをうけつぐものと誇っている。

漢代に遡れる盧氏が北魏時代に范陽に居し、やがて、江南鳳陽府虹県珠璣巷に移住し、宋末に広東に移住したことは先述した。この経過について『族譜』一一～一三頁の「重修家譜序」（□は欠字）には、

我族自宋末、由江□□□□□（南鳳陽府虹）縣珠璣巷、始遷來粤、二世種善翁擇地于廣州府南海縣沙頭堡水南郷村心居住、至四世經薦翁廼遷村頭房、歴傳已來廿餘傳、

とあり、また『族譜』一三～一九頁の「始遷原跡」によると、

歴考珠璣巷之説、我廣東廣州府、衆姓多有言自南雄珠璣巷來者、本省南雄有何困屈、何逃集於此哉。況南雄自宋乃至建、而珠璣巷之名自唐已有、由此觀之、則非吾粤之南雄也。確亦有沙水村珠璣巷古蹟、矧其原因、抑或初由江南鳳陽府虹縣而徙於南雄、故仍建珠璣之古蹟、聚衆而居、後又恐復發、以至再徙、遷于廣州、未定。

とあるように、盧氏は、宋末に江南（現在の安徽省）鳳陽府虹県珠璣巷より広東に移住してきた[5]。広東への最初の移住先は南雄の珠璣巷で、やがて南海県沙頭堡に再移住し、「沙水村」（沙頭堡内の村落?）には、「珠璣巷古蹟」ができたという。

南雄直隷州の珠璣巷は、屈大均が、「吾廣故家望族、其先多從南雄珠璣巷而來[6]」とのべ、珠璣巷は、広東の大族の故郷であるとしている。

また、羅香林氏は、『始興慮氏五修族譜（始興范陽慮氏五修族譜）』の盧氏を客家としている。始興県は、南雄直隷州所属の県にあたり、ここの盧氏も范陽盧氏と称しており、羅香林氏は以下のように述べる。

盧氏系出於姜、後有傒公、食采於盧、因以爲氏。漢封太尉長安侯綰爲燕王、後裔居涿郡、魏更涿爲范陽、盧氏遂以范陽稱[7]。

即ち、盧氏は姜姓より出で、漢代に傒公が出て、盧に采邑を置いて氏を称し、やがて太尉長安侯綰が、燕王に封ぜられ、後裔が涿郡に居住した。北魏は涿を范陽と改称したために、盧氏は、范陽を以って称したと言う。

また、康熙『南海県志』巻六、風俗、盧氏の条には、

盧氏姜姓、望出范陽、唐有進士宗回、今疊滘多此族、嘉靖間有布政夢陽、知府宁、知縣煥、參政龍雲、知州懿簡、翬、有觀、擧人、國朝擧人啓運。

とあり、南海県の「范陽盧氏」の官僚経験者、及び科挙郷試段階合格者の名を列挙している。第一表で明らかなように、これらの人物の大半は『族譜』にもその名が記されている。

以上から、南海県沙頭堡の盧氏は客家であるかどうかは確定できないが、同じく「范陽盧氏」と称する始興県の盧氏と同族である可能性が強いと言えよう。

二　宋・元・明時代の盧氏

（1）宋代の盧氏

宋代では第一図にあるように鼻祖、高祖、始遷祖の名が記されている。鼻祖は「淳熙（一一七四〜八九）進士、翰林院修選、陞授工部尚書、太子太保」の盧鯨、号は文定であり、高祖は「己丑（乾道五年、一一六九年?）進士、監察御史、誥授大中大夫」の伯道、号は時雍であり、両者とも進士に合格し、高官になっている人物である。広東への最初の移住祖先である始遷祖は盧観祥、号は保徳である。生卒年は不詳であるが、宋代の十二世紀後半から十三世紀初頭の人物であろうと推測される。[8]

盧保徳には息子が二人おり、長男が盧能広（種善）、次男が盧大広で、各々二世祖にあたる。盧能広は沙頭堡水南郷に居をかまえ、盧大広は沙頭堡沙涌郷に居をかまえ、各々、分派していった。『族譜』の派下は、能広（種善）の派下にあたり、『族譜』に名は記されていても、「世系次序図」（第一図参照）には記されていない津、宁、竜雲などは大広の派下か、あるいはそれ以前の保徳前後より分化した派下にあたると推測される。[9]

以上から、『族譜』の盧氏は宋代に南海県に移住し、『族譜』の派下にあたる水南郷の盧氏と沙涌郷の盧氏に分化し、両郷の盧氏は、『族譜』の編纂、祭祀等を通じて連絡しあっていたと考えられる。

（2）　元代の盧氏

『族譜』に生卒年が記されていないため、確定はできないが、第一図に見える盧種善（能広）の二世祖、及びその子の仲名、仲仁、仲義、仲礼、達宗の三世祖の時代が宋末から元代にあたるものと推測される。

また、この元代の盧氏については『族譜』に特に詳しい記載は見えない。

（3）　明代の盧氏

明代の盧氏は第一図では四世祖から十一世祖の頃にあたる。この図で明らかな点は第一に、水南郷の盧氏がいくつかの房に分化したことである。その点をもう少し簡略に示すと第六図になる。

第二に、第一図を参照して頂くと、進士に（回）、挙人に（口）、生員に（一）の記号を付してあるが、明代に盧氏は科挙合格者や生員層を多く出しており、しかも、房の細分化が進んでいる叢桂房から科挙合格者や生員層を多く輩出していることである。

次より、各世代ごとの盧氏の特徴を考察しよう。

三世祖盧仲名の子、観挙と貴挙が四世祖である。貴挙は洪武五年（一三七二）に「孝廉」に選ばれている。[10]

観挙の子の有道、貴挙の子の観長、平、志遂が五世祖である。『族譜』の世系は貴挙の方で繁栄しているが、観挙の子の有道、即ち村心房の世系が問題となる。

第二表は同治『南海県志』巻六の沙頭堡の図甲表、第三表は光緒『桑園囲志』巻八、起科、沙頭堡の図甲表である。この両地志は、同治十一年（一八七二）刊と光緒十五年（一八八九）刊で、時期がずれるために、記載されている戸名に若干の変動がみられる。しかし、五十図五甲の盧有道はどちらの地志にも記載されている「総戸」である。片山剛氏が明らかにされたように、明初の「図甲制」（里甲制）の「総戸」（税糧負担者）の名称は清末の十九世紀まで続いていたということになる。(11) 盧有道は、村心房を管轄する「総戸」であり、村心房「総戸」の名は、清末まで盧有道であった。

では、『族譜』の盧氏一族、特に、村頭房を管轄する「総戸」は一体誰であったのか。

『族譜』七一頁、「四世養素祖（貴挙）人字水山図并紀事録」に、

人字頭、原日係坦田、連庙仔地、共寔税五分五厘、……係我本房盧世昌戸與北村何漸造買受、……時乃乾隆廿八年。

とあり、乾隆二十八年（一七六三）に本房の盧世昌と北村の何漸造が人字頭と呼ばれる土地（第四図・第五図参照）を買ったとある。本房とは村頭房のことであろう。

この両者、即ち、盧世昌と何漸造は第二表・第三表に見える沙頭堡二十四図の二甲と七甲の「総戸」である。しかし盧世昌は『族譜』の「世系次序図」、「沙頭范陽之族由」には見えないので、何世祖にあたるかは不明である。

従って、以上の点から盧氏村頭房の「総戸」について四つの考え方ができよう。

一、明初より村頭房の「総戸」は盧世昌で、この「総戸」名は、清代末期まで続き、乾隆二十八年の人字頭の土地購入の際には、盧氏一族の誰かが、盧世昌名義で購入した。

二、明初段階の村頭房の「総戸」は、盧氏五世祖（観長、平、志遂）の誰かで、乾隆二十八年前後に盧世昌にかわった。

三、明初段階の村頭房の「総戸」は盧氏以外の他族であり、清代乾隆二十八年前後に盧世昌に代わった。

四、明初段階の「総戸」は村心房の盧有道であり、乾隆二十八年前後に村頭房の盧世昌に代わった。

以上のいずれかであろう。

ともあれ、明初の五世祖の時代には村心房の盧有道が「総戸」となり、村頭房が中心房、東頭房、西頭房に分化したが、この世代では科挙合格者や生員層は見えない。

次の六世祖の時代は、永楽から成化年代（十五世紀）で、第一図で明らかなように中心房が新屋房と叢桂房に分化したが、この時期も科挙合格者は見えない。

次の七世祖から十二世祖までの時代（明代中期から清代初期の十五世紀から十七世紀）に科挙合格者や生員層を多く輩出させた、盧氏の発展期である。

七世祖は明代成化から正徳年間（十五世紀中頃から十六世紀前半）の時期の人物である。この時期、第一図・第一表で明らかなように、叢桂房から挙人に合格した盧銘が出て、叢桂長房を形成し、盧鈺は順徳県庠生となり、叢桂二房を形成し、盧鑑は挙人に合格して広西省蒼梧県知県となり、叢桂三房を形成し、盧鋼は順徳県庠生となり、叢桂四房を形成し、盧鋙は南海県庠生となり、叢桂五房を形成した。

以上、盧氏の派下の分化は四～七世祖で完了し、以後はこの派下のもとで、各々祭祀等が行われたものと考えられる。派下分化の契機は、盧氏一族の移住による分化と科挙合格者や生員層の輩出であった。また、七世祖頃以降、科挙合格者が輩出するとともに、生員層も多く輩出したが、その生員層は南海県だけでなく、広州府や順徳県など他地域の生員となるものが多く、これは科挙合格者や生員層などの紳士層が地元の南海県沙頭堡を離れ、城居地主化＝寄生地主化する傾向の萌芽であったと言えよう。

次に、この時期の盧氏と桑園囲基との関係を考えてみよう。

西頭房の七世祖の盧錫は弘治五年（一四九二）に広州府庠生、正徳十一年（一五一六）に歳貢生、十六年（一五二一）に湖広衡州府儒学訓導となった人物である。[12]『族譜』三四頁、「国朝栄進」の「七世祖諱錫」の条には、

（正徳）十六年、授儒學訓導、致仕方閣、老雅重之、聘爲西賓。議易當東西圍之役、皆公之力也、是豈我免当圍。

とあり、盧錫は儒学訓導になった後、「方閣」（方献夫[13]）に招かれて家塾の教師となった。その時に、桑園囲の東西囲の修築工事の改革に着手した。

宣統『南海県志』巻二十、列伝、盧錫の条には、

値潦漲堤缺、當食聞報、錫不擧箸、文襄（方献之）詰之。錫曰、我桑園圍數十萬口、昏墊無所得食、錫誼關桑梓、誠食之不下咽、因泣下、文襄惻然、爲請當道散賑、并奏蠲民租。又以堡内丁壯、每遇潦漲、星夜馳備。西圍甚苦、言於文襄、定爲東人當東圍、西人當西圍、而役始免。

とあり、正徳十六年（一五二一）の桑園囲の決壊に対して、盧錫は方献夫にその実情を訴え、彼を通じて地方官庁よ

り賑恤や租税の免除を行ってもらった。また、桑園囲の修築においては、東囲の住民が東囲の修築を行い、西囲の住民が西囲の修築を行うという原則をつくった。この原則にもとずく修築工事方法は基本的に清末まで続いた[14]。

ここで、桑園囲の修築形態の変化を整理しておこう。

宋代に桑園囲が創建されてから、清代乾隆年間（十八世紀）までは決壊箇所の堵塞工事が行われたにすぎなかったが、嘉慶年間（十九世紀）以後は、国家が基金をつくり、毎年、修築工事（歳修）が行われるようになった[15]。そして修築工事における資金、労働力の投下形態は森田明氏が論証されているように、宋代から明初は堤防に面している基主業戸による修築工事が行われ、永楽年間（十五世紀）から徐々に一般業戸が税糧負担額の割合に応じて資金を出したり、土地所有面積に応じて資金、労働力を提供する形態に変わった[16]。

このような大勢から判断すると、方献夫、盧錫が行った東囲と西囲の分業的修築原則の確立は、従来の基主業戸による修築形態が崩れ（それは囲基内部の開発、一般業戸の形成につながるが）、一般業戸による修築形態に変化しつつあったことに対応したものと考えられる。

七世祖には以上紹介した者以外に、科挙合格者及び生員層には、盧津、盧錫、盧鏞、盧輝、盧夢陽がおり[17]、この世代において盧氏は桑園囲基の管理権も含め、在地に大きな影響力を持つようになったと言えよう。

次の八世祖（嘉靖末～万暦初の十六世紀中・末期）～十世祖（嘉靖～万暦年間の十六世紀後半 ～ 十七世紀前半）にも科挙合格者及び生員層が輩出した（第一図参照）。

そこには、嘉靖二十三年（一五四四）に進士となり、南京刑部郎中、山東登州府知府を歴任した盧宁、万暦十一年（一五八三）に進士となり、福建長楽県令、広西貴州府知事を歴任した盧竜雲などがおり、これらの進士層以外にも多数の生員層を輩出した。生員層は南海県だけでなく、広州府、順徳県という他地域でその資格を取得するものが多かった（第一図・第一表参照）。

この時期の盧氏と桑園囲基との関わりについては詳細な史料は不明であるが、光緒『桑園囲史』巻四、修築に

（萬暦）三十三年甲辰夏五月大水、沙頭堡基決、附近自行築復。

とあり、万暦三十三年（一六〇五）の大水で沙頭堡の囲基が決壊し、付近の住民が堤防（囲基）の修理を行った。この際に盧氏一族も参加したであろうと推測される。

三　清代の盧氏

（1）　清代前・中期

明末清初の十一世祖から清前期の十四世祖頃までの盧氏は、第一図・第一表から明らかなように、明末清初の十一世祖に挙人の盧翬、同じく挙人の盧有観などのように、科挙合格者を出したが、それ以外は、庠生、恩貢生といった生員層である。そして、生員層は、明代同様、南海県だけでなく、広州府、番禺県などの府県でその資格を取得するものが多く、南海県沙頭堡から離れ、不在化していく傾向にあったと考えられる。

このような、盧氏の科挙合格者・生員層の在地からの遊離化傾向の中で、次のような事件が『族譜』に収録されている。

『族譜』七一～七九頁の「四世養素祖人字水山図并紀事録」には

人字頭、原日係坦田、連庙仔地、共寔税五分五厘、東至盧坦田、南至水、北至石路、西至盧田。係我本房盧世昌戸與北村何漸造買受、將田改明人字之形、立築活水歩、以利人上落、小廟則仍存舊式、恐壹更變、則吉凶莫保也、時乃乾隆廿八年、于是其田廢爲河坦、至今則但存水歩小庙而矣。其東至之坦田、該税壹畝八分、泛未改變、其西之盧坦田、該税七畝。今鑿爲基塘、數十年矣。河邊田基、幾經修築加高大、今則與石路相等。田邊水潦口砌成小竇、以通水道。其北至石路、路外壹帶、原係低田。數十年間亦次第鍬爲桑基矣。此改明人字頭、形勢之事、按圖可驗也。又嘉慶拾六年、石井崔姓建賓於横石路旁、并修小廟、欲高大之。於六月十六日、投明公局、經黨正馮本泰、黄虞等公斷驗契、拆賓其庙小子仔、仍照舊制、高四尺弐寸、至脊深活、倶三尺四寸、永遠不許加增高大、并人字頭左右石路裏外、各姓永不得建造賓舗、免碍盧姓山墳、批明存據。廿三年、監石泐盧姓水歩四字、未幾被人暗滅、曾投黨正崔士元・李萬元等、査訪無踪、忖其因、由石井匪人藉此水埗、勒索外來船艇錢文、所爲者也。廿五年清明日、遵黨正黄亨、李萬元吩咐、監石泐明盧姓水埗、任人上落、不収租錢等字。是夜即被匪人塗抹石字、并毀四世祖墓碑、次日知覺、即投明黨正黄亨・李萬元驗明、隨傳石井更練、着令査緝、未獲、赴縣尊處稟稱、借歩私索、挾嫌毀碑、廹扣勒拘嚴辛辦等情、縣批呈内、不指出索錢何人、又無被索人、呈控不准、後亦不再稟、但密出花紅訪帖而矣。至四月中、石井紳崔景開到公局、令黨正傳我族老、責以擅自告他更練、不肯干休之話、又石井紳崔令儀屢屢諷我衿者、送此水歩、歸通堡、以免生事之意、而屢不久、至五月初七日、忽傳我族老、到公局時、坐紳士十位、即示以議易石泐之字式、我族人謂、此業吾祖買受已久、現有契據、前黨正黄虞老師曰、此水埠之地、及左右基塘、謾有契據、即日久契壞、堡内皆知盧姓物業、今議此杙式仍不失、你門之物業、可携此式、商諸闔族、而後回覆、运(伝?)我族衿者、恐口難達、乃修手札壹紙、備陳情理、以覆之後、數日傳得壹僞圖、到公局黨正李萬元、特來取我族之圖較勘、并驗紅契、亦知公論難誣、然終不能排解。至六月十三辰刻、石井紳假黨正之命、傳鑼徧集六郷衿耆里排、即傳我族衿耆到局、預刻石杙、似將覇佔欲、即着壯丁往監而未果、又設各甲簽名單、似將成訟以壓我等、幸八圖排尊内中亦有多曉得其中曲直者、皆互相摧諉、所下筆者不幾人、於是嘈鬧壹番、至日晡不能決而散焉。

とあり、概要は以下の通りである。

沙頭堡にある「人字頭」という場所は、もともとは「坦田」（沙田）[18]で、「鉅牛」[19]（牛の首枷）のような形をした土地であったが、乾隆二十八年（一七六三）に盧世昌と何漸造が購入して「人」の字の形をした用水路に作りかえた所と「小廟」がある所であった。（第四・五図参照）。

盧世昌は前節で述べた沙頭堡二十四図二甲の総戸であり、何漸造は同図七甲の総戸であった。（第二・三表参照）。

この両者は「人字頭」を購入後、この地にまた「活水歩」（波止場）を築き、「人字水」上の人々の往来の自由を保障するとともに、「小廟」も「旧式」（旧来の規約）通りにした。

また、この「人字頭」付近には盧氏の「坦田」や「基塘」（桑基・魚塘）及び盧氏四世祖貴挙の墳墓があった。

ところが、嘉慶十六年（一八一一）に崔姓が横石路のかたわらに「賓」（店舗）をつくり、小廟を修理しようとしたため、六月十六日に「公局」（桑園囲内の区分された各地域を管理する囲局[20]のことで、第三図にみえる「公所」に置かれたものと推測される）の党正[21]によって「賓」は撤去されるとともに、「小廟」の地を旧来通りとし、「人字頭」付近には「賓舗」を建造してはならないとした。また、盧氏四世祖貴挙の墳墓も侵害してはならないとした。

そして、嘉慶二十三年（一八一八）にはこの地に石柱を建て「盧姓水歩」の文字が刻まれていたが、何者かによって磨滅された。恐らくは石井の「匪人」（崔姓）が往来する船より通行料を徴収する都合上、石柱の碑文内容が支障となるために、石柱碑文を磨滅したものと考えられた。

そこで、嘉慶二十五年（一八二〇）に党正が再度石柱を建て、「盧姓の水歩であり、人の往来は自由で、通行料は徴収してはならない」と刻んだ。しかし、その夜もまた「匪人」によって石柱の文字がぬりつぶされただけでなく、四世祖の墓碑も破壊されてしまった。

盧氏は党正に調査を依頼し、「更練」（夜廻り番[22]）に犯人を捜索させたが捕えることができなかった。

同年四月には、石井の紳士崔景が公局の党正や盧氏一族に、「活水歩」を沙頭堡全体のものに帰すべきだと主張したが、公局の紳士や党正は「活水歩」に関する盧氏の契約文書が存在し、その所有権が、盧氏にあることは明白であると断定して、崔景の訴えを退けた。

六月十三日にはまた、石井の紳士（崔姓）が党正の命令だと偽って、ドラを鳴らして六郷の「衿・耆・里排」（生員・族の長老・図甲制下の総戸）を公局に集めて、「人字頭」を覇占しようとしたが、六郷の代表は崔氏の主張を取りあげなかった。

次に嘉慶二十五年（一八二〇）五月十二日に盧氏が八図（八ヵ所の図）の党正・紳士に送った手紙を検討したい。

既受尊命、翌日集祠、偏請衿耆、謹述先生之言曰、昨八圖排尊集公局議事、論及人字頭之水埠、謂盧姓不踞、已有此是通堡上落古蹟之話、因慮此杙有些罅隙、誠恐日久更變有碍通堡上落古蹟、盍再監石、泐此水埠、通堡上落、永遠不得更變、闔堡公立等字樣、今特傳知以便舉行、运（伝？）族老曰、此業是吾家之業、現有紅契可據、況此杙原不悖理、亦不碍人、何爲爭。此無足輕重之事、古蹟何處無之、何必計及此、且此字樣、前黨正之命、至當至美、非我族之私意也。若謂恐日碍日後上落、此杙已云、任人上落、兼不止堡內行、且曰不収租錢。又何有碍。至云恐日久更變、此正吾族之隱憂也。蓋因祖墳明堂、前人乃買置此業、寔以護衛山場、正慮後有更變、人丁攸關、是已眷眷不欲與人、則事不由已、欲永不變、其可得乎。即正慮更變兩字、寔為吾族之隱憂、此便可覆諸先生、善爲我調停也。予曰、此通堡公立石杙、不得更變、何爲反反、憂其更變、族老曰、獨不見前朝史載故事乎、執政者異其人、則廢興更變不知凡幾。豈獨壹杙、鄉黨之事、得無同乎。予又曰、然則壹族之小、他日黨正異、其人恐串聯六鄉、責以抗衆、獨能保其不變乎。族老云、天理良心、應不盡泯、但時事時爲誠如彼何哉、然此固後事也。當今堡内屢立良規、方欲以禮義、正人心、維風俗、相友相助之風、猶將拭目、豈俟排難解紛之事、又何患不善爲措置乎。謹述族老之言、如此善爲排難解紛、則是鄉黨之厚幸焉。人字頭之田、係乾隆廿八年、與何漸造買受担田數分、鍫作人字頭、從前似鉅牛水、今改明人字水頭、乃綱頂・偉萬作中人、連夜寫契。初時鍫成人字形、開便田邊用椿壹派圍住、至乾隆己亥年、水大過後、此椿日壞日少、起後未有再打回矣。又新橋冲正之舖、係與何家買的、此乃莭要之舖、不得移易。(23)

とあり、この手紙の概要は以下の通りである。

盧氏は沙頭堡の八箇所の「図」の衿耆層に、人字頭の活水歩は盧氏の所有物であり、そこでの通行の自由を永遠に保証するために、「盧姓の水歩であり、人の往来は自由で通行料は徴収してはならない」と刻んだ石柱が改変されないようにしてもらいたいと要請した。何故かというと、盧氏は、小族であり、また、党正が交代すると石柱の規約が遵守されない恐れがあるためであり、八図の衿耆に内規として確認してもらいたいと要求した。

又、この手紙でも明らかなように、盧世昌は何漸造と共同して「人字頭」を購入した際、付近に「舗」（店舗）を買い、商業活動を行っていた。崔氏の「人字頭」への侵入の目的は盧氏の商業権を奪って、この地域の商業権を覇占しようとしていたことである。

以上、「人字頭」問題で起こった事件について確認しておく必要のある点は以下の四点である。

（一）乾隆二十八年（一七六三）に「活水歩」を購入した盧世昌は、清末の図甲表にまで記載されている総戸であった。少なくともこの時期以降、『族譜』の盧氏は総戸をもち、清末まで税糧納入の責任を負っていた。

（二）「人字頭」は「人字水」と呼ばれる商業交通用水路の波止場であり、この「人字頭」では桑園囲基で生産された桑、養殖された魚と他地域から流入する米穀の取引が行われていたと推測できる。[24] そして、盧氏、崔氏ともに商品生産、商業活動を行い、商業上の対立があったと考えられる。

（三）「人字頭」の所有権、通行料徴収の是非、墳墓の侵害といった桑園囲基内で起こったトラブルは、公局と呼ばれる囲局で解決が図られていた。公局では付近の村落の紳士・耆老・里排が集まり、問題を合議の上、処理していた。また、公局で常時、勤務し、囲基内の問題を処理していたのは党正であった。公局で決着の着かない事件のみ、県の役所で処理されることになっていた。

（四）この事件は崔氏による「人字頭」への侵害、崔氏による商業圏拡大の意図と盧氏紳士層の城居化、即ち、在地からの遊離化に起因していると考えられる。

清代前・中期に紳士層の城居化が進んだ盧氏が崔氏などの在地勢力の圧迫を受けたが、清代後期にはどのような展開を示したかについて、次節で述べよう。

（2）清代後期

清代後期の科挙合格者及び、生員層を第一表で考察すると、十五世祖～十八世祖の嘉慶～同治年間（十九世紀）の盧氏は文人科挙合格者は見えず、文人の生員層と武人の挙人段階の科挙合格者のみである。文人の生員層は前代同様、広州府や清遠県などの在住の生員もいるが、大半は南海県在住の生員となり、生員の城居化、不在化に歯止めがかかった。

また、武人の挙人段階の科挙合格者が出現していることは「文運」即ち、文人の科挙合格者輩出気運が衰え、紳士層があまり輩出しなくなったことを意味している。

このような状況の中、沙頭堡の盧氏をとりまく桑園囲基の情勢は、嘉慶二十年（一八一五）頃から、公帑による歳修工事が行われ(25)、また嘉慶二十四年（一八一九）～道光元年（一八二一）に盧文錦・伍元蘭・伍元芝・伍崇曜といった商人(26)によって寄付金が出され、桑園囲の石隄化が進み、桑園囲への国家・商人の介入が一段と進んだ。そして、アヘン戦争後の咸豊四年（一八五四）からは広東で天地会闘争(27)、土客械闘が起こり(28)、これらの民衆運動に対する弾圧組織として団錬が強化されてきている(29)。

こうした中で沙頭堡では同治四年（一八六五）に水利上のトラブルが生じている。そのトラブルの処理にあたったのが盧氏十八世祖の盧維球であった。

宣統『南海県志』巻十九、列伝、盧維球の条には

盧維球、字惠屏、號夔石、沙涌郷人、幼聰潁、讀書過目不忘、弱冠力學、負時譽、道光乙未、以邑試第一、補縣學生、咸豐壬子、以優行貢成、均廷試、以訓導用、同治四年、順徳馬應楷築楊滘壩、有碍水道、桑園圍實受其害、維球聯圍紳、呈准毀拆、闔圍賴焉。丁卯重脩邑志、維球總理局務、辦沙頭團練局、二十餘年息爭排難、郷人重之、

性儉樸、取與必嚴、戚鄙中有年老無告者、維球家雖貧、撫養必力任之、著有愛蘐草堂集二卷、忠孝神詁一卷、年七十有四。

とあり、盧維球は、沙頭堡沙涌郷の人で、『族譜』の盧氏とは同族であるが、別派下の人物である。咸豊二年（一八五二）に優貢生となり、訓導に抜擢された。同治四年（一八六五）に順徳県貢生の馬応楷が楊滘壩を築き、水路に障害を来たし、桑園囲内に被害をもたらしたため、盧維球は桑園囲内の紳士と連合して地方官庁に申請して壩を撤去させた。その後、同治六年（一八六七）には『南海県志』の重修に関わり[30]、また、桑園囲の総理となり、「沙頭団錬局」をも管理した人物である。

さて、楊滘壩築造問題について、もう少し具体的に、考察しよう。光緒『桑園囲志』巻十二、防患、同治四年（一八六五）四月の条に、

同治四年乙丑四月、順德縣貢生馬應楷等築楊滘壩、横截水道、優貢盧維球曁八圍紳士呈請毀拆具呈、

とあり、同治四年四月、盧維球を代表とし、桑園囲及び南海・三水・順徳県所属の八囲（西囲、大柵囲、鼎安囲、大有囲、蜆売囲、閂門囲、大良囲、茯洲囲）の百十二名の紳士が連名で、順徳県の馬応楷が築いた楊滘壩の撤去を地方官庁に申請した[31]。そして、同史料の続きに、

査近年楊滘鄉、開設磚窰、海邊沙外復有沙影微露、然猶幸其流通無滯、沙可隨長隨消、不至大害。不料該鄉貢生

馬應楷、生員馬家駒、職員馬業昌等、窺此沙可積、遂歛貲購石、於海邊沙外、築壩横亘河面。現築石凸起水面者十餘丈、寄椿落石者數十丈、遏流圖沙、借名利郷、實肥已橐。夏潦猝至、上流十餘圍、均受其害、而對河之桑園圍、被壩水激射、受害更慘。況桑園圍係蒙大憲奏請撥帑歳修之圍、豈容該貢生等漁利、切近貽災、忖築壩官河、大干例禁、今觀其壩、在海邊沙外、離該郷基圍五十餘丈、專爲積沙肥己起見、各圍農民怨聲載道。經紳等往勸拆毀、詎應楷等、不惟不拆、反乘夜落石潜築、實屬昧良貽害、殆得粘圖聯叩憲恩、俯念十餘圍糧命攸關、趁此夏潦未發、迅飭順德縣拘馬應楷等、解送憲轅、押令拆毀。查該郷、向係武擧馬逢清主局、伏乞諭令該局紳、將已成未成築壩椿石、徹底拆清、俾河水暢流、以救糧命、而息民爭。

とあり、概略は以下の通りである。

馬応楷等は資金を集めて石を購入し、海辺の沙洲（沙田）の周辺に壩（堤防）を築き、壩を珠江内に突出させた。即ち、馬応楷等の目的は珠江の流れをさえぎり、沙洲の形成をはかり、郷里の利を図ることを名目として、実際は自己の所有地＝沙洲を拡大することにあった。

このため、夏に、珠江の水量が増大すると、楊滘壩の上流の十余の囲基はすべて被害を受け、特に、楊滘壩の対岸にある桑園囲の被害は大きかった。しかも、桑園囲は大官が、公帑を出して毎年修理を行う堤防であるから、馬応楷の行為は「官河」の禁令を犯すものであった。

そこで、盧維球等桑園囲管理の紳士が現地の楊滘壩に赴き、壩の撤去を勧告した。しかし、馬応楷等がこれに応じなかったために、順徳県に要請して馬応楷を拘禁するとともに楊滘郷局の局紳馬逢清等に命じて、既成・未成の壩の完全撤去を求めた。盧維球等の訴えは官庁で裁可され、両広総督瑞麟、広東巡撫郭崇燾、順徳知県賡颺が各々指示を出して、壩の撤去を命じた。

しかし、官庁による再三の壩撤去命令に対して、馬応楷らが控訴したために、盧維球側は『桑園囲総志』[32]などの資料を提示して反論を加えた。

結局、官庁は盧維球側の主張を全面的に認める判決を下した。そして、順徳知県賡颺が「楊滘郷海辺の沙洲付近ではいかなる人々も河上に壩を築くことを許さない。もし、禁令を破って壩を築くものがあれば、各県の紳士が順徳県に訴え、犯人を拘禁することができる」という内容の碑文をつくり、それを沙頭堡の桂香書院に保存した（第四図参照[33]）。

この訴訟において盧維球側が勝利した理由は、桑園囲は大官が公帑を出して毎年修理を行う囲基であり、また、嘉慶二十四年（一八一九）に盧・伍二商の寄付金によって石堤に改築された重要な堤防であること、そして、桑園囲も含めた十余の囲基内の田土、家屋、人々を守ることは[34]、国家の重要な課税対象地域を保護することでもあったからである。

従って、沙頭堡の囲局を管理していた盧維球の権限の大きさは桑園囲の重要性、国家権力にバックアップされて形成されていることが理解できる。しかし、一方、沙頭堡水南郷盧氏の『族譜』に同堡沙涌郷の盧維球の名が見え、囲基管理面でその管轄下に入ってることは、水南郷盧氏紳士の不在化傾向に対応するものと考えられる。

水南郷盧氏紳士の不在性、沙涌郷盧氏紳士の在地性は水利運営の相違にもあらわれた。

『族譜』八〇頁に、沙頭堡内の桑園囲の小囲として、水南・沙涌・石江郷にある中塘囲、石井郷等にある温郁囲、北堡村郷等にある流洛囲の三囲をあげている（第四図参照）。

中塘囲付近には沙涌郷の盧氏が居住し、温郁囲付近には水南郷の盧氏が居住していた。

中塘囲では、同治『南海県志』巻七、江防略補、桑園中塘囲の条に、

同治甲子、淫雨水漲、颶風夜號、磨熨基左右隄遂崩潰、東出潰去、對面白飯圍等幸得保全、年終通圍建議大脩、按畝從重起科、業主耕人合力、咸照章集費、共湊得二萬餘金、一律培厚加高、版築堅實、

とあり、同治三年（一八六四）の大雨・台風で中塘囲は決壊したが、囲全体の業主、佃戸が資金を出し、あわせて二万余両となり、囲を修理した。

一方、温郁囲では、同治『南海県志』巻七、江防略補の条に、

惟沙頭温郁圍、民房多面圍而居、不能增高培厚、業主多圍外人、耕戸又多客作、設有搶救工料難籌、

とあり、温郁囲では、業主には不在地主が多く、また耕作者には、佃戸（客作）が多いため、堤防の修築費が思うように集まらないと言われている。

しかし、この沙頭堡付近は、

然西江大、北江小、小不敵大、故北江西出者少、西江東江出者多、不幸兩江同時倶漲、會合於新慶・中塘・白飯・温郁四圍、間勢危險、(35)

とあるように、珠江の西江と北江の両江が集まり、常に堤防の決壊の恐れがある場所であった。

そこで、同治五年（一八六六）十月に、

是年十月、擧人陳鑑泉・在籍教諭潘以翎等通傳十堡、集大同書院、議按畝起科、與沙頭堡買地、傍大坑路側另築一隄、隄外挖爲涌、以通來往、起科不足、繼以殷戸捐助、地方官亦捐廉、以鼓舞之、共費工料銀若干、而隄成(36)、

とあり、挙人陳鑑泉と教諭の潘以翎が十堡（先登・海舟・鎮涌・河清・九江・大同・金甌・簡村・雲津・百滘の南海県十堡）の代表者を大同書院に集め、土地の所有面積に応じて修築費を出し、沙頭堡で土地を買い、そこに「十堡横檔基(37)」を建築することにした。資金の不足分は「殷戸」（金持ち）からの寄付と地方官からの寄付によって補填された。

こうして、沙頭堡の各囲基は南海県十堡の水利秩序に入った。これは沙頭堡の水利維持能力の弱体化に伴う、南海県十堡のバックアップであり、桑園囲全体の水利秩序にはいったことを意味していると考えられる(38)。

おわりに

南海県沙頭堡の盧氏は「范陽盧氏」と称し、原来は広東の名族の一つであった。宋代に沙頭堡に移住し、その直後から、水南郷と沙涌郷に分住して、両者は、互いに『族譜』の編纂や祭祀や桑園囲基水利を通じて連繋しあっていた。

明初より、沙涌郷の盧氏は図甲制下の総戸となり、水南郷の盧氏も遅くとも清中期には総戸となり、両者は税糧納入義務をもつ地主層であった。

明中期から清初期にかけて科挙合格者や生員層を輩出させ、盧氏一族は、発展した。この時期、七世祖の盧錫は生員で訓導と呼ばれる府・州・県学の教諭の役職をもち、桑園囲基を東囲と西囲に地域的に分けて修築する方法を作った。

盧氏の発展期は、南海県以外にも在住する生員層を生み出し、これが清代中期に崔一族より土地及び水路の侵害を受ける原因となった。

清末に、沙涌郷の盧維球など盧氏紳士層が在地の紳士層とともに水利事業を円滑に行っていたが、水南郷では盧氏紳士の不在化によって水利事業が円滑に行われていなかった。

以上の筆者が述べてきた点で注目すべきことは、水利事業にリーダシップをとって進める階層は、紳士層の中でも「訓導」の肩書きを持ち、地域の紳士層に密接な関係を持つ、在地性の強い生員層であったということである。

濱島敦俊氏は、紳士の中でも進士など、所謂、郷紳（現職、退職官僚）は水利の優免特権を持ち、水利負担を行っていないと述べておられる[39]。その点は、一応、首肯するとしても、郷紳以外の紳士層全てが水利事業に積極的であったのではなく、在地に居住し、在地の水利に直接利害をもつ紳士層が、水利事業に積極的にリーダシップをとったという視点は考慮されるべきであろう。

註

（1）森田明「広東における囲基の水利組織―桑園囲を中心として―」（同著『清代水利研究』亜紀書房、一九七四年三月）

（2）例えば『東京大学東洋文化研究所漢籍分類目録』、『京都大学人文科学研究所漢籍分類目録』、黄蔭普編纂『広東文献書目知見録』（大東図書公司、一九七八年）、多賀秋五郎『宗譜の研究　資料篇』（東洋文庫、一九六〇年三月）等の一連の研究、羅香林『中国族譜研究』（香港、中国学社、一九七一年四月）等一連の研究、ユタ系図協会『中国族譜目録』（一九八八年、近藤出版社）には見えない。

（3）『族譜』一〇～一一頁、「芳名国進修款」の条。

（4）谷川道雄氏は同著『中国中世社会と共同体』（国書刊行会、一九七六年九月）第Ⅰ部、中国中世社会論序説、第二章、「中

国における中世―六朝・隋唐社会と共同体―」において北魏末の人、范陽の盧義僖など盧氏について述べられているので参照されたい。

（5）『族譜』一三～一九頁の「始遷原跡」によると、盧氏が広東に移住して来た時期については建炎三年（一一二九）説と咸淳八年（一二七二）説の二説がある。

（6）屈大均『広東新語』巻二、地語、珠璣巷の条を参照されたい。

（7）羅香林『客家史料匯編』（香港、中国学社、一九六五年三月）三五四頁。

（8）『族譜』一三頁。

（9）宣統『南海県志』巻十二、金石略に収録されている「盧氏大宗祠碑記」は万暦三十年（一六〇二）十月に盧竜雲が記したものである。この碑文によって沙頭堡沙涌郷沙涘の盧竜雲の一族がその地に居住していたことがわかる。また碑記によると「先大父樵宗公、博學好古、曾與族中長老議建祠以合族、方限於財、諸父冠巖大夫（宁）欲捐俸以成之」とあり、竜雲の祖父の樵宗公が盧氏大宗祠の建設を一族に諮ったが財力に欠けるため、竜雲のおじ宁に寄付金を出してもらい建設した。この宁の父、盧津は「盧津、字要卿、號涯軒、沙頭堡沙涘人」（光緒『広州府志』巻一一六、列伝盧津の条）とあり、盧津、宁父子も竜雲と同じ沙頭堡沙涌郷沙涘に居住していた。盧竜雲一族の系図は第七図のようになる。

この第七図を第一図と対照して考察すると、沙涘公が種善（能広）と同世代にあたる。また、「沙涘公」の沙涘は地名となっている点から考えて、この時期前後に盧氏が分化し、水南郷の盧氏と沙涌郷沙涘の盧氏の二派下になったものと考えられる。

（10）『族譜』一二六頁、「沙頭范陽之族由」。

（11）片山剛「清末広東省珠江デルタの図甲表とそれをめぐる諸問題―税糧・戸籍・同族―」（『史学雑誌』九一―四、一九八二年四月）。

（12）『族譜』一一・三四・一三四頁より。また、康熙『南海県志』巻五、選挙には「教授」とある。

（13）『明史』巻一九六、列伝八四、方献夫の条によると方献夫は盧錫と同郷の南海県出身で、弘治十八年（一五〇五）に進士となり、その後、礼部主事、吏部員外郎となった。また、王守仁に師事したが、病を得て、故郷の西樵山にもどり、読書をしていた。

（14）註（1）の森田論文及び光緒九年（一八八三）刊『九江儒林郷志』巻四、建置略、囲。片山剛氏同著「珠江デルタ桑園囲の構造と治水組織－清代乾隆年間～民国期－」（『東洋文化研究所紀要』第一二一冊、一九九三年三月）一九八頁において、この宣統『南海県志』巻二十、列伝、盧錫の条にいう「桑園囲の修築においては東囲の住民は東囲の修築を行い、西囲の住民が西囲の修築を行うという原則」は「夏の大水時における搶救活動の就役方法であり、冬に行われる大規模収復工事の費用負担ではない」という指摘をされている。今は片山氏以上の史料をもちあわせておらず、氏の説に従っておく。

（15）光緒『桑園囲志』巻四、修築。

（16）註（1）森田論文、光緒『桑園囲志』巻八、起科。

（17）盧津については『族譜』三五頁、康熙『南海県志』巻五、選挙。盧鏞については『族譜』三三頁。盧輝については『族譜』三四頁。盧夢陽については康熙『南海県志』巻六、風俗、盧氏の条に各々関連記事が記載されている。

（18）松田吉郎「明末清初広東珠江デルタの沙田開発と郷紳支配の形成過程」（『社会経済史学』四六－六、一九八一年、本書第一部第一章に収録）で述べた「沙坦」と「坦田」は同じものと考えられる。

（19）『族譜』七六～七九頁の「五月拾二日上黨正併諸紳書」。

（20）囲局については、光緒『桑園囲志』巻四、修築、嘉慶二十二年の条を参照されたい。

（21）顧炎武『日知録』巻八、里甲、咸豊『順徳県志』巻二十一、列伝、宣統『南海県志』巻十三、金石略、聯建同声社学碑記によると、党正は保甲制下の保長にあたると述べているが、桑園囲基内では堡内の囲基の管理や治安維持を行っていたと推測される。

（22）『福恵全書』巻二一、蒞任部、頭門告示の条には、「鼓樓更夫、毎晩派定五人」とあり更錬は更夫の一種の夜回り番と考えられる。

（23）註（19）に同じ。
（24）第三図にみえる穀埠は、いつ頃設置されたか定かでないが、光緒『九江儒林郷志』巻四、建置略には、九江堡において道光二十三年（一八四三）に穀埠が置かれ、他地域から流入する米穀の取引が行われていたことが記されている。桑・魚・米穀の交易については、松田吉郎「清代後期広東広州府の倉庫と善堂」（『東洋学報』六九―一・二、一九八八年一月、本書第一部第五章に収録）を参照されたい。
（25）咸豊『順徳県志』巻二十七、列伝、温汝适の条。
（26）光緒『桑園囲志』巻四、修築、嘉慶二十五年の条。同治『南海県志』巻十四、列伝、伍崇曜の条を参照されたい。尚、梁嘉彬『広東十三行考』（商務印書館、一九三七年二月）では盧文錦は広利行の商人、伍崇曜は怡和行の商人であると述べられている。伍元蘭・伍元芝については不明であるが、怡和行の商人である可能性が強い。従って、光緒『桑園囲志』に出てくる盧・伍二商とは、広東十三行の広利行と怡和行と考えられる。尚、広利行の盧氏と沙頭堡の盧氏との関係については現在の所、不明である。
（27）佐々木正哉「咸豊四年広東天地会の叛乱」、同「咸豊四年広東天地会の叛乱、補」（『近代中国研究センター彙報』二・三、一九六三年）。
（28）森田明「清代広東の土客械闘と地方権力―嶺西地域の一事例」（『中国における権力構造の史的研究』今永清二編、昭和五十四・五十五・五十六年度科学研究費補助金総合研究（A）研究成果報告書、一九八二年三月）、松田吉郎「清代後期広東嶺西地域の土客械闘」（珠海文史研究所学会主編『羅香林教授紀念論文集』新文豊出版、一九九二年、本書第一部第六章に収録）。
（29）西川喜久子「順徳団練総局の成立」（『東洋文化研究所紀要』一〇五、一九八八年二月）。
（30）清・鄭夢玉等修、梁紹献等纂、道光十五年修、同治十一年刊『南海県志』の「続修南海県志職名」の「総理局務」の条には「優貢生盧維球」と記されている。
（31）光緒『桑園囲志』巻十二、防患、同治四年四月の条。

(32) 清・明之綱修、同治九年（一八七〇）刊『桑園囲総志』全十四巻。

(33) 光緒『桑園囲志』巻十二、防患、同治四年四月～六月の条。『桑園囲総志』全十四巻については、同治『南海県志』巻十、芸文略に説明があり、同治九年（一八七〇）に明之綱、盧維球等が編纂したものである。また、同治四年（一八六五）当時は、咸豊四年（一八五四）の天地会の反乱によって、旧版の『桑園囲志』が焼失し、『桑園囲総志』編纂中の時期であったようである。なお桑園囲基関係の地志で現存するものは、註（2）前掲『広東文献書目知見録』によると同治『桑園囲総志』、光緒『桑園囲志』、民国『続桑園囲志』の三種類であるが、これらの編纂過程については本書第一部第二章を参照されたい。

(34) 註（31）に同じ。

(35) 光緒『桑園囲志』巻四、修築、同治五年の条。

(36) 註（35）に同じ。

(37) 註（35）に同じ。

(38) 註（14）前掲片山剛論文二〇五頁において「この十堡横檔基建設に関連させて」、松田が「こうして、沙頭堡の各囲基は桑園囲全体の組織によって援助されるとともに、その直接的管轄下に入るのであった」と結論づけたことに対し、「これは十堡によって建設されたものであり、桑園囲全体の組織によって建設されたものではない」とのご批判を受けた。その点は全くその通りであるので、本文のように訂正した。ただ乾隆四十九年の温汝适の提案、五十九年の工事以降は桑園囲全体の水利システム下に沙頭堡も入るという筆者の認識は今のところ変更する史料は見ていないので本文のようにした。（光緒『桑園囲志』巻八、起科、乾隆五十九年の条に「論糧科銀」によって工事を行い、沙頭堡も他の十四堡とともに銀を供出して工事を行っていることからこのように考える。）

(39) 濱島敦俊「明末江南郷紳の具体像－南潯、荘氏について－」（岩見宏・谷口規矩雄編『明末清初期の研究』京都大学人文科学研究所、一九八九年三月）。

第1表

堡・郷		派下	世代	名（諱）	号	生員	挙人	進士	官職	出典
沙頭堡	水南郷	村頭房	4	貴挙	養素	南海郡庠生	洪武5年（1372）孝廉			族譜P33、P126
〃	〃	村頭房・中心房・叢桂長房	7	銘	警斎	順徳県庠生	成化12年（1476）挙人			族譜P22、P132
〃	〃	〃　〃　叢桂三房	7	鑑	謹斎	成化13年(1477) 順徳県庠生	成化22年（1486）挙人		蒼梧知県	族譜P39、P133
〃	沙渓郷	?　?　?	7	津	涯軒		正徳2年（1507）挙人	正徳6年（1511）?	長楽知県	光緒広州府志巻116 族譜P35
?	?	?　?　?	7			北国学生				族譜P131
沙頭堡	水南郷	村頭房・中心房・叢桂二房	7		翠庄	順徳県庠生				族譜P132
〃	〃	〃　〃　叢桂三房	7	鋼	晦斎	順徳県庠生				族譜P34、P133
〃	〃	〃　〃　叢桂三房	7		怡斎	南海県庠生				族譜P34、P134
〃	〃	〃　西頭房	7	錫	與斎	弘治5年(1492) 広州府庠生 弘治9年(1496) 廩生 正徳11年(1516) 歳貢生 国学生			儒学訓導	族譜P11、P34、P137
〃	〃	〃　〃　〃	7							族譜P33
				輝	雲洞				文林郎	族譜P34
			?	夢陽				嘉靖16年(1537)	布政使	康熙南海県志巻5,6
沙頭堡	沙渓郷		8		冠巌		嘉靖19年(1540)	嘉靖23年(1544)	贛州興国県事、南京刑部郎中、登州知府	光緒広州者志巻116
							順徳学郷薦			族譜P35
沙頭堡			8	竜雲	紀溟		万暦9年(1581)	万暦11年(1583)	馬平令、甘鄲令、長楽令、貴州参議	康熙南海県志巻12

												族譜Ｐ35
					8	宸	魯巌	万暦元年(1573) 歳貢生			広西省柳州府螎県知県	康熙南海県志巻５、族譜Ｐ35
沙頭堡	水南郷	村頭房	中心房	新屋房	8	碖	青坡	順徳県庠生				族譜Ｐ36、Ｐ138
〃	〃	〃	〃	叢桂長房	8	硄	平山	広州府庠生				族譜Ｐ36、Ｐ141
〃	〃	〃	〃	叢桂長房	8	碔	琢菴	広州府庠生				族譜Ｐ36、Ｐ146
〃	〃	〃	〃	叢桂長房	8	硯	恬叟	広州府庠生				族譜Ｐ36、Ｐ147
〃	〃	〃	西頭房		8	礦	蒲州	順徳県庠生				族譜Ｐ37、Ｐ153
?	?	?	?	?	8	竜光	仰巌	万暦２年(1574) 肇慶府貢生				族譜Ｐ35
?	?	?	?	?	8	喬		順徳県庠生				族譜Ｐ35
?	?	?	?	?	8	方		順徳南海県庠生				族譜Ｐ36
?	?	?	?	?	9	紹呂		歳貢生				族譜Ｐ37
沙頭堡	水南郷	村頭房	中心房	叢桂長房	9	紹魁	酔梅	順徳県庠生				族譜Ｐ37、Ｐ159
〃	〃	〃	〃	〃	9	元升		広州府庠生				族譜Ｐ37
沙頭堡	水南郷	村頭棒	中心房	叢桂長房	9	紹説	少泉	順徳県庠生				族譜Ｐ37、Ｐ161
〃	〃	〃	〃	叢桂三房	9	紹郊	恪軒	南海県庠生				族譜Ｐ38、Ｐ168
〃	〃	〃	〃	〃	9	紹祁	貫野	広州府庠生				族譜Ｐ38、Ｐ169
〃	〃	〃	〃	叢桂三房	9	紹壟	淳宇	南海県庠生				族譜Ｐ38、Ｐ173
〃	〃	〃	〃	叢桂三房	10	煥		嘉靖19年(1540) 広州府庠生	嘉靖24年(1545)	嘉靖35年(1556)	津州府平和県知県	族譜Ｐ38、康熙南海県志、巻６
〃	〃	〃	〃	叢桂三房	10	栄詔		南海県庠生				族譜Ｐ38
〃	〃	〃	〃	叢桂四房	10	懿簡		万暦元年(1573)	万暦22年(1594)		南京直隷池州府銅陵県	族譜Ｐ38

							庠生			知県、河南開封府知府	
〃	〃	〃	〃	新屋坊10		（更竜）	順徳県庠生				族譜Ｐ39
〃	〃	〃	〃	叢桂三房10	簡弼		広寧県庠生				族譜Ｐ39
〃	〃	〃	〃	叢桂三房10	簡相		西寧県庠生				族譜Ｐ39
〃	〃	〃	〃	叢桂三房10	擲傚		広州府庠生				族譜Ｐ39
〃	〃	〃	〃	叢桂四房10	如簡		順徳県庠生				族譜Ｐ39
〃	〃	〃	〃	新屋坊10	燮		順徳県庠生				族譜Ｐ39
〃	〃	〃	〃	叢桂四房11	介		広州府庠生				族譜Ｐ40
〃	〃	〃	〃	〃　11			南海県庠生	隆武元年(1645)			族譜Ｐ40
〃	〃	〃	〃	〃　11	辰		広州府庠生				族譜Ｐ40
〃	〃	〃	〃	〃　11	確		南海県庠生				族譜Ｐ40
？	？	？	？	？　11	有観		番禺県庠生	順治３年(1646)			族譜Ｐ41
沙頭堡・水南郷		村頭坊・中心坊・叢桂三房12			聖旦	匡周				広西省平楽府永安県知県	族譜Ｐ41
？	？	？	？	？　12	世燿		南海県庠生				族譜Ｐ41
沙頭堡・水南郷		村頭坊・中心坊・叢桂四房12			世光		順徳県庠生				族譜Ｐ41
？	？	？	？	？　12	璇		広州府庠生				族譜Ｐ41
？	？	？	？	？　13	象虬	木天	順治５年(1648) 恩貢生				族譜Ｐ41
？	？	？	？	？　13	嘉勝		雍正元年(1723) 国学生				族譜Ｐ42
？	？	？	？	？　14	士元		霊山県庠生				族譜Ｐ42
？	？	？	？	？　14	啓運	開天	雍正元年恩貢生			南雄府儒学教授	族譜Ｐ42

?	?	?	?	?	14	汝成			康熙53年(1714)		潮州府海陽県儒学教授 潮州府教授	族譜Ｐ42
?	?	?	?	?	15	叢光			嘉慶12年(1807)			族譜Ｐ42
									武魁			
?	?	?	?	?	15	植綱			嘉慶13年(1808)			族譜Ｐ42
?	?	?	?	?	15	天保		南海県増生				族譜Ｐ43
?	?	?	?	?	16	竜湘		南海県武生				族譜Ｐ43
?	?	?	?	?	17	潮安			武魁			族譜Ｐ43
?	?	?	?	?	17	経朝		広州府庠生				族譜Ｐ43
?	?	?	?	?	17	大壮		南海県武生				族譜Ｐ43
?	?	?	?	?	18	芸書		広州府庠生				族譜Ｐ43
沙頭堡・沙涌郷		?	?	?	18	維球	夒石	優貢				族譜Ｐ44、宣統南海県志巻19
?	?	?	?	?	18	志明			道光14年(1834)			族譜Ｐ44
?	?	?	?	?	18	国材		南海県庠生				族譜Ｐ44
?	?	?	?	?	18	維玉		清遠県庠生				族譜Ｐ44
?	?	?	?	?	18	夢彪		南海県武生				族譜Ｐ44
						経		広西馬平県学廩生	同治元年(1862)			族譜Ｐ44

第二表　同治『南海県志』巻六　図甲表

図甲	一甲	二甲	三甲	四甲	五甲	六甲	七甲	八甲	九甲	十甲
二十三図	鄧仕同 四十六戸 又一甲 關鎭 十三戸	李大留 四十五戸	崔震 三十五戸	崔仕興 七十八戸 又四甲 崔仕登 四十戸	呉憲祖 廿一戸 又五甲 馮躍 廿三戸	黄免高 二十戸	梁燿祖 四十一戸 又七甲 盧明 九戸	馮長 十戸 又八甲 李泗興 六十一戸	崔文奎 五十戸	鄧 四十六戸 又十甲 鄧貴旺 十一戸
二十四図 付図另戸	崔維同 四十九戸 鄭國安 十四戸	盧世昌 九十六戸	馮世隆 四十四戸 又三甲 崔國賢 五戸	何昌 廿八戸	崔壽 六十七戸	崔永昌 廿七戸	何漸造 四十七戸	何聴先 十八戸	何仕 四十一戸	李盛 四十八戸
四十三図	老必昌 十四戸	陳振南 七戸	陸繼思 一戸	李何創 三戸	蘇繼軾 二戸	何紹隆 四戸	張懐徳 六戸	呂進承 十一戸	梁超 十戸	鍾榮 八戸
五十図	盧萬春 十一戸	崔日盛 十八戸	譚廣興 十戸	譚業昇 廿七戸	盧有道 十戸	莫必盛 十七戸	崔彦興 九戸	何維新 廿四戸	崔萬昌 十五戸	譚同盛 九戸
六十八図 付図另戸	周遷 三十二戸 僧顯珍 九戸	馮相 二十三戸	崔桂奇 二十三戸	胡文昌 十六戸	老少懐 十六戸	老鍾英 十七戸	蘇萬成 十五戸	葉承爵 十三戸	胡祖昌 十九戸	何祖興 三十一戸
七十図	程萬里 廿九戸	梁勝 七戸	崔日新 廿三戸	梁喜昌 十戸	林秀 五戸	林仕昌 十五戸	何繼昌 十五戸	林桂芳 十戸	李萬盛 十四戸	盧大綱 廿四戸
七十三図	鄧崔宏 九戸	劉胡同 六戸	崔浩賓 廿二戸	譚南興 廿九戸	呉崔興 十三戸	覃盛 十二戸	李馮文 八戸	羅邵新 七戸	何三有 十三戸	廖永經 十四戸
七十四図	莫鋭 七十四戸	李南軒 十七戸	崔紹興 十五戸	盧明正 廿三戸	崔勝昌 十三戸	崔熾昌 十五戸	黄色裔 十八戸	鄧閏高 十戸	崔漸鴻 十九戸	關鎭興 十八戸

第三表　光緒『桑園囲志』巻八　起科　図甲表

図甲	一甲	二甲	三甲	四甲	五甲	六甲	七甲	八甲	九甲	十甲
二十三図	鄧仕同 又一甲 關　鎮	李大留	崔　震	崔仕興 又四甲 崔仕登	呉憲祖 又五甲 馮　躍	黄免高	梁燿祖 又七甲 盧　明	馮　長 又八甲 李泗興	崔文奎	鄧 又十甲 鄧貴旺
二十四図 付図另戸	崔維同	盧世昌	馮世隆 又三甲 崔國賢	何　昌 另　柱 歐陽翹玉	崔　壽 又五甲 崔　昌	崔永昌	何漸造	何聴先	何　仕	李　盛 另柱鄭國安
四十三図	老必昌	陳振南	陸繼思	李何創	蘇繼軾	何紹隆	張懐德	呂進承	梁　超	鍾萬壽
五十図	盧萬春	崔日盛	譚廣興	譚廣安	盧有道	莫必盛	崔彦興	何維新	崔萬昌	譚同盛 另柱黄永隆
六十八図 付図另戸	周　遷	馮　相	崔桂奇	胡文昌	老少懐	老鍾英 另柱老沼	蘇萬成	葉承爵	胡祖昌	何祖興 另柱　顯珍
七十図	程萬里	梁　勝	崔日新	梁喜昌	林　秀	林仕昌	何繼昌	林桂芳	李萬盛	盧大綱
七十三図	鄧崔宏	劉胡同	崔浩賓	譚南興	呉崔興	覃　盛 何其昌	李馮文	羅邵新	何三有	廖永經
七十四図	黄　鋭	李南軒	崔紹興	盧明正	崔勝昌	崔熾昌	黄色裔	鄧閏高	崔漸鴻	關鎮興

第一図　南海沙頭盧氏家系概略図（『南海沙頭盧氏族譜』世系次序図より作成）

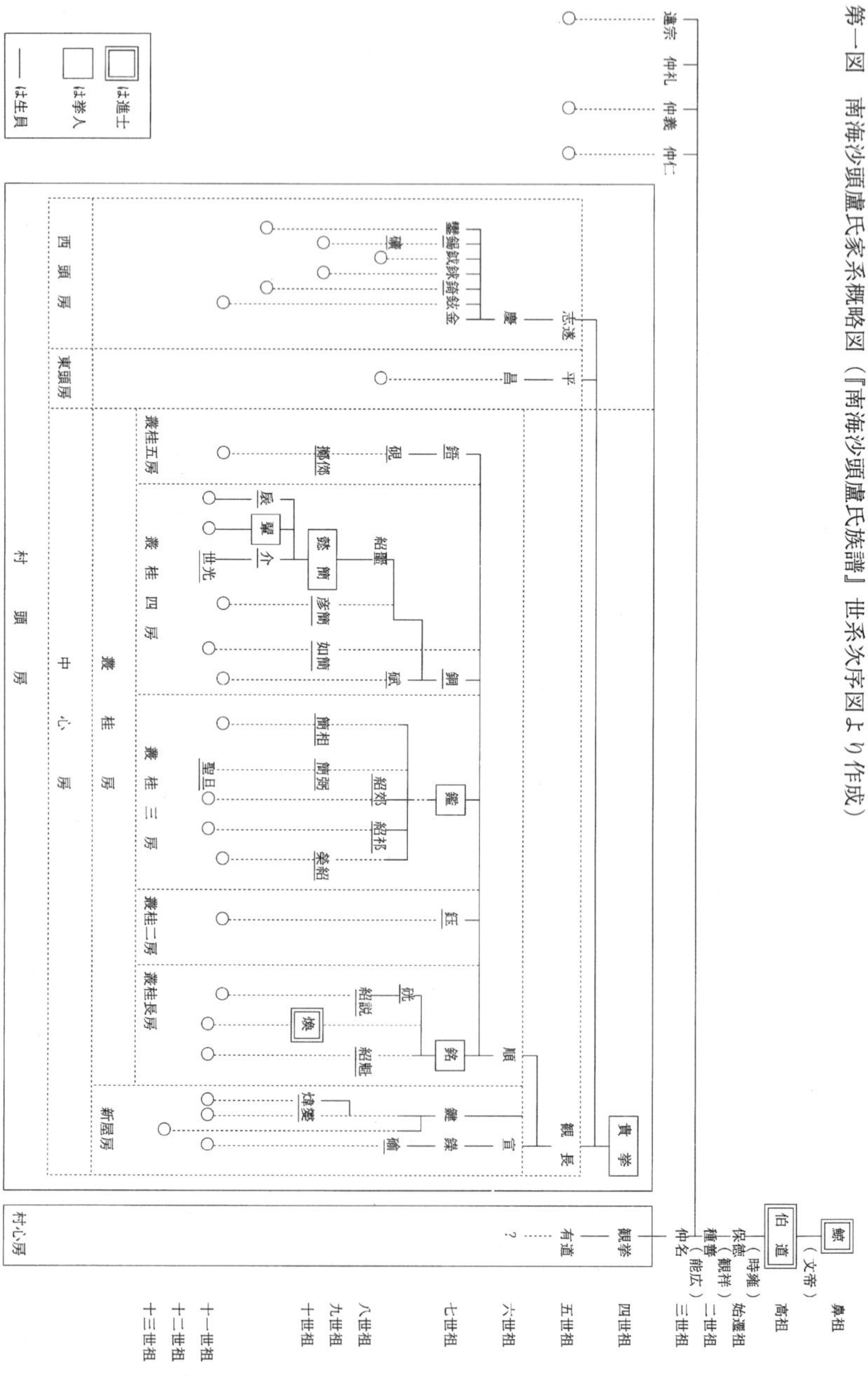

第二図　盧氏遷移図

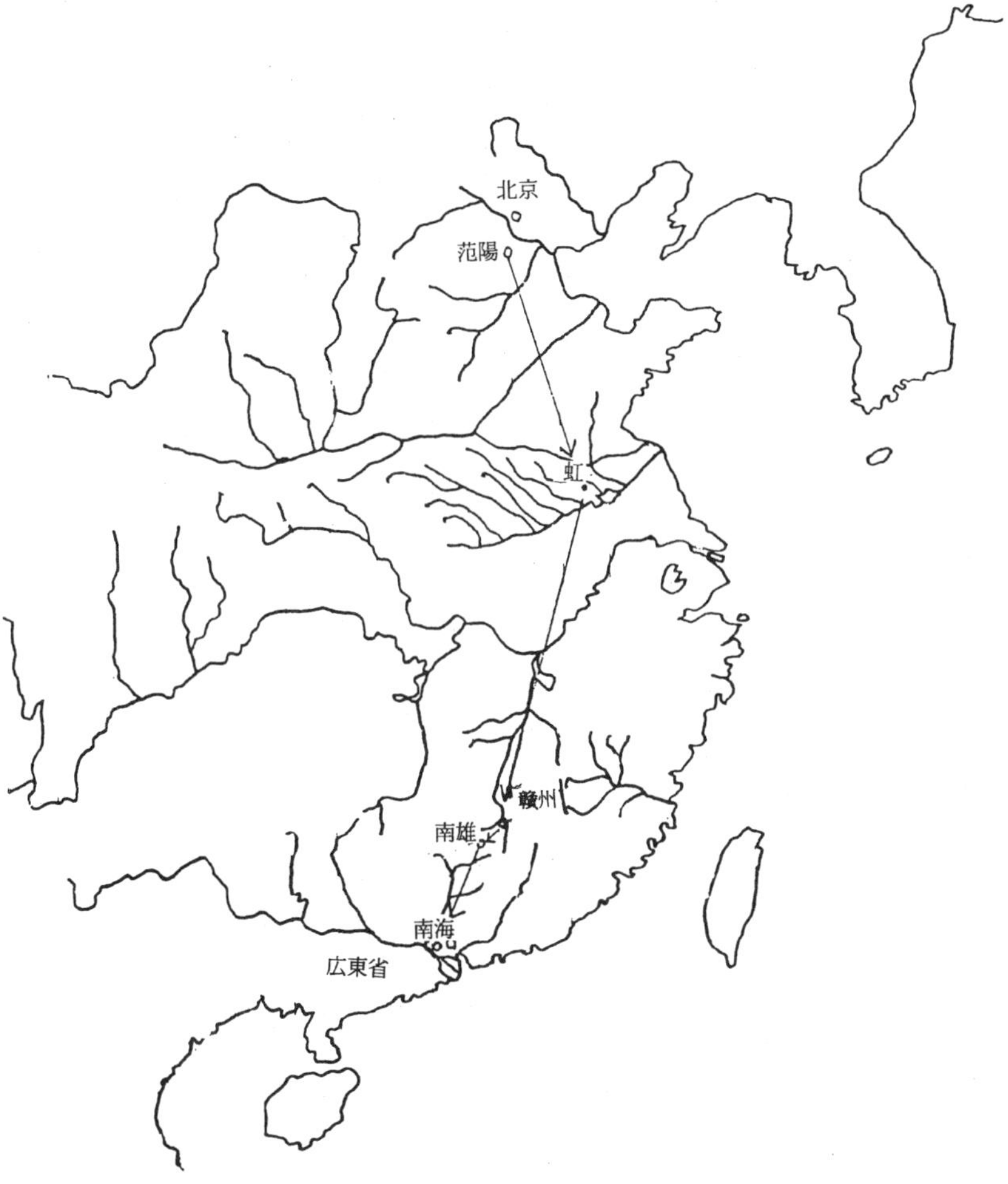

第三図　桑園囲全図（光緒『桑園囲志』巻2．図説より）

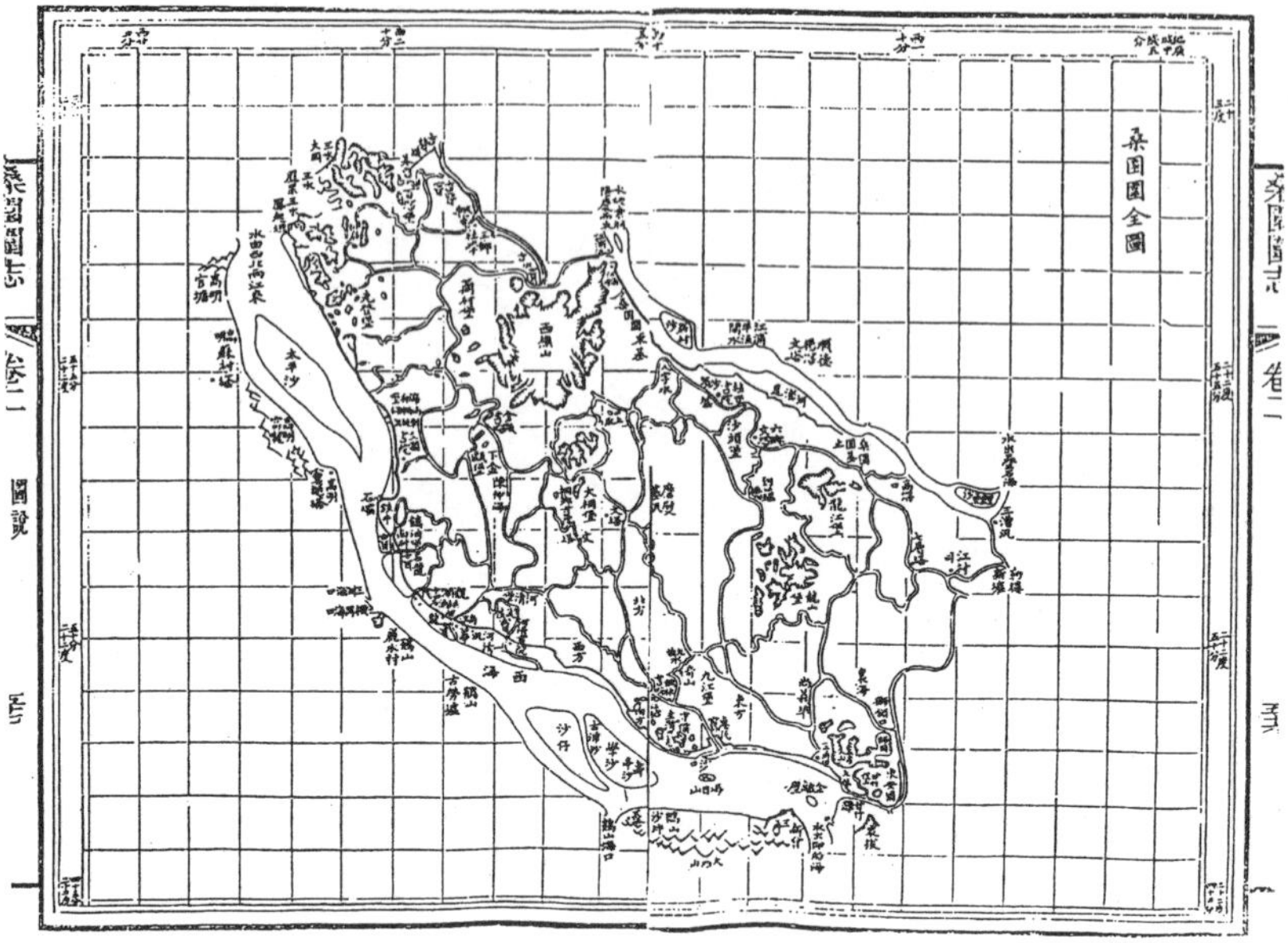

第四図　沙頭堡図（宣統『南海県志』巻1より）

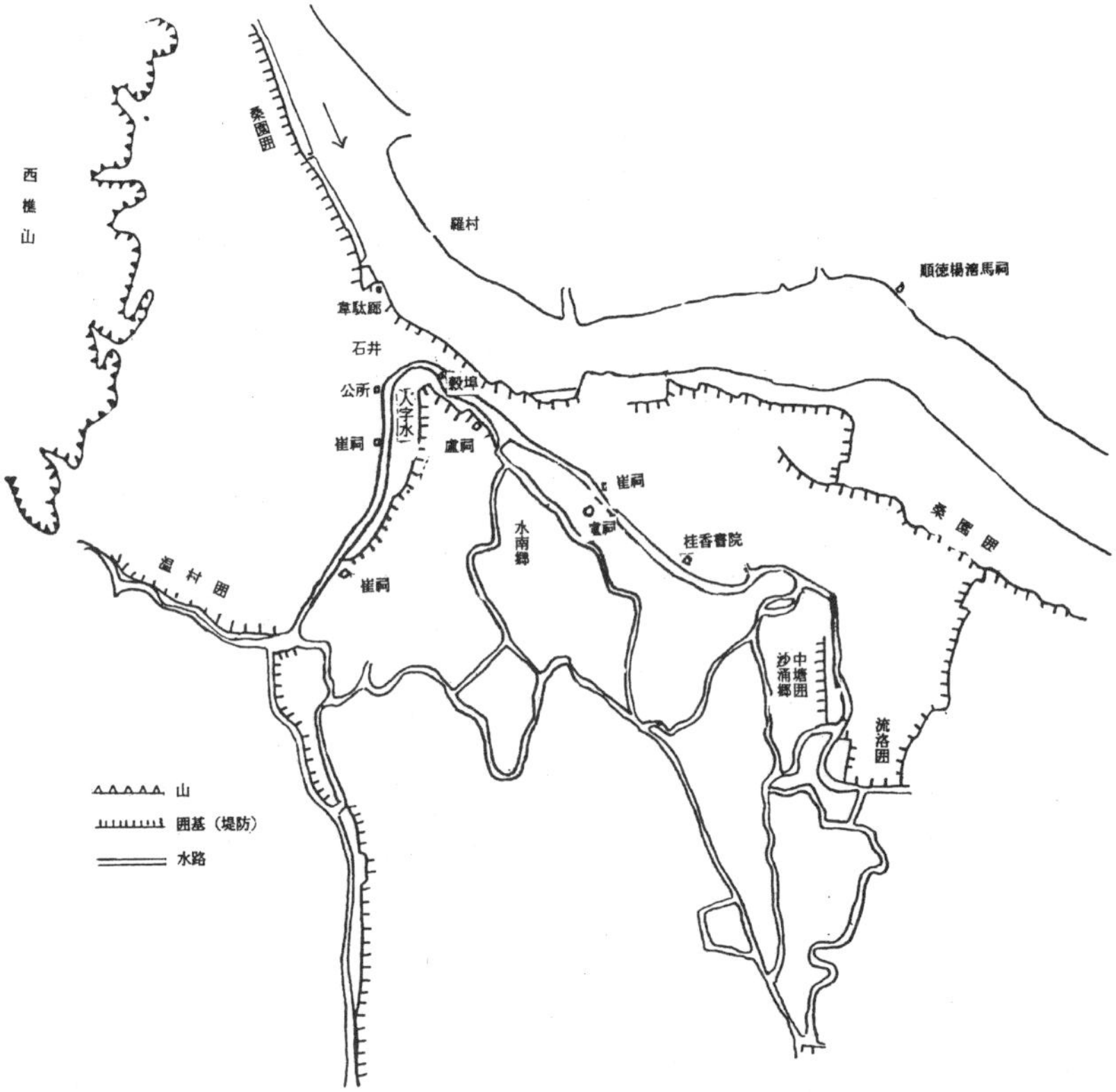

第五図 「四世養素祖（貴挙）人字水山図」（『南海沙頭盧氏族譜』より）

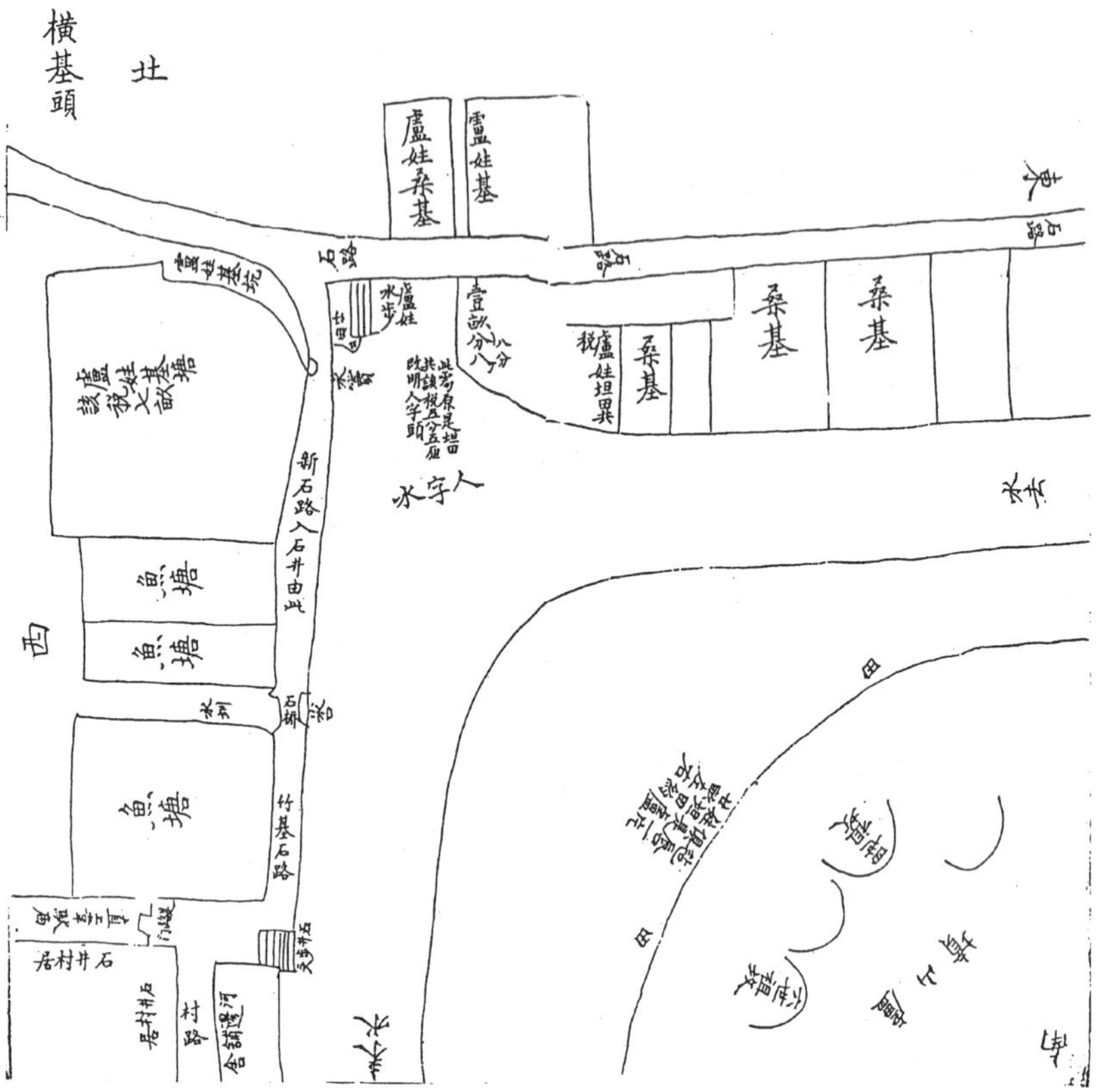

第　六　図

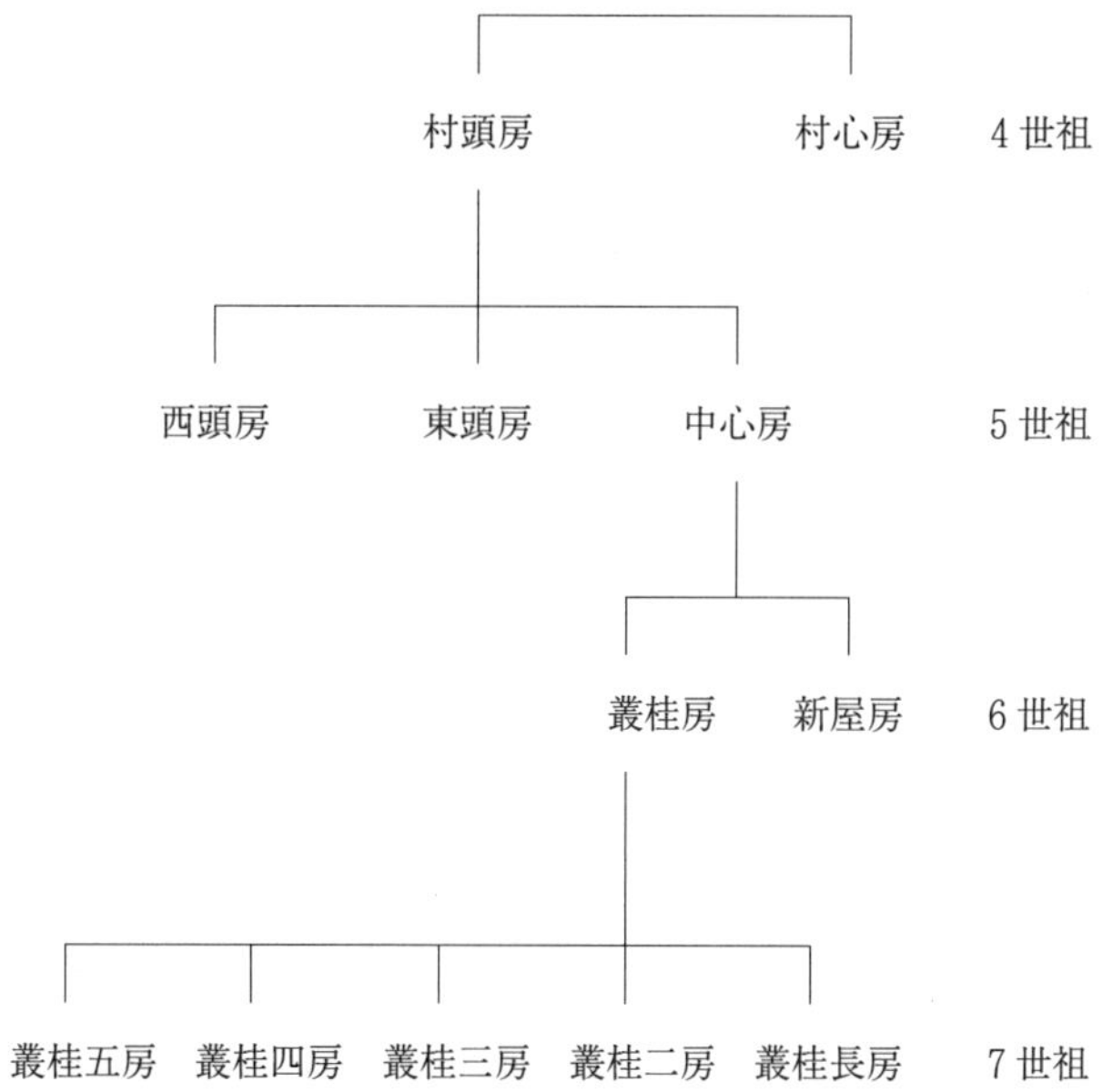
村頭房
村心房
4 世祖
西頭房
東頭房
中心房
5 世祖
叢桂房
新屋房
6 世祖
叢桂五房
叢桂四房
叢桂三房
叢桂二房
叢桂長房
7 世祖

第　七　図

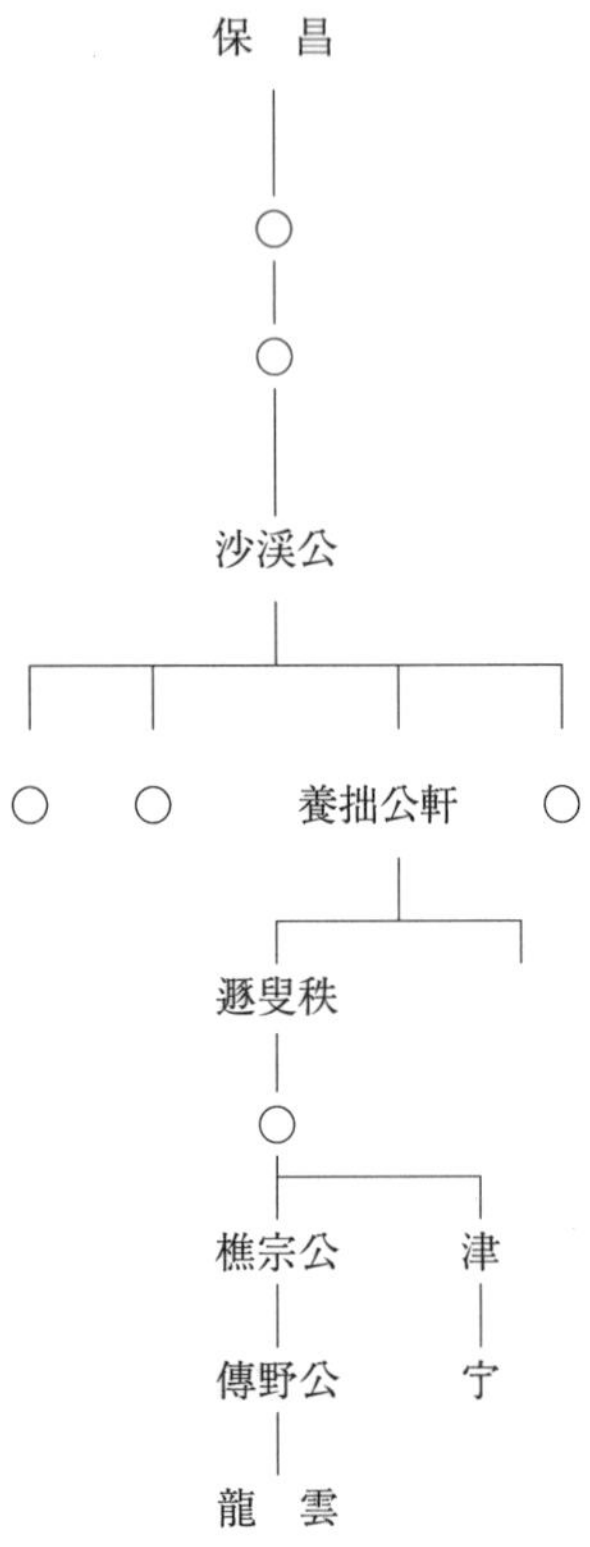

（同治『南海県志』巻12、金石略、盧氏大宗祠碑より作成）

第四章　広東広州府の米価動向と米穀需給調整——明末より清中期を中心に——

はじめに

揚子江以南の米作地帯の米価、米穀需給は直接生産者農民、消費者住民の生活と大きな関わりがある。広東広州府地域は、特に清代中期以降、米穀生産が消費に追い付かず、華南地域有数の米穀消費地であった。凶作による米価高騰後に飢饉が多発した。米穀需給のバランスを保つためにいかなる施策やシステムがとられるかは重要な課題となっていた。

米穀需給や米価動向に関しては、既に安部健夫、全漢昇、岸本美緒、臼井佐知子の各氏等の研究があり、清代康熙年間（十七世紀後半～十八世紀前半）の米価安、雍正年間（十八世紀前半）の米穀需給、乾隆年間（十八世紀前半～後半）以後のメキシコ銀やスペイン銀の大量流入による米価上昇及び人口増大による価格変動、清末（十九世紀後半以降）アヘン流入に起因する「銀貴銭賤」による米価変動などが明らかにされている(1)。

しかし、以上の諸研究によっても米価決定システム、米穀生産・流通・需給システムと米価との関連等についてはまだ十分に深められているとは言いがたいように思える。このような米穀問題の総合的考察を目指しつつ、本章ではさしあたり、広東広州府における米価動向と米穀需給調整について検討したい。

一　明清時代の米価動向とその要因

広東広州府地域の米価史料は江南に較べると豊富ではないが、地志史料にもとづいて米価動向を第一表のように作成した。地志記載の米価史料の扱い方については、既に岸本美緒氏が江南地域の研究を通じて、米価史料の多くは飢饉や大豊作の場合の極端な価格で、その大部分の記事は来源不明であり、記事の信憑性を史料形態的には確認しがたい。しかし、だからと言って、記事には全く信憑性がないとは断定できず、少なくともその当時の地方官僚や民間で一般的に理解されていた米価実態は窺うことができると指摘されている。(2) 筆者は広東においても同じ傾向を具有しているものと考える。

第一表は、明代景泰元年（一四五〇）から清代咸豊七年（一八五七）までの米価動向を示したものである。グラフを一見して明らかなように毎年の米価記事ではなく、数年から一〇〇年以上のブランクがある。従って、グラフの点で示されている米価は明らかであるが、線で示されている時期の米価は不明である。不明部分は第二表の「米作の豊凶及び米価、官・民の対応策」の表で、ある程度の米価動向を類推せざるを得ない。

第一表の米価は米一斗当たりの制銭額を示している。同年にいくつかの米価史料がある場合は平均値をとっている。制銭以外の大銭・青銭・京銭等で示されている米価は除外した。また、紋銀・洋銀で示されている米価史料も少なからず存在するが、銀の価値変動は大きく、米価の実態を示すには不適切と考えられた。従って、制銭で記載された米価史料を基本とし、紋銀・洋銀で記載されたものは参考史料として、制銭換算が可能な場合のみ、制銭換算して使用した。(3) 以下、第一・二表を中心に、明から清代の米価動向とその要因について検討しよう。(4)

明代宣徳八年から崇禎十七年（一四三三〜一六四四）の二百十一年間に少なくとも四三回の飢饉が発生し、これは平均四・九年に一回の割合であった。原因は大雨、大風、大旱などの天候不順が主で、稀には蝗害によるものもあった。

明代をいくつかの時期にわけて考察すると、宣徳八年～正統八年（一四三三～四三）は三回飢饉が発生した(5)。

正統九年～天順四年（一四四四～六〇）の十六年間は飢饉の記録は見えず、米価は安定していたようである。特に、景泰元年（一四五〇）は「大有年、斗米銀二分(6)」とあり、米一斗紋銀二分（制銭に換算すると約一四文(7)）であった。この価格は大凡、安定期の米価水準に近い額であったろうと推測される。

天順五年～正徳八年（一四六一～一五一三）には平均五・二年に一回の割合で飢饉が発生した(8)。

正徳九年～嘉靖十三年（一五一四～三四）の二十一年間は米価安定期であったと考えられる(9)。

嘉靖十四年～三十二年（一五三五～五三）までは、平均三・六年に一回飢饉が発生している(10)。嘉靖十四年は、「夏五月大水、飢、斗米萬錢、百年所無也、蠲民租(11)」とあり、過去百年間にはなかった程の米価高騰を示したという。ただ、「斗米萬錢」というのはかなり誇張した表現ではないかと思われ、むしろ「斗穀百錢(12)」（即ち、穀は籾殻付きの米の事であり、大凡、穀：米＝2：1の比率であるので(13)、米一斗約二〇〇銭）の方が実態に近かったと考えられる。二十四年（一五四五）には「斗米百五十錢(14)」とあり、嘉靖十四年～二十六年頃の米価は大凡、一斗制銭一五〇～二〇〇文であった(15)。

その後、嘉靖三十二年～隆慶六年（一五五三～七二）は平均七・〇年に一回飢饉が発生した(16)。この時期の米価は「斗米銀一錢(17)」とか、「斗米百餘錢(18)」とか言われ、大凡制銭四〇～一〇〇文であった(19)。

万暦元年～四十六年（一五七三～一六一八）には平均六・七年に一回飢饉が発生し、米価は一斗制銭一〇〇～二〇〇文に達し、明代では高額の米価となった(20)。

明末の天啓四年～崇禎十七年（一六二四～四四）には、平均一・四年に一回飢饉が発生し(21)、飢饉頻発時期であった。米価は「斗米百錢(22)」と記されており、米穀不足が深刻であった。

清代に入ると、順治元年～十年（一六四四～五三）には飢饉が平均一・三年に一回発生し、米価も米一斗制銭三〇〇～一〇〇〇文と高騰し、(23)清代第一期のピークであった。原因は旱災によるものが中心であったが、特にこれほど米価が高騰した所以は、明末天啓四年～清初順治十年（一六二四～一六五三）までの三十年間、飢饉が連続したこと、及び王朝交替にともなう政変・兵乱・奴変等が頻発したことなど(24)が米価の高騰を増幅させる要因であった。飢饉の深刻さは「一家萬錢、一妾斗粟」(25)、また「人多饑死、間有割屍充腹者、男女一口易米一斗、又値大疫、盗賊竊發、民之死亡過半、有一郷而無一人存者」(26)と表現され、言語に絶するものであった。

この後、順治十一年～康熙三十一年（一六五四～九二）の三十九年間は、康熙二・四・五・八年の凶年を除き、「大有年」（大豊作）が続いた。米価は一斗銀二～五分で、大凡制銭十七～三十五文に当たった。(27)

康熙三十三年～四十七年（一六九四～一七〇八）の十五年間には飢饉が一度見える。(28)原因は大水等の天候不順に加えて、福建商人の艚船が広州に入港して米穀を大量に買い付けたために、広州地域の米が不足したことにあった。(29)この当時の米価を示す史料は少ないが、一斗制銭一〇〇文であったと言われている。(30)

康熙四十九年～雍正五年（一七一〇～二七）の十八年間は大豊作と凶作が交互に見られる時期であった。凶作の原因は珠江の一つ西江の氾濫によるものであった。高騰時の米価は大凡一斗制銭一〇〇～三〇〇文であった。(31)

雍正六年～乾隆五年（一七二八～四〇）の十三年間は乾隆二年（一七三七）などの飢饉があったが、比較的豊作が続いた。(32)豊作時の米価は一斗制銭三十文であった。(33)

その後、乾隆六年～嘉慶二年（一七四一～九七）の五十七年間は乾隆十三年（一七四八）、四十九年（一七八四）の大豊作を除き、飢饉が連続した。特に、高騰時の米価は一斗制銭一五〇～八〇〇文と高く、(34)清代第二期のピークであった。原因は大水や桑園囲基の決壊、旱害などによる凶作であったが、(35)森田明氏の研究で明らかなように、乾隆年間以降の囲基の普及、即ち稲田の桑園への転作化によって米穀生産量が減少し、(36)この事が大幅な米価高騰を引き起こした真因であった。

嘉慶八年～二十四年（一八〇三～一九）の十七年間も飢饉と米価の高騰が続いた。米価は一斗制銭四〇〇～一〇〇〇文前後と極めて高く、(37)清代第三期のピークであった。原因は海賊が「岸匪」（内地に潜蹤して海賊の手先となる者）と結託して沿岸一帯を征圧したため、米商人が米穀を搬入できないことにあった。(38)

その後、道光四年～同治四年（一八二四～六五）までの四十二年間は、道光十五年・二十九年（一八三五・四九）の豊作時を除き、飢饉や米価の高騰は続いた。(39)特に、咸豊四年～七年（一八五四～五七）は米価が一斗制銭五〇〇～九〇〇文となり、(40)清代第四期のピークであった。原因は大水等の天候不順が続いた事、それに加えて、太平天国運動、天地会闘争、及び土客械闘等民衆闘争が広汎に展開された事にあった。(41)そして、豊作時の米価も「斗米百錢」(42)と言われる程高く、清初の豊作事の米価の三倍強となっている。これは、道光年間から特に頻繁化したイギリスなど列強資本主義国のアヘン密輸、それに起因した銀の流出、所謂「銀貴銭賤」という銀・銅銭間の貨幣換算率の変動に原因があったと考えられる。(43)

二　官・民間の米穀需給策

米価動向とその要因については、前節で明らかとなったので、本節では明末から清中期の官・民間の米穀需給策を検討しよう。

官の賑恤（貧困者・罹災者などを救うために銀・穀を施与する）策・米穀需給策の主なものには銭糧の減免と倉庫制があり、民間の賑恤策・米穀需給策の主なものには倉庫制と米商人による流通・販売があった。米商人による流通・販売については現在のところ十分に検討できていないので、本稿では官の銭糧減免策・倉庫制、民間の倉庫制について検討したい。

（1）官の賑恤策・米穀需給策

①銭糧減免

明代には成化十一年（一四七五）、同二十二年（一四八六）、弘治十一年（一四九八）、嘉靖十四年（一五三五）、隆慶元年（一五六七）、万暦元年（一五七三）、同十一年（一五八三）、崇禎二年（一六二九）に「田租」の減免が行われた。これは水災等の災害による被災民への賑恤策の一環であった[44]。

清代の銭糧減免による賑恤策は大きく分けて、（a）広州府地域全体を対象とした地丁銭糧の当該年度分の免税、（b）同銭糧の前年度までの滞納分の免税、（c）特に、被災地域に対する地丁銭糧の当該年度分の免税及び前年度までの滞納分の免税、そして（d）「改元即位」等の祝典による全国的免税の四種類であった。

順治から雍正年間においては、（a）地丁銭糧の当該年度分の減免は康熙四十九年（一七一〇）、五十二年（一七一三）、雍正五年（一七二七）、八年（一七三〇）と計四回行われた。（b）同銭糧の前年度までの滞納分の免税は、順治十一年（一六五四）、十三年（一六五六）、康熙元年（一六六二）、三年（一六六四）、四年（一六六五）、八年（一六六九）、三十四年（一六九五）、四十五年（一七〇六）、四十九年（一七一〇）、五十二年（一七一三）、雍正元年（一七二三）、十三年（一七三五）と計十二回行われた。また、（c）被災地域の当該年度分の減免は、順治四年（一六五〇）、康熙四年（一六六五）、十七年（一六七八）、三十三年（一六九四）、四十年（一七〇一）、四十三年（一七〇四）、五十三年（一七一四）、雍正五年（一七二七）と八回行われ、減税の場合は税額の三分の一か二を減額された[45]。（d）祝典等による免税の記事は見えない。

乾隆・嘉慶年間には、(a) 当該年度分の減額が、乾隆七年（一七四二）より康熙五十一年（一七一二）の「例」にもとづいて全国的な制度として三年に一回行われることになった。(b) 前年度までの滞納分の免税は、乾隆元年（一七三六）、七年（一七四二）、二十七年（一七六二）、六十年（一七九五）、嘉慶四年（一七九九）、十五年（一八一〇）、二十四年（一八一九）と合計七回行われた。(C) 被災地域に対する減税等の記事は見えない。また、(d) 祝典等による臨時の全国的免税が乾隆時に六回、嘉慶時に四回、合計一〇回行われた。

道光から光緒年間においては、(a) 乾隆七年より始まった全国的制度の三年一回免税制度は、光緒『大清会典事例』巻二六七や地志史料には見えず、この時期に行われたかどうかは不明である。(b) 前年度までの滞納分の減税は道光二十五年（一八四五）、咸豊元年（一八五一）、同治十二年（一八七三）、光緒元年（一八七五）、十年（一八八四）の合計五回行われた。(c) 被災地域に対する減税等の記事は見えない。また、(d) 祝典等による臨時の全国的免税の記事も見えない(46)。

以上、清朝の銭糧減免策を検討してみると、順治元年～乾隆五年の時期には広州府地域全体を対象とした当該年度分の銭糧の減免及び前年度までの滞納分の減税は比較的多く行われているにもかかわらず、米価高騰時の民衆にとって一番必要な被災地域の銭糧の減税が順治元年～十年の米価高騰の第一期と順治十一年～乾隆五年の米価安定期にしか行われておらず、しかも、銭糧の減税であり、免税になっていない点に清朝の銭糧減免策の限界が示されている。乾隆・嘉慶年間の米価高騰の第二・三期目のピーク時には清朝による全国一律的な三年輪番の免税制度が確立し、広州府もこの制度下に組み込まれた。また、祝典等による減免もたびたび行われたように清朝の制度的・恩恵的政策の確立という色彩が強い。また表一で明らかなように第二・三期の高騰時の米価は非常に高く、この時期の清朝の制度的・恩恵的銭糧減免策は十分な効果を果たしたとは言いがたい。そして、道光から清末の米価高騰の第四期目のピーク時には、広州府内の滞納分の減税が行われただけで、清朝は銭糧減免という手段での賑恤策を事実上放棄したものと言えよう。

（2）常平倉による平糶、賑恤策

常平倉[47]の機能については、『粤東省例新纂』巻二、戸例、倉穀、常平倉穀、〈（　）内は割註〉に、

本省毎年存糶常平倉穀、或存半糶半、或存七糶三、（沿海卑濕及碾支兵粮州縣、均存半糶半、其餘存七糶三）、及歉歳逾額多糶、悉照定例辦理、所糶價銀、解貯司庫、……、其穀買補還倉、責成該管道府、盤驗結報、買補價値、如係豊歳、出陳易新、（定例豊歳、出糶倉穀、毎石照市價、減銀五分、本省向辦、係按當時月報粮價、毎石減銀五分、毎穀一石折半、減銀二分五釐）、即於秋後買補、毋庸津貼、如係歉歳平糶、（定例歉歳、毎石減銀一錢、如粮價過昂、必須大加酌減、核實奏明、仍一面發糶、總不得過三錢）、買補時、照月報粮價折半核計、除支價銀并水陸脚費外、原糶價値、如尚有餘、照數解貯司庫、倘有不敷、即在前項餘存盈餘、並核屬解司米耗盈餘內、動支撥給、……

とあり、広東の常平倉穀は毎年、「存半糶半」（五割保存、五割平糶＝豊作時に米穀を買収して常平倉に貯え置き、凶作時に市価より安く売ること）と「存七糶三」（七割保存、三割平糶）の二種類あり[48]、凶年には規定額を越えて多糶してもよかった。米穀を平糶（出売）して得た銀は布政司庫に送って貯蔵し、その銀で収穫後に米穀を買い足した。従って、布政司が道台、知府を監督して倉穀を管理するのであった。

倉穀の運用法には四種類あった。一は兵米への支給。一は豊年時の「出陳易新」、即ち、「青黄不接」の米作の端境期における民間救済と倉穀の腐敗を防ぐための倉穀の新穀への入れ替えが行われた。価格は米一石の場合、「市價」

より銀五分減らし、穀（籾殻つきの米、大凡穀二石は米一石に相等）[49]一石の場合、銀二分五厘減らした。一は凶年時の平糶で、毎石の米価を銀三銭以内として出売した。最後の一は粥廠を設置し、饑民に粥を配付する賑恤策であった。

倉穀の元本及びその補充方法は、「納戸」＝税糧納入の義務を持つ戸が兵米を納入すること[50]、「贖鍰」（罪人が贖罪のために納入する銀や穀）、郷紳・富民の寄捐、他地域や外省からの米穀商人を通じての搬入であった。

「納戸」の兵米納入については、『雍正硃批諭旨』雍正七年（一七二九）四月二十日、署理広東布政使王士俊の上奏に、

奏爲陳明徵糧積弊事、竊照粵東通省額徵民屯糧米、三十二萬八千五百餘石、儘數支放兵糧、康熙五十四年間、前撫臣楊琳、以各屬有離鎭營窵遠者、本色難於解運、共改徵折色米二萬一千餘石、將價銀散給兵丁、令其自行採買、題允遵行在案。其餘之米、自應照額仍徵本色、解放兵糧、因納戸艱於運米、樂於折銀、而經徵之州縣、雖借名順從民便、其實別有所圖、如徵米一石、則多収價銀一二錢不等、又有米舖與兵丁交結勾通、包攬支放、毎石較諸時値、多索錢餘、州縣交價於米舖、兵丁即向米舖支米、及米舖納價於兵丁、任其另行買食、此粵東之積弊也。第州縣存倉穀石、於雍正二年間、經督臣孔毓珣題定、毎年春夏二季、應支兵米、在於存倉、糶三穀内碾放、俟秋冬徵穀還倉、民力自覺寛舒、倉穀可免浥爛、立法未嘗不善、無如州縣貪折徵、而得高浮之價、並不以倉穀紅腐、關心、納戸喜折徵、而省解運之勞、絶不以倉穀霉浥、動念且兵丁於米賤時、則欲折銀自買、冀有贏餘、米貴時、仍欲按額支米、希圖便益止、此収放糧米一事、難免諸弊叢生、臣不敢瞻顧、因循遵例、嚴各屬春夏碾穀支放、秋冬儘數徵還、并訪有番禺縣米舖黄聲知等八名、久慣私収州縣米價、包攬射利、已經提訊究處、餘俟次第整理、爲此繕摺奏聞、謹奏。剔除積弊、可嘉之、……。

とあり、広東では民屯の税糧三十二万石余が兵糧に当てられていた。民屯の民戸が納戸であり、彼らは当初は本色米

を各鎮営に納入していたが、鎮営から遠い所の納戸にとっては本色米の納入は大変な負担となっていた。そこで、康熙五十四年（一七一五）に鎮営から遠い納戸には各州県に折銀（銀に換算して代納）し、州県が兵丁にその銀を交付し、兵丁は米舗（米商人）に銀を支払って米を買い入れる（採買）という方法が認められた。しかし、州県の官吏は折銀に付加銀を課税し、また兵丁は米舗と結託して米舗に兵糧を一括販売させる制度（包攬）を用い、米の銀への換算率を引き上げ、利潤を分け合うという弊害が生じていた。雍正二年（一七二四）に常平倉穀の三割平糶部分の米穀を春夏二季、兵丁に給付し、秋冬の収穫後、納戸が同額の米穀を常平倉に納入するという形態に変えられた。しかし、兵丁は米価が低廉な時は折銀の交付を望み、米価が高騰している時には本色米の交付を望むという私利を追求し、また米舗の包攬の弊害も依然として続いたために、雍正七年（一七二九）に王士俊は悪徳米舗を処罰したのであった。

従って、兵糧の納入をめぐって雍正二年（一七二四）以降は、以下のようなシステムになっていたと考えられる。

布政使・州県官僚―常平倉←納戸　（本色米）
　　　　　　　　↓兵丁

布政使・州県官僚←納戸　（折銀）
　　　↓米舗↓兵丁

常平倉穀の三割平糶部分は納戸からの納入によって支えられ、しかも兵糧に当てられていたこと、また、兵糧額が三十二万石余という大きなものであり、米舗が「折銀」システムを通じて米価操作を行い、これが兵米だけではなく他の一般米価にも大きな影響を与えたと考えられることである。

次に「贖鍰」、郷紳・富民からの寄付について考えてみよう。光緒『大清会典事例』巻一八九、戸部、積儲の条（同条は宣統『東莞県志』巻三十二、前事略、順治十二年の条にも収録されている）に、

（順治）十二年題准、各州縣自理贖鍰、春夏積銀、秋冬積穀、悉入常平倉備賑、……其郷紳富民樂輸者、地方官多方鼓勵、毋勒以定數、

とあり、順治十二年（一六五五）より、「贖鍰」は春夏には銀を納入し、秋冬には穀を納入し、いずれも常平倉に貯蓄すること、郷紳・富民による銀・穀の寄付を各地域の地方官が奨励することが全戸的な制度として確立し、広東においても実施された。

特に、郷紳・富民の寄付は、「捐官」や「捐監」という官吏や監生身分を銀穀納入で買い取る形であらわれ、それによって郷紳・富民は官僚から「題奨」や「議叙」を受けて家格を高めることにつながっていた。(51)

次に、米穀商人を通じて他地域や外省から常平倉穀を搬入する形態について考えてみよう。『雍正硃批諭旨』雍正七年（一七二九）二月二十四日の広東巡撫傅泰の上奏に、

竊査粵省東莞等十一縣、於雍正三年秋間被水、奉旨賑濟、動用倉穀五萬八千三百餘石、部議捐納監生補足、又准部咨於海陽等六縣應增貯穀三十四萬石、亦令収捐加貯、查自開例至今止、共捐過監生一百三十七名、収過捐穀二萬四千九百餘石、爲數甚少、因部議止、令隣近之江西・湖廣・廣西三省生俊、各在本省買穀運送、廣東交収、蓋恐本省購買、復致穀價騰貴……。照康熙五十三年之例、不論本省外省旗民、皆准其赴捐、仍令在鄰省採買穀石、親運來粵、取具賣穀、地方官印結同繳、仍嚴禁持銀來粵、就近買穀、及私収折價、以杜弊端……。

とあり、雍正三年（一七二五）秋の広東省東莞等十一県の大水に対する賑恤には倉穀と捐納（寄捐）の米穀が用いられ、海陽等六県の倉穀の補充にも捐納が用いられた。江西・湖広・広西各省の「捐監」の監生百三十七名が二万四九〇〇余石の捐納を行った。捐納の米穀は広東で購入すると広東の米価を高騰させ、また「折価」（折銀）によると私利追求が行われる恐れがあるために、康熙五十三年（一七一四）の例にならい、監生が本籍の省で米穀を購入して直接広

東に納入させることにした。

ただし、「折價」による納入禁止は恒常的に行われたのではなかった。『雍正硃批諭旨』雍正十一年（一七三三）十一月九日の広東巡撫楊永斌の上奏に、

常平倉穀、原爲積貯起見、定例不准折銀、但粤東情形、與他省不同、專收穀石、轉有未便、應請因地權宜、定以價値、銀穀竝收、穀則交於應貯州縣、銀則令赴藩庫交兌、委員前往粤西採買、分撥收貯、毎穀一石定價五錢五分、遇穀價稍昂、咸令照價交銀、民食自無妨礙、捐足應貯之數、即行停止……。

とあり、雍正十一年（一七三三）より広東省の常平倉穀のみは「折銀」によって納入することが認められた。捐納の米穀は州県に納め、銀は布政司庫に納められ、その銀を用いて委員が広西に赴き、米穀を買い入れ（「採買」）、各常平倉に分納した。米穀の銀への換算率は通常は毎穀一石銀五銭五分と定め、穀価が上昇すれば時価に照らして換算率を定め、委員に銀を交付した。そして捐納銀額が常平倉に貯蔵すべき米穀額に達すれば、「折銀」を停止した。

以上から、常平倉穀は本色米の納入以外に郷紳・富民による捐納、特に「折銀」（銀納）が多く行われており、これらの郷紳は広東のみならず鄰省の広西・江西・湖広に本籍を持つものも多かったこと、そしてこれらの省から米穀が広東に流入していたことが明らかとなった。

次に、明代～清中期の米価変動と常平倉を中心とした官による平糶・賑恤策について検討しよう。

明代成化三年（一四六七）に清遠県において知県が粟一千石を出し、富民も粟を出して賑恤を行った。[52]同二十二年（一四八六）に南海県では布政使が粟を発し、清遠県では知県が倉穀を発して賑恤を行った。[53]嘉靖十五年（一五三六）の新会県の飢饉においては、

（嘉靖）十五年丙申春大饑、復大旱、民不耕作者益窮迫、外海游民嘯聚數百艘、欲出海行劫、居民洶洶、知縣陳

豪曰、此非叛民、苟欲延旦夕耳、於是開倉賑給人米二石、人皆帖然、而倉儲不足、乃立法勸貸、設印契爲民借於富室、或錢或穀、書之契上、秋成按數取償、其貧極度不能償者、官乃賑之、富室靡不樂從、邑民湯子相出穀二百石、義不受償、豪饋以羊酒、扁其門曰尚義。篁村歐陽用行、亦出粟二百石助賑、是年潮連大、獨貧民病其郷富戸閉糴、不肯借貸、遂與南海逸囚區聖祥等倡亂出海、豪告於海道副使葉照・兵道僉事朱道瀾、募兵分守要害、招聖祥降之、地方頼安。(54)

とあり、嘉靖十五年の飢饉に際して、新会知県の陳豪が倉穀を出して賑恤を行い、民一人に米二石を与えた。しかし、倉穀だけでは不足したようで、「勸貸」＝米穀貸借を奨励する法律を立て、また「印契」（貸借証書）を作り、貧民に富室から銭或は穀を借り、収穫後に償還させ、極貧なため富室から米穀を借りても償還できない者には官が賑恤するという施策を行った。そして、富室の中で貸与した米穀の償還を求めない者は官から表彰された。そして、富戸が自己の備蓄米穀を平糴しない村では反乱が起こったと記されているように、官の平糴・賑恤は民間の備蓄米の供出、捐納による寄付と一体化せずにはその機能を十分に果たせないことが明らかであろう。

嘉靖年間以降になると、官の常平倉穀による賑恤はほとんど機能しなくなり、官からの銀・穀の寄付、郷紳・士大夫（紳士）・地主による捐納が一体化した賑恤システムに移行した。(55) 宣統『東莞県志』巻五十、宦績略、董裕の条に、

董裕……（隆慶）六年知邑事、……舉荒政以賑困窮、設義食以備歳歉。……謝鯤化董侯濟荒記云、……闔邑薦紳士大夫、郷之耆彦、里之保伍、敦復告諭、毎約給以義濟簿、令出粟百石以上、給之冠帶、三十石以上、旌之華扁、署之姓名、多寡具載册籍、垂之無窮、一時義風偏、倡諸薦紳、競輸粟……

とあり、飢饉の時の賑恤は郷紳・士大夫・耆老・保伍の長等の米穀捐納に依拠して行われた。捐納一〇〇石以上の者には「冠帯」（官吏・紳士身分）を与え、三〇石以上の者には「華扁」（表彰の額）を与えた。

その後、万暦年間から明末もこの趨勢が続き、「富室」「富民」「富戸」「遠商」とよばれる地主や商人によって平糴・賑恤は行われた[56]。

清代に入ると官の常平倉穀による平糴・賑恤が復活する。しかし、順治元年〜十年（一六四四〜五三）の第一期の米価高騰期においては、清朝の国家体制はまだ十分に整わず、常平倉の運用も不十分にしか行えない状態にあり、民間の商人・紳士による米穀流通・販売力に頼っていた。道光『新会県志』巻十三、事略に、

順治四年……時商販不通、穀價日湧、生員李枝橋乃請縣給票勸諭各商、運穀赴城、賴以贍給。……十年癸巳大旱饑、知縣劉象震出倉粟糜粥行賑、時棄兒載道、隱士楊大進謀之貢生何鐀英・諸生何九蘭等、各捐貲出粟、收諸棄兒……。

とあり、順治四年（一六四七）の米価高騰は天候不順による凶作に加えて、「商販」（米穀の客商）が米穀を広州府に搬入できないために起こった。それは、米穀生産地あるいは流通の中継地である西江上流の湖南省永州府[57]、広西省桂林、梧州[58]、広州府三水県[59]では飢饉になると「遏糴」「禁糴」という米穀の搬出を禁じたから、客商による米穀購入が不可能となり、消費地の広州府に搬入できなくなった。そこで、新会県の生員が知県に客商への「票」（米穀購入・販売許可証）の交付を申請した。その結果、漸く許可され、米穀の搬入が再開され、米価が下落したのである。同十年（一六五三）には、同じく新会県において知県が常平倉穀を拠出し、また貢生・諸生などの下級紳士が銀・穀を捐納して棄児を収容したりして賑恤を行った。

順治十年の新会県の賑恤例は明代嘉靖〜隆慶年間の官・民一体化した賑恤策を復活させたものと言えよう。

順治十一年〜康熙三十一年頃（一六五四〜一六九二）までの米価安定期に、常平倉制度は復活し、康熙五年（一六六六）には全省で倉穀の「積穀」を拠出して賑恤が行われ[60]、三十年（一六九一）には東莞県で知県が常平倉穀を拠出し

て平糶を行った[61]。

康熙三十三年～乾隆五年（一六九四～一七四〇）の米価緩騰と安定の交互到来期の中で、康熙年間にはいくつかの地域で知県などの地方官が常平倉穀を拠出して、平糶・賑恤などを行った[62]。

康熙五十二年（一七一三）の順徳県の事例が民国『順徳県志』巻十五、金石略、「闔邑賑饑記」（康熙五十二年、邑令劉鵬撰）に記されている。

壬辰之秋……余……捐俸發倉、寧可須臾緩哉、奈地方遼濶、受饑者口跰蹮赴籲者、日幾千萬人、此非涓滴之水足以潤槁壤也。……幸邑中縉紳先生憫茲顚危、……振廩無所留躊、衿耆輩亦皆堞粟以從、凡著姓之後、有零落者、助以嘗租、其餘素門雁戸及遠僻之民、未能趨食於邑、則公捐銀米就地發賑、……上聞粤東災、詔令州縣出倉貯平糶……。

とあり、常平倉穀による賑恤は米穀不足時に飢民すべてに施与できず、縉紳が自己の倉穀を拠出し、衿耆も米穀を拠出して賑恤を行った。その際、「一族救一族、一方救一方[63]」というように、同族は基本的に自ら賑恤を行い、貧民や県城から遠く離れた地域に住む人々には、地域単位で縉紳等が米を拠出し戸毎に配給したのでる。

雍正年間になると、雍正帝による総督、巡撫、督糧道などの地方官僚を督励しての米価動向の把握・対応策が一定の効果をあげた。『雍正硃批諭旨』雍正三（一七二五）年六月二十八日の両広総督孔毓珣の上奏に、

臣委員往廣西採買米石、……臣擬臨時酌動各縣新行社倉穀石賑濟、倘社穀不敷、再借支常平倉穀、令於來年秋収還倉……。

とあり、雍正三年（一七二五）の米価緩騰に対して、広西米の搬入、常平倉穀・社倉穀の拠出を行うことが計画された。常平倉穀は広東省全体で一六二一～一九二万石（雍正五年〈一七二七〉当時の実存額は一一〇万石）、社倉穀は一五万石

（同十年〈一七三二〉当時）存在した[64]。常平倉穀は「糶三」（実存額の三割平糶）の規定に従い、三〇万石拠出され[65]、肇慶府では同四年（一七二六）二月一日より、「三」「六」「九」のつく日に穀一石、銀四銭二分で売られた。当時の穀価は穀一石銀一両八・九銭から二両といわれており[66]、米価高騰時の平糶法（既述のように、道光二十六年時の『粤東省例新纂』巻二、戸例、倉穀、常平倉穀の条では穀一石銀三銭以内）に近い措置がとられた。

しかし、常平倉穀による平糶だけでは米穀は不足し、同五年（一七二七）春に広西米三〇万石を搬入し[67]、四万石は肇慶府に貯蔵し、二六万石は広州府に貯蔵して平糶に供せられた[68]。これ以外に、湖広米の搬入、広東省内の連州、清遠県、高州、廉州、雷州からの米穀搬入も行われ、また、前述した「捐監」も行われた[69]。

『雍正硃批諭旨』雍正四年（一七二六）十二月十八日の広東巡撫楊文乾の上奏に、

臣隨酌撥高州府倉穀七萬石、雷廉二府各三萬石、委員押運、將八萬石貯於廣州省城、將五萬石貯於潮州、以備糶濟、即將廣州府倉今春平糶穀價、惠州撥解潮州穀價、照依時價發交高雷廉三府、令其照數買補還倉、臣撥運之文甫發、米行人等并積糧之家聞之、即不敢閉糶、市價頓減、俟高州等府之穀運到并粤西倉穀運送前來、自當日減一日、市價平、而小民無艱食之虞矣……。

とあり、雍正四年（一七二六）当時、広州・潮州二府の米穀不足は一刻の猶予も許されない程、差し迫った状況にあり、高州府倉の七万石、雷州府倉の三万石、廉州府倉の三万石、合計一三万石を搬入し、広州省城に八万石、潮州府に七万石を貯蔵し、各々その米穀を用いて平糶を行うという措置がとられた。これを聞いた米穀牙行や「積糧之家」（米穀を大量に蓄積している富戸）が米穀の「閉糶」（売惜しみ）をやめたために、市場への米穀供給が豊かになって、米価は下落した。

次に、乾隆六年～嘉慶二十四年（一七四一～一八一九）の第二・三期の米価高騰時について考えてみよう。

乾隆七年（一七四二）には、総督・布政使による平糶が行われた。当初は、「禁小銭、又令平糶、三米廠減其一、來糶者無許二升」といわれ、「小錢」（制銭に対して幾分かを折減した銭のことで、悪銭の一種と考えられる）による購入を禁止し、また三カ所あった「米廠」（平糶米の販売所）を二カ所に減らし、平糶米の購入額を一人二升以内に制限した。しかし、その後広西倉穀二一万石が広東に搬入されてからは、「増一廠、所糶不計斗石、兼収小錢」とあるように「米廠」は三カ所に戻り、また平糶米の購入額の制限は無くなり、「小錢」による購入も認められた。そして、平糶終了後においても常平倉穀はなお五千石余り残ったといわれている。[71]

しかし、常平倉穀による平糶・賑恤が十分に機能したのは順治十一年から乾隆七年頃（一六五四〜一七四二）までで、以後は既述したように稲田の桑園化が進行し、広東産米が減少した。従って、「倉儲宜裕酌量情形、即以現存之穀、作爲定額」と戸部が乾隆十三年（一七四八）に議定したように、常平倉穀の貯蔵量を現存の額をもって定額とすることになり、常平倉の機能は衰退していった。そこで、広州府では、商人が従来から搬入している湖広、広西等の外省米に加えて、シャム、ベトナム等の外国米（洋米）を輸入し、常平倉に貯蔵していった。[73] 宣統『南海県志』巻二、輿地略、乾隆八年（一七四三）の条に、

八年……詔減外洋商人米船貨稅。

とあり、外国商人が中国に搬入する貨物に対する税を減らせとあり、これらの貨物に外国米が含まれていた。また、宣統『東莞県志』巻十三、輿地略、物産の条に、

廣州固多穀之地也、惟是生齒日繁、供過於求、昔仰穀於西粤、今且專恃蕃船載越南・暹羅之米、以爲食……。

とあり、清末には広西米よりも、ベトナム、タイ（シャム）米が多く輸入されていたことがわかる。従って、乾隆二十四年（一七五九）に両広総督李威勤が「發帑招商、四出購米、復懸厚値、買穀塡倉、於是米行爭集、市價大減」[74]と

述べているように、地方官も飢饉の際には公帑を発して商人（米行）に外省・外国から米穀を搬入させ、常平倉に貯蔵して平糶に供するという手段をとらざるを得なくなったのである。

（3）民間の米穀需給策―社倉・義倉―

紳士や一般民衆が米穀を寄捐（寄付）して設置した倉庫は社倉・義倉と呼ばれた(75)。両倉庫とも正・副社長、「總管紳士」などの管理・運営人を公選した。「春借秋還」というように、春に民衆に米穀を貸与し、秋の収穫後、穀一石につき一斗の利息穀をつけて返納させた。利息穀一斗の内の五升は正・副社長らの経費に当て、残りの五升は倉庫に貯蔵するという仕組みになっていた。ただ、社倉は郷村に多く設置されていることから、農業の再生産を確保する機能を持っており、これに対して義倉は「市鎮」に多く設置されていることから、都市民の食糧確保、米価高騰時の平糶・賑恤、同族結合（救荒・養老・恤孤・勧学の費用）という機能を持っているという相違点があった(76)。

以下、明中期から清中期までの社倉・義倉による平糶・賑恤策について検討しよう。

明代正統年間（十五世紀中頃）に、順徳県の宋呉貫は「粥廠」、即ち賑恤時、民間に粥を施与する施設の弊害をあげ、その改善策として次の三点をあげている。

第一は「未雨綢繆策」（事前策）である。即ち、毎「図」（里甲制下の里にあたる）に「董事」を一人、「副董」を十人設け、「倉廒」（倉庫）を「捐辦」（寄捐で運営）する。毎年夏秋の収穫時に「副董」が調査して実田一〇畝の者には毎畝冬米四升、夏麦二升を寄捐させ、実田五畝の者には毎畝冬米二升、夏麦一升を寄捐させる。「青黄不接之時」（端境期）には社倉の例にならって、「有田之人」（土地保有農民）には「出借」（穀を貸与）するが、「無田者」（土地を保有しない農民）には貸与しない。「大荒」（大飢饉）の時には、毎日、「大口」（大人）に麦六合、「小口」（子供）には三合を給付し、麦が終われば、毎日、「大口」に米五合、「小口」に三合給付する。

また、「例捐」（銀米の捐納者に対する官僚・紳士身分の賦与等の表彰）は、三〇〇両以上の者には「議叙」（官職の授与）を行い、一〇〇両～数一〇両の者には「給奨」（奨賞の授与）を行う。

第二は「臨渇掘井策」（応急策）である。即ち、大凶作の年に紳・衿・善士が「設廠九種之害」（粥廠九種類の弊害）を抄録した文書を県に提出し、それと共に県の戸房が「郷圖城廂完糧細册」及び各戸の生業の有無を調査する。そして、各「圖廂保」（里や廂の地保）に伝達して、士農工商四民の中より、上中下三等の殷戸の姓名を報告し、その中から公平な董事を選び、地保と共同して各図各廂における実在の貧窮民を調査して「册」に註記する。また、殷戸と紳士が城中に「局」を設けて寄捐を募る。

第三は「捨子留母策」である。即ち、豊作時に米穀数万石を「糴買」（購入）し、三年ごとに古穀を新穀に入れ替える。「大荒」時には時価より低廉な価格で米穀を売る。貧者には「米票」を与えて毎日米穀を給付し、豊作になればやめる。(77)

以上が宋呉貴の三策の大要であるが、第一の「未雨綢繆策」は田地所有者の互助手段としての義倉の機能を述べており、第二の「臨渇掘井策」は紳士・殷戸による飢民への賑恤策を述べており、第三の「捨子留母策」は義倉による平糶、賑恤策を述べていたと言えよう。

嘉靖八年（一五二九）には義倉・社倉の法が定められた。嘉慶『三水県志』巻十三、編年に、

嘉靖八年己丑、命行義倉社倉法。……宜貯之里社、一村之間、約二三百爲一會、毎月一擧社正、率屬中以同盟之約、擧衆中善悪奬戒之、其社米第上中下戸捐數多寡、各貯于倉、而推有徳者爲社長、能善事會計者副之、各遭荒歳、則計戸而散。先下與中者、後及上戸、則償之而免其下與中者、凡給貸悉聽于民第、令登記册籍、以備有司稽

査……。

とあり、義倉・社倉は里社に置かれ、一村二・三百戸をもって「一會」とし、毎月輪番で社正を設けて会内同盟の約を申し渡す。有徳の人物を社長とし、会計のできるものを副社長とする。社米は上中下の戸等制下、各戸の捐納によって運営され、荒歳には戸ごとに米穀を給付し、下・中戸には返済免除の優遇措置がとられた。

また、『広東新語』巻十四、食語、倉穀に、

龍門知縣王許之、常立義倉、計一邑之通以爲約、凡十家一甲、五家（甲？）一保、二保一約、……倉置于約之當社、以貯義輸公罰之粟、……歳春艱食、則聽約中等差而散給之、秋成如數董斂、附以二分之息……。

とあり、義倉は約－保－甲という保甲制にもとづいて、義倉は約の「當社」に置き、戸等差にもとづいて倉米が給付された。

以上より、明代正統～万暦初（十五世紀中頃～十六世紀前半）にかけて、広州府地域では社倉・義倉制度が確立し、官の常平倉を補完する役割を果たすようになったことが明らかであろう。この当時の社倉・義倉は「里社」に置かれ、両者の制度的差異は不明確で、農業上の再生産確保という側面が強かったようである。

清代になると王朝交替による変動によって、順治から康熙四十二年（一六四四～一七〇三）までは社倉・義倉の制度が十分整わず、米価高騰時の平糶・賑恤は官による常平倉穀の供出と、民間の紳士或は同族ごとの賑恤と、商人による米穀搬入によって行われていた。(78)

康熙五十二年（一七一三）頃から、各地で社倉の建設・再建が進み、紳士や同族による米穀の寄捐が行われていた。(79) しかし、この段階においても、飢饉が深刻化して全省規模に及んだ場合は社倉の米穀だけでは不十分で、常平倉穀の供出を受けていた。(80)

社倉・義倉による平糶・賑恤が本格化してくるのは清代第二の米価高騰期である乾隆年間にはいってからのことである。宣統『南海県志』巻十三、金石略、「乾隆乙卯散賑碑記」（嘉慶二年〈一七九七〉十二月）〔（　）内は松田が註す〕には、

（乾隆）戊戌（四三）歳饑、潼（勞潼）隨諸君子後、稟官簽賑時、始事以名入官者十一人、後襄事又多數人、而事竣後、詳憲給扁獲旌者止五人、同事者頗不平、議顔一扁于崇正社學、盡載首事之名以示後、……　丙午丁未（五一・二）連年救荒、中間因稟憲於闔鎭舖租二十取一散賑、而兼平糶、審戸収租、……。乙卯（六十）復饑、衆議照前事例、簽捐収租以復賑、蒙署分憲王公諱宿善、……邑尊李公諱標、巡宰柳公諱因材、皆捐俸爲倡、刻日借社倉穀出碾、佈散甚速、是年饑死者較少。……茲因以賑餘銀兩、創立義倉、工竣竪碑……。

とあり、乾隆四十三年（一七七八）、五十一年（一七八六）、五十二年（一七八七）、六十年（一七九五）の飢饉の際、南海県仏山鎮では官の寄捐と商人・紳士の寄捐及び「舗租」（商店への課税）の五％を流用して賑恤を行った。紳士・商人は官から「扁」（表彰の額）や「旌」（旗）を賜った。六十年には社倉穀による賑恤が速やかに行われたために、餓死者が比較的少なかったと言われている。

民国『仏山忠義郷志』巻七、慈善、倉儲には、

十堡社倉在祖廟流芳祠内、乾隆十三年、五斗口司屬紳民趙祖庇、黄汝忠等捐穀一千三百十一石倡建、名曰十堡社倉、嗣因九堡以佛山有祖廟租可供、使費遂盡委之佛山、戊戌飢、擧人勞潼倡捐賑之、擧借倉穀以平糶、事後籌買還倉、後遂沿爲成例、然倉非稟官不能開發、遇賑毎患稽延、乙卯、擧人李天達等籌議増廣儲積、另設義倉、自是兩倉相輔而行、衆皆稱便。

とあり、仏山鎮では乾隆十三年（一七四八）に「十堡社倉」を設け、紳士・民衆による寄捐と祖廟租によって運営さ

れ、本来は「民捐民辦[81]」の民間経営の社倉であった。四十三年（一七七八）に挙人の労潼が社倉穀を借用して平糶を行ってからは、官の許可を経てからでないと社倉穀を用いられないことになり、六十年（一七九五）に挙人達が新たに義倉を設置したのであった。

以上のように、仏山鎮における平糶・賑恤には紳士・商人が重要な役割を演じていた。これは、乾隆以後、外国米の流入が増加し、その外国米は仏山鎮にも多く搬入され[82]、鎮内の商人によって広東省内へ移出されていたことから、仏山鎮の商人・紳士の経済力の高まりを示しているものと考えられる。

このように、清中期以後、社倉・義倉は常平倉の機能の弱体化に反比例するかのような形で発展し、民間における平糶・賑恤の基本形態となっていった。

おわりに

明清時代の米価動向は、明代嘉靖年間～明末（十六世紀前半～十七世紀中頃）までの高米価のあと、清代には四回の高騰期があった。第一期は順治元年～十年（一六四四～五三）、第二期は乾隆六年～嘉慶三年（一七四一～九八）、第三期は嘉慶八年～二十四年（一八〇三～一九）、第四期は咸豊四年～七年（一八五四～五七）であった。

高騰の要因は天候不順による凶作に加えて、第一期には明末清初の王朝交替にともなう政変、第二・第三期には稲田の桑園化にともなう広州府産米穀の減少、第四期には太平天国運動、天地会闘争等の民衆運動の高揚という要因があった。

豊作時の米価は、明代から清初期は米一斗制銭一四文～三五文前後であったが、清中期以後上昇し、清末には一〇〇文前後という清初の豊作時の米価の三倍以上になっていた。

米価高騰・飢饉時の官側の対応策の一つは銭糧減免であった。順治元年～乾隆元年（一六四四～一七三六）までは広州府地域を対象とした銭糧減免が比較的積極的に行われたが、乾隆・嘉慶年間（十八世紀前半～十九世紀前半）は全国一律の三年一度の免税制度に切り替えられ、道光から清末にいたる期間（十九世紀前半～二十世紀前半）は、銭糧減免策が行われた形跡は認められず、清朝は銭糧減免による賑恤策を事実上放棄したものと考えられる。

もう一つの対応策は常平倉穀による平糶・賑恤策であった。常平倉穀の元本補充は基本的に「納戸」による米穀納入、「贖緩」（贖罪のための銀・穀の納入）、郷紳・富民の寄捐と米穀商人による米の搬入の四種類あったが、特に明末清初以降は主に郷紳・富民の寄捐と米穀商人による米の搬入によって行われる傾向が強まっていた。特に、倉穀の寄捐は官僚・紳士身分の取得につながり、紳士権力形成の一要因であった。

常平倉穀による平糶・賑恤策は明中期と清代初期から中期に積極的に行われたが、明末期にはほとんど行われなかった。また、常平倉穀の運用も紳士・地主・商人の寄捐なくしては成り立たなかった。特に、乾隆以後、広州府産米穀の減少により、明末より搬入されてきた広西・湖広等の外省米の一層の増加とともにベトナム・シャム・ルソン等の外国米（洋米）の搬入が不可欠となり、米穀商人の常平倉への介入が一層強まり、官主導による常平倉穀の運用という側面が弱まった。

一方、民間の対応策の一つである義倉・社倉制度は明中期に確立した。当初は義倉・社倉両者に大きな機能的相違はなく、農業上の再生産確保のための農民への米穀貸与、米価高騰時の平糶・賑恤という機能を持っていた。そして上中下三等の戸等制と保甲制度に基盤を置いた倉庫制度であった。清代初期には明末清初の政変による混乱等の原因で義倉・社倉制度は一旦衰退したが、康熙末以降復活した。清代の社倉は明代同様、農業再生産確保の機能を有することに変わりがなかったが、義倉の方はその多くが都市民の消費生活確保という機能に変化していた。また、義倉・

社倉両者の運営は明代の戸等制が崩壊し、明末清初以降の郷紳支配の確立を反映して、紳士・商人の寄捐によって行われていた。

以上の官・民間の米穀需給策を総括すると、官の銭糧減免策は単なる恩恵策であり、常平倉による平糶・賑恤策は飢饉発生後の救済策であった。これに対して民間の社倉・義倉による平糶・賑恤策は飢饉の予防、農業再生産確保、都市民の消費生活確保策であった。

そして、明中期から清中期までの大きな趨勢としては官主導の米穀需給調整から民間主導の米穀需給調整に変化していたと言えよう。

明朝は初期~中期、地主−佃戸制と自作農の併存に対応した支配構造として里甲制・戸等制を施行した。税糧・徭役の科派のみならず、官・民間の倉庫制度もこれらに基づいて運営された。しかし、明末清初の大土地所有の拡大、自作農の佃戸への没落、郷紳支配の確立は、里甲制・戸等制を解体して、王朝支配の賦役制度も一条鞭法から地丁銀制へという土地所有者への賦課、銀両による納入制度に移行した。それに呼応するかのような形で官・民間の倉庫制度も変化し、倉庫運営における自作農（「納戸」）の役割は低下し、基本的には郷紳・商人による運営に移行した。特に、清中期以降の郷紳支配の進展に対応して、清朝はこれに大きく依拠する政策を取った。即ち、清朝は地丁銀制に基づく税糧徴収機構を維持することに終始し、倉庫制度においては官主導の常平倉の役割・機能を低下させ、郷紳・商人主導の社倉・義倉に依拠するようになった。

広州府地域は華中・華南の米穀生産圏の中で、華南有数の米穀消費地として位置づけられる。広州府地域における清朝及び民間の米穀需給策は江南地域とほぼ同じような意義をもっているが、ただ、清朝海禁政策下において唯一の貿易港であった広州においては、その商人が米穀流通、需給調整、倉庫制度維持に重要な役割を演じていた。即ち、広州府の郷紳支配の特質は郷紳と商人が一体化しているという点にあった。明末清初の沙田開発の進展、米穀生産の増加が清代康煕～雍正年間の米価安定につながり、乾隆以後の桑栽培・養蚕・絹織物生産の進展が米穀不足を深刻化させ、郷紳・商人による外省米・外国米の搬入につながった事は広州府地域における商業資本と一体化した郷紳支配の成立という枠組のなかで位置づけられるのではないかと考える。[83]

米穀需給については既に安部健夫氏の研究があり、田土面積と人丁との相関関係を基軸に分析が試みられているが、氏の研究は雍正年間に限られていることから、明清時代全体の米価動向の趨勢・実態とそれに対する米穀需給策について分析を加えた拙稿は一定の意義を有するものと考える。また、米価動向の問題については岸本美緒氏の研究があるが、米価動向の趨勢の把握に終わっており、米価高騰の要因、米穀需給調整の実態について分析を行なった拙稿はまた一定の意義をもつものと考える。[84]

筆者は本章において米価動向・米穀需給調整の分析を通じて、それを明清時代の歴史的特質・変遷の中で位置づけようと試みたが、米穀問題の総合的考察という点からは残された課題は多く、それらは続稿に期したい。[85]

註

（1）　米価問題の代表作としては、全漢昇「美洲白銀與十八世紀中國物價革命的關係」（『中央研究院歴史語言研究所集刊』二八、一九五七年、後に同著『中国経済史論叢』第二冊、新亜研究所出版、一九七二年八月に所収）、岸本美緒「清代前期江南の米価動向」（『史学雑誌』八七―九、一九七八年九月）、臼井佐知子「清代賦税関係数値の一検討―乾隆末年より同治六年に至る、江南における、銀銭比価・銭糧折価・米価・棉花価・漕米折価の変動と、納戸の賦税負担の推移―」（『中国近代史研究』一、一九八一年七月）等があり、米穀需給については、安部健夫「米穀需給の研究―『雍正史』の一章としてみた―」（『東洋史研究』一五―四、一九五七年三月、後に、同著『清代史の研究』創文社、一九七一年二月所収）等がある。

（2）前掲註（1）の岸本美緒論文。

（3）明代については小竹文夫「明清時代における外国銀の流入」、「清代における銀・銭比価の変動」（ともに同著『近世支那経済史研究』弘文堂書房、一九四二年十月所収）の研究に依拠し、紋銀一両制銭七〇〇文と換算し、清代順治から雍正年間については『清朝文献通考』巻十三及び道光『肇慶府志』巻二十二等の史料を用いて、紋銀一両制銭一〇〇〇文と換算した。それ以後の時期は銀銭比価の変動は激しく、換算を避けた。

（4）米価動向の史料は第二表出典の地志史料及び嘉慶『新安県志』巻十三、防省志、災異、民国『竜門県志』巻十七、県事志、大事、康熙『従化県志』災祥志、民国『順徳竜江郷志』巻一、編年、同治『番禺県志』巻二十二、前事等の史料を用いた。本文中特に註を付けていないものはこれらの史料を用いている。

（5）咸豊『順徳県志』巻三十二、雑志、宋呉貴の条に「正統二年三月二十三日、……出穀一千石、用助賑濟、……八年……其年陳村蘇存宗亦以賑粟三千石」とあり、また、宣統『東莞県志』巻三十一、前事略三、宣徳八年の条に「八年秋廣州饑」とあり、正統二年、同八年、宣徳八年に飢饉が発生したことがわかる。

（6）宣統『南海県志』巻二、輿地略、前事補。

（7）註（3）参照。

（8）宣統『東莞県志』巻五十、宦績略、呉中の条に「天順辛巳（五年）秋、大水、越明年春、民不粒食」と見え、その他、成化三年（光緒『広州府志』巻一二七、列伝、黄瑄の条）、同十一年（宣統『東莞県志』巻三十一、前事略三、成化十一年の条）、同二十二年（宣統『南海県志』巻二、輿地略、成化二十二年の条）、弘治五年（嘉慶『増城県志』巻十五、列女、湛瑛妻陳氏の条）、同十一年（宣統『南海県志』巻二、輿地略、弘治十一年の条）、同十二年（宣統『東莞県志』巻三十一、前事略、弘治十二年の条）、同十四年（道光『新会県志』巻十三、事略上、弘治十四年の条）、同十五年（同弘治十五年の条）、正徳五年（宣統『東莞県志』巻三十一、前事略、正徳五年の条）等に見える。

（9）註（4）の地志。
（10）嘉靖十四年（嘉慶『三水県志』巻十三、編年、嘉靖十四年の条）、同二十四年（嘉慶『三水県志』巻十三、編年、嘉靖二十四年の条）、同二十五年（光緒『広州府志』巻一〇七、宦績、鄧遷の条）、同二十六年（宣統『東莞県志』巻三十一、前事略、嘉靖二十六年の条）、同三十二年（光緒『広州府志』巻一一六、列伝、冼桂奇の条）、等に見える。
（11）咸豊『順徳県志』巻三十一、前事略。
（12）嘉慶『三水県志』巻十三、編年。
（13）『雍正硃批諭旨』雍正七年七月初四日、河東総督田文鏡の上奏に、「稲穀粒大而殼厚、毎穀一石礱米五斗、即属好穀、粟穀粒細而殼薄、新穀一石礱米有至六斗餘者、其倉穀存貯日久礱米、糠粃較多、至五斗六七升者、即属好穀、臣請以倉穀毎石礱米五斗七升爲率」とあり、華北の例であるが、稲穀の好穀一石を精白すると米五斗になり、粟穀の新穀一石を精白すると粟六斗余りになり、倉穀の貯蔵日数の長い穀一石を精白すると米五斗六七升になり、田文鏡は倉穀一石を精白する場合五斗七升を基準とするのがよいと言われている。また、岸本美緒氏は前掲論文において出典を明示されていないが穀二石を米一石にあたると述べられている。以上から、広東においても岸本美緒氏が述べるように穀二石米一石に相当するものと考えてよいものと思う。
（14）註（12）に同じ。
（15）嘉慶『三水県志』巻十三、編年に「（嘉靖）十四年……廣肇與南韶饑、斗穀百錢。十五年……斗穀百錢。二十四年……頻年水旱、至是斗米百五十錢」とある。
（16）嘉靖三十二年（道光『新会県志』巻十三、事略上、嘉靖三十二年の条）、隆慶六年（宣統『東莞県志』巻五十、宦績略、董裕の条）が見える。
（17）嘉慶『新安県志』巻十三、防省志、災異、嘉靖四十四年夏四月の条。
（18）宣統『東莞県志』巻三十一、前事略、隆慶六年の条。

(19) 註(17)(18)参照。

(20) 万暦二年(光緒『広州府志』巻一〇六、宦績、竜門知県王許之の条)、同十二年(嘉慶『三水県志』巻十三、編年、万暦十二年の条)、同十四年(宣統『東莞県志』巻三十一、前事略、万暦十四年の条)、同十六年(光緒『広州府志』巻一〇七、列伝、李待問の条)、同十八年(宣統『東莞県志』巻三十一、前事略、万暦十八年の条)、同二十一年(光緒『広州府志』巻七十九、前事略、万暦二十一年の条に「閩商白艚至廣、輒多買米以私、各島牙戸利其重貲、相與爲奸、米價輒騰」とあり、福建商人による米の買い占めによって米価が高騰した)、同二十四年(嘉慶『三水県志』巻十三、編年、万暦二十四年の条)、同四十六年(宣統『東莞県志』巻三十一、前事略、万暦四十六年の条)に飢饉の記事が見える。また、米価の記事は「(万暦)十四年、東莞大饑、斗米二百錢」(宣統『東莞県志』巻三十一、前事略、万暦十四年の条)、「萬曆二十四年春大饑、是時斗米百錢」(康熙『従化県志』災祥志上、万暦二十四年の条)等の記事が見える。

(21) 天啓四年(嘉慶『三水県志』巻十三、編年、天啓四年の条)、同六年(同天啓六年の条)、崇禎三年(民国『竜門県志』巻十七、県事志、事紀、崇禎三年の条)、同四年(咸豊『順徳県志』巻二十四、列伝、胡平運の条に「閩商聚食於粤、以澳爲利者、亦不下數萬人」とあり、福建商人による米の買い占めが記されている。また、嘉慶『三水県志』巻十三、編年、崇禎四年の条に「大水灘包水逆漲七日、穀貴」とある)、同五年(民国『竜門県志』巻十七、県事志、事紀、崇禎五年の条)、同六年(宣統『東莞県志』巻三二、前事略、崇禎六年の条)、同八年(民国『竜門県志』巻十七、県事志、事紀、崇禎八年の条)、同九年(同九年の条)、同十年(同十年の条)、同十一年(同十一年の条)、同十三年(光緒『広州府志』巻一〇七、宦績、周希曜の条)、同十六年(民国『竜門県志』巻十七、県事志、事紀、崇禎十六年の条)、同十七年(宣統『東莞県志』巻三十一、前事略、崇禎十七年の条)等が見える。

(22) 光緒『清遠県志』巻十二、前事、崇禎九年の条。

(23) 宣統『東莞県志』巻三十二、前事略。

(24) 井上徹「明末清初、広東珠江右岸デルタにおける社賊・土賊の蜂起」(『史林』六五―五、一九八二年九月)。

（25）同治『番禺県志』巻四二、列伝、王邦畿の条に、「王邦畿……唐王隆武乙酉郷試、隠居羅浮、以詩鳴著耳、……其詞曰歳維戊子、月建乙卯、饑饉爲災、多食不飽、當胃腕間、如虚苦燥、小婦不量、多病又脳、薪貴於玉、人賤於畜、一豕萬錢、一妾斗粟、見於陌者、藤形腫足、路有死人」」とあり、順治五年（戊子、一六四八）の大飢饉を述べている。

（26）嘉慶『新安県志』巻十三、防省志、災異。

（27）宣統『南海県志』巻二、輿地略一、前事補、康熙九年の条には「大有年、斗米銀五分」、嘉慶『三水県志』巻十三、編年、康熙三十五年の条には「米價平、斗米二分」と見える。

（28）咸豊『順徳県志』巻三十一、前事略、康熙三十五年の条に「米貴、一斗百錢」と見える。

（29）同治『番禺県志』巻二十二、前事、康熙四十五年九月の条。

（30）註（28）に同じ。

（31）咸豊『順徳県志』巻三十一、前事略、康熙五十二年の条に「米一斗百錢」、民国『順徳竜江郷志』巻一、編年、康熙五十二年の条に「斗米錢弐百」、咸豊『順徳県志』巻三十一、前事略、雍正三年の条に「斗米百錢」、宣統『東莞県志』巻三十三、前事略五、雍正五年の条に「斗米三百錢」と見える。

（32）光緒『広州府志』巻一三二、列伝、胡建中の条に「雍正間連年饑饉」、また同巻一三二、列伝、呉経緯の条に「乾隆二年丁巳、薦饑、捐米賑濟」とあり、雍正六年～乾隆五年にも飢饉が発生したが、民国『順徳県志』巻十五、金石、「雍正丙午義捐碑記」に「歳乙巳（雍正三年）、米價騦騰、民多菜色、予略爲挹注、而爨烟不絶、明年丙午復饑、百錢斗粟、順固豊饒、惠潮羅者、昂其値」、とあるように広東の恵州・潮州から広州府への米の買い付けが米価高騰を引き起こす原因であった。しかも註（33）に見えるように、豊作の記録が多く、また、『雍正硃批諭旨』の米価史料を見ると、他の時期に比べて必ずしも高騰していたとは言えないと考える。

（33）咸豊『順徳県志』巻三十一、前事略に「（雍正）六年戊申大有年、米價平。七年己酉大有年、米價至冬、斗米三十錢」と見える。

（34）　民国『竜門県志』巻十七、県事志、事紀に「(乾隆)三十三年春夏大旱、斗米八百銭」、光緒『広州府志』巻八十、前事略六、乾隆五十一年の条に「廣州旱大饑、斗米五百銭」、民国『竜門県志』巻十七、県事志、事紀に「嘉慶二年六月二十五日大風、抜木壞舟楫、天氣極寒、人皆挾纊」と見える。

（35）　宣統『南海県志』巻二、輿地略に「(乾隆)八年五月大水、桑園圍吉贊基潰、十二月大風雨雷電、……詔減外洋商人米船貨税。……五十九年春旱、五月大水桑園圍潰、……　六十年春旱饑發賑」、民国『竜門県志』巻一七、県事志、事紀に「(乾隆)三十三年春夏大旱、斗米八百銭、……三十四年三春皆雨、大水二次、壞田廬山崩。四十六年夏大水、壞田廬無數。五十一年七月旱、穀貴。五十二年大旱、斗米七百銭、……。五十三年大有年。六十年三月米貴。……嘉慶二年六月二十五日大風、抜木壞舟楫、天氣極寒、人皆挾纊」と見える。

（36）　森田明「広東省南海県桑園囲の治水機構について」(『東洋学報』四七―二、一九六四年九月、後に「広東における囲基の水利組織―桑園囲を中心として―」と改題されて、同著『清代水利史研究』亜紀書房、一九七四年三月に所収)参照。

（37）　道光『新会県志』巻十四、事略下、嘉慶十一年の条に「十一年丙寅三月饑、斗米銀六銭四分」とあり、米一斗紋銀六銭四分とある。この額は彭信威『中国貨幣史』によると嘉慶七年、山東では紋銀一両制銭一四五〇～一六五〇文と言われ、道光二十六年、広東では紋銀一両制銭一五〇〇両と言われており、これらを参考にすると米一斗紋銀六銭四分は凡そ制銭九六〇文前後と考えられる。また、民国『竜門県志』巻十七、県事志、大事に「嘉慶十四年饑、斗米五百四十銭」、光緒『広州府志』巻八十一、前事略七、「(嘉慶)十五年正月饑、斗米銭四百、……十八年……饑、斗米銭四百」と見える。

（38）　宣統『東莞県志』巻三十三、前事略、嘉慶十四年六月の条に、「嘉慶十四年……六月……百制府又謂、海賊登岸、路途生疏、胡敢縱恣、必有岸匪、潛蹤内地、爲之耳目、爲之引導者。乃准郷紳呈首捜捕。且是時米穀踊貴、毎石二三兩不等。奸商雖欲運米出洋、然用本既多、得利無幾、恒裹足不肯前賊。於是益困、張保遂率幫船數百、闖入内河」と見える。

（39）　民国『順徳竜江郷志』巻一、編年に「道光十一年辛卯四月、郷中米貴、毎員洋銭、重六銭八分、名爲合用買米四斗」、同志「十三年癸巳……夏五月十七日、桑園圍崩決、郷中一夜水大數尺、至六月十四日乃退、十六起連日大風淋雨、二十二日西流復

漲、至八月初旬乃退、傾坍房屋六百餘家、魚塘盡溢、桑根盡死、郷中各族賑卹、仍照十一年事例、在書院報名領賑者、男女丁口二千七百餘口」とあり、道光十一年、十三年は大水等の天候不順による凶作によって米価が高騰した。道光十五年、同二十九年は豊作で米価は安定したが（同治『番禺県志』巻二十二、前事三、道光十五年の条、民国『竜門県志』巻十七、県事志、大事、道光二十九年の条）、咸豊年間に入ると、四年（宣統『南海県志』巻二、輿地略一、前事補、咸豊四年の条）、同五年（同、咸豊五年の条）と飢饉が続いた。そして、同七年には「（咸豊）七年夏、東莞大饑、斗米九百余錢。……按恵州志、是年春夏大饑、斗米千錢、途多餓殍」（宣統『東莞県志』巻三五、前事略七、咸豊七年の条）とあり、七年は広州府、恵州府では米価が高騰した。

（40）　註（39）参照。

（41）　太平天国運動については、代表的なものとして小島晋治『太平天国革命の歴史と思想』（研文出版、一九七八年十一月）等があり、天地会運動については佐々木正哉「咸豊四年広東天地会の叛乱」・同「咸豊四年広東天地会の叛乱、補」（『近代中国研究センター彙報』二・三、一九六三年四月・九月）、荘吉発『清代天地会源流考』（故宮叢刊甲種、国立故宮博物院故宮叢刊編輯委員会、一九七九年九月）等があり、土客械闘については森田明「清代広東の土客械斗と地方権力－嶺西地域の一事例－」（研究報告書『中国における権力構造の史的研究』一九八二年）、王天奨「清同光時期客民的移墾」（『近代史研究』第二期　総一六期、一九八三年）、前田勝太郎「清代広東における土客対抗について」（『国士館大学文学部人文学会紀要』第一六号、一九八四年一月）及び本書第一部第六章の拙稿「清代後期広東嶺西地域の土客械闘」を参照されたい。

（42）　宣統『南海県志』巻二、輿地略、前事補、道光十五年の条。

（43）　佐々木正哉「阿片戦争以前の通貨問題」（『東方学』八、一九五四年六月）を参照されたい。

（44）　明代の銭糧減免については、『明憲宗実録』巻一四七、成化十一年十一月丁未の条、『同』巻二八二、成化二十二年九月庚戌の条、『明孝宗実録』巻一四四、弘治十一年閏十一月丁卯の条、『明世宗実録』巻一八二、嘉靖十四年十二月癸丑の条、『明穆宗実録』巻一、嘉靖四十五年十二月壬子の条、『明神宗実録』巻二、隆慶六年六月初十日の条、『同』巻一四八、万暦十二

年四月壬申の条等に見える。明末から清代の銭糧減免については、光緒『大清会典事例』巻二五五～巻二五七、宣統『東莞県志』巻三十一～巻三十六、前事略、宣統『南海県志』巻二、輿地略、道光『新会県志』巻十三、事略上、嘉慶『三水県志』巻十三、編年、光緒『広州府志』巻八十～巻八十二、前事略に見える。

(45) 道光『新会県志』巻十三、事略上、順治四年、康熙三十三年、四十年、四十三年、五十三年の条、民国『竜門県志』巻十七、県事志、事紀、康熙四年の条、嘉慶『三水県志』巻十三、編年、康熙十七年、四十年、四十三年の条、同治『番禺県志』巻三二、前事、康熙三十三年、四十年、四十三年の条、宣統『東莞県志』巻三十三、前事略、雍正五年の条に見える。

(46) 註（44）に同じ。

(47) 常平倉については安部健夫前掲論文「米穀需給の研究－『雍正史』の一章としてみた－」、及び星斌夫「清代初期の預備倉と常平倉」、同「清代常平倉の発展と衰滅」（共に同著『中国社会福祉政策史の研究－清代の賑済倉を中心に－』国書刊行会、一九八五年九月所収）等がある。

(48) 宣統『東莞県志』巻十九、建置略、倉廒、「常平倉積儲制」。

(49) 註（13）に同じ。

(50) 『雍正硃批諭旨』雍正七年四月二十日、署理広東布政使王士俊の上奏。

(51) 捐納制度の研究には許大齢『清代捐納制度』（竜門書店、一九六八年二月）があり、また、本文に載せた『雍正硃批諭旨』雍正七年二月二十四日の広東巡撫傅泰の上奏を参照されたい。

(52) 光緒『広州府志』巻一二七、列伝、黄瑄の条。

(53) 宣統『南海県志』巻二、輿地略。光緒『清遠県志』巻一二、前事。

(54) 道光『新会県志』巻十三、事略、嘉靖十五年の条。

(55) 光緒『広州府志』巻一一六、列伝、冼桂奇の条、道光『新会県志』巻十三、事略、嘉靖三十二年の条、咸豊『順徳県志』巻二十、金石略、「名宦思泉胡公報功祠記」（万暦二十六年）。

（56）民国『竜門県志』巻十七、県事志、事紀、万暦二十四年の条、宣統『東莞県志』巻五十、宧績略、李模の条。
（57）『清聖祖実録』巻二七八、康煕五十七年四月庚辰の条。
（58）『清高宗実録』巻五七三、乾隆二十三年十月の条。
（59）光緒『清遠県志』巻十二、前事によると「（崇禎）九年春、大饑、斗米百錢、三水一帶禁糴、民情洶洶、知縣請於當道、發倉賑濟、并開遏糴之禁、與郷紳捐金、往他郡買稻平糶、以蘇民困。……」とあり、明末の三水県において「遏糴」（米の購入禁止）が起こり、順治四年以降の民衆反乱の頻発が加わり、同四年に「是年大饑、斗米值錢六百」になったと見えている。
（60）宣統『東莞県志』巻三十二、前事略、康煕五年の条に「五年春廣州旱、……以廣東旱災、命動支通省見在積穀散賑」と見える。
（61）宣統『東莞県志』巻五十一、宧績略、郭遇煕の条。
（62）註（54）（59）（60）と同史料。
（63）民国『順徳県志』巻十五、金石、「四郷捐賑碑記」（康煕五十□年、邑令劉鵬撰）。
（64）『雍正硃批諭旨』雍正五年四月十二日の広東布政使官達の上奏に「粤東通省共額貯穀一百六十二萬四千六百三十七石零、……尚實存倉穀一百一十萬七千九百六十六石零」、同十年四月一日の広東巡撫楊永斌の上奏に「粵東通省常平倉貯一百九十二萬石之多、社倉穀一十五万萬有奇」と見える。
（65）『雍正硃批諭旨』雍正四年八月一日の広東学政楊爾徳の上奏に、「命廣西運穀三十萬石以備用、又有運穀捐監之例、所以捍患備災者」とあり、広西米三〇万石、民間からの寄捐（捐監）によって補充されており、次の註（66）の史料を勘案すると、約三〇万石が常平倉から平糶用に拠出されたと考える。
（66）『雍正硃批諭旨』雍正四年五月二十八日の両広総督孔毓珣の上奏に、「將應糶三之穀、發出平糶、一面通飭遵行、臣駐箚肇慶、自二月初一日起、每逢三六九等日、每穀一石、定價四錢二分、零星平糶、廣州南海三水二縣四鄉、亦發倉穀平糶者、省城内係撫臣楊文乾自赴廣西採買米穀、并廣東連州清遠等處買穀平糶、至三月二十八九等日、商船到省甚少、米價陡長、自一兩八九錢、以至二兩、省城閧傳云、巡撫攔截穀船、用官價強買平糶、以致米穀不敢來省」と見える。

(67)『雍正硃批諭旨』雍正四年十二月十八日の広東巡撫楊文乾の上奏に、「竊照粤東今年早収豊熟、兼以粤西販米頻來、自六月以後、米價平減、近因粤西買補倉穀、禁止商販轉運、其東莞等被水各縣、又赴省城搬羅、而米行射利之徒、藉端昂其價值、是以十一月間、毎米一石賣至一兩七錢、潮州亦賣至二兩以外、臣思米價驟長、小民便難羅買、所有奉旨、准撥粤西倉穀三十萬石」と見える。

(68) 光緒『広州府志』巻一〇八、宦績、孔毓珣の条に、「(雍正) 四年秋偶患積雨、廣肇恵十一邑被水、毓珣請運西米三十萬石而東、以四萬石貯肇慶、以二十六萬石貯廣州」と見える。

(69)『雍正硃批諭旨』雍正四年四月二十二日の両広総督孔毓珣の上奏、雍正四年十二月十八日の広東巡撫楊文乾の上奏、雍正五年四月八日の広西提督韓良輔の上奏に見える。

(70) 和田清編『明史食貨志訳註』(東洋文庫、一九五七年三月) 七四四・七六五頁参照。

(71) 光緒『広州府志』巻一〇八、宦績、託庸の条、『清高宗実録』巻二二〇、乾隆九年七月の条に見える。

(72) 宣統『東莞県志』巻三十三、前事略、乾隆十三年の条。

(73) 宣統『南海県志』巻二、輿地略、乾隆八年の条、宣統『東莞県志』巻十三、輿地略、物産に見える。また第一部第五章の拙稿「清代後期広東広州府の倉庫と善堂」を参照されたい。

(74) 民国『番禺県続志』巻五、壇廟、李威勤祠の条。

(75) 義倉・社倉の研究の代表的なものとしては、村松祐次「清代の義倉」(『一橋大学研究年報・人文科学研究』一一、一九六九年三月)、福田節生「清末湖南の農村社会 (一～五)」、同「清代湖南研究覚書 (一) ―一九世紀の豊備 (倉穀備蓄) 問題―」、同「清代湖南研究覚書 (二) ―「洪江育嬰小識」をめぐって (その一) ―」(共に『福岡女子短大紀要』八・一〇・一一・一三・一四・二〇・二一、一九七四年十二月・七五年十二月・七六年三月・七七年三月・七七年十二月・八〇年十二月・八一年六月)、山名弘史「清末江蘇省の義倉―蘇州の豊備義倉の場合―」(『東洋学報』五八―一・二、一九七六年十二月)、菅原功・佐藤俊一「乾隆初期の順天府義倉について」（『星博士退官記念中国史論集』一九七八年一月）、森正夫「一八～二〇世紀の江西省農村における社倉・義倉についての一検討」（『東洋史研究』三三―四、一九七五年三月）、星斌夫「明代の預備倉と社倉」（『東洋史研究』一八―二、一九五九年十月）、前掲同著『中国社会福祉政策史の研究―清代の賑済倉を中心に―』（国書刊行会、一九八五年九月）、同著『中国の社会福祉の歴史』（山川出版社、一九八八年七月）、家室茂雄「清代社倉制度研究序説」（『明代史研究』一一、一九八三年三月）等がある。

(76)　『粤東省例新纂』巻二、戸例、倉穀、義倉穀石・社倉穀石の条、光緒『広州府志』巻一三二、列伝、温汝能の条、宣統『東莞県志』巻十九、建置略、倉廒、社倉義倉積制の条に見える。

(77)　咸豊『順徳県志』巻三十二、雑志、宋呉貴の条に「蓋粥廠雖有救人之功、其中亦有九害。……因熟籌有三策。第一未雨綢繆策。郷都圖甲烟戸多寡不齊、毎圖擧殷實老成者、爲董事一人、副十人、同心協力、捐辦倉廒。除五六分年歳不捐外、毎夏秋兩熟、豊収之時、副董査有實田十畝者、起捐毎畝冬米四升、夏麥二升、實田五畝者、毎畝捐冬米二升夏麥一升、共収米麥若干、登記明白、貯倉封鎖、如遇青黄不接之時、出陳易新、或倣社倉例、出借有田之人、酌量起息、無田者不准情借、或借無償、經手人罰賠、若遇大荒、査明實貧飢口、造册無濫無遺、五日前發票、注明村戸大小幾口、大口日給麥六合、小口日給麥三合、麥完、大口日給米五合、小口日給米三合、十日一給、米麥足敷、五月之糧、則從十一月半給起、四月半爲止、僅敷三月之糧、則從正月十一日給起、四月初十日爲止。……第二、臨渇掘井策、或逢大歉之年、紳衿善士鈔録設廠九種之害、呈縣先令該房査郷圖城廂完糧細册、及有無生理、併密傳各圖廂保、不拘士農工商、呈報上中下三等殷戸、選擧公正董事、協同現保、査各圖各廂實在貧窮飢口、勿濫勿遺、註册後出帖、邀請各廂圖三等殷戸、並請諸紳士、於城中設局勸捐、或此圖捐戸多而飢口少、或彼圖捐戸少而飢口多、總須畛域不分、有無協濟、以廂圖大小、酌擧正副董之多寡、或錢或米、五日前給票、十日一給、發滿月彙册、呈縣核存、爲下月他年底本、……第三捨子留母策、毎遇豐稔、羅米數萬石、三年以陳易新、如遇大荒、減價平糶、貧者給米票、毎口給米八合、遇稔乃止、今天下殷富者、不乏其人、各量力爲之、大以成大、小以成小、或數千石、數百石、即三十五十石倶可行、此法所費不多、爲功甚大也」と見える。

(78) 宣統『東莞県志』巻十九、建置略、倉廒、「社倉義倉積儲制」によると、社倉・義倉の設置は康熙十八年（一六七九）に題請され、四十二年（一七〇三）に議せられ、雍正七年（一七二九）に社倉制度が確立された。順治から康熙四十二年頃までの民間の賑恤の例は道光『新会県志』巻十三、事略、順治四年の条、光緒『広州府志』巻一三四、列伝、蔡涇の条、『同』巻一三二、列伝、何有年の条、嘉慶『三水県志』巻三、編年、康熙三十六年の条、咸豊『順徳県志』巻二十五、列伝、劉振国、何絳、余錦、薛際瞻、梁成之等の条を参照されたい。

(79) 咸豊『順徳県志』巻二十五、列伝、葉之盛の条に、「葉之盛、……朱文淵、……何鐘景、……皆諸生、……康熙丁丑（三十六）・癸巳（五十二）歳飢、極力倡賑、設社倉、首倡捐穀」と見え、道光『新会県志』巻十三、事略、康熙三十六年の条に「饑、擧人莫慶元、貢生何九疇・聶容、生監區紹藩・黎謙光等、施粥於北山寺・大雲寺二處、歴五旬全活甚衆」、また、同康熙五十二年の条に「饑、斗米至二百八十文、貢生何九疇・何偉等、煑粥賑於大雲寺東門外、貢生區師析、又自以穀賑其同堡、知縣魏標旌之曰、義濟可風」と見え、光緒『清遠県志』巻十二、前事、康熙五十二年の条に「四月大飢、知縣孫縄祖捐俸倡率、典史楊士芳・安遠驛・兪允曁城廂内外紳士富戸捐銀買米賑濟、民賴以安」と見える。

(80) 『雍正硃批諭旨』雍正三年六月二十八日の両広総督孔毓珣の上奏に「臣擬臨時酌動各縣新行社倉穀石賑濟、倘社穀不敷、再借支常平倉穀、令於來年秋收還倉」と見える。

(81) 民国『仏山忠義郷志』巻七、慈善の条に見える。

(82) 宣統『南海県志』巻二、輿地略、乾隆八年の条に「八年五月大水、桑園圍吉贊基潰、十二月大風雨雷電。詔減外洋商人米船貨税」と見え、大水による桑園囲基の決壊、大風雨による災害によって、桑・米生産は大きな被害を受け、食糧事情が悪くなり、外国米（洋米）の入港税を軽減する措置がとられた。その後も外国米の流入は多くなり、光緒『広州府志』巻一〇八、宦績、阮元の条に「嘉慶二十二年授兩廣總督、……又以廣東米少、民艱食、奏請海船以米至者免船税、自是廣東無米貴之患」とあり、嘉慶二十二年以後には、外国米の入港税を免税にする措置がとられた。したがって、民国『番禺県続志』巻十二、実業志、農業に「佃農以稲田所入不逮他植、多好雜植菓蔬、於是米粟不足、食戸仰給外省外洋」という状態になった。

このなかで、広州府の商業中心地である仏山鎮においては、民国『仏山忠義郷志』巻六、実業、穀品の条に「毎歳所収、不足供一郷之食、恒恃西北江穀米及洋米接濟」とあり、やはり外省米・洋米の供給を受けていた。そして、光緒『広州府志』巻一六二、雑録、陳聖瓚の条に「(乾隆)丙午・丁未歳荐饑、公自佛山運米歸賑」と見え、陳聖瓚は乾隆五十一年・五十二年の飢饉の際に仏山より米穀を購入して故郷の人々を賑恤したとある。この米穀の多くも外省米・洋米であったと推測される。

(83) 重田徳「郷紳支配の成立と構造」(同著『清代社会経済史研究』岩波書店、一九七五年十月所収)、森田明前掲論文「広東における囲基の水利組織―桑園囲を中心として―」、松田吉郎「明末清初広東珠江デルタの沙田開発と郷紳支配の形成過程」(本書第一部第一章)を参照されたい。

(84) 安部健夫前掲論文「米穀需給の研究―『雍正史』の一章としてみた―」、岸本美緒前掲論文「清代前期江南の米価動向」を参照されたい。

(85) 本書第一部第五章「清代後期広東広州府の倉庫と善堂」を参照されたい。

表１　明清時代広州府米価動向

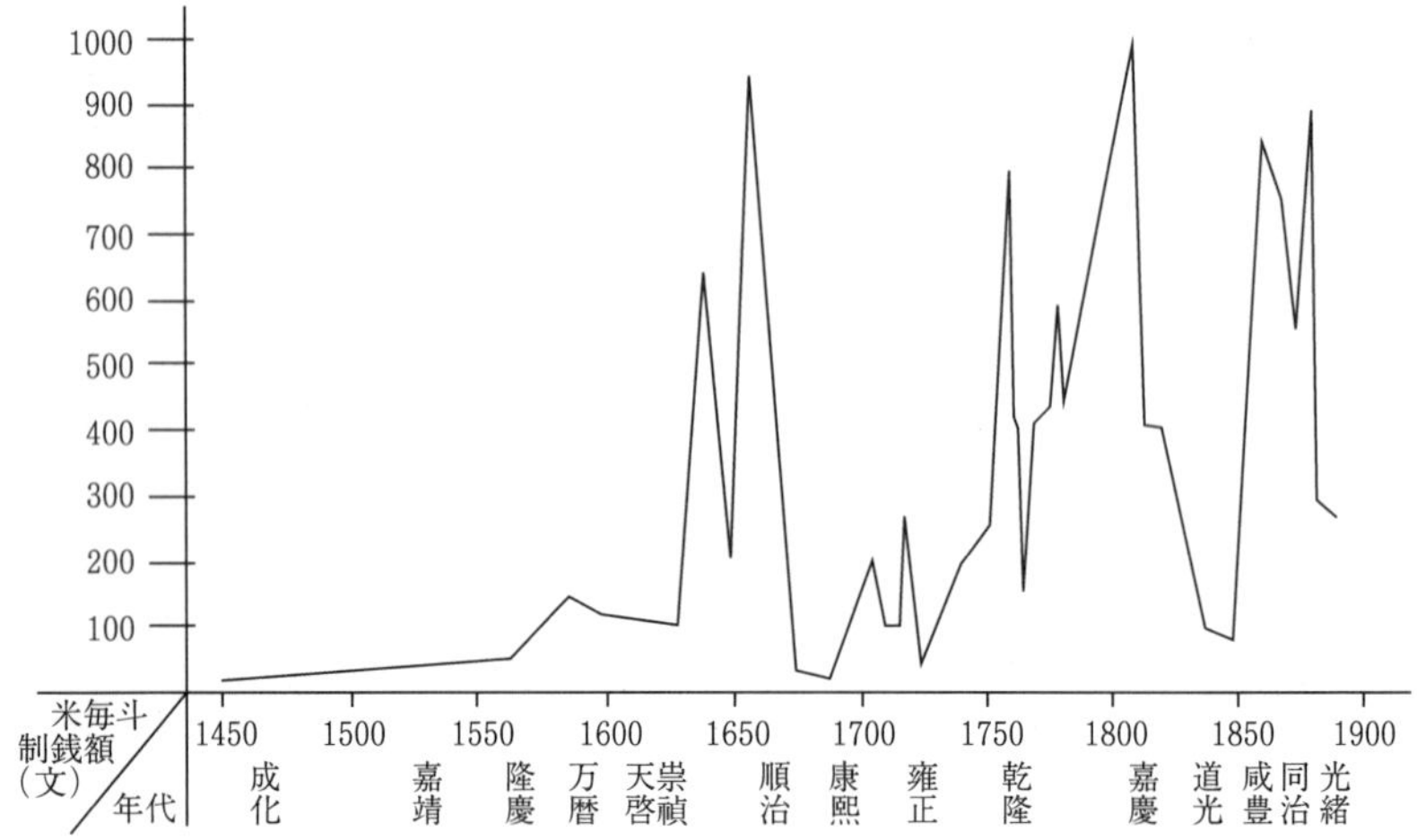

表２　明清時代広州府の米価と官・民の対応策

年　代	米作の豊凶及び米価	官・民の対応策	出典
正統８年（1443）		義民輸粟5000石	②
景泰元年（1450）	大有年、斗米銀２分		⑤
弘治11年（1498）	大饑	免広東被災銭糧	⑤
嘉靖14年（1535）	大水飢、斗米10000銭、斗穀100銭	知県大賑、奏蠲田租	②⑥
隆慶６年（1572）	東莞大饑、斗米100余銭	知県勧民賑済	④
万暦24年（1596）	新会斗米200銭	民鬻産買穀以賑郷人、捐立義倉	③
天啓６年（1626）	大祲	知県捐俸、値償遠商、富民平糴	④
崇禎９年（1636）	大饑、斗米100銭		⑦
順治５年（1648）	東莞旱饑、斗米1000余銭	糴	④
康熙９年（1670）	南海大有年、斗米銀５分		⑤
43年（1704）	南海大水	賑済、免被災銭糧三分之一	①
雍正５年（1727）	東莞斗米300銭	発倉穀賑済、豁除常賦	④
７年（1729）	大有年、斗米30銭		⑤
乾隆23年（1758）	旱、斗米銭500	知県開倉平糴	④⑥
52年（1787）	旱大饑、斗米銭500銭	知県倡賑、開倉平糴	④⑥
嘉慶14年（1809）	新会斗米銭580文	知県発倉平糴、勧捐賑済	③
道光13年（1833）	大水害稼、囲基潰決	官設局勧捐賑卹、各族賑	①
咸豊７年（1857）	大饑、斗米900余銭		④

①光緒『広州府志』巻78～80、前事略、　②咸豊『順徳県志』巻31、前事略、
③道光『新会県志』巻13、事略、　④宣統『東莞県志』巻31～６、前事略、
⑤宣統『南海県志』巻２、輿地略、　⑥嘉慶『三水県志』巻13、編年、
⑦光緒『清遠県志』巻12、前事、

広東周辺概略図

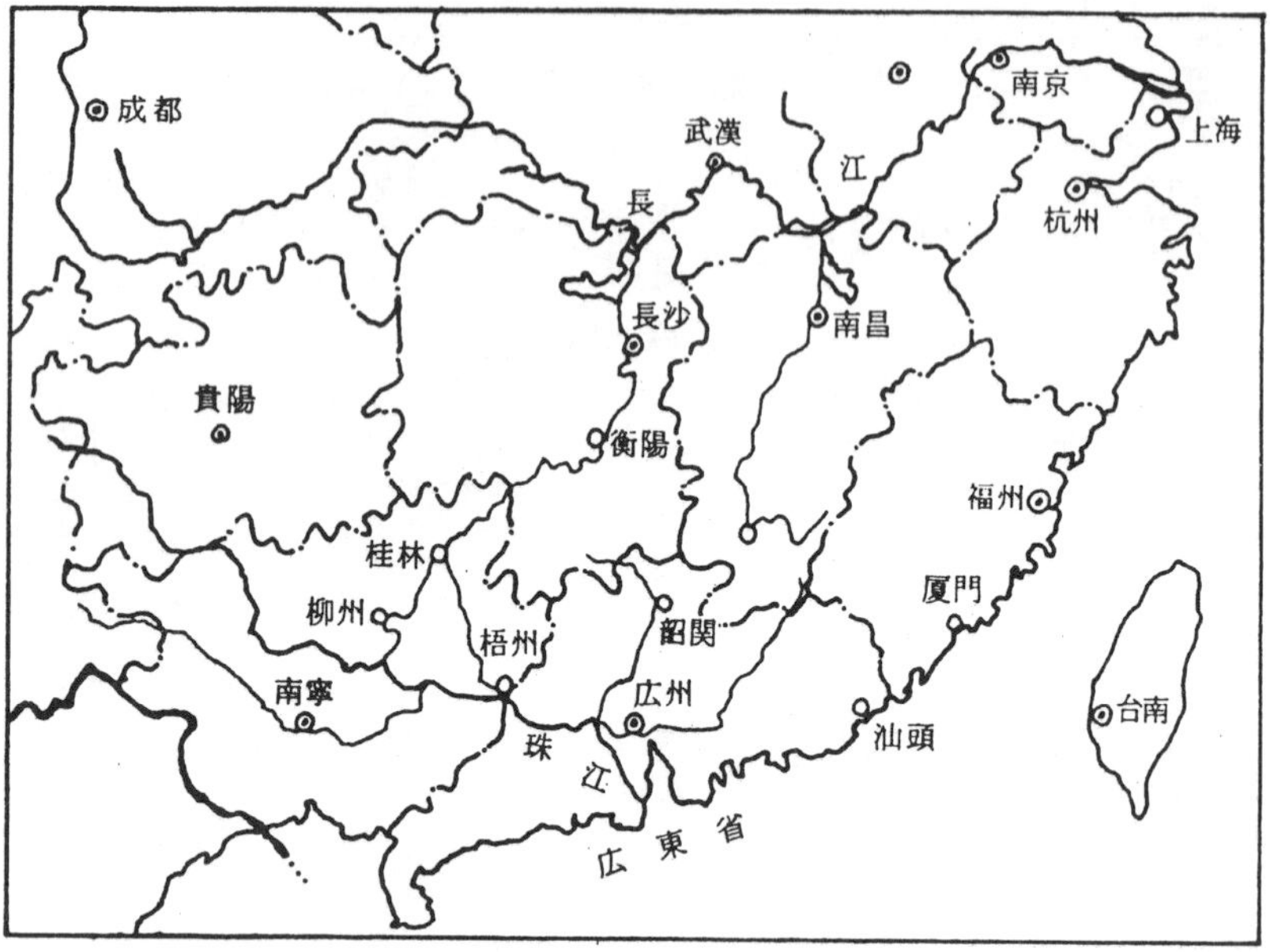

第五章　清代後期広東広州府の倉庫と善堂

はじめに

清代後期に起った太平天国、天地会運動は広州府の米穀需給構造を大きく変貌させた。その米穀需給を担うものは商人、倉庫、善堂で、これらは密接な関連をもっていた。

既に、倉庫については村松祐次、福田節生、山名弘史、菅原功、佐藤俊一、森正夫、星斌夫、家室茂雄氏等、多くの研究があり、(1)また、善堂については今堀誠二、夫馬進、小西映子、高橋孝助氏等の研究がある。(2)しかし、これらの研究によっても商人、倉庫、善堂の相互関係、及びその変化についてはまだ十分に明らかになったとは言いがたいように思える。

筆者は第四章における明末清中期の広州府の米価動向と米穀需給調整の分析に続き、(3)清代後期の広州府の米穀需給構造の特質とその変化について考察しようとするものである。

一　広州府の地域状況

広州府珠江デルタ地域では明末清初より沙田開発が行われ、沙田は米穀生産の重要地域として位置付けられ、当初より郷紳支配を受けていた。(4)その後、清代乾隆年間（一七三六～九五）以降、稲田（沙田）の桑園囲基化が進み、米穀生産の沙田地域（香山・新会県）と桑・魚生産の囲基地域（南海・順徳県）とに分化した。(5)

次に、以上の二地域の清代後期における生産状況と地域状況を明らかにしよう。

（1）　囲基地域（南海・順徳県）

光緒『九江儒林郷志』巻三、輿地略、物産、穀類の条には、

九江自周文卿混丈、田地倶作上則、幾於寸土寸金、加以地瀕西海、水潦易長難消、早禾晩禾並鮮収穫、常有十畝之家望石田而枵腹者、故自乾嘉以後、民多改業桑魚、樹藝之夫、百不得一夫、稲爲民生日用、尚多仰於外來、若黍稷粱菰、更非郷中所産、至有不能辨其類者。……

とあり、南海県九江地域では西江の水が氾濫しやすく、早晩両造の稲米の収穫量は低かった。従って、乾隆・嘉慶年間（一七三六〜一八二〇）以後、稲田を桑園囲基と養魚池に切り替えるものが多くなり[6]、そのために米穀生産が減り、この地域は米穀の供給を省内の他郷、他県及び外省より受けることになった。

また、光緒『九江儒林郷志』巻五、経政略、「儒林書院郷規」に、

地狹小而魚塘居半、塘以養魚、隄以樹桑、男販魚花、婦女餵蠶、其土無餘壤、戸鮮游民、……

とあり、「塘」（養魚池）では養魚が行われ、「隄」（塘を囲む堤防）上では桑が栽培され、男は養殖魚を売り、女は養蚕を行なって生計をたてていた。

その生糸や養魚は「墟市」とよばれる定期市で売買された[7]。例えば、九江堡の大墟では三・六・九のつく日に定期市が開かれ、そこには「糸行」、「布行」、「蚕紙行」、「鶏鴨行」、「魚種行」、「旧桑墟」の七行があり、「舗肆」（商店）が一五〇〇余軒も並んでいた[8]。九江の民は生産物を墟市の商人に売り渡して金銭を得、商人より米穀を購入していた。

桑生産・養蚕・生糸・絹織物生産についての分析は鈴木智夫氏の研究があるので[9]、これらの分析についてはそれに譲り、本章では養魚生産について考察しよう。

九江の養魚者は「魚花戸」とよばれ、西江で「魚花」(魚)を獲り、国家に「魚餉」を納めていた。この「魚花戸」は三種の業種に分かれていた。即ち、西江各河川の九〇〇カ所にある「魚埠」(魚撈場)で魚を獲り、それを「塘」で養魚する者を「装家」といい、「装家」より魚を買い、「魚花塘」で養殖し、「葷鱅」(稚魚)にまで成長させて、それを売る者を「造家」といい、そして「造家」より魚を買い、「大魚塘」で養殖して成長魚にまで育て、それを墟市で売る者を「耕種家」といった[10]。

そして、乾隆『新会県志』巻十三、付余志に、

新邑黠民勢豪、舊有海主・埠主・山主・港主名色。

とあるように、こうした「魚花戸」は明末以来、「埠主」とよばれる紳士・有力地主の支配を受けていた。

また、光緒『九江儒林郷志』巻五、経政略、「糧道分行各府州厳禁封勒牌文」に、

九江一堡、地處低窪、盡築成塘、日食不敷、兼税有三徵之苦、以致四方多装船隻、遞年春間、即往西江一帶河道、向蜑批埠装撈魚苗、歸塘畜養、載運潮韶等處變賣、充餉七千餘兩交轉、夏秋隨収、絃船往西省、各處買穀、接濟民食、或運柴草雜糧、歸變度活、……

とあるように、「魚花戸」は「蜑批埠」(蛋戸の養魚池)で魚を買い取り、九江の養殖池で魚を成長させ、それを広東省潮州・韶州府等で販売した。その収益で国家に「魚餉」を納入するとともに、広西省で米穀を購入するのであった。

以上のように、囲基地域では乾隆年間以降、桑と魚の生産が行われたために、米穀は不足し、その不足分は他地域より搬入されていたのであった。

（2）沙田地域（香山・新会県）

既に、本書第一部第一章で明らかになったように、沙田地域は明末清初以来、郷紳を中心とした同族集団によって本格的に開発され、米穀生産の重要地域となっていた。これらの郷紳は香山県周辺地域の南海・順徳県に本籍をもつ寄荘戸が中心であり、彼らによる在地支配の矛盾が沙田地域での盗賊の多発化につながっていた。[11]

それでは、清代後期の沙田地域の状況について考察しよう。同治『番禺県志』巻十五、建置略、「巡撫祁𡑞広州新建恵済倉記略」に、

　廣東領府九、廣州爲大、環府治而居、不下十萬戸、以戸五人、人日米四龠計之、仰食者多、然其爲府、枕山面海、少農多商、待給於廣西十之六七、羅定開建十之一二、濱海沙田十之一、

とあり、道光時期（一八二一～五〇）、広州府では米穀が不足し、米穀の供給を広西省より六〇～七〇%、広東省羅定・開建県より一〇～二〇%、広州府の沙田地域より一〇%受けていた。沙田地域は比率自体は小さいが、広州府内の重要な米穀生産地として位置付けられていた。

一方、沙田地域はまた明末清初以来の盗賊の多発に悩まされていた。『東海十六沙紀実』弁言には、

　洎前清康熙間、各沙籌設沙夫沙勇、純出農佃、自捐自衛、業戸無過而問焉者、主佃相安、亦將百年、迨咸豐間、順徳豪紳羅惇衍、龍元僖二人出、遂恃勢、霸設駐順東海護沙公約、越境越權、將香山農佃所釀血汗之貲攘奪以去、幾變爲羅龍兩姓子孫之私產、此其情非所謂黒暗時代之劣紳專制者耶、……

とあり、康熙年間（一六六二～一七二二）以降、香山県の佃戸が自主的に出資して沙夫・沙勇を設けて各沙田を盗賊から防衛していたが、地主（順徳県三〇～四〇%、香山・南海・番禺・新会・東莞・三水県人合計六〇～七〇%）はこれに殆ど関わりをもっていなかった。[12] ところが、咸豊年間（一八五一～六一）に順徳県郷紳の羅惇衍と竜元僖の二人が勢力をた

のんで、順徳県城に「東海護沙公約」（後の東海護沙局）を設け、彼らはこの「公約」を用いて香山県佃戸の出資した「沙骨」「捕費」（沙夫・沙勇の設置経費）を奪いとり、自らの私産にした。[13] 一方、咸豊年間は華南で太平天国運動がもりあがり、広東でも天地会運動が起こっていた。これに対して、羅・竜の二郷紳は団練を設けて天地会の鎮圧にあたるとともに、[14] 前述の「東海護沙公約」を設けて沙骨等の収入を確保・増加した。沙骨は毎畝米穀八斤であったのが十二斤八九両（銀に換算すると三銭余り）となり、捕費も毎畝銀八分であったのが二銭四分と増税され、またこれ以外に「鴨埠款」（アヒルの養殖に対する税）が銀七分、沙捐、津貼、溢款、溢平、借銭費などの諸税も徴収されるようになり、佃戸の負担は飛躍的に増大した。しかも、これら毎年合計二〇万余両の税は、「東海護沙公約」で使われるのがわずかに約八万両で、税が「捕務」（盗賊逮捕）の費用に十分使われずにいた。[15]

こうして順徳県郷紳は沙田地域支配を強化するとともに天地会闘争後の地方行政を再編成していくのであった。民国『順徳県志』巻二、建置略に、

謹按吾邑、自咸豊乙卯復城後、百廢具擧、氣象一新、建設中如邑團練局、東海護沙局、新青雲文社、尤犖犖大者、邑局以綏靖地方、沙局以保障税業、文社以培植士林、……

とあり、羅惇衍等が設けた団練局は治安維持、東海護沙局は税収入の確保、新青雲文社は読書人の養成の役割を担うとともに、後に述べるようにこれらの機関は相互に連携しあいながら在地の倉庫・善堂の運営に関与していくのであった。

二　倉庫の機能とその運営

第一表の倉庫表で広州府の諸倉の機能・内容を分類した。以下、この表を参照しながら倉庫の運営・機能について

検討しよう。[16]

（1）咸豊以前（十九世紀中頃以前）の倉庫

第一表より、咸豊以前の倉庫について以下、考察しよう。

第一表によると咸豊以前の倉庫はいずれも都市あるいは囲基地域に設置された義倉であった。設置年代は乾隆末から道光年間（十八世紀末～十九世紀中頃）で、設置者は総督・巡撫によるものの一例を除き、他はすべて紳士であった。日常的な運営・管理者は紳士か義会（後述するように郷紳など地主層が資金を出しあって、桑園囲基の修築、洋米・外省米を購入して米穀需給を行う民間団体）であった。設置資金・米穀は紳士・義会が寄付した田地の小作料収入か、「当」（金融機関）への預貯金の利息収入で、特殊なものとしては義渡・埠租の収入もあった。設置資金は恵済東西倉が一二四、九八二両と飛び抜けて多く、他は一、〇〇〇～八、〇〇〇両で、歳入（出）金は五四〇両という記録が第一表に見えた。設置米穀量に関する記載は見えない。置田数も恵済東西倉が数百畝と飛び抜けて多く、他は四～二〇畝であった。運営方法は「買穀存貯」（米穀を買い入れて倉庫に貯蔵）や「発当生息」（「当」への預貯金の利息）という形態から、「置田収租」（田地を置き、その小作料収入）に移行しつつあり、また徐々に義会による運営が行われるようになっていた。米穀搬入法は恵済東西倉の例に見えるように外省米が中心であった。倉庫の機能は賑恤機能をもつ倉庫と平糶機能をもつ倉庫に分化していた。受給者は里社、社、一六〇〇戸と見え、倉庫所在地域の都市・村落民であった。

以上の概括的分析を終え、次より恵済東西倉中心に倉庫運営方法の特徴と、天地会闘争以後の変化について検討しよう。

広州府地域は田地が少なく、また農民も少なく商人が多いために、特に乾隆年間以降は米穀生産量が少なかった。[17] そして、雨が降らず珠江の水位が下がった時には船が通航できないために、米穀が搬入できず、米価が高騰した。従って、早くから義倉の設置が要請されており、道光十二年（一八三二）に両広総督盧坤が設置の計画を立てていた。[18] 道光十四・十五年（一八三四・三五）の時に水害が発生し、米穀が欠乏するという事態になり、[19] 十七年（一八三七）に広東巡撫祁墳が紳士・商人に資金を寄付させて義倉（恵済東西倉）を建設した。[20]

恵済東西倉設置の経緯について、梁嘉彬著『広東十三行考』（上海商務印書館、一九三七年二月）に広州正南門内、西湖街にある「新建恵済東西倉碑記」が収録されている。それを見てみよう。

粤地宜稲、而田少民繁、省會尤甚。且百貨所聚、洋船鹽艖、取食者什佰於他處。所産穀米、不足以供、向藉粤西及楚閩之米、予以道光十五年冬、自皖撫奉命督粤、入覲之日、儀徴相公語予、曩在粤時、嘗建言洋船載米至者、免其入關之税、得旨如所請、洋米來者日多、但法久則弊生、願有以善其後也。既抵任、今大司寇中丞祁公爲予言粤地倉穀宜埤益之、前督涿鹿盧公嘗檄籌儲峙、以水潦方亟而止、儻設立義倉、不假手吏胥、則平糶即實惠矣、予謂即事有漸、因勢利導、可以便民、吾曹宜任之。既又知粤地歳有洋米、其民狃於穀賤、罕能力田、都會殷賑、小民無遠慮、務改其勤樸舊俗、而游惰滋多、流及遠郷、當事欲未雨綢繆因以風喩其俗久矣。十七年春、粤人適以義倉請、予與公各捐廉爲倡、而僚屬亦同心協力、粤之縉紳士人及富民知義者均不召自勸、凡得白金一十二萬有奇、遂以其情入告、恩旨允行。先是、正南門内西湖街有舊倉在東、其西又有惠潮官邸、皆久曠不修、乃改建之、在東者爲惠濟東倉、在西者爲惠濟西倉、各繚以周垣、間以複道、堂階廡廥、戸牖井庖、次第煥然。以十八年春落成、粤人願推紳士之望、俾司其事、典守周備、品式堅明、咸來請記、以垂久遠、……遂書以爲記。賜進士出身、誥授榮祿大夫、兵部尚書、兼都察院右都御史、總督兩廣等處地方、提督軍務、鄧廷楨並書。道光十有八年、歳次戊戌五月。

とあり、この書は両広総督鄧廷楨（在任、道光十五年～十九年、一八三五～三九）[21]によって書かれたものである。彼は広東への赴任に際して旧任・現任の広東関係官僚から広東情勢を伝えられた。元両広総督阮元（在任、嘉慶二十二年～道光六年、一八一七～二六）[22]は、彼が「洋船」による洋米の広東搬入の時に関税を免除し、洋米の流入が増えたが、それに伴い弊害も生じたことを伝え、また、広東巡撫祁𡎴（在任、道光十三年～十八年、一八三三～三八）[23]は広東の地における倉穀の重要性を説き、前両広総督盧坤（在任、道光十二年～十五年、一八三二～三五）[24]は義倉を建設し、運営するには胥吏の手を借りずに行えば、平糶の効果は上がると述べた。鄧廷楨は広東は安価な洋米に依存して生活しており、奢侈的で、農耕に務めない民情であるから、飢饉に際して困らない事前策を講じておく必要があると答えた。十七年（一八三七）春に民衆から義倉設置の要請があり、鄧廷楨は祁𡎴とともに寄捐し、また官吏、紳士、富民等も寄捐を行って、銀一二万両集まった。広州正南門内の西湖街の旧倉庫跡地、恵潮道官舎跡地に恵済東西倉を建て、道光十八年（一八三八）に落成した。民衆からの要請により倉庫の管理運営は紳士の中の衆望のあるものを当てることになった。そして、同史料の続きに、官吏、紳士、商人等寄捐者の姓名が記され、『広東十三行考』には十三公行の姓名が記されている（按語は梁嘉彬による）。

南海縣擧人伍崇曜	肆萬兩	（按即怡和行行商）
番禺縣候選訓導潘文濤	貳千兩	（按即中和行行商）
番禺縣加道銜候選都察院都事謝有仁	貳千兩	（按即東興行行商）
香山縣五品銜呉天垣	壹千兩	（按即同順行行商）
鶴山縣同知職銜易容之	壹千兩	（按即孚泰行行商）

とあり、広東十三公行の怡和行の伍崇曜、中和行の潘文涛、東興行の謝有仁、同順行の呉天垣、孚泰行の易容之の名が記されている。これらの商人は挙人や訓導などの紳士・官吏身分を持つ、所謂紳商であった。また、伍崇曜及び怡和行は南海県の桑園囲基の石堤化に多額の寄捐を行っており[25]、十三公行による桑園囲基、倉庫への財政的関与が注目される。

次に義倉の運営方法について検討しよう。光緒『広州府志』巻六十五、建置略に恵済東西倉の章程十一カ条が収録されている。

一、官紳商富通共捐銀十二萬四千九百八十二兩、除建倉工料實用外、擬以四成買穀存貯、六成發典生息。
一、毎遇出陳易新、秋収時即將糶價買補還倉、不得藉詞延宕、日後源源糶糴、務使穀額與原貯數目相符。
一、發本城當押行銀七萬兩、周年八釐行息、遇閏不增、遞年清算、息銀若干、仍發當行作爲本銀生息。
一、兩倉公擧總管紳士、佩帶各廒鑰匙、毎年轎金六十兩、毎倉公擧老成樸實紳士二人、常川住倉、司理糶糴出入、毎年修火銀二百兩、公正殷實紳士二人、毎人輪値一年、周而復始、毎年轎金六十兩。
一、歴届公擧經管各値事、輪値二年、如果辦理妥協、公議再留。
一、經費皆紳士樂輸、應歸紳士管理、惟年終支存銀數及糶糴穀數、應行具結呈報。
一、年歳豐稔、穀價如故、惟蓋藏既久、紅朽堪虞、即宜推陳入新、照市價躉發行戸、定限二年、辦理一次、限内將陳穀普律糶出、刻即買補還倉、蓋南方蒸溼、梅雨尤多、因時制宜、庶無折耗霉變之患、若届出陳入新之期、而察看穀質、尚好不至霉變、即臨時公議、暫緩出易。
一、倉穀雖爲省會平糶而設、但年非大荒歉、穀價不甚騰貴、即不宜擧行。
一、出糶升斗、以部頒倉斛較準。

一、省城貧民較多、難於挨戸編査、應示限制、毎人糴入、不得過三升。
一、平糶設廠、宜遠不宜近、擬於西門・南門・大東門・小北門外空曠處所、分設四廠散放。

とあり、以上の概要は次の如くである。

一、官吏・紳士・商人・富民等が合計一二四、九八二両の銀を寄付して倉庫を建設し、余銀の四割を米穀購入費に当て、六割を金融機関に預金する。
一、「出陳易新」、即ち古米の売却、新米の購入によって倉穀の定量を維持する。
一、金融機関への預貯金の銀七万両の毎年の利息を引き続き預金し、預貯金額を増加する。
一、恵済東西両倉で公選された「総管紳士」は各倉廒の鍵を保管し、彼らには毎年「轎金」六〇両が支給される。また「老成樸実紳士」二人は常時、倉穀の売買・出入を管理し、彼らには毎年「修火銀」二〇〇両が支給される。そして、「公正殷実紳士」二人は輪番で「値事」となり、彼らには毎年「轎金」六〇両が支給される。
一、「値事」は二年間の事務処理が公正であれば留任となる。
一、倉庫の運営、経費の出資は紳士によって行われるが、各年度末に官衙に決算報告書を提出しなければならない。
一、「出陳易新」の運用には弾力性を持たせる。例えば、米価安定時には貯蔵期間の長い倉穀を市価に照らして米穀商人に売却してもよい。
一、倉穀は凶作時の平糶に用いる。
一、平糶の際の量器は戸部から支給されたものを用いる。
一、平糶額は一律に一人三升とする。
一、平糶廠は省城の四門外の空地に設ける。

以上によって、恵済東西倉は紳士・商人中心に運営され、倉穀は「発当生息」法（金融機関への預貯金の利子で資金をつくる方法）で購入・維持され、凶作時の平糴に用いられていたことが明らかとなった。

次に、平糴・賑恤の実施例について考えてみると、「咸豐間、南海三水兩次被水、衝決基圍、災民遍地、又迭遭兵燹、米價騰貴、籌措倉項、先後數萬金、廣施賑濟[26]」とあり、咸豊年間（一八五一～六一）に桑園囲基が洪水で決壊し、また天地会闘争も起って、これらの事が相乗効果を起こして米価高騰を引き起こした。そこで、恵済東西倉は銀数万両を拠出して賑恤を行っていた。

この天地会闘争や太平天国運動の昂揚は米価を高騰させただけでなく、倉庫の運営方法自体にも大きな影響を与えた。

同治三年（一八六四）の戸部尚書羅惇衍の上奏によると、「咸豐四年（一八五四）、紅賊猝起、兵餉未裕、已革前督臣葉名琛提用該倉銀七萬兩、籌辦紅單船經費、後提用銀四萬兩、以供支款、原捐穀價、幾於搜括一空[27]」とあり、両広総督葉名琛が天地会鎮圧のために恵済東西倉の銀両を流用したことによって倉庫の銀両・米穀は底をつき、倉庫の機能は停止したという。そのために羅惇衍は皇帝に倉庫の銀両・米穀の流用の禁止を要請し、この上奏は裁可された[28]。

以上の措置によって、天地会闘争鎮圧後、恵済東西倉の機能が復活した。復活後の倉庫の運営方法は以前とは大きく変わり、「出陳易新」は咸豊年間より約二十年間行われた形跡は認められず、倉穀の貯蔵、入れ替えは殆どなされなかったようである。また、倉庫の銀両は金融機関への預貯金に当てられるだけでなく、田地の購入にも用いられた[29]。

宣統『南海県志』巻十五、列伝、王鑑心の条に、

光緒初、與番禺陳澧總理恵濟義倉、倉舊存銀十萬兩、地方官每因事提撥。鑑心謂、存銀多則易生覬覦、不如實業難以移動、因與陳澧倡議、將銀十萬兩、續置香山番禺各屬沙田若干頃、義倉租息、日以增益。嘗有陸姓紳佃倉田

致賄二千金、又有舊佃期滿賄之、鑑心並拒不納、其風節多類此、生平以授徒爲業。

とあるように、倉庫の銀両による田地購入策は地方官による倉庫の余剰銀両の流用を防止するための施策であった。つまり、香山・番禺県の沙田を購入して、その小作料収入を倉庫の資金とするものであり、また、沙田の耕作権は価値が高く、紳士が総理に賄賂を送り、その権利を取得しようとするものまでいたと言われている。これは、第一章で明らかになったように、沙田は「浮生」(砂州)を生みやすく、田地の拡大には非常に有利な物件であったからである。

ともあれ、羅惇衍による倉庫制度再編策は、倉庫運営法を沙田の購置等の置田策に変化させ、これが第一節で明らかとなった香山県沙田地域における羅惇衍等による沙骨・捕費権の占奪、徴収基準の強化、沙田地域支配と関連しているということであった。

そして、倉庫運営法を変化させた直接的要因は太平天国・天地会闘争の勃発と地方官による倉庫の銀両の流用にあったが、この二点のうちの第一次的要因は、「近來軍務繁興、寇盗所至地方、毎以糧盡被陷、推原其故、總由各州縣恣意侵挪、忍令米粟空虛[30]」とあるように、地方官による倉庫の銀両流用にあった。そのために、倉庫の平糶・賑恤機能がなくなり、貧民を救済できなくなったために、彼らが清朝及び官僚に対する反抗運動に立ち上がったのである。従って、民衆運動は第二次的要因であったと言えよう。

三　咸豊以後の倉庫

(1) 囲基地域

第一表によると囲基地域には官倉が常平倉、予豊倉の二例見え、民倉が義倉の十例、社倉の二例、義会の二例、合計十四例見える。設置者は官倉の国家を除き、紳士、里人、大姓（大宗族）で、運営・管理者は紳士・殷戸・里人・義会であった。設置資金・米穀は団練局の公款、紳士・商人・里人・義会の寄捐・置田・廟捐等であった。その設置資金額は予豊倉の八〇、〇〇〇両を除き、他は一、〇七〇～一〇、〇〇〇両であり、歳入（出）金額は七〇～一〇、〇〇〇両、米穀貯蔵量は順徳県常平倉の一〇、三二一石（咸豊九年、一八五九年当時）、同三四、七六一石（同治五年、一八六六年当時）という例が見えた。置田額は沙田地域にくらべて相対的に低く、四～数一〇畝であった。運営方法は置田収租、寄捐、義会、「発当生息」、「買穀存貯」、官費で、また、賑恤・平糶の両機能を兼ね備えている倉庫が多かった。

以上の全般的な囲基地域の倉庫状況の分析をうけて、以下、官倉の順徳県常平倉と民倉の義会組織の具体例を検討しよう。

順徳県常平倉は咸豊四年（一八五四）に「土匪」（天地会）によって倉穀が奪われたために、後に「經李邑侯潤照會、邑局請籌備買穀塡倉、（咸豊）九年（一八五九）買塡倉穀一萬零三百二十一石、同治五年（一八六六）又買塡倉穀三萬四千七百六十一石、此款由邑局籌措[31]」と言われるように、知県が照会し、団練局（「邑局」）が要請して、倉穀が購入されて倉庫が再建された。再建費用は全て団練局によって支出されたものである。

この史料で注目すべき点は羅惇衍等が行った団練局、東海護沙局、新青雲文社の設置と倉庫再編成が連動して行われたものであり、羅惇衍等はこれらの諸機関を通じて多面的な地域支配を行っていたことであった[32]。

次に義会について考えてみよう。民国『順徳県志』巻二、建置略、東馬寧義倉田には、

光緒二十四年（一八九八）、郷紳何家饒履堪村前北帝廟後海濱淤積沙坦、袤長數十畝、……倡議撥歸通郷南北兩約公産、以杜私爭、并集義會爲基本金、稟縣詳司升科給照、承築桑基若干畝、歳入租銀千餘兩、專備荒歳賑饑平糶

之用、不許挪移爲團練經費、以重荒政、但南方卑溼、倉穀易變、出陳易新、事又繁難、近年廣東民食専倚洋米、海運靈便、故尚未議及置倉囤積焉。

とあり、郷紳何家饒が所有権をめぐって紛争のある沙田を「南北両約」(護沙公約)の公産として官の許可を得た後に開墾を行った。そして義会を組織して資金を整え、また桑園囲基も修築した。これらの沙田・囲基から得られる毎年一〇〇〇余両の小作料収入を賑恤・平糶に用い、決して団練経費への流用を許さないものとした。また、倉庫を設けず、適宜、洋米(外国米)を購入して平糶・賑恤を行っていた。

以上の東馬寧義倉田と竜江郷広恵社の義会史料(33)を総合すると、義会は郷紳や大姓が中心となって組織され、会員が「科銀」(会費)を出して沙田・囲基等を購置し、その小作料収入を用いて、適宜、外国米を購入し、平糶・賑恤を行う組織であった。この外国米の搬入と置田策は、官による倉庫への介入、倉庫銀両の流用を受けないための措置であった。また、義会組織の普及は、以上のような倉庫運営の変化、及びその基本的要因である民衆運動の発生、旧来の村落秩序の解体及びこれらに対する官側の再編措置に起因していたものと言えよう。

(2)沙田地域

第一表には、沙田地方に義倉が二例、義会が一例見える。設置者は知県、民間人で、管理運営者は知県、紳士、義会、同族であった。設置資金・米穀の内訳は、知県・紳士・義会の寄捐、置田策によるもので、その資金額は香山県付城義倉の二〇、〇〇〇元が見え、歳入(出)金も同じく付城義倉の一、四〇〇両が見えるが、米穀貯蔵量について記された史料は見えない。また、置田額は一一〇~三三四畝という史料が見え、この額は囲基地域の倉庫の置田額の一〇倍前後であった。運営方法は「置田収租」、義会、「発当生息」、「買穀存貯」という順に多く、「発当生息」法から「置田収租」法に変化する傾向にあった。倉庫の機能についての詳細な史料は少ないが、平糶の例が見えた。

以上の全般的分析を終え、以下、沙田地域の倉庫の特徴点を考察しよう。

まず、義会の例は香山県郷鎮下沢義倉に見える。この義倉は光緒二十四年（一八九八）に、余実楊が銀九、〇〇〇余両を借金して沙田・囲基を合計三頃余り購入して、それを倉本として設置されたもので、また姪の余広慶等と「三益義会」を組織し、「六千份」の株を設けて出資者を募集し、そこで得た資金に基づいて義会が運営された。

この義会組織の運営法は囲基地域のそれと大差はないようであるが、但、置田額が大きい点が特徴であった。例えば香山県付城義倉の史料に「石岐銀店紛紛倒閉、遂將存款承買充公仁豐圍田……、及分承芙蓉沙田……」[34]とあるように、近代世界経済の変動によって何時金融機関が倒産するかも知れず、従って「発当生息」法が極めて不安定のものとなったことから、その方法よりも米穀生産に裏付けられた沙田を購入して、それを基盤として倉庫を運営する方が有利であった。この置田策は桑・魚生産、米穀購入の囲基地域においても見られたが、特に、米穀自給自足の沙田地域の倉庫では顕著に見られた特徴である。

四　善堂の運営とその機能

善堂は、本来地方官衙[35]及び都市[36]、村落が行うべき社会福祉的、相互扶助的事業をそれらの組織に代って行っており、夫馬進氏は善堂の事業を慈善事業と位置付けている。[37]

広東広州府地域には清代後期になって善堂が続々と建設されたが、これらの善堂は囲基地域と沙田地域では異なった機能をもっており、それは地域事情と倉庫機能の相違に関連していた。

以下、第二表の善堂表に基づいて広州府の善堂の状況を概観しよう。

設置年代は南海県愛育善堂の同治十年（一八七一）が最初で、他の多くは光緒年間（一八七五～一九〇八）であった。設置者は紳士・邑人が多く、それに商人が続いていた。特に香山県の善堂の多くは商人によって設置されていた点が他と異なっている。運営・管理者は紳士・邑人・義会が多く、それに商人・「善信」（善堂の会員）が続いている。また、専門の管理人として「董事」、「値理」、「総協理」を設けている例も見える。設置資金の内訳は寄捐と「置田収租」に分かれ、寄捐は囲基地域に多く、「置田収租」は沙田地域に多かった。寄捐や「置田収租」の行為者は商人、「善士」（善堂の会員）、紳士が多かった。設置資金額は愛育善堂の三八、四〇〇両を筆頭に、以下、一、〇〇〇両まであった。歳入金額は二、〇〇〇両という記載が二例見えるだけで、置田額についても六～四・五〇畝の記録が三例見えるだけである。ただ、香山県の善堂の置田額は倉庫の場合と同様で、囲基地域のそれよりも大きかった。運営方法は寄捐が圧倒的に多く、次に「置田収租」、義会、「舗租」（店舗の地代）と続いた。機能は「贈医、種痘」等の医療が多く、次に「賑恤」、そして「拾白骨、義荘」等の葬式・埋葬、「宣講、購贈善書」等の民衆教化、「育嬰、保産」等が続き、そのあとに「平糶」、「義学、学堂」の設置、「難民」救済などが続いた。

また、第二表より、囲基地域と沙田地域の善堂の機能を分類して考察すると、囲基地域には南海県（宣統『南海県志』巻六・『仏山忠義郷志』巻七）・東莞県（宣統『東莞県志』巻十九）・番禺県（民国『番禺県続志』巻五）・順徳県（民国『順徳県志』巻二）が主に所属し、この囲基地域の善堂は多面的な機能をもち、しかも平糶・賑恤がその主要な機能になっていた。これに対し沙田地域には香山県（民国『香山県志』巻四）が所属し、この沙田地域の善堂は医療、育嬰、葬式、埋葬等の限られた機能しかもたず、しかも平糶・賑恤の機能をもっていなかった。

この点は大変重要な問題で、これらの史料と前節の倉庫制の検討結果から判断すると、囲基地域では倉庫だけでは平糶・賑恤機能を十分に果たしえず、善堂がその機能を補完していた。これに対して沙田地域では倉庫が置田収租策によって平糴・賑恤機能を十分に果たしており、善堂は倉庫にはない諸機能、医療等の限られた機能をもっていたと言えるであろう。

以上の概括的な善堂の分析をうけて、以下、囲基地域の善堂中心にその具体的内容を考察しよう。

広州府で最初に建設され、最大規模を誇るものは南海県愛育善堂であった。宣統『南海県志』巻六、建置略、愛育善堂の条に、

愛育善堂、在城西十七甫、同治十年、邑中紳富鍾覲平、陳次壬等倡建、堂地爲潘觀察仕成故宅、時仕成以鹽務案被封産業、鍾覲平等與鍾運司謙鈞商榷、備價三萬八千四百餘兩、承該屋業爲建堂地、粵之有善堂、此爲嚆矢、自是而後、城郷各善堂接踵而起、吾粵人之好善信可風已。鍾運司撰愛育堂碑記云、同治辛未之春、搢紳鍾覲平、陳次壬等具稟、以興建善堂爲請。蓋仿照上海普育堂而設也、詳閲所擬條規、如宣講聖諭、開設義學、施棺贈藥、贍老恤嫠、以及棲養廢疾、諸大端、縷晰條分、法良意美、誠勸善之先聲、濟人之首務也。爰詳奉督撫憲批准擧行、俯垂嘉獎、由局出示曉諭、並札行廣州府立案、本司先後簽助四千金爲之倡、仍普諭紳士及各行店量力認捐、以成善擧、即於是年三月經始、先試辦於洋行公所、多方勸諭、簽捐者三萬兩有奇。各行認捐者、毎年六千兩有奇、遵照定章、分別治産・生息、所呈各款、次第擧行、帳目規條、歳彙成帙、嗣又據諸紳具呈、備價承領、十七甫潘商房屋作爲總堂、仍以餘地改造市房、藉租資以湊善堂之用、年餘以來簽資、粗有成數、大端漸已畢行、本集腋以成裘、果衆擎之易擧、諸紳復立碑以垂永久、請爲文而誌之、夫以鉅萬之物産、終歳之經營、衆情之鼓舞、殫精畢慮、聿觀厥成、誠盛事也、顧創之非難、守之實難、守之而能不變則尤難、蓋一法立、即一弊生、一利興即一害伏、惟恃定力定識、乃能永久遵循。……

とあり、概略は次の如くである。

この善堂は同治十年（一八七一）に、上海普育堂にならって、県内の紳士・富戸の鍾觀平、陳次壬等が銀三八、四〇〇余両を出資し、元観察使の旧宅地跡を購入して、その地に建てられたものであった。その出資金の内訳は運司の寄捐四、〇〇〇両、紳士・行戸の寄捐三〇、〇〇〇両等であった。資金の運用法は「治産」（運営資金）と「生息」（預金利息）に分かれていた。善堂の機能には聖諭の宣講、義学の開設、死者への棺桶の給付、病人への薬の施与、老人・寡婦への賑恤、廃疾者の扶養と記されているが、これ以外に後述するように凶作時の平糴・賑恤機能があった。即ち、宣統『東莞県志』巻十九、建置略に、

善堂之設、創於近代、各府州縣皆有之、而廣州愛育善堂、其規模之大、積儲之厚、捐輸之廣、施濟之宏、尤前此所未有、偶有災荒、賑濟平糶、一呼即應、其惠幾徧於全省。

とあるように、愛育善堂は規模の大きさ、米穀・資金の貯蔵量の豊富さ、寄付金の多さ、賑恤対象の広汎さから言って、広東地域史上最大のものであった。災害・飢饉時には即座に賑恤・平糴が行われ、その恩恵は全省に及んだという。

次にこの愛育善堂による平糴・賑恤の具体例について検討しよう。

光緒『清遠県志』巻十二、前事、光緒三年（一八七七）の条に、

光緒三年、大雨連綿、淹浸禾稻雜粮俱失収、總督劉坤一・巡撫張兆棟、率僚屬、捐廉俸、籌撥款項、並札飭愛育堂紳董陳道桂士等、在省勸捐、委同知多齡來清遠、會同知縣何鸞書・前任即墨縣知縣舉人麦瑞芳、倡捐賑濟、以布政楊慶麟・知府馮端本總其事、各大憲及衆善士所捐、俱歸愛育堂、共來銀三萬八千三百一十兩零、邑中紳商士庶共捐銀一萬二千二百四十五兩零、於十二月先設西較場・三角洲兩粥廠。至光緒四年三月、改賑米飢民、毎日米三兩（合？）、並設江口・江歩・太平市・山塘・陂頭・石角・關前共九廠、計飢民九萬餘人。至六月初旬、裁七

萬餘人、留附城東・西岸・山塘・石角等處、飢民二萬二千餘人、賑至八月中旬止。合計米二萬餘石、米價運脚搭廠等項、共用銀五萬零五百六十兩零、知縣陳起倬序其事、勒石於城隍廟。

とあり、概略は以下の通りである。

清遠県では光緒三年（一八七七）の大雨で、稲米や雑穀の収穫は皆無に等しかった。そこで両広総督劉坤一と広東巡撫張兆棟は属僚とともに寄付金（寄捐）を出すとともに、愛育善堂の紳董陳桂士等に札文で諭令し、広州府同知、清遠知県等とともに寄付金を募らせた。その結果、官僚や「善士」（寄付金納入者＝善堂会員）から集められた資金は三八、三一〇両に達した。また、清遠県の紳士、商人、民間人からの寄付金合計一二、二四五両も含めて、これらの寄付金はすべて愛育善堂に納入して一旦保管された。そして、この寄付金を用いて賑恤が行われたのであるが、毎日飢民一人に米三合が給付され、飢民の数は最高時で、九万余人、使用された米穀二万余石、米穀の購入・運送費、粥廠（米・粥の配給所）建設費等は合計五万余両に達したという。

また、光緒『清遠県志』巻十二、前事、光緒三年（一八七七）の条の「総督奏剳」（両広総督劉坤一）には、

臣與前撫臣張兆棟、籌措鉅款、由愛育堂轉發招商局、前往江蘇買米回粤、在於各屬平糶接濟、一面倡捐經費、札委同知多齡及愛育堂紳董候選道陳桂士等、前往清遠、會同該縣陳起倬與在籍紳士前山東即墨縣麥瑞芳等、勸捐備賑、先後設廠施粥、按郷給粮、計自三年十二月起至四年八月止、共支過米二萬餘石、賑過飢民九萬伍千餘人、合計米價運脚以及搭蓋篷廠等項、共用銀一萬一千餘兩、均係出自樂輸、並未動用庫項、入冬以後、飢民漸次復業、今年三月石角墟隄亦已竣工、近來民氣安帖、地方均臻靜謐、所有用過賑項、係屬民捐民辦、……

とあり、また、同史料の続きの陳起倬の「清遠賑済碑記」に、

制府劉公坤一、中丞張公兆棟上其事於朝、率僚屬捐廉俸設平糶局、糴米於外洋、委愛育堂紳陳觀察桂士・委員多

司馬齡來縣、會同前署令何君鸞書・前山東即墨令麥君瑞芳、督紳富勸捐辦賑、以方伯楊公慶麟・廣州太守馮公端本、總其事、於丁丑十二月先設附城東西粥廠、至戊寅三月改賑米、並設江口・江歩・太平市・山塘・陂塘・石角・闞前賑廠九處、各以官紳分董之、計飢民九萬五千餘人、至六月初旬、裁撤七萬餘人、尚留附城之東西岸・山塘・石角等處、極苦飢民二萬二千餘人、至八月中旬始停賑、先後奉平糶局發米一萬七千石、由紳富捐助銀一萬一千九百餘兩、斯擧也、麥君始請賑、繼籌捐、繼率子弟門人紳商、遍査災區、不使一夫失所、其勤勞備矣。

とある。

以上の史料を総合すると、光緒三・四年時（一八七七・七八）の平糶・賑恤に用いられた米穀は、両広総督劉坤一等が調達した資金を愛育善堂に依託し、善堂から招商局に交付し、江蘇省上海・鎮江[38]で購入してきた米穀であった。そして、両広総督を始め官僚、紳士、商人、一般庶民、愛育善堂会員等の寄捐資金を運用したこと。平糶・賑恤はこれらの人々によって運営されていたこと。その実態は「民捐民辦」の民間中心に行われ、その中で、愛育善堂が大きな役割を果たしていたこと。江蘇から搬入してきた米穀を「平糶局」に入れ、県城内外に設置された粥廠・賑廠に配布して、飢民に配られたことであった。

そして、翌四年（一八七八）にも大雨で、囲基が決壊した。光緒『清遠県志』巻十二、前事、光緒四年の条に、

光緒四年三月十三日辰時、石角圍隄、上年修復處、又被洪水冲崩、比上年較濶、總督先捐倡率、並札省城探花李文田・愛育堂紳陳兆祥等勸捐、値理人親到督工、在海傍原隄舊陷處、以石塡砌、用銀八萬餘兩、至己卯二月告成。

とあり、石角囲堤は前年の決壊後収復した箇所がまた決壊したために、両広総督劉坤一が寄捐を唱導し、広州の紳士李文田、愛育善堂紳士陳兆祥等に札文で命じて寄捐を募集させた。集まった資金八万余両を用いて囲堤を修復した。この四年に清遠県仏岡庁では欧就起・姚庚人等が反乱を起こし、紳士等によって鎮圧されるという事件が起こった。[39]

その時、清遠知県陳起倬が次のように述べた。光緒『清遠県志』巻十二、前事、光緒三年の条、陳起倬の「清遠賑済碑記」に、

佛岡廳城陷、時人心浮動、闔境戒嚴、大府促倬行於三月初一日抵任、凡賑務諸事、皆與麥君商之、得無惧、吁清英間素多盜、以十萬飢民、忍死待賑、不至揭竿而從賊者、謂非賑濟有以固結民心哉。……

とあり、清遠・英徳県の十万人の飢民達のなかで賑恤を待ち、盗賊に従わなかった者が「賑済がなければ、民心を固く結びつけられたでしょうか」というように、平糶・賑恤がある程度の効果をあげて、民衆の盗賊化をくいとめていたようである。

ともあれ、光緒三・四年の清遠県における愛育善堂が関わった平糶・賑恤例は、官僚と紳士・商人と愛育善堂とが一体化して行われたこと、また、米穀を江蘇よりの海運ルートによって搬入し、従来の内陸河川ルートによる広西米の搬入を行わなかったことが明らかとなった。

そして、広東ではかかる海運ルートによる外省米の搬入のみならず外国米の搬入も多くなっていた。民国『番禺県続志』巻四十二、前事志に、

（光緒）三十三年、……西潦大漲、基圍崩決、米價翔貴、貧民粒食維艱、總督岑春煊檄行善後局、司道籌撥銀兩、復由九善堂・總商會・七十二行・東華醫院各商函電中外、籌捐購米、運回舉辦、平糶米石、

とあり、光緒三十三年（一九〇七）の西江の氾濫、囲基の崩壊による米価高騰に対して、両広総督岑春煊は檄文を善後局、司道に送って銀両を調達させ、また、九つの善堂、総商会、七十二行[40]、東華医院の各商人に国内外の商人に電報で義捐金（寄捐）を募り、その金で米穀を購入して広東に搬入し、平糶を行わせたのである。

以上の史料によって善堂・商人等が内地米、外国米を搬入して平糶を行っていたことが明らかとなった。次に、善

堂運営における商人の役割について考えよう。

南海県仏山鎮の万善堂は光緒七年（一八八一）設立の「一釐銀会」という義会に由来する。その名称から推測すると銀一厘納入すると会員になれる組織と考えられる。光緒十一年（一八八五）に六畝余りの土地が寄付され、鎮内の商・民が巨額の資金を集めてその土地に医院を建設した。そして、「遞年經費収支數目、公擧七十二行商董輪班管理、秩序井然、遇有地方公事、文武四衙、亦多假座斯堂、以接洽紳商、藉通民隱」(41)とあるように、七十二行の商人の中から選ばれた董事が善堂経費の管理を行い、また、地方行政上の公事が生じるとこの善堂が地方官衙の出張機関となり、これらの紳士・商人が地方官に地方の実情を報告していた。

その他、商人による善堂運営の例は順徳県懐遠義荘における東華医院、香港順徳総商会(42)、香山県保育善会における澳州南洋各埠華僑(43)に見えるが、順徳県懐遠義荘の例について検討しよう。民国『順徳県志』巻二、建置、善堂義塚の条に、

懐遠義荘、在碧鑑對海珮岡山麓、光緒二十一年創建、先是本邑港商以邑人歿外洋者、遺骸寄貯東華醫院、各家屬無從偵悉領葬、欲在内地建設義荘、俾旅人歸骨故土、因在港勸捐得千餘金、請邑紳龍光・港商呉幹卿・劉蔭泉・顧耀棠等籌辦、再在大良勸捐得銀二千六百餘元、又得邑紳龍裕光送出大邑茶歩基地一段、……遂興工建築、凡在外洋運回旅櫬、由香港順徳總商會、轉運大良、暫停荘内、儻日久無人領葬、則代葬於小塘義塚、豎碑爲記。

とあり、順徳県出身の香港商人は海外で死没した同郷人の遺骨を当初は東華医院に付託していたが、その事を遺族には知らせたが十分に伝わらず、遺骨の引き取りに来ない者が多かった。そこで、順徳県に義荘を設置しようということになり、香港商人・紳士等が寄捐して作った。海外で死没した同郷人の遺骨は香港順徳総商会が引き取り、この懐遠義荘に送り、そこで遺族による引き取りを待ち、もし遺族が現れない場合は総商会が代って埋葬を執り行うという

内容であった。

同史料で注目すべきことは、義荘建設に東華医院、香港順徳総商会などの商人や紳士が深く関わっていること、また、順徳県の商人・庶民は香港等海外に移住して活動するものが多くなっており、本書第一部第六章で述べるように、近代中国における海外移民の増加という状況下で行われた事であるということである。

ともあれ、広州府における善堂運営には香港在住の中国商人、華僑、広東七十二行、東華医院等が深く関与し、しかもこれらの商人が相互に連携しあって賑恤・平糶を行っていたことが理解できよう。

次に、義会による善堂運営について検討しよう。

順徳県同志善社は光緒十三年（一八八七）に郷紳竜賛宸、羅榘等によって設置されたが、「經費由同志諸人組織義會而成、遞年各善士亦有捐助[44]」とあるように、この善堂は善士によって構成された義会によって運営されていた[45]。

以上により、広州府の善堂は太平天国、天地会運動が鎮圧された同治年間（一八六二～七四）以後に設置され、囲基地域の善堂は平糶・賑恤を重要な機能とし、沙田地域の善堂は平糶・賑恤機能以外の諸機能を持っていた。また、善堂は商人・紳士を中心とした「善士」によって運営され、搬入米穀は従来の内陸河川を通じた内地米だけでなく、海運ルートを通じた外国米が中心であったことが明らかとなった。

五　米穀搬入ルートと米穀商人

前節において明らかとなった米穀搬入ルートの変化に関して、本節ではその原因、それに対応した米穀商人の動向について検討しよう。

張振勛『張弼士侍郎奏陳新興商務条議』一四頁、「招商設立貸耕公司議」（李文治編『中国近代農業史資料』第一輯、七七一頁所収）には、

蓋近年谷米日貴、粒食日艱、無論凶荒之歳也、即年歳順成、米價曾不少落、幾幾乎農田所出有不敷海内民食之患。試就廣東而論、向仰食于廣西・江西已也、今則兩粵并仰食于暹羅・安南之米矣。咸同以前、石米兩銀上下而已、今則石米洋銀五・六元、歳以爲常矣。試思貧民一手一足爲力幾何、仰事俯蓄、何能堪此五・六元之米價。故曰無生路也。夫各郷之田未必加少于前也、耕田之人未必不多于前也。而何以谷日少而日貴也。或曰、水旱日多也、犁耘日惰也。是説也、固亦有之、而未盡然也。韓子曰、爲農者一、而食焉之家六、民幾何不窮且盗。由今計之、實倍于六不止。教士也、洋商也、洋官也、洋兵也、此增之外國者也。教民也、游民也、賭民也、盗民也、則增之内地者也。夫爲農者一、而食焉者至不可數計、谷米安得不貴、此病在坐食之過多一也。

とあり、清代後期、とくに光緒年間（一八七五～一九〇八）に米価が高騰した。咸豊・同治年間（一八五一～七四）は米一石銀一両前後であったのが、米一石洋銀五・六元（凡そ銀三両強～四両強[46]）になっており、しかもその高騰は慢性化していた。慢性化の原因は田地や農民の減少及び水旱害による米穀生産量の減少にあるのではなく、それ以外の事にあった。原因の一つは広東に搬入する米穀の生産地及び搬入ルートの変化、即ち従来の内陸河川を利用した広西・江西米から、海運ルートを利用したシャム・アンナン米への変化であった。さらにもう一つの原因は直接生産者農民の数にくらべ、消費者の数が増加したことにあった。増加した消費者とは外国人宣教師、外国人商人、外国人官吏、外国人兵士という中国居留外国人と、列強の侵略の矛盾によって析出された国内のキリスト教民、遊民、賭博者、盗賊であった。

以上の史料によって清代後期、外国米流入、米価高騰と列強の侵略とが関連を持っていることが明らかとなったが、

この点をもう少し具体的に考察しよう。

外国米の流入はアヘン戦争前より行われていた。阮元の『揅経室続集』巻六（（　）内は割註）に、

西洋米船初到、（以前關使者慮短税不肯、行家大人力行之）、西洋夷船來、氈毹（大人自注、即呢羽毛）可衣服、其餘多奇巧、價貴甚珠玉、持貨示貧民、其貨非所欲、田少粤民多、價貴在稻穀、西洋米頗賤、（大人自注、僅有内地平價之半）、曷不運連舳、夷曰船税多、不贏利反縮、免税乞帝恩、（大人自注、余奏免米船入口船及米之税、仍徴其出口船貨之税、蒙允行以後、如米船倍來、則関税仍不短）、米船來頗速、以我茶樹枝、易彼畠中粟、彼價本常平、我歳或少熟、米貴彼更來、政豈在督促、苟能常使通、民足税亦足、（以後凡米貴、洋米即大集、故水旱皆不饑）。

とあり、阮元が両広総督であった嘉慶二十二年～道光六年頃（一八一七～二六）[47]、船税が高くて[48]広東に搬入しにくかった「西洋米」（ベトナム、シャム、ルソン等の東南アジア産米）は阮元の上奏によって、広東に入港する米船の船税・米税を免除し、出港の際に船税・貨税を徴収することになってからは広東への搬入が増加した。

では、この「西洋米」を取り扱う列強はいかなる国で、何故、この当時安かった外国米が清代後期、特に光緒年間（一八七五～一九〇八）以降、慢性的に高騰したのであろうか。

道光十一年（一八三一）に広東に赴任して科挙試験を掌った程恩沢[49]の詩が光緒『広州府志』巻一六二、雑録、及び『程侍郎遺集初編』巻四、粤東雑感九首（『粤雅堂叢書』十九集所収）に収録されている。光緒『広州府志』には、

程春海侍郎恩澤、道光壬辰典試粤東、有雜感詩九首、詩固典重沈鬱、而全粤利病、洞若觀火、謹竝自註全録焉。……

とあり、その九首の詩は広東の「利病」（長所・欠点）を述べていた。『程侍郎遺集初編』には、

外藩吉利最雄猜、坐臥高樓互市開、有盡兼金傾海去、無端奇貨挾山來、五都水旱多逋券、（近來呉楚水災、洋貨滞銷）、羣賈雍容内乏財、祗合年年茶藥覆、換伊一一米船回、（以茶葉大黄専換洋米、不取奇貨、計之上者也）。

とあり、外国米を搬入する列強の中心はイギリスで、イギリス商人は「無端奇貨」であるアヘン[50]とともに東南アジア産米を中国に搬入し、中国の茶や大黄等の漢方薬を購入していた。[51]

その後、アヘン戦争で中国は敗北し、南京条約による五港開港で中国は開国し、イギリスをはじめとした列強の侵略を本格的に受けた。その矛盾が太平天国、天地会運動の発生につながった。

これらの諸運動を鎮圧するための財政的基盤を拡充するために清朝が新たに設けた税制度は咸豊三年（一八五三年）に始まった厘金であった。[52]

厘金の中で米穀と関連するのは「百貨釐金」中の「米穀捐」であった。この税は米穀流通地域に課税されるものであったが、例外的に広東では課税されなかった。[53] しかし、広東に搬入される米穀の中心は、咸豊以前、広西米であったから、羅玉東氏の研究によると、これらの米穀は広西省で厘金が徴収されていた。[54] そして、光緒九年（一八八三）の上諭に、

光緒九年上諭據許應揆奏請、命廣西停免米穀釐金。廣西巡撫倪文蔚奏稱米穀釐金爲桂省釐税収入大宗、光緒三年内御史鄂華熙奏請停免米穀釐、即未實現、今若停免、歳缺二〇〇、〇〇〇兩、補苴乏術、而越南防務又不可懈、因未停免。[55]

とあり、「米穀厘金は広西省厘税収入の大宗となっており、今もし米穀厘金の徴収を停止、あるいは免除すると歳欠二〇万両の補填の術はなく、越南防務（ベトナムへのフランスの介入を防衛する問題）も懈ることができないことから、停止・免除はできない」といわれるほど、米穀厘金は国家にとって重要な財源となっていた。従って、広西米は厘金賦課によって当然高騰したと考えられる。また、広東側においても広西等の他地域に搬入する米穀以外の広東からの貨物には厘金が徴収されたことから、両広地域では米穀を含めた諸貨物の価格が上昇し、その流通に支障を来してい

たと考えられる。

一方、当初は外国からの輸入貨物にも厘金が賦課されていたため、外国商人も打撃を受けていた。そのため、鄭観応『盛世危言』巻四、税則（（ ）内は割註）に、

自道光二十二年大開海禁、與各國立約通商、洋人各貨進口、納税後、即准由華商販運各地、過關祗按估價每百兩加税、不得過於五兩。……於是洋商獲利、華商裹足不前、迫令納費洋人、（論釐捐之輕重、納報費之多少）。託其出名認爲己貨。……洋商坐収其利。有代華商領子口半税單者、有洋商洋船裝運洋藥各貨者、有代用護照包送無運照之土貨者。且同一土貨、由香港來則准其報半税無釐捐、若由粤省來、則不准報子口税、必報釐捐、同一洋貨、在洋人手則無釐捐、在華人手則納釐捐、

とあり、咸豊八年（一八五八）の天津条約で、列強は清朝にせまって自国の商品については海関で子口半税を納めれば厘金は徴収されずに済むように制度を改めさせた[56]。そのために、同一の「土貨」（中国産品）でもイギリス領香港から流入すれば厘金が課税されないのに、広州より流入すれば厘金が課税され、また、同一の「洋貨」（外国産品）でも外国商人が搬入すれば厘金が課税されないのに、中国商人が搬入すれば厘金が課税されるという弊害がおこった。従って、中国内の商品・物資流通に外国商人が占める比重が増大し、中国商人も外国商人に従属しなくては商品・物資を流通できなくなったのである。そこで、中国商人、特に広東商人は次のような対応を示した。『毛尚書奏稿』巻十一、「瀝陳広東釐務情形摺」の同治二年（一八六三）の条に、

廣東則澳門據其西、香港繞其東、所有省河扼要海口、其地全屬之洋人、而香港尤爲行戸屯聚之地。一・二大行店、皆移設香港、以圖倚附夷人、便其私計、一切勸捐抽釐、從不敢一過問。其有意規避捐輸者、亦多寄頓香港、希圖幸免。統計出入各貨、凡大宗經紀、皆由香港轉輸、是他省但防偸漏之途、而粤東兼有逋逃之藪。……

とあり、一・二の「行店」は店舗を香港に移して厘金の課税から逃れ、大口の商品を扱う仲買人は皆、商品を一旦、香港に留め置き、そこから広東や各地に搬入するようになったと言われている。

そして、特に米穀商人は厘金の課税を免れるだけでなく、厘金体制下で逆に利潤を上げるために国家権力及び列強への従属を強めていった。『申報』光緒三年（一八七七）十二月初一日の条に、

廣州府正堂……馮爲出示曉諭事、照得現年粤東水患甚重、民食惟艱、已奉督撫憲撥帑款十餘萬兩、委員僱用輪船前往上海・鎮江、採買米石、運回平沽、兼招商給照、前往江南買辦米石回粤、以裕民食、經奏咨准所過關卡暫免釐税、以期源源接濟、各甚踊躍。現在所有官商採辦穀米、陸續赶緊運回平糶。乃聞近來米價依然未減、日見増長、推原其故、大抵富商之採運未能到齊、且預料晩造収割不甚豐稔、故屯積之殷商不肯平售、意欲壟斷、網利居奇、以病貧民、爲害匪細、……

とあり、光緒三年（一八七七）に広州府知事の馮が示した曉諭によると、広東の水害がひどいため、総督・巡撫が帑款一〇余万両を出して委員に江蘇省上海・鎮江で米穀を買い付けさせるとともに、商人に「照」（厘金免税証）を交付して、江南で米穀を買い付け広東に搬入させようとした。ところが米価は少しも下落しないばかりか逆に上昇した。その原因は商人による購入米がまだ広東に到着していないこと、及び、商人が晩造の米穀が不作であろうと推測して米価を投機的につり上げて販売していたことにあったと言われている。

以上から、商人が国家権力と結びつき、厘金免税権を取得して米穀を買い付け、米価操作を行って利潤を上げていたことが明らかとなった。

しかし、米穀販売の利潤は最終的には列強の商人に吸い上げられていた。即ち、『張文襄公全集』巻一八六、電牘六五、致外務部、光緒二十九年（一九〇三）二月二十二日の条によると、

粤省近日米價毎擔貴至十四元、商人運米前往、獲利無算。……査従前滬道所發運米紅函、多由洋商託領事代請、及洋商將紅函轉售華商、毎石索費銀二・三錢不等。

とあり、上海道が交付する「運米紅函」（米穀運輸のための特別な厘金免税証）の多くは外国商人が領事に要請して取得していた。彼らはこの「運米紅函」を中国商人に転売して、米穀毎石二～三銭の上前をはねていた。従って、米穀販売の利益は最終的には外国商人に帰していたと言えよう。

以上から、元来は安価であった海運ルートによる外国米を中心とする米穀が何故、慢性的に高騰していたのかという理由は、清朝政府による厘金徴収によって広西米を中心とする国内米の流通が滞り、その価格が上昇したこと。及び、子口半税を納めれば厘金免税特権を得る外国商人が厘金免税特権を中国商人に多大な利潤を取って分売していたこと。そして、外国商人に従属した広東の米穀商人が米穀販運において投機的利潤を得ていたことにあったことが明らかとなった。

次に、広東の米穀商人が広東、上海等の開港場で、どのような形態で米穀を購入していたかについて検討しよう。民国『番禺県続志』巻十二、実業志に、

佃農以稲田所入不逮他植、多好雜植菓蔬、於是米粟不足、食戸多仰給外省外洋、外省以廣西蕪湖鎭江爲多、外洋以暹羅安南爲多。

とあり、広東に搬入される米穀は外省では広西、安徽の蕪湖、江蘇の鎮江、外洋ではシャム、アンナンよりのものであったが、広西米以外は揚子江や東シナ海を利用する海運ルートよりの搬入米であった。

そこで、揚子江沿岸の開港場における広東商人による米穀買い付け状況を検討しよう。同治『長沙県志』巻十、積貯、同治三年（一八六四）七月、巡撫惲世臨の上奏に、

湖南地方瘠苦、民情樸實、凡挾貲營運者、多係外省客商。其本地居民、大率服田力穡、以収穀之盛絀爲貧富。軍興以來、毎歳捐輸錢文數十萬串、多半糶穀繳捐、下游各省販運及各營採買、多至二百數十萬石、蓋藏益鮮。

とあり、湖南の長沙には外省の客商が米穀を買い付けに訪れており、長沙は米穀出売の利益で厘金等を納入していた。

また、『申報』光緒二十一年（一八九五）六月十六日の条に、

漢臯米市、漢口訪事人云、武漢人煙輻湊、煙火百萬家、日食所需、凡難數計、至閩粤呉越諸巨賈來此採辦者更多、……在昔米石多來自川湘、今則川米到者廖廖、惟湘南仍舳艫相接。

とあり、湖北の漢口の米市には福建、浙江商人とならんで広東商人も訪れ、米穀を買い付けていた。

そして、民国『蕪湖県志』巻三十五、実業志、米業に、

嘉道間、本埠礱坊二十餘家、在倉前舗地、名大礱坊者居多、大概供本地食米、間有客船裝運鄰省、市面實不若灣沚及魯港也。通商以後、輪運出口如是、有廣・潮・煙・寧等幇、販運廣東・汕頭・煙台・寧波等處銷售。光緒二十四年至三十年、出口數多至五百餘萬担、少亦三四百萬担。

とあり、安徽の蕪湖は一八七七年の芝罘条約による開港以後、広州、潮州、煙台、寧波の商人が訪れ、米穀を買い付けていた。

以上の史料で明らかとなったように、揚子江、東シナ海の海運ルートによる米穀の搬入は、厘金制度創設による内陸河川ルートの衰退により、活発に行われるようになったものであり、広東商人はそのルートを通じて、各開港場で米穀を買い付け、広東に搬入していたのである。

次に、広東へ流入する外国米、外省米の量はどのようなものであったかについて検討しよう。

外省米についての詳しい状況は十分に調べられていないが、外国米については一八八八年と一八九〇年の統計があ

る。[57]それによると、一八八八年（光緒十四）に中国が外国から購入した「大米」は空前未有の数量、七、一三二、二一一担になった。そのうち香港より搬入されたものは六、六二五、八五二担（九二・九％）を占めていた。そして、一八九〇年（光緒十六）には「大米」のほとんどは広東で購入され、九竜の海関より搬入された。当時、広東は一一、五〇〇、〇〇〇両の銀を出してこの米穀を購入しており、この事は広東（商人）の財力の豊かさを示していた。もし、鎮江、蕪湖、上海で取引された「大米」を直隷に搬入すれば、その地の水災で苦しむ人々を賑恤できたし、また、広東が支払った巨款で「大米」を購入すれば、華中各省の人々に供給できたであろうと言われている。

ともあれ、中国の各開港場や香港における外国米取引において、外国商人に従属した広東商人の占める比重が大きかったと言えよう。

おわりに

本章において明らかとなった点を整理し、最後に今後の課題について述べたい。

①広州府珠江デルタ地帯は乾隆年間以降、米穀生産の沙田地域と桑・魚生産の囲基地域に分化し、沙田地域の米穀は囲基地域にとっての重要な供給源であった。羅惇衍の例からも明らかなように、囲基地域出身の官僚、紳士、商人などは、彼らの経済的基盤として沙田地域を支配するとともに、囲基地域の倉庫・善堂運営にも深く関わっていた。

②太平天国・天地会闘争を起点として、その前後で倉庫運営法は大きく変化した。太平天国・天地会闘争前の倉庫運営方法は寄付金（寄捐）を募集して国内の外省・外郷の米穀を購入して倉庫に貯蔵し、寄付金の残りを金融機関に預金して元金を増加して運営資金とする「発当生息」法であった。これに対して、太平天国・天地会闘争後の羅惇衍等によって再建された倉庫の運営法は沙田などの田地を購入して佃戸に耕作させて、その小作料収入を運営資金とする

「置田収租」法と義会組織による方法の二形態であった。また、購入する米穀は外国米が中心で、倉庫に常時備蓄せず、適宜、米穀を購入して賑恤・平糶を行う倉庫まで現れた。そして、「置田収租」法は太平天国・天地会闘争時の倉庫制の崩壊の原因が官僚による倉穀・銀両の流用にあったこと、また、運営資金を金融機関に預ける「発当生息」法は、近代における国内外経済の変動が起こると金融機関が倒産する危険性があることから、これらの予防措置としてとられた措置であった。また、義会組織による運営が行われた理由は、その資金が紳士・商人等による寄付金（寄捐）を中心に行われており、また、厘金徴収により米穀流通構造が変化し、広州府の倉庫運営は外国商人に従属した広東商人による外国米搬入構造に変化していた状況から類推して、このような状況下に出現した存在であったと考えられる。

③広州府の善堂は太平天国・天地会闘争が鎮圧された同治年間以後に設置された。夫馬進氏の研究によればこれは比較的遅く出現したことになる。また、囲基地域の善堂は平糶・賑恤を重要な機能として持っているのに対し、沙田地域の善堂は平糶・賑恤機能を持たず、それ以外の医療等の機能を持っていた。この点は囲基地域では倉庫と善堂が一体化して米穀需給調整を行っているのに対し、沙田地域では倉庫を中心に米穀需給調整が行われていたことを示していた。また、紳士・商人が中心となって運営する善堂は飢饉の際に国内外の商人と連携して海運ルートによって外国米・外省米を購入して、賑恤・平糶を行っていた。

④太平天国闘争時に清朝政府によって創設された厘金制度により、広東への米穀流通ルートは大きく変化した。従来の内陸河川を利用した内地米流通ルートから、長江・東シナ海の海運ルートを利用し、開港場で外国米を中心に購入する外国米流通ルートに変化したのである。また、広東商人は厘金制度の不利を克服するとともに、逆にその制度を悪用して利潤を拡大するために、子口半税納入による厘金免税特権を持つ外国商人に従属し、各開港場における外国

米購入をほぼ独占する形勢をも示していた。清朝政府、外国商人、広東商人が三位一体化し、各々が利潤追求しあう外国米流通構造によって、本来内地米より安価であるはずの外国米が、慢性的に高騰していた。

以上から、筆者は広州府の地域構造と米穀流通構造を、倉庫・善堂・商人の考察から明らかにしえたと考える。

しかし、以上の研究をより豊富な内容に結実させるためには、広州府の都市・村落構造、商人の経営構造、近代における世界経済と中国経済との関連が、今後究明されなければならないと考える。

註

（1）　義倉・社倉の研究の代表的なものとしては、村松祐次「清代の義倉」（『一橋大学人文科学研究』一一、一九六九年三月）、福田節生「清末湖南の農村社会（一～五）」、同「清代湖南研究覚書（一）―一九世紀の豊備（倉穀備蓄）問題―」、「清代湖南研究覚書（二）―「洪江育嬰小識」をめぐって（その一）―」（以上共に『福岡女子短大紀要』八・一〇・一一・一三・一四・二〇・二一、一九七四年十二月・七五年十二月・七六年三月・七七年三月・十二月・八〇年十二月・八一年六月）、山名弘史「清末江蘇省の義倉―蘇州の豊備義倉の場合―」（『東洋学報』五八―一・二、一九七六年十二月）、萱原功・佐藤俊一「乾隆初期の順天府の義倉について」（『星博士退官記念中国史論集』一九七八年一月）、森正夫「一八～二〇世紀の江西省農村における社倉・義倉についての一検討」（『東洋史研究』三三―四、一九七五年三月）、星斌夫「明代の預備倉と社倉」（『東洋史研究』一八―二、一九五九年十月）、同著『中国社会福祉政策史の研究―清代の賑済倉を中心に―』（国書刊行会、一九八五年九月）、同著『中国の社会福祉の歴史』（山川出版社、一九八八年七月）、家室茂雄「清代社倉制度研究序説」（『明代史研究』一一、一九八三年三月）等がある。

（2）　今堀誠二『北平市民の自治構成』（文求堂、一九四七年九月）、小西映子「清末における善堂―一八七〇～八〇年江蘇省松江府を中心に―」（『中国近代史研究会通信』一〇、一九七八年十一月）、夫馬進「同善会小史」（『史林』六五―四、一九八二

年七月）、同「善会、善堂の出発」（小野和子編『明清時代の政治と社会』京都大学人文科学研究所、一九八三年三月）、同「清代沿岸六省における善堂の普及状況」（『富山大学人文学部紀要』七、一九八三年三月）、同『中国善会善堂史研究』（同朋舎出版、一九九七年二月）、高橋孝助「善堂研究に関する一視点―上海の普育堂を手がかりとして―」（『中国近代史研究会通信』一七、一九八四年五月）等がある。

（3）拙稿「広東広州府の米価動向と米穀需給調整―明末より清中期を中心に―」（『中国史研究』八、一九八四年三月、本書第一部第四章所収）。

（4）拙稿「明末清初広東珠江デルタの沙田開発と郷紳支配の形成過程」（『社会経済史学』四六―六、一九八一年三月、本書第一部第一章所収）。

（5）森田明「広東省南海県桑園囲の治水機構について」（『東洋学報』四七―二、一九六四年九月、後に「広東における囲基の水利組織―桑園囲を中心として―」と改題されて、同著『清代水利史研究』亜紀書房、一九七四年三月所収）。

（6）註（5）に同じ。

（7）増井経夫「広東の墟市―市場近代化に関する一考察―」（『東亜論叢』四、一九四一年）、林和生「明清時代、広東の墟と市―伝統的市場の形態と機能に関する一考察―」（『史林』六三―一、一九八〇年一月）を参照されたい。

（8）光緒『九江儒林郷志』巻五、経政略、儒林書院郷規の条。

（9）鈴木智夫「清末・民初における民族資本の展開過程―広東の生糸業について―」（東京教育大学アジア史研究会編『中国近代化の社会構造―辛亥革命の史的位置―』東洋史学論集第六、汲古書院、一九六〇年八月所収）。

（10）註（8）に同じ。

（11）註（4）に同じ。

（12）『東海十六沙紀実』弁言に、「夫東海各沙以田畝所有權較、則順徳人祇佔十之三四、香山南海番禺新會東莞三水各邑人實佔十之六七、以輸納捕費多寡論、則概係農佃自捐之款、業戸所輸出亦不過三十分之一、乃輸出之微杪也、如此業戸之少數也」

と見える。

（13）東海十六沙の研究には、今堀誠二「清代における農村機構の近代化について」（一）（二）（『歴史学研究』一九一・一九二、一九五六年一・二月）、佐々木正哉「順徳県郷紳と東海十六沙」（『近代中国研究』第三輯、一九五九年八月）があり、参照されたい。

（14）佐々木正哉「咸豊四年広東天地会の叛乱」、同「咸豊四年広東天地会の叛乱、補」（『近代中国研究センター彙報』二・三、一九六三年四・九月）、西川喜久子「順徳団練総局の成立」（『東洋文化研究所紀要』一〇五、一九八八年二月）等を参照されたい。

（15）民国『香山県志』巻十六、紀事。

（16）倉庫制についての先学の諸研究は註（1）を参照されたい。

（17）本書第一部第二章及び光緒『九江儒林郷志』巻三、輿地略、物産、穀類の条を参照されたい。

（18）同治『番禺県志』巻十五、建置略、平糶恵済東西二倉の条、光緒『広州府志』巻六十五、恵済東倉西倉の条。

（19）光緒『広州府志』巻一三一、列伝、陳其錕の条。

（20）光緒『広州府志』巻六十五、建置略、恵済東倉西倉の条。

（21）銭実甫編『清代職官年表』（中華書局、一九八〇年七月）第二冊、総督年表。

（22）註（21）に同じ。

（23）註（21）と同資料の巡撫年表。

（24）註（21）に同じ。

（25）道光『南海県志』巻十四、列伝、伍崇曜の条に「伍崇曜原名元薇、……道光初、曾與姪婿盧文錦共捐銀十萬兩、將桑園圍改築石隄、粤督阮元親撰碑文紀其事。十三年、西潦大漲、沿西北江水庸多決、兄元蒿再捐銀五千兩分派脩築決口、趕樹晩禾、其爲徳於本邑甚厚」とあり、道光初年（一八二一）に伍崇曜と姪婿の盧文錦が桑園囲基の石堤への改築費に十万両寄捐し、

また、同十三年（一八三三）の洪水による桑園囲基決壊に対して、伍崇曜の兄の伍元薇がその収復費として五千両寄捐したと記されている。梁嘉彬『広東十三行考』（上海商務印書館、一九三七年二月）によると、この伍崇曜は十三公行の一つ怡和行の商人であり、盧文錦は広利行の商人であると述べられている。

(26)　民国『番禺県続志』巻十九、人物、沈懐礼の条。
(27)　註（20）に同じ。
(28)　註（20）に同じ。
(29)　註（20）に同じ。
(30)　宣統『東莞県志』巻十九、建置略、倉廒、常平倉積儲制の条。
(31)　民国『順徳県志』巻二、建置略、順徳県常平倉の条。
(32)　民国『順徳県志』巻二、建置略。
(33)　民国『順徳県志』巻二、建置略、竜江郷広恵社の条。
(34)　民国『香山県志』巻四、建置、倉廒、付城義倉の条。
(35)　宣統『東莞県志』巻十九、建置略、善堂の条。
(36)　註（2）前掲、今堀誠二『北平市民の自治構成』を参照されたい。
(37)　註（2）前掲、夫馬進「善会、善堂の出発」論文を参照されたい。
(38)　『申報』光緒三年（一八七七）十二月初一日の条。
(39)　光緒『清遠県志』巻十二、前事、光緒四年（一八七八）の条。
(40)　民国『番禺県続志』巻十二、実業志、工商業の条に、「廣州商業以七十二行著稱、七十二行者、土絲行、洋庄絲行、花紗行、土布行、南海布行、紗綢行、上海綢布幇行、疋頭行、絨線行、綢綾繍巾行、顔料行、故衣行、顧繍班靴行、靴鞋行、牛皮行、洋雜貨行、金行、玉器行、玉石行、南番押行、下則押行、米埠行、酒米行、糠米行、澄麵行、鮮魚行、屠牛行、西豬欄行、

菜欄行、油竹豆行、白糖行、醬料行、花生芝蔴行、鮮果行、海味行、茶葉行、酒行、烟葉行、烟絲行、酒樓茶室行、生葯行、熟葯行、蔘茸行、丸散行、薄荷如意油行、磁器行、潮碗行、洋煤行、紅磚瓦行、青磚窰行、杉行、襍木行、銅鐵行、青竹行、電器行、客棧行、燕梳行、輪渡行、書籍行、香粉行、銀業行、銀業公會、鑛商公會、報税行、北江轉運行、北江棧行、南北行、天津公幇行、上海幇行、四川幇行、金山庄行是也。其在本邑者不過寥寥數行、然丸散行之陳李濟、醬料行之致美齊、酒樓茶室行之福來居、均自開業、至今亘一二百年、惠愛街呉遠芳、薄荷油店招牌、相傳爲順徳黎簡所書、則由來亦已久」とあり、七十二行の名称が記されている。七十二行は番禺県だけでなくいくつかの県に所属しているが、大凡、広州府内の諸県に所在していたと考えてよかろう。また、同史料の続きに、「謹案七十二行之名、係因光緒間大學士剛毅來粤籌餉、責令粤商各行擔任臺礮經費、時商會尚未成立、由總商岑敬輿將經費分令七十二行擔負、故名稱相沿至今、實則當時已不止此數、其無力者、未有列入也」とあり、七十二行の名称は光緒年間（一八七五～一九〇八）に内閣大学士の剛毅が広東に赴任した際に、広東商人各行に砲台建設経費を負担させようとしたが、商会がまだ成立していなかったために、総商の岑敬輿を通じて経費を負担させた時の商人（行）の数が七十二行であったためにできた名称である。当初は行数は七十二にとどまらずもっと多かったが、無力な商人はその中に含めなかったために、七十二行となり、後々までその名称が続いたという。

(41)　民国『仏山忠義郷志』巻七、慈善志、善堂、万善堂の条。

(42)　民国『順徳県志』巻二、建置略、懐遠義荘の条。

(43)　民国『香山県志』巻四、建置、保育善会の条。

(44)　民国『順徳県志』巻二、建置略、同志善社の条。

(45)　第二表には義会組織による善堂経営の例が、東莞県の博愛善堂、順徳県の寿仁善堂、香山県の與善堂、南海県仏山鎮の万善堂等に見える。

(46)　佐々木正哉「阿片戦争以前の通貨問題」（『東方学』八、一九五四年六月）、同「咸豊二年鄞県の抗糧暴動」（『近代中国研究』五、一九六三年五月）において、鄭光祖『一斑録』を引用されて、咸豊元年～五年の江蘇省蘇州では洋銀一元が紋銀〇・七二〇両に当たると述べられている。

(47) 銭実甫『清代職官年表』第二冊、総督年表。

(48) 民国『番禺県続志』巻四十四、余事志、『清季外交史料』巻二〇六、道光四年（一八二四）の条。

(49) 『清史稿』巻三七六、列伝一六三、程恩沢の条。

(50) 『程侍郎遺集初編』巻四、粤東雑感九首〔（　）内は割註〕には、「天生靈草阿芙蓉、要與饔飧競大功、豪士萬金銷夜月、乞兒九死醉春風、（粤鴉煙遍地、雖乞兒亦啖之）、香飛海舶闢津裕、力走天涯貨貝通、抵得曹騰兵燹劫、半収猿鶴半沙蟲」とあり、広東ではアヘンの害毒が幼児にまで拡がっていたといわれている。

(51) 近代における中国茶の問題については、波多野善大「中国輸出茶の生産構造―アヘン戦争前における―」（『名古屋大学文学部研究論集』史学第一号、一九五二年三月、後に同著『中国近代工業史の研究』東洋史研究会、一九六一年五月所収）、重田徳「清末における湖南茶の新展開―中国近代産業史のための断章―」（『愛媛大学紀要』第一部、人文科学、七巻一号、一九六二年一月）、同「清末における湖南茶の生産構造―五港開港以後を中心として―」（『人文研究』一六巻四分冊、一九六五年五月、後に共に同著『清代社会経済史研究』岩波書店、一九七五年十月に所収）、及び拙稿「清代後期広東嶺西地域の土客械闘」（本書第一部第六章所収）を参照されたい。

(52) 厘金については、羅玉東『中国厘金史』（上海商務印書館、一九三六年八月）上・下冊、小林一美「中国半植民地化の経済過程と民衆の闘い―厘金をめぐって、一九世紀後半―」（『歴史学研究』三六九、一九七一年二月）、高橋孝助「一九世紀中葉の中国における税収奪体制の再編過程―釐金研究序説―」（『歴史学研究』三八三、一九七二年四月）を参照されたい。

(53) 民国『番禺県続志』巻二十一、人物、徐灝の条。

(54) 羅玉東『中国厘金史』上冊、三六一頁所収の第九三表「広西省被課厘金貨物分類表」。

(55) 羅玉東『中国厘金史』上冊、三五九頁、「光緒九年七月十二日御批広西巡撫倪文蔚摺」。

(56) 『アジア歴史事典』（平凡社、一九六〇年五月）第四巻、一五一～五二頁所収の佐久間重男「子口半税」の項を参照されたい。

(57)『一八八八年海関貿易報告』三頁、『一八九〇年海関貿易報告』二頁（共に、李文治『中国近代農業史資料』第一輯、七七一～二頁所収）。

米穀量（石）	置田額（畝）	運　営　方　法							機　能		受給者	出典
		官費	置田収租	発当生息	寄捐	義会	買穀存貯	備　考	賑恤	平糶		
10321石（咸豊9） 34761石（同治5）		○					○					①
			○		○		○		○	○		①
					○			廟款による寄捐				①
			○			○	○		○	○		①
			○					義田による賑恤	○	○	鰥寡孤独等	①
	数10		○			○		洋米を用いる	○	○		①
	344		△	○			○			○		②
	300		○			○						②
	110～190		○			○						②
	数100		△	○			○	広西羅定，開建沙田の米穀		○		③
												④
	11		○									④
	6		△	△	○		○			○	里社	④
	4		○			○			○			④
												④
					○							④
			○						○		社	④
												④
			○	○	○				○		1600戸	④
	20		○			○			○			④
												④
	12											④
				○	○							④
				○		○			○			④
												④
							○	義渡・埠租				④

第１表　倉庫表

名　　称	設置年代	設置者	運営・管理者	設置資金・米穀の内容	設置資金（両）	歳入（出）金（両）
順徳県常平倉	咸豊９	知県		団練局の公款		
大良義倉	光緒６		殷戸	殷戸の寄捐・廟捐		
大良城内義倉	光緒	約紳	約紳	廟嘗款		
竜江郷広恵社	同治	大姓	義会	義会により置田	10,000余	10,000余
竜山倉田会	光緒以前	里人	里人	寄捐		5,000～6,000
東馬寧義倉田	光緒24	郷紳	義会	義会の出資で置田		1,000余
付城義倉	光緒16	知県	知県・邑紳	知県・邑紳の寄捐	20,000元	1,400余
隆鎮下沢郷義倉	光緒24	余実揚	義会	寄捐による置田，義会		
濠涌方族義倉		方含章	義会（同族）	義会による置田		
恵済東西倉	道光17	総督巡撫	紳士	官紳商民の寄捐	124,982	
予豊倉	光緒25	官・商	督糧道・紳士	官商，寄捐	480,000	
九江東方震亨書院義倉	同治２	紳士				
九江南方義倉	乾隆	紳士		輸金→置田，発当		540
九江南方同済義倉	嘉慶16	紳士	義会	義会	若干	
九江南方四里義倉	嘉慶25	紳士				
九江西方義倉	道光４	紳耆		寄捐置産，発当生息	7,810	
九江西方万寿約四社義倉	嘉慶24	紳士		寄捐置田		
九江西方大稔約社倉	光緒４	里紳			1,057	
九江北方義倉			紳士	紳士の寄捐	1,760	70元
九江北方翹南社義倉	嘉慶８	紳士	義会	義会	1,000	
九江翹南約新社倉	咸豊11	紳士			700	
九江北方梅圳社義倉	同治13					
九江北方大正坊義倉	咸豊９	紳士・職員			1,070	
九江閭郷儒林書院義倉	光緒11	紳士		義会の寄捐	2,600	
沙頭六郷義倉	道光17	紳士				
仏山義倉	乾隆60	紳士	紳士・党正	義渡・埠租の収入		

出典：①民国『順徳県志』巻２，②民国『香山県志』巻４，③光緒『広州府志』巻65，④宣統『南海県志』巻６
○は当初の運営方法で，△は改革後の運営方法

機能														受給者	出典
宣講・購贈善書	義学・学堂	拾白骨・義荘	贈医種痘	育嬰保産	病院	放生	鰥寡孤独の救済	賑恤	平糶	救生船	勧農	設橋鋪路	難民収容回籍		
○	○	○					○	○	○					飢民 90,000～95,000人	①
○	○		○					○	○				○		①
○		○	○	○				○				○			②
						○									②
			○			○		○							②
								○							②
○			○					○			○				②
															②
○	○	○	○	○				○	○			○	○		③
				○											④
		○		○			○								④
				○	○										④
															④
○			○					○							④
○		○	○					○							④
			○					○							④
			○												④
		○	○	○				○							④
										○					④
		○													④
				○											⑤
		○	○												⑤
			○	○											⑤
			○	○											⑤
			○										○		⑤
			○												⑥

⑤民国『香山県志』巻4，⑥『仏山忠義郷志』巻7

第2表　善堂表

名　称	設置年代	設置者	運営・管理者	設置資金の内容	設置資金額（両）	歳入金額（両）	置田額（畝）	運営方法			
								置田収租	義会	寄捐	舗租
愛育善堂	同治10	紳富	紳士・行店・董事	官・紳士・行店・善士の寄捐	38,400			○		○	
両粤広仁善堂	光緒16			衆の寄捐						○	
広行善堂	同治2	邑人・紳士	邑人・紳士	邑人・紳士の寄捐						○	
溥生社	光緒8	邑人	邑人								
登善社	光緒16	邑人	邑人								
同善社	同治12	邑人	邑人	邑人が衆を集めて募金						○	
普善堂	光緒16	邑人	邑人		数1,000						
博愛善堂	光緒25	邑人	義会	義会の寄捐				○	○	○	
崇本善堂	光緒24	挙人	挙人・総協理	募款						○	
同志善社	光緒13	郷紳	義会	議会の善士の寄捐					○	○	
城内義社	光緒18	約紳	約紳								
済生善社	光緒31	里人	里人	里人の寄捐	6,000						
広楽善堂		紳商									
賛育善堂	光緒22	紳士									
寿仁善堂	光緒20	里人	善信	善信の募款						○	
体仁善堂	光緒20	里人	里人								
平安義院	光緒		値理	溥仁善堂より支給，後に義会				○	○		
聯済善堂		紳董	義会	義会の置業収租，善信の寄捐				○	○	○	
慶生堂救生船	光緒18	紳士	紳士								
懐遠義荘	光緒22	港商・紳士	港商・紳士	港商・紳士の寄捐	1,000両 2,600元						
愛恵医院	光緒26	蕭閬潮等		置田収租・省港善士の寄捐		2,000	100	○		○	○
與善堂	光緒元	蕭雨臣	義会	置田収租・寄捐		2,000	450	○	○	○	○
保育善会	光緒33	邑人	会員	澳州南洋各埠華僑の寄捐	27,500元					○	
崇徳善院	光緒33	港商		港商の寄捐						○	
福善堂	光緒21	士紳・埠商									
万善堂	光緒7	鎮人	義会	七十二業商董の寄捐			6			○	

出典：①宣統『南海県志』巻6，②宣統『東莞県志』巻19，③民国『香禺県続志』巻5，④民国『順徳県志』巻2，

第六章　清代後期広東嶺西地域の土客械闘

はじめに

広東は福建とならんで械闘の本場だといわれる。凶器を持って集団と集団とが闘争する械闘については従来、血縁集団或いは地縁集団同士の争いであり、特に、広東、福建は同族集団が強固に存在するために械闘が多発したと考えられてきた。

仁井田陞氏は械闘を「会郷」的械闘、「会族」的械闘、「土客械闘」の三種類に分類され、「土客械闘」は土着部落（土戸）と移住部落（客戸）の械闘であると言われる。械闘は些細な問題（口角細故）に端を発することもあったが、同族部落全体の利害休戚に関すること、たとえば祖先の墳墓（いわゆる風水関係）、農業水利、地境の争などに起因することもあり、また、端午の竜舟競渡もきっかけとなった。即ち、械闘は族的結合の強さの表示でもあれば、或意味で孤立封鎖性の徴験でもあるといわれる。[1] 仁井田陞氏のこの社会学的考察に対して、北村敬直氏は歴史学的考察を加えられた。清代乾隆時代（一七三六～九五）以降の械闘を生起せしめた基礎的な契機は外国貿易により促進せしめられた貨幣経済の著しい発展にあった。また、械闘は族中の有力者が同族結合を私的利益の追求に利用する一形態に転化しつつあった。ただ族人の社会的分解が族的結合そのものの分解に結果することなくして、むしろ逆に械闘という対外的関係を媒介として、より堅く再強化されてゆく傾向さえ見受けられるところに、中国社会の、なかんずく華南に最も顕著な、ある特殊な性格がうかがえるといわれる。[2] 北村氏の清代貨幣経済の発展が械闘を激発させたという見解は積極的に肯定されるべきものであろう。しかし、貨幣経済の発展、族人の社会的分解が何故、族的分解に結果しなかったのかという問題は残された。

次に、広東嶺西地域に見られる土客械闘の客民（客家）についての研究は、羅香林氏の古典的研究がある。羅氏は客家の源流、分布、語言、文教、特性等について大変詳細な考察をされている。東晋より清末にいたるまで、五次の移住を分類されている点は大変興味深い(3)。また、中川学氏の一連の研究は、唐代の客戸から明清～近代の客家の関連を追求されている(4)。佐々木正哉氏は咸豊四年（一八五四）の広東天地会の反乱の中で客民についてふれられている(5)。小島晋治氏は客家人とくにその農民が上帝会の主力であり、彼等は地域の神々の祭りから排除されることによって強い心理的圧迫を受けており、この点が一神教であり、偶像礼拝をきびしく否定する上帝教を受容し得た理由であるといわれる(6)。森田明氏は清初の広東嶺西地域における客民の移住からアヘン戦争後の土客械闘の発生、客民の敗北、同治六年（一八六七）の客民封じ込めに至る土民ならびに政治権力の動向を分析されている(7)。王天奨氏は清代同治光緒年間の客民の移住開墾状況を分析されている(8)。前田勝太郎氏は清代広東の土客対立は、土着地主と劣悪な条件下におかれた隷属性の強い客民佃農の階級関係であったが、客民は既成の血縁・地縁に基く秩序から疎外されていたので、当初より、土着全体と客民の対立が存在していた。時代の経過と共に貨幣経済の発展、人口増加の中で客民は経済力と自立性を高めた農民に成長し、更に郷紳地主への上昇が見られ、土客の対立も複雑なものとなった。このような過程で客民の側にも血縁・地縁関係が成熟してくるが、土客の地主層がそれぞれ自らの支配の基盤となる血縁・地縁の共同体間の結束の強化に努めるところから、共同体間の緊張が高まり、当初から存在した土客の対立が、械闘として顕在化してきた。天地会の会党的結集は必ずしも共同体的結集の狭隘性を超克しえない限界を免れなかったが、天地会はなお唯一の反体制の民衆結社として生き続けたといわれる(9)。

以上の諸研究を総括すると、清代の械闘は貨幣経済の発展、列強の侵略の矛盾から生じた闘いとして位置づけられているが、当時の広東地域の社会経済構造の実態と列強資本主義国の侵略下、如何なる社会経済変動をこうむったのか、何故、太平天国・天地会等の反権力闘争に参加した土客民が反権力闘争を継続せず、結局、土客間の対立に終わったのか、という点が十分に明らかとなったとは言いがたい。さらに、械闘の評価を時代遅れのものとしての位置づけに終わっており、被差別民の客民の立場から言うと、どういう評価になるのかという点も明らかとはなっていない。筆者は、既に行ってきた広東地域分析の成果[10]にもとづき、以下、広東嶺西地域の社会経済構造と土客械闘の関連を追求してゆきたいと考える。

一　広東嶺西地域への客民の移住

民国『赤渓県志』巻八、赤渓開県事紀によると、広東省在住の「客民」は、東晋末の戦乱により南下してきた「中州黄光」（黄州・光州）地域の遺族で、五代より南宋末に広東の梅州・潮州・韶州・連州地域に移住した。「客民」の話す言葉の音韻は「土民」（土着民）と異なり、中原の音韻を含んでおり、また、彼等は皆、「堅忍耐苦」し、独立精神に富み、「土民」と同化せず、相互に「猜嫌」を起こしていたという。

即ち、民国『赤渓県志』は清代後期の同治年間（一八六二～七四）に嶺西地域で集中的に起こった「土客械闘」の原因を、広東への移住時期の先後の差、広東語と客家語という言語上の相違に求めている。

では、嶺西地域における「土民」、「客民」とは一体どのような存在なのであろうか。『六部成語』戸部、土民、註解に、

土民、本地土著之民也。外來流寓者曰客民。

とあり、「土民」は広東への早期の移住民である土着民、「客民」は後期の移住民のことであった。しかし、宣統『高要県志』巻二十五、旧聞篇一、紀事、同治十年（一八七一）夏五月の条に、

土人呼猺爲客家。

とあり、「土人」（土民）は「猺」を「客家」と呼んでいた。では、「猺」は「客家」、「客民」とどういう関係にあったのであろうか。

「猺」は『粤東省例新纂』巻五、黎猺によると、広東各地に散在する少数民族と記されている。また、乾隆『広州府志』巻六十、雑録に、

東莞志、邑之東北七都抵惠陽、山原險曲、閩・潮流人多竄居之、以種藍爲生、性多狠房、號獞獠。所佃田地、多強霸不可御。……今猺人混雜良民、佃田易貨、一如邑中、惟多不可理論。故霸耕負租、時見強梗。近又有流獞投附勢家、入歳錢爲屬佃、以故認腴田爲己物、人不敢問。

とあり、東莞県の東北七都には福建、広東潮州の「流人」（流民）が多く居住し、地主より土地を借りて耕作する佃戸となっており、彼等は「獞獠」と呼ばれ、「猺人」とも言われていた。即ち、「獞獠」、「猺人」は「流人」のことであり、「客民」と同一の存在であったと考えられる。

宣統『高要県志』巻二十五、旧聞篇一、紀事、咸豊七年（一八五七）春三月の条に、

（咸豊）四年五年、高明猺首李天參等糾結猺匪大肆滋擾、堡内西南兩部、累受其戕、七年丁巳春三月十七日、猺首李天參、葉蔕覆、湯朝桂、陳作球等復糾合要明新鶴恩開六縣猺匪數千名、夥突至太平堡之南部地方、……

とあり、李天参は「猺首」と見えるが、光緒『高明県志』巻十五、前事志、咸豊四年（一八五四）の条には、次のように見える。

十一月二十三日復城、客匪首李天參、葉蒂福勾引紅逆、攻破澤河郷、……

とあり、李天参は「客匪」と出てくる。従って、「猺」と「客家」と「客民」は 同一の存在であったと考えて差し支えないであろう。

二　清初の開墾奨励策と客民

『広東新語』巻二、地語、遷海の条に、

歳壬寅二月、忽有遷民之令。滿洲科爾坤・介山二大人者、親行邊徼、令濱海民悉徙内地五十里、以絶接濟臺灣之患。

とあるように、清朝は康熙元年（一六六二）に台湾の抗清勢力の鄭氏を孤立させるために、浙江～広東の沿岸五十里以内の民を内地に強制移住させる遷界令を実施した。(11) しかし、同条の続きに、

戊申三月、有當事某某者、初上展界之議。

とあるように、弊害が大きかったために、康熙七年（一六六八）遷界令の解除が要請された。広東嶺西地域でも、地方官が遷界令解除と同地域の開墾を要請した。民国『赤渓県志』巻八、付篇、赤溪開県事紀には、

（康熙）七年、巡撫王來任以縮地遷民爲非策、疏請展復兩遷地界、聽民復居、奉旨依議、……。邊界雖復、而各縣被遷内徙之民能回郷者、已不得一二、沿海地多寛曠、粤吏遂奏請、移民墾闢以實之、於是惠・潮・嘉……、及閩贛人民挈家赴墾於廣州府屬之新寧、……肇慶府屬之鶴山・高明・開平・恩平・陽春・陽江等州縣、多與土著雜居、以其來自異郷、聲音一致、倶與土音不同、故概以客民視之、遂謂爲客家云、……

とあり、遷界令解除と同地域の開墾奨励により、広東恵州・潮州・嘉応州、福建の人民が肇慶府に移住し、開墾を始

めた。彼等は「客民」或は「客家」と呼ばれ、土着民と対立した。また、同じく民国『開平県志』巻二十、前事略、雍正十年・十一年（一七三二・三三）の条には、

雍正十年壬子、割開平之古博、半都、雙橋、全都、及新會之蘂逕司古勞都、置鶴山縣於大官田地方。……十一年癸丑、惠州潮州客人來墾荒。縣境東北隅、官荒頗多、粤督鄂彌達委糧驛道陶正中、來勘九岡坪荒地、遂招惠潮二府貧民、給資來境開墾、客人移入縣境自此始。鄂彌達開墾荒地疏畧云、肇慶府大官田地方、新設鶴山一縣及附近恩平・開平等縣、現有荒地數萬畝、以之開墾耕地安揷貧民、最爲相宜、上年曾委粮驛道陶正中査勘荒地、即據丈出荒地三萬三千餘畝、査業戸毎耕地百畝、須佃五人、此可安集、佃民一千六百餘戸、恩平・開平荒地甚多、不止一二萬畝、現今丈出五千餘畝、尚未及四分之一、因該處地廣人稀、雖有藩庫墾荒銀兩、莫肯赴領承墾、臣等令諭有力商民招集惠潮等處貧民、給以廬舍・口粮・工本、毎安揷五家、編甲入籍、即給地百畝、毎念毎佃遠來託居、雖有可耕之業、仍恐日後予奪、憑由業戸不能相安、應爲從長計議、凡業戸田百畝外、並令各佃倶帶領地五畝、一律納粮、永爲該佃世業、田主不得過問、庶佃民稍有餘資、無偏枯之歎、今惠潮二府貧民就居鶴山耕種入籍者、已有三百餘戸、……

とあり、雍正十年（一七三二）に肇慶府大官田地方に鶴山県を新設し、翌十一年に鶴山・恩平・開平各県の荒地の開墾にあたって、在地の有力商民に恵州・潮州等の地域の貧民を招集し、廬舎・食糧・種子・工本（資金）を与え、五家ごとに「編甲入籍」（保甲の戸籍に編入）した。地百畝を業戸田として、五家の貧民に二十畝ずつ分け与えて小作させ、また各佃戸（貧民）には各々五畝の地を与え、各佃戸の所有地とし、一律に納税義務をもたせた。

清初の開墾奨励策によって、嶺西地域への客民の移住が増加した。乾隆始め頃（一七三〇～四〇年代）、恵州・潮州・嘉応州からこの地に移住し、開墾するものが増加し、人口も日毎に増えた。客民の読書人士の中には、原籍地に帰り

難いために、現住地で科挙の受験を請うものが増えてきた。鶴山・高明・開平・恩平等の県では客民は土民と一緒に受験できるようになったが、独り新寧県の客民のみは土民に阻まれて同地での受験はできなかった。乾隆二十九年（一七六四）に新寧県の童生廖洪は都察院に訴えて、漸く当地での客民の科挙受験が許可された。しかし、土民の童生の枠が、文童十二名、武童八名であるのに対して、客民の童生の枠は文童二名、武童一名という狭い枠に制限されていた。(12) また、佐々木正哉編『清末の秘密結社、資料編』（近代中国研究委員会、一九六七年三月）所収の「恩平土客互闘縁由」（咸豊六年、一八五六）に、

一、本案因何事起衅争毆。縁卑縣客民、向耕土著田地、毎年秋収之時、土著紳耆、均欲照數全収、若有絲毫拖欠、即行當面聲斥、客民畏其富強、敢恐而不敢言。且有客籍士子、在於恩平入籍應試者、又須土著廩生結保、客籍廩生不得自行保結、土著廩生恐客籍士子常有搶冒等弊、臨場毎多刁難。是以年前客民歴與土著控争廩保、奉憲審斷、永遠不准客廩保結、遂致客民懐恨成仇。迨至咸豐四年土匪滋事、肇郡失守、卑縣土客各村、團練勇壯。客民因土民梁亞喜等爲匪、遂謂土著均屬匪徒、即藉幇同官兵勦捕之名、乘機報復前嫌、致成互闘、是本案起衅之縁由也。

とあり、恩平県では客籍士子が当県に入籍して科挙試験を受ける場合には、土着廩生より身元保証書を貰わねばならず、客籍士子は土着廩生から種々な嫌がらせを受けてきた。このことが、土客械闘の一つの要因となった。

清代中期、肇慶府では客民の人口が増加し、客民のなかに読書人士層が出現し、科挙受験をめぐって、土着紳士層と対立しはじめた。客民にも漸く清朝から童生の枠が設定・賦与されたが、その枠は大変狭いものであり、且、土着紳士層より身元保証書を貰わねばならないなど、大きな制約を受けていたことが明らかとなった。

また、同史料にあるように、土着紳士と小作関係を結んでいる客民佃戸は、土着紳士から厳しく小作料を取り立てられ、ほんの少しの小作料の未納も許されなかった。従って、客民佃戸は、土着紳士に大変恨みを持っていた。この

土民地主－客民佃戸間の対立が土客械闘の一要因となった点については、民国『恩平県志』巻十四、紀事にも載せられている。

咸豊四年（一八五四）……七月、客人恃其破謝蓮子之功、視土著如無物、多置軍器、口出大言、陰與城東西北客籍鶏啼営・浴水・西坑・尖石・夾水等洞二百餘郷、聯絡潛謀不軌、至十月、所有佃耕土著之田、抗不交租。

とあり、客民佃戸が天地会の謝蓮子を破った功労を傘にきて、土民地主に地代納入を拒否していたことが、土客械闘の原因であると述べている。

以上の二点が土客械闘を引き起こした原因であることが理解できよう。そして、以上の土客関係を図示すると次のようになる。

土民紳士・商人――――土民佃戸
　　　　　　　　　└――客民佃戸
客民紳士――――――――客民佃戸

これらの対立に、清朝は客民の要求を一定程度容認するものの、基本的には土民紳士・商人を優遇し、客民の紳士・佃戸を冷遇し、土客械闘の真因を醸成した。しかし、清代中期には大規模な土客械闘は発生せず、それは清代後期に待たねばならなかった。何故、清代後期に大規模な土客械闘が発生したのかという点については後述する。

ともあれ、清初開拓移民が始まってから清代中期までの百数十年間に、客民は村落を開き、人口を増大させ、新寧県では客民の数は三十万人、僻瘠の地が多いとはいえ、新寧県の面積の三分の一を占めていたといわれている(13)。

三　アヘン戦争以後の社会・経済

嶺西地域では、農業は米、桑、茶、藍等が作られていたが、米穀生産は桑等の商品生産の上昇によって減少し、不足していた。不足分は外省、外国よりの搬入によって補われていた[14]。嶺西地域の商品生産は茶が代表的産物なので、以下、茶の生産構造について検討しよう。光緒『広州府志』巻一一一、寓賢に、

曹松……、嘗至西樵山、棲遲久之、移植顧渚茶于中、教其民焙茶、至今樵茶甲于南海、山民以茶爲業者殆萬家。

とあり、南海県では宋代に、曹松によって「顧渚茶」が導入されて茶の生産が発展し、清代後期には茶農家が一万戸近くに達したといわれる。

また、李文治編『中国近代農業史資料』（生活・読書・新知　三聯書店、一九五七年十二月）第一輯、四五一頁所収の陳興琰「広東鶴山之茶業」（『国際貿易導報』第八巻第五期、一三〇頁原載）に、

鶴山山多田少、山地最適于茶樹之栽培、故植茶者較多。清道光間、爲中國茶葉之全盛時代、全年出口有二百萬擔之多。時該縣無論土著客家、多以植茶爲業。

とあり、鶴山県は山が多く、田が少ないために土民・客民双方によって山地で茶の生産が行われ、道光年間（一八二一～五〇）の中国茶葉生産全盛時代に二〇〇万担の輸出額に達していた。

そして、同『中国近代農業史資料』第一輯、四五一～四五二頁所収の『一八八二～一八九一年海関貿易十年報告』（広東、英文本、五五三頁）に、

本省的茶葉生産、是由個体小農進行的、他們把採集的茶葉、就近在郷間市集上賣與収購商販、収購商販或將茶運送到通商口岸去出賣、或在當地賣與茶商、洋商又從茶商之手購買。……茶的種植和茶葉的加工、都是由茶農進行

的、這些茶農都是小所有者、他們既缺乏改進生産的知識、也缺乏改進生産的資本。

とあり、広東省の茶生産は個別小経営の茶農家によって行われていた。茶農は生産した茶を付近の郷村の市集で「収購商販」（茶農家から茶を購入する商人）に出売し、「収購商販」は貿易港の広州に輸送してそこで売却するか、或いは「収購商販」が茶の生産地で茶商に売却し、茶商はまた洋商に売却するという二通りの流通ルートがあった。しかし、小経営茶農は生産技術の改良を行わず、生産資本も欠乏しているという弱点を持っていた。この点が、後述するように、中国茶がインド、セイロン、日本茶に立ち遅れる原因となった。

ともあれ、以上の茶の生産・流通構造を以下に図示しよう。

次に中国茶と列強資本主義国との関係について考えよう。彭沢益編『中国近代手工業史資料』（生活・読書・新知三聯書店、一九五七年九月）第一巻、四七四～五頁に、

茶之出洋也、亦始于康熙初年（一六六二）、厥後輪船踵至、華茶日興、由福建・浙江以及安徽・江西・湖廣等省、産茶之區推行漸廣。業茶者大率粤人居多、無不利市三倍、以道咸年間（一八二一～六一）爲極盛。西人見絲茶之利爲中國所獨有、垂涎已非一日。

とあり、中国茶を扱う茶商は広東商人が最も多く、また、列強資本主義国も茶と絹織物を輸入することによって利益を獲得しようと目論んでいた。その列強の中心はイギリスであった。程恩沢『程侍郎遺集初編』巻四、粤東雑感九首

（『粤雅堂叢書』十九集所収）〔（　）内は割註〕に、

外藩吉利最雄猜、坐臥高樓互市開、有盡兼金傾海去、無端奇貨挾山來、五都水旱多逋券、（近來呉楚水災、洋貨滯銷）、羣賈雍容内乏財、祗合年年茶藥馥、換伊一一米船囘、（以茶葉大黄專換洋米、不取奇貨、計之上者也）。天生靈草阿芙蓉、要與饕飧競大功、豪士萬金銷夜月、乞兒九死醉春風、（粤鴉煙遍地、雖乞兒亦啖之）、香飛海船關津裕、力走天涯貨貝通、抵得曹騰兵燹劫、半收猿鶴半沙蟲。

とあり、イギリスはアヘン、洋米（タイ、ベトナム等の東南アジア米[15]）を中国に搬入し、茶葉・大黄（漢方薬の一種）と引き替えていった。中国の民衆はアヘンの害毒を受けたことは周知の事実である。

アヘンの害毒、銀の国外流出を遅蒔きながら認識した清朝は林則徐を欽差大臣に任命して広東に赴かせた。林則徐はアヘンを没収し、それを廃棄処分にするとともに、予測されるイギリスの反攻に備えて、広東地域に郷勇を設置した。特に土民は積極的に郷勇に参加した。民国『開平県志』巻三十三、人物略、司徒炤の条に、

司徒炤……道光十八年、林則徐到粤、嚴鴉片之禁、保結無過百人者、炤保合族五百餘人、邑令汪培南稱其訓戒有方。咸豐四年紅匪陷城勢張甚、炤與關維城等倡郷團、率團勇克復縣城、擒匪要治之。咸豐六年叙功以訓導、用賞戴藍翎、客匪焚掠松柏山、殺人盈野、廬墓爲墟、炤與司徒沅等募勇、復與潭汝倡立元勝局、客亂事定、客民田宅山塘充公、經畫釐然……。

とあり、林則徐の命令を受けて土民の司徒炤等は同族を結集して郷団（郷勇）を組織し、イギリスの攻撃に備えただけでなく、天地会の反乱、客民の反攻を鎮圧していった。郷勇は列強の侵略という民族的危機に立ち向うだけでなく、天地会や客民という清朝支配の矛盾から析出された階層・運動に対して弾圧側に回るという二面性を持っていた。土民は民族矛盾には抵抗側、階級矛盾には弾圧側という存在であった。

清朝はアヘン戦争に敗北し、中国は列強の侵略を本格的に受け始め、特に南京条約（一八四二）による五港開港は広東地域に大きな影響を及ぼした。第一表、第二表によると、アヘン戦争後の道光二十三年～光緒十三年（一八四三～八七）までは中国茶の輸出は好調であった。しかし、第一表にあるように、五港開港により広東の貿易独占権は消滅し、上海、福州からの中国茶輸出が増加したために、広東の茶農家や運送業者に打撃を与えた。『中国実業』第一巻第四期、呉覚農「湖南省茶業視察報告書」（『中国近代手工業史資料』第一巻、四八〇～一頁所収）に、

當清道光二十年（一八四〇）前後、英人之在粤南之對華貿易、已有相當進展、時輸出品以茶爲大宗。兩粤茶産不多、爰由粤商赴湘示範、使安化茶農改製紅茶……、因價高利厚、於是各縣競相倣製、産額日多、此爲紅茶製造之創始、亦即湖南茶對外貿易發展之嚆矢。

とあり、アヘン戦争前後よりイギリスの中国に対する茶貿易は相当発展していた。イギリスに茶の輸出業務を行う広東商人は広東、広西産茶が少ないことから湖南に赴いて茶の買い付けを行い、安化の茶農に緑茶生産から紅茶生産に切り替えさせた[16]。

また、衷幹『茶市雜詠』、林馥泉「武彝茶葉之生産製造及運銷」八一頁（『中国近代手工業史資料』第一巻、四八〇頁所収）に、

道光後（一八五一～）、邑人業茶者、只紅茶數家、青茶均由下府・廣州・潮州三幇經營之。下府幇籍晋江、南安、厦門等處、而以厦門爲盛。汕頭屬潮州幇、廣州幇則統香港而言。首春由福州結伴遡江而上、所帶資本、輙百數十萬。

とあり、福建省崇安県の武夷茶の買い付け商人は下府幇、広州幇、潮州幇の三幇に分かれていた。その内、広州幇は香港を拠点としていた。

以上から、南京条約（一八四二）による五港開港は広東茶農にとっては大変不利な条件となり、広東茶農の没落につながったと考えられよう。[17]

また、五港開港によって、従来広東に集結していた福建、湖南茶が広東に運び込まれず、上海や福州に運び込まれたために、茶の買い付けにあたっていた「収購商販」や運送に当たっていた船戸、挑夫は大きな打撃を受けた。既に、佐々木正哉氏によって紹介されている史料であるが、[18]呉文鎔『呉文節公遺集』巻九、「覆奏体察挑夫船戸情形摺」（道光二十三年〈一八四三〉二月初十日）に、

江西廣東一帶船戸・挑夫、向以挑運客貨爲生、若一旦失業、難保不流爲賊盜。……遡査道光二十・二十一等年（一八四〇・四一）嘆夷在粵滋擾、茶販及各貨赴粵者較少、致贑關額課均有短絀、而此等人夫、並未有失業滋事之處、此南安府大庾縣之實在情形也。

とあり、江西省大庾県では失業船戸や挑夫が民衆反乱に参加する兆しを見せていた。また、金毓黼等編『太平天国史料』四七六頁に、

迨粵西之擾、其言竟驗、後甲寅（咸豐四年、一八五四）東粵亂、亦當年散勇爲之。

とあり、広東・広西におこった太平天国、天地会の参加者は林則徐が組織した郷勇の退役者、失業者が多かった。そして、同史料の続きに、

嘆夷滋擾以來、廣東所散之郷勇、大半爲盜者多。

とあり、広東の郷勇失業者は盗賊になったものが多かった。

以上述べたように、アヘン、洋貨の侵入、五港開港による広東茶の地位低下、茶の流通ルート変化等によって、土客各々の佃戸層、紳士層、商人層はともに打撃を受け、土民紳士層は利潤低下に対する防衛策として、客民佃戸に対

する収奪を強化し（前掲、佐々木正哉編『清末の秘密結社、資料編』所収の「恩平土客互闘之縁由」）、商人層は列強への従属性を強めていった。『申報』光緒六年（一八八〇）十二月十一日の条に、

福州之南臺地方、爲省會精華之區、洋行茶行、密如櫛比。其買辦多廣東人、自道咸（一八二一～六一）以來、操是術者、皆起家巨萬。

とあり、広東商人は香港（前掲の衷幹『茶市雑詠』の林馥泉「武彝茶葉之生産製造及運銷」八一頁及び註（10）の拙論）や福州に茶行を設け、列強に従属して利潤を獲得していった。列強資本主義国の侵略、紳士・地主の収奪強化、列強に従属した広東商人の台頭は在地の土客佃戸を中心とした一般民衆の生活を圧迫し、被抑圧民衆は太平天国や天地会に結集していった。こうして、民衆運動が高潮するなかで後述の土客械闘が発生する。

清朝は太平天国鎮圧の軍事費を捻出するために国内流通貨物に厘金を課税した[19]。列強資本主義国は海関で低額の子口半税を納めることによって厘金の徴集から免れた。しかし、国内貨物には基本的に厘金免税特権はなかったために、国内貨物の流通は滞り、商人層はまたも打撃を受け、一層列強への従属性を強めた[20]。

商人層は同治・光緒年間（一八六二～一九〇八）以後、善堂を建設し、厘金課税以後、特に不足がちとなった米穀を外国より搬入し、同族への賑恤を行って同族結合をはかるとともに、他族を排除するとともに、対立傾向を強めた。

第三表で明らかなように、善堂は一姓或いは数姓の「邑人」が寄付金を出しあって建設したもので、善堂運営のための田産等資産を持っていた。特に、茅岡愛善堂は香港に資産を持っており、五港開港以後広東商人の香港進出と関連して注目される。

嶺西地域の善堂設置の状況については、民国『開平県志』巻十、建置略、善堂に、

按善堂、各自建設外、今尚有公管之善産、在初邑人工商於美利堅者、聞馬岡之首倡、以偏於一隅、有待擴充、因

約在籍邑紳許奇嵩・張毓林・勞其秉・關鯤騰・呉爾康・司徒袞・周夢鼇・馮星行・李子琛・關以鏞・梁天桂等以連署縁部、至推同郷司徒懿美・馮潤洪・譚經統・張孔恒・利寳樹・關熊國・周家實等任董勸事、計美英及南洋香港各地所捐伸國幣、凡得銀一萬二千八百九十餘兩、乃與廣州廣仁善堂合資、在番禺・中山購置圍田、由内地推公正紳商管理、遞年租入、分給各堂施善、法至良恵、亦至普也。

とあり、善堂は馬岡愛善堂の建設がきっかけとなって嶺西各地域で建設が行われた。善堂の創建者は、アメリカ、イギリス、香港に出稼ぎに行っている華僑であった。彼等が出資した資金を中心に紳士や同族、同郷の人々が寄付金を出し、広州広仁善堂からの出資金も加えて、番禺・中山（香山）等の県の囲田（囲基・沙田）を購入して、その小作料収入を運営資金にあてた。紳士層は同郷の公正な人物を推挙して董事とし、彼等を善堂の運営にあたらせた。

善堂は当然、客民側にもあったと推測されるが、前述の民国『開平県志』巻三十三、人物略、司徒炤の記事、第三表の赤墈愛善堂の記事、及び以下の史料から判断すると、圧倒的に土民側に多かったであろうと考えられる。民国『開平県志』巻二、輿地略（口口は欠字）には、

按道咸之際、紅客交訌、水荒並作、邑民疲悴、至斯而極、然風尚勤樸、工商營業、年得百金、可稱家肥、是時海風初開、客亂難民、紛走海外、閲時而歸、耕作有資、口願已足、諺云、金山客無一千有八百羨之也、至光緒初年、僑外寖盛、口口漸漲、工商雜作、各有所營、而盗賊已熄、嗣以洋貨大興、買貨者以土銀易洋銀、以洋銀易洋貨、而洋銀日漲、土銀日跌、故僑民工値所得愈豊、絪載以歸者愈多、而衣食住行無一不資外洋、……。

とあり、道光・咸豊年間（一八五〇～六一）の天地会闘争、土客械闘によって生じた難民は（この場合の難民は『開平県志』の史料的性格から土民と考えられるが）、アメリカのサンフランシスコに移住するものが多かった。その中の成功者は華僑となり、洋貨を中国に搬入していた。また、民国『開平県志』巻五、輿地略、風俗には、

邑中作賈於各省者、司徒族人爲多、餘或向美洲發展、則又工富商貧、以貨税太重難獲利也。

とあり、開平県では司徒族が各省で交易を行い、他の族人はアメリカに移住して働くものが多かったという。土民内でも天地会闘争、土客械闘による没落者が多かったとはいえ、成功した商人、華僑が中心となって善堂を経営するのであった。

一方、土客械闘に敗北した客民は諸地方に流離し、中にはペルー、キューバなどへ苦力として流れていった[21]。

四　咸豊四年〜同治六年（一八五四〜六七）の土客械闘

（1）咸豊四年（一八五四）の広東天地会闘争と土客械闘の発生

光緒『高明県志』巻十五、前事志、咸豊四年の条に、

六月二十三日、紅逆據城。時土匪入會者什之二三、客匪入會者什之七八、皆以紅布纏頭、四出勒索錢銀、富家動盈千餘兩、貧村又數百金、賊首梁申・謝開等入衙盤踞。

とあり、天地会の参加者の二〇〜三〇％は土民で、七〇〜八〇％は客民であったという。しかし、前述したように高明・開平・恩平・高要・新寧等の『県志』は土民の立場にたった記載が行われており、天地会参加者は客民が土民よりも多かったかどうかは分からない。例えば、客民のために設置された赤溪県の地志、民国『赤溪県志』巻八、付編、赤溪開県事紀には、「時爲賊目及附賊者多土屬」と見え、天地会参加者は土民の方が多かったともいわれている。ともあれ、天地会にはアヘン戦争後の五港開港によって打撃を受けた土民・客民ともに貧民・佃戸層が参加していたと考えてよかろう。

次より、民国『赤溪県志』巻八、付編、赤溪開県事紀の史料を中心に、天地会発生後の経過について考察しよう

（〈 〉内は割註）。

各縣土客相處、百餘年來、向無猜嫌、〈客民因方言與土有別、又性堅毅、不苟隨人、彼此似難融化、然偶或齟齬、一經調停、立可冰釋、猶相安也〉、會咸豐四年紅巾賊起、恩平土匪圍撲縣城、知縣郭象晉專募客勇防守、時高明開平鶴山等縣城、及肇慶府城、亦有賊來攻、悉募客勇守之、俱無患。又開平土匪譚亞受・余兆表等糾集沙河・江門等處賊、入踞長沙、由荻海登岸、圖撲新寧縣城、知縣楊德懿調各堡郷團、分防要隘、復諭客紳楊錦瀾等招募客勇到城固守、未幾紅巾土賊大鯉魚・何稇仔等攻陷鶴山縣城、知縣馬彬被戕、闔署眷役俱及於難尋、該縣客紳舉人馬從龍・張寶銘等奉總督葉名琛諭飭、統帶客勇、協助官軍、收復城池、連破沙河江門長沙等賊營、擒獲土賊大鯉魚・何稇仔等斬之、報聞省憲、嘉許客民勇敢、奏獎有差、復令新任鶴山知縣沈造舟、督同存城千總李其盛、統率客勇捜剿餘賊、時爲賊目及附賊者多土屬、人聞剿懼之、乃煽布讕言、謂客民挾官剷土、土衆惑之、因是仇客分聲、〈各分方音也〉、乘勢助匪、殺掠客民、客民起而報復、遂相尋釁、焚擄屠戮、而成械鬭矣。

とあり、咸豊四年（一八五四）、恩平県で土匪が県城を包囲し、攻撃した。知県郭象晋は客勇（客民の郷勇）を使って防守した。高明、開平、鶴山、肇慶府（首府は高要県）でも天地会の「賊」の来攻があり、各地方官は客勇を使って防守した。鶴山県では「紅巾土賊」（天地会内の土民）の大鯉魚、何稇仔等が県城を攻撃したために、知県が災難にあった。「客紳挙人」（客民の紳士・挙人）の馬従竜・張宝銘等が総督葉名琛の「諭」を奉り、客勇を率いて官軍を援助して城池を収復した。葉名琛は客民の勇敢さを賞め讃え、朝廷に報告した。

また、鶴山県においても新任の知県が客勇を用いて「余賊」（討伐から逃れて残っている賊）を捜索して討伐した。当時、鶴山の「賊目」やそれに付き従う者の多くは土民で、彼等は官からの掃討を恐れて、それから免れるために「客民は官を挾み、土（民）を剷る」という讕言（デマ）を流した。「土衆」（土民）はこのデマに惑わされて客民を仇敵として「匪」（土匪）を助けて客民を殺戮したり、掠奪したりした。客民もこれに応酬したので土客械闘が発生した。この咸豊四年の天地会の乱から土客械闘への移行については重要な問題であり、他の史料ではどのように記載されているか検討してみたい。

民国『開平県志』巻二十一、前事略、咸豊四年の条には、

八月紅匪擾及鶴山雲郷、客人圍而殲之。馮滾仔向逕口雲郷、客人勒繳餉糈、不遂反被殺多人、乃函請邑屬同黨報復、二十四日水口紅匪應之、紮營逕口外、客人陰爲之協謀伏隘、乘夜圍而殲之、屍浮滿海。九月客亂始起。客人既獮、紅匪勢啖氣揚、竟將逕口・土著・平塘・那陳坑等村、焚掠殆盡、邑之東北路、受害自此始。先是客籍散居縣屬者不一、自雍正十年、粤督鄂彌達以開墾荒地、招惠潮二府貧民給貲來此、雖他族偪處、然一向相安、不圖生齒日繁、禍心潛蓄、遽乘紅匪之擾、狡焉思逞、時客中富豪有高三者、幼子爲紅匪擄殺、不惜傾家、以圖洩憤、附貢生張寶銘資之、推武擧馬從龍爲魁首、從龍以剿紅匪爲詞、請於粤督葉名琛、既得令挾以誑衆結六縣同心之約、立寨雲郷大田、同時起事、良莠不分、日肆焚殺、佔踞田廬、淫掠婦女、発掘塚墓、官府不容過問、土著未敢訟言、冤深恨劇、誓不兩存、而土客之禍深矣。

とあり、『開平県志』の記載によると、客民が肇慶府に移住後、人口を増加させるとともに、陰険な心情を持ち始め、天地会の反乱をきっかけに土民との対立傾向が出てきた。たまたま天地会の乱に際して、客民の富豪の子供が殺害されたために、客民の下級紳士の張宝銘、馬従竜等が天地会鎮圧を口実に地方官をも抱き込み、天地会と無関係の土民の田地、居宅を奪い、土民を殺害・掠奪したために、土客械闘が発生したという。

以上の『赤渓県志』『開平県志』の両者に記載の仕方に若干の相違はあるが、天地会に土民客民双方の貧民層が参加していたこと、また天地会鎮圧に地方官は従来差別的待遇を受けていた客民の不満意識を利用して、主として客民

を天地会の弾圧に用いたこと。即ち、地方官＝清朝は客紳・客勇を用いて、天地会内の土民と客民の分断をはかったこと。そのために、天地会参加の「土匪」（土民）が官の追捕から逃れるために、土民達に客民全体が地方官の権力に借りて土民を打倒しようとしているというデマをながし、土客間に械闘を発生させたこと。また、天地会鎮圧の際、無関係な土民も弾圧されたために、不満をもった土民層は団結して客民と対抗し、土客械闘に転化したと考えられる。

しかし、これらの原因は現象面からの記述であって、真の原因は別のところにあった。前述したように、客民側は土民紳士から厳しい地代の収奪に会ったり、科挙受験における差別・妨害を受けて、土民紳士支配に不満・反発心をもっており[22]、この被差別意識が清朝に利用されたこと。また、土民側から言うと客民の勢力増大に対する被圧迫感があり、客民に対する対抗意識がつのっており、土客械闘を利用して次のことを目論んでいた。即ち、民国『赤渓県志』巻八、付編、赤渓開県事紀に、

開平土人與客仇鬭之事以起、復藉是煽動各縣土屬、聯同逐客、時土勢強而客寡弱、間有土紳亦以爲客易翦除、圖佔其村居田産、以自利而附和之……。

とあるように、土民紳士はこの機会に客民の村落・田産を占有しようという意図を持って土民を扇動して土客械闘を行った。

そして、村落・田産といっても一般的なそれではなく、茶生産と関連していた。光緒『高明県志』巻九、兵防、「高明・鶴山分界碑」（同治八年、一八六九）に、

高明・鶴山兩縣交界之黄茅壁、三峯凹、羅漢尖等處、皆以水流爲界……、連年客民欺隠佔住、致啓衅端。

とあり、また、同史料の続きの「委員四会県劉稟」（光緒二十四年、一八九八）には

三峯凹等處山場、自客匪肅清、同治八年、會勘立界、稟内有該處、現無客民、自應召變充公、惟該處人煙絶少、

所慮承買無人、匪徒集聚等語、其爲當時並未封禁可知、現經委員劉查勘該處石山帶土宜茶、已經明民種植茶樹甚多、並已墾田數十畝、與其空言封禁、啓民間爭墾之端、何如明示召充、廣地方固有之利、請飭明令按照查辦客産章程、將該處山場田地樹木、一律出示、召充承充有人、即由該縣勘丈、明確估價、解司給照管業納税、庶業有常主、地無棄利云云……

とあり、この高明県では茶の生産地の山地をめぐって土民客民間の対立があった。同治八年（一八六九）に山地の土民客民間の境界区分が行われ、やがて土客械闘に敗れた客民が山地から撤退し、その後、その地を土民が買い取り、占拠していた。この事実は五港開港後の一般的に中国茶の需要が高まるなか、広州の貿易独占権が消滅し、広東茶は他地域の茶との競合関係が増大し、茶生産をめぐって土客間に対立・矛盾が劇化していたことが容易に想像できよう。即ち、茶生産は貿易上の有利な物産であるが、他地域の茶と厳しい競争関係にあるなかで、多くの茶の山地を獲得することは土民にとっても重要な課題であったからである。従って、民国『赤渓県志』巻八、付編、赤渓開県事紀の「同治四年（一八六五）三月、総督毛鴻賓・巡撫郭嵩燾会奏」に、

恩平所屬之那扶・金鷄・赤水等三鄉皆海濱之地、本係客籍舊居、該處近海魚蝦之利、山陸有茶出產、貧民負販肩挑、亦可度日。

とあるように、恩平県那扶・金鶏・赤水は元々は客民がかなり多く居住し、海浜で漁撈、山地で茶の生産を行っていた所であるが、後述するように、土客械闘が土民側の勝利で決着がつきそうになった同治四年（一八六五）に、清朝が肇慶府各地域に散在する客民をこれらの地に集団移住させて土客械闘を沈静化しようとしたが、土民の反対にあって未然に終わり、結局は土民の居住地になった場所である。

土民側が土客械闘によって得ようとしていたものは、客民の土地、特に茶生産の山地であった。即ち、客民の成長

に対する危惧感、五港開港後の茶をめぐる情勢変化に対する土民側の巻き返しが土客械闘の真因であったと考えられよう。

（2）咸豊五年（一八五五）の土客械闘

民国『赤渓県志』巻八、付編、赤溪開県事紀に、

咸豐五年、有開平土紳梁元桂者、時官京師在都察院、誣控客民謀叛焚掠、請飭粵兵進剿、隨奉諭旨着省吏轉府查辦、署肇慶府同知李時芳、乃以客民保守郡縣各城有功、遭土匪仇殺相鬭等情、據實上聞、省吏遂通飭鶴高開恩等縣、嚴責釀事土紳、交匪懲治、并各派兵勇彈壓、均無效、嗣是而後、互鬭連年、如客民居於鶴山之雙都各堡、高明之五坑各堡、及開恩二縣之金鷄・赤水・東山・大田・蓢底・横坡・沙田・郁水・尖石等處、共二千餘村、悉被土衆焚燬擄掠、無老幼皆誅夷、死亡無算、而鶴高開恩等縣之土屬村落、亦被客民焚燬擄掠千數百區、無老幼、皆誅夷、死亡亦無算、據故老所傳、當日土客交綏尋殺、至千百次、計兩下死亡數至百萬、甚至彼此墳墓、亦各相掘毀、以圖洩忿、其泿慘殆無人道云、適是時洪楊肇事、各屬土賊蠭起、省吏兼籌剿堵未遑、又以土客係屬私鬭而忽之、無兵到境制止、以致鬭事、積年莫解、蔓延日廣、……。

とあり、開平県の土紳、梁元桂が都察院に「客民が謀叛し焚掠した」と誣控し、「粤兵」（広東の兵）による客民討伐を要請した。諭旨が下り、地方官に実状を調査させた。肇慶府同知李時芳は「客民は郡県各城を防衛するのに功があり、土匪の仇殺にあい、そこで相闘うに至ったのである」と報告した。「省吏」（広東巡撫）は鶴山・高明・開平・恩平等の県に通知し、事を起こした土紳・土匪を厳しく責め、兵勇を派遣して圧力をくわえたが、効果はなかった。当時、この四県では土客械闘が一一〇〇回も発生し、土客双方の死者は一〇〇万人に達したという。しかし、官側は、

「洪楊肇事」（洪秀全・楊秀清等によって指導された太平天国運動）に対する鎮圧活動に忙しく、土客械闘を事実上放置していたのである。

（3） 咸豊六～八年（一八五六～八）の土客械闘

民国『赤渓県志』巻八、付編、赤渓開県事紀（〈 〉内は割註）に、

詎至六年有土紳李維屏・陳兆松等潛與開恩土屬、聯謀滅客、恐衆不從、乃揑稱獲有客民與開恩客屬約期來寧起事、函件以聳動之。復僞造此等書函、抛棄途中。故使拾獲以相傳播、於是土衆受惑、起而仇客、遂在塘底・上澤六堡、設吉昌・均和等局、冲蔞設昇平局、潭溪・都斛設隆平・安良等局、海晏設捷勝局、又與開平土屬聯設元勝局、各招集積匪土賊千數百名、以鄉丁爲嚮導。於三四月間、先後起旗〈初鶴山・高明等縣、土客仇鬪、土屬多紅匪、悉用紅旗、客屬以白旗別之、嗣是開恩新等縣啓鬪、俱土紅客白、以相號召、分旗而陣、辨色與禦焉〉、分向各方客村圍殺、客村亦各選壯丁與禦、而鬪事起焉。

とあり、新寧県の土紳李維屏・陳兆松等は開平県の土民と連合して客民を滅ぼそうと謀った。土紳達は「土衆」が従わないことを恐れて、「開（平）恩（平）の客属が期を約して（新）寧に来て事を起こそうとしている」と揑称し、「函件」（書簡の類）を配布して扇動した。また、土民は各都堡に「局」を設置し、「積匪土賊」千数百名を集め、郷丁を「嚮導」（道案内人）として用いた。これに対抗して、客村では壮丁を選び、防衛体制をとった。

（4） 咸豊八～九年（一八五八～九）の開平県の土民譚才の客民弾圧

民国『赤渓県志』巻八、付編、赤渓開県事紀（〈 〉内は割註）に、

（咸豊）八年七月、開平土人譚才在香港營業、頗有貲財、垂涎客居田産、集貲滅客、以圖占有。遂聯開新土人、設萬全等局、募外縣悍賊數千、會合土勇二萬餘、分隊圖攻西路那扶・大門・深井・三合及東山・赤水等處客村、被襲殺男女無數、各村壯丁益敵愾同仇、奮勇與禦、相劇鬬三月餘、連擊破土村二百餘區、土營勇賊亦喪亡過半。於是譚才圖滅西路客之計畫、遂歸失敗。十月都斛土人復與譚才訂立洗滅東路曹冲、條約設偉烈堂、募東安悍賊何倫等數百人、并土賊三千餘、購備翦粉快槍〈時所用皆火粉大隠槍、以洋製翦粉快槍爲最新式精利〉、於初五日、屯營大崗村、潛來曹冲、襲殺客民十餘人、擄去二人。十二月、東安土賊屢率衆來擾、倶擊退之、計斃二百餘賊。〈是時東安賊悉穿白背褸、人呼爲白背賊、毎來攻、皆擊鼓而前〉九年正月、有香港英兵駕輪船、來曹冲勘地、村人見之、皆驚避事。爲譚才所聞、以爲客民畏英夷、遂藉失案、瞞請港督准派兵輪、來曹冲捕匪、與英兵訂期、五月初二日出發、會同土勇圍捕、詎英兵輪船、先一日到曹冲、由角嘴登岸來攻、南營壯丁出禦斃英兵三十餘名、擒獲十餘名、詢知係受誑騙而來、悉縱令駕輪駛去、是役計獲洋槍四十餘枝、翌日都斛土人不知英兵受挫、竟率衆分水陸前來夾攻、壯丁預分頭潛伏、猝出截擊、水陸倶莫敵、斃土勇無算、并奪獲快槍百餘枝。迨縱去英兵回港、港督詢悉、曹冲客屬倶良民、因土圖客、瞞請英輪往捕、遭害情形、大爲震怒、聞曾將譚才逮辦罰、繳英兵恤款了事云。

とあり、開平県の土人譚才（譚三才）は香港で商業活動を行っていたが、客民の田産に垂涎し、資金にものいわせて、客民を滅ぼし、その田産を占有しようと謀った。咸豊八年（一八五八）七月に「万全局」を設け、開平・新寧の土民と協力し、他県の「悍賊」数千名、土勇二万余人を集め、新寧県西路の客村を攻撃した。同年十月、譚才は新寧県都斛の土民と共同して、東路曹冲の客村を殲滅するために「偉烈堂」を設け、「東安悍賊」（広東省東安県の賊）数百人、土賊三千余人を集め、「翦粉快槍」（洋式銃）を購入して装備した。当時は第二次アヘン戦争の最中であったが、九年（一八五九）正月に譚才は香港総督を欺瞞して、イギリス兵と輪船の派遣によって「匪」（客民）の捕縛を要請した。五月二日にイギリス兵が曹冲にやってきたが、「受誑騙而来」（だまされて来た）と知って速やかに撤退した。香港総督は清朝に譚才の処罰を要求し、「恤款」を支払わせて和解した。

その後も、民国『開平県志』巻三十四、人物略、譚三才の条に、

譚三才……壯歳經商香港致鉅富、……咸同間客匪猖獗、三才首出貲購洋槍、訓郷勇、大得其用、匪驚以爲神、同治三年穆令命紳耆設全勝局在蒼城、主剿匪事、由譚振椿總局務、餉械多取給於三才、嗣是狗脾冲則有萬全局、赤水則有元勝局、馬岡則有定勝局、互爲聲援、客匪遂平、三才先後捐勇費合白金十餘萬兩。

とあるように、譚才は客民との闘争を継続し、同治三年（一八六四）の新寧県における「全勝局」の設置においては糧餉、武器を提供し、また他の「局」にも援助を惜しまなかったために、銀十万両を費やしたという。

（5）　咸豊十一年（一八六一）広東巡撫の厳諭による鶴山・高明・恩平・陽江・新寧六県における「土客聯和」

民国『赤渓県志』巻八、付編、赤溪開県事紀に、

於（咸豐）十一年正月、派紳目楊梓楠・唐啓裔等、率領壯丁、挈同眷屬、移駐赤溪、建築寨垣、分堡防守、保護耕種、由曹冲萬興局統轄之。二月復派紳目呉福堂・李道昌等、率領壯丁、挈同眷屬、移駐田頭、建築閘垣、分堡防守、保護耕種、并設萬安局、公擧呉福祥、以董其事。於是客民託足有所、力能捍禦、耕讀無驚。三月省吏嚴諭、鶴高恩開陽新六縣土客聯和。新寧知縣曾惠均與典史張治淵・城守陳恩光、親到冲蔞・都斛・那扶・深井各局、集土客紳耆議和款、皆聽命定盟相好、諭土客各回居復業。〈時土客彼此所失村居、曾經兵火者、皆斷瓦頽垣、無可棲止。又恐復居再遭殺害。因是歸者卒鮮〉。四月曾知縣偕張典史、又親到曹冲萬興局、勸諭與土聯和、以産換産、劃界、西自冲金嘴、直抵海濱、東自鼠山嘴、直抵海濱、凡界内屬朝居・矬峝兩都土産、悉歸客兵、其冲蔞・四九・五十等

處客產、悉歸土民、給示爲據。至是東路土客亦相息鬭、貿易往來、雙方皆悦。

とあり、咸豊十一年四月、新寧県東路では知県が「万興局」において客民と土民との「聯和」（和解）を勧告し、「土產」（土民の財産と土地）と「客產」（客民の財産と土地）を交換して、土民と客民の居住区域を区分し、事実上、客民を土民から隔離した。

一方、新寧県西路では民国『赤渓県志』巻八、付編、赤渓開県事紀に、

咸豐十一年三四月間、新開恩等縣、土客經官勸諭聯和。西路土客遂在那扶・金鷄等處、會設聯和局、所各擧紳董駐局辦事。其時土民非實意聯和也。蓋緣連年圖客、村居人口喪失過多、因是聽和暫事休息、乃乘是時機、悉將附近客村土田賤價、售於客民、將所得價暗置槍械、以圖後擧。客民不察、競買土人田產、擬作世業。而強豪者、又思兼併占有、則爭奪以起、鄰族失和、甚或因爭尋殺而客屬人心一變。

とあるように、「聯和局」を設け、土客双方より紳董を推挙させ、「局」に駐在して「土客聯和」の事務を行わせた。しかし、土民の本意は「聯和」にはなく、暫時械闘を中止し、土民の戦闘力を回復させるとともに、この機会に客村内の「土田」（土民の田産）を廉価で客民に売却し、それによって得た資金を用いて秘かに武器を購入し、「後挙」（械闘の再開）を期した。この土民による客民分断策は成功した。客民は競いあって土民の田産を購入しようとしたために、田産の奪い合いが起こり、客民内に「隣族不和」が生じた。

一方、「局」の紳董はかかる状況下に出現した盗賊に対して、「客盗」のみを捕らえ、「土盗」を放置したために、客民は客紳の「局」紳董に不信感を抱きだした。

ともあれ、咸豊十一年（一八六二）の清朝による「土客聯和」策は最大の反清勢力であった太平天国の鎮圧がほぼ成功したために、地方の土客械闘の調停に乗り出したものと言えよう。しかしながら、清朝の調停策はあくまでも土

民、とりわけ土紳保護策にたった在地安定策であった。清朝の後押しをえた土民は客民間の分断にのりだし、それが成功する兆しがみえてきたのであった。

（6）同治元年（一八六二）の土客械闘の再開と客民の流浪（同治元〜三年、一八六二〜四）

民国『赤渓県志』巻八、付編、赤渓開県事紀に、

同治元年八月、新開兩縣土人見客屬内部失和、人心渙散、不相助恤、復糾募土勇萬餘人、起而圖客、先將常駐聯局辦事客紳馮保三・湯宗貴擄去殺害、隨分途侵擾金鷄・赤水等處客村、多半遭焚刦。九月初九日、土隊數千突到那扶、一面搶割田禾、一面圍攻筲箕蔦客寨、壯丁與禦相鏖戰十餘日、斃土勇數百、土陣不支、擬欲退去、殊土人以筲箕蔦爲那扶客屬咽喉地、咽喉一破、即可長驅入内、乃給重賞、及厚卹死者、又添募土賊三千餘來助攻、遂不退、復日夜圍撲村寨。寨内壯丁疲於守禦、迭催内村客丁來援、久無應者。〈緣各姓客村因前爭買佔土田有隙、不復如前聯絡、當筲箕蔦請援、時有謂土爲搶割而來、俟割完後、追擊之、有謂俟其深入、然後截殺、易以撲滅、因各意見不合、赴援故稽延〉。至十月初八日、筲箕蔦寨被土攻陷、男婦死百餘人、餘逃入内村。於是土隊乘勢進攻那扶境内客村、各村丁因事積嫌、亦復坐視不相援救、祇各自爲守力、不能與土禦、未月餘而那扶一帶數百客村、遂次第失陷、村民男婦悉向深井・大門逃去。十一二月赤水・那扶等處、被難客民逃來深井・大門等處、日益繁多。其無村居者、皆風飧露宿、流離慘狀、不忍目睹。客目監生湯恩長・王登龍・生員曾敬修・劉紹敏・李鳳文・葉靈芝・傅東麟等、因籌設福同團、擬另覓地方安置難民、公推湯恩長……爲團長、并在團内挑選壯丁、編列隊伍、由團長統之、以備防衛。時難民中有願東渡曹冲、依靠親友者、十二月晦日、湯恩長遂率壯丁三千餘人、由大隆峝前去、保護難民、過曹冲路、經臨田・瀧門・大洋・西村等土村、竟被土人糾衆截殺、壯丁禦之、斃土衆千餘。二年正月初一日、到

廣海、一面護送難民、渡海往曹冲、一面派人往訴駐廣海遊府黄連安・主簿董懷忠、請制止土人截殺、并乞設法安挿、殊土人閉城不納、復糾衆襲殺客丁多名、……三月十三日、土紳捏以客匪踞城犯順大題、瞞稟省吏、派按察使呉昌壽・順徳協衛邦佐・香山協湯麒照等、統帶兵勇五六千名、到廣海、分水陸駐紮、以土人爲導、分隊圍城。……至七月、城内客民因久困乏食、開城出走、卒遭官兵及土人分頭屠殺、男女死千餘人、得逃生者、或隨湯恩長回深井・大湖山、或渡海往赤溪・田頭、至是西路福同團遂各四散。……至八月大門・深井一帶村居、次第失陷、所餘數萬客民、悉徙聚於大湖山、……殊人心不附、或僱船往省城佛山、謀歸恵潮嘉原籍、或往金鶏赤水、依靠親族、先後而去者、計十數萬人。

とあり、新寧・開平両県の土民が土勇一万余人を集め、客民を滅ぼそうと謀り、「局」の客紳を殺害し、械闘を再開した。内部分裂をおこしていた客民は十分な抵抗もできないままに、土客械闘に敗れ、各地に安住の場所を求めて流浪していかねばならなくなった。

新寧県西路の客民は「福同団」を結成し、客民の難民をひきつれて、安住の場所を求めて流浪していったが、途中何度も土民の襲撃にあった。地方官は土民側の意思を尊重して客民を弾圧したために「福同団」は解散せざるをえなかった。客民は致し方なく、嘉応州、恵州、潮州の原籍地に戻るか、新寧県西路金鶏・赤水の親族のところに身をよせなければならなかった。このような難民の数は同治二年（一八六三）当時、十数万人に達したという。そして、同史料に続きに、

至（同治）三年三月、染疫死者、逾二萬人、所餘之衆、因食不繼、遂各分途潛往赤水及赤溪・田頭、有爲土人所擄獲者、於殺戮外、則擇其年輕男子、悉儎出澳門、賣往南美洲祕魯・古巴等埠、作苦工、名曰賣猪仔。〈是時客民因流離無依、自到澳門賣身、往埠作工、得資以周給親族者、亦不乏人、計被土擄賣及自賣往南美洲客民、爲數約二三萬、迨作

工期満、即准自營商業、至六年赤溪設廳後、能積貲回溪、創立家室者有之、俗人稱爲猪仔客焉、然回者亦僅百得一・二〉、至是西路客屬千百村居、全數淪亡、而客田千餘頃、悉爲土人佔（佔？）有矣。

とあるように、他の客民は澳門から南アメリカのペルー・キューバ等の地に渡り、苦力（「売猪仔」）になった。このような自らの意志で身売りした者、土民に捕らえられて売られた者の合計は二〜三万人に達したという。

あまりにも悲惨な客民の状況に対応しなければならなくなった清朝は同治四年（一八六五）に客民を原住地の新寧県西路の金鶏・赤水・那扶等の地に帰し、そこに安住させようとしたが、土民の反対にあい、実行できなかった。[23]

（7）　同治五〜六年（一八六六〜七）の客民遣散

清朝は流浪の民＝客民の安住先を次の二つの地域に定め、客民を「遣散」（移動）させた。民国『赤渓県志』巻八、付編、赤溪開県事紀に〔（　）内は松田註す〕、

（同治五年）……於十月委員到境、勸諭客衆他遷、發給資費、大口八兩、小口四兩、派勇分途保護、往高・廉・雷・瓊等府州縣及廣西賀縣・貴縣・容縣・武宣・平南・馬平・雒容・柳城・荔浦・修仁等縣、覓地居住謀耕、准各縣一律編籍考試。至是開平・恩平及新寧西路一帶、無復有客民足跡、而客屬村居田産、概爲土人佔有矣。

とあり、清朝は客民に一定の「路銀」即ち、大人一人銀八両、小人一人銀四両を与え、「護証」（通行許可証）を持たせて、広東高州・廉州・雷州・瓊州及び広西各地に移動させた。この時に移動した客民は男女あわせて二万余人だと言われる。[24]そして、民国『恩平県志』巻十四、紀事に〔（　）内は松田註〕、

（同治六年）十一月、上憲（巡撫蔣益澧）示論、將客人所遺田塘地宅、招充定價、上田毎畝銀八兩、中田毎畝銀六兩、下田毎畝銀四兩、村塘地宅毎畝銀十兩、委道員梅啓照督辦。佐雜駐分局、帶勇清丈、點交兵差、下鄉促繳産

價、計勇需局費、幾與産價相埒、所得産價、即以償還藩司、墊發客人口粮銀二十餘萬兩、初時富戸慮有後患、多懐觀望、但爲公令所逼、勉強承受、迨領到藩照、而心始安。

とあり、客民が残した田塘地宅は「撫恤清査局」が管理し、田は上田毎畝銀八両、中田毎畝銀六両、下田毎畝銀四両、村塘地宅十両として土民の富戸に売った。当初、土民の富戸は客民からの復讐を恐れて、買うことをためらっていた。しかし、清朝は「藩照」（戸部発行の土地所有権証明書）を交付して後の憂いを無くすことによって富戸に半強制的に買わせた。その収入は「局」費と客民の移動のための「路銀」にあてられた。

そして、同治六年（一八六七）に新寧県南部に赤渓庁を新設し、「遣散」に応じなかった客民をそこに封じ込めた。(25)

こうして、清朝による客民「遣散」、隔離策は一応完了したのである。

おわりに

本章で明らかになった点を以下、まとめてみよう。

①清初~中期、清朝の開墾奨励策によって、嶺西地域に移住した客民は土民地主・商人より、土地を借りて小作する佃戸として出発した。一七三〇年代以降、移住者の客民が増加し、客民内には現住地で科挙に応じる者も出て、いわゆる客紳層が生まれた。しかし、科挙受験をめぐっては土紳による受験妨害、清朝により童生枠の制限が行われるなど、種々の差別を受けてきた。これは、客民の経済的な成長が土民層の脅威になってきたことを示していた。

②アヘン戦争・南京条約（一八四〇・四二）前後の社会経済情勢が土民客民双方に大きな影響を与えた。即ち、アヘン・洋貨の浸透、広東の貿易独占権の喪失は土民客民双方の茶農・紳士・商人及び貨物運搬に携わっていた船戸・挑夫に大きな打撃を与え、また、林則徐によって設置された郷勇もアヘン戦争の敗北によって失業した。こうした列強侵略

の被害を大きく蒙った人々が太平天国や天地会に参加して反清闘争を展開した。当初、この反清闘争には土民客民双方の貧窮層が参加しており、土客貧民層間には緩やかな連帯があったと推測される。

しかし、五港開港による広州の貿易独占権の喪失により広州からの茶輸出量は減り、広東茶をめぐる環境は厳しくなった。土客双方の茶農の経営も厳しい状況になった。没落茶農は立ち上がり、また、土客双方とも茶経営の没落の危機を回避するために相手方の田産を奪取しようという意識が生じていた。反清闘争の高揚期に顕現化しなかった、この土客間の対立・争奪意識は清朝による反清闘争への厳しい弾圧が開始されると一挙にあらわれた。これが土客械闘の第一の原因である。一方、土民紳士層・商人層は積極的に列強資本主義国に従属する「買弁」となり、列強の権力にバックアップされて、客民に対する厳しい支配を行った。即ち、地代搾取の強化、厘金制度に寄生して列強・清朝と一体化して商品流通構造を支配し、また、在地では善堂を運営して土民内の連帯を強化し、客民排除を行った。これが第二の原因である。また、客紳は不安定な位置にあり、同じく「客民」として客民貧農層との連帯感があるものの、紳士層としての上昇志向、即ち、清朝に土紳と同等の紳士層として認知されたいという意識があった。この客紳の上昇志向が清朝に利用されて、天地会弾圧に当てられたために、土民との械闘が発生し、また客民内に不和をもたらしたのであった。これが第三の原因であった。

③咸豊・同治年間の土客械闘は土客貧民層にとって真の闘争目標であった反清・反列強という目標を消滅させ、土民と客民間の対立に歪曲化した。しかし、このような数県単位の大規模な土客械闘は歴史的、地域的に言って、大変希有なものであり、また、清朝は基本的に土紳・商人を擁護し、客民を弾圧したという点から考えて、客民の立場からの土客械闘は反地主・反清朝・反列強闘争の要素を持っていたと考えられよう。

註

（1）仁井田陞「中国の同族部落の械闘」（同著『中国の農村家族』東京大学東洋文化研究所、一九五二年八月所収）。
（2）北村敬直「清代械闘の一考察」（『史林』第三三巻第一号、一九四九年十月）。
（3）羅香林『客家研究導論』（一九三三年十一月広州初版、一九七五年一月集文書局復刻版）。
（4）中川学「租庸調法から両税法への転換期における制度的客戸の租税負担」（『一橋大学研究年報　経済学研究』一〇、一九六六年）、同「華南客家研究序説」（『一橋論叢』第五七巻第六号、一九六七年）、同「唐末梁初華南の客戸と客家盧氏」（『社会経済史学』第三三巻第五号、一九六七年）、同「中国・東南アジアにおける客家の歴史的位置について」（『一橋論叢』第六九巻第四号、一九七三年）、アジア政経学会『客家論の現代的構図』（現代中国研究叢書XVII、一九八〇年）。
（5）佐々木正哉「咸豊四年広東天地会の叛乱」・「咸豊四年広東天地会の叛乱、補」（『近代中国研究センター彙報』二・三、一九六三年四、九月）。
（6）小島晋治「拝上帝教、拝上帝会と客家人の関係　―一つの試論―」（『中国近代史研究』第一集、一九八一年七月）。
（7）森田明「清代広東の土客械闘と地方権力―嶺西地域の一事例―」（今永清二編『中国における権力構造の史的研究』〈昭和五四・五五・五六年度科学研究費補助金総合研究A研究成果報告書〉一九八二年三月）。
（8）王天奨「清同光時期客民的移墾」（『近代史研究』一九八三年第二期、総第一六期、一九八三年）。
（9）前田勝太郎「清代の広東における土客対抗について」（『国士舘大学文学部人文学会紀要』第一六号、一九八四年一月）。
（10）松田吉郎「明末清初広東珠江デルタの沙田開発と郷紳支配の形成過程」（『社会経済史学』第四六巻第六号、一九八一年三月、本書第一部第一章に収録）、同「広東広州府の米価動向と米穀需給調整―明末より清中期を中心に―」（『中国史研究』第八号、一九八四年三月、本書第一部第四章に収録）、同「清代後期広東広州府の倉庫と善堂」（『東洋学報』第六九巻第一・二号、一九八八年一月、本書第一部第五章に収録）。
（11）浦廉一「清初の遷界令に就いて」（『日本諸学研究報告』一七編、一九四二年）。

(12) 民国『赤渓県志』巻八、付編、赤溪開県事紀。光緒『新寧県志』巻十二、経政略、学制。
(13) 民国『赤渓県志』巻八、付編、赤溪開県事紀。
(14) 前田勝太郎「清代の広東における農民闘争の基盤」(『東洋学報』第五一巻第四号、一九六九年三月)、同「辛亥革命前の広東における民衆闘争―農民を主体として―」(『歴史学研究』四二三号、一九七五年六月)、森田明「広東省南海県桑園囲の治水機構について」(『東洋学報』第四七巻第二号、一九六四年九月、後に「広東における囲基の水利組織―桑園囲を中心として―」と改題して、同著『清代水利史研究』亜紀書房、一九七四年三月所収)、註(10)前掲の拙論「明末清初広東珠江デルタの沙田開発と郷紳支配の形成過程」、同「広東広州府の米価動向と米穀需給調整―明末より清中期を中心に―」。
(15) 宣統『東莞県志』巻十三、輿地略、物産の条に「廣州固多穀之地也、惟是生齒日繁、供過於求、昔仰穀於西粵、今且専恃蕃舶載越南・暹羅之米、以爲食……」とあり、洋米はベトナム、タイから来ていたことがわかる。
(16) 重田徳「清末における湖南茶の新展開―中国近代産業史のための断章―」(『愛媛大学紀要』第一部人文科学、七巻一号、一九六二年)、同「清末における湖南茶の生産構造―五港開港以後を中心として―」(『人文研究』一六巻四分冊、一九六五年、ともに後に同著『清代社会経済史研究』岩波書店、一九七五年十月に所収)。
(17) 実業部国際貿易局『中国実業志』江蘇省、第八編、四八四頁(『中国近代手工業史資料』第一巻、四八八頁所載)には、「道光年間、訂定通商條約、則上海漸次繁榮、茶市亦隨時勢之所趨、漸由粵移滬」とあり、南京条約締結以後、茶の輸出港は広州から上海に移っていったことが述べられている。
(18) 註(5)前掲、佐々木正哉「咸豊四年広東天地会の叛乱」・「咸豊四年広東天地会の叛乱、補」論文を参照されたい。
(19) 羅玉東『中国厘金史』(商務印書館、一九三六年八月)を参照されたい。
(20) 註(10)の拙論を参照されたい。
(21) 民国『赤渓県志』巻八、付編、赤溪開県事紀。
(22) 佐々木正哉『清末の秘密結社　資料編』(近代中国研究委員会、一九六七年三月)所収の「恩平土客互闘縁由」。

(23) 民国『赤渓県志』巻八、付編、赤渓開県事紀。
(24) 註(23)に同じ。
(24) 註(23)に同じ。

第１表　中国茶葉出口数量（1843～1860年）

年　代	総　計（ポンド）	広　州		福　州		上　海	
		広州数量（ポンド）	%	福州数量（ポンド）	%	上海数量（ポンド）	%
道光23年（1843）	17,727,750	17,727,750	100.0				
24年（1844）	70,476,500	69,327,500	98.4			1,149,000	1.6
25年（1845）	80,194,000	76,393,000	95.3			3,801,000	4.7
26年（1846）	84,016,000	71,556,000	85.2			12,460,000	14.8
27年（1847）	76,686,500	64,192,500	83.7			12,494,000	16.3
28年（1848）	75,954,000	60,243,000	79.3			15,711,000	20.7
29年（1849）	53,100,600	34,797,600	65.5			18,303,000	34.5
30年（1850）	62,463,000	40,100,000	64.2			22,363,000	35.8
咸豊元年（1851）	78,926,500	42,204,000	53.5			36,722,500	46.5
2年（1852）	93,292,250	35,617,250	38.2			57,675,000	61.8
3年（1853）	105,081,000	29,700,000	28.3	5,950,000	5.7	69,431,000	66.1
4年（1854）	119,034,000	48,200,000	40.5	20,490,000	17.2	50,344,000	42.3
5年（1855）	112,660,700	16,700,000	14.8	15,739,700	14.0	80,221,000	71.2
6年（1856）	130,677,000	30,404,400	23.3	40,972,600	31.4	59,300,000	45.4
7年（1857）	92,435,100	19,638,300	21.3	31,882,800	34.5	40,914,000	44.3
8年（1858）	103,664,400	24,393,800	23.5	27,953,600	27.0	51,317,000	49.5
9年（1859）	110,915,200	25,184,800	22.7	46,594,400	42.0	39,136,000	35.3
10年（1860）	121,388,100	27,924,300	23.0	40,000,000	33.0	53,463,800	44.0

出典：H. B. Morse;The International Relations of Chinese Empire, Vol. I, p. 366. Eldon Griffin;Clippers and Consuls, p. 296（『中国近代手工業史資料』第１巻、490頁所収）

第２表　中国茶，印度茶，錫蘭茶入英比較表（1876～97）

年　代	中国茶入英総数		英属印錫所産之茶						英属印錫所産之茶井中国入英之茶総数（数量ポンド100%）
			印　度		錫　蘭		総　数		
	数　量（ポンド）	%	数　量（ポンド）	%	数　量（ポンド）	%	数　量（ポンド）	%	
光緒 2(1876)	149,000,000	85.4	25,500,000	14.6	200		25,500,200	14.6	174,500,200
3(1877)	156,000,000	84.3	29,000,000	15.7	1,700		29,001,700	15.7	185,001,700
4(1878)	152,000,000	80.8	26,500,000	19.4	3,500		36,503,500	19.4	188,103,500
5(1879)	142,000,000	80.0	35,500,000	20.0	81,500		35,581,500	20.0	177,581,500
6(1880)	153,000,000	79.5	39,250,000	20.4	104,000		39,354,000	20.5	192,354,000
7(1881)	164,500,000	78.3	45,250,000	21.5	278,000	0.1	45,528,000	21.7	210,028,000
8(1882)	159,500,000	76.2	49,250,000	23.5	623,000	0.3	49,873,000	23.8	209,373,000
9(1883)	146,000,000	72.1	55,000,000	27.2	1,523,000	0.8	56,523,000	27.9	202,523,000
10(1884)	148,500,000	70.3	60,500,000	28.6	2,263,000	1.1	62,763,000	29.7	211,263,000
11(1885)	139,000,000	68.0	61,500,000	30.1	3,797,000	1.9	65,547,000	32.0	204,547,000
12(1886)	143,000,000	66.3	67,250,000	31.2	5,361,000	2.5	72,611,000	33.7	215,611,000
13(1887)	134,000,000	60.6	78,500,000	35.5	8,667,000	3.9	87,167,000	39.4	221,167,000
14(1888)	119,500,000	53.9	86,750,000	39.1	15,614,000	7.0	102,304,000	46.1	221,864,000
15(1889)	92,500,000	43.0	94,500,000	44.0	37,899,000	17.6	122,399,000	57.0	214,899,000
16(1890)	89,900,000	40.0	100,685,000	44.8	34,290,000	15.2	134,975,000	60.0	224,875,000
17(1891)	69,742,000	31.6	100,984,000	45.7	40,191,000	18.2	151,175,000	68.4	220,917,000
18(1892)	60,214,000	25.6	111,017,000	47.2	63,768,000	27.1	174,785,000	74.4	234,999,000
19(1893)	54,580,000	24.0	107,509,000	47.3	65,139,000	28.7	172,648,000	76.0	227,228,000
20(1894)	54,372,000	22.6	114,508,000	47.5	72,124,000	30.0	186,632,000	77.4	241,000,000
21(1895)	46,470,000	19.5	115,261,000	48.4	76,287,000	32.1	191,548,000	80.5	238,018,000
22(1896)	40,859,000	16.9	118,182,000	48.8	83,206,000	34.3	201,388,000	83.1	242,247,000
23(1897)	35,000,000	13.6	128,000,000	49.6	95,000,000	36.8	223,000,000	86.4	258,000,000

出典：倚剣生『中外大事彙記』商業彙第七，茶市衰旺比較表（『中国近代手工業史資料』第２巻，180～2頁所収）

第3表　嶺西地域の善堂（出典：民国『開平県志』巻10，建置略，善堂）

善　堂　名	設立年代	記　　事
瞽　目　院	1814年	嘉慶十九年肇羅分巡道憲……倡捐遷建……。道光五年重修。民國十四年，縣長梁振揩倡捐重修。
馬岡愛善堂	1885年	光緒十一年，邑人梁奕琴，戚椅煜，張纏芳，何善楷，梁葉佾，周華略，戚銓甡，李常裕，呂渭章，呉周傳，梁伯緯，梁永熙等勸捐設立。
赤墈愛善堂	1887年	光緒十三年，邑人關定津，司徒懿培，關禮郁，戚銓甡，許懋隆，周家寶，司徒惠懿，何善楷等倡設。
秘洞愛善堂	1895年	光緒二十一年，邑人譚袞才，譚傳裀，譚道才，譚璧如，譚偉卿等倡建。
長沙愛善堂	1896年	光緒二十二年，邑人譚毓芳，梁天桂，梁鼎臣，譚國忠，梁奎照，譚袞才等倡設，賃梁姓舖改葺爲堂，募捐施善。
水口愛善堂	1887年	光緒十三年，邑人譚君揖，許懋隆，朱昌鉅，何烙睦，羅傳授，鄺德金等倡建。
百合愛善堂	1894年	光緒二十年，邑人黄福田等捐建，置有田產舖業生息，辦理義學。
長沙塘愛善堂	1900年	光緒二十六年建，邑人勞文賞，勞文莊，勞似蘭，戚仁山，周華（？）略，譚紹光，馮琨實等倡建。
涌口愛善堂	1900年	光緒二十六年，邑人譚澤波，譚昌彬，譚文光，譚世達等倡建。
茅岡愛善堂	1903年	光緒二十九年，邑人周拱辰，周瑞源，周家賀，周鹿鳴等倡捐建堂，……並在香港置業生息，以供常年經費。
蜆岡愛善堂	1904年	光緒三十年，邑人周鹿鳴，黄桂策等倡建，惜爲警局借用，與長沙同。
龍塘愛善堂	1909年	宣統元年，邑人何恭扶，何龍光，何鼎元，何樹燕等倡建。
那囿愛善堂	1926年	民國十五年，邑人許兆煌，許翠田，許揆園等倡建。

第二部　清代台湾開発の社会経済史的考察

第一章　鄭氏時代の台湾開発

はじめに

鄭氏時代の台湾開発については、既に伊能嘉矩氏の研究(1)があり、全般的な考察が行われている。その後、曹永和氏は鄭氏の台湾開発と大陸の政治情勢との関連、オランダ等の海上貿易と鄭氏との関連を考察されている。(2)筆者はこれらの研究を発展的に継承し、台湾開発と移民、水利施設、土地所有関係について考察し、台湾開発史上における鄭氏時代の歴史的意義を明らかにしたいと考えるものである。

一　明末の政治情勢

明朝が李自成の乱によって崩壊した後、北方より女真族（満州人）の清が中国に侵入し、各地で明朝の一族や遺臣の抵抗を鎮圧して征服活動をすすめた。そのなかにあって唐王隆武帝を奉じて鄭芝竜、成功父子も浙江、福建で抵抗活動を続けていた。鄭芝竜が清朝に帰順した後も子の鄭成功はあくまで反清闘争を続けたが、清の圧迫が強まり、福建の根拠地を十分に守りきれなくなると、台湾のオランダ勢力を掃討し、その地を抗清の根拠地とした(3)。成功は領台後まもなくして没し、その後、子の経、孫の克塽にひきつがれ、あわせて二十二年間、台湾は抗清の根拠地となった。この間の鄭氏による台湾開発について、以下考察を加えていこう。

二　オランダ時代（一六二四〜六一）の台湾開発

鄭氏時代の台湾開発の歴史的前提となるオランダ時代の台湾開発について、まず考えてみよう。台湾文献叢刊第四種『台海使槎録』巻一、赤嵌筆談、賦餉、羅運所引の『諸羅雑識』には、

蓋自紅夷至臺、就中土遺民令之耕田輸租、以受種十畝之地、名爲一甲、分別上・中・下則徵粟、其陂塘隄圳修築之費、耕牛農具耔種、皆紅夷資給、故名曰王田、亦猶中土之人受田耕種而納租於田主之義、非民自世其業而按畝輸税也。

とあり、オランダは入台後、中国の遺民に田を耕し租を納入させるために十畝の土地（台湾では一甲は一〇〜一一畝をあらわす）を授け、その土地を上則、中則、下則にわけて、粟を徴収した。また陂（ため池）、塘（ため池）、隄（堤防）、圳（用水路）の修築費用、耕牛、農具、種子などはオランダが支給し、この土地は王田と名づけられた。耕作を中国の遺民に行わせたと記されていることから、基本的には台湾原住民の高山族や平埔族には耕作を行わせなかったと考えられる。また、王田の耕作形態は中国遺民が田を受けて耕作し、「租」（小作料）を田主（オランダ）に納めるという形態であって、田を世襲的に所有し畝ごと（所有面積単位）に税を納める形態ではなかった。

すなわちオランダ時代の土地所有形態はオランダ地主－中国遺民佃戸という形態で、耕作面積は一〇畝という小規

模なものであり、また水利施設の修築費、農具、種子等はすべてオランダが支給する形態であった。では、この当時の水利施設はどのようなものであったのであろうか。

オランダ時代の水利施設は特に現在の台南、鳳山（高雄）あたりに集中しており、地志に記載されている七つの水利施設中、井戸が五、坡（陂と同じ）が一、埤（同上）が一であり、井戸が多いことがわかる。台湾文献叢刊第一〇三種『台湾県志』（康熙五十九年〈一七二〇〉刊、陳文達等纂）巻九、雑記志、古蹟には、

大井在西定坊。来臺之人、在此登岸、名曰大井頭是也。開闢以來、生聚日繁、商賈日盛、塡海爲宅、市肆紛錯、距海不啻一里而遙矣。考郡志云、開鑿莫知年代、相傳明宣徳間、太監王三保到臺、曾於此井取水焉。又傳係紅毛所濬。當日紅毛築赤嵌城、恐有火患、鑿此井以制之。相生相尅之理、或亦有可信者也。

とあり、台南の西定坊にある大井は開鑿年代については二説あり、一説は明宣徳年間（一四二六〜三五年）、一説はオランダ時代（一六二四〜六一年）であったが、その用途は防火用水であったといわれている。また、『台湾県志』巻九には、

烏鬼井在鎮北坊。紅毛所築。水源甚盛。雖大旱不竭、南北商船悉於此取水、以供日用。

とあり、台南の鎮北坊の烏鬼井は商船飲料水などに用いられていた。そして、台湾文献叢刊第一一三種『重修台湾県志』（乾隆十七年〈一七五二〉刊、王必昌等纂）巻十五、雑記、古蹟に、

馬兵營井在寧南坊。泉淡而甘、甲於諸井。紅毛時鑿、以灌園者。僞鄭駐馬兵於此、故名。

とあり、台南寧南坊の馬兵営井はオランダ時代に開鑿され、その水は「園」（蔗園）に潅漑されていた。そして鄭氏時代に兵隊をこの地に駐屯させたことからこの名がつけられた。

以上のように、オランダ時代の井戸は、飲料、防火、航海用水に用いられ、一部はさとうきび畑の農業用水にも用

いられていた。

次に、陂及び埤について考えてみよう。『台湾県志』巻二、建置志、水利には、

荷蘭陂在新豊里。郷人築堤、蓄雨水以灌田。草潭通此。

とあり、台南新豊里にある荷蘭陂は雨水を蓄えて、水田に潅漑するためのものであった。

また、康熙三十五年〈一六九六〉刊、高拱乾等纂『台湾府志』巻二、規制志、水利には、

参若埤在文賢里。自紅毛時、有佃民王姓名参若者、築以儲水灌田、遂號爲参若埤云。

とあり、台南文賢里にある参若埤はオランダ時代に佃戸の王参若によって開鑿され、水を貯めて水田を潅漑したといわれる。

以上の二箇所のため池は雨水或は「水」を貯めるものと言われているが、基本的には雨水を貯める池であったと考えられる。

以上、オランダ時代の開発は伊能嘉矩氏、曹永和氏[4]が言われるように、原初的な開発で、台南、鳳山などの台湾南部地域中心に開拓されていった。土地や水利施設の開発資金や農具、種子などはすべてオランダ人地主によって中国人佃戸に支給されたものであった。

三　鄭氏時代（一六六一～八三）の開墾奨励策

鄭氏政権は台湾を抗清、大陸反攻の拠点とするためにオランダ時代からの在住漢人を安撫し、またひきつれてきた将兵に未墾地の開墾を奨励し、既墾地の侵害を禁止するとともに、大陸からの台湾移民を奨励した。まず、行政機構として承天府、天興県、万年県の一府二県を設け、府尹の楊朝棟に既墾地の利用状況を調査させて徴税のための基礎

資料をつくるとともに、先住の土着民（平埔族）と漢人の土地所有権を確定するために、田園册籍を整備させた。(5)
そして、台湾文献叢刊第三二種『従征実録』第一五一葉、永暦十五年（順治十八年、一六六一）四月四日の条に、

令諭招我百姓回家樂業。

とあり、大陸人民を積極的に台湾に移住させた。そして、移住した将兵、その家族、民間人に次のような諭令をだして、未墾地の開墾奨励と既墾地への侵害禁止をすすめた。

『従征実録』第一五三～一五四葉、永暦十五年五月十八日の告諭には、

一、承天府安平鎮、本藩暫建都於此、文武各官及總鎮大小將領家眷暫住於此。隨人多少圈地、永爲世業、以佃以漁及京（經）商取一時之利。但不許混圈土民及百姓現耕田地。

一、各處地方、或田或地、文武各官隨意選擇創置莊屋、盡其力量、永爲世業。但不許紛爭及混圈土民及百姓現耕田地。

一、本藩閱覽形勝、建都之處、文武各官及總鎮大小將領、設立衙門、亦准圈地創置莊屋、永爲世業、但不許混圈土民及百姓現耕田地。

一、文武各官圈地之處、所有山林及陂地、具圖來獻、本藩薄定賦稅、便屬其人掌管、須自照管愛惜、不可斧斤不時、竭澤而漁、庶後來永享無疆之利。

一、各鎮及大小將領官兵派撥汛地、准就彼處擇地起蓋房屋、開闢田地、盡其力量、永爲世業、以佃以漁及京（經）商、但不許混圈土民及百姓現耕田地。

一、各鎮及大小將領派撥汛地、其處有山林陂池、具啓報聞、本藩即行給賞、須自照管愛惜、不可斧斤不時、竭澤而漁、使後來永享無疆之利。

一、沿海各澳、除現在有網位・罟位、本藩委官徵税外、其餘分與文武各官及總鎭大小将將領前去照管、不許混取、候定賦税。

一、文武各官開墾田地、必先赴本藩報明畝數而後開墾。至於百姓必開畝數報明承天府、方准開墾。如有先墾而後報、及少報而墾多者、察出定將田地没官、仍行從重究處。

とあり、概要は以下の通りである。

一、各地方の田地は文武各官が随意に選択して荘屋を建て世業としてもよい。一、文武各官及び総鎮の将領は役所をつくり、荘屋を建ててもよい。一、文武各官の領地には賦税を課す。一、各鎮及び大小将領官兵は派遣された「汛地」（武官駐在地）において房屋を作り、田地を開き世業としてよく、また、その田地を佃戸に小作させたり、漁業を行わせたり、商業を行わせたりして利潤の一部を徴収してもよい。一、「汛地」内の山林陂池を管理せよ。一、沿海各「澳」（みぎは）は課税対象とし、文武各官総鎮大小将領に分与して管理させよ。また、文武各官による田地の開墾は、開墾前に田地の面積を承天府に報告してから行え。

そして、以上の各規定の末尾には先住土着民（原住民）や漢人の既墾地を侵害してはならないと書かれている。

曹永和氏はこの資料にもとづいて、鄭成功が抗清の根拠地として台湾を設定したのは糧食の確保にあったからであると言われる(6)。その論点は首肯できるが、鄭氏が糧食を確保し、賦税収入を安定させるために土地開発だけでなく、漁業、商業などの多面的な生業を奨励したこと、また、先住土着民（原住民）や漢人の既墾地を侵害してはならないと強調していることを確認しておく必要がある。後者の点の実態については後に検討を加えていきたい。

次に、鄭氏による開墾労働力の調達法について検討しよう。当初、開墾に従事した労働力は鄭氏に従って渡台した兵士が中心であったが、当然、これだけの労働力だけでは不足していた。この労働力不足を解決するために、鄭氏は将兵の家族を渡台させ、彼らを開墾に従事させた。渡台した将兵の家族は鄭氏に忠誠を誓い、抗清に励ませるための人質としてもちいた。

一方、清朝は一六六一年より浙江から広東までの大陸沿岸地域に遷界令（遷海令）を実施して、台湾鄭氏と大陸沿岸の漢人との交通を遮断し、大陸より台湾への糧食の流入、漢人の渡台を禁止し、台湾鄭氏を孤立化させようとした。遷界令は海岸から約二〇キロメートル以内を無人化し、鄭氏の兵源と資源の枯渇をはかるという一種の堅壁清野政策であったが、実施地域では大混乱を起こし、流亡者が多く発生し、その流亡者のなかには清朝の意図に反して台湾に移住していく者が多かった。[7] 即ち、清朝の遷界令はその意図とは逆に、大陸人民の渡台を促進させたものと考えられよう。

次に、鄭氏時代の渡台者の出身地域及び身分、職業について検討しよう。出身地域は台湾省文献委員会編（一九七一年刊）『台湾省通誌』巻二、人民志、氏族篇によると、福建省漳州、平和、同安、竜渓、泉州、厦門出身者が多かった。また、鄭氏に従って渡台した人々の身分、職業は、第一表によると、官僚、将兵が中心で、その他には紳士層や民間人も加わっていた。官僚は台南地域に多く派遣されていた。例えば、東寧総制の陳永華は「輔嗣王鄭經治臺、死葬果毅後堡後潭[8]」、鄭部驃騎将軍の黄某は「葬臺南縣虎頭埤後山坡[9]」、明遺臣の李茂春は「隨鄭經入臺、居承天府永康里、卒葬新昌里[10]」とあり、以上の例からも明らかであろう。

これに対して将兵の多くは台湾中北部へ派遣された。例えば、鄭氏の屯弁の鄭長は「隨軍北上開墾八芝蘭堡荒野（今士林鎮付近[11]）」、鄭氏部属の陳巨郎は、「墾大槺榔西堡蒜頭庄[12]（斗六付近……松田註）」、鄭氏参軍の林杞は、「隨延平王東征墾雲林縣竹山鎮（林杞埔）被番殺害[13]」、鄭氏部属の陳某は「與王・翁二姓墾嘉義西堡[14]」とあるように、台北、斗六、雲林、嘉義等の地域は将兵によって開墾された。そして、民間人については史料が乏しいが、商人の呉某は「居哆囉嘓店仔口（今台南県白河鎮）經營小販[15]」とあり、台南で商業を営んでいたことがわかる。漁夫の史料は鳳山に多く見える。蔡月、王光好、李奇等は「與徐阿壽等七人、移住旂後（在高雄市）捕魚、並建築媽祖宮[16]」とあり、鳳山（現在の高尾付近）は漁業の根拠地となっていたようである。また、淡水通事の李滄は、「獲准往卑南覓（今臺東）採金、途阻於番而罷[17]」とあるように、高山族等原住民との通訳にあたるとともに、採金を行うために現在の台東付近にまで出かけていたようである。

以上から、台湾移住者の身分・職業より分類した開墾地域ついては、官僚が台南付近、将兵が台湾中北部、商人が台南、漁民が鳳山という台湾南部地域であったことが明らかとなった。

第一表（出典：『台湾省通誌』巻二）

官僚	東寧総制、兵部職方司、明遺臣、鄭邦宣武将
将兵	鄭氏部属、参軍、部将、副将、屯弁
紳士	歳貢
民間人	漁夫、淡水通事、商人

四　鄭氏時代の台湾開発

鄭氏による台湾開発は、言うまでもなくオランダ時代の開発の延長線上に行われたものであった。台湾文献叢刊第

四種『台海使槎録』巻一、赤嵌筆談、賦餉、羅運所引の『諸羅雑識』に、

鄭氏攻取其地、向之王田皆爲官田、耕田之人皆爲官佃、輸租之法、一如其舊、即僞册所謂官佃田園也。鄭氏宗黨及文武僞官與士庶之有力者、招佃耕墾、自收其租而納課於官、名曰私田、即僞册所謂文武官田也。其法亦分上・中・下則。所用官斗、較中土倉斛毎斗僅八升。且土性浮鬆、三年後即力薄収少、人多棄其舊業、另耕他地、故三年一丈量、蠲其所棄而増其新墾、以爲定法。其餘鎭營之兵、就所駐之地、自耕自給、名曰營盤。及歸命後、官・私田園、悉爲民業、酌減舊額、按則匀徴。既以僞産歸之於民。而復減其額以便輸将、誠聖朝寛大之恩也。

とあり、鄭氏時代の田園は①官佃田園（官田）、②文武官田（私田）、③営盤田の三種類に分かれていた。①の官佃田園はオランダ時代の王田で、鄭氏によって領有されたものである。耕作者は官佃とよばれ、鄭氏に租を納入するが、納入方法はオランダ時代と同じものであった。②の文武官田は鄭氏の宗党や士庶の有力者が佃戸を招き、開墾耕作させるもので、鄭氏の宗党等は佃戸より租を徴収し、鄭氏に租を納めた。納税方法は上則・中則・下則の三種類に分かれ、用いる「官斗」（ます）は大陸本土の「官斗」に較べて幾分小さく、台湾の一斗は大陸本土の八升に相当した。そして土地生産性が低いことから、三年耕作すればその土地の肥沃度は落ちてしまい、別の土地に移住しなければならなくなる。従って、鄭氏政権は三年に一回、文武官田の丈量を行い、遺棄された土地への課税を免除し、新墾の土地へ課税することを原則とした。そして、③の営盤田は鎮営の兵士を屯田させる土地のことで、兵士はその土地を自ら開墾・耕作し、自給自足していた。

台湾文献叢刊第八四種『福建通志台湾府』田賦、「康熙中諸羅県知県季麒光覆議二十四年餉税文」には、

僞鄭時横徴苛斂、一人至臺、給以照牌、分別徴税。其地之平坦而可耕者名曰田、高燥而可藝者名曰園。僞鄭自給牛種、佃丁輸税於官、即紅彝之王田、僞册所謂官佃田園也。文武諸人各招佃丁、給以牛種、収租納税、僞册所謂

文武官田也。……査官佃田園、牛具、埤圳、官給官築、令佃耕種。文武官田園、自備牛種、與佃分収、止完正供。

とあり、①の官佃田園は鄭氏が佃戸に牛、種子、農具を支給し、水利施設を築き、佃戸に耕作させた土地であった。②の文武官田は佃戸が牛、種子、農具等を自備し、収穫物の一定比率分（分益租）を文武官僚に納入し、文武官僚が鄭氏に租税を納入する形態の土地であった。そして、鄭氏時代の租税は一般的には重かったと言われている(18)。

次に、鄭氏時代の水利施設について検討しよう。鄭氏時代の水利施設は第二表の通りである。第二表によると、鄭氏時代に修築された水利施設は二十見える。そのうち、台南にあるのが六、高雄（鳳山）にあるのが十四であった。水利施設の種類によって分類すると、潭が二、陂が十七、池が一で、陂が圧倒的に多かった。潭には草潭、弼衣潭の二箇所あったが、どちらも「蓄雨水以漑田」とあるように、雨水を貯めて水田を漑漑する施設であった。池には月眉池があったが、「舊植蓮花(19)」とあるように、池の中に蓮花が植えられており、どのような水利が行われていたか不明である。

一方、陂には十七施設あったが、そのうち十三の施設は「蓄雨水以灌田」とあるように、雨水をためて水田を漑漑する施設であった。他の三鎮陂、三爺陂、竹橋陂などは「泉」などの水源をもち、水田を漑漑していた。即ち、鄭氏時代の水利施設は大部分が陂であったが、その多くは雨水をためる陂で、水源をもつ陂は少なく、水田漑漑は小規模なものであったと考えられる。台湾文献叢刊第一二四種、康熙五十九年〈一七二〇〉刊『鳳山県志』巻二、規制志、水利に次のように述べられている。

邑治田土、多乏水源、淋雨（雨？）則溢、旱則涸。故相度地勢之下者。筑隄瀦水、或截溪流、均名曰陂。……大約陂之名十有七、而有泉者六、無泉者十一。

とあり、鳳山県内で鄭氏時代に修築された陂は、貯水量が少なく、簡易な施設であった。そのために、「然歴年既久、

第二表　鄭氏時代の水利施設

名称	所在地	記事	
公爺陂	台南	在新豊里、僞時築。蓄雨水以灌田。	①
弼衣潭	台南	在新豊里香洋仔、僞時築、蓄雨水以灌田　。	①
草潭	台南	在新豊里、僞時築。方半里許、蓄雨水以灌田。	①
陂仔頭陂	台南	在文賢里、僞時所築以灌田者、大旱則涸。	①
月眉池	高雄	在文賢里一圖、形如月眉、故名。積雨水以灌田。	①
三鎮陂	高雄	在維新里、有泉灌三鎮荘之田、僞時所築。	②
三爺陂	高雄	在維新里、有泉灌三爺荘之田、僞時所築。	②
蘇左協陂	高雄	在維新里、注雨水以灌田、僞時所築。	②
烏樹林陂	高雄	在維新里、注雨水以灌田、僞時所築。	②
北領旗陂	高雄	在維新里、注雨水以灌田、僞時所築。	②
王田陂	高雄	在嘉祥里加冬脚、注雨水以灌田、僞時所築。	②
大陂	高雄	在嘉祥里、注雨水以灌田、僞時所築。	②
大湖陂	高雄	在長治里、有泉灌大湖荘之田、僞時所築。	②
新園陂	高雄	在長治里、注雨水以灌田、僞時所築。	②
五老爺陂	台南	在衣仁里、注雨水以灌田、僞時所築、大水衝崩。（康熙）五十七年、業戸再築。	②
祥官陂	台南	在依仁里、注雨水以灌田、僞時所築。	②
中衝崎陂	高雄	在仁壽里、注雨水以灌田、僞時所築。	②
賞舎陂	高雄	在鳳山荘、注雨水以灌田、僞時所築（按、賞舎、即鄭成功次子鄭聰、輔政係其職稱。陂址、在今高雄縣鳳山鎮。高拱乾『臺灣府志』云、「輔政埤、在鳳山荘、僞輔政公所築、故名」）。	②③④
赤山陂	高雄	在赤山荘、周圍百餘丈、注雨水以灌赤山荘之田、僞時所築。	②
竹橋陂	高雄	在竹橋荘、水源在阿猴林來、灌竹橋荘之田。僞時所築。又名曰柴頭陂。	②

①康熙五十九年刊、陳文達等纂『台湾縣志』巻二、②康熙五十九年刊、陳文達等纂『鳳山県志』巻二、③康熙三十五年刊、高拱乾纂『台湾府志』巻二、④『台湾省通誌』（一九七一年）巻四。

今昔廢興。」（台湾文献叢刊第一四六種、乾隆二十九年〈一七六四〉刊『重修鳳山県志』巻二、規制志、水利）と言われるように、その多くは廃棄、改築されていた。

次に、各地域ごとの開発の実態について検討しよう。

（1）台湾北部地域

台湾北部地域は前述したように、「鄭部」とか「鄭氏屯弁」などの将兵による開墾が多かった。「嗣王鄭經貶洪士昌、楊明琅及其家屬百餘人於淡水基隆[20]」とか、「劉傳……與侯成合墾下雙溪庄[21]」とあるように、家族や一緒に渡台した人々同士で開墾が行われたようである。臨時台湾土地調査局編『台湾土地慣行一斑』（一九〇五年三月）第一編一二～一三頁には、

清暦順治ノ末年、即チ明ノ永暦年間ノ頃ヨリ、漸ク移民ノ渡來スル者有リテ、康熙年間ニハ、已ニ今ノ新竹城内打鐵巷街暗街仔街邊ニ點々茅屋ヲ見ルニ至レリ、然レトモ、當時兇蕃ノ出没常無ク、少數ノ移民ハ力之ニ抗スル能ハス、寸進尺退ノ極、其開墾ノ區域ハ一局部ニ限縮セラレ、絶テ成功ノ見ルヘキモノ無カリキ。其後王世傑ナルモノ衆ヲ率ヰテ此地ニ入リ、居ヲ打鐵巷街ニ占メ、進テ開拓ニ従フニ當リ、一タヒ土蕃トノ衝突有リタルニ拘ハラス、金品猪酒ヲ與エテ土蕃ヲ籠蓋シ、數里ニ渉レル廣大ナル荒埔ヲ獲得セリ（新竹城内モ亦其界内ニ在リ）。其境界タル極メテ廣漠ナレハ、移民ノ足跡未タ到ラサル地域ヲ包有シ、開拓ノ事業従ッテ容易ニ非サルヲ以テ、頻ニ移住ヲ督勵シタル結果ハ、期年ナラスシテ一部落ヲ構成シ、雍正年間ニ及ンテハ、昔日ノ草野モ忽チ變シテ腴田ニ墾成セラル、ヲ見タリ。

とあり台湾北部の桃仔園〔現在の桃園[22]〕、新竹地域では永暦年間（一六四七～六一）に漢人の渡来があったが、「土蕃」

（原住民）との闘争が頻繁におこり、十分開拓は進まなかった。しかし、後に、王世傑が原住民に金品、豚、酒等を与えて彼らを籠絡し、広大な未開墾地を得た。王世傑は、『台湾省通誌』巻二、人民志によると、籍貫が福建省同安県金城の人で、鄭氏の兵として永暦年間に渡台した。そして、

北番倡亂、運軍餉有功、後墾竹塹[23]。

とあるように、原住民の反乱の鎮圧のための軍餉輸送に功労があり、「竹塹」（新竹）地域の開墾権を得た。また、『台湾土地慣行一斑』第一編、一三頁には、

楊蓁庄、浸水庄、油車港庄、十塊蓁庄、糠榔庄、埔頂庄、赤土崎庄地方ハ、康煕初年ニ渡來セル泉籍墾戸王世傑ノ開墾地域ニ係ル、王氏ハ康煕三十五年前後ニ於テ此地方一帯ノ開墾権ヲ取得シ、佃戸ヲ招集シテ地域ヲ分給シ、北庄ヨリ着墾シテ漸次南庄ニ及ホセリ……

とあり、王世傑は康煕初年（一六六二）に渡台し、同三十五年（一六九六）前後に新竹地域一帯の開墾権を得、佃戸を集めて開墾にあたっていたのである。

以上のように、台湾北部地域の開墾は鄭氏の将兵が中心となって行われ、原住民の土地を暴力的に奪い取り、佃戸を集めて開墾・耕作が行われていた。しかし、佃戸より大租を徴収したかどうかは不明である。また、原住民の土地を侵害することを禁止した鄭氏の諭令は事実上守られていなかったと言えよう。そして、第二表にあるように、この地域では水利施設の建設が見られず、開発の進展度合は初歩的段階であったと考えられよう。

（2）　台湾中部地域

『台湾土地慣行一斑』第一編、四九頁には、

彰化附近ノ地ハ遠ク、明ノ天啓年間、蘭人占據ノ時代ニ於テ已ニ幾分ノ犂鋤ヲ加エタルモノ、如ク、延テ鄭氏ノ時代ニ至リ、亡命ノ徒ニシテ志ヲ本土ニ得サル者續々來リ投シ、開拓ノ業稍々其緒ニ就キ……

とあり、彰化県では既にオランダ時代（一六二四〜六一）より一定の開墾が行われていたが、鄭氏時代には「亡命ノ徒」と呼ばれる人々が移住・開墾にあたった。

次に斗六県大糠榔東頂（頂）堡、蔦（鶯）松堡の開墾状況について検討しよう。『台湾土地慣行一斑』第一編、五七頁には、

清暦康熙ノ初年（一六六二）、鄭成功ノ初メテ蘭人ヲ擊退シ、本島ヲ領有スルニ當リ、其功臣陳某ニ賞給シタル開墾區域ナリ、其後陳某ハ久シカラスシテ墾區ヲ他人ニ讓渡シ、爾來轉輾賣ヲ重ネテ數多ノ大租戸ニ小分セラル、ニ至レリ……

とあり、この地域の土地は鄭氏によって功臣に給付されたものであった。その後、陳某はその所有権を他人に転売したために、多数の大租戸が出現したといわれる。

また、斗六県打猫東頂堡の内崁頭頂地区については、『台湾土地慣行一斑』第一編、六八頁に、

本區ハ康熙ノ初年、福建漳州ノ移民ナル大湖口舘十陳石龍其他數名ノ墾戸ニ依リテ招墾闢成セラレタル地方ニシテ、其系統ハ今尚ホ繼續セリ、當時陳石龍外數名ハ初メテ開墾ノ許可ヲ受ケ、漳籍人ヲ招致シテ人毎ニ若干ノ埔地ヲ分給シ、開墾成田ノ後、一定ノ大租ヲ貼納セシメタリ。其後陳石龍ハ其大租權ノ全部ヲ擧ケテ之ヲ翁拱ナル者ニ賣渡セリ。翁拱ハ移住民中ノ殷戸ニシテ陳姓ノ大租權ヲ買収スルト同時ニ、亦他ニ向テ大ニ大小租權ノ買収ヲ初メ、遂ニハ僅カニ定額銀（手附金）少許ヲ出シ、賣契ヲ作製セシメ、横肆民業ヲ覇佔シタルモノ多キニ居レルヲ以テ、忽チ一般人民ノ紛擾ヲ惹起シ、其極、官府ノ察知スル所ト爲リ、翁拱買収以後四十年ヲ經テ、其大小

租權ハ倶ニ、全ク抄封セラル、ニ至レリ。是レ本區大部ノ大小租カ悉ク抄封租タル所以ナリ。

とあり、斗六県打猫東頂堡の内崁頭頂区は康熙初年（一六六二）、福建省漳州出身の陳石竜その他数名の墾戸によって開墾された。彼らは同郷の漳州人を招き、土地を分け与えて開墾・耕作させ、一定の大租を徴収した。その後、陳石竜は既墾地を翁拱なる者に売却した。翁拱は付近一帯の土地も買い占めたが、「覇佔」と言われる暴力的な土地兼併を行ったために、後にこれらの土地はすべて官に没収され、耕作者に「抄封租」が課せられるようになった。

以上により、この斗六県打猫東頂堡の内崁頭頂地区では鄭氏時代より墾戸が大租を徴収していたことが明らかとなった。鄭氏時代、台湾で大租が徴収されたかどうかについては議論があり、平山勛、曹永和氏等は大租が存在したと言い、鄧孔昭氏は存在しなかったと言うが[24]、『台湾土地慣行一斑』の史料で見るかぎり、ある程度存在していたと考えてよかろう。

次に、雲林県沙連堡地域について検討しよう。この地域については荘英章氏が詳細な研究をなされているが[25]、斗六県地域とは異なる開発形態なので考察してみよう。『台湾土地慣行一斑』第一編、六八頁には、

林圯埔區地方ノ初メテ開墾ニ着手シタルハ、遠ク康熙十六年ニ在リトス。當時鄭氏ノ部將林圯ナル者、蕃人ヲ討平セントシ、斗六門ヲ平ケ、進ンテ平相觸山（今ノ觸口坪頂山）ノ東方ニ達スルニ及ヒ、初メテ附近ニ開拓スヘキ沃野有ルヲ聞キ、今ノ林圯埔街ニ隣接セル竹圍仔ヲ根據トシ、部下ノ兵丁ヲ留メテ茲ニ開墾ノ端緒ヲ啓キ、着々歩武ヲ進メントスルニ際シ、遇々蕃人ノ來襲ヲ受ケ、遂ニ命ヲ殞セリト云フ、……林圯ハ蕃人ヲ平定シ、一旦招墾ノ事業ニ着手セシト雖、移民ハ尚ホ蕃害ヲ恐レ、勇テ招致ニ應スル者稀ナリシカ、故ニ當時ノ給墾ニ關シテハ、極メテ簡易ノ方法ヲ取リ、埔地ハ大抵無償ニテ給出シ、墾成ノ後ト雖、決シテ大租ヲ徴セス。移民ヲシテ各自報陞セシメタルモノ、如シ。又當時ノ賣契等ニ徴スルモ、未タ曾テ大租附帶ノ田園ヲ發見セサルノミナラス、一般

人民ノ説ニ依ルモ、假令契面ニハ大租若クハ官租ト明記スル者有リト雖、是レ私法關係ニ由リテ成立セル大租ニ非ラスシテ正供（地租）ヲ意味スルモノナリト云ヘルヨリ見レハ、本地方ニハ古來大租關係ノ發生セサリシコト明ナリ。

とあり、雲林県沙連堡地域の開発は鄭氏の参軍の林圮によって、康熙十六年（一六七七）に原住民を征服することによってなされた。林圮は部下の兵丁に土地を給付して開墾させるとともに、一般の民間人にも土地を無償で給付し、大租を徴収せず、耕作者より鄭氏に正供（地租）を納めさせるのみであった。

次に、嘉義地方について検討してみよう。『台湾土地慣行一斑』第一編、一〇五頁には、

嘉義ハ往昔、諸羅山蕃棲息ノ地ト爲ス。康熙元年鄭氏ノ蘭人ヲ討平シ、臺灣ヲ領有スルニ及ヒ、閩粤兩族ノ鄭軍ニ従フ者來リテ此地ニ居住シ、土着ノ蕃人ヲ驅逐シ、大ニ開拓ノ業ヲ興セリ、之ヲ漢人移住ノ起源ト爲ス。

とあり、嘉義地方の本格的開拓は康熙元年（一六六二）より始まった。鄭氏に従軍した福建・広東出身者が原住民を「駆逐」しながら開拓をすすめた。この地方でも鄭氏が諭令した原住民の土地への侵害の禁止事項は事実上蹂躙されていたと言えよう。

また、開墾形態は「鄭部」の「王某」が「與翁・陳二姓墾嘉義西堡[26]」、漳州人の「林天生、林萬福、林浮意」が「合墾諸羅縣笨港[27]」とあるように、鄭氏に従軍した兵、及びその家族、同族による共同開墾形態であった。

（3）　台湾南部地域

オランダ時代より開墾が進んでいる南部地域では、鄭氏はオランダの遺業を受け継いで、さらに開墾を進めた。台南の大目降里では、『台湾土地慣行一斑』第一編、七五頁によると、

大目降街地方ハ順治年間、鄭成功ノ兵勇來ッテ開拓セルモノニ係ル。當時、大目降里ハ概括シテ大目降庄ト稱シタリシカ、後チ移民ノ繁殖スルニ及ヒ、生活状態ノ異同ニ依リ、各々部落ヲ形成シ、上堡中堡ニ分レタリ。上堡ニハ農民多ク、下堡ニハ商民多シ。……本地方原ト平埔蕃大頭目ノ占據地タリ、順治年間、鄭氏ノ入臺スルヤ、居城ヲ安平ニ置キ、附近ノ蕃頭目ヲ召募シ、諭スニ歸化ノ事ヲ以テス。獨リ大目降ノ頭目召募ニ應セス、鄭氏大ニ怒リ、遂ニ之ヲ討平シ、兵勇ヲ留メテ此地ノ開拓ニ當ラシメタリ、口碑ノ傳フル所ニ依レハ、大目降ノ名稱ハ蕃大頭目カ内山ヨリ平埔ニ來降シタル義ニ取レリト云フ。以上ノ如ク、該兵勇ハ蕃人ヲ征服シテ墾闢ヲ初メ、各自適宜ノ地ヲトシテ家屋ヲ起蓋シ、傳稱シテ今日ニ至レルモノニシテ、極メテ少數ノ例ヲ除クノ外ハ、一般ニ租權關係ノ發生ヲ見ス。……

とあり、鄭氏は順治年間（一六四四〜六一）に台南の大目降里に入植して開墾を行ったとあるが、おそらくは順治年間の末の一六六〇年代のことであろう。鄭氏は「平埔蕃」（原住民の平埔族）の首長を集めて、鄭氏への帰順をすすめたが、ひとり大目降の首長のみが応じなかったので、この部族を「討平」（討伐）し、その地を部下の兵勇に開墾させたのであった。

即ち、鄭氏が発令した諭令は原住民（高山族・平埔族）や先住漢人に鄭氏への帰順勧告を行ったものであって、決して彼らの既得権利＝土地所有権を無条件に保障するものではなかった。そして、兵勇に開墾されたこの地域では租権（大租権）が発生しなかったと言われ、基本的に自作農による小土地所有、及び小経営が行われていたものと考えられる。

同じく、台南の広儲東里、広儲西里、外新化南里、新化里西堡、新化西里、新化北里、新化東里については、『台湾土地慣行一斑』第一編、七六頁に、廣儲東里ナル草山、大坑尾等ノ各庄、外新化南里ナル山豹庄、崗仔林庄等ノ各庄、新化北里ナル北勢洲庄、大社等ノ各庄及新化東里ノ山仔頂庄等ハ康熙年間、鄭氏カ地方討伐ノ時ニ際シ、勲功者ニ賞給シタル地域ニ係リ、外新化南里ノ左鎭庄及内庄仔庄ハ康熙五十二年（一七一三）歐牛節ナル者、官給ヲ受ケタル地域ニ屬シ、爾後彼等承給者ハ墾戸ト爲リテ、再ヒ佃人ニ給出セシヲ以テ、臺地一般ノ例ニ準シ、其田園皆大租ヲ負擔セリ。

とあり、鄭氏時代に開墾された土地には大租の負担がなく、清領以後に官府から許可を得て開墾された土地には大租の負担があった。この点は先述した台湾中部地域の例と比較すると、鄭氏時代は将兵の開墾、所謂、屯田形態の営盤田が主で、これらの土地では基本的には、自作農的土地所有・経営形態がとられた。しかし、一部、文武官田や広大な領域を覇占した所では、佃戸に開墾・耕作させる形態がとられたのである。

おわりに

鄭氏時代の台湾開発はオランダ時代の開発の遺業を受けて、台湾南部を中心にすすめられ、やがて中北部地域にも進展していった。鄭氏は先住漢人や原住民の土地を侵害しないように厳命して、開発を行おうとしたが、実際はその諭令は無視され、特に原住民の土地を侵害して開墾がすすめられた。

鄭氏時代の田園の種類は①官佃田園、②文武官田、③営盤田の三種類あったが、①は南部地域に多く、②③は中北部地域に多かった。また、鄭氏時代には大租の成立した田園は少なかったが、②の文武官田の一部、しかも台湾中北部地域では行われていたようである。これは、中北部地域には未開墾地が多いことから、文武官僚は比較的広大な領域を覇占することができ、また耕作にあたった佃戸も生産手段を自備していた人々であったから、彼等から一定程度の大租を徴収することが可能だったようである。そして、清領以後になると、田園の開墾・水利施設の建設がすすんだことから、大租・小租関係が広範に成立し、[28] 大租権転売が盛んに行われた。

一方、南部地域の①②③の各田園においては、自作農的小規模経営が行われ、鄭氏時代にはほとんど大租の成立を見なかった。また、水利施設の大部分は鄭氏が資金を投ずることによって築かれたものであり、また、雨水を貯めて田園に灌漑するという小規模かつ簡便なものであり、清領前後廃棄されたり、改築されたといわれる。そして、清領以後には、南部地域の田園にも大租の成立が見られるが、小規模経営の故に大租収入のみでは租税の納入に困難を来すものもあって、大租権を放棄するものが多かった。[29] 従って、大租・小租関係は中北部地域に較べて、あまり展開しなかった。[30]

以上、鄭氏時代の土地開発は、先住土着民（原住民）の土地を侵害しながらすすめられたものであり、また、中北部では地主－佃戸関係による開発が行われ、南部では自作農による開発が行われるという相違があり、これらの開発形態は清領以後にも引き継がれたと言えよう。

註

（1）伊能嘉矩『台湾文化志』（一九二八年初版、一九六五年刀江書院より復刻）。

（2）曹永和「鄭氏時代之台湾墾殖」、同「従荷蘭文献談鄭成功之研究」（同『台湾早期歴史研究』聯経出版事業公司、一九七九年七月）。

（3）註（2）に同じ。

（4）註（2）に同じ。

（5）『従征実録』永暦十五年五月二日・十八日の条。

（6）註（2）に同じ。
（7）註（2）に同じ。
（8）『台湾省通誌』巻二、人民志、氏族篇。
（9）註（8）に同じ。
（10）註（8）に同じ。
（11）註（8）に同じ。
（12）註（8）に同じ。
（13）註（8）に同じ。
（14）註（8）に同じ。
（15）註（8）に同じ。
（16）註（8）に同じ。
（17）註（8）に同じ。
（18）第三表　鄭氏時代・清領初期の田賦（出典：康熙年間刊、蔣毓英纂『台湾府志』巻七、賦税、田賦）

	上則（毎甲）	中則（毎甲）	下則（毎甲）
偽時官佃田園（鄭氏時代）	田　粟一八石 園　粟一十石二斗	田　粟一五石六斗 園　粟　一一斗?	田　粟一十石二斗 園　粟　五石四斗
偽時文武官田園（鄭氏時代）	田　粟三石六斗 園　粟二石　四升	田　粟三石一斗二升 園　粟一石一斗二升	田　粟二石　四升 園　粟一石　八升
今官佃文武官田園（清領初期）	田　粟八石八斗 園　粟五石	田　粟七石四斗 園　粟四石	田　粟五石五斗 園　粟二石四斗

第四表　鄭氏時代・清領初期の人口（出典：蒋毓英『台湾府志』巻七、戸口）

	（漢人）口偽額	澎湖口偽額	実在民口	実在番口
台湾府	二一、三二〇	九三三	三〇、二二九	八、一〇八
台湾県	一一、七八二	九三三	一五、四六五	
鳳山県	五、一二六		六、九一〇	三、五九二
諸羅県	四、四一二		七、八五三	四、五一六

第五表　康熙年間中期の人口（康熙三十五年〈一六九六〉刊、高拱乾『台湾府志』巻五、賦役）

	康熙二十二年民口（一六八三）	澎湖口	康熙三十年新増口（一六九一）	八社土番口
台湾府	一六、八二〇	五四六	六三〇	三、五九二
台湾県	八、五七九	五四六	四四一	
鳳山県	三、四九六		一一八	三、五九二
諸羅県	四、一九九		七一	

(19)　康熙五十二年〈一七一三〉刊、陳文達等纂『台湾県志』巻九、雑記志、古蹟。
(20)　『台湾省通誌』巻二、人物志、氏族篇。
(21)　註（20）に同じ。
(22)　安倍明義『台湾地名研究』（一九三八年）。
(23)　註（20）に同じ。
(24)　鄭孔昭「清代台湾大小租的産生及其社会条件」（『厦門大学学報』一九八五年第一期）。
(25)　荘英章『林圯埔－一個台湾市鎮的社会経済発展史－』（『中央研究院民族学研究所専刊』乙種第八号、一九七七年六月）。

(26) 註(20)に同じ。

(27) 註(20)に同じ。

(28) 松田吉郎「清代台湾中北部の水利事業と一田両主制の成立過程」(『佐藤博士退官記念中国水利史論叢』一九八四年十月、国書刊行会、本書第二部第四章に収録)、同「台湾史研究における一田両主制研究の成果と課題」(『台湾史研究会会報』第三号、一九八四年九月、本書第二部第三章に収録)。

(29) 『台湾土地慣行一斑』第一編、八四頁。

(30) 松田吉郎「明末清代台湾南部の水利事業」(『中国水利史研究』第一一号、一九八一年十月、本書第二部第二章に収録)、同「清代台湾の管事について」(『中国史研究』第七号、一九八二年十一月、本書第二部第五章に収録)。

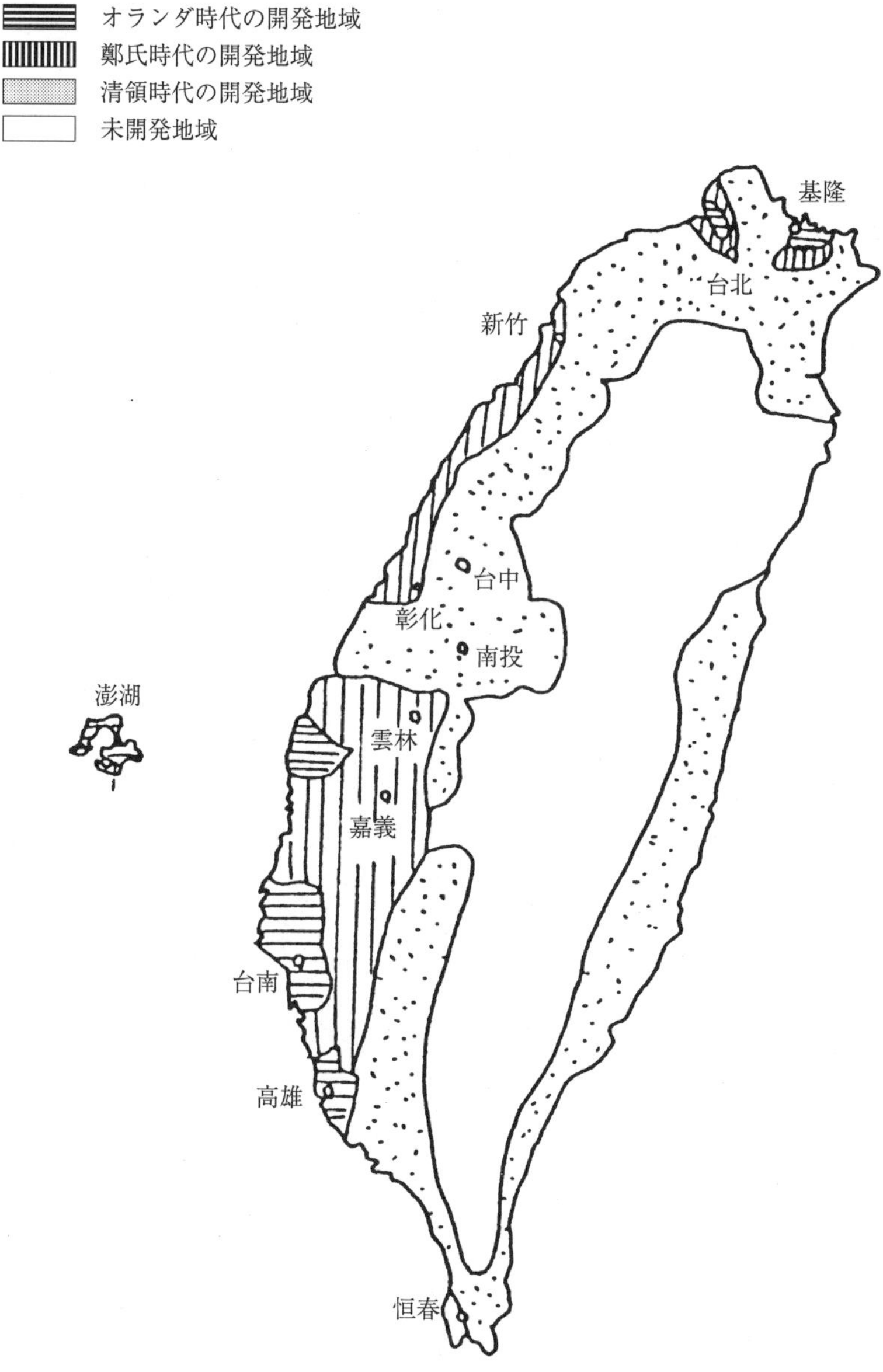

地図出版社・中央人民広播電台対台湾広播部編製『台湾省地図冊』1981年10月
新華書店北京発行所より作成

第二章　明末清代台湾南部の水利事業

はじめに

台湾史研究は中国史研究の一環であり、台湾と大陸の相互比較研究は重要な課題である。しかし、日本における台湾史研究はまだ始まったばかりと言わざるをえない(1)。それは台湾研究が日本のみならず台湾においても一種のタブー視されてきたことによる(2)。水利史研究についても一九三〇年代に行われた研究(3)以後は、森田明氏の「八堡圳」等の水利史研究(4)が永らく唯一のものであったが、王世慶氏の宜蘭県の水利史研究(5)、黄俊傑、古偉瀛両氏による「嘉南大圳」を中心とした日本統治時代の水利史研究(6)がでて、漸く本格的に取り組まれつつある状態である。

森田明氏は台湾の水利施設である埤・圳の管理について、①「開鑿者＝埤圳主による個人的組織（私有・有主形態）から、権利主体の分散拡大を通じての用水農民による共同体的組織（公有・無主形態）への展開過程」を論証され、また、②この過程と土地所有における墾戸－佃戸関係から佃戸層の分解による大租戸－小租戸－現耕佃戸の一田両主制への変化(7)と関連づけられている(8)。

筆者は森田明氏の論点に基本的に賛意を表し、本章においては、森田氏が述べられていない台湾南部の水利史について考えてみたい。その場合、筆者は官権力・紳士等在地支配者(9)・一般農民（用水戸）各々の水利施設の修築・管理への関わり方とその変化を考察する。その場合、①水利施設の大修の際の資金・労働力の投下形態及びその管理形態、②水利施設及びその用水の日常的管理形態（埤圳長等、直接管理人の選出・罷免方法、水租の徴収、水争いの調停、水利の運営会議等）に区別して考察するものとする。[10]

一　台湾南部の水利施設の概況

本章で述べる台湾南部とは、一応、八掌渓から下淡水渓までをいい（第一図参照）、それより以南の現在の恒春県あたりは論証の対象から外している。

台湾における水利施設には堤防を築き、貯水して田園に潅漑用水を供給する「陂」（埤ともいう）、堤防を築かず水路を掘り、田園に渓泉の水を供給する「圳」、桔槹（はねつるべ）を用い、潅漑用水を田園に供給する「湖」・「潭」、堤防を築き雨水を貯える「涸死陂」[11]、及び水源からの距離が遠いところにある「港」・「坑」[12]などの施設があった。

施設の種類、設置の有無によって農業生産の種類やその規模が規定され、諸羅県（現在の嘉義県）では田園を五段階に分ける基準になっていた。即ち、「平疇沃野」で「水泉蓄洩、不憂旱潦」というものが「上上」田園、「陂圳」のあるものが「中上」田園、「渓港」付近で、「桔槹任牛」のものが「中中」田園、「陂曰涸死」が設置されているものが「下中」田園、「広斥而磽」のものが「下下」田園であった。[13]

次に、第一表を参照されたい。これは台湾南部の各水系ごとの主要な水利施設を列記したものである。ただ、すべての施設を網羅したものではないことをお断わりしておく。なお、水利施設の所在地については第一表の各欄の右側に各出典の文献に載っている原名を示し、左側に台湾省文献委員会編『台湾省通誌』巻四、経済志、水利篇所載の現在の地名を示した。

第一表で明らかなように水利施設の建設は、オランダ時代には塩水渓・二層行渓流域で行われ、鄭氏時代には塩水渓・二層行渓・下淡水渓流域で行われ、清領時代には八掌渓から下淡水渓の全流域へと地域的に拡大していったことが理解できよう。

以下、第一表を参照し、清領以前と清領以後に分けて開発過程と水利事業について考察しよう。

二　清領以前（一六二四～八三）の開発と水利

オランダ時代（一六二四～六一）の水利施設は今の嘉義市付近[14]、澎湖島白沙郷[15]にも建設されたが、大部分は塩水渓・二層行渓流域の台南市付近であった。

水利施設の大半は井戸であり、23の大井は明代宣徳年間（一四二六～三五）、「大監王三保」が台湾に到着した際に、この井戸で取水したという説と、オランダ人が鑿ち、赤嵌城を築いた際の消火用水に用いられたという説がある。24の烏鬼井は商船の飲料用水として用いられ、25の馬兵営井は園に潅漑した。

また、陂もつくられ、27の荷蘭陂[16]は郷人によって設置され、雨水を貯え田に潅漑した。其の他、設置年代は不詳であるが、34の甘棠潭、42の参若埤、43の十嫂埤、45の王有埤はオランダ時代に設置されたという[17]。また、42・45は佃民によって修築された施設であった。

オランダ時代の水利施設の特徴は、台湾文献叢刊第四種『台海使槎録』巻一、赤嵌筆談、賦餉、羅運に引用されている『諸羅雑識』に、

蓋自紅夷至臺、就中土遺民令之耕田輸租、以受種十畝之地名爲一甲、分別上・中・下則徵粟、其陂塘隄圳修築之費、耕牛農具耔種、皆紅夷資給、故名曰王田、亦猶中土之人受田耕種而納租於田主之義、非民自世其業而按畝輸税也。

とあるように、オランダが「中土遺民」（大陸から渡ってきた漢人）に田を耕させて徴税し、陂塘隄圳の修築費、耕牛、

農具、種子も給付したので、これらの田は「王田」と呼ばれていた。

このようにオランダ時代にはいくつかの水利施設が建設され、農業生産も行われたが、まだ、本格的な発展をとげるまでには至っていないと言えよう。(18)

鄭氏時代（一六六二〜八三）には、塩水渓流域で28・30の潭、29の陂、二層行渓流域で38の潭、47の池、39・48・49・50・51・52・53・54の陂、下淡水渓流域で55・56・57・58・61・62の陂が築造された。設置者については58の賞舎陂が鄭成功の次子である鄭聡によるもの(19)、47の月眉池が寧靖王によるもの以外は不詳である。

台湾文献叢刊第八四種『福建通志台湾府』田賦、「康熙中諸羅県知県季麒光覆議二十四年（一六八五）餉税文」には、

偽鄭時横徴苛斂、一人至臺、給以照牌、分別徴税。其地之平坦而可耕者名曰田、高燥而可藝者名曰園。偽鄭自給牛種、佃丁輸税於官、既紅彝之王田、偽册所謂官佃田園也。文武諸人各招佃丁、給以牛種、収租納税、偽册所謂文武官田也。……查官佃田園、牛具・埤圳、官給官築、令佃耕種。文武官田園、自備牛種、與佃分収、止完正供。

とあり、また前掲『諸羅雑識』の続きに、

及鄭氏攻取其地、向之王田皆爲官田、耕田之人皆爲官佃、輸租之法一如其舊、即偽册所謂官佃田園也。鄭氏宗黨及文武偽官與士庶之有力者、招佃耕墾、自収其租而納課於官、名曰私田、即偽册所謂文武官田也。其法亦分上・中・下則。所用官斗、較中土倉斛毎斗僅八升。且土性浮鬆、三年後即力薄収少、人多棄其舊業、另耕他地、故三年一丈量、蠲其所棄而増其新墾、以爲定法。

とあり、オランダ時代の「王田」は鄭氏時代に「官佃田園」となり、官が「官佃」に牛具を支給し、埤圳を築いて耕作させた。「文武官田」では鄭氏一族、文武官、士庶の有力者が牛・種を整えて佃戸に開墾・耕作させた。

こうして、「耕作之興、自鄭成功竊踞始也(20)」とあるように、農業生産はオランダ時代に比べては進展したが、土壌

改良を十分に行えず、土地がやせたままであり、三年たてば収穫量が減り、土地を棄てて他の土地に移って耕作するものが多かった。その上、鄭氏の苛斂誅求が農民の不定着化（不安定生産）に拍車をかけていた[21]。ともあれ、鄭氏時代の修築工事は資金・牛具等は官給により、「招佃耕墾」方式で行われた。

三　清領以後（一六八三～一八九五）の開発と水利

（1）八掌渓流域

1の長短樹陂、2の林富荘陂はともに康熙時代に設置された涸死陂で、1は荘民によって設置されたもので、2は知県周鍾瑄の捐銀による設置であった。

周鍾瑄が康熙五十三～六年（一七一四～一七）に築造した施設は第一表に記載したものを含めて、少なくとも三十二あった[22]。

台湾文献叢刊第一四一種『諸羅県志』巻二、規制志には、

鍾瑄自五十三年視職、竊嘗留意於斯。循行所至、度其高下蓄洩之所宜、蒸髦士、召父老子弟、與之商榷、工程浩大而民力不能及、則捐資以倡之、發倉粟以貸之。決壊壅塞、則令修治、使復其舊。陂之大者、另立陂長、責以巡察、司斗門之啓閉、以時其蓄洩。三年之間、田穀倍穫。

とあり、周鍾瑄は康熙五十三年（一七一四）に諸羅知県に赴任してより、水利、津梁に留意し[23]、俊才の士や父老・子弟と相談し、工事が大規模で民力の及ばない場合には、「捐資」（寄付金）あるいは倉粟を貸与して建設させた。大きい陂には陂長を設け、陂の巡察、斗門の開閉、水量の調節に当たらせた。そのため三年間で田穀の収穫が倍増したという。

このように、周鍾瑄が主導して修築した施設は、修築工事・日常的管理の両面とも官の介入が強く、官主導の開発であったと言えよう。

（2）　急水渓流域

康熙年間に陂（3・4・6・8・9・10・11・12・13）、涸死陂（5・14・15・16・17）が建設され、7は6の施設の乾隆二年（一七三七）に再建されたものであった。設置は荘民によるもの（5・6・7・8・10）、官の援助下、荘民と「土番」共同によるもの（12）、知県によるもの（3・4・9・11・13・14・15・16・17）とがあった。知県による場合は、荘民に銀（十～十二両）を寄付したり、穀（五十～百石）を寄付したり、倉粟（八百余石）を貸与して行われた。

次に、6の楓仔林陂及びその後改築された7の観音埤について考えてみよう。台湾文献叢刊第二一八種『台湾南部碑文集成』所収の「観音埤公記」（嘉慶十九年、一八一四）には、前文、規約、水份の三段落に分けて修築過程・管理形態が記載されている。

まず、前文には「果毅後」地域は田土の高さが等しくなく、康熙五十四年（一七一五）につくられた楓仔林埤（補註）が完成しないうちに崩壊し、乾隆二年（一七三七）に「衆」が諸羅県知県の戴大晃に申請してその援助を受け、「原處」（原の基址）を填築し、閘門を設け、圳を開鑿し、また水利規約もつくった。嘉慶四年（一七九九）にはまた崩壊したために、十七年（一八一二）二月に「衆」が僉議して填築し、圳をつくり、閘門を設けた。そして、水利規約を作成し、「水份」（各用水戸への分配水量）を列挙し、「截水」（水路を遮断しての盗水）、「挖汴」（煉瓦や土石で築かれた閘門の破壊）[24]、「混爭」（水争い）を禁止した。

水利規約については（□は欠字）、

一、楓仔林埤水份原係一百二十分、凡費用工料俱照水份分派。茲有無銀可出、即將水份付與水份内之人承坐、照份出銀頂充、以濟公費。若恃強違約、衆等呈官究治。

一、放水須先放至各汴底週滿、然後作三鬮爲準、一汴至四汴爲首鬮、五汴至八汴爲二鬮、九汴至十二汴爲三鬮。若要再放、以三汴尾鬮為首、二汴次之、頭汴爲三鬮。又欲再翻放、以二汴爲首鬮、頭汴爲二鬮、三汴爲尾鬮。如此定例、週而復始。至埤水短少、應會衆公議、不得恃強亂放。若塞硘時、圳底所剩之水、仍歸各汴均分、不得混爭、違者議罰。

一、分水立石定汴分寸、派定不易、不得改易。若恃強紛更、截水挖汴、藉稱涉漏、被衆察出、罰戲一檯、仍將水份充公。

一、閘口不得擅安捕魚之具、致害埤閘、有在埤内築岸捕取魚蝦、被衆捉獲者、罰戲一臺。至埤岸閘門水瀨若有損壞、應修理、六十工内埤長自修、六十工外就水份攤銀修理、倘有不出者、鳴衆議罰。

一、築埤以資灌漑、若帶水份之田園有種旱苗被曝、亦應開放埤水、以濟急需、但當照汴分放、不可混爭。至塞硘之費、就早冬灌漑之田甲多少公鳩、毋容推委、違者議罰。

一、此埤原帶正供三石六斗、係有水份者完納、茲議配落埤、將埤付埤長養魚、出息徵完、不得遲延累衆。倘遇旱年放水、埤長無水養魚、有關累課、議定留二塊枋之水爲養魚之資。若逢大雨、洪水漲滿、設泊之處難免蔓草蔽塞、致衝崩埤岸之虞、務必將泊拆去、不得自顧私魚、致害公埤、違者罰戲一檯、仍呈官究治。

一、欲放水、埤長須先傳知衆佃修理公圳各溝明白、然後照汴分放、倘有不到者、將其水份漸寄公汴。至各私汴當用枋鋸定、不許用竹生端。又放水之日不許捕取埤中魚蝦、致傷埤長血本、違者議罰。

一、約□遇亂規、當會衆議罰、倘有不遵、即當呈官究治、費用銀兩就水份内公攤、不得推委、違者罰戲一檯。

とあり、八カ条からなっていた。その内容は、以下の通りである。

①楓仔林埤の「水份」（各戸への給水量）の合計は一百二十分あり、埤の修築費用・材料は「水份」額に照らして各戸に課し、出資できない戸は自分の「水份」権を楓仔林「水份」内の他戸に与えて肩代わりしてもらう。

②「放水」（潅漑）の順番には決まりがあり、もし埤水が不足する場合は「衆」が会議を開き、その対策を講ずる。

③配分水量は石を立てて基準を示し、各汴の水量を決める。「截水挖汴」を行う者には、「衆」が罰を加えてその「水份」を没収する。

④埤内の魚介類を無断で捕ったり、埤閘に損害を与えた者は処罰する。埤岸・閘門・水瀬（みずぎわ）等の損壊箇所の修築において、「六十工」（六十日の工事?）以内は埤長があたり、「六十工」以上は各戸にその「水份」額に照らして負担させる。

⑤旱の際の緊急放水は各汴の規定水量に照らして行う。また、「塞礑」の修理費用は初冬に潅漑する田土額に照らして各戸から徴収する。

⑥埤にかかる正供は従来、「水份」保持者が各々分担していたが、今後は埤を埤長に委ね、養魚させ、その収入を正供にあてる。

⑦放水は、埤長が「衆佃」に伝え、圳を修理してから行う。

⑧規約違反者には「衆」会議によって罰を与え、それに従わぬ者は官に送り処罰してもらう。

以上の規定から、この埤の所有者は「衆」「衆佃」であり、彼らは地主ではなく、佃戸が大半であったと考えられる[25]。そして、「衆」が修築工事の管理や日常的管理も行い、埤長を選び直接管理を行わせていたことが理解できる。

次に、同史料には分水規定が記されており、第二表に示した。それによると、観音埤の「水份」の合計は一一六・九四分、汴は合計三汴あるが各汴それぞれ四つに分かれていた。

各汴における各個人への配分水量、及び総計も第二表に示した。そして、総計に表わされた配分水量を十二段階に分け、各段階ごとの経営数を示したものが第三表であり、また、同姓ごとの配分水量を示したものが第四表である。

第三表によると、配分水量を①〇～二分のもの、②三～七分のもの、③八～二十五分のものの三段階に大別すると、①の経営数は二十七（七〇％弱）、②は八（二〇％弱）、③は四（一〇％強）となり、配分水量と各経営の耕地面積を等しいものとは確定できないものの、一定の農民（佃戸）層内の階級分化[26]を想定できよう。

（3）　曾文溪流域

第一表の四施設とも康熙年間に築造された陂で、18の洋仔荘陂・19の番仔橋溝陂・20の烏山頭陂は知県が荘民に穀や銀を寄捐して建設させたものである。

これらの陂に対して、21の五社課陂は荘民が築造し、後に知県がその管理に介入した陂であったので、『台湾南部碑文集成』所収の「毋許民番私捕埤水魚蝦示告碑記」（乾隆五十八年、□は欠字を示す）によって検討しよう。

特授臺灣府嘉義縣正堂、加十級、紀録十次單、爲請示立石等事。本年六月十一日、據茅港尾保五社課埤董事生員陳奮庸、馮先正、陳環觀、陳國棟、邱光道、戴江海等、頭家黄合興、謝振利、陳魯生、許春成、馮登權、康珍奇、徐懷祖、陳隆生等呈稱、農民歴耕下則課田、逢旱則苗枯槁、遇水則種飄流、力耕苦累者不一。故康熙五十三年、庸等祖父傳齊衆議、協築一埤、毎届秋淋冲崩、用土非少、破費實多、課命有關。自雍正三年周前主勘憫、發借庫銀一千兩、再築高岸堅堤、所以灌漑課田數百餘甲、帶征管事戴合成供粟凡百餘石。經將舉至公無私之人充爲埤長、議將埤出魚蝦微利統歸埤長管収、永爲塡築工費。曾被漢棍楊宅併番愚爾瑞等擅行私採。継陳臣等（於）乾隆二十四年赴李前爺呈究枷責、示諭嚴禁、不許漢番私採、而埤水仍照甲數灌漑在案。如良善民番自備手網等項在埤捕取魚蝦者、原以十分聽埤長抽的三分、以爲工費。不意匪亂原示遺失、惟恐不法民番混規強捕、致埤崩壊、莫敢爲首、課命有關。准飭給示立石、公私兩全、等情到縣。據此、除批示外、合行出示嚴禁。爲此、示仰民番一切人等知悉、爾等務於埤水灌漑課田埤内所産魚蝦、聽頭家照例管収、毋許民番私捕滋事、如敢故違、許該埤長・頭家指名具稟赴縣、以憑嚴究。各宜凛遵、毋違、特示。乾隆五十八年六月□□日給。

とあり、この五社課埤は康熙五十三年（一七一四）、董事生員の陳奮庸らの祖父が「衆」を集め、協議して造ったものであった。その後、秋の長雨によって埤の崩壊がはげしくなり、雍正三年（一七二五）に「周前主」（周鍾瑄）が「庫銀」一千両を（「衆」に）貸与して修築した。淹漑される課田面積は数百甲で[27]、これらの課田には管事戴合成に給付する粟百余石もあわせて課せられた[28]。また、「至公無私」の人を推挙して埤長とし、埤内の魚介類の収益を塡築工費にあてた。

ところがその後、漢人や「番」人が「私採」（勝手に魚介類を捕る）したために、陳臣等が乾隆二十四年（一七五九）に知県に申請し、「私採」者を処罰し、厳諭をだしてもらい、埤水は「甲数」に照らして淹漑するとともに、良善の民・「番」が魚介類を採取する場合にはその利益の三割を埤長に納め工費とすることとした。そして、同五十八年（一七九三）に董事生員と頭家（土地所有者）[29]が再度、知県に申請し、私採の厳禁、埤の管理を頭家と埤長に属することにした。

以上、五社課埤の変遷から階級関係の変化が次のようにあったと考えられよう。即ち、当初は埤主−衆の関係になっていたが、雍正三年（一七二五）の知県周鍾瑄の地域開発の一環にこの埤もくみこまれ、第一図のような関係になった。そして、乾隆末（一八世紀末）には埤主が董事生員に改組され、衆も頭家と佃戸に分解した。官との折衝は董事生員と頭家があたり、埤の日常的な管理は頭家と埤長が行う、第二図のような形態に変化していた。

（4）　塩水渓流域

この流域はオランダ、鄭氏時代からすでに多くの水利施設の建設が行われていた。清領後の康熙年間に陂（31）、涸死陂（32・33）が建設され、雍正年間に埤（36）が重修され、乾隆年間に湖（35）、堤（37）が建設された。また、鯽仔潭（38）では乾隆年間に橋がつくられ、また、堤の修築が行われ、道光年間に「潭」（池）を廃棄して田にしようとする居民があらわれたために、「潭」を守ろうとする人々が「潭」の復活・保護を求めていた。(30)

これらの水利施設の中で、36の大埤はその修築過程について詳しく記されているので検討してみよう。『台湾南部碑文集成』所収の「前台湾府正堂奉旨特陞協辦福建分巡台湾道按察使司副使加一級大老爺倪公修築大埤碑記」（雍正九年〈一七三一〉、□は欠字を示す）には、

大穆降莊在縣治東北隅、居民稠密、半多耕□□□□□佐資灌漑。原有大埤一所、爲旱潦□□□、由來舊矣。去秋霖雨彌月、埤岸傾圮、漫溢於廣儲諸村里間、悉爲沙邱水□。鄉民謀欲修□□、而力未謀及、竊竊焉憂之。而我太公祖大老爺倪公、念切民依、心懷拯溺、飭員躧勘、詳請蠲輸。飭發帑金三百兩、委員治事、□工併力、於雍正八年十二月二十日興工、本年三月二十九日完竣。埤長一十六丈、基址一十七丈、面闊四丈、高四丈二尺、門底闊一丈二尺、長八十丈、深一丈四尺、出水涵底闊三尺六寸、高一丈八尺、制曰舊式、堅固倍之。從茲旱潦無虞、蓄埤有賴。我老大爺不自以爲德也。而吾儕小人□爲往□思、欲報大德而莫由、用抒愛戴之誠、勒之於碑。……雍正九年四月□日、大穆降莊耆民□□、□和、林甲、方□、林禎、詹景、何仁、林盛、□尚、保長呉□、□□、納正呉

棉、老農余煥、管事張快、方求、佃民胡一貫、胡印、埤匠游昌漢、曾美忠等同立石。

とあり、雍正七年（一七二九）秋の長雨で埤岸が決壊し、付近の村落に損害を与えたが、郷民には修築の資力がなかった。そこで、分巡台湾道倪象愷が委員を派遣して調査させ、その報告を受けて、朝廷に税糧上納の免除を申請し、また、帑金三百両を発し、委員に「工」を集め、修築させた。倪の功績を記念して碑文がつくられ、立碑人として耆民（九名）、保長（二名）、納正（一名）、老農（一名）、管事（二名）、佃民（二名）、埤匠（二名）の名が記されている。

埤の日常的な管理はこれらの立碑人によって行われたものと考えられ、かれらは官権力の末端機構のもの（保長、管事、納正[31]）と在地の有力者（耆民、老農、佃民）の両者からなっていた[32]。

次に、乾隆年間に35の南湖と37の蔣公堤を建設した蔣允焄の水利事業について検討しよう。彼は乾隆二十八年（一七六三）に台湾知府に就任して以来、同四十年（一七七五）に福建按察使となって離任するまでに[33]、三十年（一七六五）に南湖を新濬し[34]、三十一年（一七六六）四月から三カ月かかって郡治（台湾府）の北十里の洲仔尾に温岸橋を建設し、それに木橋六所、水門一五道を設け長堤を堅固にした[35]。そして、三十五年（一七七〇）には蔣公堤を建設した。蔣公堤については『台湾南部碑文集成』所収の「蔣公堤碑記」（乾隆三十六年〈一七七一〉、□は欠字を示す）に見える。

三十三年、公陞任分巡臺澎兵備道兼理提督學政。抵臺之日、見堤岸坍塌、橋樑損壞、無有修者。公復捐俸重修、派委朱登、陳朝樑等十六人管工督造。堤岸增高五尺、面加廣一丈、添造木橋十六、開渠疏流入海。經始於庚寅仲冬十六日、越十二月念二日告竣。計費白銀二千有奇。是公之建造此堤、利濟全臺。……我臺民合相率勒石、以誌不朽。乾隆三十六年正月□日、闔臺士民同勒石。董事、朱登、陳朝樑、陳珪、康高、張連榜、鄭選、陶崑、沈嘉、陳元禧、謝秩、趙光、鄭大成、王春、薛章、張湜、王海・總理戴天禄、呈請修葺張疇。

とあり、乾隆三十五年に蔣允焄は俸禄を寄捐し、董事十六名、総理一名を設けて堤防（蔣公堤）を修築した。

この総理・董事は、戴炎輝氏の説によると「嘉慶十二年（一八〇七）以後、台湾西部各庁県に普及した街庄事務を総董」する「街庄常置の郷職である総理・董事」とは異なり、「臨時の工事の主宰者及び補助者」であったと言われている。(36)


しかし、街庄常置とは言えないまでも決して臨時の職ではなかったようである。第五表は乾隆二十三〜四十二年（一七五八〜七七）までの台湾県城（今の台南市）一帯の公共事業を記載したものであるが、蔣公堤の董事であった陳朝樑は官が行った工事の大部分の董事であり、また、彼自身独自に五件の工事も行っている。そして、陳名標、康高、陳珪、戴天禄等は二件以上の公共事業を担当した董事であった。こうして見ると、地方官と一体となって台湾県の都市行政を行う董事層というものが存在し、董事層は階層的には官吏、紳士、里人からなっていたことが理解できよう。(37)

（5）二層行渓流域

二層行渓流域もオランダ、鄭氏時代に創築された施設が多く、清領後には創築年代不詳であるが、41の蓮花潭、46の田仔廍埤圳があった。

田仔廍埤圳においては、同治四年（一八六五）八月に台湾知県張が水争いを調停する「暁諭」を出している。その内容は、雍正三年（一七二五）に諸羅知県の孫魯が許県渓水の上中下三埤の「水份」を十分とし、旧社埤は四分、田仔廍埤は三分、大埔埤は二分、牛埔は一分とする合約を決めていた。ところが、「旧社埤長の郭建邦が旱に乗じて水流を阻止し、埤水を私売して苗に損害を与えた」という訴えが保正里田仔廍埤圳長三名と埤衆十四名によってなされた。知県張は郡紳業戸の報告、旧社埤荘耆及び武生員郭建邦の言い分、大埔埤長の訴え等を勘案し、結局、雍正三年の合約通りに遵守するように命じた。[38]

（6）下淡水渓流域

下淡水渓流域では、康熙年間に59の将軍陂、雍正年間に65の眠牛湖陂、乾隆年間に60の鳳山陂、道光年間に70・71の曹公圳が建設された。63・64・66・67・68・69の創建時期は不詳である。

概観すると鳳山県（現在の高雄）では清領初期に建設された施設が多いが、清末に曹公圳という大規模施設が建設されたと言えよう。

まず、清領初期から清末までの修築過程を考察できる68の蓮池潭について考えてみよう。台湾文献叢刊第六六種『重修台湾府志』巻十、芸文志、記、鄭応球の「重濬蓮池潭碑記」によると、蓮池潭は顔氏（明代天啓年間〈一六二一～二七〉の海賊顔思斉か?[39]）によって築かれたが、汚泥でふさがり、田園への潅漑は不可能となっていた。康熙四十八年（一七〇九）に鳳山知県の宋永清が台湾知府周元文とともにこの地を巡回した時、悉く石田となっており、居民に修築の資力がないことを知って、

侯（宋永清……松田註）慨然出粟千二百石以貸民、鳩工興作、塡岸鑿渠、淤者瀹之、塞者通之。計長千三百丈、費金四百有奇。而蓮潭灌漑之利、偏興隆莊矣。四十九年孟夏告成、父老子弟羣相感歓、……爰立石而爲之記。

とあるように、粟千二百石を貸与して修築させ、渠（用水路）の長さは千三百丈、工事費用は合計四百両であった。竣工を記念して父老・子弟が碑文を作った。

蓮池潭のその後については、台湾文献叢刊第七三種『鳳山県採訪冊』壬部、芸文一、碑碣、新砌泮池碑によると、乾隆乙酉（己酉の間違いではないかと考えられる。即ち五十四年、一七八九）の歳、鳳山県教諭李公と郷紳陳君が文廟を重

修した際、「頖池」（泮池、即ち、蓮池潭）は修築されなかった。そこで、

予與同寅余公集諸生醵金曁前所餘未鳩者、俾竣其事。横三十四丈、縦十七丈、爲半璧形、灰石工役、計費銀千一百五十五。先是、龜山石案中斷爲坦途、水道通海爲田廬侵塞、茲並補其缺、清其界、使復其舊、工費悉係左營莊民急公、殊爲可嘉。董其事者、生員柯金章、呉克達、柯來儀、廩生呉清時、張廷欽、余志仁、王花春、生員黄昌選、蘇振峯、謝名標、鄭朝清、呉朝陽、舊董事廩生鄭廷輔、生員董必成、廩生林繼美、貢生許名揚、王振文、捐銀襄事者、另書石以示勸云。鳳山學教諭呉玉麟撰。嘉慶四年十一月　日立。

とあり、鳳山県学教諭の呉玉麟、余「公」が諸生を集め、資金を寄捐させて、潭を修築させた。また、興隆里左営荘民の「急公」（寄捐）によって資金を調達して、亀山の「石案」（採石工事か？）を再開した。工事担当の董事には生員・廩生・貢生合計十七名をあてた。

その後の道光十八年（一八三八）に下淡水巡検についた胡鈞が潭の重修を紳士、父老と相談したのを機会に、台湾知府熊一本と鳳山知県曹瑾は、彼に修築工事を委任し、五ヵ月かかり、同十九年（一八三九）に完成した。

斯役也、殷殷然勛鈞以濬之法者、熊公、曹公也、欣欣然助鈞以濬之力者、紳士、農民也。(40)

とあるように、胡鈞に浚渫費用の捻出方法、浚渫技術を教授したのは、熊一本と曹瑾の二人であったが、費用を拠出し、労働力をだして助けたのは紳士と農民であった。

そして、同二十二年（一八四二）に曹公新圳が開鑿されて、この蓮池潭と通ずるようになると、付近の田三百六十甲を灌漑できるようになった。(41)

以上、蓮池潭の修築工事は官主導ではあったが、乾隆末嘉慶初（十八世紀末前後）より、紳士を中心とした董事層によって、実務的運営が行われていたのである。

次に70・71の曹公旧圳・同新圳について検討しよう。

①修築工事

台湾知府熊一本は道光十五年（一八三五）秋に、旱害を受けた台湾・鳳山・嘉義地方を視察した結果、旱害の原因は「溝渠之水耕」が行われていないことにより、また飢饉の患いはこの百余里以内にとどまらない、大規模なものとなっている。そこで、「鑿陂開塘之法」を居民に教えようとしたが、賛同して陂を開こうとするものがいなかった(42)。

そこで同十七年（一八三七）に鳳山知県に赴任した曹瑾（曹謹）が代わって開鑿工事を行った。『台湾南部碑文集成』所収の熊一本「曹公圳記」（道光十九年、一八三九）に、

丁酉春、鳳山大令曹君懐樸奉檄來臺、……戊戌冬、大令果以水利功成來告、且圖其地形以進、凡掘圳四萬三千六十丈有奇、計可灌田三萬一千五百畝有奇。於是廉訪姚公亟奬其勞、將上其事於大府、而爲之請於朝。檄予親往視之。予於己亥仲春躬臨其地、士民迎馬首者、千數百人。予令董役之若干人、隨行隴畔、向其一一詢之、乃知圳之源出淡水渓、由渓外之九曲塘決堤、引水於塘之坳、壘石爲門、以時蓄洩。當其啓放之時、水由小竹里而觀音里、鳳山里、又由鳳山里而旁溢於赤山里、大竹里。圳旁之田、各以小溝承之。上流無侵、下流無靳、咸聽命於圳長、而恪守其官法。向之所謂旱田者、至是皆成上腴矣、豈非百世之利哉。

とあり、道光十八年（一八三八）冬に圳が完成した。圳の長さは四万三千六十丈余りで、田三万一千五百畝余りを灌漑した。圳の源は下淡水渓で、渓外の九曲塘において堤の一部を切断し、塘の「坳」（くぼみ）に水をひきいれ、石を積み重ねて作った水門で入排水していた。水は小竹里、観音里、鳳山里、赤山里、大竹里に及び、圳旁の田では小溝を作り受水した。

各圳は圳長が管理した。そして、曹瑾の功労を記念して「曹公圳」と名づけられた。

こうして曹公旧圳が完成したが、工事にあたっては「謹乃集紳耆、召巧匠、開九曲塘、築隄設閘、……公餘之暇、徒歩往観、雑以笑言、故工皆不怠[43]」とあるように、紳耆を集め、水利技師を招くとともに、曹瑾も実地に方略を指図した。曹瑾は宋学に造詣が深く、彼の経綸は単鍔『呉中水利書』によったと言われる[44]。

また、『台湾土地慣行一斑』第二編、五七九頁には、

舊圳ニ在テハ富紳殷戸ノ醵金ト所在田甲ニ若干ノ賦課ヲナシ、……而シテ舊圳開鑿ノ設計ハ五塊厝庄楊浩ナル者之ニ任シ、尚三十五人ノ監督者ヲ擧ケ、九曲塘ヨリ漸次掘鑿ニ從事シ、其圳道ニ當ル田園ハ、寄附又ハ買収ノ方法ニ依リ、敷地ニ充用シ、且自然ノ池塘ハ可成之ヲ利用シテ工勞ヲ省キ、日夜衆工ヲ督勵シテ、其功ヲ竣レリ。然ルニ水源池タル淡水溪ハ河床砂質ニシテ、一定ノ流域ナク年年流心ヲ變スルヲ以テ、誘水工事ハ最モ困難ヲ感セシ、……

とあり、曹公旧圳建設の資金は富紳・殷戸の寄捐や所在田甲への賦課によって集められた。設計には楊浩という人物が当たり、工事には三十五人の監督者がついた。そして、道光十八年（一八三八）に鳳山県城内に「水心亭」が建てられ、それによって圳の水位を計っていた[45]。

その後、また大旱がおこり滙漑用水が不足したために新圳を建設した。台湾文献叢刊第一二八種『台湾通史』巻三十四、列伝六、循吏、曹謹の条に、

已而大旱、溉水不足。復命貢生鄭蘭生、附生鄭宜治曉諭業戸、捐貲增鑿、別成一圳、名新圳、而以前爲舊圳、潤田尤多。

とあり、曹瑾は貢生鄭蘭生と付生鄭宜治に命じ、業戸に勧めて資金を寄捐させて曹公新圳の開鑿工事を実施させた。この工事は「舊圳開成後四年即チ道光二十二年（一八四二）に始まり、「同二十四年（一八四四）ニ竣工シタ[46]」。

また、『台湾土地慣行一斑』第二編、五七九頁には、

　水源ハ舊圳ノ上流數町ノ地ヨリ、同シク九曲塘ヲ引キ、十支四十五條ノ支圳ヲ有シ、五箇里田二千三十三甲ヲ灌漑シ、延長百二十七清里アリ。……新圳ハ義捐金ノ外、一甲田二十五圓宛ノ賦金ヲナシ、以テ工費ニ充當シタリ。

とあり、資金は寄捐以外に田園への賦課によって集められた。こうして、曹公旧新圳あわせて九十圳の完成により、「新陂水與舊陂通（新圳、舊圳均發源於九曲塘淡水溪）、終歳無憂旱潦逢。種得水田三百頃、家家鷄黍拜曹公」とか、「疏泉導濬古風同、五里圍來水道通。灌漑田園千萬頃、至今共頼有曹公[47]」とか、「收穀倍舊、民樂厥業、家多蓋藏、盜賊不生[48]」とかいわれ、多少の誇張があるにしても、農業生産が増大し、剰余分の蓄積が行われていたことは窺えよう。

また、乾隆年間（十八世紀後半）より紡織業が発展し[49]、光緒年間（十九世紀後半～二十世紀初頭）には『鳳山県采訪冊』の編者である廩生の盧徳嘉は自己の経営内で、茶の栽培、綿紡織を「郎」（下僕？）とその「妾」（妻？）に行わせていた[50]。

このように、曹公圳の開鑿が農民の副業生産を促進させたことはある程度推測できよう。

②日常的管理・運営

まず、曹公圳の配水方法について。『台湾土地慣行一斑』第二編、五七九頁には、

　配水方法ハ汴（煉瓦土石ヲ以テ築キタル閘門ナリ）ナルモノニ依リ、水量ノ過不足ヲ制スル装置ニシテ、舊圳ニ於テハ從來一定ノ量アリ、新埤仔汴ニ於テ水深一尺二寸、過路窟汴ニ於テ八寸五分ノ水量ヲ以テ一帶ノ田園ヲ潤養スルヲ得、若此水量ニ過不及アルトキハ、圳尾ニ於テ溢水スルカ、或ハ全ク給水ヲ得サル田園ヲ見ルニ至ルト云フ。故ニ此二汴ノ水量ハ全體ノ水利ニ影響スルヲ以テ、用水時ニ於テハ總理ハ日夜巡圳ヲシテ水量ヲ監視セシメ、若盈縮アレハ、直チニ九曲塘ノ涵口ニ赴キ、閘板ヲ開閉シテ其水量ヲ制シ、二汴以下ノ小汴ニ至テハ、甲首輪番

　ニ汴水ヲ啓放シ、自餘ノ小溝支圳ニ於テハ、線香一炷ノ時間ヲ以テ一甲田ノ引水制限ト爲ス等、適宜ノ方法ニ依リ上流下接シテ潤澤ヲ洽及セシム。

とあり、総理が「巡圳」（圳管理人）に命じて九曲塘の涵口（水門）の閘板を開閉して水量を調節し、各田園に給水する水量は汴板の凹所の水深で計測した。[51]二汴以下の小汴の「啓放」は甲首が輪番で行い、小溝支圳では線香一本の燃焼時間で給水量を測定した。

　次に、圳の管理方法について。圳の創設当初は「咸聽命於圳長、而恪守其官法」[52]とあるように、圳長が設けられ、官法に従って管理された。

　その後は、『台湾土地慣行一斑』第二編、五七九頁に、

　管理方法ハ兩圳共水圳公司ナル事務所ヲ置キ、總理・書記・巡圳・厨房等ノ職員ヲ以テ組織シ、圳務ヲ辨理セリ。總理ハ甲首及業戸ニ於テ大租業戸若クハ、資産家・名望家中ヨリ、一人ヲ選出シ、官ノ允許ヲ經テ任命スルモノニシテ、任期ハ一定セサルモ、大抵二三年ヲ以テ交替ス。巡圳ハ圳路水利ノ監視及水租徴収事務ヲ分掌スルモノニシテ、總理ニ於テ任用ス。又以上職員ノ外、舊圳ノ灌漑地域ニハ甲首ナル者三十五人アリ。甲首ハ開圳ノ際、多額ノ醵金ヲナシ、若クハ開圳事業ニ功勞アリシ者ニ對シ、官之ヲ命シタルモノニシテ、灌漑地域三四百甲ヲ限リ、之ヲ一缺ト稱シ、一甲首ノ擔當區域トシ、其區域内ノ圳路修繕及水租収納ヲ掌ル。新圳ノ甲首ハ右ト異ナリ、總理ノ人選任用スル所ニシテ、單ニ圳路ノ巡視配水ヲナスニ過キス。現ニ十二人アリ。

とあり、曹公圳の管理組織は第三図のように図式化できる。

第三図

両圳水圳公司 総理・書記・巡圳・厨房	―甲首―業戸―佃戸

次に、水租について。『台湾土地慣行一斑』第二編、五八〇頁には、

食水田ニ對スル水租ハ新舊兩圳ニ於テ一定ナラス。又毎年圳頭破損ノ大小及水利ノ便否、所謂圳頭圳尾ニ依リ等差アリ。舊圳ニ在テハ大凡一甲田二圓四十錢乃至三圓内外ニシテ、毎年四月甲首ニ於テ之ヲ徴収シ、其額内ヨリ若干ヲ總理ニ納メ、圳頭修繕其他ノ經費ニ充テシムルモノナリ。若納期ヲ過キ、滯納スル者ハ、其年十二月マテ延期シ、尚不納ノ儘翌年四月ニ達スル者ニハ、一甲田十錢ヲ増徴シ、尚抗納スルニ於テハ、甲首ハ之ヲ總理ニ訴ヘ、總理ハ更ニ官ニ稟告シテ究追スルモノトス。此場合ニ於テモ不納ノ田戸ニ對シ、給水ヲ停止スルカ如キコトナシト云ヘリ。又總理ハ晩稻収穫後ニ至レハ、一般圳水使用者ニ對シ、前水租ノ外、圳路浚渫費トシテ一甲田三十錢内外ヲ課徴スルト云フ。又水租ハ水旱ニ依リ、減免スルノ例ナク、若從來ノ食水田ヲ園ニ變換スルカ或ハ荒蕪ニ委シタルトキハ、三年間ハ依然水租ヲ徴シ、爾後圳水ノ使用ヲ爲ササルニ至テ、全ク免除ヲ爲スト云フ。新圳ノ水租ハ一甲田四圓八十錢ニシテ、毎年十二月ニ徴収シ、之ヲ一期ト云ヒ、若シ一期ニ納付セスシテ、翌年三月ニ納付スル者ニハ六十錢ヲ加ヘ、之ヲ二期ト稱シ、尚滯納シテ六月ニ至ル者ニハ更ニ六十錢ヲ加ヘ、之ヲ三期トシ、都合六圓ヲ徴収スル例ナリト云フ。水租ノ負擔者ハ從來、小租戸ニ屬シ、稀ニハ直接佃人ヨリ納租スルモ

ノアルモ、是皆便宜代納ニ係ルモノニシテ、本來ノ性質ヨリスレハ、純然田園ノ業主タル小租戸ノ負擔スヘキ義務ナリト云フ。

とあり、水租は新旧両圳において相違し、圳頭破損の状態、「圳頭圳尾」という受水地のちがいにより差があった。旧圳の水租は一甲田につき二円四十銭から三円、新圳の水租は四円八十銭であり、各々、水租を滞納すれば加徴された。また、水租徴収の任には甲首があたった。そして、晩稲収穫後、総理より一甲田につき三十銭徴収された。尚、同治十二年（一八七三）からは、水租は圳頭修繕、辛工、香油費、総理辛工、雑用費、賓興経費（地方官が郷試受験に赴く士子をもてなす費用）に当てられるとともに、官僚養成の重要財源ともなっていた(53)。

最後に、甲首権について。特に、旧圳の甲首は「素ト官ノ任命ニ係リ、其擔當區域内ノ水租徴収權ヲ有スルモノニシテ、其職ヲ世襲シ、隨テ其權利ハ隨意ニ處分スルヲ得ルノ慣行ナリ。故ニ擔當區域ノ食水田甲ハ十甲、或ハ二十甲ニ分割シ、甲首更ニ甲首ヲ置クモノアリ。或ハ他ニ出典賣買ヲ爲スモノアリ(54)」と言われている。

おわりに

以上述べてきたところを時代順に整理し、そこから得た結論から一定の仮説を提示したい。

水利施設の建設はオランダ時代には、塩水渓・二層行渓流域で行われ、鄭氏時代には塩水渓・二層行渓・下淡水渓流域で行われ、清領時代には八掌渓～下淡水渓流域全域に行われ、地域的に拡大の一途をたどった。そして、清領時代における水利施設建設もその大部分は康熙～乾隆時期に集中していた。

次に、各時代の水利施設と水利用途及び建設における資金・労働力の投下形態について。

オランダ時代は「井」が多く、これらは消火、飲料、潅漑に用いられた。また陂や潭の建設も少し見える。佃民による建設も少しはあったが、大部分はオランダが「中土遺民」に陂塘隄圳の修築費を支給して建設した。

鄭氏時代には、陂・潭・池の施設が建設され、農業生産はオランダ時代に比べて人口が増加し、農地が拡大したという点から言って、進展した。修築工事は鄭氏が埤圳を築き、「招佃開墾」という佃戸を労働力として、開墾・耕作させる形態がとられた。

清領時代は、①清領初～雍正年間（一六八三～一七三五）の時期と、②乾隆年間～清末（一七三六～一八九五）の時期及び③時期的には②にはいるが、大規模施設の曹公圳に大別して特徴を整理する。

①清領初～雍正年間（一六八三～一七三五）の時期

〈修築工事〉においては、荘民独自による建設もあったが、大半は官主導のものであった。康熙五十二～六年、諸羅知県周鍾瑄は荘民に水利施設を建設する資力がない場合、資金や穀の寄捐、倉粟の貸与を行って実施した。

また、〈日常的な管理〉については、施設の設置者や規模によって相違が見られたが、大凡の傾向としては官の強い指導下で行われていた。たとえば周鍾瑄が建設した陂の大規模なものには陂長が設置された。また、分巡台湾道が公帑を発して建設した「大埤」においては保長・管事など官権力の末端機構につながるものと耆民・老農など在地の有力者の両者があたっていた。蓮池潭では父老・子弟が行った。また、田仔廍埤圳では、雍正三年（一七二五）に知県が「水份」（各戸への配分水量）を規定する規約を出した。

このように、台湾南部地域は中北部地域と異なり、明末以来開発が進み、また、清領初期も開発の重点がこの地域にあり、課税対象の重要地域となっていたために、官主導の第一次開発が行われた。

そして、保甲制が施行され、税糧徴収機構も徐々に整備されてきたが、それに対応する村落制度が十分に整わない清領初期には、保甲制下の保長、墾戸の経理人の管事は本来の任務以外に村落自治にも関わり、水利施設の管理・運営を行っていた。その例の一つが「大埤」である。本来、墾戸の私的な経理人である管事[55]にこうした公的任務が賦与されたことは、その背景に当時の在地の階級関係は墾戸−佃戸関係であり、墾戸の在地支配力に官が依拠していたことが推測できよう。

②乾隆年間～清末（一七三六～一八九五）の時期

〈修築工事〉においては、蔣公堤や蓮池潭では地方官が紳士を中心とする董事層に請け負わせて実施した。これらの董事層は都市あるいは村落行政全般を管理運営した。

修築費は知府が俸禄を寄捐したり（蔣公堤）、諸生・荘民が寄捐（蓮池潭）して、集められた。労働力は佃戸や雇工であったと考えられる。

〈日常的な管理〉においては、五社課埤では埤長と頭家が行い、董事生員や頭家は官との折衝にあたった。田仔廍埤圳では埤圳長と埤衆が行い、観音埤では衆と彼等が選出した埤長によって行われた。

また、観音埤の「水份」規約によると、衆（佃戸）各々に受水面積に格差があり、背後に階級分解のあったことが想定できた。

一方、水争い（田仔廍埤圳）や魚利争い（五社課埤）の調停には官の介入があった。

このように、②時期は官主導の開発工事が中心であった。その点は①時期同様かわりがなかったが、在地の階級関係と支配者層には変化が生じてきたようである。それは、観音埤や五社課埤の例から類推できるように、従来の墾戸−佃戸関係から、佃戸層の分解による大租戸−小租戸−現耕佃戸の一田両主制的関係になり、施設管理の実権は小租戸（頭家）に移行した。また、墾戸が没落して大租徴収権を保持するのみにとどまる大租戸となり、彼らは在地支配から後退した。その現象の一つは管事の性格変化にあらわれ、この時期の管事は税糧徴収人という公的性格の一部は残っていても、村落自治には関わらない（五社課埤）か、大租戸（墾戸）の私的経理人という本来の役目に戻っていた。[56]このような変化の中で、墾戸や佃戸の中から紳士身分を獲得したものが董事層となり、水利施設の修築・管理をふくめ、都市・村落行政全般を運営するようになっていた。

③曹公圳

〈修築工事〉においては、曹公旧圳・新圳は道光十八～二十四年（一八三八～四四）、知県曹瑾によって建設された官主導の工事であった。旧圳の場合は紳耆や巧匠に工事を管理させ、資金は富紳・殷戸の寄捐、所在田甲への賦課によって集められた。労働力は「工」[57]、即ち佃戸や雇工であったと考えられる。そして、曹公圳の完成によって農業生産の増大、農民の余剰蓄積が見られ、また、綿紡織等の副業生産が発展していた。

〈日常的な管理〉においては、創築当初は圳長が担当し、やがて「水圳公司」の総理等の職員、及び各圳の甲首が担当した。旧圳の甲首は、曹公圳建設時に多額に寄捐した者か功労者であり、紳士層がその中心を占めていた。甲首は水租徴収権、総理選出権をもち、その職は世襲化された。

このように、曹公圳の修築・管理形態は官の主導・介入の強いものであった。これは清末、列強資本主義国の台湾侵略に対して、清朝が本格的な台湾経営（防衛）を開始し、全島的支配を強め、その政策の一環として、依然として経済的重要地域であった南部地域に大規模開発を行ったものと考えられる。ただ、官主導には違いないが実質的には紳士の経済力に依拠してなされており、曹公圳は②時期に成長した紳士を核とする董事層の集団的利益と官権力の利害とが結節して建設された大規模施設であった。

註

（1）伊能嘉矩『台湾文化志』上・中・下巻（刀江書院、一九六五年八月）、東嘉生『台湾経済史研究』（東都書籍株式会社台北支店、一九四四年十一月）、周憲文『清代台湾経済史』（台湾研究叢刊第四五種、一九五七年三月）、曹永和『台湾早期歴史研究』（聯経出版事業公司、一九七九年七月）等がある。

（2）石田浩氏が「台湾研究と中国研究」（『台湾史研究』第八号―森田明博士還暦記念論文集―、台湾史研究会、一九九〇年三月）において、本文のような指摘をなされている。

（3）佐治孝徳「領台前における本島の開拓と水利施設」（『台湾の水利』一―一、一九三一年）、無名氏「領台前の埤圳」(1)(2)(3)(4)（『台湾の水利』三―二、三―三、三―四、三―五、一九三三年）、渡辺久雄「台湾における潅漑排水施設の地理学的研究」（『地理論叢』四、一九三四年）、無名氏「台湾水利史資料」(1)(2)(3)（『台湾の水利』四―三、四―四、四―五、一九三四年）、平山勛「台湾水利志の一断章」(1)(2)(3)(4)(5)(6)(7)（『台湾の水利』四―五、四―六、五―一、五―二、五―三、五―四、五―六、一九三五年）、同「水租の実証的考察」(1)(2)(3)(4)(5)(6)(7)(8)(9)(10)（『台湾の水利』五―五、五―六、六―一、六―二、六―三、六―四、六―五、七―一、七―二、七―三、一九三五年）がある。

（4）森田明「台湾における一水利組織の歴史的考察」（『福岡大学人文論叢』第四巻第三号、一九七二年、後に同著『清代水利史研究』亜紀書房、一九七四年に所収）、同「清代台湾中部の水利開発について」（『福岡大学研究所報』第一八号、一九七三年、後に『清代水利史研究』に所収）、同「旧台湾における水利組織の植民地的再編政策」（『福岡大学研究所報』第二二号、一九七四年）、同「旧台湾における水利組織の植民地的再編過程」（『福岡大学創立四十周年記念論文集　人文編』〈人文論叢第六巻第二・三号〉一九七四年）、同「清代台湾における水利組織の形成と発展」（『史学研究』第一三〇号、一九七六年）。

（5）王世慶「従清代台湾農田水利的開発看社会関係」（『台湾文献』第三六巻第二期、一九七四年）。

（6）黄俊傑・古偉瀛『日拠時代台湾社会民衆対天然災害的認知与反応（一八九五至一九四五年）』（行政院国家科学委員会防災科技研究報告七八―〇五、一九八九年）、同『日拠時代日本殖民政府在台湾防災与救済措施的分析（一八九五至一九四五年）』

（行政院国家科学委員会防災科技研究報告七九―〇五、一九九〇年）。
（7）台湾の一田両主制については、仁井田陞「明清時代の一田両主慣習とその成立」（同著『中国法制史研究　土地法・取引法』東京大学出版会、一九六〇年八月）、戴炎輝「清代台湾之大小租業」（『台北文献』第四期、一九六三年六月）、同「従一田両主談台湾的租権」（台北市文献委員会『中原文化与台湾』一九七一年）、伊原弘介「清代台湾における佃戸制について」（『静岡大学教養部研究報告　人文科学篇』第六号、一九七〇年十月）等がある。
（8）森田明前掲「清代台湾における水利組織の形成と発展」論文。
（9）郷紳の地域支配については、拙稿「明末清初広東珠江デルタの沙田開発と郷紳支配の形成過程」（『社会経済史学』第四六巻第六号、一九八一年、本書第一部第一章）で述べた。その後、山根幸夫氏は「明末農民反乱と紳士層の対応」（『中島敏先生古稀記念論集』下巻、汲古書院、一九八一年）で、紳と士の差異に注目すべきだと言われている。確かに筆者の前稿では郷紳の厳密な概念から言えば問題があった。本章では郷紳や士人を包括する概念を示す紳士層という言葉を用いる。
（10）水利施設の修築時の管理形態と日常的な管理形態の区別については、佐藤武敏「明清時代浙東における水利事業―三江閘を中心に―」（『集刊東洋学』第二十号、一九六八年十月）で論証されており、拙稿「明清時代浙江鄞県の水利事業」（『佐藤博士還暦記念中国水利史論集』国書刊行会、一九八一年三月）においてもその方法を用いた。
（11）台湾文献叢刊第一四一種、康熙五十六年刊『諸羅県志』巻二、規制志、水利。
（12）台湾文献叢刊第一二四種、康熙五十九年刊『鳳山県志』巻二、規制志、水利。
（13）『諸羅県志』巻六、賦役志、戸口田土。
（14）『諸羅県志』巻十二、雑記志、古蹟。
（15）台湾文献叢刊第一〇三種、康熙五十九年刊『台湾県志』巻九、雑記志、古蹟。
（16）渡辺久雄前掲論文に説明がある。
（17）『台湾省通誌』巻四、経済志、水利篇。

(18)『諸羅県志』巻八、風俗志、漢俗、衣食の条には、「布帛之入、自荷蘭通市始也。豐草彌望多鹿場、故無治（治?）。田器不足用、耕者蓋鮮」とある。

(19) 註（17）に同じ。

(20)『諸羅県志』巻八、風俗志、漢俗、衣食の条。

(21)『台湾県志』巻十、芸文志、公移、季麒光の「再陳台湾事宜文」。

(22) 註（11）に同じ。

(23) 註（11）に同じ。

(24) 臨時台湾土地調査局『台湾土地慣行一斑』（一九〇五年）第二編、五七九頁。なお、同文献や臨時台湾旧慣調査会が出した『台湾私法』、『清国行政法』等は、日本の台湾植民政策の一環として出版されたものである。そうした限界性をもつことは十分に心得ておかねばならないが、史料的価値は高く、清代の官文書等の文献史料と相互対照し、また十分な吟味を行いながら使用したい。

(25) 楓仔林埤は下茄冬荘の東にあり、「本地方ノ大部ハ太子宮堡、鐵線橋堡ト全然同一ノ沿革ヲ有シ」（『台湾土地慣行一斑』第一篇、一〇四頁）、この地域は「鄭氏ノ功臣何替仔ナル者、一帶開墾ノ許可ヲ受ケ、既墾ノ田園ニ對シテハ、壹甲八石ノ大租ヲ設定シ、荒埔給墾ノ例ニ準シ、漳州移民ノ佃戸ニ分給シ、未墾ノ埔地ニ就テハ、農具其他ノ資料ヲ給シテ開墾ニ従ハシメ」た。劉銘伝の「清丈以後納賦義務ノ小租戸ニ移轉スルト同時ニ」、「大租戸ハ舊額大租ノ五成ヲ減収スルニ至レリ」とあり、鄭氏時代の大租戸－佃戸関係から、清末、大租戸－小租戸－現耕佃戸の一田両主関係に変化していた。大租戸は清領後、何替仔から他の誰かに変っていたと思われるが、佃戸層の漳州移民は、「果毅後堡、果毅後庄、新厝庄等ノ田園ハ多クハ康熙年間、漳泉二州ノ移民カ埔地ノ官給ヲ受ケテ獨力開成セルモノ」（同書、一〇二～四頁）と言われ、下茄冬荘から果毅後荘に開墾を拡大し、観音埤を設置したのであった。この過程で移民層に内的分解が生じ、前述の一田両主制の形成につながったものと推測される。

(26)　註（25）に同じ。
(27)　台湾の地積の単位で一甲十畝余り（『台海使槎録』巻一）説と一甲十一畝余り（『諸羅県志』巻六）説等がある。
(28)　管事については本書第二部第五章を参照されたい。
(29)　『台湾私法』第一巻上、一五六頁に「小租戸及大租戸ヲ俗ニ頭家ト云フ」とある。
(30)　台湾文献叢刊第一一三種、乾隆十年刊『重修台湾県志』巻三、建置志、橋渡、「鯽仔潭橋」、台湾文献叢刊第一四〇種、嘉慶十二年刊『続修台湾県志』巻一、地志、橋渡、「鯽魚潭橋」、台湾文献叢刊第五五種、道光刊『台湾采訪冊』、「鯽魚潭」。
(31)　『台湾県志』巻十、芸文志、公移、季麒光の「条陳台湾事宜文」には、「今臺灣田園歸之管事、人丁歸之保長、就里之大小、或一人、或二、三人、終身不改其役」とあり、納戸は星斌夫『明清時代交通史の研究』（山川出版社、一九七一年三月）三三五・七頁によると税糧を納入する戸とされている。従って、納正は納戸の代表者ではなかったかと考えられる。
(32)　台湾開発の初期段階では官の支配機構も十分整備されておらず、また民間側も農業生産が不安定で階級関係も十分に成熟していなかった。このような段階では、官と民間が共同合議せねば村落行政はやっていけず、大埤のような管理形態がとられたものと考えられ、筆者はこれを村落合議集団という概念で考えたい。
(33)　台湾文献叢刊第一三二種、光緒四年刊『漳州府志選録』志人、蔣允君の条。
(34)　『続修台湾県志』巻七、芸文二、記、蔣允君の「新濬永康里南湖碑記」。
(35)　註（34）と同史料、蔣允君の「新建塭岸橋碑記」。
(36)　戴炎輝『清代台湾之郷治』（聯経出版事業公司、一九七九年七月）一三～五頁。
(37)　斯波義信「江西宜春の李渠（八〇九―一八七一）について」（『東洋史研究』第三六第三号、一九七七年十二月）、前掲拙稿「明清時代浙江鄞県の水利事業」を参照されたい。
(38)　『台湾南部碑文集成』「田仔廍埤圳碑記」（同治四年）。
(39)　台湾文献叢刊第六五種、康熙三十五年刊『台湾府志』巻十、芸文志、記、楊文魁の「台湾紀略碑文」には、「故明天啓間、

海寇顔思齋入巣於此、始有漢人從而至者」とあり、顔思斉を指すものと考えられる。
(40) 台湾文献叢刊第七三種、光緒二十年刊『鳳山県采訪冊』壬部、芸文一、碑碣、「重修蓮池潭碑」。
(41) 『鳳山県采訪冊』丙部、地輿三、深潭、蓮水潭。
(42) 『台湾南部碑文集成』熊一本の「曹公圳記」(道光十九年)。
(43) 台湾文献叢刊第一二八種、一九二〇～二一年刊『台湾通史』巻三十四、列伝六、循吏、曹謹。
(44) 伊能嘉矩『台湾文化志』中巻、六三一頁。
(45) 『鳳山県采訪冊』丁部、規制、廨署。
(46) 『台湾土地慣行一斑』第二編、五七八・九頁。
(47) 『鳳山県采訪冊』癸部、芸文二、詩詞、生員謝苹香の「鳳山竹枝詞」、及び生員周揚理の「鳳山竹枝詞」。
(48) 註(43)に同じ。
(49) 台湾文献叢刊第一四六種、乾隆二十九年刊『重修鳳山県志』巻三、風土志、風俗。
(50) 『鳳山県采訪冊』癸部、芸文二、詩詞、本邑廩生盧徳嘉の「鳳山竹枝詞」。
(51) 『台湾土地慣行一斑』第二編、六〇三頁。
(52) 註(42)に同じ。
(53) 『鳳山県采訪冊』壬部、芸文一、碑碣、賓興木碑。
(54) 『台湾土地慣行一斑』第二編、五八一頁。
(55) 『台湾県志』巻十、芸文志、公移、季麒光の「再陳台湾事宜文」に、「乃將軍以下、復取僞文武僞業、或托招佃之名、或借墾荒之號、另設管事照舊収租、在朝廷既弘一視之仁、而佃民獨受偏苦之累、哀寃呼怨、縣官再四申請、終不能挽回補救」とあり、施琅将軍は清朝の「自作農化」政策に反して、鄭氏の「文武官田」を私有し、管事に収租させていた。
(56) 註(28)(55)を参照されたい。

（57）註（43）に同じ。

（補註）『台湾南部碑文集成』「観音埤公記」及び『台湾省通誌』（台湾省文献委員会、一九七一年）巻四、経済志、水利篇、「楓仔林陂」によると、「楓仔林陂」は康熙五十四年（一七一五）完成予定であったが、未完成中に崩壊し、乾隆二年（一七三七）に再築したと記されている。その際に名称が「観音埤」になったものと考えられる。

第　二　図　　　　第　一　図

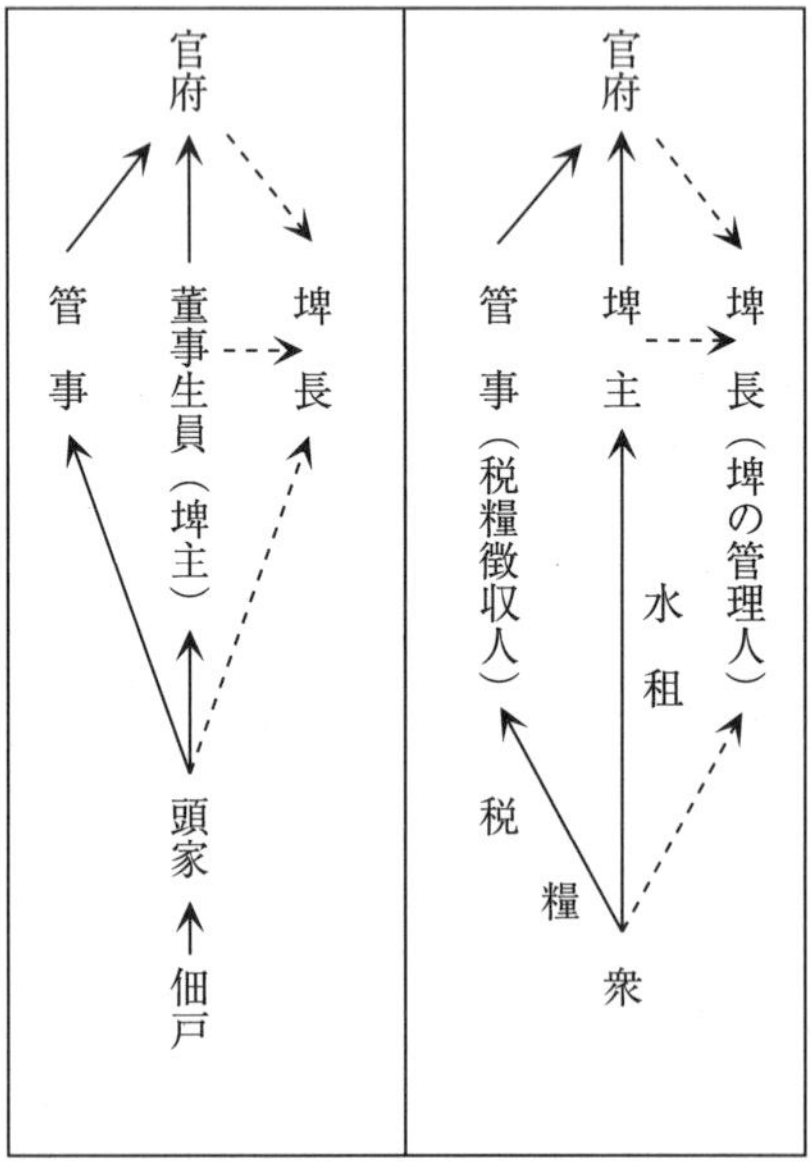

第一表　台湾南部水利施設表（荷西はオランダ、紅毛はオランダ人、明鄭・偽時は鄭氏を示す。）

	水系	番号	名称	所在	設置年代	設置者	概略	出典
台南県	八掌渓	1	長短樹陂	下加冬西南 後壁郷長短樹	康熙36	荘民		諸羅県志2
		2	林富荘陂	旧嘓荘 県内	康熙56	知県	在舊嘓莊、康熙五十六年、知縣周鍾瑄捐銀一十兩助莊民合築。	同右
	急水渓	3	馬朝後陂	白河鎮馬稠後	康熙54	知県	知縣周鍾瑄捐銀二十兩助莊民重修。	同右
		4	三間厝陂	馬朝後荘南 白河鎮馬稠後付近	康熙56	知県	知縣周鍾瑄捐穀五十石助莊民合修。	同右
		5	小埔姜林陂	馬朝後半月嶺 白河鎮	康熙44	荘民		同右
		6	楓仔林陂	下加冬荘東 後壁郷下加冬	康熙54	荘民		同右
		7	観音埤	柳営郷	乾隆2	知県	前築楓仔林埤未竣、已被衝壞。乾隆二年、衆等呈請縣主戴、仍就原處填築設閘、開圳立規。	台湾南部碑文集成
		8	王公廟陂	下加冬東南 後壁郷下茄冬東南	康熙54	荘民		諸羅県志2
		9	烏樹林大陂	烏樹林荘 後壁郷烏樹林	康熙54	知県	長可二十餘里、灌本莊大排竹、臭祐莊、客莊、本協、下加冬等莊、康熙五十四年、知縣周鍾瑄縣穀一百石、另發倉粟借莊民合築。	同右
		10	安渓寮陂	安渓寮荘 後壁郷安渓寮	康熙38	荘民	長可十餘里、灌本莊塗庫仔、後鎮、上帝廟、竹圍後等莊。	同右
		11	新営等荘陂	新営等荘 新営太子宮一帯	康熙54	知県	長可三十里許、灌本莊太子宮、舊營、加冬脚等莊。康熙五十四年、知縣周鍾瑄捐穀一百石助莊民合築。	同右
		12	哆囉嘓大陂	哆囉嘓荘 東山郷	康熙54	荘民 土番 知県	長二十餘里、灌本莊及龍船窩、埤仔頭、秀才等莊、大旱不涸。康熙五十四年、各莊民同土番合築。五十年大水衝決、知縣周鍾瑄捐穀一百石、另發借倉粟八百餘石重修。	同右
		13	大脚腿陂	哆囉嘓南 柳営郷大脚腿	康熙56	知県	長可十里許。康熙五十六年知縣周鍾瑄捐穀八十石助莊民合築。	同右
		14	果穀後陂	旧嘓荘 柳営郷果穀後	康熙55	知県	知縣周鍾瑄捐穀一百石助莊民合築	同右

急水溪	15	水漆林陂	赤山荘 六甲郷水漆林	康熙53	知県	灌本莊及大竹圍、龜仔港等莊。康熙五十三年、知縣周鍾瑄捐銀一十兩助莊民合築。	同右
	16	塗庫陂	赤山荘 六甲郷	康熙53	知県	灌本莊及青埔仔、中社等莊。康熙五十三年、知縣周鍾瑄捐穀八十石助莊民合築。	同右
	17	赤山陂	赤山荘 六甲郷	康熙53	知県	知縣周鍾瑄捐穀八十石助莊民重修。	同右
曾文溪	18	洋仔荘陂	茅港尾東 下営郷	康熙53	知県	知縣周鍾瑄捐穀四十石助莊民重修。	同右
	19	番仔橋溝陂	茅港尾 下営郷	康熙56	知県	灌佳里興、茅港尾二莊。康熙五十六年、知縣周鍾瑄捐銀二十兩助莊民合築。	同右
	20	烏山頭陂	烏山頭、二鎮、竜船窩荘 官田郷烏山頭	康熙53	知県	灌烏山頭、二鎮、龍船窩等莊。康熙五十三年、知縣周鍾瑄捐穀一百石助莊民合築。	同右
	21	五社課埤	茅港尾 官田郷隆田村	康熙53	荘民	(陳奮)庸等祖父傳齊衆議、協築一埤。	台湾南部碑文集成
塩水溪	22	荷蘭井	鎮北坊、赤嵌楼東北隅 台南市赤嵌楼	荷西	紅毛	紅毛所鑿、磚砌精緻。	重修台湾県志15
	23	大井	東北隅 西定坊 台南市民権路一帯	荷西	紅毛	開闢以來、生聚日繁、商賈日盛、塡海爲宅、市肆粉錯、距海不啻一里而遙矣。考郡志云、開鑿莫知年代、相傳明宣德間、太監王三保到臺・曾於此井取水焉。又傳係紅毛所濬。當日紅毛築赤嵌城、恐有火患、鑿此井以制之。相生相尅之理、或亦有可信者也。	台湾県志9
	24	烏鬼井	鎮北坊 台南市公園路一帯	荷西	紅毛	紅毛所築。水源甚盛、雖大旱不竭、南北商船悉於此取水、以供日用。	台湾県志9
	25	馬兵営井	寧南坊	荷西	紅毛	紅毛時鑿、以灌園者。僞鄭駐馬兵於此、故名。	重修台湾県志15
	26	紅毛井	安平鎮城内 台南市安平区	荷西	紅毛	荷蘭所鑿。鎮四面環海、獨此井之水最淡、他井不能及焉。	鳳山県志10
	27	荷蘭陂	新豊里 関廟郷埤仔頭一帯	荷西	郷人	郷人築堤、蓄雨水以灌田。草潭通此。	台湾県志2
					紅毛	紅毛所築。	重修台湾県志2
	28	草潭	新豊里 帰仁郷大潭	明鄭		僞時築、方半里許、蓄雨水以灌田。	台湾県志2
	29	公爺陂	新豊里	明鄭		僞時築、蓄雨水以灌田。	台湾県志2

塩水渓	30	弼衣潭	関廟郷陣仔頭 新豊里香洋仔 新化鎮香洋仔	明鄭		僞時築、蓄雨水以灌田。	同右
	31	嵌下陂	長興里 永康郷	康熙	郷人	地勢卑下、泉流歸焉。郷人築堤蓄水、以灌田。歴年頻爭水利、五十七年、知府王珍親勘、勒石定界、而水利畫一。	同右
	32	新港西陂	新化里 県内	康熙46	莊民	莊民合築。	諸羅県志2
	33	新港東坡	新港社 新市郷	康熙54	知県	知縣周鍾瑄捐穀七十石、助莊民合築。	同右
	34	甘棠潭	保大東里	康熙35以前	民間	民間築以障水防旱、原多生甘棠樹。故名。	康熙35台湾府志2
	35	南湖	永康里	乾隆30	分巡台澎兵備道蒋允焄	自乙酉季春訖仲夏、合三閲月竣事。	統修台湾県志7
	36	大埤	大穆降荘 新化鎮	雍正9	分巡台湾道按察使司副使倪象愷	埤長一十六丈、基址一十七丈、面闊四丈、高四丈二尺、門底闊一丈二尺、長八十丈、深一丈四尺、出水涵底闊三尺六寸、高一丈八尺、制曰舊式、堅固倍之。	台湾南部碑文集成
	37	蒋公堤		乾隆36	蒋允焄	公復捐俸重修、派委朱登、陳朝樑等十六人管工督造。……計費白銀二千有奇。	同右
	38	鯽仔潭	永康郷三崁店 永康、広儲西、長興	康熙51以前		在永康、廣儲西、長興三里之界。延流三十餘里、多生鯽魚、年有徵税、三里之田、藉以灌漑。	康熙51台湾府志2 台湾県志2
二層行渓	39	祥官陂	依仁里 帰仁郷埤仔口	明鄭		注雨水以灌田、僞時所築。	鳳山県志2
	40	五老爺陂	依仁里 帰仁郷大爺	明鄭		注雨水以灌田、僞時所築。大水衝崩。五十七年、業戸再築。	同右
	41	蓮花潭	文賢里	康熙35以前		源深、雖旱不涸、淹田甚多。	康熙35台湾府志2 台湾県志2
	42	参若埤	文賢里 仁徳郷車路墘一帯	荷西	佃民	自紅毛時、有佃民王姓名參若者、築以儲水灌田、遂號爲參若埤云。	康熙35台湾府志2
	43	十嫂埤		康熙35以前		係王十嫂募佃所築、故以名埤。	同右
	44	陂仔頭陂	文賢里 仁徳郷埤仔頭	明鄭		僞時所築以灌田者。大旱則涸。	台湾県志2

	45	王有埤	仁和里	康熙35以前	佃民	佃民王有所築、故名。	康熙35台湾府志2
	46	田仔廍埤圳	保西里 帰仁郷大廟村	雍正3以前		雍正三年孫邑主勘定建埤橋完田租合約。	台湾南部碑文集成
高雄県							
二層行渓	47	月眉池	文賢里 湖内郷	明鄭	寧靖王	僞明寧靖王術桂所鑿、植蓮花其中。	鳳山県志10
	48	三鎮陂	維新里 路竹郷三鎮一帯	明鄭		有泉、灌三鎮荘之田。僞時所築。	鳳山県志2
	49	三爺陂	維新里 路竹郷三爺村	明鄭		有泉、灌三爺荘之田。僞時所築。	同右
	50	蘇左協陂	維新里 県内	明鄭		注雨水以灌田。僞時所築。	同右
	51	烏樹林陂	維新里 弥陀郷烏樹林村	明鄭		注雨水以灌田。僞時所築。	同右
	52	北嶺旗陂	維新里 路竹郷北嶺旗	明鄭		注雨水以灌田。僞時所築。	同右
	53	大湖陂	長治里 湖内郷大湖	明鄭		有泉、灌大湖荘之田。僞時所築。	同右
	54	新園陂	長治里 路竹郷新園	明鄭		注雨水以灌田。僞時所築。	同右
下淡水渓	55	赤山陂	赤山荘 鳳山鎮内赤山	明鄭		周圍百餘丈、注雨水以灌赤山荘之田。僞時所築。	同右
	56	王田陂	嘉祥里 田寮郷加冬脚	明鄭		注雨水以灌田。僞時所築。	同右
	57	大陂	嘉祥里 田寮郷	明鄭		注雨水以灌田。僞時所築。	同右
	58	賞舎陂	鳳山荘 鳳山鎮	明鄭	鄭聡	注雨水以灌田。僞時所築。 輔政埤、在鳳山荘。僞輔政公所築、故名。	鳳山県志2 康熙35台湾府志2
	59	将軍陂	鳳山下荘 鳳山鎮	康熙	施琅	有泉、開臺後、將軍施所築、故名。又名新陂。	鳳山県志2
	60	鳳山陂	鳳山荘 鳳山鎮	乾隆		周圍五、六十丈、冬天不涸、灌田甚多。乾隆年新築。	重修鳳山県志2
	61	中衝崎陂	仁寿里	明鄭		注雨水以灌田。僞時所築。	鳳山県志2

下淡水渓	62	竹橋陂	高雄市楠梓区中崎 竹橋荘	明鄭		水源在阿猴林來、灌竹橋莊之田。僞時所築。又名柴頭陂。	同右
	63	濫尾潭	鳳山鎮埤岸頭 小竹橋荘	乾隆29以前		亦名金京潭、灌田極多。	重修鳳山県志2
	64	井水港	半屏山荘	康熙58以前		水源長由岡山溪廻環數里而來、灌半屏、仁壽兩莊田。大旱不涸。然未築圳。田高者用桔槔引水、下者就田畔障支流入。	鳳山県志2 重修鳳山県志2
	65	眠牛湖陂	観音山官荘 岡山	雍正4		灌馬料田千餘畝。大小兩陂相連。雍正四年築。	重修鳳山県志2
	66	草潭	観音山里	康熙35以前		周圍四、五里、魚利甚多。無源、雨水漲滿時、灌田數百餘甲、大旱則涸。	康熙35台湾府志2 重修鳳山県志2
	67	維宝埤	観音山里中衝崎	康熙35以前		其間園地高燥、難供維正、因就溪澗砌築灌漑、始無逋欠、故名維寶。	康熙35台湾府志2
	68	蓮池潭	興隆荘	康熙35以前	知県	即學宮泮池。荷花甚茂、故名。康熙四十四年、知縣宋永清重濬。周圍二百餘丈、灌田二・三百甲。魚蝦之利甚多、原歸學掌管、近聽民採捕。然窺利者多、荷花幾盡、所當加意培植、以壯宮牆景色。	康熙35台湾府志2 重修鳳山県志2
	69	硫磺陂	興隆荘	康熙58以前		有泉。陂周環、中隔一堤、分爲上下蓄水、漑文廟田。魚蝦之利、原聽民採捕。近有向儒學牒管者、種植蓮花、収蓮子之利焉。	鳳山県志2 重修鳳山県志2
	70	曹公旧圳	小竹、鳳山二里	道光18	知県	源引九曲塘、南支水入圳、兼納四陂及龜仔潭等流、西南行遞分十五支、入一塘、十四圳、本支徑注紅毛港堰、長二十七里、灌田三百零一甲。	鳳山県来訪冊丙
	71	曹公新圳	小竹、赤山、観音三里	道光24	知県	源引九曲塘、北支水入圳兼納三溝、西北遞分十支、入八圳、兩陂、本支徑注下草潭、長十五里、灌田六十甲。	同右

第二表　観音埤の使水状況

	1　汴					2　汴					3　汴					総計
	1	2	3	4	計	1	2	3	4	計	1	2	3	4	計	
蔡玉和	0.5				0.5			1.0		1.0		0.5		4.5	5.0	6.5
蔡玉崑	2.0			1.0	3.0									1.5	1.5	4.5
蔡理興	4.5				4.5											4.5
蔡　奕	1.0		0.7	0.5	2.2	1.0	0.5		0.25	1.75	0.3		1.4	2.4	4.1	8.05
蔡玉興		2.0	0.5	0.5	3.0				1.0	1.0		10.04		0.5	10.54	14.54
蔡廷光		1.5			1.5											1.5
蔡　后				1.9	1.9											1.9
蔡連朝				0.75	0.75											0.75
蔡　量								0.5		0.5						0.5
蔡　天								0.5		0.5		0.3			0.3	0.8
張玉盛				1.5	1.5			0.7	1.0	1.7				0.5	0.5	3.7
張純仲	0.5	0.25			0.75											0.75
張　超	0.5				0.5											0.5
張純武		1.0			1.0											1.0
張　塭				0.5	0.5				0.25	0.25						0.75
陳淑嬸	0.5				0.5											0.5
陳位三		0.25		0.5	0.75			0.6		0.6						1.35
鄭　登	1.75				1.75			1.2		1.2		0.5		0.5	1.0	3.45
沈啓成	1.0				1.0			1.0		1.0						2.0
沈六順		7.0	1.0	3.75	11.75	0.25				0.25				1.9	1.9	13.9
沈啓盛							1.0			1.0						1.0
沈五房									0.5	0.5						0.5
沈大順												1.0			1.0	1.0
沈二房													0.6		0.6	0.6
呉源隆	0.25	0.5			0.75							0.25			0.25	1.0
呉協水				0.5	0.5											0.5
楊　求		0.5			0.5			0.75	0.2	0.95						1.45
黄　連		0.25			0.25											0.25
劉徳昌		0.5	2.0	2.5	5.0											5.0
劉得昌						4.65			12.05	16.7			2.0	3.05	5.05	21.75
蘇天麟			1.5		1.5											1.5
林　甘				0.5	0.5											0.5
林　登				0.5	0.5											0.5
林天美				1.0	1.0											1.0
金媽光						5.0				5.0						5.0
周　万							1.0	0.5		1.5						1.5
周華麟							0.75			0.75						0.75
徐　旺							0.5			0.5						0.5
顔甲乙														0.7	0.7	0.7
合　計																116.94

第三表

引水量（分）	0～1	1～2	2～3	3～4	4～5	5～6	6～7	7～8	8～9	9～10	10～25	計
経営数	16	11	1	2	2	2	1	0	1	0	3	39

第四表

姓	蔡	張	陳	鄭	沈	呉	楊	黄	劉	蘇	林	金	周	徐	顔	(計)
経営数	10	5	2	1	6	2	1	1	2	1	3	1	2	1	1	39
引水量	43.54	6.7	1.85	3.95	19.0	1.5	1.45	0.25	26.75	1.5	2.0	5.0	2.25	0.5	0.7	116.94

第五表

番号	名称	所在	年代	施工者	董事	出典
1	福安橋	寧南坊馬兵営	乾隆23	陳朝樑	里人陳朝樑倡修。	続修台湾県志1
2	海東書院		乾隆30	知府蔣允君	遴紳士廉幹有器局者、孝廉陳名標、諸生張元勳、蔡名魁、林世基董其事。	続修台湾県志7
3	南湖	永康里	乾隆30	知府蔣允君	虞尉之力爲多、而康高、陳珪、悉心董事。	同右
4	万寿宮	東安坊県学宮之東	乾隆30～31	知府蔣允君	董其事則侍衛臣范學海、擧人陳廷光、職貢潘復和、歳貢王徳元並陳朝樑、陳爲城、戴天祿、張懐徳。	同右
5	蔣公堤		乾隆35～36	知府蔣允君	董事、朱登、陳朝樑、陳珪、康高、張連榜、鄭選、陶崑、沈嘉、陳元禧、謝秩、趙光、鄭大成、王春、薛章、張逞、王海總理、戴天祿。	台湾南部碑文集成
6	厲壇	小北門外	乾隆37	巡道奇寵格	里人陳朝樑等董其事。	続修台湾県志2
7	柴頭港福徳祠		乾隆37	巡道奇寵格	董事、陳朝樑、□□照、戴天祿、趙光、□□□。	台湾南部碑文集成
8	魁星堂	西定坊	乾隆38	巡道奇寵格	里人陳朝樑董事。	続修台湾県志3
9	万寿宮		乾隆40	知府蔣元枢	陳朝樑董其事。	続修台湾県志2
10	大橋頭橋	小南門外仁和里	乾隆40	陳朝樑	里人陳朝樑曾修。	続修台湾県志1
11	県儒学	東安坊	乾隆40	挙人陳名標 州同知陳朝樑	挙人陳名標、州同知陳朝樞（即朝樑）等醵貲請大修。	続修台湾県志3
12	敬聖楼	大南門外	乾隆42	陳朝樑	陳朝樑重修。	同右
13	海靖寺	永康里	乾隆42	知府蔣元樞	陳朝樑董其事。	続修台湾県志5
14	柴頭港橋	小北門外武定里	乾隆43	陳朝樑。	陳朝樑修之。	続修台湾県志1

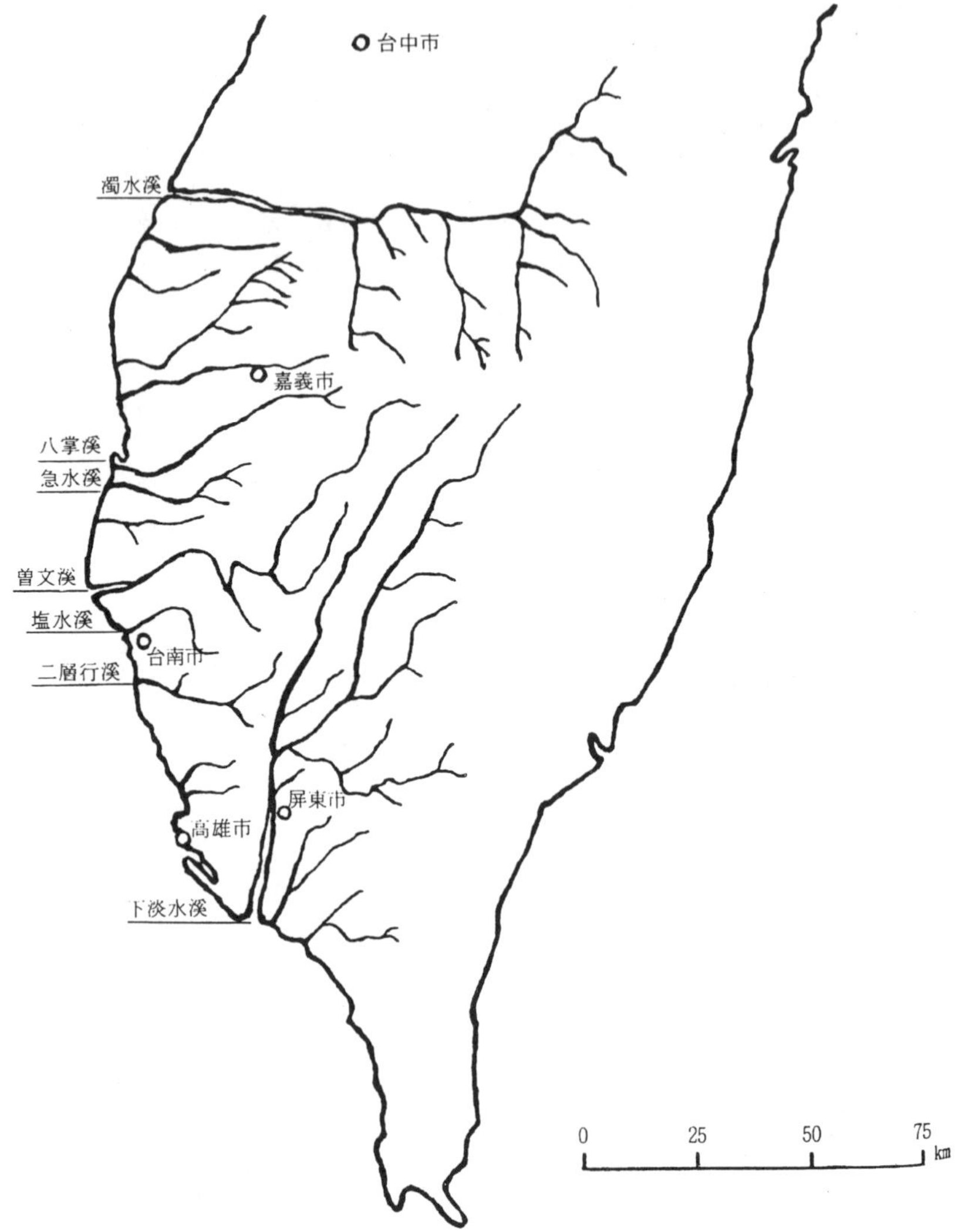

（台湾研究叢刊第四種『台湾之水利問題』1950より作図）

台湾南部各河流域概略図

第三章　台湾史研究における一田両主制研究の成果と課題

一　大陸・台湾の一田両主制の研究史

大陸の一田両主制に関する研究は仁井田陞氏[1]以来多くの業績があり、最近では藤井宏氏と草野靖氏との論争があった[2]。その問題点を整理すると、（1）一田両主制下の佃戸の持つ「田面」をどう規定するのか、また、（2）中国では一田両主制はいつから形成されるのか、そして、（3）その形成要因は何か、最後に、（4）「田面」を持たない佃戸と持つ佃戸の歴史的位置付けをどうすべきであるかという点であった。

まず、「田面」権については、仁井田陞氏以来、大多数の研究者[3]は地主の持つ「田底」権（＝底地権）と区別される分割所有権としての佃戸の「田面」権（＝上地権）と考える。その中で、藤井宏氏は「ある程度以上の欠租なき限り、無期限に当該土地を使用出来る権利を意味し、この権利は同時にこれを相続、譲渡、入質、抵当、売買することが地主の制肘・牽制を受けることなく行われるもの」とする[4]。

これに対して、草野靖氏は「佃戸が工本銭償還権を持つこと」を「田面」権であるとする[5]。この相違点によって、一田両主制の形成を藤井氏は清末以降とするのに対し[6]、草野氏は宋代以降としている[7]。

次に、一田両主制の形成要因については、田中正俊氏が、①農民が土地を有力者に寄進、②佃戸の工本投下（所謂工本田）、③所謂押租田、④土地所有農民の「田面」権を保持しての「田底権」の売却、⑤家産分割の五点をあげ[8]、藤井氏はこれに、⑥時効を加えている[9]。

草野氏は明末清初を画期として工本田から押租田への変化を主張するのに対し[10]、藤井氏は明末に押租田が出現し、この押租田は清代に出現した工本田と平行して発展していくものであると主張される[11]。

最後に、佃戸の歴史的位置付けについては、仁井田陞氏が「田面」権の成立によって、佃戸の農奴から隷農への発展を主張されている[12]。

次に、台湾における一田両主制研究について概観しよう。

まず、「田面」権の内容について。台湾においては大陸と名称が逆になっている。台湾では地主の持つ底地権を「田面」権とよび、佃戸のもつ上地権を「田底」権とよぶ[13]。この「田底」の内容については分割所有権と把握することにおいては一致しているが、ただ、台湾における「田底」権にはそれが無期限に使用耕作できる永小作権であり、またその権利が売買・譲渡・入質・相続できるだけでなく、「田底」の所有者が別に佃戸を招いて小作させ、収租する権利まで含まれていた[14]。

「田底」権の成立については、戴炎輝氏は清領初期（十七世紀後半[15]）、筆者は乾隆末から嘉慶年間（十八世紀末～十九世紀初[16]）、栗原純氏は道光年間（十九世紀中頃[17]）とする。

そして、「田底」権形成の要因については、森田明氏は水利施設築造時における佃戸の工本投下、農業・商品生産からうまれた余剰蓄積によるとされる[18]。筆者は森田氏の見解を承け、佃戸の工本投下による永小作権確立（この段階で工本田は確立している）が歴史的前提となり、人口増大、未墾地減少による耕地獲得をめぐって、佃戸間の競争が激しくなり、耕作権獲得のための敷金（台湾では「埔価銀」「犁頭銭」等とよばれる）納入による、所謂押租田の成立で「田底」権が成立し、台湾では草野氏が主張する工本田から押租田への発展がみられたと考える[19]。

最後に、佃戸の歴史的位置付けについては、伊原弘介氏は台湾における大租戸－小租戸－現耕佃戸という一田両主制下の現耕佃人が農奴的佃戸から隷農的佃戸、そして事実上の農民的土地所有的佃戸へ発展したと述べられる。[20]

以上の大陸及び台湾における一田両主制の研究史整理によって明らかになった四点の課題の究明が今後も求められており、台湾の一田両主制研究もその課題に十分答えられうる内容を含んでいると考える。

台湾における一田両主制研究の問題点の（1）～（3）については第一章・第二章、そして第四章において詳述するので、本章では特に（4）の佃戸の歴史的位置付けについて、伊原論文の検討を通じて明らかにしたい。

二　台湾の佃戸について

伊原弘介氏は佃戸の諸形態を農奴的佃戸（第一類型）、隷農的佃戸（第二類型）、事実上の農民的土地所有的佃戸（第三類型）に分類し、第一類型～第三類型への発展を述べている。すなわち、墾戸（底地所有者）－佃戸（上地所有者）という分割的土地所有形態の形成後、ふたたび上地所有者を起点として封建的分解がおこり、大租戸－小租戸－現耕佃戸という関係になり、隷属農民としての佃戸が再生産された。農奴的佃戸も見られるが、隷農的佃戸も量的に拡大され、同時に事実上の農民的土地所有的佃戸の存在も見られたと言われる。[21] 以下、氏の提出された史料に基づいて検討しよう。

農奴的佃戸（第一類型）の例として、『台湾私法付録参考書』第一巻上、二八四～五頁所収の「招耕字」（a史料）を提出している。

立招耕字人廖名璨・黄富心、承領江福隆罩蘭埔地一所、招得楊亮、自備鋤頭火食前來耕作、成田捌分、毎年該大小租穀壹拾貳石八斗、早晚二季、乾淨量清、豐凶年冬、不得少欠、倘或少欠、任從田主起耕招佃、若無欠租、任從耕作、若欲別處居住創業、不耕之日、議定毎甲貼鋤頭工銀貳拾元、將田送還田主、不得私退別人、此係二比甘愿、口恐無憑、立字存照、行。

批明。水田捌分、不耕之日、該領鋤頭工銀壹拾陸元、批照行。

在場見人　黄運梅
　　　　　振順
　　　　　劉常立
　　　　　木保
　　　　　永彭
代筆人　江金濟
立招耕字人　廖名琛
　　　　　黄富心

嘉慶陸年貳月　日

とある。この文書は、小租戸の廖名琛と黄富心が大租戸の江福隆から借り受けている土地に佃戸（現耕佃戸）の楊亮を招いて小作させるために嘉慶六年（一八〇一）二月に結んだ契約文書である。田八分（約八畝）で、大租・小租合計二石八斗（一甲当たり三・五石）の定額租、欠租すれば小租戸が佃戸を換えることができ、欠租がないかぎり耕作は継続できた。そして、佃戸が耕作をやめて退佃するときには、毎甲（約十畝）「鋤頭工銀」二十元を「貼」し、田を小租戸（田主）に返還するという内容であった。

この史料の「議定毎甲貼鋤頭工銀貳拾元、將田送還田主、不得私退別人」という箇所を、伊原氏は佃戸が田主に毎甲二十元の「鋤頭工銀」を支払って退佃すると読み、「貼」の主語を佃戸にした。そして「鋤頭工銀」は佃戸が地主から退佃の承諾を得るための身分的負担金で、この佃戸は土地に緊縛されている農奴であると規定した。

しかし、結論的に言うと伊原氏の読み方は完全な間違いで、「貼」の主語は小租戸（田主）であり、佃戸は退佃の際に小租戸より「鋤頭工銀」（佃戸が土地の開墾・耕作に投下した工本銀）を償還してもらうことができたのであり、この「鋤頭工銀」は身分的負担金ではなく、欠租がないかぎり撤佃されないという永小作権を根拠づけるものであった。

この点については、台湾文献叢刊第一五二種『清代台湾大租調査書』第一冊、一五三頁所収の「招耕字」（b史料）を検討すると明らかである。

立招耕字人廖寧、承領江福隆罩蘭埔地一所、招得張乃華自備鋤頭火食、前來耕作水田三分零六毫四絲。毎年該納大小租穀四石五斗九升六合、早晩二季重風量清、年冬豐凶、不得少欠、如有少欠、任從田主招佃起耕、若無欠租、任從耕作。倘本佃無力耕作、准其親人接耕、不准私賣他人、如無親人接耕、議定毎甲田貼鋤頭工本銀二十元與耕人、將田交還田主、不得異言生事。此係二比甘愿、口恐無憑、立招字存照、行。

批明、歴年大租經與屯弁・屯丁議定、歸二佃収貯、然後交還屯弁、不許私自交割夫額、欲誤屯餉無歸、批記、行。

嘉慶七年七月　　日。

在場公親　鄭　正

鄭文度

代筆人　劉捷會

立招耕字人　廖　寧

とあり、この文書は小租戸の廖寧が大租戸の江福隆（a史料と同一人物）から借り受けた土地に佃戸の張乃華を招いて小作させるために、嘉慶七年（一八〇二）七月に結んだ契約文書である。同文書には、佃戸の退佃の時に「議定毎甲田貼鋤頭工本銀二十元與耕人、將田交還田主」、すなわち小租戸が「鋤頭工本銀」を佃戸（耕人）に「貼」（償還）し、佃戸は田を小租戸に返すと記されてある。

従って、a、bの史料は内容的には同種類のもので、これらの史料にみえる佃戸は次のように考えられる。すなわち、大租戸江福隆の土地は清朝の屯田として「蕃人」に与えられたものの一つであった。

屯田については、『台湾私法』第一巻上、三九〇～四〇二頁に説明がある。

乾隆五十年（一七八五）林爽文亂ヲ起スヤ、熟番亦討伐ノ軍ニ從ヒ、偉功アリ。協辨大學士福建總督福康安大ニ其用ユヘキヲ稱シ、同五十三年（一七八八）亂平クヲ待チ、奏請シテ屯丁制ヲ設置シ、熟番ノ壯丁ヲ以テ之ニ充用ス。……屯丁ノ制既ニ設立セラレタルモ、未屯丁ニ支給スヘキ糧餉ノ出所ナシ、然ルニ恰好既ニ述タルカ如ク、當時土牛界外ニ未墾ノ埔地五千六百九十一甲アルヲ發見シタルヲ以テ、千總一〇甲、把總五甲、外委三甲、屯丁一甲（屯丁ハ其屯ト埔地トノ距離ニヨリテ、給與甲數均シカラス、一甲ヨリ一甲六分マテヲ與給セリ）ノ割合ニ依リ、屯丁及屯丁武官ニ給與シ、自耕作シテ養贍ノ地ト爲サシメ、別ニ糧餉ヲ支給セサルコトト爲セリ。是即養贍埔地ニシテ養贍租發生ノ起元タルモノトス。但此中六百二十一甲餘ハ後之ヲ屯務ノ公用ニ補充スヘキモノトシタルヲ以テ、其實屯租地タルコト既ニ記シタル所ナリ。如斯各屯ノ屯丁ハ既ニ埔地ノ給與ヲ受ケタリト雖モ、此地ハ素ヨリ荒蕪ノ埔地ニ屬シ、自之ヲ耕作スルモ又ハ之ヲ他人ニ贌耕セシムルモ之ニ依リテ收入ヲ得ルニ至ルマテハ、前途尚遼遠ナルヲ以テ屯丁ハ此給地ヲ受ケタルニ拘ラス、直ニ之ニ依テ其糧餉ヲ得ル能ハス。故ヲ以テ目下ノ必要ニ應スルカ爲ニ、他ニ財源ヲ求メサル可ラス。偶乾隆五十五年（一七九〇）土地續丈ニ際シ、漢人ノ土牛界外ニ侵耕セル丈量漏ノ田園三千七百三十甲餘ヲ査出セルヲ以テ、悉ク之ヲ官没シテ屯田ト爲シ、原墾佃人ヲシテ耕作ニ從ハシメ、其租ヲ屯租ト名ケ、佃首・通事・土目ヲシテ之ヲ管收セシメ、以テ屯丁ノ糧餉ニ充テ、毎年二・八ノ兩月ニ之ヲ支給スルコトヽ爲シ、同年下期ヨリ之カ徴收ヲ始メ、翌五十六年（一七九一）二月ヨリ發給セリ、是即屯租又ハ屯餉ノ起元ナリ。……屯租ハ悉ク銀納ニシテ、其租額ハ屯制設置ノ當初ヨリ一石ヲ銀一元ニ換算シ納入スヘキモノト公定セリ。

屯租ハ其性質官租ナルカ故ニ以上ノ租額中ニハ正供ヲ包含スルモノトシテ、屯田園ハ別ニ正供ヲ負擔セルコトナシ。……屯租ノ權利者ハ官府ナリ。……又屯租ハ大租ナリヤ、又ハ小租ナリヤ、換言スレハ土牛外ノ耕地ヲ官没スルニ當リテハ……官府ハ大租權ノミヲ官没セルモノニシテ、即租率ヲ異ニスル一種ノ大租ナリト云フヲ適當トス。……當時官府ハ大租戸トシテ、土地ノ業主タリ、之ヲ墾耕スル者ハ佃戸タルニ過キサリシヤ明ナリ。然ルニ後年ニ至リテハ恰モ一般ノ大租戸小租戸ノ關係ニ於ケルト同シク、屯田ノ佃戸モ亦小租戸ト爲リ、土地ノ實權ヲ取得シ民田ノ例ニ倣ヒ自由ニ典賣ヲ行ヒ、其權全ク業主ノ地位ヲ占ムルニ至リ、官府ハ唯大租權ヲ有スルニ過キサルニ至レルモノトス。

屯租（毎甲の石額）		
等則	田	園
一等	二三	一〇
二等	一八	六
三等	一四	五
四等	一二	四
五等	一〇	三
六等	六	二

一般田園大小租・正供（毎甲の石額）				
等則	正供	大租	小租	合計
上田	二・七四	八	三二	四二・七四
中田	二・〇八	六	二四	三二・〇八
下田	一・七五八	四	一六	二一・七五八
上園	二・〇八	六	二四	三二・〇八
中園	一・七五八	四	一六	二一・七五八
下園	一・七一六	二	八	一一・七一六

とある。

a、bの史料より見える大租戸－小租戸－現耕佃人関係とこの屯田の史料とを兼ね合わせて大租戸江福隆罩蘭埔地の等則を考えたい。

a史料では面積〇・八甲、大小租一二・八石、鋤頭工銀一六元であり、これは面積一甲になおすと大小租一六石、鋤頭工銀二〇元。

b史料では面積〇・三〇六四甲、大小租四・五九六石、鋤頭工本銀六・一二八元であり、これは面積一甲になおすと大小租一五石、鋤頭工本銀二〇元となる。

従って、一甲当たり大小租一六石とすると、大租は約三・二石、小租は約一二・八石の田となり、この屯田は五等から六等のものにあたり、土地生産性の低い田であったと考えられる。

よって、この土地を耕す佃戸は欠租のない限り撤佃されず、退佃の際に工本銭を償還できる永小作権を持っていた（分割所有権には発展していなかった）が、土地生産性が低く、農業生産が不安定という点で「田底」権は未成熟であった。

次に、伊原氏は隷農的佃戸（第二類型）の例として、『大租取調書付録参考書』上巻、一一四～五頁所収の「佃批字」（c史料）をあげている。（筆者は『清代台湾大租調査書』第一冊、一五五～六頁所収の「佃批字」で補訂）。

立佃批字人、莊長流兄弟承父鬮分應得水田壹段、址在萬寶新莊頭大圳下、東至大圳、西至錦旗田界、南至啓太兄弟田界、北至曹家田界、四址明白、經丈壹甲九分正、原帶大圳水充足通流權漑、今因招得李夢齡前來自備牛工種子農器力耕、併帶來磧地銀貳拾員、當面言議全年大小租穀實八十七石六斗正、重風洗淨、不得濕冇抵塞、（用九三斗）分作早晩二季交納、不論年歳豐歉、不許少欠升合、如有少欠者、收磧地銀以及牛隻扣抵、水田限耕四年、自丙申年拾月起至庚子年拾月止、四年爲滿、租穀清楚、収磧地銀送還、水田另耕別佃、不得刁難、若要再耕、另行相商、今欲有憑、合立佃批字壹紙、付執爲照。即日親収佃批字内銀貳拾大員、再照。

道光拾陸年丙申拾月　　日。

代筆人　　荘玉山

為中人　　頼清順

立佃批字人　　荘長流

とあり、この史料は小租戸の荘長流兄弟が大租戸から借り受けている土地を現耕佃戸の李夢齢に小作させるために、道光十六年（一八三六）十月に結んだ契約文書である。

一甲九分の面積の田で、大租・小租は八七・六石の定額租、欠租すれば小租戸は佃戸が納入した「磧地銀」（敷金）を抵当として欠租額の補填にあてた。耕作期限は四年であったが、欠租がなければ継続耕作でき、また退佃の際には小租戸は佃戸に敷金を返還した。

伊原氏はこのｃ史料にみえる佃戸を身分的負担である「鋤頭工銀」から解放され、また四年という定期小作である点から、土地の緊縛からも解放されている隷農と規定している。

しかし、筆者は次のように考える。農奴でないという点は伊原氏と一致するが、この佃戸は土地生産性の高い田を耕作し、生産が安定しており、欠租の額が納入した「磧地銀」の額を越えない限り撤佃されないという成熟した永小作権をもち、分割所有権に発展する可能性があった。四年という定期小作は欠租のない限り継続小作でき、これは永小作権を意味することには間違いないが、四年という短期はそれだけ佃戸の増加による耕地をめぐる佃戸間の競争の激しさが予想され、これらの現耕佃戸が分割所有権をもった一主に成長して、一田三主制が形成される可能性があったと考えられる。

最後に、事実上の農民的土地所有的佃戸（第三類型）の例として、『台湾私法付録参考書』第一巻中、八一頁所収の新竹県儒学劉の学田佃戸に与えた光緒七年（一八八一）の諭旨（d史料）と同書八八頁所収の光緒十年（一八八四）の族田の「贌耕字」（e史料）の二例をあげている。

d史料は、

欽加光禄寺署正銜調補新竹縣儒學正堂加五級劉諭佃戸馮阿芳知悉。該佃戸今向本學承耕桃澗堡八張犂庄學田壹段、每年應納大小租穀五拾六石、限至歴年六月早季収成之日、立即晒乾車淨完納清款、年歳豐歉均不得濕冇短少、如有短欠升合、本學立即將田起耕調佃別贌、其租谷若年清年款、并無拖欠、其田准該佃戸久遠耕種、不必另調別佃致滋事端。茲本學驗查、該佃戸馮阿芳、上年承耕字内批明、有備出修理田屋工本銀拾四員、日後新舊佃交接之日、應令該佃戸備出佛銀拾四員、交舊佃収囘、相應批炤以昭平允、兩不得刁難、合給諭單爲照、各宜凛遵毋違、此諭、右諭佃戸馮阿芳。

光緒七年二月十一日給。

とあり、e史料は、

立贌永耕字人林合、今有埔社昭忠祠田壹段、址在圭仔頭庄、共田伍甲、四界址俱至石釘爲界、今向昭忠祠承贌永耕、當日三面言定、自辛卯年起、每年認納租穀柒拾伍石永遠耕作照數定納、其田合自耕或別贌、不得刁難、此係仁義交關、各無迫勒、口恐無憑、立出贌永耕字壹紙、付執爲照。

光緒辛卯（十七年）玖月　　日。

立贌永耕字人　　林　合

とあり、史料の内容は省略し、氏の結論を紹介すると、この類型の佃戸は小作料を支払う限り、当該耕地を自由に相続ないし譲渡することができる。「小農民経営」範疇の発展形態で、封建的土地所有関係から解放された、真の自由な土地の私的所有にいたる一歩手前の存在形態であったといわれる。

これに対して、筆者の見解は、e史料は族田の記事で、族田においては当該耕地を自由に相続ないし譲渡することはごく自然なことであって、族田の例で普遍的に説明するのは好ましくない。またd史料の学田の例についても、欠租がなければ永小作できたことは確かであるけれども、同史料に「如有短欠升合、本學立即將田起耕調佃別贌」とあるように、欠租があれば撤佃されたのである。この点はabc史料の佃戸となんら変わるところがなかった。また、学田は官田の一形態であり、『台湾私法』第一巻上、三八七～八頁所載の官田の説明に、「租權ノ内容及性質ニ至リテハ、私人ニ屬スル普通ノ大租權又ハ小租權ト異ル所ナシ」といわれているように、伊原氏の説は成り立たないものと考える。

即ち、結論的に言えることは、伊原氏のあげた第二・第三類型は同じ種類の佃戸に属するものである。第一類型の佃戸は農奴ではなく、未成熟な永小作権をもった佃戸で、第二・第三類型の佃戸は成熟した永小作権をもった佃戸であった。

さて、伊原氏のあげた三類型の佃戸史料の解釈についての問題点は以上指摘したとおりであるが、従来から筆者が行ってきた一田両主制研究上に伊原氏提出の三類型の佃戸を位置付けると以下のようになる。

即ち、清代台湾の土地所有形態は四段階に変化した。

第一段階の康熙二十二～末年時期（一六八三～一七二二）、墾戸－佃戸関係における佃戸は土地に定着しない流民が多く、耕作権は永小作権に達していなかった。この耕作権の不安定さは農業生産の不安定さにもとづくもので、墾戸には恣意的な撤佃権はなく、また、佃戸は墾戸に対する身分的負担もなく、この佃戸は農奴とは規定できない。

第二段階の雍正～乾隆年間の時期（一七二三～九五）、墾戸－佃戸関係における佃戸は土地の開墾・耕作、埤圳の修築に多大な工本を投下したことによって、退佃の際に工本償還権があり、また欠租のない限り撤佃されないという永小作権を持っていた。しかし、「田底」権という分割所有権にまで到達したことを示す史料は確認されていない。

第三段階の乾隆末～嘉慶年間の時期（十八世紀末～十九世紀初）、未開墾地の水田化が広域化し、新たに増加した佃戸を未開墾地に吸収できなくなり、佃戸は墾戸に「埔価銀」等の敷金を納めて永小作権を獲得し、やがて墾戸は「田面」権＝底地権を持つ大租戸に、佃戸は「田底」権＝上地権を持つ小租戸に変化した。小租戸は「田底」権にもとづいて当該耕地を現耕佃戸に小作させ、彼らから収租する権利を得た。小租戸は佃戸的側面よりも地主的側面を多分に持つものに変化しつつあり、現耕佃戸の方は未成熟な永小作権を持っていた。

伊原氏のあげたａ史料の佃戸及び筆者のあげたｂ史料の佃戸はこの段階の現耕佃戸に該当するものと考える。

第四段階の清末道光～光緒十四年時期（一八二一～八八）、土地の実質的管理・経営権は大租戸より小租戸に移り、小租戸は地主的側面を多く持つようになった。現耕佃戸は「磧地銀」（敷金）を小租戸に納めて耕作権を獲得し、自ら工本を投下して開墾・耕作を行い、欠租の額が「磧地銀」の額を越えない限り、撤佃されないという成熟した永小作権を持ち、この権利は分割所有権に発展する可能性を持っていた。

伊原氏のとりあげたｃｄ史料の佃戸はこの段階の現耕佃戸に属するものであると考える。

即ち、台湾においては現在のところ、農奴や事実上の農民的土地所有的佃戸は確認されておらず、伊原氏のいう隷農的佃戸のみが確認されている。このような佃戸を隷農と規定すべきかどうかは今後の検討課題である。今後一層の史料的発掘によって佃戸の歴史的位置付けができれば、一田両主制研究の一層の発展と中国史の歴史的発展過程及びその特質の究明に貢献できるものと考える。

註

（1）仁井田陞「明清時代の一田両主慣習とその成立」（同著『中国法制史研究　土地法・取引法』東京大学出版会、一九六〇年八月所収）。
（2）藤井宏『中国における「耕作権の確立」期をめぐる諸問題』（私家版、一九七二年）、同「崇明島の一田両主制」（『東方学』四九、一九七五年）、同「一田両主制の基本構造」（一）～（九）（『近代中国』五～一四、一九七九～八三年）、草野靖「宋元時代の水利田開発と一田両主慣行の萌芽」（上）（下）（『東洋学報』五三―一・二、一九七〇年）
（3）註（1）に同じ。
（4）註（2）前掲、藤井宏『中国における「耕作権の確立」期をめぐる諸問題』。
（5）註（2）前掲、草野靖「宋元時代の水利田開発と一田両主慣行の萌芽」（上）（下）。
（6）註（2）前掲、藤井宏「崇明島の一田両主制」。
（7）註（5）に同じ。
（8）田中正俊「一田両主制」（『アジア歴史事典』平凡社、一九五九年）。
（9）註（2）前掲、藤井宏「一田両主制の基本構造」（三）。
（10）註（5）に同じ。
（11）註（2）前掲、藤井宏「一田両主制の基本構造」（七）。
（12）註（1）に同じ。
（13）台湾文献叢刊第三一種『台案彙録甲集』巻三、「大学士阿桂等奏台湾叛産入官酌定章程摺」（乾隆五十三年〈一七八八〉十二月十九日）。

（14）森田明「清代台湾中部の水利開発－八堡圳を中心として－」、同「台湾における水利組織の歴史的考察－八堡圳の場合－」（ともに同著『清代水利史研究』亜紀書房、一九七四年所収）、同「清代台湾における水利組織の形成と発展」（『史学研究』一三〇、一九七六年）。拙稿「清代台湾中北部の水利事業と一田両主制の成立過程」（『佐藤博士退官記念　中国水利史論叢』国書刊行会、一九八四年、本書第二部第四章所収）。

（15）戴炎輝「従一田両主談台湾的租権」（台北市文献委員会編印『中原文化与台湾』一九七一年）、同『清代台湾之郷治』（聯経出版事業公司、一九七九年）

（16）前掲註（14）の拙稿。

（17）栗原純「清代中部台湾の一考察－彰化地方における一田両主制をめぐる諸問題－」（『東洋学報』六四－三・四、一九八三年）。

（18）註（14）森田論文。

（19）前掲註（14）の拙稿。

（20）伊原弘介「清代台湾における佃戸制について」（『静岡大学教養部研究報告　人文科学篇』第六号、一九七〇年）。

（21）註（20）に同じ。

第四章　清代台湾中北部の水利事業と一田両主制の成立過程

はじめに

台湾は江蘇・浙江・福建と並んで一田両主制が発展していた地域だと言われている。一田両主制の形成要因にはいくつかあり、大陸の一田両主制については既に多くの研究があって、最近まで論争になっていた。(1) ところが、台湾の一田両主制については、仁井田陞氏の先駆的研究以来、一田両主制を中心にとりあげたものは戴炎輝氏と栗原純氏の研究があるだけである。(2) 戴炎輝氏は法学的な見地から一田両主制の存在を実証されており、形態的・類型的分析という点に特長があるが、歴史的な分析方法をとられていない。栗原氏は、米穀や蔗糖の商品生産の展開と一田両主制の形成を論じられている。商品生産が一田両主制形成の要因の一つになったことは明らかであるが、商品生産をもたらす背景となる土地生産性の向上、及び土地生産性を上げるうえで不可欠な水利施設の建設という問題は、考察されていない。

しかし、この問題は台湾の一田両主制を考えるうえでは重要な問題であった。既に、森田明氏は埤圳の管理形態の変化と一田両主制との関連を論証されており、(3) 本章では氏の研究に負う所が多い。

筆者は既に行ってきた台湾南部地域の水利事業、及び管事の研究を受けて、(4) 台湾の中でも特に一田両主制が発達したといわれる中北部地域の水利事業と一田両主制との関連を分析し、台湾の一田両主制の特質を明らかにする一ステップにしたいと考える。

一　清代台湾の開発

（1）清朝の海禁・渡台厳禁策とその緩和

第一表によると、康熙二十二年（一六八三）に清朝は台湾を領有したが、台湾経営については当初から消極的であった。放棄論もでたが、施琅の遺留主張によって漸く台湾領有が継続されたという状況であった。

翌二十三年（一六八四）に清朝によって海禁策が出され、広東恵州・潮州人民の渡台は厳禁された。従って、領台初期に渡台が許可されたのは福建の漳州・泉州等の人民だけであり、渡台したこれらの人々は土民と呼ばれ、後に渡台の許可がおりた広東の潮州・恵州の人民は客民と呼ばれ、両者の区別がこの時から生じた。

客民の渡台許可は、康熙五十年（一七一一）に「照」（渡台許可証）を持つもののみの渡航許可がおりたのが最初であった。従って、当然、「無照」（渡台許可証のない）客民の渡台は禁止されていた。

ただ、この時期は土民（福建系）・客民（広東系）とも単身渡航が原則であった。

家族同伴の渡台については、雍正五年（一七二七）に福建総督高其倬が、台湾に住む人々の中で、「貿易」（商人）・「傭工」・「無業之人」で田園を持たないものには家族の渡航を禁止し、台湾で実際に「耕食之人」で墾種の田園、「房廬」（住居）を持つものには家族の渡台を許可するように清朝に要請した。乾隆十一年（一七四六）に家族同伴の渡台が一応許可された。これは土民（福建系）に対してだけであり、客民（広東系）には及ばなかった。そして家族渡台許可は確定したわけではなく、その後も許可と禁止がくりかえされた。特に、客民に対しては家族同伴渡航に対する制限は厳しく、翌乾隆十二年（一七四七）に一年間のみの渡台が許可されただけであった。

結局、台湾への完全な渡台許可がおりたのは、光緒元年（一八七五）になってからであった。

次に、台湾の土地開発についてであるが、台湾は本来、原住民である高山族・平埔族の土地であったことは言うまでもない。既に、オランダ時代、鄭氏時代から漢人の開墾が平地を中心に進んでいたが、本格的な開墾は清領後である。当然のことながら、清領後に「蕃地」(「番地」に同じ、即ち高山族・平埔族の土地)への侵墾も本格化した。

清朝は原住民各部族ごとに社を設け、社餉を徴収するかわりに、かれらの土地を保護し、漢人の侵墾を禁止した。しかし、実際は漢人による「蕃地」への侵墾が進展したために、清朝はやむなく雍正三年(一七二五)に各「番」の「鹿場」(鹿狩り場)の「閑曠」(広大な荒れた)所で、開墾可能な場所は、各「番」が漢人に小作に出してよいとした。この一定の「蕃地」開墾許可令によって、漢人の「蕃地」への侵墾に歯止めをかけようとしたが、清朝の思惑はまったくはずれ、漢人の侵墾はやまず、同七年(一七二九)に、再び漢人の「番」境への侵入を禁止するとともに、特に、「生番」(高山族)と「熟番」(平埔族)との境界を石碑で示し、「生番」の地域へ漢人が侵墾するのを防いだ。

このように、清領当初は清朝はたてまえとしては、漢人の「蕃地」への侵墾を禁止し、特に、「生番」との紛争を避けようとした。しかし、こうしたたてまえ的政策も棄て、「蕃地」への開墾を公的に認めるのは、同治十三年(一八七四)、洋務運動の一環として沈葆楨が「開山撫番」政策を出してからであった。

(2)　清領初期の土地開発

台湾における土地開発は、オランダ、鄭氏時代の台湾南部地域を中心とした開発に始まり、清領以後は南部の鳳山(現在の高雄)、現在の名称で言うと恒春、中部の嘉義、彰化、台中、北部の台北へと進んでいったが[5]、特に、清領以後の開発の中心は中北部にあった。

台湾文献叢刊第一四一種『諸羅県志』(周鍾瑄纂修、康熙五十六年〈一七一七〉刊行)巻七、兵防志、総論には、諸羅……自斗六門至鷄籠山後八百餘里、……當設縣之始、縣治草萊、文武各官僑居佳里興、流移開墾之衆、極遠不過斗六門。……自康熙三十五年呉球謀亂……、繼之以劉劫……、五年之間、數見騷動、皆在北路。於是四十三年秩官・營汎、悉移歸治、而當是時、流移開墾之衆、已漸過斗六門以北矣。自四十九年洋盜陳明隆稱其渠鄭盡心潛伏……臺灣・淡水。於是設淡水分防千總。增大甲以上七塘、蓋數年間而流移開墾之衆、又漸過半線・大肚溪以北矣。

とあり、諸羅県の境域は広く、斗六門（現在の雲林県内）から、鶏籠（現在の基隆）の山後（山間部及び台湾東海岸部）にまで及んでいた。

開墾の民衆は諸羅県建置時（康熙二十三年、一六八四）は斗六門あたりにしか進んでいなかったが、康熙三十五年（一六九六）の呉球の乱、同四十年（一七〇一）の劉劫の乱[6]以後、開墾の民衆は斗六門以北に移り、同四十九年（一七一〇）に「洋盗」（海賊）が淡水等の地域に潜伏してからは、淡水分防千総が設置され、その頃以後開墾の民衆は半線（現在の彰化）、大肚渓以北に移っていった。

これらの「流移開墾之衆」は福建漳州・泉州系の土民もいたが、広東潮州・恵州系の客民が多かった。『諸羅県志』巻八、風俗志、漢俗には、

佃田者、多内地依山之獷悍無賴下貧觸法亡命、潮人尤多、厥名曰客、多者千人、少亦數百、號曰客莊。……莊主多僑居郡治、借客之力以共其狙（租？）、猝有事、皆左袒。

とあり、「佃田者」即ち、開墾民である佃戸は、「獷悍」（あらくたけだけしい者）・「無頼」・「下貧」（極貧者）・「觸法」（犯罪者）・「亡命」であった。それらの人々のうちで広東の潮州人が多くを占め、彼らは「客」と呼ばれ、千～数百人単位で村落を形成し、その村落は「客莊」と呼ばれた。「客莊」の地主（墾戸）である「莊主」は郡治のある台湾

県（現在の台南）に居住する寄生地主であった。

次に、漳州・泉州系の村落と潮州（あるいは恵州）系の村落である「客莊」の分布状況についてみると、同『諸羅県志』の続きに、

……諸羅自急水溪以下、距郡治不遠、俗頗與臺灣同、自下加冬至斗六門、客莊、漳泉人相半、稍失之野、然近縣故畏法。斗六以北客莊愈多、雜諸番而各自爲俗、風景亦殊鄶以下矣。

とあり、また、台湾文献叢刊第一〇三種『台湾県志』（陳文達纂修、康熙五十九年〈一七二〇〉刊行）巻一、輿地志、風俗〔（　）内は割註〕には、

臺無客莊（客莊、潮人所居之莊也。北路自諸羅山以上、南路自淡水溪而下、類皆潮人聚集以耕、名曰客人、故莊亦稱客莊、每莊至數百人、少者亦百餘、漳・泉之人不與焉、以其不同類也）、比戸而居者、非泉人、則漳人也、盡力於南畝之間。

とあるように、台湾県から諸羅県の急水渓までは、漳州・泉州系の民が多く居住し、下加冬（嘉義県内）から斗六門（雲林県内）までは、漳州・泉州系と「客莊」（潮州系）が相半ば存在し、斗六門以北と南路の下淡水渓（鳳山県内）以南の地域は「客莊」が多かった。

以上から、清領初期の開墾には、福建系の民衆よりも広東系の民衆の方が多く関与していたことがわかる。これら広東系の客民の大半は佃戸であり、彼らを使用する墾戸の多くは、台湾県在住の福建系の人々が多かったと推測される。

これは、清朝の渡台移住策が、当初から福建系移民に有利で、広東系移民に不利であったからであり、最初渡台した福建系移民は土地開墾権を得て墾戸となり、後に渡台した広東系移民や福建系移民を佃戸として開発に当たらせたものと考えられる。

即ち、『諸羅県志』巻八、風俗志、雑俗によると、

凡流寓、客莊最多、漳・泉次之、興化・福州又次之。初闢時、風最近古、先至者爲主、其本郡後至之人不必齎糧也。厥後乃有緣事波累、或久而反噬、以徳爲怨、於是有閉門相拒者。然推解之誼、至今尚存里閈也。

とあるように、流寓の人々（佃戸）は「客莊」に最も多く、漳州・泉州・興化・福州（ともに福建）系の村落が次いだ。台湾へ先に移住したものが「主」（「莊主」、即ち、墾戸）とよばれ、「主」は遅れて移住した流寓の者に対して、かれらは必ずしも「齎糧」（食糧等を持参）しなかったことから、食糧や衣服を与えた。

こうした墾戸（「主」＝土民）－佃戸（「流寓」＝客民）関係は後に悪化し、土客の対立となったのである（本章第三節参照）。

この史料は明らかに福建系の「莊主」の立場で書かれており、広東系の客民の立場で書かれたものではないからその点を差し引いて考えなければならないとしても、台湾中北部や南部の鳳山県以南の地域開発は墾戸（福建系）－佃戸（広東系客民が最多、福建系の漳州・泉州・興化・福州がこれに次ぐ）の関係によって行われていたことは確認できよう。

当時の墾戸－佃戸関係については、『台湾土地慣行一斑』（臨時台湾土地調査局、一九〇五年）第一篇二～四頁に詳しい。

當時渡來セル多數ノ移民ハ概ネ無資無産ノ細民ニ係レルヲ以テ、移民中最モ資力有ル者先ツ蕃社ト交渉シ、廣大ナル埔地ノ給出ヲ受ケ、自餘ノ移民ヲ招集シテ開墾ニ從ハシメタリ。蕃社ノ給出ニ就テハ、……承給者ハ埔地ノ發給ヲ受ケタル代酬トシテ、蕃社ニ對シ永遠一定ノ租額ヲ負擔セリ。是レ即チ蕃大租ノ起原ニシテ、當時ハ其權利者ヲ呼ンテ蕃業戸ト云ヒ、義務者ヲ呼ンテ漢佃ト稱シタリ。此等ノ漢佃即チ蕃租ノ義務者カ埔地ノ給出ヲ受クルヤ、其目的招墾ニ在ルヲ以テ、多クハ無資ノ力墾者ヲ招募シ、地區ヲ劃リテ彼等ニ分給シ、牛種農具ヲ貸與シ

テ、荒埔ヲ開墾セシムルヲ常トシ、其墾成シテ田園ト爲スニ及ヘハ、力墾者ヲシテ永遠該田園ヲ掌管セシメ、起墾後三年間ハ其對價トシテ力墾者ヨリ一九五抽的、即チ田園ノ収穫ニ對スル一割五分……ヲ徴収シ、三年ノ後ハ結租ト稱シ、豊凶ニ拘ハラス一定ノ租額ヲ徴収スルコト、ナレリ。

とあるように、移民中で最も資力のある者が「蕃社」から埔地（未墾地）の給付をうけ、他の移民や無産の「力墾者」を召募して開墾にあたらせた。即ち、「力墾者」に牛・種・農具等を貸与して開墾耕作させ、彼らより対価として「租」（大租）を徴収した。その「租」は開墾後三年間は「一九五抽的」租（収穫量の一五％という分益租）を徴収し、三年目以後は「結租」（定額租）を徴収した。その中から、「蕃社」に「蕃大租」を納めたのである。このような「蕃社」より埔地の給付を受けた移民中の有力者は、当初、漢佃戸と呼ばれたが、「其承給セル埔地ニ對シ、永遠承管スヘキノ權利ヲ取得シ、之カ處分ニ關シテモ曾テ何等ノ制限ヲ受クルコト無キヲ以テ、自然彼等ハ埔地ニ對スル事實上ノ業主、即チ業戸トシテ目セラレ、初メテ蕃業戸ト區別シ、漢業戸ノ名目ヲ附スルニ至[7]」ったのである。

そして、同史料の続きに、

此等漢業戸ハ再ヒ埔地ヲ以テ多數ノ佃人ニ分給シ、其墾成セル土地ニ就テハ佃人ヲシテ永遠自家ノ業産ト爲サシムルニ至リ、業戸ナル者ハ蕃社給墾ノ場合ト同シク、僅ニ名義上ノ業戸ニ止マリ、單ニ佃人ヨリ一定ノ租額ヲ収受スルノ外、土地ニ對シテハ已ニ占有支配ノ權利ヲ喪失シ、其謂ユル佃人ナル者コソ却テ業主タルノ權能ヲ有スルノ狀態トハナレリ。是ニ於テカ佃人ハ一方ニ於テハ業戸ニ對シ定額租ヲ負擔スルノ地位ヲ保有シ乍ラ、其田園ヲ以テ更ニ現耕佃人ナルモノニ貸付ケ、定期ノ小作料ヲ収得スル者多シ。大租戸・小租戸ノ稱實ニ是時ヨリ起レリ。

とあるように、漢業戸は佃人に開墾耕作させ、その土地を永遠に管理させた。漢業戸は収租権のみを保持するにとどまるようになり、佃人は現耕佃人に直接耕作させることによって、大租戸（墾戸）－小租戸（佃人）－現耕佃人という一田両主制を形成するに至ったのである。

以上の史料から、佃人が小租戸として成長する契機の一つには、佃人が大租戸に納める大租を抽的租（分益租）から結租（定額租）にまでもっていくほどの土地生産性の向上があったということである。それには土地開発、地力の増加に不可欠の水利潅漑が問題となってくる。次節より水利事業と漢業戸、佃人との関わり方について考察しよう。

二　台湾中北部の水利事業

第二表は、台湾中北部地域における水利施設の代表例を示したものである。水利施設には築堤して貯水潅漑する「陂」（「埤」＝溜め池）と築堤せず渓泉を疏鑿して田畝に潅漑する「圳」（＝用水路）があった[8]。また、「陂必有圳、圳不必有陂」[9]といわれるように、陂（埤）には必ず圳が付属していた。

『台湾土地慣行一斑』第二編、五二四頁には、埤圳の開設者を三者に大別している。

（一）一人又ハ數人ノ共同體ニ於テ開設者トナリタルモノニシテ、私有埤圳ハ皆之ニ屬ス。數人ノ合資ニ成ル場合ハ之ヲ合股管業ト云フ。此等ノ私有埤圳ハ營利ノ目的ニ出ツルモノナリト雖、而カモ多クハ關係田園主ノ懇請ニ依リ、豫メ開設後ノ關係ヲ合約シ資本ヲ投シタルモノトス。

（二）權漑ノ利益ヲ受クル田園主又ハ佃戸等ニ於テ開設者トナリタルモノ、所謂佃埤佃圳是ナリ。

（三）官ニ於テ開設者ト爲リタルモノ……唯南部地方ニ二三其例アルノミ。

とあり、（一）は私有埤圳とよばれ、埤圳主と田園主が分離しているもの、（二）は佃埤佃圳とよばれ、埤圳主と田園主（あるいは佃戸）とが一致しているもの、（三）は官埤官圳であった。

森田明氏は既に（一）から（二）への歴史的発展過程を論証されている。[10]大枠においては同意であるが、氏の研究では、埤圳主と田園主が分離した形態、即ち、佃埤佃圳における田園主の所有と佃戸の所有の区別については明らかにされていない。

本章では、この点と土地所有関係の変化について清領初期～中期の段階に限って、以下検討していきたい。

第二表によると、康熙年間の築造にかかわるものは㋑㋺㋩㋥㋭㋬㋣㋠の七例が見える。その中で、墾戸による招佃築造のものが㋑の新陂、㋩の朱曉陂、㋠の施厝圳（後の八堡圳）の三例、荘民・「番民」合築のものが㋺の大渓厝陂、㋬の番仔陂の二例、知県の経済的援助の下での荘民・「番民」合築のものが㋭の樹林頭陂、㋣の西螺引引荘陂の二例である。

後者の四例は十分な史料がなく詳しいことはわからないが、知県援助による開築埤圳は、既に、第二部第二章で述べたように、台湾南部地域を中心として、康熙五十三～六年（一七一四～一七）にかけて少なくとも三十二ヵ所建設され、これは明らかに台湾地域を米穀自給地域に改造するための措置であった。[11]

また、墾戸による築造の埤圳は、私有埤圳か佃埤佃圳のどちらか不明であるが、清領初期、管事が収租事務以外に徴税の請負、治安維持、水利施設の管理、倉庫の管理などの村落運営を行っており、[12]また、施厝圳が後に八堡圳とよばれ、台湾最大の水利施設に発展することから考えて、[13]これら墾戸築造の埤圳は（一）の私有埤圳であったと考えられる。

次に、雍正年間の築造にかかわるものは、㋤の葫蘆墩埤と㋶の隆恩圳の二例が見える。

㋤の葫蘆墩埤は台中県内の葫蘆墩地区にあった。ここは元々は岸裡九社[14]があり、「雍正初年（一七二三）地方大ニ擾レ、草賊各處ニ徘徊」したため、「巡撫王氏四方ニ告示スルニ、能ク草賊ヲ掃平スル者有ラハ恩賞登用スヘキ」との諭令が出された。これに対して、「漢人張達京即チ張振萬ナル者、常ニ社番ニ往來シ、最モ蕃語ニ通スルヲ以テ、告示ノ趣旨ヲ以テ蕃人ニ語ル。時ニ社蕃中、潘敦仔ナル者有リ。張ニ頼テ官ニ奏シ、一族及他蕃ヲ率ヰ、克ク掃平ノ功ヲ全フセリ。是ニ於テ官大ニ其功ヲ賞シ、位五品ニ進メ、大由仁ノ稱ヲ授ケ、又賜フニ曠原林野一帶ノ地ヲ以テシ、尚ホ將來ノ賦租ヲ蠲免セリ」といわれた。ところが、潘敦仔（大由仁）は開墾を十分にすすめることはできなかった。そこで、「通事張達京ハ自ラ水圳ヲ開鑿シ、大由仁等ノ墾地ニ灌漑シ、其報償トシテ若干ノ墾地ヲ得タ(15)」のであった。

その時の契約文書が台湾文献叢刊第一五二種『清代台湾大租調査書』二三頁に残っている。

公同立給墾字人六館業戸、張振萬、陳周文、秦登鑑、廖乾孔、江又金、姚徳心、岸裏・搜捒・烏牛欄・舊社等社土官、潘敦仔、……等。緣敦等界内之地。張振萬自己能出工本開築埤圳之位、水源不足、東西南勢之旱埔地、歷年播種五穀未有全収、無奈、衆番鳩集妥議、向墾《（懇カ）》通事張達京與四社衆番相議、請到六館業戸取出工本、募工再開築樸仔籬口大埤水、均分灌漑水田、敦等願將東南勢之旱埔地……、此係敦四社衆番之地、亦無侵礙他人界限、衆番情愿以此酎工本、付與六館業主、前去招佃開墾阡陌、永遠爲業。……今據通事張達京代敦等請到六館業戸擔承、計共出本銀六千六百兩、開築大埤之水與番灌漑、當日議明六館業戸開水到公圳汴内之水、定作一十四分、毎館應該配水二分、留額二分歸番灌漑番田。……雍正十年（一七三二）十一月　日。

とある。四址の地名や慣用語句等は省略したが、その内容は、潘敦仔等の四「蕃社」の土地である東西南勢の旱埔地は潅漑の便がなく、毎年穀物の収穫が悪かった。そこで、四「蕃社」は通事の張達京（張振万）に依頼して、六館業戸（張振万、陳周文、秦登鑑、廖乾孔、江又金、姚徳心）に樸仔籬口大埤（葫蘆墩埤）を開築してもらって、潅漑用水の配分を受けようとした。代価として、四「蕃社」の土地の一部を六館業戸に与え、毎年その租米六百石を六館業戸に（各館には百石）与え、六館業戸が費やした埤圳開築の「工本」（資金）に対する代償とした。そして、見返りとして、葫蘆墩埤の灌漑用水全十四分のうち、二分を「蕃田」に配分するというものであった。これが、所謂、「割地換水」というもので、漢人が埤圳を開鑿し、灌漑用水を「蕃人」に与えるかわりに、「蕃地」の開墾権を得るというものであった。

さて、この六館業戸は在地の墾戸であり、特に張振万は通事として、「蕃人」との交渉にあたり、開墾の尖兵的役割を果たしていたのである。

その後の六館業戸の開墾については、台湾文献叢刊第一五二種『清代台湾大租調査書』二六〜二八頁に

公同立合約字人業戸張承祖・通事張達京、因於雍正十一年間平番有功、縣主行文皇上、準旨吊過張承祖帶番面君、欽賜蟒袍一領、又賜草地一坐、歸業戸張承祖、岸裏、搜捒、阿里史、猫霧捒、烏牛欄、舊社等社土官敦仔阿打歪、……。緣敦等界内俱屬旱埔、播種五穀無水灌漑、歴年失収、無奈、衆番鳩集妥議、懇向通事張達京有人能出工本、募工鑿圳均分灌漑水田者、敦等愿將西南勢阿河巴暌轄甲霧林百里樂好四宗草地、定作十分、張承祖應得八分、番應得二分、……。此係敦等六社界内之地、併無侵礙他人界限、六社衆番情愿將此四宗草地酧賞工本、付銀主前去招佃開墾、報陞裕課、永爲己業、敦等六社衆番子子孫孫不敢異言生端爭執。此係張達京請到業戸張承祖前來擔承、自己出本銀八千三百兩、開水圳分水與番灌漑。當日三面議明、祖開水至萬定汴私圳内、其水作十分、内八分歸張承祖、甘留二分歸番灌漑番田。其四宗草地照原界内踏明、付與祖前去開墾、立戸陞科、永爲己業、以抵開水本銀。此係六社衆番甘愿割地換水、祖愿出本銀開水、分番灌漑換地、兩相均愿、日後六社衆番不敢言贖侵越等情。保此地係六社祖地、與他社無干、亦無重張典掛來歴不明、如有不明、係敦等六社抵擋、不干祖之事。每年業戸愿貼社穀五百二十石、冬成之日、係番自己到莊車運、永爲定例。此係二比甘愿、兩無迫勒交成、恐口無憑、公同立合約字二紙、各執一紙、付執爲照。批明、六社衆番因耕種併無車・牛・食穀・器具、再懇向銀主張承祖加備出番銀三

千二百両、即日交訖。其界内草地倘若未墾闢成田、餘埔・曠地以及界外在番界内車路・牧埔、盡行歸祖掌管、牧埔可與佃人牧牛、車路毎冬車運供課、批照。

雍正十一年　月　日

代筆人　張紹職、在場見人業戸　秦廷鑑　廖盛、爲中人　岸裏社・捜揀社土官敦仔阿打歪　郡乃大由仕、在場郡乃大由仕　敦必的、土官敦仔阿打歪　保氏麻姑、郡乃嗎蚋、馬下蚋、同立合約字人業戸　張承祖　通事張達京。

とある。この契約文書の概要は以下の通りである。

即ち、張振万は張承祖とともに翌雍正十一年（一七三三）に「平番」に功労があったとして、知県から草地等を与えられた。

その後、潘敦仔は、また彼等の旱埔に漽漑の便がなく、毎年穀物の不作が続くことから、張達京に依頼して埤圳の開築を行ってくれる業戸を求めた。業戸張承祖がこれにあたることになり、銀八三〇〇両を出資して「万定汴私圳」を開築した。「水份」（配分水量）を全体で十分とし、八分を張承祖に帰し、二分を「番」に帰した。潘敦仔等六社「衆番」は「西南勢阿河巴蹼轄の甲霧林百里楽好の四宗草地」を謝礼として張承祖に与えた。張承祖は佃戸を募集して、その草地を開墾した。

それとともに、六社「衆番」は耕作・播種に必要な車・牛・食糧・種・農具等がないので張承祖より銀三二〇〇両借りた。

以上の内容の契約文書が雍正十一年に結ばれ、「在場見人業戸」（契約時に立会人を勤める業戸）として、六館業戸のうち秦廷鑑や廖盛の名も見え、張承祖と六社「衆番」との契約は六館業戸の斡旋、按配のもとで行われていた。(16) 即ち、六館業戸は「割地換水」の方法で「蕃地」の開墾権・事実上の所有権を獲得し、埤圳を建設し、佃戸を募集して開墾耕作させていたのである。

次に、乾隆元～三十二年（一七三六～六七）における張承祖、張振万関係の契約文書は四例（招佃開墾文書三例、招佃耕作文書一例）見え[17]、そのうち招佃開墾文書三例を検討しよう。

その内の一つ、『清代台湾大租調査書』六三頁所収の乾隆元年（一七三六）の契約文書には、

立招佃業主張承祖、有埔地一所、坐落土名甲霧林莊。茲有謝登南兄前來贌墾、犁份一張配丈五甲正。當日議明每甲首年納大租粟四石、次年納租粟六石、三年納粟八石、俱係斗租、三年以後、毎甲八石、永爲定例、年有豐凶、不得短少升合。其租粟要重風乾凈、不得以濕冇抵搪。其租穀要車運一半到鹿港交倉、一半運至彰化、倘不車運、照莊例毎石貼車工銀五分、交業主自己傭車、其銀隨租秤明、給發車工。其莊中修築埤圳及橋道雜費等、俱係佃人自己料理、不干業主之事。亦不得隱藏匪類等情、如有、聽業主稟逐、另招別佃。其佃人倘欲別創及退回内地、必先問明業主、查無拖欠租粟・車工、併承退之人誠實、方允頂退、收回犁頭工本銀兩。今欲有憑、立佃批一紙、付爲執照。乾隆元年十二月　日　立招佃批業主　□□□。

とある。この文書と他の二文書によると、各佃戸に対する開墾割り当て面積は二甲五分、五甲、一一甲五分であった。毎年の大租粟は初年毎甲二～四石、次年四～六石、三年以後八石とされ、租穀の半分は鹿港に運び、倉庫に納入して、業戸が納めるべき租税とし、残りの半分は彰化や阿河巴莊の各業戸の公館に納めた。もし、佃戸は自分が車運できない場合は、業戸に「運課車工銀」（あるいは車工銀ともいい、業戸が運搬人を雇って米穀を運送する費用）を毎石銀四・五～五分（あるいは毎甲、銀三銭六分）納め、そして、水穀（埤圳水使用料＝水租）を納める義務もあった。

大租が一～三年の間に、徐々に増えていくのは埔地（未開墾地）から水田にまで墾成していく過程で、初年、次年は収穫量が少なく、三年目に漸く水田化して収穫量が増え、生産が安定化することに対応するものであった。

水田にまで墾成していくために、佃戸は工本を投下して、荘中の埤圳の修築を行った。この埤圳は六館業戸によって築かれた埤圳の場合とその埤圳から佃戸の耕作地へ引水するための埤圳もあった。契約文書には「其荘中修築埤圳及橋道雑費等、倶係佃人自己料理」などと記されている。

佃戸が埤圳修築に投下した工本（資金・労力）は「退佃」（小作をやめる）時に、新佃戸から「犂頭工本銀両」として返還された。そして、業戸は旧佃戸に租穀の滞納が無く、新佃戸が誠実な人であると確認してから、旧佃戸の退佃を認めた(18)。

そして、台湾文献叢刊第一五〇種『台湾私法物権編』二九三～四頁所収の「墾批」には、

立給墾批阿河巴荘業主張振萬、有自置課地一所、坐落土名餘慶荘、經丈東至林宅田爲界、西至圳爲界、南至六張犁小圳爲界、北至車路界、四址丈踏明白、共有田一十一甲五分正。今招得佃戸王簡書前來、出得時値埔價銀一百六十兩正、其銀即日交収明訖、其埔隨踏交銀主前去墾成水田、内帶水分九張足蔭。當日二面議定、遞年每甲實納初年大租二石、次年大租四石、三年實納大租八石、係頭家租税、永爲定例、每甲隨帶車工銀三錢六分正、貼運課工脚費用。其大租務要晒乾風淨、不得濕冇、豐歉租無加減、亦不得拖欠升合。此係二比甘願、各無勒迫、今欲有憑、立給墾批一紙、付爲永遠執照。

外批明、其荘中申禁、以及水穀、倶係佃人之事、再照。

即日収過墾批銀一百六十兩足訖、再照。

乾隆十二年八月　日給。

管事

業主張

とあり、これは乾隆十二年（一七四七）八月に業主張振万が佃戸王箇書に与えた契約文書である。これによると、佃戸が契約締結時に業主に「時値埔価銀」（永小作権を獲得するための対価）を支払っており、給墾面積が一甲五分と広く、佃戸王箇書一人による開墾耕作とは考えられず、大租戸（張振万）－小租戸（王箇書）－現耕佃人という一田両主制が成立していたものと考えられる。

次に、同じく張振万が乾隆二十六年（一七六二）に佃人品秀に与えた契約文書を検討しよう。『清代台湾大租調査書』七六頁には、

立招佃批字人業主張振萬、有承買岸裏等社埔地一所、坐落土名阿阿《ママ》巴荘上横山。今有佃人品秀前來補給批單、原經踏過四址分明、亦經業主丈過秀分水田五甲三分九釐、按甲納租、毎甲納租八石、永爲定例。係官較斗量、佃人自送至本莊公館交納入倉外、又貼納配運車工脚銀、毎石貼銀四分五釐、隨秤交納、如無隨租秤交就租照依時價扣出外、方算實租。其穀務要晒燥重風乾凈、不得濕冇抵搪。至莊中修理橋路、開築埤圳以及埤頭雜費等項、係佃人之事。再者、不得容留匪類、開場聚賭等情、如有此情、查出、稟官究逐、另招別佃。若佃人欲退、此必要誠實之人方許授受。今欲有憑、立招批一紙、付執爲照。

乾隆二十六年八月　日業主張給。　　管事□□□

とあり、品秀が耕作権を得た水田は五甲三分九釐で、毎年毎甲の租は八石と定額であった。「配運車工脚銀」毎石四分五釐の負担があり、荘中の橋路の修理、埤圳の修築や埤頭雑費等の費用も佃戸が負担した。

以上の六館業戸関係の文書で明らかになった点は、六館業戸は「蕃」より「割地換水」の手段で、「蕃地」の開墾権・所有権を獲得し、埤圳を築造して自己の田や他業戸（「蕃」業戸や漢業戸）に給水する埤圳主となり[19]、自己の獲得

した埔地に佃戸を招き開墾耕作させ、既築の埤圳の修理、新埤圳（佃戸の耕作地を灌漑する埤圳）の築造を行わせた。埤圳築造後、埔地を水田化させ、毎年毎甲大租八石という定額租を納入できるまで土地生産性を高めた。佃戸は租穀の滞納が無いかぎり撤佃されないという永小作権を獲得し、この永小作権は後の一田両主制の形成につながる。

このように、佃戸が水利施設を修築し、埔地を水田化して永小作権を獲得していく過程を明瞭に示す例が、六館業戸の埤圳からあまり遠くない、彰化県大肚山脚荘、土名轆過勝腡（頂勝腡荘）地域の開発例に見える。『台湾土地慣行一斑』第一編、四四～四五頁によると、「烏日區頂勝腡（腡?）庄ハ雍正・乾隆ノ間ニ於テ起墾セラレタル地方」で、「初メ漢人等ノ此地ニ移住スルヤ、此地方ノ蕃人ハ既墾ノ田園ト未墾ノ荒埔タルトニ論無ク、均シク漢人ニ給出シテ永遠管業セシメ、以テ蕃租ヲ収得スルニ至リシモノ」であった。「本庄一帯ハ水利大ニ開ケ、田埔ノ間ヲ貫流スル溝水多ク、他庄ノ如ク圳溝ヲ開鑿シテ、田埔ニ灌漑スルヲ見ス。従ッテ水租ノ負擔無シ。嘉慶・道光ノ頃ニ至リ、漢蕃ノ間、生存競争大ニ起リ、蕃人等ハ遂ニ漢人ノ優勢ニ敵シ難ク、其結果蕃租ヲ出典シテ、遠ク埔里社ニ退去」してしまったといわれている。[20]

この頂勝腡荘における雍正・乾隆年間（一七二三～九五）の「起墾者」の一人が楊秦盛という人物であった。雍正十一年（一七三三）二月に楊秦盛が佃戸王及観に与えた「給佃批」と同年三月に佃戸楊文達に与えた「給佃批」の二例を検討しよう。

『台湾私法物権編』三〇〇～一頁に、

立給佃批人業主楊秦盛、有置買草地一所、坐落南大肚山脚荘、土名轆過勝腡。今有王及觀前來認佃開墾、議定犁分一張、配埔五甲、其埔好歹照配、付佃自備牛車・種子前去耕作、年照莊例、凡雜種籽粒、俱作一九五分抽的、不得少欠。如開水圳爲水田、議定首年每甲納粟四石、次年每甲納粟六石、三年清丈、每甲納粟八石、滿車運到鹿仔港交納。如有熟田付耕、首年該納粟八石滿、如開水、毎甲議貼水銀一兩一分。其莊内田得水尾承接、疏通上下水圳、係佃等之事。至成田之日、再丈甲數、毎甲納租八石滿、不得增多減少、經風搧淨、車運到港完納、永遠定例。毎年修理水圳係佃人之事。如佃等欲回内地、或別業、欲將田底頂退下手、務要預先報明業主、查其短欠租穀及新頂之佃果係誠實之人、聽其頂退、收回田底工力之資。其租稅務要逐年交納清楚、不得少欠升合、亦不得故違憲禁事。不遵莊規、窩容匪類、及爲非作歹、如有此等情弊、被莊主查出、稟逐出莊、田底聽業主配佃別耕、不許異言生端。今欲有憑、立佃批一紙、付執爲照。

業主楊。　　　　　　　　　　　知見管事

雍正十一年二月　日給

とあり、また、『清代台湾大租調査書』一八七～八頁（□は欠字を示す）に、

立給佃批人業主楊秦盛、有買置草地一所、坐落南大肚山脚轆遇。今有楊文達前來認佃開墾、給出犁份一張、配埔五甲、收過銀十二兩。其埔好歹照配、付佃自備牛犁・種子前去耕作、年照莊例、凡耕種雜籽、一九五分抽、不得少欠、如開水灌漑成田、議定首年毎甲納租四石、次年毎甲納租六石、三年清丈、毎甲納租八石、俱是滿斗、無論豐歉、不得增多減少。其開築坡圳工費、毎甲議貼水銀□両□錢、本莊内田頭水尾承接疏通上下水圳、係佃等之事、及交納租粟、經風乾淨、到港入倉、永爲定例。逐年修理埤、係佃等自己工力。如佃等欲回内地、抑或別業、將田底頂退、須擇誠實守分之人同來業主家對過清租認佃分明、業主查無短欠租粟、及新頂之佃果係誠實、方許頂耕納租……、收回田底……。凡在莊居住、不得有違憲禁、不遵莊規、勾通匪類、騷擾莊中等情、如有此情、被莊主查出、立刻稟逐出莊、不許藉稱田底、聽業主配佃別耕、不得異言生端。今欲有憑、立給佃批一紙、付執爲照。

批明、並配厝後宅一所、坐宅茅屋安居、永爲己業。

雍正十一年三月　日。

知見人　□□□
立給佃批人　□□□

とある。この二例の契約文書の内容で共通している点は、給付された「草地」の面積は犁分一張＝五甲であり、佃戸が牛・犁・種子を自ら備えて開墾耕作すること。租については荘例にもとづき、開墾当初は収穫した「雑種籽粒」を一九五抽的（業主一五％、佃戸八五％取得）とし、水圳を開築して水田化してからは、初年毎甲粟四石、次年六石、三年目に土地を丈量して毎甲八石、以後は定額八石とすること。埤圳開築費用として毎甲水銀一両一分納入すること。荘内の田頭と水尾の接点や上下水圳の疏通及び毎年の水圳の修理は佃戸が行う。佃戸が「田底」（納租義務付土地永小作・用益権）を他人に「頂退」（譲り渡し）する時には、業主に報告し、もし租穀に滞納がなく、「新頂之佃」（新佃戸）が誠実な人間であると判明すれば、業主はその「頂退」と、原佃戸が「田底工力之資」（佃戸が「田底」＝上地の開墾耕作に投下した資金、労力を銀価格で表示したもの）を新佃戸から回収することを許したことである。

また、二例の契約文書で異なる点は、佃戸楊文達は業主楊秦盛に「給佃批」を作成するときに銀十二両を渡し、その銀の名称は不詳であるが、前述の永小作権を獲得する「埔価銀」に近いものであったということである。[21]

以上、楊秦盛関係の二例の文書の共通点で明らかになったことは、これらの埤圳は佃埤佃圳であり、しかも、業主の権利よりも佃戸の権利が強く、佃戸が業主に納めている水銀は佃戸が（業主と）共同で開築する埤圳費用にあてたもので、埤圳主に納めるものではなかった。従って、前述の「水租ノ負擔ナシ」というのは、佃埤佃圳がこの地域に普遍的に存在していたことを示していると考えられよう。

また、佃戸は埤圳築造に多大の工本を投下したことから、退佃時の工本銭償還の権利を有するとともに、業主に対する租の滞納がない限り、永小作権を保持していたのである。この点については、同じく業主楊秦盛と埔地の小作契約を行った佃戸楊文達が、その埔田小作権の一部を他人に売り渡している例で更に検討したい。『清代台湾大租調査書』一八七頁に、

立賣田契人楊文達、有自墾南大肚業主楊秦盛主内瞨出埔田一段、坐落土名轆遇、墾成田二甲七分、……愿托中送與張破損、當日三面言議出得時值價銀五十四兩正。其銀即憑中秤交足訖、其田隨即交付破損前去掌管、耕作納租、永爲己業。此田係達自墾之業、……併無典掛他人財物、亦無拖欠租粟爲礙等情、如有不明等情、係賣主一力抵擋、不干銀主之事。……即日收過契内銀完足、再照。雍正十三年（一七三五）十一月　日。

とある。楊文達は楊秦盛から給付された小作地五甲のうち、二甲七分の埔田の小作権を張破損に「時値価銀」五十四両で売り渡した。この銀は明らかに佃戸楊文達が埔田の開墾、埤圳の開築、水田化に投下した工本の償還銀であった。楊文達が小租戸となり、その下に現耕佃人を置く一田両主制には移行していないが、その前提となる永小作・用益権は確立し、その権利を「田底」権と呼ぶと、「田底」を自由に他人に転売しているのであった。

次に、雍正年間（一七二三～三五）築造の埤圳である㋶の隆恩圳について検討しよう。この隆恩圳は第二表で明らかなように康熙五十七年（一七一八）に王世傑が行った新竹県の竹塹埔開拓と関係していた。『台湾土地慣行一斑』第一篇、一二～三頁に、

王世傑ナルノモノ衆ヲ率ヰテ此地ニ入リ、居ヲ打鐵巷街ニ占メ、進テ開拓ニ従フニ當リ、一タヒ土蕃トノ衝突有リタルニ拘ハラス、金品猪酒ヲ與エテ巧ニ土蕃ヲ籠蓋シ、數里ニ渉レル廣大ナル荒埔ヲ獲得セリ（新竹城内モ亦其界内ニ在リ）、其境界タル極メテ廣漠ナレハ、移民ノ足跡未タ到ラサル地域ヲ包有シ、開拓ノ事業從ッテ容易ニ非サルヲ以テ、頻ニ移住ヲ督勵シタル結果ハ、期年ナラスシテ一部落ヲ構成シ、雍正年間ニ及ンテハ昔日ノ草野

モ忽チ變シテ腴田ニ墾成セラル、ヲ見タリ。

とある。王世傑は「康熙初年（一六六二）ニ渡來セル泉籍墾戸」で、「土蕃」に金品猪酒を配って籠絡し、広大な「荒埔」の開墾権を得た。そして、移民を督励し、彼らを王世傑の佃戸として土地を割り当てたのである。（補註）

このような経過をたどって、雍正年間（一七二三〜三五）に昔日の草野が腴田に変わっていったのであるが、これは隆恩圳などの埤圳の開築が寄与していたことは疑いない。

隆恩圳は元々、四百甲圳とも、大南北圳とも言った。それは開築時においては「大南北汴」から、四百甲の田を滙漑したことからこのように名付けられたからである（光緒二十年時〈一八九四〉の漑田面積は二〇〇〇甲になっていた）。雍正年間に各「田主」を集めて資金を寄付させて開濬した。ここで言う「田主」とは、王世傑が招集した佃戸のことであり、雍正時期には「田主」と呼ばれる小租戸になっていたのである。(22)

その後、道光二年（一八二二）に「田主」楊天助と陂長張王成が各佃戸（現耕佃人）を集め、資金を寄捐させて重修し、また、新たに一圳も開築した。圳の管理は「田主」と佃戸が合議して選んだ一人の陂長によって行われた。

しかし、元々この陂長の選出については、乾隆年間（一七三六〜九五）以来、「田主」と佃戸が対立し、各々「党」を組んで争い、官憲に訴え裁断を願っていた。道光二年には平和的に解決されたが、光緒十三年（一八八七）にはまた、「田主」と佃戸は陂長充当権で争い、翌十四年（一八八八）に新竹知県方祖蔭の裁断によって、漸く圳の管理を県の「考棚紳董」に帰すことによって決着した。

従って、佃埤佃圳として出発したこの四百甲圳は隆恩圳と名称を変更し、官埤官圳に変わったのである。

ともあれ、隆恩圳は元々、佃埤佃圳で、墾戸王世傑が募った佃戸（後の「田主」＝小租戸）の開築によるものであった。佃戸は埔地の開墾や隆恩圳等埤圳の開築に多大な工本を投下したことによって、「田主」と呼ばれる小租戸に成長したのである。やがて、清末には小租戸のもとで小作する現耕佃人層も成長し、陂長選出権をめぐり対立するという状態になり、墾戸（大租戸）の権利は有名無実化し、小租戸と現耕佃人による埤圳管理の私物化・対立の構造が生まれ、それを調停するのが地方官と紳士層であった。

次に、第二表に見える乾隆年間（一七三六～九五）の築造に関わる埤圳のうち、㋥・㋷・㋾・㋻の四例の埤圳について検討しよう。

まず、㋥の茄荖浮埤は「乾隆初年（一七三六）媽姓ノ開築」時、媽姓の私有埤圳であったが、「後年大租戸小租戸及佃人等ニ於テ資金ヲ醵集シ之ヲ買収」して佃埤佃圳となった。また、「本埤灌漑田ハ水租ノ外、田底谷ナル負擔アリ、田底谷ハ小租戸ノ負擔ニ係リ、圳路ノ浚渫修繕ニ充ツルノ費用ニシテ、……水租ハ現耕佃人ノ負擔ニシテ、主トシテ埤頭ノ修築費ニ充[23]」てられていた。

水租、「田底谷」の負担形態からみて、この佃埤佃圳の管理権は実質的には小租戸―現耕佃人にあったと考えられる。

㋷の隆興陂は隆恩埤圳とも言われた。この陂は乾隆二十九年（一七六四）、「欽命巡視臺灣御史李宣春、地方巡視ノ際、當地方水利ノ必要ヲ認メ、埤圳開設費トシテ銀二百元ヲ捐出」して開築した官埤官圳であった。乾隆五十三年（一七八八）、「濁水溪ノ氾濫ニ依リ、圳道ノ沖壞夥シク、關係佃首等協議ノ上、陳國升、張天球等ニ出資ヲ請ヒ、業佃ハ引水田一甲ニ付、年水租五石（内田主四石、佃戸一石分擔）ヲ納付スヘキヲ約シ、陳等ハ五股ノ合資ヲ以テ之カ修築ヲナシ」たことから、この埤圳は私有埤圳となったのである。

隆興陂の所在する斗六の沙連堡では、康熙十六年（一六七七）に鄭氏の部将林圯が「蕃人」を討平して、「招墾ノ事業」に着手した時から、「埔地ハ大抵無償ニテ給出シ、墾成ノ後ト雖、決シテ大租ヲ徴セス、移民ヲシテ各自報陞セシメ」た[24]。それ以後も大租戸が存在せず、小租戸（「田主」）と現耕佃人という関係になっていた。従って、埤圳主の陳国升等五股の業戸は灌漑田園の所有主ではなく、土地所有とは分離した存在であったと言えよう。

ヲの溝心埤は斗六の他里霧堡埔羌崙庄を灌漑する埤圳であった。この「埔羌崙庄ハ乾隆初年（一七三六）、沈紹宏ナル者、同上（官府ノ……松田註）給墾ヲ受ケタル地方ニシテ、承墾ノ後」に「此地方ノ墾戸ト為リ、多數ノ佃人ヲ招集シテ草地ヲ開拓」した。この沈紹宏は康熙二十九年（一六九〇）に既に他里霧堡大東庄・小東庄の給墾も受け、「口約ヲ以テ衆多ノ移民ニ分給」した墾戸であった。この溝心埤も乾隆年間（一七三六〜九五）に彼によって開築されたが、「後年自己所有田二甲ニ對シ、永遠水租ヲ免除スルノ條件ヲ以テ、關係田業主ノ共同管理ニ附シ[25]」たのである。即ち、この溝心埤は当初、沈紹宏の私有埤圳として出発したが、後には灌漑田園主が所有権をもつ佃埤佃圳に変化したのであった。

最後に、ワの林仔坡は、「小租戸ノ出資開築ニ係[26]」る佃埤佃圳であったが、「本坡ニハ坡底主ナルモノアリ、即チ坡塘敷地ノ所有主」であり、「贌辨契約（坡の管理、水租徴収権の貸借契約……松田註）ノ際ハ、其約字中ニ其承諾署名ヲ要シ、贌辨者ハ晝號禮トシテ、一時金二十四圓ヲ坡底主ニ贈與スル」ことになっていた[27]。従って、この坡圳の権利関係は第一図のようになると考えられる。即ち、小租戸は坡圳及び田底を所有するが、坡圳を完全に所有するのではなく、いわば坡底主の所有する坡底に対する「坡面」的なものにあたる坡圳施設を所有し、土地も大租戸の田面所有に対して田底を所有していた[28]。両者とも不完全所有であるが、小租戸は坡圳主と田園主の両側面を備えており、この坡圳は佃埤佃圳といえるものであった。

以上の四例の埤圳を検討して、乾隆年間の一般的傾向として言える点は、埤圳の所有形態が私有埤圳から佃埤佃圳へと変化し、小租戸（田園主）が埤圳の完全所有とはいかないまでも、大租戸の「坡底」所有権に対する「坡面」的所有権（＝事実上の坡圳所有権としての水租徴収権、坡圳管理権）を持つに至っていた。これは、佃戸（後の小租戸）が土地や埤圳の開墾・開築に工本を投下し、土地生産性を高め、永小作権あるいはそれより発展した一田両主制を形成していたことに対応して、埤圳の面においても、いわば「一埤両主制」のような関係を形成していたと言えよう。

三　台湾中北部における一田両主制の展開

本節では、台湾中北部における墾戸―佃戸関係から大租戸―小租戸―現耕佃人という一田両主制への変化過程とその特徴を明らかにし、その中で水利事業の役割について検討したい。

まず、墾戸―佃戸関係は初期の形態（清領初期）とそれが変化した形態に分かれる。初期の形態とは第一節で明らかとなった福建泉州・漳州墾戸―客民（広東潮州・恵州）佃戸関係の形態である。その頃の土地所有形態についてもう少し実態を考察したい。『諸羅県志』巻六、賦役志、戸口土田には、

若夫新舊田園則業主給牛種於佃丁而墾者十之六七也、其自墾者三四已耳、乃久之佃丁自居於墾主逋租欠税、業主易一佃、則群呼而起、將來必有久佃成業主之弊、爭訟日熾、案牘日煩、此漸之不可長者也。又佃丁以園典兌下手、名曰田底、轉相授受、有同賣買。或業已易主、而佃仍虎踞、將來必有一田三主之弊。

とあり、この史料によると、当時の台湾の田園は業主が佃丁に牛・種を給付して開墾するものが六〇～七〇％、自墾のものが三〇～四〇％であった。佃丁が墾主（業主）に納めるべき租を滞納しがちなので、墾主は国家に税を納めることができない。もし業主が佃丁を代えようとすれば、佃丁が群れをなし一致団結して反対し、将来必ず佃丁が久しく土地に居座って、彼らが事実上の土地所有者になる弊害がでてくる。また、佃丁は園をもって別の佃丁に「典兌」（質入したり、売却や小作関係を結ぶこと）を行い、その物権を名付けて「田底」という。「田底」の「典兌」は受け継が

れて行われるので、「典兌」は売買と同じ意味を持つようになった。あるいは、業主は変化しても佃丁は土地に居座ったままの場合もあり、これらは将来一田三主の弊害を生ずるであろうと述べられている。

この史料は頑佃の実態が将来、一田両主制や一田三主制を生じる可能性があることを指摘しているが、当時は一田両主制が成立していたとは言い切れないと考える。同志、巻八、風俗志、雑俗によると、

各莊佣丁、山客十居七・八、靡有室家、漳・泉人稱之曰客仔、客稱莊主曰頭家、頭家始藉其力以墾草地、招而來之、漸乃引類呼朋、連千類百、饑來飽去、行兇竊盗、頭家不得過而問矣。田之轉移交兌、頭家拱手以聽、權盡出於佃丁。

とあり、漳州・泉州人の「莊主」（頭家）は山客を佃丁として用いて草地の開墾を行った。しかし、この佣丁（佃丁）は仲間や同類を多数集めて団体行動をとり、また、飢えれば開墾耕作につき、逆に飽きれば去って盗賊となるような連中で、これに対しては頭家である「莊主」は手を拱いて見ているしかなかった。

このような佣丁（佃丁）は確かに土地に居座ったり、租を滞納したり、「田底」を他の佃丁に譲渡・売却したりしていたが、彼らは定着した農民ではなく、「莊主」から牛や種子を借りて、一時的に佃丁の自食分の食糧生産を行うのみという不安定な流民であった。前出の史料に見えた「田底」は土地耕作・用益権には違いないが、「莊主」から認められた永小作権・用益権でもなく、まして、一田両主制下における佃戸が耕作地を他の佃戸に給付し、彼らから租を徴収する権利を示す「田底」ではないことは言うまでもない。

このような初期の墾戸—佃戸関係は、雍正・乾隆年間（一七二三〜九五）に埤圳建設が頻繁化するなかで、変化する。

雍正・乾隆年間の墾戸—佃戸関係とは、第二節で明らかとなった。即ち、佃戸が牛・犁・種子を自備し、田園・埤圳の開築・修理に「工本」（労力・資金）を投下し、租穀の滞納が無ければ永小作できる形態であった。租穀は開墾当

初、「雑種耔粒」の一九五分抽的租で、三年目（埤圳を築造し、埔地を水田化）以後に、毎甲数石の「粟」（殻付きの米）を納める定額租に変わった。佃戸は退佃の際、新佃戸から「田底工力之資」を回収できる工本銭償還権を持っていた。[29]

この段階の佃戸には土地に対する永小作権・用益権は成立していたが、自らが小租戸となり墾戸（大租戸）から借り受けた耕作地を他人（現耕佃人）に貸し出す一田両主制にはなっていなかった。一田両主制の成立は、埤圳の開築によってできた水田の生産が安定し、佃戸（後の小租戸）の余剰蓄積がすすみ、台湾中北部における埔地から水田への一次的開発が一応完了し、人口の増大が田地の増大を上回ることに起因していたと考えられる。[30] それは、乾隆年間（一七三六〜九五）以後、佃戸が墾戸の水田を小作する場合、契約時に佃戸が「埔価銀」とか「犁頭工本銭」、「犁頭銭」等を納入して永小作権を獲得し、その田地を現耕佃人に貸し出す例が史料に現れてくるからである。[31]

『台湾私法』第一巻上、三〇一頁に、

墾底銀、浦底銀又ハ埔價銀ト稱スル一種ノ價銀ヲ佃戸ヨリ墾戸ニ給付スルコト……。墾價銀トハ結局土地漸少ク、佃戸墾地ヲ得ルコト困難ト爲リタルノ結果、佃戸カ墾戸ヨリ開墾耕作ノ權利ヲ取得スルカ爲ニ、墾戸ニ提供スルニ至リシモノニシテ、則佃戸カ墾戸ヨリ永耕權ヲ獲得スルノ對價ナリ。

と言われているように、「埔価銀」の類の性格は、未開墾地が少なくなり、一応築成された水田には耕作人（佃戸）が存在し、新たに増加した人口（耕作人）にとっては未開墾地を開墾する地域は乏しく、耕作人の決まっている水田の小作に割り込まなくてはならなくなっていた時期において、佃戸が墾戸に小作契約締結時に支払う銀であった。

また、「犁頭銭」については、台湾文献叢刊第三一種『台案彙録甲集』巻三、「大学士阿桂等奏台湾叛産入官酌定章程摺」（乾隆五十三年〈一七八八〉十二月十九日）に、

縁臺灣業戸開墾田園、招佃承種、即將所費工本収回、名犁頭錢、毎甲得銀一・二百兩、毎歳止抽分租穀六石至八

石不等。又有佃戸自行開墾者、因村黎未諳科則、倩城市殷實之家充當業戸、代爲經理納糧、亦祇抽給租穀數石、名爲田面租。其佃戸承種之後、又覔僱工人代耕、牛犂籽種、悉係工人自備、佃戸與分租息、毎年毎甲可得數十石爲田底租者、業戸得租數少、佃戸得租數多、其田雖係業戸出名、而實歸佃戸承管也。……業戸前已得交犂頭錢、即與賣業無異。

とあり、業戸が開墾した田園で、佃戸を招いて耕作させる場合、犁頭銭を徴収した。この犁頭銭は田園を売却したのと同じくらいの意味（価格）であった。また、佃戸が自ら開墾を行う場合、「城市殷實之家」を業戸として、官府への田園の陞科、税糧の納入を代行してもらい、佃戸は業戸に「田面租」を支払う。そして、佃戸は工人を招いて、工人には牛・犁・種子を自ら備えて耕作させ、工人から「田底租」を徴収する。

業戸の徴収する「田面租」の額は少なく、佃戸の徴収する「田底租」の額は大きく、このような田園は実質的に佃戸の管理に帰したのである。この「田面租」は大租にあたり、「田底租」は小租にあたることは疑いない。従って、台湾における一田両主制成立下の「田面」とは業戸（大租戸）がもつ国家への納税義務付き名義的土地所有権のことを示し、「田面租」という場合は佃戸（小租戸）より徴収する大租という意味である。また、「田底」とは佃戸（小租戸）がもつ納租（大租）義務付き土地永小作・用益・管理権を示し、「田底租」という場合は工人（現耕佃人）より徴収する小租を意味したのである。この段階で、大租戸－小租戸－現耕佃人という一田両主制が成立した。

次に、清末の大租戸が没落した段階の一田両主制下における小租戸と現耕佃人との関係について考えてみよう。小租戸は淡水、苗栗、新竹等の地方では「田主」と呼ばれていた。台湾文献叢刊第一七二種『淡水庁志』巻十一、風俗考には、[32]

有佃戸焉、向田主贌田耕種也、有磧地焉、先納無利銀兩也。銀多寡不等、立約限年滿、則他贌、田主以原銀還之、毎年田主所収曰小租、淡北分早晩交納、自塹而南、多納早冬、其晩冬悉歸佃戸。亦有先納租一年後乃受耕、則不立贌字、亦無磧地銀也、凡田器牛種皆佃備。其或荒地初墾、近溪浮復者、經佃開墾成田須三年後、田主方勘界定租。墾費主佃分者、則租均之。

とあり、「田主」（小租戸）が佃戸（現耕佃人）と結ぶ小作契約には三種類あった。一つは、佃戸が「贌字」（契約文書）をつくり、「田主」に磧地銀と小租を納めるものであり、一つは、先に一年後の小租まで納めてから小作契約を結び、「贌字」をつくらず、磧地銀を納めないものであり、この両者はともに水田の小作に係わる契約であった。最後の一つは、荒地や「近溪浮復」と言われる沙田の場合で、佃戸が開墾して三年後、丈量して小租の額を決めるものであった。磧地銀は小作契約金で、佃戸が欠租すれば滞納分を磧地銀の中から返済し[33]、欠租がない時には耕作期限が満期になると、「田主」が佃戸に全額返還するものであった。

小租に抽的租と定額租の二種類あったが、清末当時は定額租が普及していたようである[34]。苗栗県では清末に荒地の開墾がほとんど終わり、人民は「生齒日繁」し、磧地銀・小租の額が増加していったと言われている[35]。そして、佃戸は農具、牛、種子を自ら備え、荒地の開墾には墾費も負担していることから、欠租の無い限り、永小作権を保持していたと考えられよう。

おわりに

台湾中北部における土地所有形態は四段階の変化があった。

第一段階は清領台極初期（一六八三〜一七二二）で、墾戸は佃戸に牛・犁・種子・食糧を給付して開墾を行うが、佃戸は定着しない流民であり、佃戸には永小作権は確立していなかった。この時期には一部の地域を除いて埤圳の建設は行われず、農業生産も不安定であった。

第二段階は雍正から乾隆の時期にかけて（一七二三～九五）、人口が飛躍的に増加した時期であった。[36]墾戸が埤圳を築き、「割地換水」の手段で「蕃人」から埔地の開墾権を取得し、佃戸を招いて開墾させた。当時の埤圳は私有埤圳が主であった。佃戸は牛・犁・種子等を自備し、埔地の開墾、埤圳の修築に多大の工本を投下したことによって、退佃の際に新佃戸より「工本銭」の償還を受けることができた。また、欠租しない限り耕作地を墾戸から取り上げられないという永小作権が成立していた。

第三段階は、埤圳開築にともなう埔地の水田化が広域化し、未墾地の量が減ったことによって、新たに増加した人口・「佃戸」を未墾地に吸収できなくなった段階である。時期的には乾隆末から嘉慶にかけて（十八世紀末～一八二〇）と考えられる。佃戸は「水田」（一部は未墾地）の永小作権を獲得するために、墾戸に「埔価銀」や「犁頭銭」という敷金を納め、これによって獲得した永小作権（＝田底権）にもとづき、耕作地を別の佃戸に耕作させ、彼らから租を徴収するようになった。これによって、大租戸－小租戸－現耕佃人という一田両主制が成立し、一田の上に大租戸・小租戸という二重の所有者と大租・小租という二重の租関係が出来上がった。埤圳の権利関係においても大租戸所有の私有埤圳から小租戸の管理する佃埤佃圳に変化していた。

第四段階は清末の道光から光緒十四年（一八二一～八八）の劉銘伝の土地丈量までの時期である。大租戸は没落して収租のみを保持するようになり、土地の実質的管理権は小租戸に移った。現耕佃人は牛・犁・種子等を自備して、磧地銀と呼ばれる敷金と毎年の小租を小租戸に納め、欠租がない限り契約期限内の耕作はできた。

以上によって明らかになった台湾中北部地域の一田両主制形成の特徴は、雍正から乾隆時期（一七二三～九五）の水利施設の築造に、佃戸が多大の工本を投下して永小作権を獲得し、これが前提となって後の一田両主制の形成につながったということである。

現在、大陸の一田両主制研究の大きな論争点の一つは、佃戸の工本投下及び退佃時の工本銭償還権を一田両主制の確立と見るか、否かということである。(37) 台湾中北部の地域開発について見るならば、佃戸の工本投下及び工本銭償還権は佃戸の永小作権を示すもので、その段階ではまだ一田両主制は確立していないということである。今後、永小作権確立から一田両主制確立までのきめ細かな実証的解明が求められている。

註

（1）草野靖「宋元時代の水利田開発と一田両主慣行の萌芽」（上）（下）（『東洋学報』五三―一・二、一九七〇年）や藤井宏「一田両主制の基本構造」（一）～（九）（『近代中国』五～一四、一九七九～八三年）、寺田浩明「田面田底慣行の法的性格―概念的な分析を中心として―」（『東洋文化研究所紀要』第九三冊、一九八三年）が代表作としてあげられる。

（2）仁井田陞「明清時代の一田両主慣習とその成立」（同著『中国法制史研究　土地法・取引法』東京大学出版会、一九六〇年）、戴炎輝「従一田両主談台湾的租権」（台北市文献委員会編印『中原文化与台湾』一九七一年）、栗原純「清代中部台湾の一考察―彰化地方における一田両主制をめぐる諸問題―」（『東洋学報』六四―三・四、一九八三年）。

（3）森田明「清代台湾における水利組織の形成と発展」（『史学研究』一三〇、一九七六年）。

（4）拙稿「明末清代台湾南部の水利事業」（『中国水利史研究』一一、一九八一年、本書第二部第二章所収、以下、a論文とする）、同「清代台湾の管事について」（『中国史研究』七、一九八二年、本書第二部第五章所収、以下、b論文とする）。

（5）註（4）に同じ。

（6）張菼『清代台湾民変史研究』（台湾研究叢刊第一〇四種、一九七〇年）。

（7）『台湾土地慣行一斑』第一編、三頁。

（8）註（4）a論文。
（9）台湾文献叢刊第一七二種、同治十年刊『淡水庁志』巻三、建置志、水利。
（10）註（3）に同じ。
（11）註（4）a論文。
（12）註（4）b論文。
（13）森田明「清代台湾中部の水利開発―八堡圳を中心として―」、同「台湾における水利組織の歴史的考察―八堡圳の場合―」（ともに同著『清代水利史研究』亜紀書房、一九七四年所収）。
（14）陳秋坤「平埔族岸裡社潘姓経営地主的崛起、一六九九―一七七〇」（『中央研究院近代史研究所集刊』第二〇期、一九九一年）、同『清代台湾土者地権　官僚、漢佃与岸裡社人的土地変遷一七〇〇―一八九五』（中央研究院近代史研究所、一九九四年）。
（15）『台湾土地慣行一斑』第一編、三七頁。
（16）台湾文献叢刊第一五二種『清代台湾大租調査書』二六～八頁。
（17）註（16）に同じ。
（18）『清代台湾大租調査書』六三、六六～七五頁、台湾文献叢刊第一五〇種『台湾私法物権編』二九五～六頁。
（19）台湾文献叢刊第一五一種『台湾中部碑文集成』所収の「水圳杜訟碑」（乾隆二十七年、一七六二）の記事より、六館業戸は私有埤圳主と考えられる。
（20）『台湾土地慣行一斑』第一編、四四～五頁。
（21）『台湾私法物権編』三〇〇～一頁、『清代台湾大租調査書』一八七～八頁、及び註（4）論文参照。
（22）『淡水庁志』巻四、賦役志。
（23）『台湾土地慣行一斑』第二編、五六五頁。

(24)『台湾土地慣行一斑』第二編、五六三頁、同第一編、六八～九頁。
(25)『台湾土地慣行一斑』第一編、六六～七頁、同第二編、五五九頁。
(26)『台湾土地慣行一斑』第二編、五五九頁。
(27)『台湾土地慣行一斑』第一編、六六頁、同第二編、五六〇頁。
(28) 註（27）に同じ。
(29) 註（21）に同じ。
(30) 台湾省文献委員会編『台湾省通誌』巻二、人民志、人口篇、五七頁。
(31)『台湾私法物権編』二九三～四頁。『清代台湾大租調査書』六三頁。
(32)『淡水庁志』巻四、賦役志。
(33) 台湾文献叢刊第六三種『樹杞林志』風俗考、農事。
(34)『清賦一斑』、及び次の第四表を参照されたい。
(35) 台湾文献叢刊第一五九種『苗栗県志』巻七、風俗考。
(36) 註（30）に同じ。
(37) 註（1）に同じ。
(補註)『台湾土地慣行一斑』第一編、十三頁。

第1表

年代	記事［台湾省通誌巻二より］	原載
康熙二二（一六八三）	「清朝、臺灣を領有。」	台湾省通誌二
二三（一六八四）	「清朝は當初、放棄論、施琅は遺留を主張。」	靖海紀事下
	嚴海禁、又嚴禁粤中惠・潮之民渡臺。	台湾省通誌二
二四（一六八五）	乃將軍以下、復取僞文武僞業、或托招佃之名、或借墾荒之號、另設管事照舊収租、在朝廷既弘一視之仁、而佃民獨受偏苦之累。	陳文達、台湾県志一〇
三一（一六九二）	墾戸合築諸羅縣新陂長十餘里	福建通志、水利
三四（一六九五）	（蛤仔難）社番始輸餉於諸羅	噶瑪蘭庁志一
四二（一七〇三）	臺灣、諸羅二縣民、招徠汀州墾民、開羅漢內、外門（在今高雄縣境）荒埔。	台海使槎録五
五一（一七一二）	申禁無照偸渡客民。	周元文府志一〇
五四（一七一五）	諸羅知縣周鍾瑄開諸羅山（今嘉義市）等大陂長二十餘里。築新營莊（在今台南縣）陂長三十餘里。	范咸府志二
五六（一七一七）	禁臺灣米糧偸運出洋、着臺灣鎭・道一體嚴加查禁。至漳・泉地方、米少價貴、該督・撫即酌定應需米穀數目、行文臺灣鎭道、量撥米穀、驗給照文、護送兵船、逐汛嚴加押送…。	福建通志、海防
雍正　元（一七二三）	藍鼎元上書巡臺御史、復官莊之制。	鹿洲全集
	浙江大饑、運臺米一萬石以濟、不足之處、議定翌年復補運四萬石。	台湾使槎録一
三（一七二五）	臺灣各番鹿場、閑曠地方、可以墾耕者、令地方官曉諭、准聽各番租與民人耕種。	台湾省通誌二
五（一七二七）	福建總督高其倬奏……請嗣後往臺人民、其貿易、傭工及無業之人、全無田地、一概不准搬眷往臺。若實在耕食之人、令呈明地方官、查有墾種之田、並有房廬者、即行給照、令其搬往安插。至佃戸之中、有住臺經五年。而業主又肯具結保留者、准其給照搬眷、其餘一概不准。	大清世宗実録六一
七（一七二九）	欽定六部處分則例、禁臺灣民人偸越番境、凡臺灣南勢・北勢山口、生番・熟番、勒石分界。	台湾省通志二
乾隆　元（一七三六）	閩人漸自臺灣南部北移墾拓、部份移居大姑陷・員樹林（在今桃園縣）一帶。	台湾省通志二
一一（一七四六）	詔准臺灣人民搬眷入臺。	台湾省通志二
一二（一七四七）	臺灣客民搬取家口、請定限一年、地方官查明給照過臺、逾限、不准濫給。	大清高宗実録二九二
三四（一七六九）	臺灣流寓內、閩人約數十萬人、粤人約十餘萬人、而渡臺者仍源源不絶。	大清高宗実録八四八
同治一三（一八七四）	沈葆禎奏請臺灣善後之策、以開山撫番、與移福建巡撫於臺灣爲要務。	台湾省通志二
光緒　元（一八七五）	詔除內地人民渡臺入山耕墾例禁。	台湾省通志二
一三（一八八七）	臺灣建省	台湾省通志二
一四（一八八八）	劉銘傳受巡撫關防……全省清賦大致蔵事、盈溢田糧。	台湾省通志二
二一（一八九五）	「日本、臺灣を領有」	

第2表

	名称	所在	概略（　）内は台湾省通誌巻四	出典
㋑	新陂	北新荘	康熙三十一年、墾戸李承業、陳大松合築。	諸羅県志巻二
㋺	大渓厝陂	県治西南三蒲竹	康熙四十七年、荘民合築。	同右
㋩	朱暁陂	外九荘大坵田	康熙四十三年、管事同荘民合築。 今ヨリ百年以前、厥後庄朱暁ナル者、同區内ノ窪池ニ自ラ工本ヲ投シテ築造スル所ニ係リ…平年一甲ノ水租ハ一石二斗位ナリト云フ。	同右 土地慣行一斑第二編五六四頁
㋥	茄茎浮埤	嘉義県打猫北堡	乾隆初年馮姓ノ開築スル所ニシテ後年大租戸小租戸及佃人等ニ於テ資金ヲ醵集シ之ヲ買収シテ公共用ト爲シタルモノニ係リ。	同右
㋭	樹林頭陂	外九荘	康熙五十六年、知縣周鍾瑄捐穀五十石助荘民合築。	諸羅県志巻二
㋬	番仔陂	北香湖	康熙三十四年、番民合築陂於下流、名番仔陂。	同右、台湾省通誌四
㋣	西螺引引荘陂	西螺社	康熙五十三年、知縣周鍾瑄捐銀二十兩助民番合築。	同右
㋠	施厝圳	東螺保	康熙五十八年、莊民施長齢築、時圳道難通、有自稱林先生者、繪圖教以疏鑿之方、於是通流。灌漑五十餘里之田、迨圳成欲謝之、査尋並無其人。今圳寮奉祀神位、不忘功也。	彰化県志巻二
㋷	隆興陂	社蓁渓州仔	乾隆年間、業戸張天球、陳佛照、陳同升、曾石等鳩工開濬。	雲林県采訪冊
㋦	清水溝圳	斗六沙連堡	嘉慶二十四年、農民廖阿禮開築。	同右
㋸	坪仔頂圳	斗六沙連堡	源由清水溝渓引水入圳、長約五里、寛四尺、灌象蓁灣、坪仔頂等處山田二十餘甲。道光元年、業戸張天球開濬。	同右、台湾省通誌四
㋦	溝心埤	斗六他里霧堡	乾隆年間沈紹宏ナル者ノ開築ニ係リ、後年自己所有田二甲ニ對シ、永遠水租ヲ免除スルノ條件ヲ以テ關係田業主ノ共同管理ニ附シタルモノ。	土地慣行一班第二編五五九頁
㋻	林仔陂	斗六他里霧堡	乾隆年間、各小租戸ノ出資開築ニ係リ、約百六十甲田ヲ灌漑ス。	同右五五九頁
㋕	石灰砸埤	斗六沙連堡	嘉慶六年即チ本庄開拓ノ創メ、庄民ノ鳩資開築ニ係リ、後山岳ノ崩壊ニ依リ圳路壅塞シ圳流通セサルヲ以テ、殷戸楊裕隣ノ出資ヲ請ヒ、…圳路ヲ完通シ、引水田八年年一定ノ水租ヲ楊ニ納付スヘキヲ約シ、楊家ノ掌管ニ屬シタルモノナリ。	同右五六二頁
㋵	險圳	南投県北投堡	乾隆八年北投社番土目葛買奕ナル者漢人呉連満ナル者ニ托シテ開鑿セシメタルモノニシテ、爾來關係田園主ニ於テ管理人ヲ選定シ、圳務ヲ管理セシメ來リ。	同右五五四頁

㋟	大圳	南投県集集堡	乾隆四十八年大租戸楊東興及小租戸等協議ノ上、將來ノ灌漑田五十四張犁ニ對シ、各業主ヨリ一甲ニ付銀二十元ヲ出資シ、總額五千四百元ヲ醵集シテ開鑿費ニ充テ、同年十月ヨリ起工シ翌年十二月ニ竣成。	同右五五六頁
㋹	快官圳	（南投県草屯鎮）	共灌田又千餘甲、業戸楊、曾合築。（嘉慶～道光間）	彰化県志巻二
㋞	二八圳	（彰化県二水郷）	過猫兒高陂流出倒廊等莊、灌田千餘甲。業戸楊志申築。（嘉慶～道光間）	同右
㋡	猫霧捒圳	岸裏、阿裏史等莊	灌漑捒上保田千余甲、業戸張・藍・秦合築。（嘉慶～道光間）	同右
㋥	胡蘆墩埤	台中	土地ヲ給發スル者ハ社蕃ニシテ、其四至境界ヲ示シ、之ヲ開圳者タル六館業主に歸シ、六館業主ハ開圳分水スヘキ義務アルモノ（雍正十年）	台湾私法付録参考書第一巻下二三三頁
㋤	永安陂	海山堡	乾隆三十一年業戸張必榮捨地、張沛世出資合置、…灌漑…田六百餘甲、嘉慶二十三年七月大水陂壞、張豐順改築在三塊厝頂、與大安陂上下相望。年納水租、圳長三分得二、顧圳者得一爲修費。	淡水庁志巻三
㋶	隆恩圳	（新竹県東七里）	康熙五十七年、王世傑開墾竹塹埔。雍正年間、鳩集各田主捐資開濬。…道光二年、田主楊天助・陂長張王成等邀集各佃捐資重修、僉議由温光泉田界内另開一圳接流灌漑（每田一甲、年另納温光泉水租穀一石…）。歷由各田主、佃戸僉擧一人爲陂長、承管圳務（自乾隆以來、各田主、佃戸各樹其黨、爭充陂長、互相控告有案）。光緒十三年、王和順、呉振利爭充陂長、圳務曠懸、農田乏水、各佃戸聚衆百數、赴縣城喊控。十四年、知縣方祖蔭詳請各上憲立案、改歸本縣考棚紳董高廷琛、陳朝龍經理…。額設總巡丁二名。……小巡丁六名、……管事一名。	新竹県采訪冊巻三

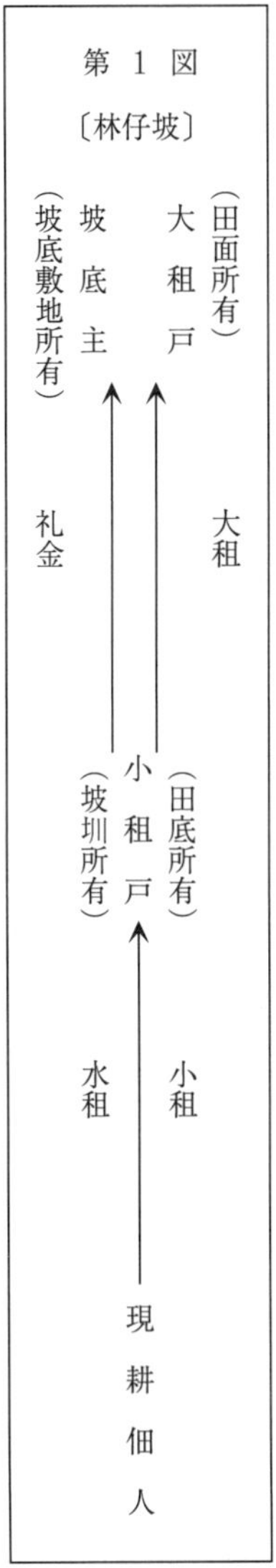

第3表　自永暦四年以来台湾之人口数与年増加率　永暦四年至民国五十年
（台湾省文献委員会編『台湾省通誌』巻二、人民志、人口篇、五七頁。）

年代	人口数	年数	人口増加数	年増加率（%）
永暦四年（順治七年 公元一六五〇年）	五〇、〇〇〇			
永暦三十四年（康熙十九年 公元一六八〇年）	一二〇、〇〇〇	三〇	七〇、〇〇〇	三・〇
嘉慶十六年（公元一八一一年）	一、九四五、〇〇〇	一三一	一、八二五、〇〇〇	二・二
光緒十九年（公元一八九三年）	二、五四六、〇〇〇	八二	六〇一、〇〇〇	〇・三
光緒二十二年（公元一八九六年 日明治二十九年）	二、五七七、〇〇〇	三	三一、〇〇〇	〇・四
民国三十二年（公元一九四三年）	六、一三四、〇〇〇	四七	三、五五七、〇〇〇	一・九
民国四十七年（公元一九五八年）	一〇、〇三九、〇〇〇	一五	三、九〇五、〇〇〇	三・三
民国五十年（公元一九六一年）	一一、一四九、〇〇〇	三	一、一一〇、〇〇〇	三・七

第4表　道光以前の大租戸・小租戸の毎甲田園所得

	道光以前大租戸毎甲田園所得（石）			小租戸毎甲田園所得（石）	
	大租額	正供額	純所得	小租額	純所得
上田	八、〇〇	二、七四	五、二六	三二、〇〇	二四、〇〇
中田	六、〇〇	二、〇八	三、九二	二四、〇〇	一八、〇〇
下田	四、〇〇	一、七五八	二、二四二	一六、〇〇	一二、〇〇
上園	六、〇〇	二、〇八	三、九二	二四、〇〇	一八、〇〇
中園	四、〇〇	一、七五八	二、二四二	一六、〇〇	一二、〇〇
下園	二、〇〇	一、七一六	一、二八四	八、〇〇	六、〇〇

出典：『台湾私法』第一巻上、一〇九　二一、三一七頁、陳其南「清代台湾漢人社会的建立及其結構」（一九七九年度台湾大学碩士論文）

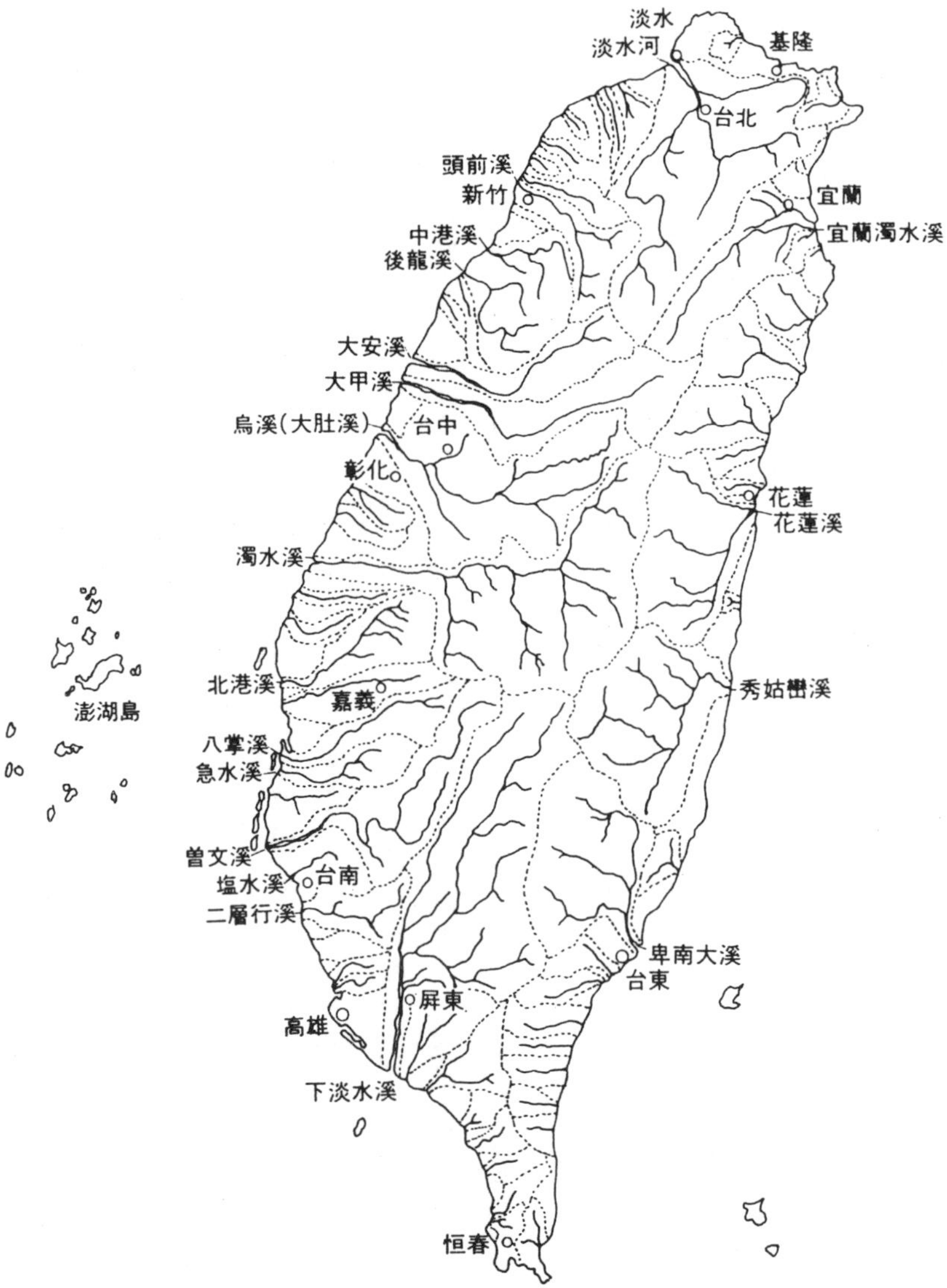

台湾概略図（台湾研究叢刊第四種「台湾之水利問題」1950 年より作図）

第五章　清代台湾の管事について

はじめに

康熙二十二年（一六八三）、清朝は台湾を領有したが、初期の政策は放棄論もでるぐらい消極策であり、施琅の強い要請でようやく遺留されるという状況であった[1]。台湾への移住策についてみても、完全な渡航許可がおりたのは光緒元年（一八七五）で、それまでは、種々の制限が加えられていた。また、開墾策についてみても、台湾では官地と「蕃地」（高山族・平埔族の土地）に分かれ、官地は官からの「墾照」（開墾許可証）の交付さえあれば、合法的開墾は可能であったが、「蕃地」の開墾は当初禁止されていた。ようやく、同治十三年（一八七四）、沈葆楨による「開山撫番」政策で禁令が解かれ、官側も積極的に開墾を奨励するに至っている[2]。

このような清朝の消極策にもかかわらず、福建・広東人民の移住・開墾（台湾原住民である高山族・平埔族の立場から言うと侵略）は積極的に展開された。

台湾の開発においては、墾戸（官より「墾照」をえた漢人）による招佃開墾形態が大きな比重を占めていた。そして、開墾が進むにつれて土地所有形態は大租戸－小租戸－現耕佃人という形態に変化したと言われており[3]、この点については既に本書第二部第一・二・四章で明らかとなった。

本章では、墾戸の私的経理人である管事のもつ役割・機能の実態及びその変化について、土地所有形態の実態及びその変化と関連させて、また、村落構造とも関連させて考察することをねらいとしている。

管事については、既に戴炎輝氏がその著書で論究され、実態はある程度明らかとなってきているが、その考察は法制的考察にとどまっている。(4)本章では、戴氏がなされた成果を発展的に継承するとともに、戴氏とは異なった視角、即ち、管事の歴史的考察を試みている。

一　土地所有関係と管事

清朝は当初、既住漢人の拓殖範囲を厳しく規制し、「蕃地」の「贌墾」(開墾・小作)を制限した。即ち、鄭氏時代の官私田園はすべて民業に帰し、その他後続の開墾・耕作に対しては、官府は「生番」(高山族)以外においては、墾戸による開墾を許したが、「熟番」(平埔族)の埔地に属するものは、「番人」に一定の代償を与えることで、埔地の開墾権を得させ、その後、官が墾戸に「墾照」を与えることとした。(5)ところが、

(イ)乃將軍以下、復取僞文武僞業、或托招佃之名、或借墾荒之號、另設管事照舊収租、在朝廷既弘一視之仁、而佃民獨受偏苦之累、哀寃呼怨、縣官再四申請、終不能挽回補救。(6)

とあるように、領台に功労のあった施琅将軍及びその部下が清朝の政策に反して、鄭氏時代の文武官田を領有し、その地に管事を置いて佃戸から旧来通り収租した。

以下、清領当初の管事の役割を施琅の例でもう少し見てみよう。施琅が佃戸から徴収する租は「施侯租」と呼ばれていた。

(ロ)施侯租ハ別ニ施海侯租、施將軍大租、靖海侯租等ノ名有リ。今本租ノ起原ヲ遡尋スルニ、清暦康熙二十二年(一六八三)靖海將軍侯爵施琅ナル者、鄭氏ヲ討平シ、臺灣ヲ一定シタルノ功ニ依リ、世業トシテ廣大ナル埔地ノ官給ヲ受ケタリ。是ニ於テ施琅ハ政府ニ向テ墾照ノ下付ヲ出願シ、自ラ資本ヲ投シ、普ク漳泉二府ノ人民ヲ招募

シ、上述埔地ノ開墾ニ當ラシメ、成業ノ後ニ至リ、或ハ定額租ヲ徵シ、或ハ抽的租ヲ収スルヲ約セリ。施侯租ハ就チ是ナリ。初メ、施將軍カ埔地ノ官給ヲ受ケ、之ヲ移民ニ付墾スルニ當リ、同家ノ管事ハ……佃批ヲ作成シテ、之ヲ力墾者ニ付與シ、之カ開墾ヲ成サシメタリ。(7)

とあり、施琅が清朝より給せられた埔地を福建省漳州・泉州二府の移民に開墾させ、抽的租を徴収した。その際に、「佃批」（小作契約文書）作成・「給墾」（墾地の給付）・租額徴収事務にあたるのが管事であった。即ち、施琅の管事は墾戸の私的な経理人という性格のものであった。

また、施侯租の徴収地域は『台湾土地慣行一斑』第二編、二七四頁の記載によると、嘉義庁、塩水港庁、鳳山庁（庁は日本領台時期の行政区画名で、清代の県あるいはそれ以下の行政区画にあたる）内の合計五十六庄に存在していた。

そして、墾戸が佃戸から徴収する租（後には大租と呼ばれる）には抽的租と定額租の二種類あった。抽的租は「一名生租ト稱シ、収穫物ノ百分ニ對スル大小租戸ノ按分率ヲ定メ、之ニ準シテ抽収スルモノ」をいい、定額租とは「田園ノ則別ニ應シ、一甲ニ對スル租額ノ一定シタルモノ」をいい、「結定租、死租、硬租、鐵租、確的租等ノ名」があった。「一部ノ地方ニ在リテハ今日（明治三十八年＝一九〇五……松田註）ニ至ルモ、尚ホ抽的租ヲ徵収スル者有」ったが、「本島開墾ノ歴史ニ徵スルニ、大租ハ生租ニ始マリ、死租ニ終ルヲ多シト」した。「詳言スレハ、開墾著手後、首年次年三年ノ間ハ地力僅カニ薯蔴雜穀ヲ種ユルニ堪ユルヲ以テ、一九五抽的、即チ業主（大租戸）ハ収穫物ノ一割五分、佃人（小租戸）ハ収穫物ノ八割五分ヲ取得スルカ、若クハ一九抽的、即チ業主ハ一割、佃人ハ九割等ノ標準トシ、已ニ墾成シテ水田ト爲スニ至レハ、甲數ヲ丈出シ、一甲ニ對スル租額ヲ定メ、豊凶ニ拘ハラス、定額租ヲ徵収スル」(8)ものであった。特に、一九五抽的では、業主は収穫物の一割、業主によって使用されている管事や書記の「給金及ヒ征収費」として五分、佃人の取り分は八割五分と定められていた。(9)

ともあれ、清領初期の施琅等による旧鄭氏時代の文武官田の領有は非合法下で行われ、施家の管事は墾戸の私的経理人であった。

しかし、非合法手段は既成事実として積み重ねられていく中で、清朝も公認せざるを得なくなった。次の「墾照」で考えてみよう。

（ハ）具稟人沈紹宏、爲懇恩稟請發給告示開墾事。緣北路鹿野草荒埔、原爲鄭時左武驤將軍舊荒營地一所、甚爲廣濶。並無人請耕、伏祈天臺批准宏着李嬰爲管事、招佃開墾、三年後輸納國課、並乞天臺批發明示臺道、開載四至、付李嬰前往鹿野草地起蓋房屋、招佃開墾、永爲世業、須至稟者。

今開四至、東至大路及八撐溪、西至龜佛山及崁、南至抱竹及崁仔上、北至溪崁。

康熙二十四年（一六八五）十月　日。

墾荒、現奉上令、准速給照、以便招佃及時料理、候墾耕成熟之後、照例起科、照。[10]

とあり、この文書は以下の内容が記された「墾照」である。即ち、沈紹宏なる人物が旧鄭氏時代文武官田であった諸羅県鹿仔草堡の荒埔の開墾申請を行った。そして、李嬰という者を管事にして招佃開墾し、三年後「国課」（税）を納入するという条件で許可がおりた。

この「墾照」と前記（イ）の史料とは時期的に密接しており、沈紹宏は施琅の部下であった可能性が高い。たとえ、そうではなくとも、清朝が鄭氏時代の文武官田を墾戸に招佃開墾させたことは、清朝の当初の基本方針である旧鄭氏時代の文武官田の業主権を廃棄して佃戸の「業」（土地）とする政策を変更したことを意味し、[11]施琅以下各将軍の非合法的領有は公認されたと言えよう。

こうした清朝の政策変更を促進した要因は、漢人墾戸による招佃開墾の進展にあった。

次に、土地契約文書の分析を通じて、土地所有関係の構造及びその変化、そして、管事の役割について見てみよう。

(二)立給佃批人業主楊秦盛、有置買草地一所、坐落南大肚山脚莊、土名轆過搒䏲。今有王及觀前來認佃開墾、議定犁分一張、配埔五甲、其埔好歹照配、付佃自備牛車・種子前去耕作、年照莊例、凡雜種耔粒、倶作一九五分抽的、不得少欠。如開水圳爲水田、議定首年每甲納粟四石、次年每甲納粟六石、三年清丈、每甲納粟八石、滿車運到鹿仔港交納。如有熟田付耕、首年該納粟八石滿、如開水、每甲議貼水銀一兩一分。其莊内田得水尾承接、疏通上下水圳、係佃等之事。至成田之日、再丈甲數、每甲納租八石滿、不得增多減少、經風搧淨、車運到港完納、永遠定例。每年修理水圳係佃人之事。如佃等欲回内地、或別業、欲將田底頂退下手、務要預先報明業主、査其短欠租穀及新頂之佃果係誠實之人、聽其頂退、收回田底工力之資。其租税務要逐年交納清楚、不得少欠升合、亦不得故違憲禁事。不遵莊規、窩容匪類、及爲非作歹、如有此等情弊、被莊主查出、稟逐出莊、田底聽業主配佃別耕、不許異言生端。今欲有憑、立佃批一紙、付執爲照。

業主楊。

雍正十一年二月　日給。　　知見管事。(12)

とあり、内容を要約すると次のようになる。

①雍正十一年(一七三三)、業主楊秦盛が佃戸王及観に与えた佃批。②彰化県南大肚山脚荘にある草地で、面積は五甲。③佃戸が牛・車・種子を自備して耕作する。④租額は、水圳未築時においては雑種・耔粒を一九五抽的。水圳築造後水田化されてからは、一年目毎甲粟四石、二年目六石、三年目以後八石とし、これを定額とする。⑤その他、水租(毎甲銀一両一分)が徴収された。⑥佃戸が「田底」(納租〈大租〉義務付き耕作権(13))を他人に譲る時には業主の許可が必要。⑦欠租や匪徒をかくまうなどの荘規違反を禁止。⑧佃批の末尾に業主及び管事の名が連名で記されている。

この契約文書は、業主（墾戸）－佃戸関係にもとづいて結ばれた佃批で、管事はその作成に関与した。佃戸の耕作権は永小作権になっているかどうかは不明であったが、佃戸が退耕する時は業主の許可が必要であった。

しかし、時代がもう少し下ると佃戸の耕作権が永小作権になってくる。

（ホ）立給墾批阿河巴莊業主張振萬、有自置課地一所、坐落土名餘慶莊、經丈東至林宅田爲界、西至圳爲界、南至六張犁小圳爲界、北至車路界、四址丈踏明白、共有田一十一甲五分正。今招得佃戸王簡書前來、出得時値埔價銀一百六十兩正、其銀即日交收明訖、其埔隨踏交銀主前去墾成水田、内帶水分九張足蔭。當日二面議定、遞年每甲實納初年大租二石、次年大租四石、三年實納大租八石、係頭家租税、永爲定例、每甲隨帶車工銀三錢六分正、貼運課工脚費用。其大租務要晒乾風淨、不得濕冇、豐歉租無加減、亦不得拖欠升合。此係二比甘願、各無勒迫、今欲有憑、立給墾批一紙、付爲永遠執照。

外批明、其莊中申禁、以及水穀、倶係佃人之事、再照。

即日收過墾批銀一百六十兩足訖、再照。

乾隆十二年八月　日給。

管事

業主張(14)

とあり、内容を要約すると次の様になる。

①乾隆十二年（一七四七）、業主張振万が佃戸王簡書に与えた「給墾批」。②彰化県阿河巴荘にある田十一甲五分。③「時値埔価銀」一六〇両正。④大租は一年目毎甲二石、二年目四石、三年目以後八石。⑤車工銀（大租運搬費用(15)）及び水穀の負担。⑥荘中の禁止事項の厳守。⑦業主・管事の名が連署されている。

この史料に出てくる「埔價銀」については、次のような説明がある。

（ヘ）墾底銀、埔底銀又ハ埔價銀ト稱スル一種ノ價銀ヲ佃戸ヨリ墾戸ニ給付スルコト……。墾價銀トハ結局土地漸少ク、佃戸墾地ヲ得ルコト困難ト爲リタルノ結果、佃戸カ墾戸ヨリ開墾耕作ノ權利ヲ取得スルカ爲ニ、墾戸ニ提供スルニ至リシモノニシテ、則佃戸カ墾戸ヨリ永耕權ヲ獲得スルノ對價ナリ。(16)

とあるように、「埔價銀」は「永耕權」（永小作権）を獲得するための対価であった。そして、（ホ）の史料にもどると、佃戸にあたえられた耕作地の面積は十一甲五分と広く、後述（カ）の史料及び第三表で明らかなように、一佃戸の標準耕作面積一・三〜二甲を大きく越えており、佃戸王簡書は別に佃人を招いて耕作させている可能性が強い。また、租穀も大租という名称で呼ばれ、抽的租ではなく、一年目、二年目、三年目以後と各々額の差はあるものの、初年度より定額租になっていた。

従って、以上の内容から、この契約文書に見える土地所有関係は大租戸（張振万）—小租戸（王簡書）—現耕佃人という一田両主制になっていたと考えられよう。

次に、「蒸嘗合同文約字」という族産に関する契約文書で、一般の土地契約から見るとやや特殊な例であるが、一田両主制と業主及び管事との関係を示す具体的な例がある。

（ト）立爲蒸嘗合同文約字人鐘復興、先年買有水田一處、坐落土名萬連福興莊濫底。中心大小六坵、田甲一甲三分七釐正、業主施毎年毎甲供納大租八石、運港交納。今因我夫妻年邁、並及弟復盛奈無嗣後、即將此田預立爲蒸嘗、以重永遠之計。經請族戚莊中老大等商議、總要遺下與弟瑞若兄弟管守耕作、方可放落之意、日後年年有祀典之儀、而無至我等坟墓有腐草之飛螢。當日三面言定、供納小租一十二石、大租係瑞弟耕作之事。寸思此田、生則飲食之需無欠、死則殯葬、追薦、洗骸、掃坟之費有頼、親疏人等日後不得異言生端混爭、如有生端混爭、執守據憑、投明族戚鄰右呈明官究治。此係二比甘愿、兩無逼勒、恐口無憑、立爲蒸嘗合同文約字一様四張、……。

乾隆十八年（一七五三）歳次癸酉正月　日。

管事　黄享元

……………

立蒸嘗合同文約字人　鐘復興(17)

とあり、内容を要約すると次のようになる。

①鐘復興は先年、彰化県万連福興荘の水田一甲三分七厘の耕作権（この場合は永小作権と考えられる）を買ったが、夫婦ともに高齢であり、弟の鐘復盛に後継ぎがないことから、水田の耕作権及びその収入を鐘氏の族産に譲渡した。②業主施毎年に納入すべき大租は毎甲八石。③鐘氏が小租戸となり、毎年十二石の小租収入があり、これを族産に入れ、葬祭等の費用にあてる。④鐘与弟・瑞若兄弟が田を管理・耕作し、大小租を負担し、墳墓の管理も行った。最後に、⑤大租戸の管事の名が記されている。

この契約文書には一田両主制の関係が明瞭にあらわれており、即ち、大租戸（施毎年）－小租戸（鐘氏）－現耕佃人（鐘与弟・瑞若）という関係になっており、大租戸は小租戸の小租権の成立を容認している。また、管事の名が記されていることは、大租戸が小租権の売買を公認・保証していることを示し、及び小租戸や現耕佃人の姓名を契約文書に記し、大租徴収権を確保することを示していたと考えられる。

以上、(ニ)(ホ)(ト)三例の契約文書の分析を通じて、次の事柄が明らかとなった。

即ち、土地所有関係は墾戸－佃戸関係から、佃戸が開墾に多大な工本を投下し、また「墾價銀」等の敷金を納入することによって、永小作権を獲得し、大租戸－小租戸－現耕佃人という一田両主制に変化していった。

墾戸（後の大租戸）の管事は三種の契約文書のいずれにも署名して、契約行為を保証した。そして、（ニ）の文書では佃戸退佃の時には、墾戸の許可が必要とされていたが、（ホ）（ト）の文書ではその点が明記されず、これは土地所有関係の重層化にともない、墾戸の佃戸（後の小租戸）に対する支配力が弱まる傾向にあったことを示している。

第一表で明らかなように、毎甲当たりの大租戸・小租戸の純所得をくらべると、小租戸は大租戸の四〜五倍になっている。そして、墾戸（大租戸）は「優々逸樂ヲ事トセルノ結果、零落倒産スル者漸ク多ク」、これに反して佃戸（小租戸）は「年々歳々農業ノ利澤ヲ蒙リ、莫大ノ資産ヲ作ル者アリ。且土地ニ對スル直接ノ關係ヲ有セシヨリ、其勢力往時ノ墾戸ヲ凌駕シ、土地ノ實權ヲ握ルニ至[18]」った。

このような傾向は土地契約文書にも反映した。清末に至るまで大租戸が小租戸に与える「出墾字」や「佃批」等には大租戸や管事の名が署名され、小租戸に対する大租徴収権を確保している文書が見られるが、管見の限りにおいては清中期以前にくらべて、道光（十九世紀中頃）以後はその数が減少し、大租額も低額のものが多い[19]。そして、小租戸が現耕佃人に与える「贌耕字」には大租戸や管事が関与している形跡がほとんど見られない。その一例を示そう。

（チ）主贌耕字人陳猫尨、今因乏田耕作、爰是托中向與梧棲街楊同記贌過大肚保九張犁莊水田半張、厝一座、併門窓、戸扉及竹圍、菓子、樹欉、花木等件齊備。當日當中向田主交訖、併約定每年應納小租粟一百二十石、及應納大租粟一十九石九斗四升六合。其大租每年早季完納、而小租分作兩季完納、早季應納八十四石、晚季應納三十六石、及其車工水銀尨倶各支理明白。其歴年應完納穀、絲粒不敢拖欠、倘有侵欠大小租穀、以及混用冇粟、不拘年限、聽田主起耕別贌他人、不敢求耕。其田・厝自光緒十年春住居耕、至光緒十九年冬止、計十年限滿之日、如欲再耕、必須再換贌耕字、方有定約。口恐無憑、合立贌耕字一紙、付執爲照。

光緒九年（一八八三）九月　日。

代筆人　何釗中
爲中人　紀藼久
認耕人　陳嫣見
　　　　陳新炎
立佃批字人　陳猫藼(20)

とあり、彰化県大肚保九張犁荘にある水田半張（二甲五分）、小租粟一二〇石、大租粟十九石九斗余りで、十年契約の「贌耕字」であった。そして、現耕佃人が欠租すれば「田主」（小租戸）が「換佃」（現耕佃人を代える）と記されており、大租戸や管事が小租戸・現耕佃人間でとりかわされた契約に関与した形跡は見られない。

　このような台湾における土地所有関係の変化—一田両主制における小租戸の比重増大—に照応して、清朝は列強資本主義国の侵略により逼迫した財政を再建し、税糧収入の増大・安定化をはかるために、それまでの消極策とは逆に、台湾経営に積極的に乗り出してきた。

　光緒十一年（一八八五）に台湾を省に昇格し、同十四年（一八八八）に台湾巡撫劉銘伝が清賦事業を行い、「減四留六」の法を実施した。その法によって、「小租戸ヲシテ領單承糧（丈單ノ下付ヲ受ケ租税納入ノ義務ヲ負擔セシムルノ意ニシテ、其結果田園ニ對スル實權權《ママ》タルコトヲ表明ス）セシメ、依リテ以テ、之ヲ田園ノ業主ト公認シ、大租戸ニ對シテハ、其從來負擔セル納税義務ヲ免スルト共ニ、從來其小租戸ヨリ収受セル大租額ノ四割ヲ減シ、之ヲ小租戸ニ歸シ、殘餘ノ六割ヲ以テ大租戸ノ収得ニ歸セシ」めた(21)。

　以上の分析から、管事の役割、地位は墾戸の盛衰に随伴していたことが明らかであろう。

　次に、このような大租館の管事の機能・役割について、もう少し具体的にみてみよう。管事は「墾批」や「佃批」

の作成を行い、これらの文書に管事の名が「中見人」、「知見人」、「在見」、「在場管事人」、「中人」として署名されていた。[22]管事は墾戸－佃戸間の契約に立ち合い、その契約行為を墾戸とともに保証した。そして、

（リ）凡テ大租公館ニハ、管事ヲ置キテ之ヲ管理セシメ、管事ハ簿册ヲ備ヘテ収納ニ關スル實実ヲ明ニシ、其下ニ租趕、租丁ヲ使役シ、租趕ハ各佃戸ニ就テ納入ヲ督促シ、租丁ハ公館ニ在リテ租穀ノ實際ノ収受ヲ爲スヲ例トセリ。[23]

とあるように、管事は租趕や租丁を使って佃戸より大租を徴収した。その他、管事の職務には、墾戸に課せられている税糧を官衙に納入する役目などがあった。[24]

二　村落と管事

台湾の街市・村落区画は（一）里・堡・郷・澳と（二）街・庄・郷・社の二段階になっていた。里・堡・郷・澳は一ないし数十の街・庄・郷・社で構成されていた。明清時代、里は台南付近から恒春地方の、郷は台東・花連地方の、澳は澎湖地方の行政区画名であった。[25]

管事関係の史料が存在するのは台湾の西海岸地域、即ち、里・堡の名称が使われている地域であった。

前節で明らかなように、台湾開発においては墾戸による招佃開墾方式が大きな比重を占めており、開発地域に形成された漢人聚落である庄及び数庄が合併してできている里・堡には墾戸－佃戸関係が色濃く反映していた。一庄や数庄が一墾戸によって領有されていることも多く、例えば「墾批」や「佃批」に「某莊業主某」とか「某莊管事某」のような図章や図記が捺印されているものが頻見される。[26]このような墾戸・管事は莊（庄）及び里・堡の運営に関わってくるのであった。

（1）税糧徴収機構と管事

鄭氏時代に行われていた里甲制は、清領当初にも受け継がれたが、官吏が誠実に職務を遂行せず、漸次その制度は衰微していった。[27]以後は里・堡－荘という村落の二段階制の下で税糧徴収が行われていた。次の三史料にもとづいて検討してみよう。

（ヌ）諸羅田少園多、計縣之田、其等有五。田園之主、其名有四、曰官莊、則設縣之後、郡屬文武各官招墾田園、因而遞受於後官者也。曰業戸、則紳衿士民自墾納賦或承買收租、而賦於官者也。曰管事、則郷推一人理賦税・差役、官就而責成之衆、計田園以酧其直、而租賦不與焉者也。曰番社、則番自爲耕、無租賦而別有丁身之餉者也。[28]

とあるように、田園の所有主体には官荘（文武官[29]）、業戸（紳衿士民）、管事、「番社」[30]の四種類あった。管事は郷ごとに一人推薦され、賦税・差役を取り扱った。「衆」（中小土地所有者）は一定面積の田園を計って管事に与えた。これは管事が「衆」のために行う「直」（賦税・差役の徴収・収納事務）に対する代償で、この田園には賦は課せられなかった。このような管事辛労田は後述のごとく、学田にも存在しており、また管事租[31]・馬料粟[32]という名称でも存在した。

また（ヌ）の史料の郷についての理解は、戴炎輝氏は荘とされているが[33]、次の二史料と照らし合わせて考えてみると、必ずしもそのように理解できず、むしろ、郷は里・堡にあたると考えられる。

康熙二十三年（一六八四）に諸羅知県となった季麒光はその「条陳台湾事宜文」において管事について次のように述べている。

（ル）一、編設里甲之宜議也。……今臺灣田園歸之管事、人丁歸之保長、就里之大小、或一人、或二三人、終身不改其役。又非盡有身家殷實之民、使之久任催徵、不免那移隱漏、侵漁冒誤之弊。思既入版圖、自應遵照定例、毎里分爲十甲、以十人爲里長、遞年充當、然後按田而徵其税、按丁而徵其課。若田之荒熟、丁之消長、亦照五年・

十年之法爲之開除、則戸籍定而冒隠之弊、不革而自除矣。(34)

とあるように、田園は管事によって、人丁は保長によって管理されていた。里の大小により、各々一〜二・三名置かれ、これらの管事や保長は終身、その役が課せられていた。

しかし、富裕な階層のものでなければ、税糧の徴収・督促の役に長くたえることができず、「那移隠漏」（税糧の流用や徴収漏れの隠匿）や「侵漁冒誤」（他人の財物の侵掠）等の弊害が生じており、これを改めるために里甲制の再設置が要請されていた。しかし、この要請がとりあげられたかどうか、また、里甲制が再整備されたかどうかは不明である。

また、『福建省例』では、

（ヲ）一件遵批飭禁事。布政司徳牌、乾隆二十四年正月初奉八日、奉署總督部堂楊批臺灣道稟稱、臺郡各廳縣向有里差・社差。里差則派定里分、名爲催糧、無論開徴與否、整年住居該里、與郷保管事採買納糧、遇事科派。社差則分管社分、名爲催納各番丁餉、亦無論開徴與否、整年住居該社、多與通土串同派累。更有捕役一項、亦各分路專管。凡此一方搶竊等案、悉係責成該役緝捕。於是流匪反得藉其包庇。職道留心體差、均屬無益閭閻。地方官因向例相沿、習焉不察。而若輩盤踞一方、日久情熟、擾累民番、實難枚擧。應請將里差・社差及分路捕役、嚴飭各廳縣悉行革除。嗣後催徴民糧・番餉、臨期僉差妥役、給票催輸。一經完納、即行繳票。凡緝獲賊盜、臨時按其輕重、選差給票査拿。……(35)

とあるように、里毎に里差が置かれ、催糧（税糧納入の督促）を担当した。「開徴」（税糧徴収の開始）すると否とにかかわらず、一年中所轄の里に居住し、郷保・管事とともに「採買」（物品の調達）と「納糧」（税糧の納入事務）を行っていた。

しかし、里差は社差、捕役と同様に、一年中所轄の里に居住することから、民「番」に害悪を及ぼしているので、一年中居住の制度を廃止し、「開徵」や「緝捕」（盗賊逮捕）時に官衙より「差役」（胥吏）を派遣して行うこととした。ともあれ、清領初期から乾隆年間（一六八三〜一七九五）までは、各里に里差（社差・捕役）－郷保（地保・保長）－管事がいて、税糧徵収や盗賊捕縛の事務を行っており、また、管事は各里一〜数名いて、里差、郷保とともに税糧徵収事務を行っていたことが明らかとなった。

次に、納税された穀物を貯蔵する倉庫の管理について見てみよう。

第二表で明らかなように、康熙五十〜末年（一七一一〜二二）にかけて、諸羅県・鳳山県内のいくつかの倉庫の修理・建設が各里・荘の管事によって行われた。しかし、倉庫の修理には民に多くの負担がかかったために、それを軽減する措置が出された。

（ワ）一、毎歳修倉之宜永禁派累、以惜民財也。查得臺邑歳額粟四萬六千有奇、以十月後開徵。未開徵之先、即傳各里管事會集公議修倉、或補葺破壞、或從新起蓋、有公衆修補之説、又有各里蓋倉貯各里粟石之議。民有唯唯答應何説之辭、而不知民財之破費、少則二・三百兩、多至七・八百兩、皆起於此。何也。一里一對差、官票在手、無肯空手徒走之理。一里一管事、派歛佃戸、未必無指一科十之弊。而又承行之房科有費、估價之物料破冒、似此數種耗去民財幾許、其眞正修理倉廒者爲費能有幾何。是民間一歳收成、婦子方以爲慶、詎意苦累即在此時。長此不改、歳累一歳、民財既竭、民命隨之。水旱盜賊之變、皆意外不可知之患矣。此爲令者之急宜猛省痛革者也。職查臺邑現在倉廒、附府治者凡八十九間、在安平鎭者、凡二十間。内經職到任後新蓋大小九間、修補大小七間、通計倉一百零九間、約可貯粟十餘萬石。惟在爲令者不時巡視、及早修葺、可歳省民財無數。先哲有言、余無他能、惟用民間一錢、如針刺體血。旨哉斯言。職謂欲惜臺邑民財、宜革修倉一擧、應否於縣門勒石永禁、伏惟憲裁。(36)

とあるように、陳璸（康熙四十一～三年〈一七〇二～四〉台湾知県、同四十九～五十四年〈一七一〇～五〉分巡台廈兵備道[37]）は倉廒の修理・新築においては民財にまで派累することを禁止した。

当時台湾県の「額粟」（税糧定額）は四万六千余石あり、毎年十月の「開徵」前に各里の管事が集合して倉庫の修理を公議した。修理費用は少ない時で二・三百両、多い時には七・八百両にのぼった。その上、各里の「對差」（里差）や管事が佃戸に対して倉庫修理費を厳しく取りたてるために、民財を破ること甚だしかった。

そこで、陳璸はこの弊害を改めるために、官吏にしばしば巡視し、倉庫修理を早めに行うように命じている。この後の清中期になると倉廒が縮小・合理化され、また倉庫の管理面においても管事が関与する例が見えないことから[38]、陳璸の令は有効に作用したようである。

そして、清末になると、徵税や倉庫修理の任務をもった管事はほとんど史料上にはあらわれず、この事は官僚機構の整備や村落運営機構の変化が起因していると考えられる[39]。

（2）　学田の管事

官治組織と管事との関係は徵税や倉庫修理問題だけに止まらない。学田という学校運営費や生徒の科挙受験費の財源となる田園の管理面にも見られる。

「台湾府学鯤港学田碑記」（康熙五十二年〈一七一三〉、□は欠字を示す）には、

（カ）臺灣府學田知照。福建分巡臺灣廈門道、爲學田事。照得建學置田、原以振興庠序、須當漸次修擧。府庠爲四學領袖、按本朝開疆建學以來、已三十年、未有□田、其屬缺典。茲欲倡率捐俸買置、而各官俸入無幾、徒成畫餅、不如就現在官田量撥、爲實有濟。查本道衙門有鯤港莊田一項、計一百三十一甲、分據管事呉濟手册開報、有現耕、

有荒埔、毎年係三七分収。自今冬撥歸臺灣府儒學、着該學教官管理、年照往例、完正供課一十九石九斗二升外、餘租供奉聖廟香燈及充諸生月課之資。積三年餘、以分給文武諸生往省科擧盤費。總要實心管理、俾宮牆日有起色。再該學教官、如逢報滿交代、須將任内田租収支數目、逐一清造、同接管印結、由府轉繳本道衙門査考。合就行知。爲此票仰該府官吏、照依事理、即便通行三縣及該學教官知照、日後鯤港莊田一項、除年納正供外、一切雜徭、該縣務嚴飭管保人等、不許藉名派累各佃。本莊四至内荒埔、聽該教官招佃、盡數開墾、完課収租。如有地棍・土豪生端、謀佔等弊、許通學鳴官、盡法究治。仍取該學教官管理遵依具報、毋違、速速。

康熙四十九年（一七一〇）九月三十日行臺灣府轉行在案(40)。

とあり、台湾府学は建学して三十年たつが学田がなく、府学の典礼も行えない状態であった。そこで、官田の鯤港莊田一三一甲を学田にあて、管事呉済及び府学教官に管理させた。

学田からは学租の正供分は一九石九斗二升、余りの学租は「聖廟香灯」（府学の典礼費用）、「諸生月課」（毎月の生徒費用）として用いられ、そして三年余の備蓄された学租を文武諸生の「科擧盤費」（科挙受験費用）にした。正供の納入事務や雑徭の科派事務は「管保人」（管事と甲頭人）が行い、招佃開墾は教官が行った。

また、同史料の続きに管事呉済の「手册」がつけられ、そこに各佃戸の耕作面積が記載されており、第三表のようにまとめられる。

「三七分収」（収穫物の三割は学租、七割は佃戸収入）の田は合計三三・六八七一一甲で、佃戸は一七人、平均耕作面積は二甲弱。「二八分収」（二割は学租、八割は佃戸収入）の田は合計一六・二甲で、佃戸は八人、平均耕作面積は二甲強。未耕の荒田は合計三六・六八二七甲。毎年六石の定額租を徴収する田は合計二八・一甲で、佃戸は二二人、平均耕作面積は約一・三甲であった(41)。その他、国課・学租の賦課されない土地である祀香灯田、贍養老人田、管事辛労田、甲頭辛労田があった。特に、管事辛労田は十五甲と他にくらべて面積が広いことから、管事の学田管理における役割の大きさを示すとともに、田畝の耕作は管事が行わず、第三表所載の諸佃戸が共同で行っていたものと考えられる。以上、(1)(2)で分析した管事は徴税機構や学田と関わりをもつ管事であった。次より、「荘」レベルの管事について分析しよう。

（3）　水利施設と管事

「荘」管事の重要な機能の一つに水利施設の管理があった。いくつかの例を検討してみよう。

諸羅県麻豆保の「埤頭港」は用水路として、特にその排水機能が重要な役割として位置づけられていた。ところが、康熙四十年（一七〇一）に、「港戸」の鄭某が知県毛鳳綸に「港口」（用水路の河口付近）で塭（養魚池）の建設許可を申請したが、逆に、業戸徐種桂と「管保人」（管事と保長）が港の排水機能が低下するとして塭の撤去を申請した。その後も何度か塭の建設申請、撤去申請があり、最終的には乾隆二十年（一七五五）に知県が塭の建設を厳禁した。[42]

また、既に拙稿で紹介したが（第二部第二章）[43]、台湾県大穆降荘の大埤では、その修築に功績のあった台湾道倪象愷を記念する碑が雍正九年（一七三一）に建てられ、碑文の末尾に立碑人の耆民九名、保長二名、納正一名、老農一名、管事二名、佃民二名、埤匠二名の姓名が記されており、管事が水利施設の共同管理人であったことがわかる。

次に、管事が自己資金を投下して水利施設を建設した例として、鳳山県順興荘の水圳がある。

(ヨ) 同立賣水圳管甲杜絶盡根契字人田尾順興庄邱春二、同姪徳郎、定臺、玉臺、同仙、曁四房人等、有承祖父邱文琳、爲本庄管事、該庄原置有水圳、灌漑課田、因被洪水冲崩、乾隆四十年間、該池得浮復、衆佃無力築埤開圳、懇求祖父、自備銀兩爲工本、開鑿新圳、庶該庄課田、得以流通灌漑、當時議定、圳頭賞番、以及通事辛勞、隘口圳路租谷、水甲辛勞一切諸費等項、照田甲水份柒拾貳份均攤、各條規載在佃約字明白爲據。茲因春二無力辨理、又諸房等、亦不能爲圳務、竊恐圳務重情、有悞其事、是以叔姪相議、廻念祖父當日用下工本開築此圳、今欲退辨、亦須擇一力量精謹之人、方勝其任、庶二等財本有歸、又不至貽悞佃戸、素知郡垣呉亨記、爲人可靠、故托中、愿將此水圳出賣、與記三面議定、收回工本銀陸百大元、其銀契即日同中兩相交訖、……。

光緒元年貳月　日……。(44)

とあるように、邱春二の祖父邱文琳は順興荘の管事であった。既設の水圳が乾隆四十年（一七七五）の洪水で崩壊し、田も崩没した。

しかし、佃戸には埤を築き、圳を開く資力がなかったので、祖父が銀両を出して新圳を開鑿した。この結果、邱文琳が得た水圳の甲首権（管理権）(45)は子孫に継承されてきたが、邱春二の代になって、受け継ぐ資力に欠き、光緒元年（一八七五）に呉亨記に工本銀六百元で売却された。この工本銀は管事邱文琳が新圳修築に投下した資金・労力を指すことは言うまでもない。

ところで、清末に至っても、官治の水利施設においては、管事による管理が行われたが(46)、趨勢としては（ヨ）の史料のように、管事が水利施設の管理から後退する傾向にあった。

（4）　治安維持機構と管事

村落に対する官治の治安維持機構は保甲制度であるが、「清領の當初、百事草創、其地方に於ける行政機關の如き、全く整備せざりし結果、未だ保甲の制を運施するに遑あらざりし」(47)と言われており、このような治安維持機構不備の状況下で起こった民衆運動と管事の役割について考えてみよう。

康熙三十五年（一六九六）の呉球事件にひきつづいて、四十年（一七〇一）に劉却の事件が起こった。劉却は諸羅県臭祐荘の管事であったが、日頃「無頼悪少」と交遊し、血盟も交わすという一種の会党の一員であった。同盟者の要請で、その年の十二月から翌年二月まで闘争を指導した(48)。

この事件の真相、背景等は史料不足で明確にはできないが、連横氏は反清復明の民族革命運動であるといい(49)、張菼氏は清初の治台政策にその蜂起要因があり、特に、苛酷な課税と苛斂誅求にあったと述べられている(50)。

筆者も現在のところ張菼氏に同意見であるが、管事劉却は墾戸の経理人であり、また、荘の運営にもたずさわっており、こうした諸活動を通じて佃戸や会党と結び、彼らの要求に沿う形で反清闘争に参加したものと考えられる。

その後、康熙六十年（一七二一）には朱一貴事件が起こった。「台郡太守」（台湾府事）王珍は鳳山県令の「欠」（ポスト）を「摂篆」（兼任）したが、実際の仕事は次子に委任していた。しかし、この次子が苛酷な税糧徴収を行ったために、それに反抗して朱一貴が闘争を起こした(51)。この闘争には、

（タ）朱一貴内地莠民、爲郷閭所不齒、遁逃海外、鑽充隷役。又以犯科責革、流落草地、飼鴨爲生。至愚至賤之夫、謂可與圖大事乎。附和倡亂之徒、皆椎埋屠狗、盗牛攘鷄等輩、以及堡長・甲頭・管事・各衙門吏胥班役。曾有正人・豪傑・才俊與於其間乎。由來亂臣賊子、皆膺顯戮。……(52)

とあるように、暴虐残酷な者、牛を盗み鶏を攘（ぬす）む者などの無頼者から、堡長、甲頭、管事などの荘役人、地方官衙の胥吏、班役などの地方小役人までの広汎な人々が参加していた。

藍鼎元は朱一貴の乱後の解体した村落秩序を立て直し、今後闘争の勃発を未然に防ぐために、閩粤人民の分類械闘を禁止し、郷保・耆老・管事人などの荘役人による荘（村落）管理の再強化を清朝に申請している(53)。そして、雍正二年（一七二四）には、藍鼎元がまた保甲制の実施を申請し、同十一年（一七三三）に施行されるに至った(54)。

しかし、乾隆末期（十八世紀末）になると、従来からの墾戸の地域支配力に基盤を置いた村落運営が行き詰まり、新たな形態に再編成されてくる。

乾隆四十七年（一七八二）に彰化・諸羅両県で起こった最初の漳・泉（福建漳州人と泉州人との間の）分類械闘が鎮圧され、翌四十八年に閩浙総督富勒渾が布政・按察二使の議覆に加筆修正を加えて上奏し、皇帝より批准をうけた善後索である「台湾善後事宜」文[55]を次に検討しよう。

その内容は、(一)「窮佃を周恤し、以って民困を蘇らすべし」、(二)「荘長、族正を慎選し、以って激勧を昭らかにすべし」、(三)「民類を清釐し、以って良善を安んずべし」、(四)「契業を清理し、以って紛争を免るべし」、(五)「兵役を厳束し、以って滋擾を杜ぐべし」、(六)「罪犯を絵刻し、以って儆惕を昭らかにすべし」の六点であった。その中で、管事については(三)で述べられている。

(レ) 一、清釐民類以安良善也。據議、臺郡荘民散處、佃戸居多。一莊之中、孰奸孰良、管事多能辨別。所謂管事者、業主倩令管莊、代収租息、郷間來往、聞見最眞。應令逐莊挨査、如有行踪詭秘、素行無頼者、稟官査辦驅逐等語。査此等収租管事、倶係業主雇倩之人、豈必盡皆醇正。責以査報、難保無徇私滋擾、所議未爲允協。惟業主身家殷實、佃戸在莊賃種、某人爲善良、某人爲匪佃、斷無不知之理、應令地方官明白出示、定以期限、曉諭各業主、自行逐一清釐、如有不安本分之徒、據實稟官遞回原籍、取具並無容匪切實甘結存査。並令於佃戸投佃之時、査考來歴、並無不明、方許収留。仍隨時協同莊長・族正稽査、倘有不愼之於始、或知情匿不首報、日後匪佃事發、即將業主連坐、以此則責成既專、各知儆懼、庶奸匪無可潛踪、良善悉皆安枕。

とあり、布政使・按察使の議では、荘内の佃戸の良奸は管事が見分けることができるとされている。即ち、管事は業主に雇われて荘を管理し、租息を徴収し、郷間を往来することから、その見聞には客観性がある。だから、管事によって、素行無頼の者を官に報告させ、荘から駆逐すべきであるという。しかし、富勒渾はこのような収租管事は業主の「雇倩人」であることが、かえって私利に惑わされ紛議を起こしかねないことから、この議は誤りであるとし、よって、業主に佃戸の良奸を見分けさせ、荘長・族正と共同して荘を管理すべきであるとした。

この富勒渾の上奏によって、はじめて族正が設置されることになり、族正達によって、「年高徳卲にして素々閭里に悦服される者を慎選して」荘長に「保充」した。

この史料で明らかになったことは、管事は収租事務を通じての佃戸管理は存続するものの、荘の管理においては一歩後退し、荘の管理は業主（墾戸）・荘長・族正の方に重点が移ったことである。これは、業主（墾戸）の勢力伸長を示しているのではなく、実際はむしろ後退しているのであり、この業主の勢力後退に歯止めをかけ、村落秩序を再強化するために、業主と「閭里に悦服される」荘長や族正との共同管理体制に移行したことを示すものであった。

「閭里」を構成する人々は史料上では、「殷實之家」、「中人之産」、「無力窮民佃戸」と記されているだけであるが、この中でも、「閭里」運営に意思を反映した層は「中人之産」とよばれる小租戸層であったと考えられる。

その後、清代中〜末期になると、「嘉慶以來道光年間に及びて、保甲の制亦較々等閑に附せられし形跡あり[56]」と言われるように、官主導の治安維持は弱まっていた。

しかも、アヘン戦争以後の列強資本主義国による中国侵略、台湾への頻繁な渡来、そして、大陸で発生した太平天国の影響が台湾に及び、分類械闘や天地会の運動が起こるようになっていた。

このような状況下、各地で列強の侵略、盗賊の発生に対する自衛組織が設けられ、「連庄合約字」や「荘規」などが作られている[57]。その中には、管事を「僉挙」して荘を管理させる「荘約」もあった。

例えば戴炎輝（田井輝雄）氏著「台湾竝に清代支那の村庄及び村庄廟」（『台湾文化論叢』第一輯、一九四三年）で掲げられている咸豊十年（一八六〇）の「合約字」では、彰化県老東勢荘の業主（大租戸）・管事・頭家（小租戸）等によって盗賊の侵攻から荘を防衛するために規約が決められている。この規約における管事の役割は荘民の不平を処理して紛争を未然に防ぎ、賊匪の捕縛に功労のあった荘民に「花紅銀」を賞与する事務を行うことであった。

このように、清末、荘の治安維持に管事が関与するものが存在したが、これは、列強侵略に端を発する台湾情勢の緊迫化に呼応するものであったと云えよう。

その後、清朝側も同治十三年（一八七四）に沈葆楨によって、保甲制が実施され、光緒十三年（一八八七）には劉銘伝によって再強化されるに至っている。(58)

おわりに

本章で明らかになったことは、管事の歴史的性格の変化が、土地所有関係及び清朝の治台政策の変化に規定されていたということであった。

清領極初期の管事は施琅の例に見られたように、墾戸の私的な経理人で、収租事務を通じて佃戸を管理していた。その後、清領初期～中期にかけて、墾戸による招佃開墾が進展したが、清朝による行政機構（徴税・治安維持）整備がともなわず、清朝は墾戸の在地支配力に依拠して統治を行った。この時期、管事は従来からの収租事務に加えて、徴税（里・堡単位）、治安維持（荘単位）の役割・機能が賦与され、また荘内では水利施設の管理など、村落運営にたずさわっていた。

しかし、清中期以後、一田両主制が進展し、徐々に墾戸（大租戸）が衰退し、佃戸（小租戸）が成長してくると、それに対応するかのようにして、清朝の行政機構が整備されてくると、逆に管事の役割・機能は縮小し、基本的には墾戸（大租戸）の経理人の地位に戻った。

そして、清末になると、管事は表面的には清領極初期の管事と似た形態をとるが、実際は佃戸（小租戸）に対する唯一の関わりである収租事務も能動的なものから受動的なものに変化していた。

以上の論点を戴炎輝氏[59]の論点との関連において、その相違点を整理すると次の三点にまとめられる。

①管事の役割・機能の変化について、戴氏は二段階説をとるのに対して、筆者は三段階説をとる。②清領初〜中期の管事について、戴氏は里・堡と荘との関わり方の相違を十分区別されていないが、筆者はその区別を明らかにした。③戴氏は管事の法制史的類型的分析を行ったが、筆者は土地所有構造及びその変化との関連で歴史的分析を行ったことである。

一方、大陸における佃戸の管理人の研究は、既に周藤吉之氏によってなされているが[60]、そこで明らかにされている「幹人」等佃戸の管理人は全くの地主の私的経理人であり、台湾における清領初〜中期にみられる公的任務をもった管事とはかなり様相が異なる。この相違点があらわれる要因は清朝の治台政策が清末にいたるまで消極策に終始し、行政機構が不備であるために、墾戸の私的経理人である管事に公的任務を賦与せねば、村落行政を行えなかったからであること、また、大陸における村落行政の歴史と比べて、台湾のそれは非常に浅い歴史しか無かったからであると考える。

註

（1）　台湾文献叢刊第一三種『靖海紀事』（施琅）。

（2）伊能嘉矩『台湾文化志』（刀江書院、一九六五年復刻版）下巻、第十四編、「拓殖沿革」。
（3）『台湾私法』第一巻上、二四六～三八七頁の「大租小租」の条。
（4）戴炎輝『清代台湾之郷治』（聯経出版事業公司、一九七九年）一〇頁において、管事について次のように述べられている。「管事的充當、依上引諸羅縣志所説、係由庄民向官推擧、經官驗充者。管事初以徵收田賦爲其專責、但依鄉職一般之例、某部分的負責人、亦干預其他部分的事務、故後來亦干預庄内一般事務。負有這様職務的管事、應與後代文獻内所見的管事予以區別。後代管事乃墾戸的經理人、但藉墾戸的聲勢、於庄内亦甚被重視、隠然爲里堡、街庄的頭人之一種。初期的管事、於後代文獻罕見、似自然廢絶、但未詳其確實年代」といわれ、初期の管事は田賦の徴収、庄内の一般事務に関与していたが、後代の管事は墾戸の経理人であり、初期の管事は自然消滅したとされる。
（5）『台湾文化志』下巻、二七九頁。
（6）台湾文献叢刊第一〇三種『台湾県志』（陳文達纂修、康熙五十九年〈一七二〇〉）巻十、芸文志、公移、季麒光の「再陳台湾事宜文」。
（7）『台湾土地慣行一斑』第二編、二七二頁、「施侯租」の条。
（8）『台湾土地慣行一斑』第二編、九五～六頁。
（9）『台湾土地慣行一斑』第一編、三頁。
（10）台湾文献叢刊第一五二種『清代台湾大租調査書』一頁。
（11）戴炎輝「従一田両主談台湾的租権」（台北市文献委員会編印『中原文化与台湾』一九七一年）。
（12）台湾文献叢刊第一五〇種『台湾私法物権編』三〇〇～一頁所載の「佃批」。
（13）「田底」の理解については既に、第二部第三章で述べたが、その要点についてだけ述べておく。「田底」とは佃戸（小租戸）がもつ墾戸（大租戸）への大租納入義務付き永耕作権のことで、一種の物権である。退佃時には墾戸あるいは新佃戸より工本銭償還を請求でき、また他人に質入、売買、譲渡できるとともに、佃戸は耕作権を保持しながら現耕佃人を雇い、現耕佃人より小租を徴収できる物的根拠となる権利となる。これに対して、墾戸（大租戸）のもつ物権は「田面」とよばれ、租税納入義務付き土地所有権であり、佃戸（小租戸）より大租を徴収する物的根拠となる権利である。したがって、土地に対する墾戸－田面権、佃戸－田底権という二重所有権を示す。

（14）『台湾私法物権編』二九三～四頁所載の「墾批」。
（15）『台湾私法』第一巻上、三二〇頁。
（16）『台湾私法』第一巻上、三〇一頁。
（17）『清代台湾大租調査書』一九五～六頁所載の「蒸嘗合同文約字」。
（18）『台湾私法』第一巻上、二七一～二頁。
（19）『清代台湾大租調査書』一〇七～八頁所載の道光三年（一八二三）の「出墾字」及び、『台湾土地慣行一斑』第二編、二七五頁所載の同治十年（一八七一）の「施琅将軍ノ管事ヨリ墾佃ニ發給セル佃批」では、大租額は毎甲一～二石であった。
（20）『清代台湾大租調査書』一七一～二頁所載の「贌耕字」。
（21）『台湾私法』第一巻上、二七六頁。
（22）『清代台湾大租調査書』一九四、五八六～七、六九九～七〇〇頁、『台湾私法物権編』一〇〇五～六頁。
（23）『台湾私法』第一巻上、三二四頁。
（24）『台湾私法物権編』九一二～三頁所載の光緒十七年（一八九一）の「墾照」。
（25）『台南県志稿』巻一、自然志、第三篇、聚落。
（26）『台湾私法物権編』二〇八頁所載の乾隆十七年（一七五二）の「佃批」、及び『台湾公私蔵古文書影本』（美国亜洲学会台湾研究小組）第一～五輯（日本では東洋文庫に所蔵されている）を参照されたい。
（27）台湾文献叢刊第一二八種『台湾通史』（連横編、一九一八年刊行）巻二一、郷治志。
（28）台湾文献叢刊第一四一種『諸羅県志』（周鍾瑄纂修、康熙五十六年〈一七一七〉）巻六、賦役志、戸口土田。

(29) 台湾文献叢刊第一一六種『陳清端公文選』所載「台厦道革除官荘詳稿」を参照されたい。
(30) 註(4)及び同文献第五編、「番社組織及其運用」において、戴炎輝氏は管事と「番社」との関わりについて言及されている。
(31) 『台湾私法』第一巻上、四五八頁。
(32) 『台湾私法物権編』九三〜五頁所載の道光十四年(一八三四)の「找尽断根契字」。
(33) 註(4)及び同文献一〇頁。
(34) 『台湾県志』巻十、芸文志、公移、季麒光の「条陳台湾事宜文」。
(35) 台湾文献叢刊第一九九種『福建省例』刑政例、「革除里差社差及分路捕役擾害地方」。
(36) 註(29)と同文献の「条陳台湾県事宜」。
(37) 台湾文献叢刊第六六種『重修台湾府志』(周元文纂修、康熙四十九年〈一七一〇〉刊行)巻三、秩官志、監司。
(38) 台湾文献叢刊第一四〇種『続修台湾県志』(謝金鑾纂修、嘉慶十二年〈一八〇七〉刊行)巻二、政志、倉庫、台湾文献叢刊第一四六種『重修鳳山県志』(王瑛曾纂修、乾隆二十九年〈一七六四〉刊行)巻二、規制志、倉廒、台湾文献叢刊第七三種『鳳山県采訪冊』(盧徳嘉纂修、光緒二十年〈一八九四〉刊行)丁部、規制、倉廒などを参照されたい。
(39) 註(4)及び同文献第一編「郷治組織及其運用」で乾隆末・嘉慶初を境とした「郷治組織」の変化を述べられている。
(40) 台湾文献叢刊第二一八種『台湾南部碑文集成』三七一〜三頁。
(41) 「三七分収田」の合計三三・六八七二一甲、「二八分収田」の合計一六・二甲という数字は註(40)の史料にもとづいたものである。しかし、同じく註(40)の史料から作成した第三表の「三七分収田」の合計及び「二八分収田」の合計の数字とは必ずしも一致していない。
(42) 註(40)及び同文献三八六〜七頁所載の「厳禁佔築埤頭港示告碑記」(乾隆二十年〈一七五五〉)。
(43) 拙稿「明末清代台湾南部の水利事業」(『中国水利史研究』第一一号、一九八一年、本書第二部第二章所収)で紹介した

『台湾南部碑文集成』二三～四頁の「前台湾府正堂奉旨特陞協弁福建分巡台湾道按察使司副使一級大老爺倪公修築大埤碑記」(雍正九年〈一七三一〉)。
(44)『台湾私法付録参考書』第一巻下、一二〇～一頁。
(45)『台湾土地慣行一斑』第二編、五四二～三頁。
(46)台湾文献叢刊第七五種『恒春県志』(屠継善纂修、光緒二十年〈一八九四〉刊行)巻十六、水利、「網紗圳埤章程」(光緒二十年)。
(47)『台湾文化志』上巻、六七四頁。
(48)註(28)と同文献、巻十二、雑記志、災祥、萑苻。
(49)註(27)と同文献、巻三十、列伝二、呉球、劉却。
(50)台湾研究叢刊第一〇四種『清代台湾民変史研究』(張菼、一九七〇年)所収の「呉球、劉却事変」。
(51)台湾文献叢刊第一四種『平台紀略』(藍鼎元、雍正元年〈一七二三〉)一頁。
(52)台湾文献叢刊第一二種『東征集』(藍鼎元、雍正元年)巻一、「檄台湾民人」。
(53)註(52)と同文献、巻五、「諭閩粤民人」。
(54)『台湾文化志』上巻、六八〇頁。
(55)台湾文献叢刊第一九一集『台案彙録己集』二九〇～五頁所載の「戸部為内閣抄出浙総督富勒渾等奏移会」。
(56)註(54)に同じ。
(57)註(4)と同文献一二一頁に付録第三号、「聨庄合約字」の目録が掲載されている。
(58)註(54)に同じ。
(59)註(4)に同じ。
(60)周藤吉之『中国土地制度史研究』(東京大学出版会、一九五四年)三、「宋代荘園の管理―特に幹人を中心として―」。

第一表　道光以前の大租戸・小租戸の毎甲田園所得

	道光以前大租戸毎甲田園所得（石）			小租戸毎甲田園所得（石）	
	大　租　額	正　供　額	純　所　得	小　租　額	純　所　得
上　田	8.00	2.74	5.26	32.00	24.00
中　田	6.00	2.08	3.92	24.00	18.00
下　田	4.00	1.758	2.242	16.00	12.00
上　園	6.00	2.08	3.92	24.00	18.00
中　園	4.00	1.758	2.242	16.00	12.00
下　園	2.00	1.716	1.284	8.00	6.00

（出典；『台湾私法』第１巻上、109−21、317頁、陳其南「清代台湾漢人社会的建立及其結構」〈1979年度台湾大学碩士論文〉）

第二表　倉庫と管事

県名	倉庫の名称・所在地・間数	記　　　　　事	出　　典
諸羅県	下加冬莊倉二十間。	康煕四十年、知縣毛鳳綸建五間。 四十三年、署縣宋永清建五間。 五十年、攝縣篆知府周元文、因倉廒倒壞、罰管事丘蒲起賠五間。 五十四年、知縣周鐘瑄建五間。	台湾文献叢刊第141種『諸羅県志』巻2規制志、倉廒。
	茅港尾保倉十二間。	康煕五十年、攝縣篆知府周元文、着各里管事建。	
	府治倉八十八間。	在鎭北坊者一十五間。在東安坊者七十三間。係各莊里管事公建公修。	
鳳山県	在興隆莊、計十二間。	内興隆莊七間、係僞時建。嗣後管事自修。 觀音山莊二間、赤山莊二間、半屏山莊一間、係四十五年各莊管事自建自修。	台湾文献叢刊第124種『鳳山県志』巻2規制志、倉廒。
	在嘉祥里、一間。	係管事自建自修。	
	在觀音山莊一間。	係管事自建自修。	
	在安平鎭城内、計十間。	係僞時屋。歴年各業戸管事同修。	
	在土墼埕保、計六間。	康煕三十一年、知縣閔逵置。歴年業戸管事同修。	
	在府治東安坊公館西、計三十間。	係僞時建。名萬年倉。歴年業戸管事同修。	
	在府治東安坊公館南新營尾、計一十一間。	係各業戸管事同建同修。	
	在府治東安坊公館北、計五間。	係各業戸管事同建同修。	

第三表　台湾府学鯑港学田の管事呉済の手冊に造報された各佃管耕甲数

佃戸各及地目	耕田面積（甲）	租額（石）	租　率	備　　考
劉　　祖 呉　　老 林　　英 何　　順 洪　　藍 何　　栄 陳　　祖 呉　　勇 朱　　竜 鄭　　報 王　　契 陳　　管	1.30234 2.12298 3.10409 5.34977 1.64901 1.6 2.20232 1.5 1.01621 2.57226 3.03 1		三七分収	荒熟田110.56981 甲 土地祠・老人・管事・甲頭田24甲 実田　86.56981甲 ↓ 撥入府額収租、充聖廟香灯及月課、科挙盤費用
蔡順・郭秀・林振	3.3	内帯課穀19.92		
王　　富 楊　　生	2.08 3.89823			
候　　哥 田　　奇 王　　戎 趙　　高 黄　秀　星 陳　　開 阿　　天 楊　　良	2.5 2 1 2 1 2.5 2.2 1		二八分収	
□　荒　田 土地祠香灯田 贍養老人田 管事辛労田 甲頭辛労田	36.6827 2 2 15 5			
何　　確 陳　　田 楊　　斉 楊　　染 楊　　国 陳　　祖 楊　　掌 阿三・阿満・阿二 張　　生 林　　郎 李　　魁 阿　　尾 宋　　哥 楊　　猛 孫　　月 郭　　暫 楊　　進 阿　　五 丘　　伯 陳　　総	1 2.5 1.5 0.8 2 0.5 1.5 5 2 1.2 1.1 0.8 1 1 0.8 1.6 0.7 1.2 1 0.9	6 15 9 4.8 12 3 9 30 12 7.2 6.6 4.8 6 6 4.8 9.6 4.2 7.2 6 5.4	毎甲徴谷六石	田　　　28.1甲 共該徴穀　168.6石 撥入朱文公祠充香灯及祠内肄業師生修脯油灯用

第六章　合墾組織「金広福」について

はじめに

台湾開発に関する研究は伊能嘉矩氏の先駆的研究[1]によって全般的状況の把握は可能となったが、戦後は台湾の水利開発[2]、土地所有構造[3]、商品生産[4]の解明を中心に行われてきた。

筆者も台湾の水利事業と一田両主制との関連の解明を一貫して行ってきた[5]。しかし、従来の研究では開墾組織の具体的分析による台湾開発の実態解明については十分に行われてきたとは言いがたい。

筆者は第七章で、一八七〇・八〇年代の沈葆楨、劉銘伝の「開山撫番」政策と新竹県における黄祈英一族の開発との関連を解明する[6]。本章では黄祈英一族の開発の前段階にあたる一八三三（道光十三年）～七〇・八〇年代の新竹県における合墾組織「金広福」による開発形態を分析し、林爽文の乱（一七八六）～一八七〇・八〇年代の台湾情勢を明らかにする一階梯にしたいと考える。

「金広福」については伊能嘉矩氏によって概況が説明されている[7]。近年、呉学明氏が実地調査と文献史料に基づき詳細な研究を行われた[8]。呉氏の研究に史実として付け加える点はほとんど無いのであるが、本章は「金広福」組織の実態だけでなく、清朝の開墾政策との関連を考察している点において、些かの意義があると考える。

従って、本章においては「金広福」の開発形態、「金広福大隘」、一田両主制、水利開発、荘（村落）との関係に分類して考察し、「金広福」の実態及び清朝の開墾政策との関連を明らかにしたいと考える。

一　「金広福」の開発形態

さて「金広福」とは一体どのような組織なのであろうか。『台湾土地慣行一斑』第一編、一六頁には

金廣福、金ハ政府ヲ意味シ、廣ト福トハ廣東人及福建人ヲ意味ス。即チ兩籍頭字ノ一字ツヽヲ取リテ、斯ク名ケシモノナリト云フ。

とあり、清朝・広東人・福建人の三者による合墾組織（共同開墾組織）であった。

また、伊能嘉矩『台湾文化志』下巻、三三六〜三三七頁には、

淡水同知李嗣業は……竹塹の殷戸粵民姜秀鑾・閩民周邦正の二人に諭し、資を鳩めて此方面の拓殖を籌畫せしむることゝし、石碎崙及び其毘連の官隘を擧げて、悉く之に屬歸す。姜・周二人乃ち更に閩粵の兩籍より、各々一萬二千六百兩を醵集し、道光十一年（一八三二）一の合資團體を組織し、二十四大股を糾合し、金廣福と稱す。一肚皮集の金廣福大隘記に曰く、臺商の俗例、金を得るの意義を争取し、凡そ會計の簿、多く金字を以て頭に蒙らす、廣は廣東を謂ひ、福は福建を謂ふ、故に金廣福を名となすと云と……

とあり、また、台湾文献叢刊第六三種、光緒二十四年（一八九八）刊、林百川等修『樹杞林志』志余、紀地に、

金廣福者、乃塹城内閩粵合夥開店之號。

とあるように、「金広福」とは福建・広東人からなる商人の合股組織のことである。すなわち、台湾商人の慣行として、合股組織をとる場合に、資金を得る目的で、合股組織名の頭に「金」の名称をつけるという。事実、「金……」という名称は金広福が唯一のものではなく、新竹県等の地方では「金惠成」[9]「金萬成」[10]「金東建」[11]などという名称がた

びたび見受けられる。

従って、「金広福」を設立した姜秀鑾、周邦正は商人である可能性が強く、前述のように「金広福」は清朝、広東人、福建人三者の合墾組織であったが、その構成員の中には商人が含まれていたと考えられよう。

では、「金広福」合墾組織の中心人物について考察しよう。

淡水同知李嗣業については、同治九年刊『淡水庁志』巻八、上、表一、職官表、文職、淡水同知の条に、

李嗣鄴、貴州貴筑人、己巳進士、（道光）九年任。

とあり、嘉慶十四年（一八〇九）に進士、道光九年（一八二九）に淡水同知となった、と記されている。

姜秀鑾、周邦正については

姜秀鑾、廣東人、周邦正、福建人。均居竹塹、爲一方之傑[12]。

とあり、「竹塹」（新竹）地域における傑出した人物達とある。また、

立給墾批字、總墾戸金廣福、墾戸首姜秀鑾、周邦正……[13]。

とあり、総墾戸「金広福」の墾戸首であった。また、台湾文献叢刊第一七一種『淡水庁築城案巻』という文献がある。この文献には雍正元年（一七二三）に竹塹の地に淡水庁が設置され、同十一年（一七三三）に木柵の城、竹塹城（淡水庁城）ができたが、道光六年（一八二六）から地方紳士、舗戸（商人）らが煉瓦づくりの城壁の建設を地方官に要請する陳情書が収録されている。その中の「台湾府関文」、其五、道光七年（一八二七）五月十四日の「臬道憲孔札」などには、進士鄭用錫らとともに、陳情人の一人に「監生……周邦正」が記されている。

また、同じく『淡水庁築城案巻』所収の「淡水同知造送捐建各紳民銀数逓給匾式花紅姓名册稿」（道光九年、一八二九年）には竹塹（淡水庁）城改建時における銀三〇〜三〇〇両までの寄付金出資者名が収録されており、姜秀鑾は

「舗戸……姜秀鑾題捐城工銀七十兩」とあり、銀七〇両を寄付した商人であったことがわかる。

以上から、広東人姜秀鑾は中小商人、福建人周邦正は下級紳士の監生であることが明らかとなった。

次より、姜秀鑾・周邦正を中心とする「金広福」の組織について検討しよう。

この「金広福」合墾組織については、伊能嘉矩氏の先駆的研究がある。以下、伊能氏の見解を紹介しよう（□□は不明字を示す）。

金廣福大隘。初め竹塹城（新竹）の四界は、早く清の康熙の末年に開かれ、雍正以後着々歩武を進め、乾隆嘉慶を經て、西南は三灣より南庄に及び、東北は樹杞林、新埔の全體に及びたり。是より先、曩に明末鄭氏の時代に驅逐せられて、香山地方の東方寶斗仁の山中に逃竄せるピイポオ（平埔）蕃族（サイシェット部族）は、爾後月眉、北埔の一帯を根據とし、爲めに東南方面の一部は、道光年間に及ぶも、斧斤響かず、鋤犂入らず、依然洪荒の境地たるのみならず、土蕃は屢〻城外咫尺の地にまで出没し、蕃害に罹るの良民少からざりき。（現に道光六年〈一八二六〉の頃、城の南門外巡司埔に於て、巡檢以下七人土蕃の爲めに戕害せられしことあり）。新竹廳志に記して、「廳治の南部に屬する斗換坪、三灣の開拓は、已に南庄に達し、中部に屬する樹杞林、及び北部に屬する新埔、咸菜硼方面の開拓も、亦成就せるに、獨り東南に接する地界が仍荒榛の區たりしは、蓋し南部の開拓は、中港溪を遡り、南庄に至るまで、一條の大溪の左右兩岸に平地を有し、中間に丘阜の沮碍あるも、亦峻隘ならず、是開拓の成り易かりし所以。而し西樹杞林方面に至りては、惟一の平原區にして、竹塹溪を遡れば、五指山に接着すべく、北部の新埔方面も、鳳山崎溪を遡れば、以て咸菜硼に至るべく、其の間別に高山險嶺の横絶するもの無ければなり。城の東南廂に在りては、峰巒高からずと雖も、崎嶇峻岨にして、毫も水利の便なし。已に地勢の險悪なる斯の如く、栖む所のものは古來招撫に應ぜざる頑蕃にして、常に竹塹平原を俯瞰すればなり。道光四年〈一八二四〉青草湖（竹塹南方の埔地）の墾戸陳晃、楊武生、倪甘、陳晏、林仕几、呉興等の盡墾退就歸管の立字に曰く、憲諭を奉じて招墾し、隘寮を設け、生蕃を防守し、地に就き、粮を取るも、収むる所の五穀は、丁食に敷らず、累て生蕃に出擾せられ、把守するに力なしと。亦以て沿山一帶の困累を知るべきなり」と。是實に此地方一帶の拓殖に沮滯を致せし原因の説明と爲すべし。是に於て、時の淡水同知李嗣業は、粤人姜秀鑾、閩人周邦正の二人に諭し、資を鳩め、之が拓殖の大計畫に着手せしめ、從來設置せる同方面の官隘を擧げて悉く之に屬歸し、毎年充公租穀より成立する隘費四百石を擧げて補助としたり。（別に創業費として一千兩を交付せりといふ）。姜周二人は乃ち更に閩粤兩籍より各一萬二千六百兩を醵集し、道光十年〈一八三〇〉一の合資團體を組織し、二十四大股を糾結し、金廣福と稱す。金は保護補助を與ふる官を意味し、廣は廣東即ち粤人を意味し、福は福建即ち閩人を意味せしものにして、三體一致の旨を表したるなり。斯くて其の墾地は、民業に屬すべきも、開疆の責任を帯びたるが爲め、墾内の警察事務は、隘防汎防等、地方廳の執行すべき囗囗を併せて委任せられ、淡水同知の監督に隷したるものにして、規模に於ては小なりしと雖も、宛も十六七世紀の頃歐羅巴人に經營せられし東印度會社の組織に類せるものなりき。乃ち道光十三年〈一八三三〉を以て墾業に着手し、先づ圓山仔、金山面、大崎、双坑、茄苳湖、石碎崙、南隘、鹽水港等一線の隘防を設けて、竹塹城の藩屏とし、以て内山の形勢を劃限し、十四年〈一八三四〉更に樹杞林より進みて北埔に入り、先づ此地に占居する土蕃を退けて根據地とし、南埔庄より中興庄を略し、月眉庄に到り、爾來開隘四十箇所を聯絡し、隘丁二百を部署し、一崙を越え、一溪を渉り、隨て得れば隨て墾し、寮を建て丁を駐し、路を開き庄を設け、縦斷的に前進せり。而して之に對し抗拒せるは、ピイポオ蕃族（サイシェット部族）の他に、附近山蕃（アタイヤル族）の一部も力を協せ、蔴布樹排の役の如きは、土蕃の爲め、一時に隘丁四十餘人を殺され、傳へて溪水爲めに赤きを成したりといへり。其の他設隘の區域にも亦日に激戰を見ざるはなく、而かも終に土蕃の力盡き、第一期に於て、竇斗仁及び北埔間の土蕃は、前後兩面の壓迫を受け、全く土崩瓦解して内層に退却し、此地域悉く金廣福の占領に歸せり。次で第二期の前進に移り、漸次横截的に内山に逼り、爾後咸豐同治〈一八五一～七四〉を經て、北埔の一帶五六十庄を管理したり。淡水廳志に同治九年〈一八七〇〉代の情形を記して、「各隘、因地日闢、已越舊址、乃裁撤、歸併爲一、移入内山、五指山右角、沿山十餘里、均設銃櫃、爲各隘之最大者」といへり。故に當時其の名を呼ばずして大隘と稱せりといふ。樹杞林志に其の進隘の情形を記し、「由内面横截、建設銃櫃、與蕃血戰數十陣、隘丁戰歿無數、股内傾囊」といへる即ち是なり。此大規模の下に經營せる金廣福の權力は隨て極めて大にして、奏請して鐵印を鑄り、公定の戳記と爲し、以て數百の隘丁を指揮し、土蕃を區處するが如きは、固より尋常墾業戸の比類に非ず、其の兵權に至りては、實に守備都司遊擊以上の重望を負へりきとぞ。斯くの如くにして道光二十年〈一八四〇〉の頃には、北埔は其の中心市場として著しく發達し、竹塹城の附近全然往日の危虞を絶ち、且北東は樹杞林に連絡して九芎林地方に聲息を及ぼし、西南は三灣に毘連して南庄と呼吸を通じ、竹北一堡東部の形勢爲めに一變せり[14]。

と述べられている。内要は以下のように要約できよう。

竹塹、即ち現在の新竹県周辺の地域は康熙末年（十八世紀初め）に開かれ、雍正、乾隆、嘉慶年間（十八～十九世紀）に西南は三湾、南庄、東北は樹杞林、新埔まで開発されていった。しかし、明末鄭氏時代（十七世紀中頃）に漢人に駆逐せられた平埔族（ピイポオ族）は月眉、北埔一帯に逃げ込み、ここを根拠地として漢人と対立したため、竹塹東南の北埔、月眉（現在の娥眉庄）一帯の地域開発は進まなかった。道光四年（一八二四）に竹塹南方の青草湖の墾戸数名が官庁の諭旨を受けて、この地域の開墾に着手したが、平埔族との戦いに敗れ、開墾事業は失敗に終わった。

その後道光十年（一八三〇）、淡水同知李嗣業が広東人姜秀鑾、福建人周邦正に諭旨を下し、清朝・広東人・福建人の三者が資金、労働力を出しあって、開墾事業を進める「金広福」合墾組織を設立した。

道光十三年（一八三三）に、竹塹南方の円山仔、金山面、大崎、双坑、茄苳湖、石碎崙、南隘、塩水港一帯に隘線（隘とよばれる「蕃族」の危害を防衛する施設を結んだ漢人の防御ライン[15]）を設けて竹塹城の守りを固め、翌十四年（一八三四）から二十年（一八四〇）にかけて、北埔一帯で、「金広福大隘」とよばれるいくつかの隘を設け、平埔族を破り、開墾を進めた。その結果、北埔は一帯の中心市場として栄え、東は樹杞林（現在の竹東）から九芎林（現在の芎林）地方、西南は三湾、南庄地方では平埔族の「侵害」はなくなったという。

また、『台湾省通誌』巻七、人物志、開闢篇に、

姜秀鑾、廣東人、周邦正、福建人。均居竹塹、爲一方之傑。當是時、竹塹開墾漸入番境、東南一帶、羣山起伏、草奔林菁、雖設隘數處、以防番害、而力寡難周、番每出而擾之。番之強者爲錢・朱・夏三族。錢居中興莊、朱居北埔、夏居社寮坑、大小三十餘社、有衆二百數十人、憑其險阻、以掠近郊。急則竄入山、官不能討。……（道光）十四年冬、淡水同知李嗣業以南莊墾務既啓、而東南山地未拓、諭秀鑾・邦正爲之。遂集閩・粵之人、各募資本一萬二千六百圓、治農畝、設隘寮、名曰、金廣福。初、圓山子・金面山・大崎・雙坑・茄苳・湖南寮・鹽水港・石碎崙等各設隘、爲塹之蔽。至是悉擧而委之。別給千金、以充開辦。而兩人遂糾其子弟、自樹杞林入北埔、相地勢、置隘四十、配丁二百、部署佃人、以墾北埔・南埔・番婆坑・四寮坪・陰影窩等、凡二十有五社。鋤耰併進、數年之間、啓田數千甲、時與番鬥。十七年冬十月、大撈社番集其類、大擧來襲、戰於蔴布樹排。佃農不敵、殪者四十餘人。秀鑾在北埔聞警、率壯丁馳援、始擊退之。已又戰於番婆坑・中興莊等處、大小十數回。二人志不稍屈、日夜籌防、所部亦一心助戰。番不得逞。久之、淡水同知詳請鎭道題奏、頒給金廣福鐵印、與以開疆重大之權、歲加給費四百元。統率隘勇數百、拓地撫番、權在守備以上。金廣福既任其事、益募股召佃、横截内面。以墾月眉之野、

以制大崎・水仙崙・雙坑・崎林・水尾溝一帯之番、腹背併進、而壓臨之。於是萼蕉諸番不敢抗、竄於遠山、保其殘喘。而草山・順興・南坑・火瀝・柑子崎・寶斗仁等地、皆爲金廣福有矣。田工既竣、且拓且耕、至者數千人、分建村落、歳入穀數萬石、以配股主、二人亦巨富。秀鑾居北埔、子孫蕃衍。唯邦正之後、稍凌替爾。

とあり、概略は以下の通りである。

道光十四年（一八三四）、淡水同知李嗣業は南庄の開墾が進展したことにより、[16] 竹塹東南の北埔地域の開拓を姜・周二名に依託した。清朝は一〇〇〇両を出資し、また姜・周は福建・広東人から各々一二、六〇〇元＝一二四株を募集する合資団体「金広福」を結成した。姜・周の両人は彼等の子弟を集め、「金広福大隘」では四〇隘、隘丁二〇〇名を設置して平埔族と戦闘するとともに、また佃戸を配置して開拓事業を進めた。やがて、平埔族を「駆逐」して開墾を進展させ、佃戸数千人、歳入租穀は数万石になったという。

二　「金広福大隘」について

「金広福大隘」は『台湾省通誌』巻七、人物志、開闢篇では四〇座となっているが、台湾文献叢刊第六三種、光緒二十四年刊『樹杞林志』、武備志には、

前墾戸金廣福、沿山聯絡隘寮炮櫃三十六座、計共隘丁一百二十一名、毎座隘丁多寡不拘。茲將地方十九處列明於下。豐尾隘、六股隘、大坪隘、大河底隘、小南坑隘、大南坑隘、藤坪隘、石梗仔隘、萼蕉窩隘、六寮隘、八寮隘、九寮隘、十寮坑隘、十一寮隘、十二寮隘、十四寮隘、十五寮隘、獅頭山隘、猴仔山隘。

とあり、「金広福大隘」は三六座、合計一二一名の隘丁がいたといわれている。

また、台湾文献叢刊第一七二種『淡水庁志』巻三、建置志、隘寮には、

金廣福大隘、民隘。此隘本分設於城東廂之鹽水港、南隘、茄冬湖、石碎崙、雙坑、大崎、金山面、圓山仔、大北埔、小銅鑼圈等十處。其小銅鑼圈即舊之中港尖山隘也。各隘因地日闢、已越舊址。乃裁撤歸併爲一、移入内山五指山右角。沿山十餘里均設銃櫃、爲各隘之最大者、距城東三十五里小銅鑼圈之北。其石碎崙隘原設隘丁四十名、隘糧由官撥給充公租税以補不敷。其大北埔中港、尖山二隘亦官奏設、民自給糧。其鹽水港、南隘、茄冬湖、小銅鑼圈四處、原設隘丁各二十名、雙坑原設隘丁十四名、大崎、金山面二處原設隘丁各十八名、圓山仔原設隘丁六名、隘糧均民自給。今統設一百二十名、就地取糧不敷、同知黄開基籌撥充公租穀四百餘石、毎年發印串一百張、給令自行催収。

とあり、「金広福大隘」はもともと竹塹城（新竹県＝淡水庁）の東、塩水港、南隘、茄茎湖、石砕崙、双坑、大崎、金山面、円山仔、大北埔、小銅鑼圏等十箇所に設けられていた民隘であった。

第一表（台湾文献叢刊第一七二種『淡水庁志』巻三、建置志、隘寮より作成）

隘名	隘丁	隘糧大租
大北埔中港		官奏設、民自給
尖山		官奏設、民自給
塩水港	二〇名	民自給
南隘	二〇名	民自給
小銅鑼圏	二〇名	民自給
茄茎湖	二〇名	民自給
石砕崙	四〇名	官が支給した「充公租税」で補う

双坑	一四名	民自給
大崎	一八名	民自給
金山面	一八名	民自給
円山仔	六名	民自給

第一表より、各隘では六～四〇名の隘丁が設置され、その隘糧大租は一部を除き、民間で自ら調達していたことがわかる。

隘糧大租については、南坑庄では「概ネ十年ノ開墾年期ヲ限リ、……田壹甲ニ付、大租十四石[17]」、樹杞林から三湾地方では「大租隘粮ナリ、……首年、二年、三年間ハ二八抽的、……三年ヲ經テ成田スルニ及ヘハ、……其田一甲ニ對スル租穀ハ六石トシ、園ハ茶一萬株ニ對シ、銀四元ヲ徴スル[18]」、柯仔壢内料坪做（現在の新竹県宝山郷山湖村）では「其地訂限伍年開墾、凡有栽種山園、面議定供貼隘粮銀伍大元　角。……如届期五年之後、墾成田園、照以衆例……毎田壹甲供納大租粟　碩、毎園壹甲輸租　碩[19]」、同じく柯仔壢内料坪做大料坪では「山林壹處、……毎年供納大租隘粮佛銀伍大員正[20]」、横崗富興庄では「富興庄前南河排林地壹所……其地訂限伍年開墾、……隘粮銀貳大元　角、……如届期伍年之後、墾成田園、照以衆例、听墾戸丈量按甲供納、給出丈單、毎田壹甲、供納大租粟　碛、毎園壹甲、輸租　碛[21]」、六藔尾では「六藔尾山埔林地壹所……其地訂限拾貳年開墾、凡有栽種山園、面議定供貼隘粮銀貳大元　角、遞年毎至秋収之日完納交清、如届期滿年之後、墾成田園、照以衆例、听墾戸丈量按甲供納、給出丈單、毎田壹甲、供納大租粟拾肆碩、毎園壹甲、輸租　碩[22]」、横崗では「即日蹈交與姜秀鑾、自去招佃開墾、永爲己業、一二三年二八抽的、隘粮俟三年後成田之日、遵照給墾之例、按甲納租[23]」、同じく横崗では「原分管額數水田、貳甲伍分　糸　忽、該應納大租隘粮粟貳拾碩　斗　升　合　勺　抄正[24]」、竹南の面盆藔庄では「水田參（甲）　分柴厘參毫　糸　忽、該應

納大租隘粮谷　佰　拾伍碩貳斗壹升柴毫　勺　抄正」[25]などの記事が見える。

大凡の傾向としては、水田では開墾初年〜三年は二八抽的、即ち大租戸が収穫物の二割を徴収し、佃戸は八割を取得した。三年過ぎると一甲につき大租六〜一四石を徴収した。山園では開墾初年〜五年は隘粮銀二〜五元、五年を過ぎると収穫物を一定量出すということであった。

次に「金広福」の開墾過程について検討しよう。

『樹杞林志』志余、紀地には

北埔大隘北由柯仔壢透入石仔林、西由富興莊透入大南坑、於道光十四年、墾戸金廣福閩粵二十四大股津本墾成。溯先年金廣福者、乃塹城内閩粵合夥開店之號。昔因生番出至城外巡司埔殺人、淡防廳丞未如之何、乃給示諭責成粵人姜秀鑾、閩人周邦正倡首邀股、即將金廣福閩粵字號充爲墾戸、題奏請鐵印、鑾・正二人料理、以示開疆重大之權。官又毎年加給四百圓金添補隘費。於是泉股津募隘招佃、由内面横截、建設銃櫃、與番血戰數十陣、隘丁戰没無數、費資億萬、股内傾嚢、此大隘之所以名也。墾成、乃以北埔爲市場、聚居四百餘家、此莊亦盛矣乎。嗣於月眉亦建市場。其莊較聚者有南埔・中興莊・富興莊。此外、則小莊散處者指不勝屈。惟北埔爲形勝之區、有令人繼繼不忘者云。

とあり、北埔大隘は道光十四年（一八三四）に福建・広東人らが合計二四股（株）からなる合股の商業団体を結成して建設されたものである。「金広福」とは新竹県城内で福建・広東人によって結成された商店の商号であった。「泉股津」（資本金?）で隘丁を募集し、佃戸を集めて開墾事業を行った。北埔、月眉には市場が開かれ、南埔、中興、富興などは人口の比較的多い村落となった。

また、『台湾土地慣行一斑』第一編、一六頁には第八區管内モ亦金廣福ノ開墾權ヲ得タル地方ニシテ、道光十四年南方ヨリ着手シ、順次北方ニ進墾セリ、當時墾戸ノ公館ハ双坑ニ設ケアリシカ、道光十五年ニ至リ、之ヲ北埔ニ移シ、其後南埔及ヒ中興ヲ經テ月眉ニ轉セリ、

とあり、「金広福」の公館は双坑より北埔、南埔、中興、そして月眉へと徐々に奥地に移っていった。そして、

今當時墾戸カ取リシ方策ヲ按スルニ、謂ユル把蕃隘首及通事ヲ使役シ、時ニ示威的、若クハ強迫的手段ヲ用ヒ、一崙ヲ越エ、一溪ヲ渉リ、隨テ得レハ、隨テ墾シ、蓁ヲ建テ、丁ヲ駐シ、路ヲ開キ、庄ヲ設ケ、以テ來耕ヲ奬勵スルニ在リ。(26)

とあり、「金広福」墾戸は「把蕃隘首」（隘首の一種?）や通事（高山族と折衝する通訳）を用い、高山族の土地の開墾権や所有権を合法・非合法的に取得して開墾を進めていった。隘を建て隘丁を募集し、道路を作り、庄を設けてから佃戸を募集した。

佃戸の募集の仕方には次の四種類あった。

各佃戸ハ當初捐資ノ額ニ照シテ墾地ノ分管ヲ行ヒ、金廣福ヨリ墾批ノ發給ヲ受ケ、墾戸金廣福ニ向テ年々定額租ヲ貼納シ、以テ隘費ニ充當セリ、(27)

とあり、合墾組織「金広福」の「合股」（共同出資者）の一人となり、出資額に応じて開墾地の配分を受けて開墾を行う形態である。

頭重埔庄一帶ノ地ハ乾隆年間迄ハ、七房蕃人丁老吻ノ業地ナリシカ、道光十四年、銭旺富ナル者、給出ヲ受ケ、漸ク田園ニ墾成スルニ至リ、隘丁ノ費用ハ悉ク既成田園ヨリ徴収シ、以テ纔ニ支持スルヲ得タリト雖、到底獨力ノ持續スヘキ所ニ非ラサルヲ以テ、遂ニ其權利ヲ金廣福ニ讓渡セリ、(28)

とあり、「番地」の開墾耕作権を得た漢人が耕作を独力では継続できず、開墾耕作権を「金広福」に与え、自分はそ

の佃戸となる形態である。

立給墾批字、總墾戸金廣福墾戸首姜秀鑾・周邦正、……在塹南横崗、選擇妥基建隘募丁、以爲防番保民久計、嗣因隘費丁粮兩無所出、復着遵諭、招佃開墾、就地取粮、以資發給、(29)

とあり、「金広福」が隘を築き、開墾事業を進展させてから佃戸を募集する形態である。

道光十七年、金廣福ハ隘費ノ浩繁ニ堪エス、駐守稍々弛ミ、從ツテ生蕃ノ滋擾甚タシキニ至リ、其墾地ヲ佃人劉善月及呂振元ニ給出セリ、(30)

とあり、「金広福」が隘費収支の煩雑さ、隘務の弛緩により、高山族（平埔族も含む）対策がうまくいかず、開墾地を佃戸に給出する形態であった。

以上四種類の佃戸募集形態があったが、合墾組織（合股組織）「金広福」の原初形態は第一の形態である「金広福」が共同出資者の佃戸にその出資額に応じて土地を給出する形態であった。開墾が着手されてからは、第二の形態である「金広福」が既に「番地」の開墾権をもっている漢人からその土地の所有権を取得し、その漢人を佃戸とする形態や第三の「金広福」が隘を建設してから佃戸を募集しその佃戸に開墾・耕作を行わせる形態がとられた。やがて隘を中心とする高山族・平埔族に対する侵略・防衛体制が弛みだしてからは「金広福」が自ら開いた開墾地を佃戸に給付し、高山族・平埔族に対する対抗をも行わせる第四の形態もとられるようになったと考えられよう。

三　一田両主構造について

既に述べたように「金広福」が大租戸となり、隘を築き、隘丁を募集し、佃戸を募集して開墾をすすめた。この佃戸が小租戸となり、あらたに佃戸を招き耕作させるようになる。

『台湾古文書集』C四〇九四「尽根杜売山林埔地田菌契字」に、

立盡根杜賣山林埔地田菌契字人張春蘭・林天送、先年同夥、向得金廣福墾戸給出有山林壹處、坐落土名柯仔壢尾沙湖壢大料坪、其四至界址、于承給墾内悉載明白、續後承頂股夥之分歸就于張春蘭、立有契約、茲因山林廣濶乏力墾闢、又兼年良不順、少銀凑用、即將此墾内抽出壹塊、……仝中面踏分明、原帶本身泉源水灌漑、又帶竹木什菓禾坪菜地等項、併帶毎年供納大租隘粮佛銀伍大員正、給出完單付炤、春・送二人商議、意欲將此業出賣、先儘問戸族人等、俱各不欲承領、后託中送于古榮魁・戌魁兄弟、出首承買、即日憑中議斷、三面言定、時値足色價銀壹佰大員正、其銀契經中兩相交訖、中間並無賃貸準折、亦無短少分厘、係張春蘭・林天送二人親収足訖、其山林田菌埔地以及竹木什菓等項、即仝中面踏、交于古榮魁・戌魁兄弟掌管、或耕或贌、任憑主裁、張春蘭・林天送二人不敢異言生端滋事、……

道光弐拾弐年（一八四二）壬寅歳十一月　日、立盡根杜賣山林田菌埔地契字人張春蘭・林天送

とあり、「金広福」合股組織の股（株）をもつ佃戸の張春蘭・林天送がもっていた山林田地の耕作権を古栄魁・戌魁兄弟に売与した契約文書である。「或耕或贌、任憑主裁」とあるように耕作権を得た新しい佃戸が山林田地を耕作してもよいし、他人に小作させてもよいと書かれており、「金広福」（大租戸）―古栄魁・戌魁兄弟（小租戸）―現耕佃戸という一田両主制が成立する可能性があった。

その点は『台湾土地慣行一斑』第一編、一五頁に

金廣福ハ獨力開墾ニ從事スルノ傍ラ、數多ノ佃戸即チ小租戸ヲ招キテ隘粮銀ヲ議定シ

とあることからも一田両主制が成立していたと断定してよく、新竹県の基本的土地所有関係が一田両主制であると『淡水庁志』に記載されていることからも明らかであろう[31]。

四　「金広福」による水利開発

「金広福」の水利事業については、『台湾省通誌』巻四、経済志、水利篇に四例あげられている。

> 南埔圳、在廳東南三十五里。源由五指山後溪水引入、灌田五十餘甲。道光中、墾戸金廣福開濬。（按、圳址、在今新竹縣北埔郷。）
>
> 南埔溪底圳、在廳東南三十四里。源由五指山後溪鑿山引水出、灌田二十餘甲。道光中、墾戸金廣福開濬。（按、圳址、在今新竹縣北埔郷。）
>
> 中興莊圳、在廳東南三十里。源由五指山後溪鑿山引水出、灌田六十餘甲。道光中、墾戸金廣福開濬。（按、圳址、在今新竹縣峨眉郷。）
>
> 北埔嵌下圳、在廳東南三十四里。於小分林嵌下引五指山後溪水瀦爲陂、西北行五丈、鑿山三丈引水出、北行一里、又鑿山二十餘丈引水出、西北行三百歩、過梘二十餘丈、又西北行一里至北埔嵌下、灌田二十餘甲。道光中、墾戸金廣福開濬。（按、圳址、在今新竹縣北埔郷。）

とある。清代道光年間（一八二一～五〇年）に「金広福」は淡水庁（旧名は竹塹、現在は新竹県）北埔・蛾眉郷において五指山に水源をもつ四つの水利施設の南埔圳、南埔渓底圳、中興荘圳、北埔嵌下圳を開鑿した。

『樹杞林志』建置志、水利の条には、一九の圳の名前が記され、「金広福」が開鑿した南埔圳、中興荘圳の名も記載され、圳の管理については次のように述べられている。

> 謹按大圳則衆佃出穀、請一圳長盼顧修整、小圳則無圳長、係佃自顧、而陂塘小圳又當別論。但北埔溪圳較無支流、免虞絶漁之害。惟九芎林、樹杞林之溪源支分六・七、常有絶漁之患。故附錄禁約一通於後、竊思官有公法、民有

私約。緣我九芎林・樹杞林透入内山一帶、溪陂圳水、通流灌溉、最關切・最緊要、斷斷不可暫時停息也。奈何屢有不良之徒、不顧他人工本、只圖自己口腹、往往毀陂截圳、塞源絶流、以取魚蝦、全不思圳一無水、田即燥乾、苗遂枯槁、妨農害稼、爲患不淺。此種惡習、殊堪痛恨。爰是邀各莊長・衆業佃、公同立約嚴禁、無論男・婦・老・幼、如敢故違仍行毀陂截圳、塞源絶流以取魚蝦者、定即嚴拏、將取魚之人扭交街・莊長、或將取魚之器具繳交街・莊長、公議重罰演戲全枱・酒席二筵・紅羽大燭・香楮・福炮等物、倘敢頑抗不遵罰者、定即同具公稟、將取魚之人、或將取魚之器具送官究治、決不寛恕。其白日拏獲者、給賞花紅銀二圓、黑夜拏獲者、給賞加倍、向業佃取領、決不食言。謹此告白。

とあり、圳（用水路）の管理形態は圳の大小によって区別されていた。大圳では佃戸が穀を出しあって圳長を設けて圳の管理・修理を行わせるが、小圳では圳長を設けず、佃戸が圳の自己管理・修理を行う。圳には禁約があり、特に九芎林、樹杞林の内山一帯では陂圳の水が田（水田）園（畑地）の淮漑用水として不可欠なため、陂（溜め池）を壊したり、圳を遮断したり、また、水源を塞ぎ、水流を途絶えさせて、陂圳から魚を取る者を厳罰に処した。初めは街長・莊長が処理し、その罰にも服さない場合は地方官が処理に当っていた。

次節では「金広福」の開墾によって形成された莊、即ち村落における「金広福」の支配構造を分析しよう。

五　「金広福」と莊

戴炎輝『清代台湾之郷治』（聯経出版事業公司、一九七九年）五五八頁所収の淡新檔案一二三三一－一には、

墾戸、隘首並辦理庄内或數街庄一般公務、尤其墾戸在地方負有聲望者、頗爲官所器重。「緣大隘北埔等庄地方遼闊、公事繁劇、向來各莊大小公務、原由墾戸金廣福秉理、且設有何・黎・邱等總理、互爲幇辦。後皆陸續云亡、

並未有續擧接辦。」

とある。戴炎輝氏の著書にあげている上記史料の「」内の記事は『淡新檔案』であり、同史料によるとこの記事は光緒十二年（一八八六）十二月のものである。(32) 上記戴炎輝著書記載史料によると、墾戸、隘首が荘（村落）・街荘（町）の一般公務を処理し、墾戸は地方の著名な有力者であった。「金広福大隘」の北埔地方の公務は全て墾戸「金広福」によって処理され、荘の総理には何・黎・邱各氏が当たっていた。しかし、総理の何・黎・邱各氏はあいついで亡くなったために総理の職を受け継ぐ者がいなかったという。

光緒十二年（一八八六）十二月八日の史料に「金広福大隘」の北埔荘の総理が補充された史料がある。台湾文献叢刊第二九五種『淡新檔案選録行政編初集』第四五五稟、光緒十二年十二月初八日　一二二三一－四「大隘南興荘総理墾戸金広福、稟挙何廷輝為北埔等荘総理」には、

具稟治下竹北一保大隘南興莊總墾戸金廣福、即職員姜紹基、爲據情稟明事。緣於前月間、有轄下各莊紳耆・舖戸等前來、向基商議、欲擧何廷輝爲北埔等莊總理。基思該莊原有總理缺額、後併未曾續擧接辦、裁度之下、當即應允。但思已有殷紳諸邑人等結保、似乎不必蓋戳。茲蒙憲諭、飭基等查明稟覆等因。夫此何廷輝、在昔原係基舘内辦事之人、公事頗爲諳練、爲人正直。今衆議擧爲總理、與基等幫辦諸務、亦甚妥當。勢得據情、稟叩仁憲大老爺給發諭戳、准予承辦。沾恩、切叩。

正堂方批、據稟何廷輝爲人正直、准予充當北埔等庄總理、候發給諭戳、以專責成。私記。

光緒十二年十二月初八日稟　戳記　新竹縣正堂、給竹北一保南興庄閩粵總墾戸金廣福長行戳記。

とあり、概要は以下の通りである。合墾組織「金広福」の「職員」姜紹基は管轄下各荘の紳士、耆老、舗戸（商人）等と相談し、何廷輝を総理に決定し、光緒十二年（一八八六）に新竹県知県に許可を申請し、許可された。(33) 何廷輝は

以前に姜紹基公館（「金広福」の公館の一つ）で勤めていた人物で、その人となりは紳士等が保証するところであった。

以上の史料から「金広福」の職員姜紹基が街荘の総理の任免権を有していたことが明らかとなった。

では、この姜紹基についてもう少し見てみよう。姜紹基の族譜を未だ見る機会を得てないので断定はできないが、姜紹基は姜秀鑾の一族で、「金広福」の墾戸であったと推測される。また、『樹杞林志』選挙表によると、姜紹基は「職員　姜紹基（欽加五品藍翎）」とあり、「職員」についての説明はないが、新竹県樹杞林堡の職員のことであろうと考えられ、「金広福」の墾戸が樹杞林堡の職員を兼ねていたと推測される。

一方、街荘の総理については戴炎輝氏の研究があり、(34) 基本的性格は街荘内の治安維持にあった。この北埔荘の総理の役割は、

> 現際冬令、宵小最易竊發、應當巡緝防範。保内遇有命盗重案、立即舉報、拏犯解送。所有睚眦雀角、爾宜悉心排解、勿使互訟公庭。(35)

とあり、総理は冬期に出没しやすい盗賊を巡回して取り締まり、また殺人・強盗などの重大事件が発生した場合には即座に官庁に報告し、犯人を捕縛・護送する。些細な村人同士の喧嘩に対しては県の法廷には持ち出さないで仲裁を行うという治安維持の役割を担っていた。

乾隆五十一年（一七八六）の天地会林爽文の乱は台湾全土を巻き込んだ大騒乱となり、それが高山族・平埔族、福建人、広東人三者の対立抗争に展開した。(36)

閩粤械闘の矛盾を高山族・平埔族の土地への侵略に矛先を向けさせ、林爽文の反乱のような反清闘争の再発を防ぐという清朝の政策の一環が合墾組織「金広福」の成立であったと推測される。

道光十六年（一八三六）に婁雲(37)によって出された「荘規禁約」は清朝の閩粤械闘を未然に防ぐ村落統治政策が窺え

る。『淡水庁志』巻十五（上）付録一、文徴（上）の婁雲「莊規禁約」に、

淡水地方、閩・粵聯莊、民・番雜處、物產富饒、人稱樂土。無如鄉民失教、遊手好閒。每遇鄰邑匪徒造謠滋事、輒即聞風而動、糾約多人、各分氣類、憑凌弱小、仇殺相尋、或焚燬廬舍、或佔奪田園、或抗租而不完、或擄人而勒贖、甚至勾番肆出滋擾、焚殺不休、行同化外。道光十三年、塹北桃仔園一帶、閩・粵各莊造謠分類、互相殘殺、塹南銅鑼灣・蛤仔市等處、犇山粵匪、無故焚毀閩莊、公然掠搶。本分府曾隨同大憲嚴密查拏、盡法懲辦。茲復來守此土、業經出示嚴禁。爾等尚知悔禍、勿聽謠言、勿被煽惑。彼此無攻奪之防、老弱無逃亡之苦、莊衆無斂錢之費、兵役無騷擾之虞、以視前此之顚沛流離、苦樂利害、孰得孰失。惟是鬭毆・搶竊・佔地・毀焚等案、尚屬層見疊出。本分府不厭告誡之煩、示以久安之道、頒給莊規・禁約。永照法守。爾等聽之。

とあり、淡水庁（新竹県）では福建出身者、広東出身者の村落が連なり、また高山族・平埔族の住居も混じっているために、閩粵の分類械闘、漢族が高山族・平埔族と結託して他の漢族を襲撃したりすることが頻発した。道光十三年（一八三三）の新竹県北部桃仔園や南部銅鑼湾・蛤仔市の閩粵械闘はその典型例であった。匪徒がながすデマ、扇動にのったり、他人の土地を奪ったり、喧嘩、泥棒、家屋の破壊・放火、人身誘拐などを禁止するために以下の莊規・禁約がたてられたのであった。

莊規四則

一、各莊向設總理・董事・莊正・莊副、官給札諭戳記、約束莊衆、不許爭鬭滋事、搶擄爲匪、不遵者、稟官拏究。或官有查辦事件、諭到該莊、總・董等據實稟覆、准蓋戳記、免由代書以達下情。立法本爲周密。無如日久弊生。各莊總董・正副等處理事務、率多偏袒、且有廻護子弟、當同滋事者。若不明定章程、無以示儆。嗣後莊衆有事不平者、事在本莊、則投本莊之總・董人等理之、事在外莊、則投兩莊之總・董人等理之。仍不平、則請鄰莊之總・

董人等議之。終不平、則控官訊斷。倘不先投訴、輙自爭鬭者、無論曲直、先拏肇衅之人嚴辦。若總・董・莊正副袒護子弟、黨同滋事者、照例加等治罪。

一、總・董・莊正副宜力行清莊之法、以除匪類。族有衆寡、莊有貧富、未必人人衣食皆足、『養而後教』、古有常經、窮而爲匪、事所必至。該莊總・董・莊正副通計莊中歳産所入之數、或十分而取一中之半、以歸公所、更査莊中年壯有力而貧無生業者、記名於族祠、無祠者則於社廟。會議公商、或酌給園地佃耕、或借給資本貿易、或僱令巡田守夜、或教之學習手工、務使子弟各有恒業、毋許遊手閒蕩、自可不致爲匪。其曾犯竊刦擄搶、致死人命、兇暴不法者、公同綑拏、送官究辦、若畏其強横、慮其報復、即密行稟官、督同拏究、不使其復歸郷里。少一匪類、即少一搶竊爭鬭之人、通莊受益不淺。着即及早實力奉行、勿託空言。

一、凡莊中不法子弟、該莊總董・莊正副固當預行約束。如有怙過不悛者、即當送官究處、可以援自首之罪、從輕減等。若未能首送、經官訪聞、或被控票拘者、該莊總董・莊正副務當督帶親丁協差拏送到案、不許狥縱庇匿。又或訟詞命案、被人指控、是否虚實、亦必傳令到案、果有寃屈、不妨邀同見證、帶犯投訴。倘執迷不悟、有心庇匪、以及聽囑混請摘釋、即惟該莊總・董・莊正副是問。

一、各莊總董・莊正副責任大端、無非約束莊衆、和睦郷鄰之事。果能約束有方、所管莊内並無爭鬭・竊刦・搶擄及佔地・抗租・毀焚等事、一年以上給予功牌、三年以上給予匾額、以示獎勸。(38)

とあり、莊規四則が規定されている。

第一則は各莊で設けられている総理、董事、莊正、莊副の役割・権限についての規定である。総理等は地方官から戳記（任命証書）を受け、本莊の紛争を処理するとともに、他莊との紛争の場合でも他莊の総理等と調停・仲裁を行い、いずれの場合においても解決できない場合、地方官に訴えて裁判してもらう権限・役割があった。

第二則は総理等が「清荘」の法を実施し、匪類の出没を防ぐ規定である。荘内の生産物の五％を「公所」に貯えておき、その収入でもって荘内の族祠や社廟に記載された田地を持たない成人に田地を与えて小作させたり、資金を与えて商売させたり、田地の作物の看守（見張り）人をさせたり、手工業の技術を習得させたりする費用にあてる。そうすれば、田地を持たない人々の生活を保証でき、匪類の発生を防ぐことができるという内容であった。従って、戴炎輝氏も述べているように、「清荘」の法とは荘内の不良分子を予め調査し、彼等の盗賊化を未然に防止する手段であったと言えよう。[39]

第三則は荘内の不良分子の不法行為に対する取り締まり規定である。事件が発生した場合、総理等が直ちに「親丁・協差」といった人夫や使いの者を引きつれて捕縛にあたるのであった。

第四則は総理等による荘衆の宥和を図る規定である。一年間、荘内で紛争等が無ければ総理等に賞与の徽章が与えられ、三年以上無いと掛額が与えられた。

以上、荘規四則は既述の如く各荘で設けられている総理、董事、荘正、荘副の役割・権限についての規定である。街荘の総理等については既に戴炎輝氏の研究があり、それによると、清代康熙～乾隆年間（十七世紀後半～十九世紀初頭）の街荘の管理は墾戸（大租戸）の経理人である管事が行い、嘉慶年間以降（十九世紀初頭～）は総理・董事などが行っていたという。[40]このような変化は墾戸——佃戸関係から大租戸——小租戸——現耕佃戸関係への変化と考えられ、筆者も管事の研究を通じてその点を明らかにした。[41]清代後期の嘉慶年間以降における墾戸（大租戸）層の衰退は台湾の一般的傾向であるが、「金広福」墾戸（大租戸）の絶大な権力はこの当時の状況としては特殊であるが、これは清朝のバックアップによって実現していたものと考えられよう。

禁約八條

一禁、閩・粤大小各莊永歸和好、不得以鄰邑匪徒滋事、輙即聞風而動、擅分氣類、糾衆焚搶、亦不得勾通無業遊民、造謠煽惑、肆行搶刦。如有違者、兵役圍拏、照例嚴辦。

一禁、各佃戸應納大租・小租、依限完納、不得抗欠。違者投訴總董・莊正副、查明着令清還、如再不遵、即稟官究追。仍不得因其欠租、私自擄搶、致滋事端。如因兩造控爭、租穀無從完納者、將租穀赴廳倉暫貯、聽候審斷、不得因其互爭、藉詞侵呑。違者惟總・董人等是問。借欠錢債、亦照此辦理。

一禁、不許擄人勒贖、不許窩盜肆竊、不許私銷贓物。違者照例嚴辦。

一禁、墳墓田園以及水圳・水埤、悉照舊界管業、不得私相侵佔、以杜爭端。

一禁、一切詞訟命盜等案、務須指控正兇・正犯、不得株累無辜、藉命圖詐、挾嫌誣害。違者照律坐誣嚴拏、訟師從重究辦。

一禁、莊衆應完錢糧正供及充公租穀・補穀各項、年清年款、不得違例抗欠。佃戸欠租、爾等且不甘心、業主抗糧、朝廷豈無法律。況淡水殷戸隱匿田甲、十居七・八、現徵錢糧・正供等項爲數本屬無多、按年完納、不覺其多。若積欠追償、轉致力有不逮。爾等勉之。

一禁、莊中生監・士子及有職人員、咸宜安分守法、勉圖上進、不許包攬詞訟・交結衙門、護庇匪黨。現經本分府刊刷「訓士臥碑文」、宜各知所遵守。如有不遵守臥碑者、褫革究懲。

一禁、莊内不准容留外來遊手之人、不准私置鳥鎗籐牌等項軍器、以及私買硝磺火藥。違者照律嚴辦(42)。


とあり、禁約八条が規定されている。

第一禁約は閩粤械闘の禁止規定。第二禁約は一田両主制下の現耕佃戸の抗租の禁止規定。第三禁約は誘拐、窃盗の禁止規定。第四禁約は墳墓、田地、水利施設に対する侵害の禁止規定。第五禁約は殺人・窃盗等の事件における誣告の禁止規定。第六禁約は抗糧・田地の隠匿の禁止規定。第七禁約は生監・士子などの下級紳士層及地方官庁の職員等による「三百代言」的な訴訟への介入、地方官庁との共謀・結託、匪類の隠匿等の禁止規定。第八禁約は荘内における外来の無頼層・武器弾薬の隠匿の禁止規定である。

以上、道光十六年（一八三六）に婁雲によって出された「荘規禁約」は既述のように高山族・平埔族をも巻き込んだ閩粤械闘を未然に防ぐ村落統治政策であったと言えよう。

このような文脈から言って、合墾組織「金広福」の歴史的意義はかかる在地矛盾に対応する清朝の政策の一環の上に成立した清代後期の官民合弁の開墾組織であったと言えよう。

おわりに

以上、述べてきたことの要点のみをまとめると、合墾組織「金広福」の歴史的意義は林爽文の乱以後顕在化した高山族・平埔族、広東出身者、福建出身者間の在地矛盾を緩和する清朝の政策の一環の上に成立した清代後期の官民合弁の開墾組織であったと言えよう。このように清朝にバックアップされた福建・広東出身者からなる合墾組織による高山族の土地への本格的侵略形態は、清領初期の「土牛」線が林爽文の乱前後に崩壊して以後、原初的には宜蘭庁における呉沙による開墾に見られ、「金広福」以後は沈葆楨、劉銘伝による「開山撫番」政策、その新竹県南庄地域における具体例である黄祈英一族による開墾(44)へと展開していったのである。

註

（1）　伊能嘉矩『台湾文化志』（一九二八年初版、復刻版は一九六五年に刀江書院より出版）。

（2）森田明「清代台湾中部の水利開発について」（『福岡大学研究所報』第一八号、一九七三年十月）、同「台湾における一水利組織の歴史的考察」（『福岡大学人文論叢』第四巻第三号、一九七二年十二月、共に後に同著『清代水利史研究』亜紀書房、一九七四年三月に所収）。

（3）代表的なものとして黄富三「清代台湾的土地問題」（『食貨月刊』復刊四巻三期、一九七四年六月）、戴炎輝「清代台湾之大小租業」（台北文献委員会『台北文献』第四期、一九六三年六月）、同『清代台湾之郷治』（聯経出版事業公司、一九七九年七月）、尹章義『台湾開発史研究』（聯経出版事業公司、一九八九年十二月）等がある。

（4）栗原純「清代中部台湾の一考察―彰化地方における一田両主制をめぐる諸問題―」（『東洋学報』第六四巻三・四号、一九八三年三月）。

（5）松田吉郎「明末清代台湾南部の水利事業」（『中国水利史研究』一一号、一九八一年十月、本書第二部第二章に収録）、同「清代台湾の管事について」（『中国史研究』七号、一九八二年十一月、本書第二部第五章に収録）、同「台湾中北部の水利事業と一田両主制の成立過程」（『佐藤博士退官記念中国水利史論叢』国書刊行会、一九八四年十月、本書第二部第四章に収録）、同「台湾史研究における一田両主制研究の成果と課題」（『台湾史研究会会報』三号、一九八四年九月、本書第二部第三章に収録）、同「鄭氏時代の台湾開発」（『台湾史研究』六号、一九八七年七月、本書第二部第一章に収録）、同「『開山撫番』と一田両主制」（『台湾史研究』八号、一九九〇年三月、本書第二部第七章に収録）。

（6）註（5）前掲、松田吉郎「『開山撫番』と一田両主制」。

（7）伊能嘉矩『大日本地名辞書続編、第三、台湾』（東京冨山房、一九〇九年）の「金広福大隘」の条。

（8）呉学明『金広福墾隘与新竹東南山区的開発（一八三四―一八九五）』（国立台湾師範大学歴史研究所、一九八六年二月）。

（9）『台湾土地慣行一斑』第一編、一七頁、竹塹（新竹県）樹杞林庄に、「嘉慶十二年、閩粤二族ヨリ成レル金惠成ト稱スル一個ノ鞏固ナル團體起リ」とある。

（10）『台湾土地慣行一斑』第一編、二〇頁、竹塹濫仔庄に、「黃源興・陳阿佐等（公號金萬成）」とある。

(11)『台湾土地慣行一斑』第一編、二一頁、竹南大埔庄の一部頂大埔に「總墾戸ハ金東建ナルモノニ變改セリ」とある。
(12)『台湾省通誌』巻七、人物志、開闢篇。
(13)三田裕次蔵・張炎憲編『台湾古文書集』（台北　南天書局、一九八八年八月）C四〇九二　給墾批字（道光十七年）。
(14)伊能嘉矩『大日本地名辞書続編』第三、台湾、五三〜五四頁、「金広福大隘」。
(15)『台湾私法』第一巻上、四六一頁に、「隘トハ生蕃ノ危害ヲ防キ、開墾ヲ保護スルカ爲設備セラレタル特種ノ防蕃機關ニシテ、生蕃出入ノ要所ニハ大抵皆隘ノ設備ナキハナカリキ、而シテ毎隘必隘首一名、隘丁若干名ヲ配置ス。隘丁ハ又一ニ隘勇又ハ單ニ壯丁ト稱ス。或ハ處ニ依リ屯辨、屯丁、蕃通事等ヲ派遣シ、隘務ヲ執ラシメタルコトアリ。此等モ其名目異ルノミニシテ、其實ハ隘首、隘丁ト異ラス。」とある。
(16)三田裕次蔵・張炎憲編『台湾古文書集』、「南庄関係文書」及び、註（5）前掲、松田吉郎「『開山撫番』と一田両主制」（本書第二部第七章所収）を参照されたい。
(17)『台湾土地慣行一斑』第一編一五頁。
(18)註（17）と同書一七頁。
(19)三田裕次蔵・張炎憲編『台湾古文書集』C四〇九二「給墾批字」（道光十七年五月）。
(20)三田裕次蔵・張炎憲編『台湾古文書集』C四〇九四「尽根杜売山林埔地田藺契字」（道光二十二年十一月）。
(21)『台湾土地慣行一斑』第一編、一四九〜一五〇頁「給墾批字」（光緒二十四年三月）。
(22)『台湾土地慣行一斑』第一編、一五〇〜一五一頁「給墾批字」（光緒十二年正月）。
(23)『台湾土地慣行一斑』第一編、一五一〜一五三頁「給分管字」（道光三十年八月）。
(24)『台湾土地慣行一斑』第一編、一五三頁「給丈単字」（道光二十二年十月）。
(25)『台湾土地慣行一斑』第一編、一五三〜一五四頁「給丈単字」（光緒十年十一月）。
(26)『台湾土地慣行一斑』第一編、一六頁。

（27）『台湾土地慣行一斑』第一編、一六～一七頁。
（28）『台湾土地慣行一斑』第一編、一八頁。
（29）註（19）に同じ。
（30）『台湾土地慣行一斑』第一編、一八頁。
（31）『淡水庁志』巻十一、考一、風俗考には、
有佃戸焉、向田主贌田耕種也。有磧地焉、先納無利銀両也。銀多寡不等、立約限年滿、則他贌、田主以原銀還之。毎年田主所収曰小租、淡北分早晩交納、自塹而南、多納早冬、其晩冬悉歸佃戸。亦有先納租一年後乃受耕、則不立贌字、亦無磧地銀也、凡田器牛種皆佃備。其或荒地初墾、近溪浮復者、經佃開墾成田須三年後、田主方勘界定租。墾費主佃分者、則租均之。毎田中葺屋曰寮、贌者有田必有寮、以莿竹爲牆、各莊皆然。俗呼穀熟爲冬、有早冬、有晩冬。兩熟曰雙冬、猶書言有秋也。自桃澗堡至大甲、運穀多用牛車。内港無之。

とあり、田主（小租戸）――佃戸の関係が述べられている。また、田主が大租を墾戸（大租戸）に納入することは言うまでもないことである。
（32）『淡新檔案』（国立台湾大学、一九九五年十月出版）一二三三一－一（光緒十二年十二月）
（33）『淡新檔案選録行政編初集』第四五六　諭　光緒十二年十二月十四日　一二三三一－五「新竹県正堂方、発給諭戳与北埔等荘総理何廷輝」。
（34）戴炎輝『清代台湾之郷治』（聯経出版事業公司、一九七九年七月）。
（35）註（33）に同じ。
（36）台湾省文献委員会編『台湾省通誌』巻首下、大事記
（37）婁雲の伝記は台湾文献叢刊第一七二種『淡水庁志』巻九（上）列伝一、文職にも記載されているが、前掲『台湾省通誌』巻七、人物志、宦績篇、婁雲の条に詳しい。それによると

婁雲……道光十六年、任淡水同知。淡爲山海奥區、閩・粤分處、據地爭雄、毎有睚眦、輒起械鬪、雲乃集耆老、陳利害、立莊規四條、禁約八條、俾之遵守。

とあり、閩粤械闘を防ぐために荘規四条、禁約八条がたてられたことがわかる。

（38）『淡水庁志』巻十五（上）付録一、文徴（上）の婁雲「荘規禁約」。

（39）戴炎輝『清代台湾之郷治』（聯経出版事業公司、一九七九年七月）第一編、郷治組織及其運用。

（40）註（39）に同じ。

（41）註（5）前掲、松田吉郎「清代台湾の管事について」。

（42）註（38）に同じ。

（42）『台湾省通誌』巻首下、大事記の乾隆五十二年（一七八七）十二月の条に、

是月、淡水同知事徐夢麟慮林爽文餘黨走内山、乃聯番人、横截由三貂嶺至蛤仔難山道、以絶黨人去路。時有漳人呉沙・淡水人柯有成・何績・趙隆盛者、約番割許天送・朱合・洪掌等、招徠閩粤流民二百餘人、闢三貂嶺地、徐夢麟即畀以堵截之職、並允酬開蛤仔難地。

とあり、淡水同知徐夢麟が林爽文の残党が山地で高山族と結託して反清活動を継続させないために、三貂嶺（現在の基隆付近）、蛤仔難（現在の宜蘭）の山地への進入を絶つとともに、呉沙に福建・広東出身者を募らせ、同地の開墾を行わせたことがわかる。尚、呉沙の開墾については石田浩「台湾北東部漢人村落の形成とその展開―宜蘭県蘭陽平野の村落調査に基づいて―」（上）（下）（関西大学『経済論集』第三三巻四号・第三四巻三号、一九八三年十二月・八四年七月）を参照されたい。

（44）註（5）前掲、松田吉郎「『開山撫番』と一田両主制」。

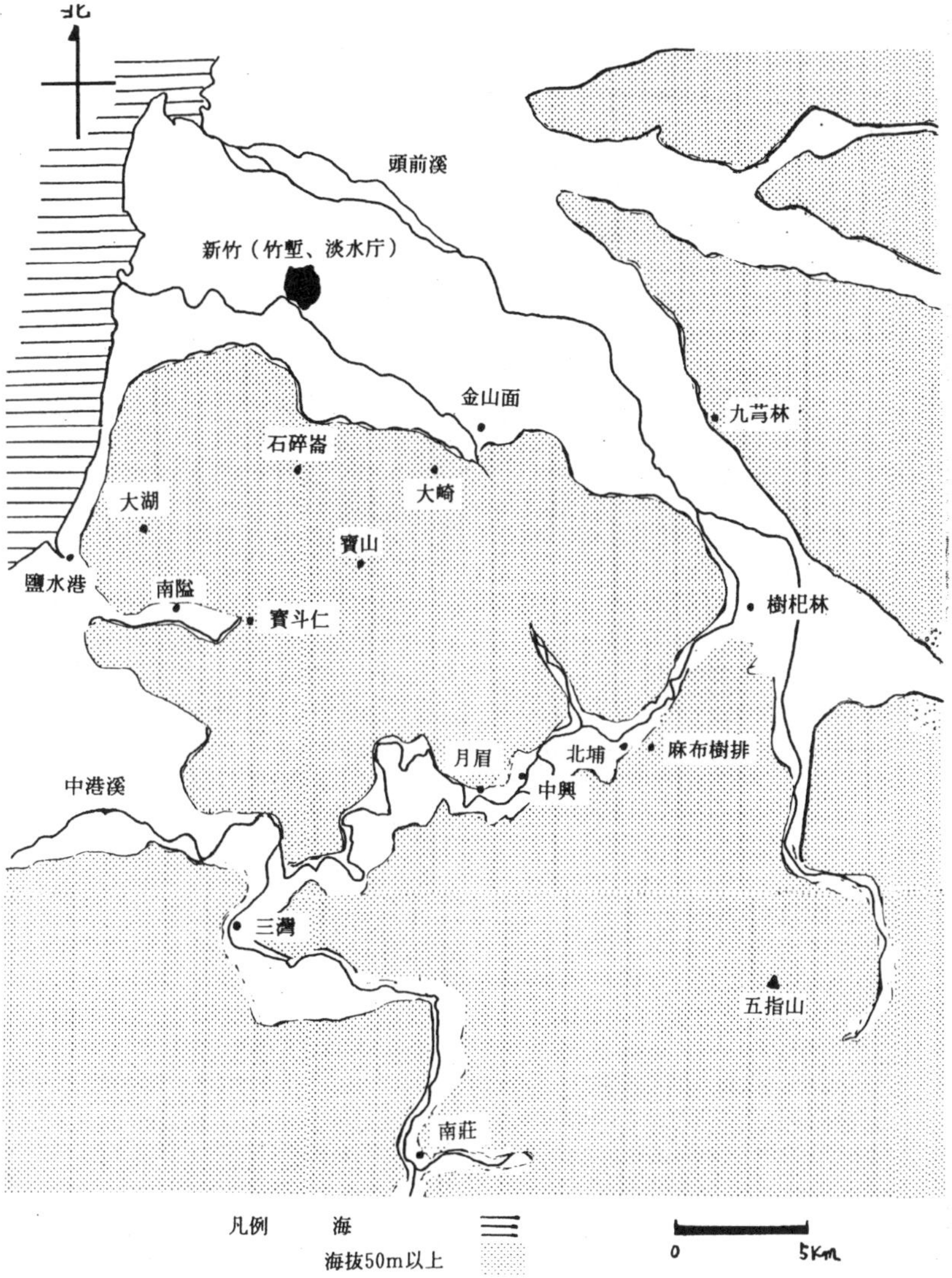

新竹県（竹塹、淡水庁）概略図
〔『台湾五万分の一地図集成』学生社、1982年１月より作成〕

第七章 「開山撫番」と一田両主制

はじめに

筆者はこれまでの一連の一田両主制の研究を通じて、台湾の一田両主においては墾戸－佃戸関係時に、佃戸が資金や労働力を投下して水利施設を修築し、田園を開発してきたことによって、当初より土地に対する権利関係を強く保持し、後に小租戸となり、現耕佃人より地代（小租）を徴収する地主兼小作人的存在になったことを明らかにした。(1)

第二部第一章から第五章までは漢族の土地における一田両主制を中心に考察してきた。本章では前章を受けて高山族の土地における一田両主制を解明しようと考えている。

清末、劉銘伝の治台政策については、従来、「清賦」（税制改革）の面の分析が中心であったが、最近の黄卓権氏の研究によると、(2)劉銘伝の「辦防」（列強の侵略に対する防衛）、「清賦」、「撫番」（高山族に対する撫恤）の三政策は各々有機的に連関していると述べられており、筆者もその見解に同意を表するものである。しかし、黄氏の研究では、筆者がこれから取り上げようとする苗栗県黄祈英一族と劉銘伝の政策との関連については十分に考察されていない。また、黄祈英一族についての分析は陳運棟氏によって行われている。(3)しかし、陳氏も清末劉銘伝の政策との関連についての考察は十分に行われていない。

従って、筆者は清末劉銘伝の治台政策と高山族の土地における一田両主制との関連を苗栗県黄祈英一族の例を中心に分析しようとするものである。

一　沈葆楨の「開山撫番政策」と劉銘伝の「清賦・撫番」事業

台湾は一六八三年に清朝に領有されてからも、清朝の台湾政策は「放棄論」が出るくらい、消極策に始終されてきた。[4] しかし、一八四〇年のアヘン戦争後、イギリスをはじめとする列強の台湾侵略の意図が露骨となり、特に一八七四年に日本による台湾出兵があって、台湾情勢が俄然緊張してきた。「新洋務派」[5] と呼ばれる清朝官僚が洋務政策としての西洋技術の導入、殖産興業を推進するうえでの財政的基礎をかためるために、台湾の未開墾地、すなわち「番地」と呼ばれる高山族の土地を開拓＝奪取して、租税収入を増加しようとした。

同治十三年（一八七四）、沈葆楨は「開山撫番」、すなわち、高山族の土地を切り開き、高山族（かれらはあくまで漢民族の侵略に抵抗し、平地から追い払われた後も山地にたてこもり、抵抗しつづけている民族）への撫恤―実際は支配下に組み込む―政策を行った。

しかし、台湾文献叢刊第二七種『劉壮粛公奏議』巻四、撫番略、「剿撫生番帰化請奨官紳摺」に、

故前郵政大臣沈葆楨創議開山撫番、識量宏遠、駐臺未久、遽任兩江。

とあり、沈葆楨の「開山撫番」政策は同治十三年～光緒元年（一八七四～七五）のわずか二年間の欽差大臣として台湾軍務を担当するために赴任していた期間に行われたにすぎず、緒についたばかりのものであった。[6] 従って、高山族の反抗を呼び起こしたにすぎなかった。[7] 後、光緒十四年（一八八八）に台湾巡撫として赴任した劉銘伝によって「開山撫番」事業が本格的に推進されるのであった。同上史料のつづきに、

臣渡臺以來、即奏請以辦防・清賦・撫番爲急務。辦防・清賦、尚易擧行、惟剿撫諸番、官紳輒多疑憚、或謂番情反覆、叛服無常、或謂山險難通、告蕆無日。且歴年開山撫番、虛縻鉅款、久無實效、覆轍何爲。臣與前貴州藩司

沈應奎、道員林朝棟力排衆論、一意經營、所恃不增一兵、不增一餉、縦無成效、抑復何傷。今幸仰頼天威、半歳之間、招撫四百餘社、薙頭歸化、逾七萬人。前山舊墾田地二萬畝、畏番棄置、灌莽塞迹、現已重新墾熟、既可開疆設縣、爲國家久大之謀、又可建營分屯、杜民番仇殺之禍、所裨於臺灣全局、實大且深。所賸後山生番、居處零落、約計不過十萬人……。

とあり、劉銘伝は台湾に赴任して以来、「辦防」（列強の侵略にたいする台湾防衛）、「清賦」（土地測量と納税制度改革）、「撫番」（高山族の撫恤）を緊急任務として遂行してきた。「撫番」は沈葆楨以来毎年のように行われてきたが、巨費を浪費するのみで何等実効を上げてこなかった。しかし、劉銘伝は前貴州布政使沈応奎、道員林朝棟の協力を得て、半年間に四〇〇余「社」、七万人以上の高山族を撫恤＝支配下に組み込んだ。旧開墾地で、漢族が高山族の反抗＝襲撃を畏れて、放棄した田土二万畝を再開墾し、国家の税糧収入を増加した。

「撫番」政策は高山族の反抗を鎮圧し、旧開墾地を回復し、新開墾地を増加させること、即ち、「清賦」政策の実施と一体化した政策であって、これは国家財政を充実させ、新洋務政策を進展させるうえで必然的に要請されてきた政策であった。

『劉壮粛公奏議』巻二、謨議略、「条陳台澎善後事宜摺」（光緒十一年〈一八八五〉六月十八日台北府発）に、

一、全臺生番、急宜招撫也。査臺灣番族、從前多在外山、客民愈多、日侵日削、擠歸山内、種類滋繁。邇來亦知耕種爲生、各相統屬。平日往來山外、居民亦頗相安。惟土匪成群、聚集番民交界之處、搶刼居民、或侵番族田廬、或誆番民財貨。爭端一起、械鬬不休。奸民被殺、則訴寃於官、官輒興師勦辦。番族被寃、則無官可訴、類多集衆復仇。番禍一興、殺掠生番者轉得置身事外、而生番殺掠、多係良民。將恐積怨日深、終至民番俱斃。不謀招撫、何必致陝甘回亂之憂。即以防務論、臺疆千里、防海又須防番。萬一外寇猝臨、陰結番民、使生内亂、腹心之害、何

以禦之。誠令全番歸化、内亂無虞、外患雖來、尚可驅之禦侮。既可減防節餉、又可伐内山之木以裕餉源。此撫番之不容緩者也。

とあり、高山族への撫恤は緊急課題であった。なぜなら林爽文の乱以来、天地会系の民衆反乱が続発し、特にアヘン戦争後の一八六二年からは戴潮春の乱もおこり、福建系漳・泉州人（閩）と広東系（粤＝客民、客家）の対立が厳しくなってきていた。(8) 客民や土匪の山地への侵入が頻繁化していた。この状態がつづくと、高山族が大規模な反乱をひきおこしかねず、漢族・高山族両者に甚大な被害を与え、延いては陝西、甘粛地方で起こった回民の反乱のようになりかねない。従って、台湾を列強の侵入から防ぐにはまず、高山族を撫恤して、彼等の反乱の根を断つことであると述べている。

そして、『劉壮粛公奏議』巻首、清史本伝、光緒十一年（一八八五）の条に、

又念足兵必先足食。於是丈田畝、清糧賦、四年溢經額三十六萬三千三百兩有奇。其諸所創土田・茶鹽・金煤・林木・樟腦之税、充羡府庫。始至歳入金九十萬、後至三百萬。因築礮臺、購火器、設軍械局、水雷學堂、要以興造鐵道爲綱紐、輔之以電線・郵政。穴山梁水、闢巨道七百里、以通南北。臺防益固。

とあるように、「撫番」政策と二本立てで行われた「清賦」政策も新洋務政策の財政的基盤を築くものであった。すなわち、田土の測量と納税制度改革によって得られた税収入をもって砲台の建設、武器の購入、「軍械局」・「水雷学堂」の設置、鉄道・電線・郵政制度を設け、さらに道路を建設して台湾防衛を固めようという構想であった。

さて、二本立てで行われた劉銘伝の台湾統治策の一つ、「清賦」政策の実態を考察し、それと「撫番」政策との関連を考えてみよう。

『劉壮粛公奏議』巻首、「清賦略序」によると、光緒十二年（一八八六）春、福建省台湾府を改め、台湾省の創設を

議定し、台南・台北両府知事に「清賦局」を設け「清賦」事業を行わせた。官吏三〇名を各県に派遣し、紳士を説得して協力させた。その方法は戸別に田園の申告面積と実態を比較調査し、田園の隠匿者には罪を赦免して隠田を国家に没収し、また、官吏が田園の隠匿者と結託しておれば処罰された。その結果、二年間で調査事業は終了した。台湾の租税の原額はわずかに十八万両であったが、畝ごとの土地の肥瘠に応じて税額の増減を定めた。因って、税額は以前よりも増加したが、個別の民衆の税額はむしろ減少した。そして、土地測量後、布政使より「由単」（土地所有権認可状）を給付した。その結果、「田畝両乖之擾」（現実の土地所有権と国家が把握・認可した土地所有権の相違）がなくなり、すなわち、国家の保障をうけることにより土地所有者が有力な紳士や地主に所有権を奪われることがなくなり、民間も「清賦」事業に積極的に協力したと言われている。

次に、紳士や地主による不法な土地占拠がいかに台湾の民衆の土地所有権を侵害し、租税制度をも混乱させていたかについて考えてみよう。『劉壮粛公奏議』巻七、清賦略、「量田清賦申明賞罰摺」（光緒十二年〈一八八六〉四月十八日）の条に、

臣渡臺以來、細訪民間賦税、較之内地、未見減輕、不勝驚愕久之。察所由來、皆係紳民包攬。如某處有田可墾、先由墾首遞稟承包、然後分給墾戸。墾首但呈一稟、不費一錢、成熟後、墾首每歳抽租一成、名曰大租、又有屯租、隘租諸名、不可枚擧。究之正供糧課、毫無續報升科。

とあり、民間の賦税は中国大陸の内地に比べると額が大きかった。その原因は紳士や地主の包攬、即ち、租税の請け負い徴収にあった(9)。紳士や地主は「墾首」として広大な未墾地の開墾許可を国家に一手に引き受けて申請し、許可後、未墾地を「墾戸」に分割した。その後毎年、「墾首」は「墾戸」より、大租・屯租（屯田の地代）・隘租（高山族に対する防御施設の隘の維持・管理のための地代）を徴収していた。これは「正供糧課」とは別個のものであったが、「墾戸」

などにとっては負担となっていた。

紳士や地主の土地侵害は漢族の土地だけではなく、当然、台湾原住民の高山族の土地にも及んでいた。『劉壮粛公奏議』巻首、「清賦略序」によると、

其操縦得宜、則尤在屯田一事。初、乾隆間大學士福康安之征臺也、番目潘明慈、以番丁助戰有功、亂定選番屬四千人、設屯十有二、以番社長授千・把・外委十八人爲屯軍、授番地及民田近十萬畝、歳折徴番銀四萬元備屯軍俸餉。閲歳既久、番不能耕、輾轉歸民、番乃益病。公念番丁訓練、實過綠營、請仍番軍四千人、月餉四元、今倍之、過勇餉、而以田歸民、畝徴賦爲番餉、臺鎭主之、節賦羨入公家、豪強不得擅其利。蓋其術皆奪豪強私利入之官、故賦溢而民不病。

とあり、台湾の屯田は乾隆年間に大学士の福康安が「征台」時に高山族首長の潘明慈に「番丁」を用いて林爽文の乱（乾隆五十一・五十二年、一七八六・八七）を鎮圧するのに功労があったとして、乱平定後、「番属」四千人を十二ヵ所に屯田させ、「番社長」に千総・把総・外委などの官職を与え、「屯軍」とし、「番地」（高山族の土地）や「民田」（漢族の土地）一〇万畝を与え、その地より毎年四万元を徴収し、「屯軍」の給料にあてた。しかし、高山族は耕作を知らないものが多く、屯田は漢族の耕作に帰していった。この状況に対して劉銘伝は「番軍」の有能さに目をつけ、屯田の所有権を漢族に帰し、漢族より「番餉」を「台鎮」（台湾総兵）に納入し、「屯軍」の費用にあて、余った額は国家財政の補填にあてた。これによって、「豪強」とよばれる紳士や地主が「番餉」に介入できなくなるとともに、「番」人への徴税も無くなった。

すなわち、高山族の土地や屯田に対する、漢族紳士・地主の侵害を除去することによって「清賦」事業を積極的に推進していったのであった。

次に、『劉壮粛公奏議』巻七、清賦略、「台畝清丈将竣擬仿同安下沙定賦摺」（光緒十三年〈一八八七〉九月二十四日）を見て「清賦」の具体的内容についてもう少し検討してみよう。

茲據邵友濂等詳稱、臺灣自隷版圖、田園未經清丈、供賦輕重、南北懸殊、如臺灣・鳳山・嘉義三縣所征供粟、皆沿鄭氏原租、賦征極重。續闢之彰化・淡水・噶瑪蘭各廳縣、均照同安下沙則折征供粟、賦額較輕。統計全額無多。歷辦冊銷有案。自道光初年報升之後、續墾田園、群相欺隱。又有隘租・番租各名目、吞匿影射、均未報升。此次清丈將竣、臺俗田園論甲、約有四十餘萬甲之多、比原額溢加數倍。……據臺灣・臺北兩府詳察會覆、擬將現丈田園、無論新舊、悉照同安下沙成例分則配征、化甲爲畝、以一甲作十一畝、仿條鞭辦法、刪去浮征等名、凡地丁糧耗等款、併入正供、並化穀價折征、提充正賦。每十一畝、上田征銀二兩四錢六分零、中田征銀二兩零、下田征銀一兩六錢六分零、上園視中田、中園視下田、其下園及下下之田、土至瘠薄、照下田核減二成、下下園照下下田遞減。……

とあり、台湾が一六八三年に清朝の領域に入ってから、一度も田園の「清丈」（土地測量）が行われていなかった。租税額も台湾南部と北部とでは異なり、例えば、南部の台湾（現在の台南）・鳳山・嘉義三県の租税はすべて鄭氏時代の租税制度が継続し、税額が重かった。これに対して、中北部の彰化・淡水・噶瑪蘭の各庁県の租税はすべて福建省同安県の「下沙則」に照らして徴収され、税額は軽かった。ところが台湾の税額を総計すると多くはなく、毎年の「冊銷」（租税報告書）上では問題となっていた。しかも、道光初年（一八二一）、開墾田園の「報升」（課税割り付け）以後の開墾田園はほとんど、欺隠されていた。また、「隘租」・「番租」なども、隠匿や誤魔化しによって、課税割り付けされなかった。しかし、今回の劉銘伝の「清賦・丈量」政策によって、台湾の田園の面積は四〇万余甲となり、原額の数倍となった。

台湾・台北両府が「清賦・丈量」実施後の状況を報告したが、それによると、一甲を十一畝とし、十一畝を単位として、上田は銀二・四六両、中田は二両、下田は一・六六両、上園は中田と同じの二両、中園は下田と同じの一・六六両、下園と下下田は下田の八割の一・三二八両、下下園は下下田に照らして減額するという内容であった。

二　苗栗県南庄地方の黄氏の事例について

本章では苗栗県南庄地方の黄氏一族の開拓の事例を分析することによって、劉銘伝の「撫番・清賦」政策と一田両主制との関連について検討しよう。

三田裕次蔵・張炎憲編『台湾古文書集』（台北、南天書局発行、一九八九年八月十五日）の張炎憲氏の「編者序」によると、黄氏の系図が以下のように載せられている。

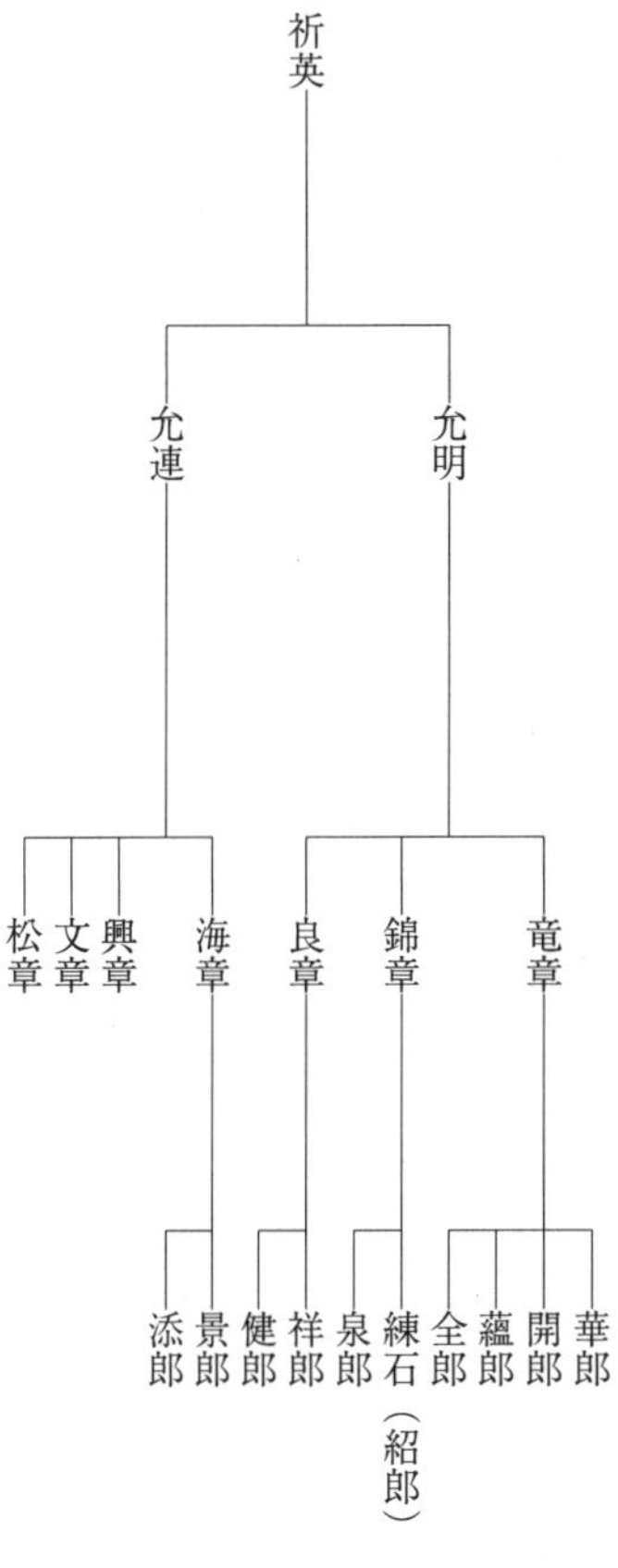

次に、伊能嘉矩『大日本地名辞書続編、台湾』五七～五八頁、（新竹県）南庄の項に所収されている南庄人黄煉石の「南庄開闢来歴縁由」によると、

外山未靖、而内山先闢者、寔出於黄祈英、即俗名斗乃一人之力也、前在嘉慶十餘年時、從南庄田尾、至南埔三灣内灣一帶、尚屬生蕃、僅斗換坪之地、開闢已成、蕃人皆至其地而交易、故名曰斗換坪、黄祈英於嘉慶十餘年間、從廣東嘉應州、隻身渡臺、即至斗換坪與蕃人交易作活、久而氣誼相投、蕃人遂邀祈英來田尾、祈英即娶蕃女、耕種爲涯、不數年而生二男一女、男一曰允明、一曰允連、祈英時外出交易、會彰化人張大滿、蔡細滿、來移大河底居住、與祈英交好、後三人約爲兄弟、祈英即邀二人、入南庄、亦娶蕃女撫番、遂將南庄地方、開田成業……

とあり、嘉慶十余年（一八〇五～一四）頃、南庄から南埔、三湾、内湾一帯の地方は「生番」（高山族）の土地、「斗換坪」（斗乃、即ち黄祈英が高山族と交易する土地）であった。黄祈英は嘉慶十余年頃、広東省嘉応州より、単身で渡台し、高山族と交易していた。やがて高山族と誼を通じ、高山族の女性と結婚し、開墾・耕作活動を行った。数年たらずで二男一女をもうけ、男子を允明・允連と言った。その後、黄祈英は時折、各地に交易に出かけ、彰化県人の張大滿、蔡細満と通じ、義兄弟の盟を結び、張・蔡両兄弟を南庄に呼び、高山族の女性を娶らせ、南庄地方の開墾を本格的にすすめていった。

その後の南庄地方の状況については、伊能嘉矩『大日本地名辞書続編、台湾』五七～五八頁、（新竹県）南庄の項に、斯くて嘉慶の末年より道光の初年に至り、此方面の地域に向ひ、漢族の移殖を企つる者漸く多く、中に此未闢の蕃地を以て、逋逃の藪叢と爲す者あるに至れり。道光六年四月彰化県下の閩粤人分類して械闘するや、粤人逃れて南庄の蕃地に入るものあり、乃ち黄祈英と結託し、土蕃を煽搖し、祈英は依りて之を率領し、出でゝ中港方面の騒擾を釀するに至れり。時に閩浙總督孫爾準臺灣に來り、之が彈壓緝辦の事に當り、大に兵を蕃界に派して剿

討を決行し、祈英等を拏獲し、其の巣舎を折毀し、處するに死刑を以てせり。是に於て、策を定め、匪徒の蕃界に入り土蕃と結託し事を滋くするの弊根を豫防する爲め、南庄一帶の開疆防隘を擴進すること丶し、即ち匪孽蕃患兩つ乍ら防がんが爲め、此方面界隈に隘を設け、屯把總一員を派撥し、竹塹中港方面のピイポオ熟蕃を擧げて屯丁と爲し、同十二年に及び、屯把總向仁鎰は三灣の墾戸と謀り、祈英の二子允明及び允連を社丁に充當し、一面に蕃と和し、一面に蕃を防ぐの方計を定め、以て屯把總の認墾の下に大に閩粤人の入墾を奬勵せり。爾後此一帶の開疆移殖著しく進行し、斯くて道光十三四年の頃に、南庄は既に一市場の形づくりを成せりといふ。

とあり、嘉慶末年・道光初年（一八二〇〜二一）から漢族が高山族・平埔族の未開墾地に侵入し、逃げ隠れする場所となった。道光六年（一八二六）彰化県で起った閩粤械闘で敗北した粤人（広東系移民）がこの地に入り、黄祈英と結託して騒動を起こしたために、閩浙総督に弾圧されて、黄祈英は死刑に処せられた。その後、道光十二年（一八三二）には、屯把総の向仁鎰の開墾指導下、黄祈英の二子の允明・允連によって高山族・平埔族撫恤を行い、福建・広東人による開墾を進展させた。

そして、同研究のつづきに[10]、

降りて光緒六年の頃、南庄奥區の土蕃、久しく漢族と交通して既に化に向ひしを以て、地方の紳士陳朝棟及び黄南球等は、先づ西南境なる獅潭地方の土蕃を歸化せしめ、次で三灣の墾戸陳禎祥は、南庄奥區の土蕃を歸化せしめ、以て拓地に着手せんことを企て、官は乃ち之を准可し、土蕃を勸誘する所ありしが、當時土蕃等は、一面に從順を表して、結局之を肯ぜず、其の實資力十分なる官紳を戴かんとするの意向あり。依りて時の福建巡撫岑毓英は、道銜分部郎林汝梅（新竹の人）に向ひ、南庄未墾埔地に於ける墾批を與へたり。是に於て林は閩籍に屬する張姓合夥の金東和を聯ねて墾地防隘に從はしめしが、十年三月土蕃の反抗と爲り、林の公館を襲ひ、通路を塞ぎ、併せて隘寮佃屋を包圍せり。時に其の隘丁佃民八十餘人、進退悉く谷りしが、新竹知縣周志侃は、粤籍に屬する黄南球に諭飭し、同籍人黄龍章に協同せしめ、丁佃三百餘人を糾合し、夜に乗じ、後を襲ひて、遂に圍を解けり。而して林の事業は是に至りて頓挫し、南庄の勢力は、黄龍章に歸せり。……

とあり、光緒六年（一八八〇）頃には南庄地方の紳士の陳朝棟、黄南球[11]らが、次で三湾地方の墾戸陳禎祥が高山族の土地の開墾を進め、国家も認可した。其の後、福建巡撫の認可のもとで、林汝梅が福建系の張姓一族と共同出資で「金東和」を組織して、山地の開墾を行ったが、光緒十年（一八八四）に高山族の反抗にあって、失敗した。その後をうけて、広東籍の黄南球と黄竜章が高山族の包囲をやぶり、山地の開墾をすすめた。以後、南庄の開墾は黄竜章の手に帰したという。

三湾・南庄両地方の黄氏による開墾については『台湾土地慣行一斑』第一編、二三〜二四頁にも記されている。

三灣地方ハ西方海岸地ヨリ漸次東方ニ向テ開墾セリ。昔時ハ兇蕃ノ馘首ニ逢フ者少カラサリシヲ以テ、久シク榛莽ノ蔽フ所ト爲リ、移民ノ敢テ進墾スル者無カリシカ、嘉慶二十年粤籍墾戸黄祈英ナル者初メテ此地ニ入リ、好ヲ蕃人ニ通シ、蕃婦ヲ娶リテ、共ニ青埔ヲ墾闢スルニ及ヒ、一時蕃人ノ欽服スル所ト爲リ、指揮意ノ如クナルヲ得タリ。之ヲ當地方ニ於ケル移民カ土地占得ノ始ト爲ス。其後道光六年各佃人等時ノ三灣屯把總ヨリ埔地開墾ノ許可ヲ受クルニ及ヒ、漸ク墾民ノ增加ヲ來セリ。是ヨリ先キ各墾戸ハ許多ノ佃人ヲ招募シ、給スルニ墾批ヲ以テシ、或ハ自ラ工本ヲ備エテ開墾セシモ、生蕃ノ慘害日ニ月ニ盛ンニシテ、防衛鎭壓ノ策ヲ講スルニ非スンハ、前途開墾ノ目的ヲ達スル能ハサルハ勿論、膏腴ノ地ヲ擧ケテ、再ヒ莽々ニ委棄セサル可カラサルヲ歎シ、自ラ隘寮ヲ建テ、隘丁ヲ募リテ防備ニ當ラシメタリ、當時隘丁ノ數ハ六十名ナリシモ、後之ヲ四十二名ニ減シ、佃人ヨリ租穀ヲ徴収シ、一名三十石ノ割ヲ以テ之ヲ毎丁ニ配給セリ。是レ謂ユル隘丁口粮租ニシテ、其徴收額計千二百六十石、新墾地ノ面積ニ就キ、甲ヲ按シテ毎甲六石ヲ徴収セリ。

とあり、また、南庄地方についても、同史料のつづきに、

蕃界南庄地方ニ在リテハ、嘉慶年間一タヒ開墾ニ着手セシモ、蕃人猖獗ナリシ為メ、一時之ヲ中止シタリ、道光六年ニ至リ、閩粤両族間争闘ヲ起シ、閩人敗レテ中港新竹地方ニ退散スルニ及ヒ、南庄地方ハ再ヒ荒廢ニ歸シタルヲ以テ、道光十二年墾戸等更ニ政府ニ向テ開墾ヲ出願シ、徐ロニ開墾ニ着手セリ、光緒四年六年及ヒ八年ノ間再ヒ移民ト生蕃トノ間ニ争闘起リ、大ニ事業ノ進捗ヲ妨害セリ、光緒十五年ニ至リ、南庄地方稍ク鎮靜ニ歸シ、同十八年大嵙崁撫墾局南庄分局設置以來各墾民ノ出願ニ應シテ同局ヨリ墾諭ヲ發給シ、開墾事業ハ一時盛大ニ赴キ、以テ今日有ルヲ致セリ。

とあり、両史料は国家側の撫墾事業の進展を述べたものであるが、道光六年（一八二六）、三湾地方における屯把総向仁鎰による開墾事業においても、黄氏が社丁となって活躍し、また南庄地方における光緒十年（一八八四）以後の開墾事業も黄氏は主導的役割を果たしていたことから、同十八年（一八九二）「大嵙崁撫墾局南庄分局」による開墾事業も黄氏による積極的な関連があったことが類推されよう。従って、光緒十二年（一八八六）に始まる劉銘伝の「撫番・清賦」事業は当地においては、小租戸黄氏の「撫番・開墾」における「成果」「業績」に依拠しながら行ってきたものと考えられよう。

以下、小租戸黄氏の土地契約文書の分析を通じて、開墾・「撫番」と一田両主制の関連を考えてみよう。

黄祈英が新竹県三湾地方に入殖した嘉慶十余年（一八〇五〜一四）頃、彼は「斗換坪」で、高山族と物品の交易を行い、やがて高山族の女性と結婚することによって高山族の信頼をかちとり、未開拓地の開墾権を獲得していった。(12)開墾地の所有権についての規定は見えないので定かではないが、黄祈英は高山族に「蕃大租」を納入する漢族佃戸か、

高山族に土地所有権を容認された漢族墾戸のどちらかの形態であったと考えられるが、後の道光十二年（一八三二）の契約文書（Ｂ一〇三四－一の「永給墾批字」）から類推すると前者であったと考えられよう。ともあれ、嘉慶十余年から道光六年までは、黄祈英によって三湾、南庄地方の開墾は進んだが、黄祈英の処刑によって一旦、挫折した。[13]

やがて、道光十二年（一八三二）に山地における漢族土匪の妄動や高山族の反抗を防ぐために、屯把総向仁鎰によって開墾奨励策がだされ、黄祈英の二子允明・允連が社丁となって開墾を始めた。この頃が黄氏の第二期の開発進展時期である。

三田裕次蔵・張炎憲編『台湾古文書集』（台北、南天書局発行、一九八八年八月十五日）五四頁所収、Ｂ一〇三四－一の「永給墾批字」（道光十二年〈一八三二〉十月）には（□□は欠字）、

立永給墾批字、竹日武三屯把總向仁鎰奉上憲札委、駐守三湾地方屯隘粮務、案据内和外守查、三湾青山生番猖獗、邀得墾戸張肇基等議、設社丁二名、可傳番語、協仝通事、安撫生番、招得黄允明・連、承充社丁、將該管都瀝口沿河一帯山場埔地、……四至界址分明、給社丁黄允明・連、備本建隘作陂開圳成田、日後供納大租份、額為社丁歴年工食併安撫之用、永定而行、毋向衆業佃另討□□等情、該社丁備出墾底銀壹佰大元正兩相交訖、自給之後、交社丁子孫人等、永管為業、不得異言、今欲有憑、立永給墾批字一紙、付執永炤。批明寔収到墾底佛銀壹佰元正、足訖、立批、是寔。道光十二年十月　日、立永給墾批字三屯把總……

とあり、竹日武三屯（竹塹・日北・武勝湾の一大屯二小屯を指す[14]）屯把総向仁鎰が三湾地方の「屯隘」を管理し、同地方の高山族の反乱を鎮圧するために墾戸の張肇基らと諮り、社丁二名を設置した。その社丁には高山族の言語を用い、高山族の「通事」（通訳）と共同して高山族を撫恤させようとし、黄允明・允連兄弟を招いて社丁にし、山上埔地の開墾権を与えた。黄允明兄弟は「墾底銀」（小作契約時の敷金）を納め、また水利施設を修築し、田園を造成した。彼

等が墾戸張肇基[15]らに納入すべき大租は彼等社丁の工食費、と高山族撫恤の費用にあてられた。

この史料から黄允明兄弟には高山族を撫恤できる言語や地域状況に習熟した能力があり、また墾戸に小作契約時に敷金を納入し、また開墾にあたっては水利施設を修築できる資力を保持していたこと、そして彼等のこの能力・資力が彼等が当初より、当該土地の永小作権を保持できた理由であったことが明らかとなった[16]。

同じく、『台湾古文書集』五七頁所収のB－一〇三五の「湊夥津本承募地方隘務仝立合約字」（同治十年〈一八七一〉三月、□□は解読不可な文字を示す）には、

立湊夥津本承募地方隘務仝立合約字人、金協成號徐元官、黄允明、黄阿滿、黄鎮疆、黄旺麟、黄允六、黄福仁、羅玉光、徐元官、張展魁拾夥等情、因賴福安向李逢春總爺、承募地方隘務、土名三湾南畔接隘仔等処、四至界址墾約註明、迄今仍故荒蕪半途而廢、自認無力甘愿兌交與人、爰是夥等商酌承募緊要之地、各津本銀、設法章程、趕緊建造銃櫃、築庄做公館、招佃種作、開闢成田之日、報丈供租、但目前夥等踴躍仝心勤成厥事、至若津派股份銀元不得□□、以及調撥隘務等項、聽從金協成公號主章夥等、毋得執拗悞公等情、衆擎易舉何難破壁而飛騰、此係連夥甘愿各無反悔、今欲有憑、仝立津本承募合約字拾紙一樣、各為執炤。

即日批明、墾約内註明毎年供納隘粮壹拾肆石立批。

又批明、夥等津派銀元不得推諉、倘半途而廢不能津派致悞地方、即將以前所派之項、與及股份、概行抹銷、不得異言立批。

又批明、此隘務地方係徐元官承募、然後轉邀湊成十股、津派銀元銀料理、倘山面不測之事亦係徐元官出身料理、至若用費亦係十股内人之事、不得推搪、立批。

總理　張乾典

在場
業佃　羅文継　粛阿古　代筆　徐炳欽
同治拾年辛未歳参月　日立湊夥津本承募合約字
徐元官　黄阿満　黄允明　徐元官　黄旺麟　黄鎮疆　黄福仁
黄允六　羅玉光　張展魁

とあり、同治十年（一八七一）に頼福安は李逢春総爺が公募していた地方隘務に応じ、土地の開墾にあたった。しかしその開墾は成功しなかったために、頼福安は「金協成号」に交付しこの土地の開墾にあたらせた。隘務に応募した「金協成号」の徐元官は一〇股に株分けして銀元を集めて、開墾事業にあたった。その株分内には大租戸黄阿満（黄南球）、小租戸黄允明が入っていたのであった。

小租戸黄允明は大租戸や紳士と資金協力を行い、高山族の撫恤＝侵略と、山地の開墾を展開していった(17)。

次に、小租戸黄氏が永小作権を保持している土地に、佃人を招き小作させている契約文書について考えてみよう。

『台湾古文書集』六九頁所収のB―一〇四三の「承耕田字」（光緒十八年、一八九二）には、

立承耕田字人曾安長、情因向得業主黄允明瞨來、有水田壹處、坐落土名大屋坑、知背参處、坑口兩處、共伍處、四至界址、面踏分明、今係承本山溪圳水通流灌蔭充足、今係當日向得、業主言定面説、現做去無利磧地銀拾大員正、交與業主、親収足訖、今言定毎年供納田利谷拾弐石正、其谷要風乾精燥、不敢湿冇抵塞拖欠、如有拖欠、即將磧地銀扣算、不拘年限、今言定年限拾壹年、自壬辰年冬起、至癸卯年冬止、限滿之日、從業主再行酌議、倘欲不耕、田交還業主、磧地銀交還佃人、今係近田埔地任由佃人耕種、有青苗薯羌芋荳無抽的、苧仔埔禾谷弐捌抽的、頭家得弐、佃人得捌、當日言定二比甘愿、兩無反悔、恐口無憑、立承耕字一紙、付執爲炤。

即日批明、佃人現倣去無利磧地銀拾大員正、交與業主親収足訖。

再批明、毎年供納田利谷拾弐石正、早季柒石、冬季伍石、兩季供清、批的。

在場見　鐘阿石

代筆人　徐新添

光緒拾捌年歳次壬辰十一月十六日、立承耕字人曾安長

とあり、佃戸の曾安長が小租戸黄允明より、水田一ヶ所を小作する契約文書である。契約時に、佃戸が小租戸に「磧地銀」（敷金）を納める。もし、小作料を滞納すれば、「磧地銀」が滞納額に当てられ、滞納額が「磧地銀」の額に達すれば、小作契約は解除された。

このような小租戸と現耕佃戸の契約関係は一般的な形態であった(18)。

ともあれ、従来、一田両主制の研究は大租戸―小租戸間の契約文書と小租戸―現耕佃戸間の契約文書が、ばらばらに存在しているものを突き合わせて、一田両主関係が述べられてきたが、この黄氏一族の史料で、小租戸黄氏と大租戸（高山族や漢族）との契約文書、小租戸黄氏と現耕佃戸との契約文書の両者が存在し、小租戸黄氏の権利関係が明らかとなった。

おわりに

最後に本章で明らかとなった点をまとめ、今後の課題について検討しよう。

黄一族の土地にたいする関係は、黄祈英が入殖してから、高山族と関係を持ち、高山族大租戸に大租を納入する佃戸（小租戸）となり、自ら資金を投下して、水利施設を修築し、生産力をたかめ、農産物や商品の交易によって、経

済力を充実させた。やがて、山地への漢族の入殖者が増加し、高山族の反抗が起こると、漢族大租戸が紳士と協力して「隘務」（高山族の反抗を防衛・鎮圧する任務）を請負い、積極的に山地への侵入を行い、高山族の土地の開墾権を獲得していった。その土地の一部をこのように、現耕佃戸に給付して、小作させたのであった。

劉銘伝の「辦防」「清賦」「撫番」政策にとっては、土地から遊離した大租戸よりも、このような小租戸が政策的に依拠すべき存在であったのである。

周知のように、劉銘伝の「清賦」政策の「減四留六」は大租戸の大租収入の四割を小租戸にあたえ、小租戸には租税納入義務も付与し、大租戸は大租の残り六割を徴収できるのみとなり、また在地からも遊離して全く地代収入のみに依存する存在となったのである。この制度は近代税制の確立という点では未成熟であり、結局失敗する要因となった。近代税制の確立は日本統治時代をまたなければならない。日本統治時代の一田両主制については今後の課題としたい。

註

（1）　拙稿「明末清代台湾南部の水利事業」（『中国水利史研究』一一号、一九八一年十月、本書第二部第二章に収録）、同上「清代台湾の管事について」（『中国史研究』七号、一九八二年十一月、本書第二部第五章に収録）、同上「清代台湾中北部の水利事業と一田両主制の成立過程」（『佐藤博士退官記念中国水利史論叢』国書刊行会、一九八四年十月、本書第二部第四章に収録）、同上「台湾史研究における一田両主制研究の成果と課題」（『台湾史研究会会報』三号、一九八四年九月、本書第二部第三章に収録）、同上「鄭氏時代の台湾開発」（『台湾史研究』六号、一九八七年七月、本書第二部第一章に収録）。

（2）　黄卓権「台湾裁隘後的著名墾隘—『広泰成』墾号初探」（『台湾史研究暨史料発掘研討会論文集』中華民国台湾史蹟研究中

心・研究組、一九八七年八月）。

（3）陳運棟「黄祈英事蹟探討」（『台湾史研究暨史料発掘研討会論文集』中華民国台湾史蹟研究中心・研究組、一九八七年八月）。

（4）台湾文献叢刊第一三種『靖海紀事』（施琅）下巻、「恭陳台湾棄留疏」。

（5）横山英『中国近代化の経済構造』（亜紀書房、一九七二年三月）。

（6）『台湾省通誌』巻七、人物志、宦績篇、沈葆楨。

（7）『台湾土地慣行一斑』第一編、二四頁、苗栗県の「蕃界南庄地方」の項。

（8）二宮一郎「清末台湾戴潮春の乱と洪一族」（『台湾史研究』八号、一九九〇年三月一日）。

（9）西村元照「清初の包攬−私徴体制の確立、解禁から請負徴税制へ−」（『東洋史研究』三五巻三号、一九七六年十二月）。

（10）伊能嘉矩『大日本地名辞書続編、台湾』五七～五八頁、（新竹県）南庄の項。

（11）黄南球については黄卓権「黄南球先生年譜初稿」（一）～（六）（『台湾風物』第三七巻第三期、第三八巻第一期、同第二期、同第三期、同第四期、第三九巻第一期、一九八七、八八、八九年）を参照されたい。

（12）伊能嘉矩『大日本地名辞書続編、台湾』五七～五八頁、（新竹県）南庄の項及び、『台湾土地慣行一斑』第一編、二四頁、苗栗県の「蕃界南庄地方」の項。

（13）註（12）に同じ。

（14）三田裕次蔵・張炎憲編『台湾古文書集』（台北　南天書局発行一九八八年八月十五日）二〇四頁参照。

（15）三湾地方の研究には、陳運棟「三湾墾戸張肇基考」（『台湾文献』第四〇巻第二期、一九八九年）があり、参考になった。

（16）前掲拙著「清代台湾中北部の水利事業と一田両主制の成立過程」を参照されたい。

（17）陳運棟「黄祈英事蹟探討」（『台湾史研究暨史料発掘研討会論文集』中華民国台湾史蹟研究中心・研究組、一九八七年八月）。

（18）註（16）に同じ。

第八章　台湾の水利事業と一田両主制——埔価銀・磧地銀の意義——

はじめに

日本における一田両主制研究は仁井田陞氏[1]以来多くの研究があり、近年では藤井宏氏と草野靖氏の間で論争が行われている。[2]

一田両主制研究の成果と課題については既に論じたが、[3]日本の一田両主制研究で論争点になっていることは、地主の底地権（大陸では田底権、台湾では田面権とよばれる）と区別された分割所有権としての上地権（大陸では田面権、台湾では田底権とよばれる）をどのように理解するかにあった。

藤井宏氏は上地権を「ある限度以上の欠租なき限り、無期限に当該土地を使用収益出来る権利を意味し、この権利は同時にこれを相続、譲渡、抵当、売買することが地主の制肘・牽制を受けることなく行われるもの」とする。これに対して、草野靖氏は「佃戸が工本償還請求権を持つこと」であるとする。

藤井宏氏は上地権成立の要因を明末の押租田の出現によって確立し、清代の工本田の出現によっては上地権は成立せず、押租田と工本田の両者は併存したとする。これに対して、草野靖氏は宋代に工本田の出現がみられ、これによって上地権は成立し、明末清初以降、押租田に変化したと述べる。

さて、工本や押租とは一体何かというと、工本は佃戸が土地に投下した資金・労力のことであり、押租とは佃戸が地主と小作契約を結ぶ時に、地主に納める敷金のことである。台湾においては工本、押租はどのような内容・形態のもので、一田両主制とどう関係しているのかについて検討したいということが本章の課題である。

台湾の一田両主制研究は仁井田陞氏によって先鞭がつけられ[4]、戴炎輝氏によって法制史的研究が行われ[5]、黄富三氏[6]、伊原弘介氏[7]、森田明氏[8]、江丙坤氏[9]、栗原純氏[10]、張勝彦氏[11]、陳其南氏[12]、尹章義氏[13]、陳秋坤氏[14]、筆者等[15]によってすすめられてきた。

この中で、本章で発展的に継承したいのは森田明氏の研究である。森田氏は佃戸の上地権成立の要因は水利施設築造における佃戸による工本投下、農業・商品生産による余剰蓄積にあると述べられている。この点については筆者も前章までの各論文によって追認した。

さて、本章では、水利施設築造における佃戸による工本投下と埔価銀・磧地銀等の押租との関係について考えたいのである。

一　埔価銀について　―墾戸（大租戸）―佃戸（小租戸）関係―

（1）表1、表3について

埔価銀とは一体どのようなものであろうか。臨時台湾旧慣調査会第一部調査第三回報告書『台湾私法』第一巻上、三〇一頁に、

墾底銀、埔底銀又ハ埔價銀ト稱スル一種ノ價銀ヲ佃戸ヨリ墾戸ニ給付スルコト。……墾價銀トハ結局土地漸少ク、佃戸墾地ヲ得ルコト困難ト爲リタルノ結果、佃戸カ墾戸ヨリ開墾耕作ノ權利ヲ取得スルカ爲ニ墾戸ニ提供スルニ至リシモノニシテ、則佃戸カ墾戸ヨリ永耕權ヲ獲得スルノ對價ナリト云フ可シ。而シテ或地ニ墾價銀アリ、或地ニ是無キハ人ロト土地ノ比例上、需用供給ノ原則ニ基クモノト云フヘシ。

と言われている。

埔価銀は人口と土地の需要供給関係において人口増加により、佃戸が開墾地を取得できにくくなった段階において、佃戸が開墾耕作権を獲得するために墾戸に支払う対価であると述べられている。

しかし、清代台湾の歴史的実態からみてこのようにのみ考えていいのだろうか。表1－1・2・3（以下、表1と略称）を参照して頂きたい。台湾文献叢刊第一五二種『清代台湾大租調査書』第一冊、第二冊（台湾銀行経済研究室編印、一九六三年）所収の墾戸（大租戸）－佃戸（小租戸）間の契約文書から特徴的なものを抜粋して作成したものである。

最初に、表の各項目の説明をしたい。

「分類番号」には表に掲載した契約文書に①～59までの通し番号をつけ、「年（西暦）」は契約締結年を示し、「地名・地目」では県名・堡名・荘名・土地の種類を示した。「則例」では土地の上中下の科則を示し、「面積（甲）」では甲換算の面積を示し、「番社」では「番社」の名称が記されている場合、その土地が「番社」（高山族・平埔族）の土地であることを示した。「漢業戸（大租戸）」では大租戸の名を示し、「社餉」では「番社」に納租義務があるかどうかを示し、「業戸の負担」では土地開墾・水利施設の建設において漢業戸（大租戸）が「工本」を負担するかどうかについて示した。「佃戸（小租戸）」では小租戸の名を示した。「工本」では佃戸（小租戸）が土地の開墾・水利施設の建設等において、「工本」を投下するかどうかについて示し、「工本」「工力」とは資金・労力、「本」「貲」とは資金、「牛」「農具」「農器」「犁」「車」とは農耕用具、「種」とは種子、「房」「茅」とは家屋を示し、佃戸がその各々を所持しているか、建設することを示している。「水利施設」では「佃戸」とあれば佃戸が水利施設を建設することを示し、「既設」とあればすでに水利施設が備わった田園であることを示し、「漢業戸」とあれば漢業戸（大租戸）が建設することを示し、「業4佃6」とあれば業戸が四割、佃戸が六割資金を負担して建設することを示した。「埔価銀」では両に換算した額を示した。但し、契約文書に洋銀で6元とか6員とか記載されている場合には、表1には洋銀1元（員）＝銀0・7両として換算して載せた。[16]「毎甲当り」では一甲当りの埔価銀額を載せ、「大租毎石当り」では大租一石当りの埔価銀額を載せた。「車工」では大租戸が大租を運搬するために小租戸から徴収した銀両、或は米穀額を示し、「水銀」では大租戸に納入する埤圳使用料を示し、「大租」では納入する大租額を示した。「一九五抽的」とは収穫物の一五％を大租戸に、八五％を小租戸に分割する、分益租のことであり、それ以外は定額租である。4→6→8となっているのは四石、六石、八石と年々定額租が増加し、最後に示した額で固定することを示している。[17]「備考」において、「割地換水」とは漢業戸が「番社」に対して埤圳を建設し、潅漑用水を供給する対価として、「番社」の土地の開墾権を獲得することを示し、[18]「退佃田」「退佃園」とは前佃戸が耕作をやめ、新佃戸が大租戸と新たに契約を結び耕作権を得た田園であることを示す。「遺産」「鬮分田」「鬮分物業」とは先祖、親からの遺産田園であることを示す。「新墾の田底は業4佃6」「退佃時に工本償還権」「佃戸が欠租時に業戸が田底出売」は「田底」（上地権）に対する業戸・佃戸間の権利関係を示す。「出典」の数字は契約文書が収録されている台湾文献叢刊第一五二種『清代台湾大租調査書』第一冊、第二冊の通し頁数を示している。

次に、表3は表1・表2を統計したものである。表3の上段部分を注目していただきたい。「分類項目」「細目」「毎甲当りの埔価銀（件数・平均）」（平均値をAとする）、「大租（小租）毎石当りの埔価銀（件数・平均）」（平均値をBとする）、「比」（各平均値の比をA：Bとする）となっている。

（1）「埔価銀全体」では毎甲当りの埔価銀の件数は二一、平均は三六・四両となっている。これは、表1において耕地面積毎甲当りの埔価銀を示す統計は二一件あり、その毎甲当りの埔価銀の平均値（A）は三六・四両ということである。大租（小租）毎石当りの埔価銀の件数は三〇、その平均値（B）は一一・六両となっている。これは、表1

において佃戸が漢業戸に納入する大租（小租）毎石当たりの埔価銀を示す統計が三〇件あり、その平均値は一一・六両ということである。最後に比とは「毎甲当たりの埔価銀」の平均値と「大租（小租）毎石当たりの埔価銀」の平均値との比である。

（3）「埔価銀（県別）」では台北、桃園、中壢、台中、彰化、嘉義、鳳山、その他と分類して上述と同様の統計を行った。その結果、統計件数が少数なので断定はできないが、「大租（小租）毎石当りの埔価銀」の平均値（B）は台北を除き、ほぼ平均しているのに対し、「毎甲当りの埔価銀」の平均値（A）は台中、彰化が特に高い値になっている。

（4）「埔価銀（佃戸が水利施設を建設する田園）」では「全体」は、A二・七両、B〇・七両である。細目の「上」「中」「下」「不明」とは上則、中則、下則、則例不明の田園ということである。「上」「下」をくらべると、A、Bともその数値に大きな差はない。

（5）「埔価銀（未開墾田園）」では「全体」は、A六・四両、B六・三両である。これらの数値は（4）の全体と比べると若干高い値となっている。細目の「上」「不明」については統計件数が少なく分析できない。

（6）「埔価銀（水利施設既設田園）」では「全体」はA二七・九両、B一〇・四両で、（3）や（4）の値に比べると高い値である。細目では「上」「下」「不明」の統計があるが大凡の傾向として「上」則田園の方が「下」則田園よりもAの値が高いことがわかる。しかし、圧倒的に統計件数は「上」則田園が多い。

（7）「埔価銀（不明）」はその田園に水利施設建設に関する記載がない契約文書史料の統計である。「全体」のAは三一・六両、Bは三一・五両、「上」のAは四九・〇両、Bは六・一両、「中」のAは八・五両、Bは二・二両、「不明」のAは二〇・〇両、Bは二三・〇両となっている。「全体」のAは（1）「埔価銀全体」、（6）「埔価銀（水利施設既設田園)」の値と大きな差はない。しかし、Bの値は他の統計と比べると大きな額になっている。

大凡の傾向として、(7)の値は(6)の値と似ており、契約文書には水利施設建設に関する記載がないが、水利施設既設の田園と考えてよかろう。

以上、表3を検討して得た結果は、第一点は「毎甲当りの埔価銀の平均値」A、「大租(小租)毎石当りの埔価銀の平均値」Bの両方とも、(4)「埔価銀(佃戸が水利施設を建設する田園)」の値が一番低く、(5)「埔価銀(未開墾田園)」の値が二番目に低く、(6)「埔価銀(水利施設既設田園)」、(7)「埔価銀(不明)」の値が高くなっていることである。これは埔価銀には佃戸が投下した水利施設建設費、田園開墾費、牛、農具、種子などの費用全体が含まれており、その中で水利施設建設費の割合が一番大きく、その次が田園開墾費、そして牛、農具、種子等の費用であったと考えられることである。

第二点は(4)、(5)、(6)、(7)各項目の「上」「中」「下」の分類について言うと、(4)を除き他はA、Bの値両方とも「上」が高く、次に「中」、最後に「下」となっている。(4)「埔価銀(佃戸が水利施設を建設する田園)」は「上」「下」ともあまり大きな差はないということである。これは、水利施設の無い田園は耕地としての価値が低く、上中下の則例の差異、即ち、土地の肥瘠の如何に関わりなく、水利施設の建造が必要であり、その費用は田園単位面積(甲)当り、大租毎石当りの値如何にかかわらず高額であるということを示している。したがって、(4)の佃戸が水利施設を建設する田園のA、Bの埔価銀額が一番低いのである。そして、(5)、(6)、(7)では田園の上、中、下の則例の差異によって埔価銀額が上から中、中から下へと低くなるのは、これらの田園は一応水利施設は備わっているものであり、あとは土地生産性の上下の差であった。土地生産性の低い「下」則田園では、佃戸は土地生産性を向上するために、工本を多く投下するから、埔価銀額は低い、これに対して土地生産性の高い「上」則田園では佃戸があまり工本を投下して土地を改良しなくても一定の生産をあげることが可能であり、即ち、それだけの土地生産性にまで漢業戸（大租戸）や前佃戸が工本をすでに投下したから、その工本償還分の埔価銀がもとめられたのである。従って、埔価銀の額は高くなっている。

結論として、「埔価銀」には業主（大租戸）、佃戸（小租戸）が水利施設の建設、田園開墾、農具、牛、種子等に投下した費用（工本）の総合計が含まれていたということである。

以上の結果を踏まえて、以下より「田底」権と工本、水利施設の建設との関連について考えてみよう。

（2）大租戸が佃戸（小租戸）に農具・種子・資金等を与え、水利施設を建設する田園

表1の⑲、⑳、㉑、㉖、㉘、㊾、㊿は張振万（張達京）等六館業戸関係の契約文書であり、張達京については既に研究も行われている。(19) 本章では張達京関係文書から、清領初期の開墾における田底権について考えてみよう。

表1－⑳の史料について検討しよう。

公同立給墾字人六館業戸、張振萬、陳周文、秦登鑑、廖乾孔、江又金、姚德心、岸裏搜揀烏牛欄舊社等社土官、潘敦仔、……等。緣敦等界内之地。張振萬自己能出工本開築埤圳之位、水源不足、東西南勢之旱埔地、歷年播種五穀未有全收、無奈、衆番鳩集妥議、向墾通事張達京與四社衆番相議、請到六館業戸取出工本、募工再開築樸仔籬口大埤水、均分灌漑水田、敦等願將東南勢之旱埔地……。此係敦四社衆番之地、亦無侵礙他人界限、衆番情愿以此酧工本、付與六館業主、前去招佃開墾阡陌、永遠爲業。……今據通事張達京代敦等請到六館業戸擔承、計共出本銀六千六百兩、開築大埤之水與番灌漑、當日議明六館業戸開水到公圳汴内之水、定作一十四分、毎館應該配水二分、留額二分歸番灌漑番田。……雍正十年十一月　日。……

この契約文書は雍正十年（一七三二）に六館業戸の張振万、陳周文、秦登鑑、廖乾孔、江又金、姚徳心と岸裏・搜拺・烏牛欄・旧社等の「番社」の間で結ばれたものである。台中東南勢の旱埔地は灌漑の便がないために、六館業戸の一人、通事の張振万（張達京）が代表して交渉し、樸仔籬口大埤（葫蘆墩大埤）を開築し、「番社」に灌漑用水を供給する代わりに、「番社」の土地の開墾権を得たものである。そして、この樸仔籬口大埤の開築費は張振万等六館業戸が出資している。佃戸については「招佃開墾」と見えるだけで、彼らが工本をもっていたのかどうかについては不明である。また、退佃時の佃戸の権利等についても不明である。

雍正十年・十一年前後、六館業戸関係文書における業戸・佃戸双方の土地開墾に対する工本投下形態を示す史料は前掲の文書以外には表1の⑲、㉑である。

⑲の史料には以下の記載が見られる。

自今墾後、實配大租及丁供・耗採等項、詳査一應確實、果成膏腴、務要所完。大租乃業戸陳周文自収、丁供・耗採、業戸應完、疊經完納業戸大租、務宜輕重照規施行、及四・九月之前開徵、莫致賠供累課。准此所定、仰該所収納、郷村民人知悉、聽本縣程預前出示曉諭、収單完串、各有兩分、務須遵照。當念業戸力本一造之功、毋許歳月挨延拖欠等情、墾式爲炤。……

と見え、業戸が全ての工本を投下して開墾した田であるから、大租滞納の禁止が特に強調されている。しかし、これは逆に言うと大租を滞納しない限り撤佃されなかったのであり、即ち、欠租が無い限り、佃戸の耕作権は墾戸（大租戸）より奪われなかったと考えてよかろう。

また、表1－㉑の史料でも、

此係敦等六社界内之地、併無侵礙他人界限、六社衆番情愿將此四宗草地酌賞工本、付銀主前去招佃開墾、報陞裕課、永爲己業、……。此係張達京請到業戸張承祖前來擔承、自己出本銀八千三百兩、開水圳分水與番灌漑。……批明、六社衆番因耕種併無車・牛・食穀・器具、再懇向銀主張承祖加備出番銀三千二百兩、即日交訖。其界内草地、倘若未墾闢成田、餘埔・曠地以及界外在番界内車路・牧埔、盡行歸祖掌管、牧埔可與佃人牧牛……。

と見え、業戸が全ての工本を投下して開墾している。佃戸の退佃時の規程は見えない。

『台湾土地慣行一斑』第一編三七～三八頁には「通事張達京ハ自ラ水圳ヲ開鑿シ、大由仁等ノ墾地ニ灌漑シ、其報償トシテ若干ノ墾地ヲ得タリ。……漢墾戸カ之ヲ漢佃ニ給墾スルニ方リテハ更ニ地域ヲ丈量シ、約五甲ヲ以テ一張犁份ト爲シ、各佃ニ配給シテ開墾セシメ、成田ノ後、定額ノ大租ヲ征収ス」と見える。この史料においても佃戸の工本投下があったのかどうか不明である。

このような佃戸は清領初期の佃戸、即ち、経済的に不安定な佃戸と考えられる。同じく『台湾土地慣行一斑』第一編、二一～三頁に、

當時渡來セル多數ノ移民ハ概ネ無資無産ノ細民ニ係レルヲ以テ、移民中最モ資力有ル者先ツ蕃社ト交渉シ、廣大ナル埔地ノ給出ヲ受ケ、自餘ノ移民ヲ招集シテ開墾ニ從ハシメタリ。蕃社ノ給出ニ就テハ、……承給者ハ埔地ノ發給ヲ受ケタル代酬トシテ蕃社ニ對シ永遠一定ノ租額ヲ負擔セリ。是レ即チ蕃大租ノ起原ニシテ、當時ハ其權利者ヲ呼ンテ蕃業戸ト云ヒ、義務者ヲ呼ンテ漢佃ト稱シタリ。此等ノ漢佃即チ蕃租ノ義務者カ埔地ノ給出ヲ受クルヤ、其目的招墾ニ在ルヲ以テ、多クハ無資ノ力墾者ヲ招募シ、地區ヲ劃リテ彼等ニ分給シ、牛種農具ヲ貸與シテ、荒埔ヲ開墾セシムルヲ常トシ、其墾成シテ田園ト爲スニ及ヘハ、力墾者ヲシテ永遠該田園ヲ掌管セシメ、起墾後三年間ハ其對價トシテ力墾者ヨリ一九五抽的、即チ田園ノ収穫ニ對スル一割五分……ヲ徴収シ、三年ノ後ハ結租ト稱シ、豊凶ニ拘ハラス一定ノ租額ヲ徴収スルコト、ナレリ。

とあるように、無資無産の佃戸であり、漢佃（大租戸）より工本、農具、種子等を貸与してもらって耕作していた不安定な佃戸であったと考えてよかろう。

清領初期の佃戸は欠租が無いかぎり撤佃されないという耕作権は保持していたが、その経済状態は不安定であり、常に耕作を放棄したり、盗賊や頑佃化する傾向にあったと言える。

台湾文献叢刊第一四一種『諸羅県志』巻八、風俗志、漢俗、雑俗に、

各荘佣丁、山客十居七・八、靡有室家、漳・泉人稱之曰客仔、客稱莊主曰頭家、頭家始藉其力以墾草地、招而來之、漸乃引類呼朋、連千累百、饑來飽去、行兇竊盜、頭家不得過而問矣。田之轉移交兌、頭家拱手以聽、權盡出於佃丁。

とか、同史料巻六、賦役志、戸口土田に、

若夫新舊田園、則業主給牛種於佃丁而墾者十之六七也、其自墾者三四已耳、乃久之佃丁自居於墾主、逋租欠税、業主易一佃、則群呼而起、將來必有久佃成業主之弊、爭訟日熾、案牘日煩、此漸之不可長者也。又佃丁以園典兌下手、名曰田底、轉相授受、有同賣買。或業已易主、而佃仍虎踞。將來必有一田三主之弊。

とあり、両史料の記載から言えることは、一田両主即ち、墾戸（大租戸）と佃戸（小租戸）の田面、田底権は成立しているが、佃戸の経済状態が極めて不安定であり、耕作放棄したり、墾戸の意思を無視して耕作地に居座る頑佃化の傾向があったということである。

経済状態の不安定な佃戸は当然、墾戸から工本等の給予によって耕作を行っていたのであり、この佃戸から資力を形成し、土地や水利施設に工本を投下したものは、後述する小租戸となり、現耕佃戸を雇い、小租を徴収するようになった。一方、頑佃化に対しては雍正時期（一七二三～三五）以後の契約文書に多く見られるように、同文書に佃戸の

退佃の条件に新佃戸が誠実な人でなければならないとか、匪徒・盗賊を田園に匿うことを禁止することを明確に記載することによって対応された（後述）。

ともあれ、大租戸が佃戸（小租戸）に農具・種子・資金等を与え、水利施設を建設した田園においては、佃戸は欠租しない限り、撤佃されないという「田底権」は持っているものの、これらの佃戸の多くは無資無産で、経済状態が悪く、佃戸の工本や埔価銀に全く裏付けられていない不安定な「田底権」であった。

（3）佃戸が工本を投下して、水利施設の建設を行う田園・未開墾田園

佃戸が工本を投下して、水利施設の建設を行う例は表1の⑥、⑱、㉒、㉓、㊴、㊾等に見える。また、「未開墾田園」とは水利施設が未設、既設か不明確であるが、その田園が未開墾な田園のことを示している。表1—⑤、㊽、㊿、㊾がそれに当る。この四例とも内容に乏しいが、佃戸が業主に出した埔価銀額が毎甲平均、毎石平均とも「佃戸が工本を投下して、水利施設の建設を行う田園」よりも若干高く、これらの田園は既に、水利施設がある程度備わっていて、業主や佃戸が水利施設建設に投下した費用が埔価銀に加味されていたのではないかと予想される。

それでは、「佃戸が工本を投下して、水利施設の建設を行う田園」を中心に分析しよう。まず㉒、㉓の契約文書についてで検討したい。

この二例は同じく漢業戸（大租戸）が楊秦盛のものである。まず、㉓の例は、

立給佃批人業主楊秦盛、有置買草地一所、坐落南大肚山脚莊、土名轆遇勝胥。今有王及歡前來認佃開墾、議定犁分一張、配埔五甲。其埔好歹照配、付佃自備牛車・種子前去耕作、年照莊例、凡雜種耔粒、俱作一九五分抽、不得少欠、如開水耕爲水田、議定首年毎甲納粟四石、次年毎甲納粟八石、三年清丈、毎甲納粟八石滿、車運到鹿仔

港交納、如有熟田付耕、首年該納粟八石滿、如開水、毎甲議貼水銀一兩一分。其荘内田得水尾承接、疎通上下水埔、係佃等之事。至成田之日、再丈甲數、毎甲納租八石滿、不得增多減少、經風乾淨、車運到港完納、永遠定例。毎年修理水圳、係佃人之事。如佃等欲回内地、或別業、欲將田底頂退下手、務要預先報明業主、査其短欠租穀及新頂之佃果係誠實之人、聽其頂退、収退田底工力之費。其租税務要逐年交納清楚、不得少欠升合、亦不得故違憲禁事、不遵荘規、窩容匪類、及爲非作歹、如有等情弊、被荘主査出、稟逐出荘。此不許藉稱田底、聽業主配佃別耕、不許異言生端。今欲有憑、立佃批一紙、付執爲照。雍正十一年（一七三三）二月　日給。……

とあり、業主楊秦盛が台中南大肚山脚荘轆遇勝撊の五甲の土地を佃戸王及歓に小作に出した契約文書である。佃戸は牛車・種子を持ち耕作する。水田化していない段階で収穫した雑穀類は「一九五分抽」、即ち、業主に一五％、佃戸に八五％を分割する分益租であり、水利施設ができ、水田化してからは、初年は毎甲四石、次年以降は毎甲八石の定額租となっていた。水利施設を建設し水田化するには佃戸は業主に水銀を毎甲一・一両（合計五・五両）納めなければならなかった。従って、この水利施設は王及歓の小作田を含めた広い範囲の土地全体を潅漑するための水利施設である。この水利施設を仮に大埤圳と名付けておくと、この建設費として佃戸は水銀を業主に納入していたのである。業主は大埤圳の建設にいくら資金を投下したか不明である。また、この大埤圳から王及歓の小作田に引水する水圳の建設は佃戸王及歓が行わなければならなかった。この水圳の毎年の修理も佃戸の義務であった。もし、佃戸が内地（大陸）の故郷へ戻るとか、「別業」（他の田園への耕作）に変わるとかを希望したときには、業主へ納入する租穀に滞納がなく、新しい佃戸が誠実な人物であれば、その小作権の「頂退」（移転）を許し、また「田底工力」（佃戸が投下した資金・労力の総合計の金額換算分）を償還してもらうことができる。ただ「田底工力」の費用は業主から償還するのか、新佃戸から償還するのかは不明である。そして、佃戸に対する禁止事項は、租穀の滞納・欠租、匪賊を匿うことなどであった。もし佃戸がこのような行為を働いた場合は、佃戸が「田底」権を盾にその土地に居座ることを禁止し、業主は直ちに、新しい佃戸に変える権利があることを約している。

次に、㉒の例について検討しよう（□は欠字を示す）。

立給佃批人業主楊秦盛、有買置草地一所、坐落南大肚山脚轆遇。今有楊文達前來認佃開墾、給出犁分一張、配埔五甲、収過銀十二兩。其埔好歹照配、付佃自備牛犁・種子前去耕作、年照莊例、凡耕種雜籽、一九五分抽、不得少欠、如開水灌漑成田、議定首年毎甲納租四石、次年毎甲納租六石、三年清丈、毎甲納租八石、倶是滿斗、無論豐歉、不得增多減少。其開築坡圳工費、毎甲議貼水銀□兩□錢、本莊内田頭水尾承接疎通上下水圳、係佃等之事、及交納租粟、經風乾淨、到港入倉、永爲定例。逐年修理埤、係佃等自己工力。如佃等欲囘内地、抑或別業、將田底頂退、須擇誠實守分之人同來業主家對過清租認佃分明、業主查無短欠租粟、及新頂之佃果係誠實、方許頂耕納租……、収囘田底……。凡在莊居住、不得有違憲禁、不遵莊規、勾通匪類、騷擾莊中等情、如有此情、被莊主查出、立刻稟逐出莊、不許藉稱田底、聽業主配佃別耕、不得異言生端。今欲有憑、立給佃批一紙、不執爲照。批明、並配厝後宅一所、坐宅茅屋安居、永爲己業。雍正十一年（一七三三）三月□日。知見人□□□。立給田批人□□□。

とある。この契約文書は業主楊秦盛が台中南大肚山脚轆遇の五甲の土地を佃戸楊文達に小作に出した契約文書である。業主は佃戸より、契約締結時に「銀」十二両を受け取っている。この銀は埔価銀の一種と考えて差し支えないであろう。佃戸は牛犁・種子を自ら備えて耕作する。地代は水田化しない段階では、「一九五分抽」の分益租、水利施設ができ、水田化してからは初年度は毎甲四石、次年度は毎甲六石、三年度は開墾田園の面積を正確に測量し、毎甲八石とし、以後は八石のままである。佃戸は「坡圳」（大埤圳）の開築工費として毎甲水銀いくらかを業主に納める。また、佃戸は自分が開墾・耕作している本契約下にあるこの田園へ潅漑するために大埤圳から導く水圳の開築は自分の手で行う。これらの大埤圳・水圳の毎年の修理も行う。もし、佃戸が内地に帰るとか、「別業」に変えるとかで、「田底」を「頂退」（譲渡）したい場合には、誠実で分を弁えた人物の新佃戸とともに、業主と対面し、佃戸に地代の滞納がなく、新佃戸が誠実な人物だと判明すれば、「頂耕納租」（耕作、地代納入権を譲渡）し、「田底」を償還してもよい。そのあと、荘内での禁止事項が述べられた後に、佃戸に宅地一か所を貸与するから、そこに茅屋を建設し、居住してよいと述べられている。

以上の㉒の契約文書と㉓の契約文書との大きな相違点は㉒では業主が佃戸より埔価銀を徴収しているのに対し、㉓では業主は佃戸より埔価銀を徴収していないことである。

㉒と㉓の他の相違点は㉒では業主が佃戸に宅地を貸与しているの対し、㉓では宅地を貸与していないという点があるものの、それ以外は場所といい、面積といい、則例といい、佃戸の条件といい、全くといっていいほど同じである。そして、佃戸は退佃時に業主より、「田底工力之資」或いは「田底」を償還できる権利があることも共通している。とすれば、「田底」権は佃戸が投下した埔価銀或いは工本で示されているということになる。この「田底工力之資」の内容についてもう少し検討しよう。⑱の史料では、

立招批業主簡琳芳、有明䑅南大肚番愛箸魯霧莊園埔一所、今有林生亨愿自備牛工種前來耕種、時約定毎甲園埔愿貼犁頭五十兩、以爲開圳費用之資。其銀即日交訖。其園埔隨即丈明十甲、界址分明、議定毎甲佃首年納租粟五石滿、次年納租粟八石滿、以後毎甲納租粟八石滿、永遠定例。其租粟至収成之日、務要重風搧淨、車運到鹿仔港交納、不敢少欠誤課、如有拖欠租粟者、任從業主起耕招佃。倘日後奉憲縣主到莊清丈、倶要照甲納租、佃人不得異言。但佃人要回家之日、先問明業主之後、任聽其脱替、工本業主不得均分。委係二家甘愿、各無反悔、恐口無憑、

立招批是實。
内分達皆弟名下園埔三甲、銀一十五兩正。
内分此沐姪名下園埔二甲、銀一十五兩正。
雍正七年（己酉、一七二九）正月　日立招批。……

とある。要点のみを概略すると、業主簡琳芳は台中南大肚番箸魯霧荘園埔一所を「番社」より、開墾権を得て持っており、この土地の一〇甲分を林生亭に小作に出した。佃戸林生亭は契約締結時に業主に毎甲、犁頭五十両を納入し、圳の開築費用とした。佃戸が耕作権を他人に譲渡する時は業主はこれを許可し、「工本」を佃戸と均分することはできない。従って、「工本」は全て佃戸のものとして償還できるわけである。

この「犁頭」銀は埔価銀の一種と考えられるが、毎甲五〇両であると、一〇甲では五〇〇両となる。しかし、「達皆弟名下園埔三甲、銀一十五兩正」「此沐姪名下園埔二甲、銀一十五兩正」とあり、この一〇甲の田園は林生亭が五甲、林達皆が三甲、林此沐が二甲にわけて耕作したものと考えられ、三甲に一五両（毎甲五両）、二甲に一五両（毎甲七・五両）の比率から言うと一〇甲に五〇〇両とするのは額が大きすぎると考え、表1⑱では一応一〇甲に五〇両賦課されたものと考えた。

しかし、この史料で確実にわかることは、佃戸が耕作権を他人に譲渡する時に償還してもらう「工本」は「犁頭五十両」即ち、水利施設修築費であるということである。また、業主は「工本」を佃戸と均分できないとあるように、工本が金額で示されている、いないにかかわらず、佃戸の所有する物権として業主から認められていたのである。

この「工本」と「田底」とはどのような関係にあるのであろうか。

前述の表1－㉒の史料では「業主査無短欠租粟、及新頂之佃果係誠實、方許頂耕納租……、收回田底」とあり、また同－㉓の史料では「査其短欠租穀及新頂之佃果係誠實之人、聴其頂退、収退田底工力之資」とあり、同－⑦の史料では「如有短欠租穀、將田底聽業主變賣抵租」とあり、同－㊺の史料では、佃戸は埔価銀を支払わず、「毎石貼車工銀五分」とあるように車工銀を納入し、また「其莊中修築埤圳及橋道雜費等、俱係佃人自己料理、不干業主之事」とあるように、佃戸が水利施設等を開築している例であるが、その史料の続きには「査無拖欠租粟・車工、併承退之人誠實、方允頂退、収回犁頭工本銀兩」とある。従って、この「犁頭工本銀兩」とは佃戸が水利施設建設に投下した工本のことである。

以上で明らかなように、「工本」・「犁頭」銀等埔価銀と「田底」との関係は、ほぼ同一の内容を示しており、その中には佃戸が水利施設、土地の開墾に投下した費用・労力、農具等の生産手段、宅地などの費用が含まれており、そして、詳述したように水利施設に投下した費用・労力が一番大きな割合を占めているのである。

そして、水利施設の建設、田園の開墾に業主と佃戸がどれだけ工本を投下したかによって、業主の持つ「田面権」と佃戸のもつ「田底権」の内容が決まってくるのである。

前述表1－⑱の史料は佃戸が「犁頭」銀を投下して、水利施設を建設したために、業主は佃戸退佃時に佃戸の持つ「工本」＝「犁頭」銀を「均分」できず、すべて佃戸に償還しなければならなかった。そして、業主、佃戸がどれだけ水利施設の建設に工本を負担したか、その割合によって大租の内容や額も変わっていたのである。表1－⑩の史料に「至築埤圳鄉勇公費、業三佃七匀派、候三年墾成水田量丈、按甲八石納供、如埤水佃人自築、按甲六石完収、其高埠無水滙灇不能成田者、仍照例一九五抽的」とあるように、業主：佃戸＝三：七の場合は毎甲の大租が八石、佃戸が一〇〇％負担した時には毎甲の大租が六石、水利施設を作れないような田園は抽的租であったのである。

佃戸が水利施設を建設する田園においては、業主の田面権は大租徴収権のみであり、これに対して佃戸の田底権は欠租が無い限り撤佃されないという永耕作権と退佃時に工本＝埔価銀償還権を持つ、安定的な権利であった。田底権は田面権より大きくなっていると言えよう。そして、佃戸が水利施設を建設する田園においては埔価銀の額は低く、埔価銀を納入しないで佃戸が工本を投下する田園も多く見られ、この段階では工本償還権をもつ工本田と埔価銀償還権を持つ押租田が併存し、工本田から押租田に移行する傾向にあった。

（4）水利施設既設田園・水利施設設置状況不明の田園

水利施設既設田園に関する史料は、表1－③、⑪、⑭、⑮、㉜、㉟、㊵、㊶、㊷、㊹、㊺、㊺、㊻、52である。前述したように、水利施設既設の田園において佃戸が業主に納入する埔価銀の毎甲当りの平均（A）、毎石当りの平均（B）はともに高額である。また、水利施設設置状況不明の田園は表1－①、②、⑩、⑪、⑭、⑲等に見える。これらは、契約文書では水利施設設置状況が不明の田園であるが、表3で明らかなように毎甲当りの埔価銀の平均値（A）は水利施設既設の田園とほぼ同じ値であり、大租毎石当りの埔価銀の平均値（B）は水利施設既設の田園よりも高い値となっており、ほぼ水利施設既設の田園であると考えられる。

小稿では水利施設既設田園を中心に分析し、埔価銀を納入した佃戸の田園に対する権利、退佃時の規定について検討しよう。

表1－⑭の史料には、

立承耕字人業主蕭明亮之孫蕭萬春、鬮分下有朱玉退耕水田八分、址在皮寮地面、東至……、西至……、南至……、北至……、四至界址明白。因佃人朱玉積欠大租十餘年、計算租粟八十餘石、於乾隆三十五年間情愿退返管耕。迨四十七年以來、又被洪水冲塲崩壞、無人開闢、招得蕭玖自備牛人種籽、竭力開墾、愿出田頭銀二十大員正。其銀即日同中交収足訖。其田自丙申年至戊午年、三年開荒、免其納租、三年以後、毎甲應納大租粟八石滿、逐年該納大租粟六石四年、其田任從永耕、不得增多租粟滋事。此業原是退佃之業、如是後來朱玉將舊欠租粟清完、其田再返朱玉歸管、取回退耕字、不得兜留、業主愿將田頭銀送返、収回永耕字、不得異言。此係業佃兩愿、今欲有憑、立永耕字一紙以憑、付執爲照、行。即日収過田頭銀二十大員正完足、再照、行。嘉慶元年十二月　日。…。

とあり、概要は以下の通りである。

業主蕭万春が祖父から「鬮分」（相続）し、佃戸朱玉が退佃した（耕作権を失った）中壢皮寮にある水田〇・八甲を蕭玖に小作に出す契約文書である。新佃戸蕭玖は業主に契約締結時に田頭銀二〇員を納めた。この水田は乾隆三十五年（一七七〇）に旧佃戸朱玉が退佃し、同四十七年（一七八二）以来、洪水によって水田が崩壊したため、契約締結時の嘉慶元年（一七九六）から三年間は大租免除、三年後水田が復旧してからは、毎甲大租八石の定額租を納入する。四年間大租六石（水田〇・八甲に対する大租額）を納入すれば永耕作権を認める。しかしもし、旧佃戸朱玉が一〇余年間の大租滞納分を納入すれば、この水田の耕作権は珠玉に返還し、業主は新佃戸蕭玖が納入した田頭銀を蕭玖に返還し、蕭玖の耕作権は消滅するという内容である。

この水田には水利施設があるかどうかは記載されていない。しかし、前述で明らかなように「水田」とあるからには水利施設が備わっていると考えてよかろう。また、新佃戸蕭玖は大租納入開始から四年間大租を完納すれば永耕作権を持つことができ、旧佃戸朱玉は大租滞納分を返還すれば耕作権を取り戻すことができる。耕作権は旧佃戸に優先権があるものの、両者の権利は同等であったとみてよい。

問題にしたいのは「田頭銀」である。「田頭銀」の由来については何も書かれていないが、新佃戸が崩壊した水田に要した復旧費用は含まれていないことは確認できる。するとこれは、業主あるいは旧佃戸が当初、水利施設の開築や水田の開墾に要した費用であったと考えられるのである。従って、田底権はこの場合、新佃戸が大租を滞納しない限り撤佃されないという永耕作権と、それを金銭的に評価した、業主に納入した「田頭銀」の償還権であったと考えられることとである。

この点は表1－㊶の史料でも裏付けられる。

給批本衙管下睦宜莊、有楊添享田七甲四分零、因積欠大租無力完納、將田底退歸本衙管掌爲業。茲據陳永享到官求給此田底、其田七甲四分零、……三面言議價値銀六十四大員……。

とあり、「田底」が価値銀六四大員であったことがわかる。この「価値銀」は「田頭銀」、埔価銀と同じであり、「田底」権の金銭評価額なのである。

そして、埔価銀の一種、「犁頭銀」については、台湾文献叢刊第三一種『台案彙録甲集』巻三、「大学士阿桂等奏台湾叛産入官酌定章程摺」（乾隆五十三年〈一七八八〉十二月十九日）に、

緣臺灣業戸開墾田園、招佃承種、即將所費工本收回、名犁頭錢、毎甲得銀一・二百兩、毎歳止抽分租穀六石至八石不等。又有佃戸自行開墾者、因村黎未諳科則、倩城市殷實之家充當業戸、代爲經理納糧、亦祗抽給租穀數石、名爲田面租。其佃戸承種之後、又覓僱工人代耕、牛犁耔種、悉係工人自備、佃戸與分租息、毎年毎甲可得數十石爲田底租者、業戸得租數少、佃戸得租數多、其田雖係業戸出名、而實歸佃戸承管也。……業戸前已得交犁頭錢、即與賣業無異。

とあり、業戸が契約締結時に佃戸より「犁頭銭」を徴収することは、田園を佃戸に売却したのと同じ意味をもっていた。業戸が佃戸より毎年、徴収する地代は「田面租」とよばれ、これは大租と同じ意味である。また、佃戸が工人に土地耕作権を与え、毎年徴収する地代は「田底租」と呼ばれ、これは小租のことである。(20)

即ち、この段階の田園は所謂、押租田である。業戸（大租戸）が持つ田面権（底地権）は国家への納税義務、佃戸（小租戸）からの大租（田面租）徴収権を有する物権であり、佃戸（小租戸）がもつ田底権（上地権）は業戸（大租戸）への大租納入義務、工人（現耕佃戸）からの小租徴収権を有する物権であった。また、小租戸は土地に対して、大租戸への大租滞納を行わない限り、「無期限に当該土地を使用出来る権利を意味し、この権利は同時にこれを相続、譲渡、入質、抵当、売却することが地主の制肘・牽制を受けることなく行われるもの」[21]という権限も当然保持している。

従って、水利施設既設田園が広汎に成立する段階では「犁頭銭」等埔価銀、即ち、押租田が一般化したと言える。この押租田における田面権と田底権は、業主の田面権は工本田の時と基本的には変化はないが、土地に対する直接的な経営権は徐々に薄れていく。これに対して、佃戸の田底権は前述したように工本＝埔価銀（押租）に示されるが、佃戸が水利施設建設に工本を投下し、退佃時に工本償還権をもつ工本田の段階では佃戸が田園を現耕佃戸に又貸して小租を徴収したかどうか不確かなのに対して、佃戸が小作契約時に埔価銀＝押租を納入し、退佃時に押租償還権をもつ押租田の段階の田底権では、現耕佃戸に又貸しして小租を徴収する権限が加わっていた。具体的に言うと、工本田では業戸（大租戸）－佃戸（小租戸）－工人（現耕佃戸）関係が確実に成立していたかどうかは不確定であるが、押租田では成立していたと考えられることである。それだけ土地に対して耕作者が多くなり、佃戸は耕作権を得るために埔価銀＝押租を業主（大租戸）に支払うようになったのであり[22]、しかも押租田の佃戸は地主的側面を有するようになったのである。従って、台湾の一田両主制を分析すると、藤井宏説は受け入れがたく、草野靖説が妥当であろうと考えられる[23]。

それでは、押租田が一般化し、業戸（大租戸）－佃戸（小租戸）－工人（現耕佃戸）関係が成立した段階の工人（現耕佃戸）の権利関係について次節で考察しよう。

二　磧地銀について　――小租戸－現耕佃戸関係――

台湾文献叢刊第一五二種『清代台湾大租調査書』第一冊・第二冊収録の小租戸－現耕佃戸関係を分類整理したものが表2である。

地域的に分類すると桃園が①、②、③、新竹が④、台中が⑤、⑥、⑦、⑧、⑨、彰化が⑩、⑪、⑫、県名不明が⑬、⑭、⑮、⑯、⑰、⑱、⑲である。

水利施設が既設のものは「水利施設」の欄に「既設」と記した。その欄が空白なものは不明であるが、「備考」欄に「遺産」、「鬮分田」と記しているものが多く、また、小租戸－現耕佃戸間の契約文書の残存状況が嘉慶六年（一八〇一）以降のものが多く、そして表1の統計を見るとこの時期以降の田園には水利施設が既設のものが多いことから類推して、表2の契約文書の田園には水利施設は既設であったと考えてよかろう。

また、現耕佃戸は基本的に「財本」「工本」「耕種」「種子」「牛工」「鋤頭」、「火食」「農器」「農椇」等、資金、農具、種子等を備えて耕作に当っている。また、現耕佃戸は小租戸と契約を締結するときには「磧地銀」とよばれる押租を納入するのが一般的であった。そして、現耕佃戸は小租戸に「小租」、あるいは「大租」と「小租」の合算分を納入しており、表4から明らかなように小租は大租より額が大きい。従って、表3の（2）磧地銀の項目で、毎甲当りの埔価銀の平均値（A）、大租（小租）毎石当たりの埔価銀の平均値（B）ではAは（1）埔価銀全体のAよりも高いが、Bは埔価銀全体のBよりも低くなっている。これは、現耕佃戸が小租戸から借りて小作する田園は基本的に水利施設が備わり、田園の開墾も完了している熟田であるから、Aの値が高いが、現耕佃戸が小租戸に納入する地代の単位面積（甲）当りの額が、小租戸が大租戸に納入する地代のそれよりも高いから、Bの値は低くなっていると考えられる。

では、現耕佃戸の土地に対する権利関係を考えるために、磧地銀の分析を行おう。

台湾文献叢刊第一七二種『淡水庁志』巻十一、風俗考には、

有佃戸焉、向田主贌田耕種也、有磧地焉、先納無利銀兩也。銀多寡不等、立約限年滿、則他贌、田主以原銀還之、毎年田主所収曰小租、淡北分早晩交納、自塹而南、多納早冬、其晩冬悉歸佃戸。亦有先納租一年後乃受耕、則不立贌字、亦無磧地銀也、凡田器牛種皆佃備。其或荒地初墾、近溪浮復者、經佃開墾成田須三年後、田主方勘界定租。墾費主佃分者、則租均之。

とあり、佃戸（現耕佃戸）が田主（小租戸）と契約を結ぶ際に、納入する押租を「磧地」銀といい、無利息の銀両である。[24]耕作期限が満期になれば田主は佃戸（現耕佃戸）に磧地銀を返還する。磧地銀を納めない場合は、佃戸は田主に一年分の小租を納入し、一年後に耕作を開始する。この場合は契約文書は作成しない。淡水庁（新竹県）以北では、小租は早稲、晩稲の両方から一定の比率を納め、新竹県以南では早稲を小租として納め、晩稲は現耕佃戸の取り分となり、地域によって小租徴収方法が異なっていた。そして、田園が既墾か未墾かによっても小租徴収方法は異なり、既墾田園では表2で明らかなように定額租であったが、未墾田園では小租戸：現耕佃戸＝五：五の分益租であった。そして、既墾未墾の如何に関わりなく、現耕佃戸は農具・種子等生産手段を持っていた。

また、『台湾私法』第一巻上、五八一頁には、

磧地銀トハ田主ハ荒蕪地ニ勞力費用ヲ施シ、田園ト爲シタルヲ以テ、之ヲ他人ニ交付シ、佃耕セシムルニ當リ、其勞費ヲ賠償セシムルノ義ニ出テタルモノナレトモ、其性質ハ全ク租穀又ハ租銀納入ノ擔保トシテ提供スル一種ノ保證金ニシテ、本邦内地ニ於ケル借家ノ敷金ト其性質ヲ同フス。而シテ磧地銀ハ業主ニ於テ佃ノ期間内無利息

ニテ之ヲ利用スルコトヲ得、若佃人カ租穀ノ納付ヲ怠リタルトキハ、其中ヨリ之ヲ控除シ、又期限ニ至リ、田園ト共ニ一切ノ附屬物ヲ返還スルニ當リ、佃人ノ過失ニ因リ毀損等ヲ生シタルトキハ、之ヲ留保シ、又ハ其中ヨリ之カ賠償ヲ受クルコトヲ得ルモノトス。然レトモ佃人ニシテ租穀ノ怠納ナク、期限ニ至リテ其返還義務ヲ完了スルトキハ、業主ハ之ヲ佃人ニ返還セサル可ラス。

とあり、磧地銀とは小租戸にとって現耕佃戸からの小租納入の保証金であり、田園や付属物損傷の際の保険金的性格があったと言われる。

では、磧地銀を納入した現耕佃戸の権利関係について検討しよう。表2－⑤、⑥は大租戸江福隆関係の文書である。この文書については、伊原弘介氏や筆者が既に論文を発表し、筆者は、現耕佃戸が小租戸に納める「鋤頭工銀」は伊原氏の言う農奴身分的な負担金ではなく、磧地銀の一種であることを述べた[25]。本章では、この文書に見られるその背景から考察し、現耕佃戸の権利関係について考察したい。

伊能嘉矩『大日本地名辞書続編　台湾』（冨山房）六六頁、「罩蘭」には、

罩蘭溪東岸の横谷なる罩蘭地方に粵人の足跡の及びしは、早く清の乾隆四十八年（一七八三）の頃、東勢角の方面より移殖を企てしに在れど、蕃害の爲めに中止に歸せしが、次でピイポオ（平埔）蕃パゼッへ部族に屬するパイテン社の移住區となれり。嘉慶年間（一七九六～一八二〇）東勢角に住する粵人江復隆なる者、東勢角罩蘭の中界なる鳥聲山に上り、其の地の廣濶にして好望なるを認め、乃ち同族を率ゐて此地に移來し、開墾に着手せり。然るに其の東北の接界は、山蕃（アタイヤル族）の區域に屬せしかば、屢々襲撃を受けて寧日なく、復隆は善後の計策に窮し、業半ばにして廖似寧なる者に讓りて去れり。似寧は主として信を蕃人に結び、和を約せんとし、先づ土名上新庄に社寮を設けて交易を開始し、且綏撫に力を致し、刻苦經營、漸く一部の開拓を完成するを得た

り。爾來粤人の移住する者益々多く、道光年間（一八二一～五〇）に及び、同籍廖天送といふ者、多數の民壯を率ゐて到り、大に拓殖區域を擴め、罩蘭は隨て中心市場の形づくりを爲すに至れり。……

とあり、台中罩蘭地方は平埔族、高山族の居住区であり、嘉慶年間（一七九六～一八二〇）に広東出身の「江復隆」（前述の江福隆の事と思われる）が開墾に着手し、その後を廖似寧、廖天送が引き継ぎ、平埔族・高山族と誼を通じ、開墾を行っていた。また、『台湾土地慣行一斑』第一編、三三頁には、「罩蘭地方ハ元ト屯丁養贍地ナリシカ、乾隆年間（一七三六～九五）ニ至リ、之ヲ漢人墾戸江福龍（隆）ニ給出セリ、當時墾戸ハ佃人ヲ招キテ、開墾ニ従事セシメ、成業ノ地ニ對シテハ、養贍大租トシテ毎甲八石ヲ徴収シタリ」と述べられており、江福隆（江復隆のこと）は「番社」（平埔族・高山族）に毎甲八石の養贍大租を納入していた。

この漢人大租戸江福隆から土地を借りていた小租戸廖名璨・黄富心が現耕佃戸楊亮と小作契約を結んだ文書が表2－⑤である。その史料は、

立招耕字人廖名璨・黄富心、承領江福隆罩蘭埔地一所、招得楊亮自備鋤頭火食、前來耕作成田八分。毎年該大小租穀一十二石八斗、早・晩二季乾淨量清、豐凶年冬、不得少欠、倘或少欠、任從田主起耕招佃、若無欠租、任從耕作。若欲別處居住創業、不耕之日、議定毎甲貼銀鋤頭工銀二十元、將田送還田主、不得私退別人。此係二比甘愿、口恐無憑、立字存照、行。批明、水田八分、不耕之日、該領鋤頭工銀一十六元、批照、行。嘉定（嘉慶？）六年（一八〇一）二月　日。……

とあり、現耕佃戸楊亮は「鋤頭火食」（農具・種子等）を備え、水田〇・八甲を小作する。毎年小租戸廖名璨・黄富心に一二・八石（毎甲当り一六石相当）の大小租穀を納入する契約である。欠租が無い限り、耕作権は保障され、また退佃時に現耕佃戸は自ら土地に投下した工本に対して小租戸から「鋤頭工銀」一六両（毎甲二〇両）を返還してもらう

権利があった。

表2－⑥の史料も田園面積、大小租額、「鋤頭工銀」額に若干の差はあるものの、現耕佃戸の権利は同じである。

表2－⑨の史料は現耕佃戸が小租戸に磧地銀を納めない契約文書である。

主贌耕字人陳猫恙、今因乏田耕作、爰是托中向與梧棲街楊同記贌過大肚保九張犁莊水田半張、厝一座、併門窓、戸扇及竹圍・菓子・樹欉・花木等件齊備。當日當中向田主交訖、併約定毎年應納小租粟一百二十石、又應納大租粟一十九石九斗四升六合。其大租毎年早季完納、而小租分作兩季完納、早季應納八十四石、晩季應納三十六石、及其車工水銀恙倶各支理明白。其歴年應完納穀、絲粒不敢拖欠。倘有侵欠大小租穀、以及混用冇粟、不拘年限、聽田主起耕別贌他人、不敢求耕。其田・厝、自光緒十年春住居耕、至光緒十九年冬止、計十年限滿之日、如欲再耕、必須再換贌耕字、方有定約。……光緒九年（一八八三）九月　日。

とあり、現耕佃戸陳猫恙は小租戸楊同記に対して、台中大肚保九張犁莊の水田二・五甲の小作契約を結ぶ文書である。この水田には「厝」(現耕佃戸が住む住居)や竹林、花木、菓子等の物件が付属していた。磧地銀を納入する記事は見られない。大小租は合計一三九・九四六石(毎甲五六石)、車工・水銀も納入しなければならなかった。小作期限は十年間で、満期になり、小作を更新したい場合は、欠租や劣悪な米穀を納入していない限り、再度、契約文書を結び更新できる。もし、欠租や劣悪な米穀を納入すれば、田主はいつでも耕作権を取り上げることができるという内容である。また、退佃時に工本償還権があったかどうかは不明である。

表2－⑤と表2－⑩の史料を比較すると、両者とも水田であり、水利施設が備わっているという共通点があったが、⑤は「番社」の土地で、「番族」の「被害」を受けやすく、土地条件としてはあまりよくない。また、磧地銀を納入し、大小租穀は比較的低額である。これに対して⑩は田園にいろいろな付属物件がつき、土地条件としてはよい。ま

た、磧地銀を納入せず、大小租穀は比較的高額で、車工銀や水銀も納めるという相違点があった。表2－⑩では磧地銀を納入しないかわりに、大小租額が大きく、車工銀、水銀等を納入していたのである。従って、磧地銀は「田主ハ荒蕪地ニ労力費用ヲ施シ、田園ト為シタル……其労費ヲ賠償セシムルノ義[26]」という要素と、現耕佃戸の大小租、車工銀、水銀等の負担との関係によって決められていたと言えよう。

そして、両者の現耕佃戸とも土地に対する権利は欠租が無い限り、永遠に耕作できる権利を持ち、表2－⑤の佃戸は退佃時の「磧地銀」償還権を持っていた。この権利を「相続、譲渡、入質、抵当、売買」できたか、また、現耕佃戸が別の佃戸に賃貸して地代を徴収したかどうかについては不明であるが、欠租が無い限り、永遠に耕作できる権利を持てばその可能性はあったと考えられる。

即ち、契約文書で見るかぎり、小租戸、現耕佃戸の土地に対する権利は同等であり、相違点は小租戸が地代徴収権を持つ、地主的側面が強いのに対し、現耕佃戸は地代納入義務を持つ、佃戸的側面が強いということである。

おわりに

小稿で明らかになった点を簡略にまとめ、その後で、台湾の一田両主制の特徴、藤井宏、草野靖両氏の説に対する筆者の私見を述べたい。

業戸の田面権は田園の買収という法的権限と、工本投下による開墾という経済的権限に裏付けられて佃戸より収租する権限であるが、佃戸の田底権は永耕作権に加え、工本投下によって水利施設を建設し、田園を開墾し、退佃時に工本を償還できる権限である。

台湾の田園は（a）業戸（大租戸）が工本を投下して水利施設を建設する田園と、（b）佃戸が工本を投下して水利施設を建設する田園と（c）水利施設既設の田園に大きく三分類できた。
（a）における業戸の田面権は大租徴収権に、強大な田園経営権が付加しており、この段階の業戸は経営地主的側面を持っていた。これに対し、佃戸の田底権は欠租が無い限り撤佃されないという永耕作権ではあるが、佃戸は無資無産で経済的に不安定であり、田底権も不安定であった。
（b）における業戸の田面権は大租徴収権はあるが、田園経営権は弱くなっていた。これに対して、佃戸の田底権は永耕作権に、水利施設建設に投下した工本償還権が加わり、また、田園に対する実質的経営が徐々に加わっていた。この段階においては工本田が一般的に成立し、埔価銀を納入する押租田も成立していた。工本も埔価銀（押租）も田底権を金銭的に評価したもののことであり、工本田から押租田に発展したものである。
（c）における業戸の田面権は大租徴収権のみであり、田園に対する経営権が消滅し、収租地主的傾向になっていた。これに対し、佃戸の田底権は従来からの永耕作権に加え、工本償還権が押租償還権に発展し、また、田園を現耕佃戸に又貸して小租を徴収する権限も付加した。田園に対する経営権は確立し、佃戸的側面よりも経営地主的側面を持つようになった。そして、現耕佃戸の権利も田底権と言ってよく、その内容は永耕作権と押租（磧地銀）償還権であった。
従って、田底権を欠租無い限り撤佃されない権利＝永耕作権と規定すると（a）の段階でも成立するが、不安定要素が強いために筆者はその説をとらない。むしろ、（b）工本田段階の田底権、即ち、永耕作権に工本償還権が加わった内容と考える。この段階が一田両主なのである。（c）の押租田段階の小租戸の田底権には新たに収租権も加わり、現耕佃戸にも田底権があることより、この段階は一田三主と考える。

以上の分析結果により、台湾の一田両主制の特徴は佃戸が工本を投下して水利施設を建設して、工本償還権を確立し、それが押租償還権に発展したということであった。水利施設建設が一田両主制成立の根本原因であることは既に、森田明氏によって実証されており、小稿は別の分析方法で同じ結論に達したものである。また、小稿の分析によっては藤井宏氏の押租田の確立による一田両主制確立説は受け入れがたく、むしろ草野靖氏の工本田確立による一田両主制確立、工本田から押租田への発展説が妥当だと考える。

註

（1）仁井田陞「明清時代の一田両主慣習とその成立」（同著『中国法制史研究　土地法・取引法』東京大学出版会、一九六〇年所収）。

（2）藤井宏「一田両主制の基本構造」（1）～（9）（『近代中国』五～一四、一九七九～八三年）、草野靖「宋元時代の水利田開発と一田両主慣行の萌芽」(上)(下)（『東洋学報』五三―一・二、一九七〇年）等を参照されたい。

（3）松田吉郎「清代台湾中北部の水利事業と一田両主制の成立過程」（『佐藤博士退官記念中国水利史論叢』国書刊行会、一九八四年、本書第二部第四章に収録）、同「台湾史研究における一田両主制研究の成果と課題」（『台湾史研究会会報』三号、一九八四年、本書第二部第三章に収録）。

（4）註（1）に同じ。

（5）戴炎輝「清代台湾之大小租業」（『台北文献』第四期、一九六三年）、同「従一田両主談台湾的租権」（台北市文献委員会『中原文化与台湾』一九七一年）、同『清代台湾之郷治』（聯経出版社事業公司、一九七九年）。

（6）黄富三「清代台湾的土地問題」（『食貨月刊』復刊四巻三期、一九七四年）。

（7）伊原弘介「清代台湾における佃戸制について」（『静岡大学教養部研究報告　人文科学篇』第六号、一九七〇年）。

（8）森田明「台湾における一水利組織の歴史的考察」（『福岡大学人文論叢』第四巻第三号、一九七二年）、同「清代台湾中部の水利開発について」（『福岡大学研究所報』第一八号、一九七三年、両論文はともに後に改題されて同著『清代水利史研究』亜紀書房、一九七四年に所収）。

（9）江丙坤『台湾地租改正の研究』（東京大学出版会、一九七四年）。

（10）栗原純「清代中部台湾の一考察－彰化地方における一田両主制をめぐる諸問題－」（『東洋学報』第六四巻第三・四号、一九八三年）。

（11）張勝彦「清代台湾漢人土地所有型態之研究」（同著『台湾史研究』華世出版社、一九八一年）。

（12）陳其南「清代台湾漢人社会的建立及其其結構」（一九七九年度台湾大学碩士論文）、同「開墾組織与土地制度－大小租的起源問題－」（同著『台湾的伝統中国社会』允晨文化実業股份有限公司、一九八七年）。

（13）尹章義『台湾開発史研究』（聯経出版事業公司、一九八九年）。

（14）陳秋坤「明清以来土地所有権的研究」上冊（『中央研究院近代史研究所』特刊、一九八八年）、同「清代前期対台少数民族政策与台湾土着的伝統土地権利、一六九〇－一七六六」（中央研究院近代史研究所編『近代中国初期歴史研討会論文集』、一九八八年）。

（15）拙稿「清代台湾の管事について」（『中国史研究』七号、一九八二年、本書第二部第五章に収録）、前掲註（3）論文等。

（16）台湾文献叢刊『清代台湾大租調査書』第一冊一六三～一六四頁所収の同治十一年（一八七二）の契約文書（表2の⑯）には「収過佃人無利磧地銀一百三十六元、平重九十一兩」とあり、その他にも同様の史料があることから、洋銀一元（員）＝銀〇・七両と換算した。

（17）註（3）前掲、松田吉郎「清代台湾中北部の水利事業と一田両主制の成立過程」において、租（地代）と一田両主制の関係について述べているので参照されたい。

（18）註（17）並びに註（13）論文を参照されたい。

（19）註（18）に同じ。

（20）中央研究院台湾史田野研究室主催「台湾歴史上土地問題国際研討会」（一九九一年一二月二一日）における私の報告に対して評論人となられた王世慶先生は席上、「台湾では地主の底地権を田面権とよび、佃戸の上地権を田底権とよぶ」という私の説に対して、史料不足であると指摘された。その点に対して、次の史料を補充したい。

『台湾公私蔵古文書影本』第一輯第一冊、〇〇四一、淡水庁属には、

實征項下、全年應征屯租穀一萬九千八百二十八石零六合三勺八抄、折収佛銀一萬九千八百二十八元四角零六尖三厘八毫、又収九芎林口租穀折佛銀八十元。以上共収銀一萬九百零八元四角零六尖三厘八毫、内除分發芎蕉灣之鶏籠山脚隘丁三十名、銅鑼圏隘丁六十名。以上共隘丁一百一十五名、毎名年給口粮穀三十石、向係庄民業佃四六合同匀出、今該處田面大租、已經歸屯則、係屯爲業主所有應貼四分之粮、業經議請於官収田面租、内抽給全年共應匀給口粮穀一千三百八十石、折銀一千三百八十元。

とあり、隘丁一一五名毎名に対する年給の口粮三〇石を庄民の業主・佃戸が四対六の割合で負担していた。「田面大租」は「屯則」（屯田の則例）に基づき、「屯」は業主が負担すべき「四分之粮」のことであり、すでに官に要請して「田面租」を徴収してもらっていると書かれている。従って、「田面大租」とは業主の収入を示すとともに、それを官に納入して隘丁の費用に当てていることが理解できよう。このことから、佃戸には業主の「田面大租」に対する別個の収入、権利、そして隘丁に対する費用が存在していたと考えられよう。その権利の名称はこの史料では不明であるが、本文に掲げた「大学士阿桂等奏台湾叛産入官酌定章程摺」に「田底租」と出ていることから、佃戸の権利は「田底」と考えて差し支えないであろう。

（21）註（2）の藤井宏論文。

（22）『台湾私法』第一巻上、三〇一頁の「墾底銀、埔底銀、埔價銀」を説明している条。

（23）註（2）に同じ。

（24）表2−⑲の史料には「立招耕字人鐘信美、……、瞨與陳聯旺……、美収過佃人無利磧地佛銀一百三十大員正、毎年該納大小租早粟一百一十四石正。又収過有利磧地佛銀三百五十大元正、扣抵利穀四十二石正、仍有大小租穀七十二石正、……」と

あるように、磧地銀には無利息と有利息のものがあったようである。

（25）註（7）の伊原弘介論文、註（3）の松田吉郎「台湾史研究における一田両主制研究の成果と課題」を参照されたい。

（26）『台湾私法』第一巻上、五八一頁。

工　本	水利施設	埔価銀（両）	毎甲当り	大租毎石当り	車工	水銀	大　租（石）	備　考	出典
									5
工力・農具							6.4（毎甲８）	新業の田底は業４佃６	68
	佃戸						55.38（毎甲４）		75
	定額の水なし既成	48員（33.6両）	5.6両				的租		75
	３年内業４佃６ ３年後佃戸負担						一九五抽的→同→同→水田24（毎甲８）		79
伙食・工本・農器	既設	６元（4.2両）		1.4両			開墾の３年後３石	未開墾田	113
工本	佃戸	６元（4.2両）		1.05両			４石	未開墾田	114
	佃戸						一九五抽的→同→水田80（毎甲８）	漢業戸が番地区買取佃戸が欠租時業戸が田底出売	65
	既設						一九五抽的		68
工貲・牛隻	大陂業４佃６ 小陂佃戸						一九五抽的→水田20（毎甲8）		72
工本							→埤圳業３佃７→毎甲８ 一九五抽的→埤圳佃戸毎甲６ →高埠，無水一九五抽的		83
		15員（10.5両）		21両			0.5	退佃園	88
有	佃戸						未成水田一九五抽的→水田120（毎甲８）		67
工本	佃戸						未成水田一九五抽的→水田20（毎甲８）		86
牛人・種籽		20員（14両）	17.5両	2.2両			３年間免租→6.4（毎甲８）	退佃田	89
	既設？	330員（231）		11.6両			20		149
		20元（14両）						漢業戸が番地を買取	71
工本	佃戸						一九五抽的		85
牛・工・種	佃戸	50両	5両	0.625両			50→80→80（毎甲８）	佃戸の埔価銀で開墾	59
									8

表１－１

分類番号	年（西暦）	地名・地目	則例	面積(甲)	「番社」	漢業戸（大租戸）	社餉	業戸の負担	佃戸（小租戸）
①	雍正８(1730)	台北武勝湾社荒埔				楊道弘	50両		
②	乾隆17(1752)	台北猫哩錫口荘番林埔地	上	0.8	猫哩錫口荘番	何周沈	有		王福秀
③	乾隆29(1764)	台北大加蚋荘	下	13.8452		林成租			周向観
	同	同	下	6		林成租		有	周向辺
④	乾隆32(1767)	台北南港仔荘尾曠地	上	3		劉振業			謝茂開
⑤	道光12(1832)	台北石角東門外河背				蘇賢彩，順昌	有		
⑥	道光12(1832)	台北明向隘番総給墾石角窠，青埔四囲				蘇賢彩，順昌	有		劉連魁
⑦	乾隆４(1739)	桃園桃澗堡南崁虎茅荘	上	10		周添福			葉廷
⑧	乾隆16(1751)	桃園大渓墘中興荘		7.5					姜殿高
⑨	乾隆22(1757)	桃園霄裏社課地	上	2.5	霄裏社	薛啓竜		有	徐時偉
⑩	乾隆51(1786)	桃園楊梅堡報墾課地		6			有		胡興龍
⑪	乾隆60(1795)	桃園斗門頭				鳳凰翔館業主張			楊章哉
⑫	乾隆15(1750)	中壢芝葩里大崙中	上	15					
⑬	乾隆56(1791)	中壢芝葩里大崙	上	2.5		郭			頼君老
⑭	嘉慶元(1796)	中壢皮寮地面	上	0.8		蕭万春			蕭久
⑮	光緒４(1878)	中壢大渓墘荘·陂寮荘南湖				郭際康 郭際栄			功兄際唐
⑯	乾隆19(1754)	新竹竹塹社番眩眩埔，造船港埔			竹塹社番	汪			鄭志耀
⑰	乾隆54(1789)	新竹竹塹社番眩眩埔，造船港埔			竹塹社番	汪			黄魁興
⑱	雍正７(1729)	台中南大肚番箸魯霧荘園埔	上	10		簡琳芳			林生亨
⑲	雍正10(1732)	台中猫霧捒東堡				陳周文 六館業戸	有	620員 （434員）	

工　本	水利施設	埔価銀	毎甲当り	大租毎石当り	車工	水銀	大　　租	備　考	出典
	漢業戸						600	割地換水	23
	漢業戸							割地換水	26
牛、犁、種	佃戸	12両	2.4 両	0.3 両		有	水田一九五抽的→20→30→40（毎甲８）		187
牛車、種子	佃戸					1.1両（毎甲）	水田一九五抽的→20→30→40（毎甲８）	退佃時に工本償還権	61
		54両	20両						186
	業５佃５	有					16→24→32（毎甲８）		64
		160 両	13.9両	1.74両	0.36両		23→46→92（毎甲８）		66
	佃戸				毎石0.045両		43.12　（毎甲８）		76
	佃戸				0.045両		10→15→20（毎甲８）		77
牛工、種子		30員（21両）		42両			0.5		79
					0.36両		2.6208（毎甲８）		82
工本		６員（4.2両）	84両	10.5両			0.35（毎甲７）折価銀0.005 両		90
	既設	８元（5.6両）	22.4両	2.8 両			２（毎甲８）		116
資本		12員（8.4両）		21両			0.4		120
茅屋		８員（5.6両）		28両			0.2		122
	既設	50員（35両）	233 両				免租	遺産	123
牛、犁	佃戸	65両					一九五抽的→成田後８（毎甲８）	１甲当りの米の産額85石	60
牛工、種子、房	既設	５両	0.83両	0.1 両		毎張（6甲）３両	24→36→48（毎甲８）		62
牛工、種子		30元（21両）		23.1両			大租 0.5　麻 0.6		74

表1－2

分類番号	年（西暦）	地名・地目	則例	面積（甲）	「番社」	漢業戸（大租戸）	社餉	業戸の負担	佃戸（小租戸）
⑳	雍正10(1732)	台中岸裏社			岸裏社	張振万 六館業戸		6600両	招佃開墾
㉑	雍正11(1733)	台中岸裏社草地			岸裏社	張達京 六館業戸	520石	8300両	
㉒	雍正11(1733)	台中南大肚	上	5		楊秦盛			楊文違
㉓	雍正11(1733)	台中南大肚	上	5		楊秦盛			王及歓
㉔	雍正13(1735)	台中南大肚埔田		2.7		楊秦盛			楊文違
㉕	乾隆 2(1737)	台中大肚四社草地	上	4		楊興祖			林任兄
㉖	乾隆12(1747)	台中阿河巴荘	上	11.5		張振万			王簡書
㉗	乾隆26(1761)	台中岸裏等社埔地 阿河巴荘上横山	上	5.39	岸裏社	張振万			品秀
㉘	乾隆32(1767)	台中余慶荘埔地	上	2.5		張振万			王光文
㉙	乾隆34(1769)	台中東勢尾陡門頭埔地				郭山度			
㉚	乾隆50(1785)	台中東勢角	上	0.3276		曾安栄等			江仏佐等
㉛	嘉慶元(1796)	台中捒東堡土庫荘	上	0.05		張恩明			李斗哥
㉜	道光14(1834)	台中武鹿荘荒埔水窟	上	0.25		楊万沢			蔡貞明、蔡貞吉
㉝	道光30(1850)	台中三十張犁荘後牛埔辺荒埔曠地基				張把禄			林亀生
㉞	同治元(1862)	台中大肚中堡崙仔頂荘海埔曠地				王毅記			陳媽愿
㉟	同治 8(1869)	台中陳平荘水田		0.15		陳政和			林協豐
㊱	雍正10(1732)	彰化大突青埔	上			李朝栄			李思仁等
㊲	雍正11(1733)	彰化徳頤荘悪馬草地	上	6					張強
㊳	乾隆28(1763)	彰化東螺堡下埧荘中州荒埔				林廖亮			荘乞観、尾観

工　本	水利施設	埔価銀（両）	毎甲当り	大租毎石当り	車工	水銀	大　租（石）	備　考	出典
牛工・種籽	佃戸	2.75員（1.925両）	0.4両				小租2.75＋大租		84
工本・房屋		12員（8.4両）	28両	3.5両			1年目免租→2年目から0.24（毎甲8）	退佃田	91
		64員（44.8両）	6.1両	0.8両			59.2（毎甲8）	退佃田	93
							20→20→40（毎甲8）		93
牛工・種子		40員（28両）	22.4両	2.8両	有		10（毎甲8）	退佃田	99
（工本）		4元（2.8両）		14両			0.2		103
	既設 圳の修理は佃戸	38員（26.6両）	53.2両	6.65両			4（毎甲8）	退佃田	105
	既設	354員（247.8両）	71.6両	31.4両			27.248（毎甲7.9）	退耕業	106
		6員（4.566両）		22.8両			0.2	既成田	106
		310員（217両）	155両	19.4両	有	有	11.2（毎甲8）	退耕田	108
		10員（7両）		17.5両			0.4	被水冲崩田鬮分物業	120
工本	佃戸	2員（1.4両）	2.8両	0.7両			2.06（毎甲4）		112
工資・雑費							4.5（毎甲4）		89
	既設	26元（18.2両）		10.7両			1.7	遺産	124
牛隻		100員（70両）		23.3両			3		81
		6員（4.2両）	8.4両	1.1両			4（毎甲8）	未開墾田	110
	佃戸				0.05		20→30→40（毎甲8）	退佃時に工本償還権	63
牛犁・種子		20員（14両）	8.5両	2.2両	3.936石		6.5（毎甲4）		70
工本		20元（14両）					0.5両		80
（工本）		200元（140両）		23.3両			6石		98
費・器		5員（3.5両）	4.4両					未開墾田	117

表1－3

分類番号	年（西暦）	地名・地目	則例	面積(甲)	「番社」	漢業戸（大租戸）	社餉	業戸の負担	佃　戸（小租戸）
㊴	乾隆56(1791)	彰化阿東社番埔地泉州厝荘		5	阿東社番	陳朝珍	有		李長賢官
㊵	嘉慶2(1797)	彰化馬芝遴堡上崙荘	上	0.3		鶖西堂林			陳蓁亨
㊶	嘉慶5(1800)	彰化本衙管下睦宜荘・去荒濫田	上	7.4		施伯慎			陳永亨
	同	同	上	2.4					
㊷	嘉慶13(1808)	彰化大武郡西堡四塊厝荘	上	1.25		楊			邱鄰
㊸	嘉慶18(1813)	彰化北荘				王			蕭令観
㊹	嘉慶25(1820)	彰化馬芝遴保中荘	上	0.5		施敦慎			李象亨
㊺	道光元(1821)	彰化武西堡水漆林郡東勢午頭	上	3.46		呉			楊克俊
㊻	道光3(1823)	彰化崙仔荘				王美春			
㊼	道光4(1824)	彰化武西堡水漆林	上	1.4		呉			
㊽	道光25(1845)	彰化埤頭荘課業荒埔				黄智紀			呉返官
㊾	道光10(1830)	南投水沙連八杞仙管内埔地	下	0.5014	水沙連社	張居郎 潘奈正			張天球叔
㊿	乾隆60(1795)	嘉義大槺榔荘荒埔	下	1.125		朱洪鐘			周伯文
51	同治12(1873)	嘉義頂円林荘内埔地				張振万			劉万悪
52	乾隆39(1774)	鳳山茄籐社草地				陳廷溥		有	洪振老
53	道光6(1826)	鳳山塩仔寮荘東畔塩地	上	0.5		楊振海			
54	乾隆元(1736)	？甲霧林荘	上	5		張承祖			謝登南
55	乾隆19(1754)	？低水埔旱埔園	中	1.64		蕭聯豊			陳宅
56	乾隆38(1773)	？樟浦厝荒埔				汪仰詹			陳扶官
57	嘉慶8(1803)	？渡船頭圳墘荒埔				楊			族親の茄叔
58	道光15(1835)	？石埔仔崁下田埔		0.8		寧壽			族姪の与宗

工　本	水利施設	磧　地　銀	毎甲当り	大租毎石当り	車工	水銀	大租・小租	備　考	出典
財本・工・本耕種・雑子		90元（72両）					10元（大小租）	遺産	167
工本・茶蓁		24員（16.8両）					10員（大小租）		169
		6員（4.2両）					2員（小租）	遺産	172
牛工・種子		60員（42両）		0.71両			59石（大小租）		161
鋤頭・火食		16元（11.2両）	14両	0.9両			12.8石（大小租）		152
鋤頭・火食		20元（14両）	45.7両	3両			4.596石（大小租）		153
		5員と2000文（4.8両）					無租	遺産	157
		170.6員（119.42両）	99.5両	1.9両			12石(大租),52石(小租)		160
							19.946石（大租），120石（小租）		171
牛工・種子							20石（小租）		153
牛工・種子		30元（21両）					30石（小租）	遺産	156
牛工・種子		80員（56両）	160両	1.87両			30石（大小租）		165
	既設	270員（189両）	126両	2.5両	有	有	12石(大租),63石(小租)	鬮分田	154
牛工・種子・農器	既設	20員（14両）	7.4両	0.2両			87.6石（大小租）	鬮分田	155
		13員（9.1 両）	22.8両	0.6両		有	2.2 石（大租），9.7石（小租），4石（小租）		159
農椇・種子	既設	136元（91両）				有	?(大租)，160石(小租)		162
	既設	136元（91両）				有	?(大租)，160石(小租)	鬮分田	163
		12元（8.4両）					2.5石（小租）	鬮分田	166
	既設	130元(91両) 350元(245両)					114石（大小租） 72石（大小租）	鬮分田	174

表 2

分類番号	年（西暦）	地名・地目	則例	面積(甲)	「番社」・大租戸	漢業戸(小租戸)	社餉	業戸の負担	佃戸（現耕佃戸）
①	光緒 7 (1881)	桃園桃澗堡茄苳渓中路皮寮仔荘				張連再等			呉万富 簡新旺
②	光緒 7 (1881)	桃園虎茅荘張家水田，埔地，茶園				林柔記			林抜記
③	光緒11(1885)	桃園桃澗堡埔頂荘埔園地				王万成			王国英
④	同治11(1872)	新竹三角街圳下大菜園				張易錫			張錦興
⑤	嘉慶 6 (1801)	台中罩蘭埔地	上	0.8	江福隆	廖名瑹 黄富心			楊亮
⑥	嘉慶 7 (1802)	台中罩蘭埔地	上	0.3064	江福隆	廖寧			張乃華
⑦	道光26(1846)	台中大墩東勢荘西南辺				蕭廷珍			何石福官
⑧	同治 8 (1869)	台中捒東上堡七張犁荘後北勢	上	1.2	王	張井養等			合吉号 林仔櫺
⑨	光緒 9 (1883)	台中大肚保九張犁荘水田	上	2.5		楊同記			陳猫恙
⑩	道光11(1831)	彰化東螺東堡梅州荘北勢洋水田				蕭			蕭勤労
⑪	道光18(1838)	彰化東螺東堡梅州荘東勢洋				蕭起鶚			葉已然
⑫	光緒 3 (1877)	彰化燕霧保東山荘水田		0.35		江百畝			曹申
⑬	道光14(1834)	？龍目井荘洋犁頭尖水田	上	1.5	王	款			瓢
⑭	道光16(1836)	？万宝新荘頭大圳下		1.9		荘長流兄弟			李夢齡
⑮	成豊 2 (1852)	？李厝荘後荘消涵口水田		0.4		(鹿港) 呉明記			陳番官
⑯	同治11(1872)	？後荘仔荘水田		2.5		族姪 江振彬			江大夏
⑰	同治11(1872)	？後荘仔荘水田		2.5		江振彬		房	江大夏
⑱	光緒 4 (1878)			0.17		王爾加			梁永全官
⑲	光緒13(1887)	？三角店公厝				鍾信美			陳聯旺

表 3

分類項目	細　目	毎甲当りの埔価銀		大租（小租）毎石当りの埔価銀		比
		件　数	平均（A）	件　数	平均（B）	
（1）埔価銀	全　体	21	36.4両	30	11.6両	3.1：1
（2）磧地銀	全　体	7	66.9両	8	1.5両	45.8：1
（3）埔価銀（県別）	台　北	1	5.6両	2	1.2両	4.7：1
	桃　園	0		1	21.0両	
	中　壢	1	17.5両	2	6.9両	2.5：1
	台　中	7	54.4両	8	13.4両	4.1：1
	彰　化	8	42.2両	11	12.9両	3.3：1
	嘉　義	1	18.2両	1	10.7両	1.7：1
	鳳　山	1	8.4両	2	12.2両	1.5：1
	その他	2	6.5両	2	12.8両	2.0：1
（4）埔価銀（佃戸が水利施設を建設する田園）	全　体	4	2.7両	4	0.7両	4.0：1
	上	2	3.7両	2	0.5両	8.0：1
	中	0		0		
	下	1	2.8両	1	0.7両	4.0：1
	不　明	1	0.8両	1	1.1両	0.4：1
（5）埔価銀（未開墾田園）	全　体	2	6.4両	3	6.3両	1.0：1
	上	1	8.4両	1	1.1両	7.6：1
	中	0		0		
	下	0		0		
	不　明	1	4.4両	2	9.5両	2.2：1
（6）埔価銀（水利施設既設田園）	全　体	11	27.9両	13	10.4両	2.7：1
	上	9	41.9両	9	7.7両	5.4：1
	中	0		0		
	下	1	5.6両	0		
	不　明	1	233.0両	4	16.5両	14.1：1
（7）埔価銀（不明）	全　体	4	31.6両	6	31.5両	1.0：1
	上	2	49.0両	2	6.1両	8.0：1
	中	1	8.5両	1	2.2両	3.9：1
	下	0		0		
	不　明	1	20.0両	7	23.0両	0.9：1

表4　道光以前の大租戸・小租戸の毎甲田園所得

	道光以前大租戸毎甲田園所得（石）			小租戸毎甲田園所得（石）	
	大　租　額	正　供　額	純　所　得	小　租　額	純　所　得
上　田	8.00	2.74	5.26	32.00	24.00
中　田	6.00	2.08	3.92	24.00	18.00
下　田	4.00	1.758	2.242	16.00	12.00
上　園	6.00	2.08	3.92	24.00	18.00
中　園	4.00	1.758	2.242	16.00	12.00
下　園	2.00	1.716	1.284	8.00	6.00

出典：『台湾私法』第一巻上、109－121、317頁
陳其南「清代台湾漢人社会的建立及其結構」（1979年度台湾大学碩士論文）。

結論

以上、二部にわたってのべてきた論点をまとめ、締め括りとしたい。

本論文における、筆者のねらいは、明清時代華南地域の社会経済的分析を行うことにあった。主な分析の要素は郷紳・土地所有・水利の三者関係であった。

《第一部》においては、明清時代広東地方開発の実態を社会経済史的に考察した。

第一章「明清時代広東珠江デルタの沙田開発と郷紳支配の形成過程」

本章では、明末清初、広東珠江デルタ、特に沙田地域における郷紳支配の確立過程について分析した。郷紳支配確立の要因は、郷紳が同族結合を利用して、流民等の労働力を投下して、沙田開発を行うとともに、他人既成の沙田を「占沙」とか「寄荘」とか呼ばれる手段で、不正に奪い取り、また、蛋民の牡蛎養殖等の広汎な地域的諸生産を支配することにあった。

このようにして成立した郷紳支配の矛盾が、蛋民や貧民等の盗賊化、即ち、佐々木正哉氏の言う「貧民集団からの脅威」となってあらわれたが、これは郷紳権力確立の二次的な要因に過ぎなかった。

一方、国家権力側からの対応としては、明末には丈量等一連の施策を通じて、郷紳の不正な土地所有を是正して、明初段階の税糧徴収分＝「原額」の確保が試みられたが、十分な効果を収められなかったばかりでなく、むしろ、「原額」主義が災いして、南海県「定弓虚税」等、欠額補填策が小民の負担を増大させた。そして、清代に入るとかかる政策的努力も放棄して、国家は基本的に在地の郷紳支配構造に依拠するようになった。

また、村落における郷紳支配の構造を、族産の管理、村落内裁判、反乱民衆に対する防衛、国家権力との対応・折衝、農業・商品生産支配、水利支配・運営、寄荘地に対する支配にわけて明らかにした。即ち、このような諸側面に対して、郷紳は国家より一定の権限を分与されていたことを述べた。

郷紳研究は重田徳氏の研究以来、重田理論に対して賛否両論相対立するなかで、多くの蓄積があるが、いまだ、理論的な提示、郷紳概念の明確化に止まり、筆者が行ったような郷紳の地域的支配構造の実態分析が不十分であった。この点において、郷紳支配の具体像を提出したことに意義があったと考える。

第二章　「地方志を通じて見た桑園囲基の開発」

本章では、珠江デルタの特に桑園囲基地域の地方志の分析を通じて、桑園囲基の開発、水利運営形態の変遷、水利論の変化、郷紳支配の実態を明らかにした。

桑園囲基はすでに宋代に原初的な形態は出来上がっていたが、それ以後、大きく三時期に大別できる工事形態、水利論、地方志編纂状況があった。

宋代～清代乾隆年間までは、桑園囲基の修築工事は基主業戸によって行われ、その水利論は決壊箇所の堤防のみの修理を上策とするものであり、また、この時期には桑園囲基関係地方志の編纂は行われなかった。

清代乾隆年間～清末までは桑園囲基内図戸（土地所有農民）全体に対する負担によって行う全囲的修築と公帑（国家の費用）による歳修工事（毎年の工事）、郷紳・商人の捐納（寄付金）による工事の三形態がとられたが、水利論は当初は基本的に全囲的修築論であった。この全図戸へ工事資金・労力の負担を行う道理、根拠となる史料を明確にするために桑園囲基関係地方志が編纂された。しかし、修築工事形態は清末に近づくにつれ図戸への負担という形態が少なくなり、公帑の歳修と郷紳・商人の捐納による工事という形態が基本的になってくると、桑園囲基関係地方志の編修体裁も、門目の整備充実等に見られるように整ってくる。これは郷紳による国家権力をバックアップとした桑園囲基管理形態の成立と歩調を同じくしたものであった。

民国時代は修築工事は基本的に郷紳・商人の捐納によって行われた。水利論は公帑の復活と下流疏浚論がだされたが、公帑が期待できない当時の現状では専ら下流疏浚論という小手先的な論がだされていた。桑園囲基関係地方志も清代の形態を継承していたが、水利論も国家への公帑の供出の期待感の表明を基調としていた。

このような結果、清代乾隆年間以降桑園囲基の修築は郷紳・商人の財力に負う所が多く、桑園囲基関係地方志は郷紳層が自らの成果を誇示するとともに、囲基内図戸への負担要請、国家への公帑要請のために編纂されたものであった。

第三章　「広東省南海県沙頭堡の盧氏」

本章では、珠江デルタの同族及び郷紳の実態を盧氏を具体例として考察した。盧氏は明末清初、官僚や科挙の一定段階の合格者である紳士層を輩出し、桑園囲基の水利運営を主導的に行う宗族となった。しかし、紳士層の輩出の影に、盧氏紳士の多くは不在地主化する傾向にあったために、その後、盧氏は水利運営の主導的宗族から、受動的宗族に転落した。即ち、郷紳は宗族の核となって水利支配・運営を行うのであるが、それはあくまで郷紳の在地性に裏付けられていなければならなかったことを述べた。

地主支配と在地性の問題については、宮崎市定・森正夫氏等によって、既に指摘されており、本章の論証は従来の研究を越える独自なものではないが、広東地域の宗族研究においては十分にはその点が把握されておらず、この問題の重要性をあらためて指摘した点に意義があると考える。

第四章「広東広州府の米価動向と米穀需給調整―明末より清中期を中心に―」

本章においては、明末清代、珠江デルタにおける米穀需給調整構造と郷紳支配との関連を論証した。珠江デルタ地域は米穀消費が生産より上回る消費地であり、広東、広西、湖広、四川地域から米穀が流入していた。これらの米穀を搬入したのは、国家・郷紳・商人であった。米価高騰時の対応策は、国家側からの対応索は平糶・賑恤とよばれ、具体的には、常平倉による平糶・賑恤であった。当初は、備蓄米・資金も確保されていたが、明末清初頃から、その資金は郷紳の寄捐に依拠するようになった。

一方、民間の平糶・賑恤は、社倉・義倉によって行われたが、これらも明末清初以降、郷紳の運営に委ねられていた。

即ち、明中期から清中期までの大きな趨勢として、国家・官僚主導の米穀需給策から郷紳を中心とした民間主導の米穀需給策に変化していったことを明らかにした。

第五章「清代後期広東広州府の倉庫と善堂」

本章においては、太平天国の乱、天地会反乱の起こった一八五〇〜六〇年代を分岐点として倉庫運営方法が変化したこと、また、善堂が出現し、列強資本主義国に従属して米穀需給調整を行い、倉庫の活動を補完したこと、また、これらの倉庫・善堂の運営は「買弁」化した商人・郷紳によって行われていたことを明らかにした。

即ち、社倉・義倉などの倉庫においては従来、その運営法が寄付金を集め、その資金を商人に貸し、その利息収入で資金を作る方法を中心とし、また国内米を購入する方法であった。しかし、天地会の反乱後、その運営方法が倉庫所有の沙田を確保し、その米穀を備蓄米にしたり、あるいは義会組織により、常時は米穀を備蓄せず、米価高騰時に寄付金を集め、おもに外国米を購入する形態に変化した。これは、太平天国の乱、天地会の反乱時、その鎮圧のために、国家や官僚が倉庫備蓄の米穀や資金を流用し、乱後、全く無の状態から倉庫を出発せざるをえなかったからであり、また、乱中に起こった倉庫米穀流用の再発を防ぐためにとられた方法であった。そして、反乱中より厘金の課税がはじまり、国内米にも厘金が課税されて、国内米を搬入することは困難になり、そこで、列強に従属して厘金免徴の外国米を搬入せざるを得なくなったからである。また乱後は、特に、米穀消費地の桑園囲基地域においては、倉庫だけでは、米穀需給調整が完結せず、倉庫を補完するものとして、善堂が現れ、やがて米穀需給の中心的存在となった。これに対して米穀生産地の沙田地域では米穀の需給は基本的に倉庫によって行われ、この地域の善堂は医療等の慈善機能をもつのみのもので、米穀需給機能はなかった。

善堂を運営する人々は、郷紳・商人であったが、彼らは、厘金課税を免れるために列強資本主義国への従属を強め、「買弁」化することによって、厘金免税の米穀を広東に搬入した。善堂については、夫馬進氏などによって研究されているが、特に、慈善事業の側面に注目されたにとどまり、米穀需給の視点からの解明が行われてこなかった。しかし、筆者は善堂の重要な機能として米穀需給機能を明らかにした。

第六章「清代後期広東嶺西地域の土客械闘」

広東肇慶府においては移住時期の差によって、先住移住民が土民とよばれ、遅れて移住した者が客民とよばれ、土民から差別を受けていた。客民は土民の佃戸として出発したが、茶生産等を通じて上昇し、中には地主化し、科挙を受験したり、官僚になったりする客民紳士（郷紳）まで出現した。

土民は客民に対して、厳しい小作料徴収や、国家と一体化して客民の科挙受験を制限したりして、対立していた。アヘン戦争後、南京条約が結ばれ、五港開港となり、広州の貿易独占権が消滅し、広東茶をめぐる状況は悪化した。そのために、土客間の対立は「一触即発」状況となり、天地会の反乱がそのきっかけとなった。天地会には当初は土客双方の貧民が参加していたが、清朝は天地会鎮圧の手段として、日頃、土民より差別を受けている客民、特に、客民紳士を利用して、天地会の鎮圧にあてた。これが契機となり、天地会集団に内部分裂がおこり、土客間の械闘が発生した。清朝は天地会や太平天国の乱の鎮圧が完了すると、土民側に加担して、客民を弾圧したために、土客械闘は土民勝利、客民敗北に終わった。

土客械闘に敗北した客民は清朝によって客民封じこめ、隔離政策のために新設された赤渓県に移住するか、あるいは土民に捕縛・掠売されて、苦力となり、南米に出ていかざるをえなかった。

客民にとっては土客械闘は一つの反清朝闘争であったことを明らかにした。

土客械闘に関する研究は仁井田陞氏以来いくつかあるが、従来の研究の中心は同族集団の排他性の指摘に終わってきたといわざるを得ない。筆者の研究は列強の侵略が地域の経済構造に重圧と変化を与え、それが、同族集団の排他性を極限にまで押し進めたことを明らかにした。宗族研究に政治的・経済的要因を勘案して考察する重要性を指摘したことに意義があると考える。

《第二部》においては、清代台湾開発の社会経済史的考察を行った。

第一章「鄭氏時代の台湾開発」

本章では鄭氏時代（一六六一－八三年）台湾における土地開発・水利開発の特徴を考察した。土地は①鄭氏の直轄領の官佃田園、②文武官僚が所有する文武官田、③一般兵士所有の営盤田の三種類からなっていた。官佃田園はオランダ時代の王田を引き継いだもので、台湾南部を中心に存在し、他の文武官田や営盤田は未開墾地の多い中北部を中心に存在した。①や③は自作農的経営が行われたが、中北部の②の文武官田の一部には清代の墾戸－佃戸関係に相当する地主的経営を行うものまで出現した。

一方、水利施設の大部分は雨水を蓄めて滙漑する小規模なものであったことを指摘した。

これらの論点の多くは、既に曹永和氏などによって論証されており、本章は従来の研究の枠内にとどまっているが、第二章以下の論証の前提となる導入部分としての位置にある。

第二章「明末清代台湾南部の水利事業」

オランダ時代、鄭氏時代を通じて比較的先進的に開発が進められてきた台湾南部地方においては清領初期から、米穀自給を早期に実現するために、官僚が墾戸層をバックアップして主導的に埤圳（水利施設）建設を行った。

しかし、清中期頃から水利施設の管理をめぐって当初、国家より土地の開墾権を得た墾戸を中心に行われていたのが、佃戸を中心に行われるように変化した。これは南部地域では比較的展開しなかったと従来述べられてきた一田両主制がこの地域でも一定成立し、大租戸（墾戸）－小租戸（佃戸）－現耕佃人関係の小租戸（佃戸）層が水利施設の管理運営を行うようになってきたことが一田両主制成立の要因であることを明らかにした。

第三章　「台湾史研究における一田両主制研究の成果と課題」

本章では大陸と台湾の一田両主制に関する研究史を総括し、その問題点を指摘した。大陸の一田両主制研究の焦点は佃戸のもつ上地権（大陸では「田面」権とよび、台湾では「田底」権とよぶ）を藤井宏氏は「欠租が無い限り、無期限に当該土地を使用できる権利」とするのに対し、草野靖氏は「佃戸が工本銭償還権をもつこと」としているが、筆者は本章と第八章の分析によって、「田面権」の規定については藤井説が妥当するが、その成立要因には草野説が前提条件であると述べた。

台湾の一田両主制研究に関して、伊原弘介氏は一田両主制下の佃戸（この場合は現耕佃人に相当する）には①農奴的佃戸から②隷農的佃戸、そして③事実上の農民的土地所有的佃戸への発展をのべられたが、筆者は史料解釈上、伊原氏の①③の論点については成立しないことを指摘した。

第四章　「清代台湾中北部の水利事業と一田両主制の成立過程」

台湾中北部の土地所有形態は四段階の変化を辿った。第一段階は清領極初期で、墾戸－佃戸関係が成立していたが、墾戸が佃戸に生産用具・種子等を給付して田園の開発が行われた。佃戸は定着性のない流民が中心で、永小作権は成立していなかった。第二段階は雍正から乾隆の時代にかけての時期であり、墾戸－佃戸関係において、佃戸は生産用具・種子等を自備し、「工本」を投下して田園の開発、埤圳の建設を行った。この段階の佃戸には欠租しない限り撤佃されないという永小作権が確立していた。第三段階は乾隆末から嘉慶初期の時期で、埤圳開築、埔地の水田化が広域化し、未墾地が減り、新たに増加した人口・「佃戸」を未墾地に吸収できなくなり、佃戸は「埔価銀」や「犁頭銭」とよばれる敷金を墾戸に納めて永耕作権を得た。彼ら佃戸はその後の土地生産性を向上させることによって、小作している土地を別の佃戸に又貸しするようになり、大租戸（墾戸）－小租戸（佃戸）－現耕佃人の一田両主制が成立した。第四段階は清末であり、大租戸は没落して大租徴収権のみを保持するにとどまり、逆に小租戸は実質的な地主となった。現耕佃人も小租戸から土地を借りる場合、「磧地銀」とよばれる敷金を納入して永小作権を得、また、生産用具・種子等も自備して生産を行っていたことを述べた。

第五章「清代台湾の管事について」

本章においては墾戸の私的な経理人である管事の役割・機能とその変化を明らかにし、それが墾戸の勢力の盛衰と関係することを述べた。即ち、清領極初期の墾戸－佃戸関係における管事の役割は、墾戸の私的な経理人で、佃戸からの小作料徴収事務のみ行っていた。やがて、墾戸の勢力が増大するのに対して、官衙の地方行政機構整備が追い付かない段階において、墾戸の経理人である管事は村落行政の多くの面（徴税、治安維持、水利施設管理など）を官衙に肩代わりして行った。そして、大租戸－小租戸－現耕佃人という一田両主制が成立し、大租戸（もとの墾戸）の勢力が衰退し、官衙の地方行政機構も整備されてくると、管事の役割も元来の大租戸（墾戸）の経理人の役割に戻った。

第六章「合墾組織『金広福』について」

十八世紀後半に起こった林爽文の乱は天地会組織によって行われた反清朝闘争であったが、その乱では清朝と台湾民衆間の矛盾だけでなく、台湾民衆間の矛盾も顕在化した。それは、高山族・平埔族の原住民族と福建系移民と広東系移民の三者関係の矛盾であった。清朝はその矛盾対立の激化が林爽文の乱のような反清闘争の再発につながることを恐れ、三者間の特に、福建系移民と広東系移民の対立を、高山族・平埔族の土地への開墾によって緩和・解消しようとした。その具体例が合墾組織「金広福」であり、清朝が開墾資「金」を援助し、「広」東系移民と「福」建系移民が共同して労力を出し、高山族・平埔族の土地（「番」地）への開墾を押し進めた。

この合墾組織による「番」地開墾方式は第七章で述べる、清末の「開山撫番」政策につながった。

第七章　「『開山撫番』と一田両主制」

本章では、清代後期、新竹県の小租戸黄祈英一族（広東系）の開墾の歴史を考察した。黄祈英は高山族大租戸より開墾権を得た土地に、自ら資金を出して水利施設を建設したり、土地開発を行い、その土地を広東系や福建系の現耕佃人に又貸しする小租戸であった。清末の沈葆楨や劉銘伝が行った「開山撫番」政策を体現した一族であったことを述べた。

即ち、劉銘伝が行った「清賦事業」における「減四留六」（大租戸は大租収入の四割を小租戸に与えて税糧納入義務を転化する政策）は基本的には不徹底に終わったが、当初の目的は税糧納入義務戸を大租戸から小租戸に移転し、税糧収入を増加させることにあった。その新たな課税制度を実質化するためには、既墾地のみだけを対象とした「清賦事業」だけでは不十分であり、未墾地、即ち、従来、清朝が建前として禁止していた「番」地の開墾を公認して課税対象地を増やすことが必要であった。黄祈英一族の開墾は「清賦事業」・「開山撫番」政策の一環に組み込まれて展開していたのであった。

第八章「台湾の水利事業と一田両主制―埔価銀・磧地銀の意義―」

佃戸が墾戸に小作契約締結時に納入する敷金である「埔価銀」、現耕佃人が佃戸に小作契約締結時に納入する敷金である「磧地銀」の内容は、水利施設建築費、田園開墾費、牛・農具・種子等の購入費など、所謂「工本」の金銭額のことであり、その中でも水利施設建設費が主要部分を占めていた。

佃戸が墾戸に「埔価銀」を納入して耕作権を得たり、あるいは「埔価銀」を納入しなくても工本を投下して水利施設を建設したりした場合は、退佃時に墾戸あるいは新佃戸から工本銭を償還してもらうことができた。また、退佃せずに、現耕佃人に又貸する場合には、「磧地銀」を敷金として徴収することができた。

即ち、「埔価銀」、「磧地銀」はその土地に投下した水利施設建設費を主に指しているのである。水利施設建設費を主要に投下した者がその土地の実質的権利を握った。特に、佃戸（小租戸）が水利施設を建設した場合、佃戸は「田底」権を所有し、一田両主の一主となるのみでなく土地の実質的な経営、所有権者ともなり、もう一主の墾戸（大租戸）は官庁側からは所有者と認定されているものの、実際は収租権者のみにとどまった。

本章の結論は、既に、森田明氏によって論証されているが、筆者は契約文書の分析を通じてほぼ同じ結論に達したものである。

本論文において明清時代華南地域の社会経済的分析を郷紳・土地所有・水利の三者関係をキーワードとして行ってきた。

明清時代華南地域において広東、台湾は人口増加が著しく、それと前後して土地・水利開発、米穀・桑・甘蔗等商品生産が行われ、米穀需給を基本としてこれらの生産品の流通が活発化した。水利に「工本」を投下し、水利支配権を握ったもの、即ち広東の郷紳、台湾の小租戸が土地の実質的支配・所有権を有し、開発の主体となった。そして、米穀等生産物の需給構造においても郷紳、小租戸が重要な役割をしめた。

華南社会経済の基本は水利にあり、水利の発展が土地生産性の向上につながり、それが一田両主制を生んだ。この重層化した土地所有関係の上にたち郷村を運営・支配していく主体が郷紳であったことを明らかにした。

ただ、筆者の研究では広東の一田両主制の具体的分析が弱く、また、台湾の郷紳研究も行っておらず、さらに福建社会の分析も行っていない。この三点について今後研究を深めなければならないと考える。

初出一覧

本書を構成する、合計二部一四編の論文の初出時の題名と掲載雑誌等名を記したい。

序論　「日本における明清民国時期の水利史研究」
（中華人民共和国第三回中国水利学会水利史研究会大会参加論文、一九九〇年）他は書き下ろし

第一部　明清時代広東地方開発の社会経済史的考察

第一章　「明末清初広東珠江デルタの沙田開発と郷紳支配の形成過程」
（『社会経済史学』第四六巻第六号、一九八一年三月）

第二章　「桑園囲基関係地方志編纂過程について」
（『兵庫教育大学研究紀要』第一二巻第二分冊、一九九二年二月）

第三章　「広東省南海県沙頭堡の盧氏」
（『兵庫教育大学研究紀要』第一一巻第二分冊、一九九一年二月）

第四章　「広東広州府の米価動向と米穀需給調整―明末より清中期を中心に―」
（『中国史研究』第八号、一九八四年三月）

第五章　「清代後期広東広州府の倉庫と善堂」
（『東洋学報』第六九巻第一・二号、一九八八年一月）
第六章　「清代後期広東嶺西地域の土客械闘」
（珠海文史研究所学会主編『羅香林教授紀念論文集』下冊、新文豊出版、一九九二年十二月）

第二部　清代台湾開発の社会経済史的考察
第一章　「鄭氏時代の台湾開発」
（『台湾史研究』第六号、一九八七年七月）
第二章　「明末清代台湾南部の水利事業」
（『中国水利史研究』第一一号、一九八一年十月）
第三章　「台湾史研究における一田両主制研究の成果と課題」
（『台湾史研究会会報』第三号、一九八四年九月）
第四章　「清代台湾中北部の水利事業と一田両主制の成立過程」
（中国水利史研究会編『佐藤博士退官記念　中国水利史論叢』国書刊行会、一九八四年十月）
第五章　「清代台湾の管事について」
（『中国史研究』第七号、一九八二年十一月）
第六章　「合墾組織『金広福』について」
（『台湾史研究』第九号、一九九一年三月）

第七章　「『開山撫番』と一田両主制」
（『台湾史研究』第八号―森田明博士還暦記念論文集―、一九九〇年三月）

第八章　「台湾の水利事業と一田両主制―埔価銀・磧地銀の意義―」
（中央研究院台湾史田野研究室『台湾歴史上的土地問題』一九九二年十二月）

あとがき

本書は多くの先生方の暖かいご指導のおかげで漸く、完成することができた。

一九七一年大阪市立大学文学部に入学以来、佐藤武敏先生には論文の書き方、史料の読み方等、広い視野で懇切にご指導を賜わった。重田徳先生にはわずか半年間だけのご指導を戴いただけで、先生は逝去された。しかし、先生の郷紳支配論に大きな影響を受け、私の本書の基調をなす研究テーマとなった。

森田明先生には長年にわたり、研究テーマを与えて戴き、また、論文の一字一句の書き方に至るまで、まさしく手取り足取りのご指導を賜わった。今日に至るまで、曲がりなりにも研究を続けてこれたのは森田先生のお蔭である。

中村圭爾先生、北村秀人先生には学部時代からご指導を賜り、平成十二年三月には本書の元になる同名学位論文を審査して戴き、学位を賜った。三浦国雄先生からは学位の審査を賜り、学位を戴いた。

中国水利史研究会では佐藤先生、森田先生をはじめ、長瀬守先生、好並隆司先生、西岡弘晃先生、藤田勝久先生、神吉和夫先生をはじめ諸先生から、私の研究報告・論文発表において貴重で有益な御助言を戴いた。

台湾史研究会においては、森田先生、石田浩先生、故中田睦子先生、二宮一郎先生をはじめ多くの先生から、研究情報の提供を戴いたり、また中国や台湾での調査旅行において、実地に種々のご援助を戴いた。

京都大学人文科学研究所明代班では、小野和子先生、岩見宏先生、谷口規矩雄先生、濱島敦俊先生、夫馬進先生をはじめ多く先生から貴重な御助言を戴いた。

中国では水利水電科学研究院の周魁一先生、鄭連第先生、郭涛先生、厦門大学台湾研究所の陳孔立先生、鄧孔昭先生、台湾では中央研究院の王世慶先生、張炎憲先生、陳秋坤先生、中央大学の張勝彦先生には大変お世話になり、史料提供等便宜をはかって戴いた。

また、兵庫教育大学に勤務してからは、暖かい雰囲気のなかで、柴田一先生、白井義彦先生、久保田剛先生をはじめ多くの先生方からご指導を戴いている。

ここに御氏名を書けなかった多くの先生からのご指導も忘れることはできない。

このように諸先生から、暖かく、厳しいご指導を賜わりながら、一応の締め括りとして本書を作成したが、内容の乏しさ、論点の未熟さなどが目に付き、拙いものとなってしまった。暖かいご指導を賜わった諸先生にお礼とお詫び申し上げるとともに、本書をこれからの研究の出発点と考え、今後とも研究への精進をお誓いする所存である。

また、私は兵庫教育大学に赴任する前の十年間は所謂オーバードクターの「浪人」生活をしていた。その間、今宮高校の恩師中島哲夫先生にはアルバイトを紹介して戴き、岡田塾理事長の岡田吉弘先生には同塾で教師をさせて戴き、両先生には生活面で助けて戴いた。心よりお礼申し上げたい。

本書の出版に当たっては、日本学術振興会より平成十三年度科学研究費補助金（研究成果促進費）を戴いた。汲古書院の坂本健彦氏の高配、ならびに編集部の小林淳氏の協力を戴いた。併せて謝意を表したい。

平成十四年二月一日

松田吉郎

汲古叢書

1	秦漢財政収入の研究	山田勝芳著	16505円
2	宋代税政史研究	島居一康著	12621円
3	中国近代製糸業史の研究	曾田三郎著	12621円
4	明清華北定期市の研究	山根幸夫著	7282円
5	明清史論集	中山八郎著	12621円
6	明朝専制支配の史的構造	檀上　寛著	13592円
7	唐代両税法研究	船越泰次著	12621円
8	中国小説史研究－水滸伝を中心として－	中鉢雅量著	8252円
9	唐宋変革期農業社会史研究	大澤正昭著	8500円
10	中国古代の家と集落	堀　敏一著	14000円
11	元代江南政治社会史研究	植松　正著	13000円
12	明代建文朝史の研究	川越泰博著	13000円
13	司馬遷の研究	佐藤武敏著	12000円
14	唐の北方問題と国際秩序	石見清裕著	14000円
15	宋代兵制史の研究	小岩井弘光著	10000円
16	魏晋南北朝時代の民族問題	川本芳昭著	14000円
17	秦漢税役体系の研究	重近啓樹著	8000円
18	清代農業商業化の研究	田尻　利著	9000円
19	明代異国情報の研究	川越泰博著	5000円
20	明清江南市鎮社会史研究	川勝　守著	15000円
21	漢魏晋史の研究	多田狷介著	9000円
22	春秋戦国秦漢時代出土文字資料の研究	江村治樹著	22000円
23	明王朝中央統治機構の研究	阪倉篤秀著	7000円
24	漢帝国の成立と劉邦集団	李　開元著	9000円
25	宋元仏教文化史研究	竺沙雅章著	15000円
26	アヘン貿易論争－イギリスと中国－	新村容子著	8500円
27	明末の流賊反乱と地域社会	吉尾　寛著	10000円
28	宋代の皇帝権力と士大夫政治	王　瑞来著	12000円
29	明代北辺防衛体制の研究	松本隆晴著	6500円
30	中国工業合作運動史の研究	菊池一隆著	15000円
31	漢代都市機構の研究	佐原康夫著	13000円
32	中国近代江南の地主制研究	夏井春喜著	20000円
33	中国古代の聚落と地方行政	池田雄一著	(予)15000円
34	周代国制の研究	松井嘉徳著	9000円
35	清代財政史研究	山本　進著	7000円
36	明代郷村の紛争と秩序	中島楽章著	10000円
37	明清時代華南地域史研究	松田吉郎著	15000円
38	明清官僚制の研究	和田正広著	(予)22000円

著者略歴

松田吉郎（まつだ　よしろう）

1950年大阪府に生まれる。大阪市立大学大学院文学研究科東洋史学専攻後期博士課程退学。

兵庫教育大学学校教育部講師、助教授を経て、1998年より同大学教授、現在に至る。

大阪市立大学博士（文学）。

主な論文

「明末清初広東珠江デルタの沙田開発と郷紳支配の形成過程」（『社会経済史学』46-6，1981年）、「清代後期広東広州府の倉庫と善堂」（『東洋学報』69-1・2，1988年）。

汲古叢書37

明清時代華南地域史研究

二〇〇二年二月二十二日　発行

本体　一五、〇〇〇円＋税

著　者　松　田　吉　郎

発行者　石　坂　叡　志

整版印刷　富　士　リ　プ　ロ

発行所　汲　古　書　院

〒102-0072　東京都千代田区飯田橋二-五-四

電　話　〇三（三二六五）九七六四

ＦＡＸ　〇三（三二二二）一八四五

ISBN4 - 7629 - 2536 - 5　C3322

索　　引

事項索引 ……………………………… 1
書名索引 ………………………………15
人名索引 ………………………………18
研究者名索引 …………………………21

事項索引

ア行

アメリカ　250,251
アヘン　218,230,246,264
アヘン戦争　237,244,247,251,264,406,445,447,510
アンナン(ベトナム)　169,175,216,217,221,246
愛育善堂　208～213
隘(隘線)　422,425,428,440
隘首　427,432
隘租　448
隘丁　423,425,428,453,454
隘丁口粮租　454
隘費　428
隘務　428,458,460
隘蓁(隘寮)　424,453,454
隘粮銀　426
隘糧大租　425
挖汴　301,303
遏糶　166
按田出夫　39,107
按畝起科　94
按畝派費　39,88
按糧派費　88
イギリス　246,247,250,445
イギリス兵　258,259
インド　245
井戸(井)　275,298,316
囲基　31,38,95,96,99,100,193,198,204,205,207～209,212,213,215,223,224,250
囲局　128,132,137
囲衆　94
囲紳　90
囲壩　92,93
移花接木法　57
異民　63
怡和行　87,108,138,200,201,228
偉烈堂　258
粥廠　170,211,212
一田両主制　33,62,73,296,318,335～337,345,349,356,363,364,367,371～374,376,377,392,393,395,407,416,428,429,437,444,455,459,460,462,463,481,487～489,511～516
一田三主制　343,372,488
一般業戸　113,122
一埤両主制　371
一釐銀会　214
溢款　197
溢平　197
印契　165
烏鬼井　275,298
烏山頭陂　304
運米紅函　221
永小作権(永耕作権)　62,339,342,343,345,346,364,367,371～377,391～393,457,458,

478～480,488,512,513
永給墾批字　456
営盤田　281,290,511
影佔　34,35
瀛社　60
役夫　100
捐官　163
捐監　163,168
捐資　300
捐修　102
捐納　100,106,164～166,184,507
塩水渓　297～299,306,316,328,329
オランダ　273,274,329
オランダ時代　274～276,280,281,286,288,290,295,297～299,306,308,316,317,351,511
オランダ人地主　276,298
荷蘭陂　276,298
王田　274,281,299,511
王有埤　298
押租　462,481～483
押租償還権　481,488,489
押租田　335,336,462,478,481,488,489
澳　278
鴨埠款　197
恩貢生　123
塭　402
隠佔　49
隠田　45,46,448

カ行

下淡水渓　297,299,309,311,316,330,331,353
下府幇　247
下貧　352
下流疏濬(疎通)　96,97,106,507
花紅銀　407
花市　37
価値銀　480
茄萣浮埤　369
河道の疏濬　96
家社　61
科銀　206
科挙合格者　120～123,129,134,507
科陞　36
華僑　215,250
華扁　165
菓蔬　57
衙役　48
会党　404
海禁　350
海寇　40
海主　38
海賊　157
海盗　58
海利　36,38
械闘　32,41,58
開山撫番　351,386,416,438,444,445,514
懐遠義荘　214
外国商人　169,221,223～225
外省　57,161,169
外省米　169,175,189,198,213,222～224
外洋　57
各堡助工　100
学海堂菊坡精舎　105
学租　401
学田　344,345,397,400～402,415
活水歩　125～128
割地換水　359,360,363,376,465
黠民　38
広東系移民(広東出身者)　350,352～354,386,433,434,438,447,453,513,514
広東語　238
広東商人　221,223～225,245,249
広東産米　169
広東十三公行　7,86,87,201
広東茶　248,255,265,510
広東茶農　248
甘棠潭　298
奸胥　51
奸民　49
官佃　281,299
官佃田園　281,282,290,292,299,511

官綌　100
官埤官圳　356,368
巻資　61
冠帯　165
柑橙　56
涵口　314
間土　46
監生　32,163,418,419,438
勧貸　165
漢業戸(漢墾戸)　355,356,363,456,464～466,468,470,472,495,497,499,501
漢佃戸(漢佃,漢族佃戸)　355,455,470,471
管事　305,307,317,318,324,326,357,386～411,415,513
管事辛労田　397,401,402
管事租　397
管保人　401,402
鰥寡孤獨　61,234
岸匪　157
岸裏社　357,469
頑佃　471
飢饉　154～157,165,170,172,173,175,176,180,200
起科　99,100～102,106,111,118,139,145
耆民　307,317,402
耆老　54,72,100,128,165,432
寄捐　39,161,170,172,173,175,200,201,205,206,208,210,212,213,223,224,232,235,310,312,317～319,508
寄荘　34,44～46,50,53,63,505,506
寄荘戸　34,43～46,48,49,70,196
寄荘戸米　45
寄荘地　45,61,64
寄荘都図　44
基主業戸　88,100～102,113,122,506
基段　98,99,111
基塘　125
畸零戸　46
詭寄飛灑　51,52
義捐　99,101,111
義捐金　94
義会　198,204～208,214,215,224,229,232,235,509
義倉　170～172,174～176,198～201,204,206,207,508,509
義荘　214,215,234
義田　54
義渡　198
義民　34
獲獠　239
客戸　236,237
客商　166
客作　133
客産　260
客紳　254,262,264,265
客紳挙人　252
客籍士子　242
客荘　352～354
客盗　260
客民　237～242,244,246,250,251,253～258,260～265,350,352,354,371,447,510
客民紳士　243,510
客民茶農　245
客民佃戸(佃農)　237,242,243,248
客匪　240
客勇　252,254
キューバ　251,263
旧桑墟　194
急水渓　301,327,328,353
給墾批　391
鬮分田(鬮分物業)　465,479,482
巨族　54,61
挙人　118,120,123,129,134,174,201
渠　40
渠竇　99,101,102,111
虚税　34,45
虚糧　49
墟市　194,195
魚花　195
魚花戸　195

魚花塘　195
魚種行　194
魚餉　195
魚埠　195
魚利　101
漁夫（漁民）　280
共同体（共同態）　32,237,296
協差　436
教諭　134,309,310
郷図城廂完糧細冊　171
郷耆　57,58
郷紳　31,32,35～44,46,53～59,61,63,64,135,161～165,175,176,193,196,205,206,215,237,309,505～510,515,516
郷紳宗族　56
郷保　398,399
郷勇（郷団）　246,248,264
橋梁　41
轎金　202
業戸（業主）　34,36,39,43,44,52,133,308,315,355,366,367,370～372,374,388,390,391,393,397,402,405～407,464,468,470,473～477,479～481,484,487,488,495,497,499,501
業佃関係　55
局　42
局紳　131
均平銀　45,69
金協成　458
金広福　416～419,422,423,426～433,436,438,513,514
金広福大隘　416,419,422～424,432
金東和　454
金峰書院　60
衿耆　126,127,167
禁糶　166
禁約　433,434,436,438
銀貴銭賤　153,157
苦力（売猪仔）　251,263,510
桑　56,57,177,195,207,223,244,515
訓導　130,134,135,201
軍餉　47,50
恵済東西倉（恵済倉）　196,198～203
桂香書院　132
鶏鴨行　194
欠租　338,339,343,345,375,376,390,462,465,469,471～473,478,485～488,512
桔槔　297
結租　355,356,470
月眉池　299
堅壁清野　279
鐍賑　99～101,111
原額　46,63,64,450,506
原住民（台湾）　278,285,288～291,351
現耕佃戸（現耕佃人，工人）　296,318,336～338,342,343,346,356,363,367～371,373～376,383,386,392,395,429,436,437,444,459,460,471,480～487,501,511～515
減四留六　395,460,514
小作契約　55
戸等制　175,176
故家望族　34,37,116
涸死陂　297,300,301,306
湖　297,306
湖広米　168
湖南茶　248
雇工　39
葫蘆墩埤（樸仔籬口大埤）　357～359,469
顧渚茶　244
護照　263
五社課陂　304,305,318,319
工役　100
工食費　457
工程　98,99,102,111
工本　241,335,336,346,358,362,368,371,372,376,377,393,454,462～464,468～472,475～478,481,482,485,487,488,494,496,498,500,

512,515
工本銀(銭)　339,342,376,403
工本銭償還権　335,346,366,367,373,376,377,409,462,465,468,478,481,486～488,512,515
工本田　335,336,462,478,481,488,489
工力　464
公款　100,205
公局　125,126,128
公旬　41
公所　125,436
公585,86,89,90,92,93,102,106,129,131,132,170,507
甲首　314～316,319
甲頭辛労田　401
甲頭人(甲頭)　401,404
広州府産米穀　174,175
広州幇　247
広仁善堂　250
広西倉穀　169
広西米　167,168,213,216,218,221
広利行　108,138,228
功臣　286
江源　98～100,111
江西米　216
行戸　210
行店　220
光輝水閘　42
坑　297
更夫　137
更練　126,137
孝廉　92,118
香山県付城義倉　206,207
香山県郷鎮下沢義倉　207
香山県保育善会　214
香市　37
香田順税　48,49
香田南税　49
荒埔　368
高山族　274,280,289,351,386,387,427,428,433,434,438,444～449,452～460,464,485,513,514
高州府倉　168
貢生　130,166,310,312
耕作権　36,204,336,393,469,471,476,479,486,514
耕種家　195
港　297
港戸　402
港主　38
溝心埤　370
閘　40
閘陡　85
閘門　303
獷悍　352
合股組織　417,426～428
合墾組織　416～419,422,427,428,433,438,513,514
豪民　34,52
豪猾　37
豪黠　63
豪右　50
轂埠　138
米商人　157
混争　301
滚単法　51
墾価銀　393
墾戸(墾主)　287,296,317～319,337,345,346,352～354,356,357,359,368～371,373,375,376,386,388,389,391,394,396,404～408,421,427,432,436,444,448,453,455～457,463,464,469,471,511～513,515
墾戸首(墾首)　418,448
墾照　386,387,389
墾批　395,396,453,454
墾底銀　456

サ行

沙捐　197
沙骨　197,204
沙洲　131,204
沙夫　58,196,197
沙坦　36,49,101
沙田　31,33～36,38,39,41～43,47,48,53,55,

58,61,63,67,96,97,102,125,131,177,193,196,204～208,223,224,250,375,505,509
沙頭　62
沙頭団練局　104,130
沙勇　58,196,197
差役　399
差徭　45
祭田　54
採買　162,164,398
歳貢生　121
歳修(工事)　86,89,97,100～102,106,122,129,507
歳修官帑息銀　104
歳修基金　86,87
歳修銀両　92
歳修公帑　88
歳修専款　90,92,93,95,97,100～103
歳修之款　94,95
歳修之力　91
歳修法　103
犀鯱　195
山主　38,68
山利　36
三元文社　61
三鎮陂　282
三爺陂　282
三連票法　51
三割平糶　162
参若埤　276,298
蚕糸行　194
サンフランシスコ　250
子囲　100,101
子口半税　219,221,224,230,249
士子　438
士大夫　165
支河開鑿　96,97
四水六基　82
糸行　194
私採　68,305
私有埤圳　356,357,369,370,376,378
使頭　62
施侯租　387,388
施厝圳(八堡圳)　357
祠宇　100,111
祠堂　54,56,58,101
祠廟　98,99,102,111
地主　39,40,58,61～63,196,237,249,291,335,336,448,449,462,508,511,513
地保　399
自封投櫃　50
事実上の農民的土地所有的佃戸　337,343,512
時値価銀　367
時値埔価銀　361,391
敷金　343,346,376,393,457,459,462,513,515
七十二行　213～215,228,229
シャム(タイ)　169,175,216,217,221,246
車工銀(車工)　361,363,391,465,486,487,494,496,498,500
社差　399
社餉　351,464,495,497,499,501
社正　172
社倉　170～172,174～176,204,508,509
社倉穀　167,173,174
社丁　456,457
社米　172
社廟　436
捨子留母策　171
借銭費　197
上海普育善堂　210
朱曉陂　357
珠璣巷(安徽省鳳陽府虹県)　114,115
珠璣巷(広東省南雄直隷州)　34,37,66,116
珠江　131,133,156,199
珠江デルタ　31～33,36,41,48,52,53,58,64,113,193,223,505,506,508
珠市　37
儒学訓導　121
樹林頭陂　357
寿仁善堂　229
収購商販　245,248

圳　274,296～298,311,317,356,431
圳長　311,314,431
修囲総理　94
修火銀　202
修基公所　94
修築　98～100
衆佃　303,305,318
衆番　360
十嫂埤　298
十堡社倉　173
熟坦　31
熟番(熟蕃)　351,387,453
出墾字　394
出陳易新　160,201,202
春借秋還　170
浚渫　41,55,96
巡圳　314,315
順田而南税　70
胥吏　200,404
書院　59,60
諸生　60,166,318,401
鋤頭工(本)銀　338～340,342,343,484～486
小姓・雑姓・流民・蛋民等の村落　53
小銭　169
小租　291,338,341～343,375,376,383,393,444,465～467,480～483,488,500,502,503
小租戸　62,296,318,336～343,346,356,363,367～371,373～376,383,386,388,392～395,406～408,428,429,436,444,455,458～460,463,464,468,471,472,481,482,484～486,495,497,499,501,503,511,513～516
小富涌　40
小民　64
抄封租　287
承餉　50,53
招商局　212
招佃開墾　300,317,369,386,389,396,407,469
庠生　120,121,123
将軍陂　309
将兵　279,280,284,285,290
将領　278
陞科　49
商人　193,194,199,201～203,205,208,211～213,215,223～225,229,248,264,279,280,350,418,419,432,507～509
商販　166
章程　98,101
照　220,350
将公堤　307,308,318
嘗租　55
賞舎陂　299
鍾山書院　60
上帝会(上帝教)　237
丈量　46～48,52,63,375,376,450,451,506
城河　55
常平倉　160,162,164,166,169,172,174,204,205,508
常平倉穀　160,162～169,175
蒸嘗合同文約字　392
食戸　57
觸法　352
贖緩　160,162,175
津貼　197
神廟　101
侵墾(土地侵害)　351,449
侵漁冒誤　398
紳耆　113,312,319
紳衿　171
紳士　32,34,37,39,43,54,55,72,83,86,90,92,93,100,113,114,126,128～132,135,166,170,172～175,198～203,205,206,208,210～215,223,224,248～250,264,265,279,310,319,369,432,438,448,449,453,454,458,460,507
紳商　201
紳董　260,368

進士　54,117,118,122
清領　290～292,295,298,300,306,308,309,316,317,351,357,371,375,389,397,403,407,408,470,471,511～513
新青雲文社　60,197,205
新生沙坦陞科贏余充餉銀両　47
新陂　357
新洋務派(新洋務政策)　445,447
賑廠　212
賑恤　61,100,157,158,160,163～167,169～173,175,198,203～206,208～213,215,224,
縉紳　232,234,249,508 167
親丁　436
人字水　125,128,150
人字頭　119,123,125,127,128
汛地　278
図戸　98～100,102,111,507
図甲制(里甲制)　33,46,71,119,126,134,170,175,397,398
図甲表　118,128,144,145
図差　52
水銀　366,465,473,474,486,487,494,496,498,500
水閘　38,42,96
水穀　391
水圳　366,390,403,470,473,475
水租　296,315,316,326,366,369,370,383
水坦　31
水份　301,303,304,317,318,360
水利事業　296,298,349,356,371,462,511,512,515
水利用益戸　39
水利論　106,506,507
隨丁田出力　39
崇義祠　72
セイロン　245
生員　32,118,120～123,129,134,135,166,305,306,310
生息　210
生番(生蕃)　351,387,452,454,455
正副社長　170
西湖書院　105
西江　104,133,156,166,194,195,213
西樵山　61,67,137
西螺引引荘陂　357
西淋書院　60
青雲文社　60,61
青黄不接　160,170
清丈　450
清丈溢額　47
清荘　436
清賦　395,444～451,455,460,514
清賦局　448
勢家　34
勢豪　35,38
勢豪之家　35,50
石堤(石隄化)　86,129,227
赤嵌城　298
赤磡愛善堂　250
磧地銀　343,346,375,376,459,462,463,482～484,486～488,500,502,513,515
積糧之家　168
折価　163
折銀　162～164
截水　301,303
占沙　35,50,63,505
専管業戸　100
船戸　248,264
船税　217
銭糧減免　157～159,175,176
遷界(海)令　240,279
全囲的修築　106,506
全勝局　259
善後局　213
善士　171,208,211,215
善信　208
善堂　193,207,209,210,212～215,223,225,249,250,265,508,509
宗族　58,507,508,510
宗党　281

草坦　31
草潭　282
荘規　390,406,433～436,438
荘耆　308
荘主　352,354,372
荘正　435,436
荘長　405,406
荘副　435,436
荘約　406
荘例　366
租庁　54
祖廟租　173
桑園囲　39,85,121,122,129～132,134
桑園囲基　31,32,41,82～86,88～94,96,97,99～104,106,113,121～123,128,129,134,137,156,198,201,203,206,227,506,507,509
桑園囲東西囲(東西基)　84,88,121,134,137
桑園囲十堡横檣基　134,139
倉庫(倉廒)　157,193,197,198,201,202,204～209,223～225,399,400,508,509
倉粟　300,301,317
曹公圳(旧圳・新圳)　309～313,316,319
装家　195
曾文渓　304,328
搶割　35
搶救　99～101,111
搶塞　98,99,111
牐竇　92,93
総管紳士　170,202
総協理　208
総戸　119,120,125,126,128,134
総墾戸　418
総催　50
総商　229
総商会　213
総理　130,138,308,314～316,319,432,433,435,436
造作之利　36
造家　195
増卑培薄　84,86,94,96,97,102,106
鯽仔潭　306
族産　53～55,59,393,506
族祠　436
族正　405,406
族田　31,55,56,345
族長　57,58
村落共同体　59
村落内裁判　58,506
存半存糶　160
存七糶三　160

タ行

打手　35,67
太公　53
太平天国の乱　40,157,174,193,197,203,204,215,218,223,224,238,248,249,257,260,265,406,509
台湾開発　273,274,280,290,298,300,350,416,511
台湾出兵　445
対差　400
退佃(退耕,退佃田,退佃園)　339,340,342,343,346,362,366,373,376,377,391,394,465,469,470,472,475,477～479,481,485～487,515
大井　275,298
大嵙崁撫墾局南庄分局　456
大魚塘　195
大渓厝陂　357
大姓　44,52,54,205,206
大姓村落　53
大小租　342,485～487
大租　285,287,288,290,291,318,338,341～343,355,361,364,376,383,390,393,394,425,448,457,465～467,469,470,477,479～482,488,494,496,498,500,502,503,513,514
大租館(大租公館)　395,396
大租権　289,291
大租戸　286,296,318,319,

336～339,341～343,346,356,363,369～371,373,374,376,383,386,388,392～395,407,408,426,428,429,436,458～460,463～465,468,469,471,472,481,485,487,495,497,499,501,503,511,513～515
大族　55,56,59,116
大同書院　134
大埤　306,317,318,323,402
大良文社　61
大米　223
坦田　125
蛋戸　37
蛋賊　38
蛋民　37,38,63,505
蜑批埠　195
潭　282,297,299,306,317
団練　197
団練局　205
団練経費　206
地丁銀制度　50,176
地丁銭糧　158
地方志　82～84,86,87,97,102,106,506,507
池　282,299,306,317
芝罘条約　222
治産　210
値事　202
値理　208
置田(買田)収租　198,204～208,224,232,235
竹橋陂　282
茶(中国茶)　56,218,230,244～247,254～256,265,510
茶行　249
茶商　245
茶農　245,247,264,265
中興荘圳　430
中土遺民　298,317
中和行　200,201
抽的租　355,356,366,373,375,388,390,426,465,470,473,474,477
貯水池　82
長短樹陂　300
挑夫　248,264
頂耕納租　475
頂退　366,473,475
潮州幇　247
鎮営兵士　281
通修　102,103
通事　280,358,359,427,456
丁捐　94
定額租　338,343,355,356,364,366,373,375,388,390,392,465,470,473,479,483
隄(堤防)　38,39,42,82,84,88,96,97,100,274,298,306,308,317
程儀　61
鄭氏時代　273～276,279～283,286,287,290,291,293,295,299,300,306,308,316,317,351,387,389,397,421,450,511
鄭氏宗党　281
鄭氏屯弁　284
鄭部　288
的名(的名法)　51,52
撤佃　339,342,345,346,469,471,472,478,480,488,512
天河・横江・周郡三江囲　39
天津条約　219
天地会(の乱)　40,83,87～89,98,129,139,157,174,193,197,203～205,215,218,223,224,237,238,243,246,248,249,251～254,265,406,433,447,509,510,513
典兌　371,372
墊借　94
田園主　356,357
田仔廍埤　308,317,318,323
田主　274,339,368,370,374,375,395,483,486,487
田底(大陸：底地権)　335,462
田底(台湾：上地権)　336,342,346,366,367,370～372,374,376,383,

390,409,462,465,468,472,474～478,480,481,487,488,512,515
田底工力之資　366,373,473,475
田底谷　369
田底租　374,480
田頭銀　479,480
田面(大陸：上地権)　335,336,462,512
田面(台湾：底地権)　336,346,367,374,383,462,477,478,481,487,488
田面租　374,480,481
田利　36
佃戸(佃農,佃民,佃人,佃丁)　34,39,40,45,57,61,62,113,133,176,197,241,248,251,264,278,281,282,285,290,296,298,304,306,307,315,316,318,319,335～337,339,340,342,344～346,353～357,360～364,366～369,371～377,387,389,391,392,394,396,400,402～405,408,423,427,428,436,444,453,454,459,462～464,466～481,483,484,487,488,495,497,499,501,510～513,515
佃田者　352
佃批　388,390,391,394～396
佃埤佃圳　356,357,366,368～370,376
徒役　100
堵築　99
都市水利　40,41
渡航許可　386
渡台(移民,移住,入台)　273,274,276,279,284～286,353,355,364,368
渡台厳禁策　350
土客械闘　40,129,157,236～238,243,249～251,253～257,261,262,265,510
土客佃戸　249
土客聯和　259,260
土牛　438
土戸　236
土豪　42
土産　260
土人　239,258
土着紳士　242
土着民　241
土着黌生　242
土田　260
土盗　260
土蕃(番)　284,301,367,368,453
土匪　252～254,256,447
土民　238,239,242,244,251,252,254～257,260～265,350,352,354,510
土民紳士(土紳)　243,248,254,256,264,265
土民商人　243,264,265
土民地主　243,264
土民茶農　245
土民佃戸　243
土勇　258,262
硲金　307
斗換坪　452,455
斗門　300
当　198
投献　36,43
東安悍賊　258
東華医院　213～215
東海護沙局　197,205
東海護沙公約　197,206
東海十六沙　32,73
東江隄　39
東興行　200,201
東馬寧義倉田　205,206
党正　58,125～128,137
倒流港　85
董事　170,208,214,305,306,308,310,318,319,326,435,436
董事生員　305,306,318,326
塘　38,194,195,274,298,317
稲田の桑園化　169,175,193,194
頭家　305,306,318,326,372,407

竇　40,49
同志善社　215
同順行　200,201
同族　31,35,37,51,54,59,61,64,167,172,206,249,250
同族結合　54,63,170,249,505
同族集団　58,196,236,510
同族部落　236
童生　242
僮僕　56
読書人士　241,242
屯隘　456
屯租　341,448
屯田　281,290,340,342,449
屯把総　453～456
敦和書院　60

ナ行

那移隠漏　398
南海県定弓虚税(定弓虚税)　46～50,64,70,506
南海神　99
南京条約(五港開港)　218,247～249,251,255,256,264,265,510
南湖　307
南埔圳　430
南埔渓底圳　430
二層行渓　297～299,308,316,329,330
納戸　161,162,175,176,323
納正　307,323,402
納糧　398
農奴　336,339,345,346
農奴的佃戸　337,512
農民　310

ハ行

壩　38
把蕃隘首　427
馬岡愛善堂　250
馬兵営井　275,298
馬料粟　397
排水　38
排年　50
培護　99,111
焙果法　57
買穀存貯　198,205,206,232
買弁　265,509
八掌渓　297,300,316,327
客家　7,116,117,237,239～241,447
客家語　238
博愛善堂　229
発当(典)生息　198,201,203,205～207,223,224,232
撥款　99～101,111
范陽　114～117,119,134
班役　404
藩照　264
番仔橋溝陂　304
番仔陂　357
蕃業戸　363
蕃社(番社)　355,358,397,411,464,465,469,470,476,485,486,495,497,499,501
番社長　449
番餉　449
蕃業戸　470
蕃人(番人,蕃族,番族)　305,340,359,369,376,422,455,486
蕃大租　355,455,470
蕃地(番地)　351,359,360,386,387,427,428,445,514
蕃田　359
陂(坡,埤)　38,274～276,282,296～301,304～306,317,356,431
陂長(埤長)　300,303,305,306,308,317,318,326,368,369
坡底　370
坡底主　370,383
坡面　370
埤主　305,306,326
埤衆　305,318
埤圳(坡圳)　299,317,346,349,358,360,362～364,366～373,375,376,383,431,465,474,511,512
埤圳主　296,356,357,366,370

埤圳長　296, 318
埤匠　307, 402
埤頭港　402
賻賠　44
弼衣潭　282
廟捐　205
貧民　63
閩粤械闘　433, 434, 437, 438, 453, 455
不與水争地　84
父老　309, 317
布行　194
付生　312
布政司庫　164
孚泰行　200, 201
浮産　49
浮生　36, 204
埠主　38, 195
埠租　198
富戸(殷戸)　165, 210, 264, 312, 319
富室　165
富紳　312, 319
富人　37
富民　161～164, 175, 200, 202
賦役　36, 44, 45, 50, 397
賦役脱免　44
武夷茶　247
武童　242
無頼(無頼悪少)　352, 404, 406, 438
撫番　444～447, 451, 455, 460
撫恤清査局　264
楓仔林陂(観音埤)　301, 303, 304, 318, 322, 325, 332
福建系移民(福建出身者)　350, 352～354, 386, 433, 434, 438, 447, 513, 514
福建商人　156, 180
福建茶　248
福同団　262
文会　61
文社　59～61
文童　242
文牘　98
文武官田　281, 282, 290, 292, 299, 324, 387, 389, 511
文武各官(官僚)　278～280, 282, 290, 299
分益租　355, 356, 465, 473, 474, 483
分類械闘　404～406, 434
ペルー　251, 263
平安堡六郷社学　60
平糶　160, 164, 165, 167～172, 175, 198, 200, 202～210, 212, 213, 215, 224, 232, 234, 508
平糶局　212
平糶法　168
平糶米　169
平埔族(蕃)　274, 277, 289, 351, 386, 387, 421～423, 428, 433, 434, 438, 453, 464, 485, 513, 514
兵丁(兵)　162, 285, 288
兵米　161
兵糧　161, 162
閉糶　168
米価　153
米価安定期　159, 166
米価高騰　155～157, 159, 166, 168, 172, 174, 175, 177, 199, 203, 213, 216, 508, 509
米価史料　154
米価動向　153, 154, 157, 177, 193, 508
米行　169
米穀牙行　168
米穀需給　153, 157, 158, 170, 176, 177, 509, 515
米穀需給構造　193, 516
米穀需給調整　153, 176, 177, 193, 508, 509
米穀商人　161, 163, 175, 215, 220
米穀厘金　218
米穀流通構造　225
米作奨励策　56
米廠　169
米船　217
米票　171
米舗　162
碧江竜津古楼　56
編甲入籍　241

辦防　444,446,460
辦糧人　51
保伍の制　58
保伍の長　165
保甲制　58,137,175,317,403,404,406,407
保正　58
保長　137,307,317,398,399,402
埔価銀　346,366,373,376,392,462～468,472,474～478,481,488,494,496,498,502,513,515
埔地　355,361,364,367,369,373,376,388,470,512
捕役　399
捕費　197,204
捕務　197
堡長　404
舗戸　418,419,432
舗肆　194
舗舎　40,41
舗租　173,208,235
牡蛎養殖　63
包攬　50～52,162,448
鳳山書院　59
鳳山陂　309
亡命　352
亡命之徒　34,35,286
防患　99,101,111,139
防潦　98,99
茅岡愛善堂　249
蝥賊　37
北江　133
北埔嵌下圳　430
蹼耕字(蹼字)　344,375,394
蹼墾　387
本色米　161,162,164
香港　214,215,220,223,247,249,250,258
香港順徳総商会　214,215
香港商人　214
香港総督　258,259
畚捕之役　41

マ行

澳門　263
万興局　260
万全局　258
万善堂　214,229
未雨綢繆策　170,171
未陸之税　47
民捐民辦　174,212
民壮銀　45,69
民屯　161
眠牛湖陂　309
無土之定弓　47
明倫堂　58

ヤ行

薬市　37
由単　448
優貢生　130,138
予豊倉　204,205
與善堂　229
用水農民(用水戸)　296
用水路　40
洋仔荘陂　304
洋商　245
洋盗　352
洋米(外国米,西洋米)　169,174,175,188,198,200,206,213,215～218,222～225,246,509
洋務運動(洋務政策)　351,445
涌　40,41
畬蛮　34,35,67
傜族　67
猺　67,239,240
猺首　239
猺人　239
猺族　35
楊滘郷　132
楊滘郷局　131
楊滘壩　103,104,130,131
養魚　195
養魚池　194
養贍大租　485

ラ行

雷州府倉　168
欄江圏築　42
里差　398～400
里胥　48
里長　50
里排　126,128
俚民　36,67

釐金　218～222,224,230,249,265,509
犁頭工本銀両(犁頭銭,犁頭銀)　362,373,374,376,476,477,480,481,513
犁分一張　366,470
力墾者　355
六館業戸　358～360,362～364,378,468,469
竜眼　56
竜江滘　85
竜江郷広恵社　206
流寓　354
流人　239
流民　46,61,63,64,239,345,375,505,512
隆恩圳　357,367,368
隆興陂　369
両圳水圳公司(曹公圳)　315,319
領袖　45
領台　274
糧戸　51
林子坡　370,383
林富荘陂　300
廩生　310,313
臨潟掘井策　171
例捐　171
茘枝　56
茘枝山　56
霊台　37
隷農　336,343
隷農的佃戸　337,342,346,512
黎猺　239
嶺蛮　66
連庄合約字　406
蓮花潭　308
蓮池潭　309,310,317,318,324
廉州府倉　168
聯安社学　60
聯和局　260
路銀　263,264
盧・伍二商　132,138
老戸　51,52,71
老農　307,317,402
論糧科銀　139

書名索引

ア行

雲林県採訪冊(光緒刊)　381
粤大記　37
粤東省例新纂　64,99,111,160,168,187,239
恩平県志(民国刊)　243,263

カ行

開平県志(民国刊)　241,249,250,253,259,271
霍文敏公渭崖文集　72
噶瑪蘭庁志(道光刊)　380
広東新語　34,37,54,62,67,68,71,136,172,240
広東十三行考(梁嘉彬)　108,138,199,200,228
広東通志(道光刊)　66,67
広東通志(同治刊)　21,35,66
広東農民運動報告　53,55,67
九江儒林郷志(光緒刊)　70,104,105,137,138,194,195,226,227
揅経室続集　217
五山志林　48,58,70,80
呉文節公遺集　248
後漢書　67
香山県志(嘉靖刊)　43,44,46,61,68～70,80
香山県志(道光刊)　34,69,74
香山県志(民国刊)　208,227～229,233,234
広州府志(乾隆刊)　239
広州府志(光緒刊)　37,51,54,56,62,66,68～70,73,75,136,178～182,184,186～188,191,

201,217,227,233,244
恒春県志(光緒刊)　412
高明県志(光緒刊)　239,251,254
高要県志(宣統刊)　239

サ行

三水県志(嘉慶刊)　171,179,180,184,188,191
詩経　37,67
樹杞林志(光緒刊)　379,423,426,430,433
従化県志(康熙刊)　178,180
従征実録　277,291
重修台湾県志(乾隆刊)　323,328
重修台湾府志(康熙刊)　309,329,380,411
重修台湾府志(乾隆刊)　380
重修鳳山県志(乾隆刊)　284,324,330,331,411
順徳県志(乾隆刊)　73
順徳県志(咸豊刊)　58,72,102,107,137,138,179～181,184,187,188,191
順徳県志(民国刊)　42,59～61,73,74,76,77,167,181,185,197,205,208,214,228,229,233,235
順徳竜江郷志(民国刊)　178,181,182
諸羅県志(康熙刊)　300,321～323,327～329,351～354,371,372,381,410,414,471
彰化県志(道光刊)　381,382
漳州府志選録　323
申報　220,222,228,249
清季外交史料　230
清史稿　21,230
清高宗実録　185,186,380
清聖祖実録　185
清世宗実録　380
清代台湾大租調査書　339,342,358,359,361,363,365,367,378,379,409,410,464,465,482,490
清朝文献通考　178
清末の秘密結社資料編（佐々木正哉編）　242,249,267
新安県志(嘉慶刊)　178,179,181
新会県志(康熙刊)　36,37,40,67,68,72
新会県志(乾隆刊)　41,67,195
新会県志(道光刊)　52,74,76,77,166,178,179,182,184,188,191
新竹県採訪冊(光緒刊)　382
清遠県志(光緒刊)　180,185,188,191,210～213,228
清賦一斑　379
盛世危言　219
靖海紀事　380,408,461
赤渓県志(民国刊)　238,240,251,253～257,259～261,263,267,268
桑園囲総志(同治刊)　82～84,88,89,98,103,104,107,108,110,111,132,139
桑園囲志(光緒刊)　68,83,89,90,92,93,98,99,101,102,105,107,108,110,111,118,123,130,137～139,145
続桑園囲志(民国刊)　83,93,97～99,101,102,105,107,110,111,139
続集台湾県志(嘉慶刊)　323,329,333,411
増城県志(嘉慶刊)　178

タ行

太平天国史料(金毓黼編)　248
台案彙録甲集　347,373,480
台案彙録己集　412
台海使槎録　274,281,298,323,380
台南県志稿　410
台湾県志(康熙刊)　275,276,283,293,321～324,328,329,353,380,409,411

台湾公私蔵古文書影本　410, 491
台湾古文書集　429,440,451, 456～458,461
台湾採訪冊(道光刊)　323
台湾私法　322,323,340,345, 373,383,409～411, 413,440,463,483,491, 492,503
台湾私法附録参考書　337, 344,382,412
台湾私法物権編　362,364, 378,379,409～411
台湾中部碑文集成　378
台湾省通誌　22,279,280, 283,285,292,293, 297,321,325,379,380, 383,422,423,430,440 ～442,461
台湾通史(連横著)　27,312, 324,410
台湾土地慣行一斑　284～ 289,294,312～315, 322,324,354,356,364, 367,377～379,381, 388,409,410,412,417, 426,429,439～441, 454,461,470,485
台湾南部碑文集成　301,304, 306,307,311,323～ 325,327～330,333, 411,412
台湾之水利問題　334,385
台湾府志(康熙刊)　292,293
台湾府志(康熙35年刊)　276, 283,293,323,329～ 331
台湾文化志 27,409,412,417
大清会典事例(光緒刊)　159, 162,184
大日本地名辞書,台湾　27
淡新檔案　432,441
淡新檔案選録行政編初集 432,441
淡水庁志(同治刊)　374,378, 379,382,418,423,424, 429,434,441,442,483
淡水庁築城案巻　418
茶市雑詠　247
中国近代手工業史資料(彭沢益編)　245,247,267, 269,270
中国近代農業史資料(李文治編)　244
中国実業　247
中国実業志　267
長沙県志(同治刊)　221
張弼士侍郎奏陳新興商務条議　216
張文襄公全集　72,73,220
肇慶府志(道光刊)　178
陳巌野先生集　35,70
陳清端公文選　411
程侍郎遺集初編　217,230, 245
天下郡国利病書　67
東海十六沙紀実　69,70,75, 196,226
東莞県志(嘉慶刊) 50,68,71
東莞県志(宣統刊)　51,54, 57,70～72,74,76,77, 162,178～188,191, 208,210,228,235,267
東征集　412

ナ行

南海県志（康熙刊）　47,67, 69,79,114,137
南海県志(乾隆刊)　46,49, 70,79
南海県志(道光刊)　70,74, 79,227
南海県志(同治刊)　76,77, 88,104,105,108,109, 118,130,133,138,139, 144,152
南海県志(宣統刊)　108,109, 121,129,136,137,149, 169,173,178,181～ 184,186,188,191,203, 208,209,233,235
南海沙頭盧氏族譜　113～ 115,117～119,121, 123,128,130,132,134 ～137,146,150
日知録　137

ハ行

番禺県志(康熙刊)　67

番禺県志(同治刊)　72,74,178,181,183,184,196,227
番禺県続志(民国刊)　72,186,188,208,213,221,228,230,235
苗栗県志(光緒刊)　379
蕪湖県志(民国刊)　222
福恵全書　137
福建省例　398,411
福建通志(同治刊)　21
福建通志台湾府　281,299,380
仏山忠義郷志(民国刊)　173,189,208,229,234
平台紀略　412
鳳山県採訪冊(光緒刊)　309,313,324,331,411
鳳山県志(康熙刊)　282,283,321,328～331,414

マ行

明憲宗実録　183
明孝宗実録　183
明神宗実録　183
明世宗実録　183
明穆宗実録　183
明史　21,67,71,137
毛尚書奏稿　219

ヤ行

雍正硃批諭旨　161,163,164,167,168,179,181,184～186,188

ラ行

六部成語　238
劉壮粛公奏議　445～450
竜門県志(民国刊)　178,180,182～185
鹿洲全集　380

人名索引

ア行

印光任　54
易容之　200,201
袁鏞　44
王士俊　49,162,184
王守仁　137
王世傑　285,367,368
王珍　404
王邦畿　181
翁拱　287
温粛　83,93,95,96,105,110
温汝适　85,86,102,103,138

カ行

何家饒　206
何棡仔　252
何執中　113
何如銓　92,105,109,110
何漸造　119,125,127
何廷輝　432
何炳堃　105,110
郭象晋　252
郭尚賓　47,49,69,79
郭崇燾　88,131
甘汝遷　38
官達　185
韓良輔　186
顔思斉　6,309,324
季麒光　323,324,397,409,411
祁㙐　196,199,200
裘孔武　57
姜秀鑾　418,419,421～423,433
姜紹基　432,433
金啓貞　51
屈大均　116,136
倪象愷　307,402
倪文蔚　92
阮元　85,188,200,217
顧炎武　137
虎賁　5
伍元蘭　86,108,129,138
伍元芝　86,108,129,138
伍元嵩　227
伍崇曜　87,108,129,138,200,201,227,228

呉栄光　87
呉球　352,404
呉玉麟　310
呉沙　438,442
呉天垣　200,201
孔毓珣　167,185,186,188
孔延之　37
向仁鎰　453,455,456
江福隆　338～340,342,484,485
洪秀全　257
黄允明　451,453,456～459
黄允連　451,453,456
黄祈英　416,444,451～456,514
黄正色　45
黄南球　453,454,458,461
黄富心　338
黄鑰之　56
賡颺　131,132
剛毅　229

サ行

崔景　126
施琅　324,350,386～389,407,410
司徒炤　246,250
謝有仁　200,201
謝蓮子　243
朱一貴　404
朱次琦　104
周行　69
周志侃　454
周鐘瑄　300,301,305,317
周文卿　47
周邦正　418,421～423
蒋允焄　307,308,323
鐘観平　210
沈権衡　58
沈紹宏　370,389
沈葆楨　351,386,416,438,445,446,514
岑毓英　453
岑敬輿　229
岑春煊　213
岑兆徴　93～96
瑞麟　131
曹謹　310～312,319
宋永清　309
宋呉貴　170
荘長流　343
孫魯　308

タ行

戴璟　45
戴合成　305
戴大冕　301
戴潮春　447
大鯉魚　252
湛文簡(若水)　54
譚才(三才)　257～259
張之洞　92,97
張承祖　360,361
張達京(張振万)　358～361,363,391,392,468～470
張肇基　456,457
張朝棟　113
張兆棟　211
張宝銘　252,253
陳永華　279
陳鑑泉　134
陳起倬　211,213
陳巨郎　279
陳桂士　211
陳豪　165
陳次壬　210
陳石竜　287
陳兆祥　212
陳兆松　257
陳朝棟　453,454
陳朝樑　308
陳禎祥　454
陳博民　84
陳璸　400
陳奮庸　305
陳邦彦　35,67
程恩沢　217,245
鄭経　274
鄭克塽　274
鄭氏　278～282,288,289,291,299,300,324
鄭芝竜　273,274
鄭成功　6,273,274,278,299
鄭聡　299
鄭長　279
鄭和(太監王三保)　298
田文鏡　179
唐王隆武帝　273

鄧士憲　86
鄧遷　45
鄧廷楨　200

ナ行

寧靖王　299

ハ行

馬応楷　103,130～132
馬従竜　252,253
馬逢清　131
潘以翎　134
潘斯濂　88
潘進　86
潘敦仔　358,360
潘文涛　200,201
馮栻宗　83,90,93,104,105,109,110
傅泰　48,49,70,79,184
富勒渾　405,406
福康安　449
方献夫　121,122,137
方汝紹　92
方祖蔭　368

マ行

無名氏　93,96,97
明之綱　82,88,103,104,109,110,139
毛鴻賓　88

ヤ行

兪大猷　6
熊一本　310,311
葉初春　48,49
葉名琛　252
楊永斌　164,185
楊爾徳　185
楊秀清　257
楊秦盛　364,366,367,390,472～474
楊朝棟　276
楊文乾　51,168,186

ラ行

羅渠　215
羅惇衍　196,197,203～205,223
藍鼎元　404
李威勤　169
李維屏　257
李鴻賓　85
李嗣業(李嗣鄴)　418,421,423
李自成　273
李時芳　256
李璲　89,90
李潤　205
李宣春　369
李滄　280
李天参　239,240
李文田　212
李茂春　279
竜元僖　196,197
竜賛宸　215
劉劫　352,404
劉坤一　211,212
劉鵬　167
劉銘伝　322,376,395,407,416,438,444～446,449～451,455,460,514
廖洪　242
廖寧　339
廖名燦　338
梁元桂　256
林圯(林杞)　279,288,369
林則徐　246,248,264
林爽文　340,416,433,438,442,447,449,513,514
林道乾　6
黎兆棠　43
盧維球　88,103,109,110,129～132,135,138,139
盧綰　116
盧鑑　114,120
盧観挙　118
盧観祥(保徳)　117
盧観長　118,120
盧翬　123
盧輝　137
盧貴挙(養素)　118,119,123,125,150
盧鉦　120
盧鯨(文定)　117
盧硯　114
盧鉉　114
盧鋙　120

盧鋼　120
盧鋐　114
盧坤　87,199,200
盧志遂　118,120
盧錫　114,121,122,134,137
盧津　114,117,122,136,137,152
盧世昌　119,120,125,127,128
盧達宗　118
盧大広　117
盧仲義　118
盧仲仁　118
盧仲名　118
盧仲礼　118
盧徳嘉　313,324
盧宁　117,122,136
盧能広(種善)　117,118,136,152
盧伯道(時雍)　117
盧文錦　86,108,129,138,227,228
盧平　118,120
盧夢陽　122,137
盧銘　114,120
盧有観　123
盧有道　118～120
盧鏞　122,137
盧竜雲　117,122,136,152
婁雲　433,434,438,441,442
郎廷枢　70,79
労潼　174

研究者名索引

ア行

安倍明義　293
安部健夫　9,24,153,177,184,189
天野元之助　7,8,24,31,32,64,72
厦門大学歴史系　29
厦門大学台湾研究所歴史研究室　29
家室茂雄　187,193,225
石田浩　320,442
石原道博　12,27
伊能嘉矩　12,27,273,276,291,320,324,409,416,417,419,438～440,452,461,484
井上進　83,106,107
井上徹　10,25,33,66,180
伊原弘介　13,27,321,336～339,342,343,345,346,348,463,484,489,492,512
今堀誠二　8,24,32,65,70,114,193,225,227,228
岩見宏　69
尹章義　439,463,490
上田信　29
臼井佐知子　153,177
浦廉一　8,24,266
大久保英子　73
王世慶　296,320,491
王天奨　183,237,266

カ行

片山剛　10,11,25,27,33,65,71,119,136,137,139
可児弘明　9,25
川勝守　68,69
岸本美緒　153,154,177,179,189
北村敬直　236,266
北山康夫　3,18
木内信蔵　3,18
許大齢　184
草野靖　13,14,16,28,73,335,336,347,377,462,481,487,489,512
栗原純　14,29,336,348,349,377,439,463,490
小島晋治　29,183,237,266
小竹文夫　178
小西映子　193,225
小林一美　230
古偉瀛　296,320
呉学明　15,29,416,439

呉金成　32,65
江丙坤　13,14,28,463,490
河野道博　3,18
黄蘞普　107
黄啓臣　11,26
黄俊傑　296,320
黄卓権　444,460,461
黄富三　14,29,439,463,489

サ行

佐治孝徳　320
酒井忠夫　32,65
佐久間重男　230
佐々木正哉　8,24,32,36,38,63～65,67,68,70,108,138,183,227,229,237,242,248,249,266,267,505
佐藤俊一　187,193,225
佐藤武敏　321
里井彦七郎　8,24
重田徳　9,24,32,65,70,72,73,189,230,267,506
清水盛光　8,24,32,65
斯波義信　68,323
朱士嘉　82,83
周憲文　320
蒋祖縁　11,26
周藤吉之　408,412
菅原功　186,193,225
鈴木智夫　9,24,72,195,226
銭実甫　107,227,230
全漢昇　153,177
荘英章　287,293
荘吉発　183
曹永和　14,29,273,276,278,287,291,320,511
孫公麟　26

タ行

戴炎輝(田井輝雄)　14,29,321,323,336,348,349,377,387,407～409,411,431～433,436,439,441,442,489
台湾省文献委員会　279,297
高橋孝助　193,226,230
田中正俊　12,27,335,347
谷川道雄　136
譚棣華　10,11,26,27
張菼　377,404,412
張炎憲　440,451,456,461
張研　11,26
張勝彦　463,490
陳運棟　15,29,444,461
陳翰笙　32,65
陳孔立　15,30
陳其南　15,29,384,413,463,490,503
陳秋坤　15,29,378,463,490
陳春声　11,26
鄭成功研究学術討論会学術組　29
寺田浩明　13,28,377
鄧孔昭　15,30,287,293

ナ行

中川学　237,266
仁井田陞　10,12,14,24,27,32,65,236,266,321,335,336,347,349,377,462,463,489,510
二宮一郎　461
西川喜久子　10,25,26,33,65,138,227
西村元照　461
則松彰文　10,26

ハ行

波多野善大　230
濱島敦俊　68,135,139
林和生　10,25,226
東嘉生　320
日比野丈夫　3,18
平山勛　287,320
夫馬進　193,207,224,225,228,509
福島正夫　27
福田節夫　186,193,225
藤井宏　13,14,16,27,73,335,336,347,377,462,481,487,489,491,512
彭信威　182
星斌夫　184,187,193,225,323

マ行

増井経夫　226

前田勝太郎　9,25,32,65,183,237,266,267
牧野巽　8,24,32,65
松本善海　27
三田裕次　440,451,456,461
宮崎市定　508
武藤長蔵　7,23
無名氏　320
村松祐次　71,186,193,225
森正夫　187,193,225,508
森田明　9,10,13,14,24,25,28,32,64,65,68,72,107,113,122,135,137,138,156,182,183,189,226,237,266,267,296,320,321,336,348,349,357,377,378,439,463,489,515

ヤ行

山名弘史　186,193,225
山根幸夫　71,321
山本進　11,26
葉顕恩　10,26
横山英　461

ラ行

羅玉東　218,230,267
羅香林　7,9,10,23,25,66,116,136,237,266
劉伯驥　73
梁嘉彬　7,23,108,138,199,228
梁方仲　3,4,6,18,23
連横　12,27,404

ワ行

和田清　71,186
渡辺久雄　320,321